애착과
심리치료

ATTACHMENT
IN PSYCHOTHERAPY

David J. Wallin 저

김진숙 · 이지연 · 윤숙경 공역

학지사

Attachment in Psychotherapy

by David Wallin

역자 서문

지난 20여 년 동안 현대정신분석 이론인 대상관계 이론을 공부하고 강의해 오면서 애착 이론 관련 문헌을 대할 때마다 이 두 이론이 마치 사촌인 것처럼 연관성이 매우 높다는 인상을 강하게 받았다. 실제로 강의 중 이 두 이론의 연관성에 대한 질문을 직접 받기도 했었는데, 그때마다 명쾌한 답을 주기가 쉽지 않았다. 아마도 그 이유는 애착 이론은 대상관계 이론처럼 임상에 뿌리를 두고 발전해 온 것이 아니라 경험적인 연구를 토대로 하여 치료자들보다는 연구자들 사이에서 학술적 논의의 대상이 되어 왔기 때문일 것이다. 그 결과 애착 이론은 현대 발달심리학의 주요한 패러다임이 되기에 이르렀지만, 치료자들 사이에서는 그다지 주목을 받지 못했다. 따라서 이 이론이 치료 실제에 구체적으로 어떤 시사점을 주며, 어떻게 적용될 수 있는가라는 질문에 대해서는 명확한 답이 제시되지 않은 상태였다.

이 책의 저자인 David Wallin은 바로 이런 질문에 대한 답을 주고자 한다. 그는 애착 이론을 통해 치료자들이 무엇을 배울 수 있는지, 내담자의 애착 유형에 따라 치료자가 어떻게 접근해야 하는지에 대해 이론적 근거를 제시하고 아울러 사례 예시를 통해 구체적으로 보여 주고 있다. 더 나아가 그는 유아기 경험의 많은 부분이 비언어적 영역에서 일어난다는 점을 강조하면서, 치료과정에서도 언어적 차원뿐만 아니라 비언어적 차원에서 이루어지는 소통을 포착하고 치료적으로 다루는 방법을 설득력 있게 제시하고 있다. 그리고 애착 이론을 최신 연구 분야인 신경생리학과 인지과학 그리고 불교심리학과도 접목시켜, 암묵적 기억과 성찰 및 마음챙김 등에 대한 지식이 어떻게 내담자 이해와 변화를 위한 개입에 유용하게 적용될 수 있는지를 설명해 주고 있다.

이 책을 번역하는 일은 지금까지 했던 다른 어떤 번역 작업보다 시간이 오래 걸리고 어려웠다. 저자의 문체는 한 문장 안에 단서나 부연 설명을 많이 붙이는 것이 특징이었는데, 오해의 소지를 최소화하면서 자신의 생각을 정확하게 전달하고자 하는 저자의 마음을 느낄 수 있었다. 하지만 이런 문장들을 그 뜻이 정확하게 전달 되면서도 비교적 매끄럽게 읽히는 한글 문장으로 옮기는 일은 고통스러울 만큼 힘이 들었다.

이 힘든 작업을 견뎌내는 데 가장 큰 힘이 되었던 것은 처음부터 끝까지 이 책에서 배우는 것이 너무나 많았다는 사실이었다. 애착 이론에 근거한 최신 연구 결과와 암묵적 기억, 치료의 비언어적 차원, 마음챙김에 이르기까지, 기존의 다른 저서에서는 접하지 못했던 주제들은 영감과 도전을 주는 신선한 자극이었고, 이런 자극이 주는 배움의 기쁨은 힘든 번역에 따른 고통을 상쇄하기에 충분했다.

이 책의 번역에는 『심리치료에서 대상관계와 자아기능』의 공동 역자인 인천대학교의 이지연 교수(1장부터 7장)와 서울대학교의 윤숙경 선생님(8장부터 12장)이 함께 했다. 아울러 카이스트상담센터 박승리 선생님과 부산에서 프리랜서로 일하고 있는 이성원 선생님이 번역을 도와주었다. 용어 통일과 문체의 일관성을 위해 내가 대표 역자로서 전체 원고를 검토하고 수정했다.

번역서가 나오기까지에는 원문을 직접 번역한 역자들 외에도 경북대학교 교육학과 석·박사 과정중인 강지애, 권이정, 권순옥, 김효정의 도움이 있었다. 이들은 독자의 입장에서 번역원고를 읽으면서 이해가 되지 않거나 어색한 문장을 찾아내고 좀 더 읽기 쉬운 문장으로 다듬는 작업에 참여해 주었다. 머리를 혹사당하면서도 끝까지 성심껏 함께해 준 학생들에게 고마운 마음을 전하고 싶다.

이 책은 애착 이론에 기반을 두면서 치료 실제를 위한 중요한 시사점이 주는 최신 개념들뿐만 아니라 인지과학 분야와 불교심리학의 새로운 개념들도 치료 실제와 접목시켜 소개하고 있어 번역자인 나도 처음 읽었을 때는 이런 개념들을 충분히 이해하기가 어려웠다. 상담 분야에 막 입문한 전공자에게는 더 어렵게 느껴질 수도 있을 것이다. 따라서 이론 중심인 이 책의 전반부가 어렵게 느껴진다면, 사례 예시를 통해 관련 개념들을 구체적으로 설명하고 있는 제4부와 제5부를 먼저 읽고 전반부로 되돌아 와서 읽는 방법을 시도해 보라고 권하고 싶다.

아무쪼록 이 책이 내담자의 어려움과 고통, 특히 말로 표현하지 못하는 이면의 내면세계를 따뜻하고 깊이 있게 이해하고 진정한 관계 경험을 통해 도움을 주고자 하는 치료자들에게 좀 더 상세하게 그 길을 밝혀 주는 안내서가 되기를 바라는 마음 간절하다.

끝으로 좋은 신간을 입수하여 번역이 가능하도록 해 주신 학지사 김진환 사장님, 원서를 건네받고 책의 내용은 좋지만 번역은 하지 않겠다던 나에게 번역을 맡아 주지 않으면 아예 판권을 포기하겠다는 협박성 발언으로 그 결심을 무너뜨린 박용호 전무님, 그리고 교정과 편집을 위해 애써 주신 이지혜 차장님께 감사드린다.

대구 복현 캠퍼스에서
역자 대표 김진숙

저자 서문

이 책의 출판 여정은 '심리치료가 어떻게 사람들을 변화하게 하는가? 단 하나의 질문에서 시작되었다.

이 질문은 전문가로서뿐만 아니라 분명히 개인적인 동기에서 비롯되어 30여 년 이상 나에게 가장 강렬한 호기심을 자극해 왔다. 박사논문 주제를 찾던 대학원생 시절 나는 임상 대가들이 그들이 만나는 환자에게 실제로 행한 것을 관찰함으로써 이 비밀을 풀어 볼까 고려해 보기도 했다. 그로부터 수년 뒤 나는 애착 연구자들이 민감하게 반응하는 부모가 그들의 자녀에게 실제로 행한 것을 관찰함으로써 이와 관련된 주제에 대해 다루었다는 것을 알게 되었다.

'좋은 치료자가 환자에게 하는 것은 양육을 잘 하는 부모가 자녀에게 하는 것과 유사하기'(Holmes, 2001, p. xi) 때문에 우리는 유년기 동안 발달을 촉진하는 관계에 관한 연구를 통해 가장 효과적으로 변화를 촉진하는 치료 관계의 유형에 대해 상당히 많은 것을 배울 수 있다. 이와 유사한 방식으로 우리는 문제가 있었던 발달과정이 초래하는 결과에 관한 애착 연구를 통해 애당초 환자가 치료를 받으러 오게끔 만든 고통과 취약성을 이해할 수 있는 과학적인 근거를 얻을 수 있을 것이다. 그러나 애착 연구가 임상 실제에 주는 시사점은 정확하게 무엇이며 또한 이런 연구를 통해 우리는 어떻게 치료자로서 우리의 실무 수행을 좀 더 효과적으로 만들 수 있는가?

이런 질문에 대한 답변을 하기까지 이토록 오랜 시간이 걸린 이유는 부분적으로 역사상의 불운 탓이기도 하다. 기본적으로 우리를 형성하는 것은 초기 유년기의 실제 관계—우리가 내면에서 그런 관계에 대해 갖게 되는 환상이 아닌—라는 Bowlby의 확신이 깊어질수록 이후 애착 이론의 아버지로 불리게 된 이 학자는 정신분석학계의 동료들과 점점 더 불화를 겪게 되었다. 그는 성적 추동이나 공격적 추동이 아니라 애착을 인간 발달의 중심에 두었기 때문에 당대의 정신분석학파에 의해 사실상 학계의 주변으로 내몰렸다. 그 결과 애착 이론은 심리치료자가 아니라 주로 학술 연구자들의 지적 소유물이 되었다. 그 결과 역설적이게도 Bowlby 자신은 환자 치료에 대부분의 시간을 보냈음에도 불구하고, 당초 치료 효과를 증진하기 위해 체계화되었던 그의 이론은 대부분이 임상가로 일하지 않았던 연구자들에 의해 실험이 이루어지고 정교화되었다.

이 연구자들은 가장 친밀한 인간의 유대를 탐구하는 데 있어서 경험적 연구의 엄격함을 적용했고, 부모와 자녀 관계, 내면세계, 정신병리에 관한 풍부한 지식을 생성함으로써 애착 이론을 현대 발달심리학의 주요한 패러다임으로 만들었다. 연구 결과에 기반을 둔 이론 가운데 우리가 어떻게 현재의 우리가 되었는지에 대해 애착 이론보다 더 많은 정보를 제공하는 이론은 없다. 하지만 아주 최근까지도 이 이론을 어떻게 실제에 적용할지는 치료자 각자의 추론에 맡겨 왔다. 이 때문에 애착 이론이 임상에 기여할 가능성은 실현되지 않은 채로 남아 있었다.

내가 이 책을 쓰게 된 이유는 이런 가능성의 실현에 기여하기 위해서다. 애착 이론과 관계 중심 정신분석학뿐만 아니라 신경생리학과 인지과학, 정신적 외상에 관한 연구 그리고 불교심리학을 바탕으로 애착 연구의 세 가지 주요 결과를 치료자가 어떻게 실제로 활용할 수 있는지를 제시하고자 한다. 따라서 발달의 도가니로서 치료적 관계와 비언어적 차원의 중심적 역할 그리고 성찰(reflection)과 마음챙김(mindfulness)에 내재하는 변화의 힘에 초점을 둘 것이다.

3년 전 처음 구상했던 대로라면 이 책의 집필을 신속하게 끝낼 수 있었을 것이다. 왜냐하면 나는 1990년대 중반부터 애착과 심리치료를 주제로 강의해 왔고 6개월에서 9개월이면 그 강의록을 책으로 만들 수 있을 것으로 기대했다. 그런데 이 전환 작업은 내가 예상했던 것보다 훨씬 더 오랜 시간이 걸렸고 더 보람 있는 발견의 과정이 되었다. 이어지는 장들이 이런 과정에서 내가 얻어 낸 성과를 잘 담아내어 이 책을 읽는 여러분도 이 발견의 여정에서 내가 경험한 것을 함께할 수 있기를 희망한다.

David J. Wallin

차 례

역자 서문 • 3
저자 서문 • 7

01. 애착과 변화 13
변화를 가져오는 관계 • 15
알고 있지만 생각해 보지 않은 것 • 16
경험에 대한 태도: 표상과 성찰 및 마음챙김 • 17

제1부 Bowlby와 그 이후

02. 애착 이론의 기초 27
John Bowlby: 근접과 보호 및 분리 • 28
Mary Ainsworth: 애착과 의사소통 및 '낯선 상황' • 33

03. Mary Main: 정신적 표상과 메타인지 및 성인 애착 면접 47
Bowlby와 내적 작동 모델 • 48
내적 작동 모델의 재개념화 • 50
애착 패턴의 세대 간 전이 • 64
메타인지: 생각하기에 대해 생각하기와 표상적 세계 표상하기 • 67

04. Fonagy와 그 이후 71
Peter Fonagy: 정신화와 경험의 방식 및 자기의 상호주관적 기원 • 71
경험의 양식 • 76
애착에서 상호주관성으로 • 83

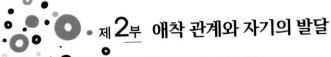

제**2**부 애착 관계와 자기의 발달

05. 자기의 여러 차원 97
　자기 경험의 영역 • 97
　애착의 신경생리학 • 108
　애착과 몸에 기반을 둔 마음과 마음이 깃든 몸 통합하기 • 122

06. 다양한 애착 경험 129
　유아기와 그 이후의 애착 패턴 • 131
　유의할 점과 용어 사용에 대한 부연 설명 • 147

07. 애착 관계가 어떻게 자기를 형성하는가 149
　정서 조절과 애착 전략 • 151
　관계에서 일어나는 과정과 발달과정에서 진정 바라는 것 • 157
　공동의 창조와 통합 및 상호주관성 • 161

제**3**부 애착 이론에서 임상 실제로

**08. 비언어적 경험과 '알고 있지만 생각해 보지 않은 것' : 자기의 정서적
핵심에 접근하기 171**
　비언어적 경험에 초점을 둔 연구의 개요 • 172
　비언어적인 언어 이해하기 • 177
　알고 있지만 생각해 보지 않은 것이 실연되는 것에 대한 작업 • 183
　알고 있지만 생각해 보지 않은 것이 불러일으켜 지는 상태에 대한 작업 • 189
　알고 있지만 생각해 보지 않은 것이 치료 장면에서 신체화되는 것에 대한 작업 • 194

09. 경험에 대한 자기의 태도: 매몰과 정신화 및 마음챙김 199
　매 몰 • 202
　정신화 • 203
　마음챙김 • 205
　매몰에서 정신화로 • 207
　심리치료에서 성찰적 자기의 강화와 통합의 촉진 • 215
　성찰적 자기 키우기: 치료과정의 예시 • 220

심리치료에서 마음챙김 • 237

10. 애착 이론의 임상적 차원 심화시키기: 상호주관성과 관계적 관점 249
한 사람 심리학을 넘어서 • 250
애착과 상호주관성: 수렴적이고 상호보완적인 이론 • 252
전통적 개념의 재고: 심리치료의 민주화와 치료자 역할의 인격화 • 258
치료적 개입방법에 대한 상호주관성 이론의 기여 • 267
상호주관적 관점이 애착 이론에 추가하는 것 • 278

제4부 심리치료에서의 애착 유형

11. 발달을 위한 도가니 만들기 285
심리치료에서 협력적 의사소통 촉진하기 • 285
환자가 심리치료에 잘 참여할 수 있도록 훈련시키기 • 297
분리와 중단 그리고 종결 • 300
애착에 관한 환자의 마음 상태 평가하기 • 304

12. 무시형 환자: 고립에서 친밀로 311
공감과 직면 • 313
치료적 상호작용과 무시형 환자 • 317

13. 집착형 환자: 자신의 마음을 위한 자리 만들기 329
무력함의 패턴 • 332
분노와 혼란의 패턴 • 344

14. 미해결형 환자: 정신적 외상과 상실의 상처 치유하기 355
안정에 대한 환자의 두려움 극복하기 • 358
해리와 투사적 동일시 및 역전이 • 362
안정에 대한 환자의 두려움 극복하기(계속) • 367
정신적 외상을 말로 표현하기 • 370
정신화와 마음챙김 • 373

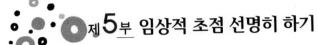

제5부 임상적 초점 선명히 하기

15. 비언어적 영역 1: 불러일으켜 지고 실연된 측면 다루기 377

비언어적 의사소통 • 381

치료자 안에서 불러일으켜 진 반응에 대해 어떻게 해야 하는가 • 383

실연되는 것을 어떻게 다루어야 하는가 • 393

16. 비언어적 영역 2: 몸과 작업하기 423

몸에 주의 기울이기 • 425

탈신체화와 미해결형 환자 • 440

17. 정신화와 마음챙김: 심리적 해방의 이중 나선 445

'탈매몰' 과정으로서 정신화와 마음챙김 • 447

관계의 맥락에서 정신화와 마음챙김 발달시키기 • 450

이중 나선: 임상적 실례 • 452

마음챙김 길러 주기 • 476

정신화 촉진하기 • 481

정신화와 마음챙김 및 치료자의 기여 • 489

참고문헌 • 491

찾아보기 • 506

01
애착과 변화

치료자의 역할은 엄마가 아이에게 세상을 탐색해 나갈 수 있도록
안전 기지를 제공하는 것과 유사하다.
—John Bowlby(1988, p. 140)

Bowlby가 그리는 세상 속 우리의 삶은 요람에서 무덤까지 친밀한 애착을 중심으로 움직인다. 이런 애착에 대한 우리의 태도는 우리가 경험하는 최초 관계에 의해 가장 크게 영향을 받고 형성되지만, 우리는 또한 다른 것에도 영향을 받는다. 만약 우리의 초기 관계에 문제가 있었다면, 이후의 관계들이 두 번째 기회를 제공하여 안정된 애착에서 비롯되는 마음의 자유를 누리며 사랑하고 느끼고 성찰할 수 있는 가능성을 줄 수도 있다. 성공적인 심리치료는 바로 이런 치유적인 관계를 제공한다.

환자가 자신의 과거사에 의해 주어진 제약을 넘어서서 성장할 수 있도록 우리가 치료자로서 어떻게 구체적으로 도움을 줄 수 있는가는 애착 이론이 직접 다루지 않는 주제다. 그러나 Bowlby의 독창적인 통찰에서 영감을 얻어 진행 중인 연구들은 엄청난 임상적 가치가 있으며, 특히 관계의 맥락에서 이루어지는 자기의 발달에 대해 점진적으로 좀 더 명료해지는 관점을 우리에게 제공한다.

나는 이런 연구의 영향력을 좀 더 공고히 하려는 시도로 심리치료에 대해 가장 깊이 있고 풍부한 시사점이 있는 것으로 보이는 다음 세 가지 연구 결과를 확인했다. 그 첫째는 두 사람이 함께 만들어 내는 애착 관계가 발달에 핵심적인 맥락이라

는 것이다. 둘째는 언어 습득 이전의 경험이 발달하고 있는 자기의 핵심을 이룬다는 것이다. 그리고 셋째는 개인이 자신의 경험에 대해 갖는 태도가 개인의 과거사 사실 그 자체보다 애착의 안정성을 더 잘 예측한다는 것이다.

이 세 가지 핵심 결론이 임상 실제에 주는 시사점을 이끌어 내는 작업을 하면서 물론 나는 애착 문헌을 참고한다. 하지만 애착 문헌 이외에 상호주관성 이론과 관계 이론을 참고하고, 이뿐만 아니라 인지과학과 정신적 외상에 대한 연구, 의식의 탐구와 함께 Allan Schore(2004)가 '애착의 신경생리학'이라 부르는 정서신경과학도 참고한다. 이 장에서는 애착 관계와 언어 습득 이전의 경험 및 성찰 기능이 발달에서 갖는 중요성에 관한 세 가지 핵심적인 발견을 깊이 있게 다루고자 한다. 그리고 이런 발견들이 관계를 통한 자기의 변화를 중시하는 심리치료의 한 모델에 줄 수 있는 임상적인 기여점을 도출하고자 한다. 이 장의 목적은 연구와 이론 그리고 나의 개인적 경험에 대한 개관을 통해 이끌어 낸 임상 철학인 정서적 치유에 대한 접근을 전달하는 것인데, 이것은 내가 환자를 돕기 위해 채택하는 다양한 관점의 기초를 이룬다.

앞으로 상세히 설명하겠지만, 내가 제안하는 심리치료 모델은 관계를 통한 변화를 추구하며 애착 이론 자체가 전개되어 온 이야기와 그 궤를 나란히 한다. Bowlby (1969/1982)는 애착이 진화론적 필요성에 근거한 생리적 필요라는 것을 인정하는 데서 출발했다. 즉, 양육자(들)와의 애착 관계는 유아의 신체적·정서적 생존과 발달에 필수적이라는 것이다. 애착의 필요성을 감안할 때 유아는 양육자에게 반드시 적응해야 하고, 애착의 유대를 위협하는 행동은 무엇이든 방어적으로 배척해야 한다. 이후 Mary Ainsworth의 연구(Ainsworth, Blehar, Waters, & Wall, 1978)는 유아의 안정성이나 불안정성을 결정하는 것은 애착 관계에서 이루어지는 비언어적 의사소통의 질이며, 이와 함께 자신의 감정에 대한 유아의 접근방식임을 밝혔다. Mary Main의 연구(Main, Kaplan, & Cassidy, 1985)는 생리적으로 요구되는 이런 초기의 비언어적 상호작용이 정신적 표상과 정보처리 규칙으로 유아에게 저장되고, 이것이 다시 좀 더 연령이 높은 아동과 청소년 그리고 성인이 사고하고 느끼며 기억하고 행동하는 것에 영향을 미치는 방식을 보여 주었다. 마지막으로 Main(1991)과 Peter Fonagy(Fonagy,

Steele, & Steele, 1991a)는 우리가 자신의 경험에 대해 취하는 태도의 결정적인 중요 성을 강조했다. 이들은 애착의 안정성과 적응유연성 및 안정된 자녀를 키울 수 있는 능력이 모두 자신의 경험에 대해 성찰적 태도를 취할 수 있는 개인의 능력과 상관이 있음을 보여 주었다. 이처럼 Bowlby에서 Ainsworth, Main 그리고 Fonagy에 이르기 까지 점차 발전해 온 애착 이론의 내용은 친밀한 유대와 비언어적 영역 그리고 경험 에 대한 자기의 관계에 초점을 두고 전개되어 왔다.

이 똑같은 세 가지 주제는 관계를 통해 변화를 도모하는 치료의 모델을 구성한 다. 이 모델에서 치료자에 대한 환자의 애착 관계는 근본적이고 주된 것이다. 이런 관계는 탐색과 발달 그리고 변화를 위한 필수조건인 안전 기지를 제공한다. 이런 의 미의 안전 기지는 치료자가 환자의 상태에 맞게 조율하면서 환자가 힘든 감정을 견 디고 조절하며 전달할 수 있도록 효과적으로 도울 수 있는 능력에서 비롯된다. 치 료자와 환자 간의 상호작용에 의해 환자의 정서가 조절되고 이를 통해 안전감이 생 겨나며, 이런 안전감으로 인해 치료적 관계는 환자가 말로 표현하지 않았던—그리 고 아마도 표현할 수 없었던—부정되거나 분열된 경험에 접근할 수 있는 장을 제 공할 수 있다. 관계는 또한 이런 경험을 위한 여지를 만들어 줌으로써 치료자와 환 자가 그것을 이해하려고 시도할 수 있는 장이 된다. 분열되고 언어화되지 않은 감 정과 사고 및 충동에 접근하며 분명하게 말로 표현하고 성찰하는 것은 환자의 '이 야기하는 능력(narrative competence)'(Holmes, 1996)을 강화하고, 환자가 자신의 경 험에 대해 취하는 태도가 좀 더 성찰적인 방향으로 바뀌게 하는 데 도움을 준다. 전 반적으로, 애착에 초점을 둔 치료의 중심에 있는 관계적·정서적·성찰적 과정은 그 동안 부인되어 온 경험의 통합을 촉진함으로써 환자 안에 좀 더 일관되고 안정된 자기감을 키워 준다.

변화를 가져오는 관계

최초의 애착 관계가 유아의 발달을 가능하게 했던 것과 마찬가지로 환자의 변화를 가능하게 하는 것은 궁극적으로 치료자와의 새로운 애착 관계다. Bowlby(1988)의 말을 바꾸어 표현하자면, 이런 애착 관계는 안전 기지를 제공하여 환자가 스스로 느껴서는 안 된다고 여겨 온 것을 느끼고, 알아서는 안 된다고 여기는 것을 알아보는 모험을 할 수 있게 해 준다. 여기에서 치료자의 역할은 환자가 과거의 애착 패턴을 해체할 뿐만 아니라 현재 새로운 애착 패턴을 구성할 수 있도록 돕는 것이다. 우리가 살펴본 것처럼 최초 애착에서 형성된 패턴은 이후 우리가 다른 사람들과 관계하는 방식뿐만 아니라 느끼고 사고하는 우리의 습관에서도 나타난다. 따라서 치료자와 환자의 관계는 애착뿐 아니라 정서조절과 사고의 새로운 패턴을 형성할 잠재력을 갖고 있다. 달리 말해, 치료 관계는 내적 현실과 외적 현실에 대한 자신의 경험에 대해 환자가 취하는 태도가 근본적으로 변화될 수 있는 발달의 도가니라고 할 수 있다.

알고 있지만 생각해 보지 않은 것

환자의 최초 애착 패턴이 언어 습득 이전 시기에 뿌리를 두고 있다는 점과 이 때문에 경험이 부정되고 분열되었을지 모른다는 점을 감안할 때 치료자는 환자가 아직까지 말로 표현해 보지 못한 경험이 비언어적으로 표현되는 것에 민감하게 조율할 필요가 있다. 즉, 치료자는 Christopher Bollas(1987)가 환자가 "알고 있지만 생각해 보지 않은 것(unthought known)"이라고 부른 것과 접촉하는 방법을 찾아야 한다. 치료적 대화에서 말로 표현되지 않은(혹은 생각할 수 없는) 저변의 의미를 포착하려면 몇몇 저자들(Bateson, 1979; Bion, 1959)이 치료자의 '쌍안시(雙眼視, binocular vision)'라고 부르는 능력, 즉 환자와 치료자 두 사람 모두의 주관성을 따라갈 수 있는 치료자의 능력이 요구된다. 여기서 기초가 되는 가정은 환자는 말로 표현할 수 없는(혹은 표현하지 않으려는) 자신의 분열되거나 부정된 경험을 다른 사람 안에서 불러일으키거나, 다른 사람과 함께 실연하고 혹은 구현한다는 것이다. 이것이 주는 임상적인 시사점은 치료자는 자신의 주관적 경험과 환자와 치료자가 함께 만들어 내는 전이-역전이 재연 그리고 감정과 몸의 비언어적 언어에 각별히 관심을 기울여야 한다는 것이다. 왜냐하면 이 모든 것이 환자가 부정해야 했거나 자기 것으로 받아들이지 않았던 것에 접근하여 궁극적으로 통합을 이루도록 하는 통로이기 때문이다.

경험에 대한 태도: 표상과 성찰 및 마음챙김

애착 연구는 관계 경험과 비언어적인 경험의 중추적인 역할을 강조하고 이와 함께 성찰적 기능과 메타인지의 중요성도 강조한다. 좀 더 광범위하게 애착 연구는 자신의 경험에 대해 자기가 취하는 태도가 미치는 결정적 영향을 밝힌다.

안정 애착은 경험에 대한 성찰적 태도와 분명히 관련되어 있다. Main(1991)의 보고에 의하면 성찰적 태도는 우리 자신의 신념과 감정의 '단순히 표상적인 본질'을 인식하는 메타인지적 능력에 달려 있다(p. 128). 이런 태도를 가지면 우리는 경험의 즉시적인 '현실'에서 뒤로 물러나 그것의 저변에 있는 정신상태의 관점에서 반응할 수 있다. Fonagy의 용어를 사용하면, 우리는 '정신화(mentalize)'할 수 있다. 우리가 더 자유롭게 정신화를 할수록 우리의 최초 관계가 전개되는 과정에서 형성된 감정적인 반사적 반응에 불가항력으로 사로잡히게 될 가능성이 줄어든다. Main이 개발한 성인 애착 면접(Adult Attachment Interview) 질문지를 사용한 연구에서 나타나듯이, 경험에 대한 성찰적 태도는 자신의 경험이 미친 영향을 최소화하고 부정하거나(무시하는 마음 상태) 혹은 그 경험에 의해 압도당하는(집착하는 마음 상태) 불안정한 사람들에게서 발견되는 태도와는 전혀 다르다. 일반적으로 우리가 성찰적 태도를 더 잘 활용하면 할수록 우리는 더 유연하게 적응할 것이고, 안정된 자녀를 양육할 능력도 더 커질 것이다.

이 같은 이유로 우리가 치료자로서 안정된 환자를 '길러 내기' 위해서는 심리적으로 깊이 있게 성찰할 수 있는 능력을 우리 안에서 개발해야 한다. 그리고 또한 우리에게 도움을 받으러 온 사람들 안에도 이런 능력을 길러 주어야 한다. 치료자로서 환자의 정신화 능력을 함양하거나 탈억제하려는 우리의 노력은 우리가 제공하는 도움의 본질적인 특성을 이룬다. 환자가 정신화를 하도록 도와줄수록 우리는 환자가 자신의 감정을 조절하고 분열되었던 경험을 통합하며 좀 더 견고하고 응집된 자기감을 느낄 수 있는 능력을 강화할 수 있다.

그런데 나는 성찰적 태도를 취할 수 있는 능력을 넘어서 어떤 의미에서 우리 자신의 주관적 핵심에 '좀 더 깊고' 좀 더 가까운 내적·외적 경험에 대한 태도의 잠재력이 존재한다고 주장하고 싶다. 여기서 내가 생각하고 있는 것은 현재 순간의 경험에 대한 의도적이고 비판단적인 주의를 내포하는 태도, 즉 마음챙김(mindfulness)의 태도(Germer, Siegel, & Fulton, 2005; Kabat-Zinn, 2005)다. 마음챙김은 불교심리학에서 나온 개념으로 애착 이론에서 사용하는 어휘에는 속하지 않지만, 이것은 애착 이론과 연구에서 발전해 온 자연스러운 결과인 것 같다. 사실 『애착 개론서(Handbook of Attachment)』의 공저자인 Phillip Shaver는 최근에 달라이 라마에 대한 학술 발표를 준비하면서 거의 십여 권에 달하는 불교 서적을 읽을 기회가 있었다고 나에게 말해 주었다. 놀랍게도 그는 이 책들에 담긴 심리학이 애착 이론의 심리학과 일치할 뿐 아니라 많은 점에서 실질적으로 같음을 발견했다고 밝혔다(Shaver, 개인적인 교신, 2005).

마음챙김의 태도가 의미하는 바를 명확히 하기 위해 순간순간 '마음을 챙기는 자기(a mindful self)'가 되는 경험에 기여하는 각각의 요소를 나타내는 4개의 동심원이 있다고 상상해 보라.

가장 바깥 원은 외적 현실을 나타낸다. 외적 현실의 세계는 우리에게 일어나는 사건과 우리가 함께 만들어 내는 상황을 포함할 뿐만 아니라, 가장 중요하게는 우리가 관여하는 사람들을 포함한다.

원의 안쪽으로 들어가면 표상적 세계(the representational world)를 나타내는 두 번째 원이 있다. 표상적 세계는 이전 경험에 대해 우리가 갖고 있는 정신적인 모델로서 우리가 새로운 매 순간마다 이미 고안된 것을 재발명하지 않도록 해 준다. 이런 표상적 모델들은 우리의 현실 적응을 안내하고, 과거와 현재에 대한 우리의 해석을 결정지으며, 미래에 대한 우리의 기대를 형성한다.

　두 번째 원 안에 세 번째 원이 있는데, 이 원은 경험에 대한 성찰적 태도를 가능하게 하는 우리의 한 부분, 즉 '성찰적 자기(the reflective self)'를 나타낸다. 여기에서 우리의 내적 작동 모델을 포함한 우리의 표상이 외적 현실에 대한 우리 경험을 중재하거나 걸러 낸다고 알려져 있다. 우리는 표상이라는 주관적 세계를 외적 현실의 객관적 세계와 동일시하지도 않고, 외적 현실이 우리의 주관적 경험에 미치는 영향을 부인하지도 않는다. 이런 태도를 가지면 우리는 의식적이든 무의식적이든 우리의 경험을 단순히 액면 그대로 받아들이기보다 그 경험이 갖는 의미에 대해 성찰할 수 있다. 이것이 우리에게 내적 자유의 중요한 수단을 제공한다.

　애착 이론은 이런 세 개의 원이 나타내는 요소들, 즉 외적 현실과 표상적 세계 그리고 성찰적 자기만을 명시적으로 다룬다. 그러나 내가 보기에는 점진적으로 발전하는 애착 이론의 이야기에는 또 하나의 궤도가 있는데, 이것은 세 개의 원 안에서 화살표처럼 네 번째 원을 향하고 있는 것 같다. 이 네 번째 원이 내가 마음챙김의 자기라고 부르는 것을 나타낸다.

　다소 신비스러운 표현을 쓰자면 이 마음챙김의 자기는 다음 물음에 대한 해답이다. 경험에 대해 실제로 성찰하는 이는 누구(혹은 무엇)인가? 만약 성찰적 태도가 메타인지, 즉 생각에 대한 생각을 포함한다면 **생각**하는 것에 대한 **생각**을 생각하는 것은 누구인가를 묻는 것은 자연스러운 일로 여겨진다. 내가 한 것처럼 여러분도 눈을 감고 스스로에게 이 질문을 던져 볼 수도 있다. 이 질문에 대해 나 자신의 경험에서 나온 답은 나를 깜짝 놀라게 했다. 그것은 아무도 아니었다. 파악하기 어려운 이런 이해는 불교심리학의 기본적인 전제에 부합하면서, 마음챙김의 자기가 안정된 자기이면서 동시에 어떤 (개인적) 자기도 아닌, 단지 자각일 뿐이라는 사실을 반영한다(Engler, 2003; Goldstein & Kornfield, 1987; Kornfield, 1993).

　이와 같은 역설에 대한 언급은 애착에 대한 탁월한 저서를 남긴 Jeremy Holmes(1996)가 불교에서 **무집착**(nonattachment)의 개념을 빌려 왔음을 인정하는 데서도 찾아볼 수 있다(p. 30). 그는 자기 경험의 깊이와 폭에 대한 자각과 동시에 자기가 '궁극적으로 하나의 허구'라는 사실에 대한 자각 두 가지를 모두 포함하는 '등거리적 자세(equidistant position)'를 묘사하기 위해 이 개념을 빌려 왔다.

마음챙김이라는 이 주제를 또 다른 시각에서 보면 다음과 같다. 경험에 대한 성찰적 태도가 메타인지를 수반한다면 마음챙김의 태도는 메타자각, 즉 자각에 대한 자각을 포괄한다. 달리 말해서, 경험에 대해 성찰하는 자기가 경험의 내용에 주의를 기울인다면 마음챙김을 하는 자기는 경험하는 과정에 주의를 기울인다. 이런 마음챙김의 주의는 경험이 구성되는 과정을 조명한다(Engler, 2003).

Fonagy는 심리치료에 부가적인 활동으로 마음챙김 명상이 치료에 기여할 수 있는 잠재성을 강조하는 연구들에 대해 언급하고 있다. 그는 "우리가 '정신화'라고 부르는 것은 명상 수련에 의해 직접적으로 증진된다."라고 쓰고 있다(Allen & Fonagy, 2002, p. 35). Fonagy의 관점은 의심할 여지없이 타당하다. 그러나 마음챙김은 공식적인 명상 그 이상을 포함한다. 그리고 명상은 정신화 그 이상을 지원한다.

마음챙김 자각의 규칙적인 수행은 연구에 의해 아동기 안정 애착의 경험이 주는 이점이라고 밝혀진 것과 똑같은 이점들—신체적이고 정서적인 자기 조절, 다른 사람과 조율된 의사소통, 통찰, 공감 등—을 증진시키는 것 같다(Siegel, 2005, 2006). 이런 유사한 결과들을 놓고 다르게 설명할 수도 있겠지만, 나는 이런 결과가 도출된 근거가 되는 사실은 비록 그 통로는 매우 다르지만 마음챙김과 안정 애착 둘 다 똑같이 매우 가치 있는 심리적 자원, 즉 내면화된 안전 기지를 만들어 낼 수 있다는 사실이라고 제안하고 싶다.

아동기와 심리치료에서 안정된 애착 관계는 이후에 내면화될 수 있는, 인정받고 이해받고 돌봄을 받는 경험을 제공함으로써 우리에게 안정감을 주는 이런 내적 존재감을 발달시키는 데 도움이 된다. 마음챙김 수행은 단순히 자각일 뿐인 무자기 또는 우주적 자기의 (일시적이거나 혹은 지속적인) 경험을 제공함으로써, 이와 유사하게 안정감을 주는 내적 존재감을 발달시킬 수 있는 잠재력을 갖고 있다. 이런 경험들의 주된 특징은 흔히 다른 사람들과의 관계에서만큼 우리 자신과의 관계에서 느끼는 안전감과 수용감 그리고 연결감의 깊은 느낌이다(Linda Graham, 개인적인 교신, 2006).

치료자로서 우리 자신의 마음챙김 능력은 환자를 돕고자 하는 우리의 노력에서 결정적으로 중요할 수 있다. 첫째, 그리고 아마 가장 중요하게, 마음챙김의 태도는 현재 순간에 굳건히 머무르는 경험을 촉진한다. 영국 정신분석가 Wilfred Bion(1970)은 '기억이나 욕망 혹은 이해 없이' 환자에게 다가갈 때의 이점을 높이 평가하는데, 이때 그는 모든 불교 철학자와 마찬가지로 이런 열려 있는 존재 상태를 표현한 것이다(pp. 51-52). 기억되는 과거나 바라는 미래 혹은 추상화된 이론보다 지금 여기에 뿌리를 내린 이런 상태에서 우리는 무시하거나 집착하는 경향성에 덜 취약하다. 마음챙김의 태도를 통해 우리는 자녀의 상태에 조율하는 '그만하면 좋은(good-enough)' 부모처럼 환자와 우리의 상호작용에서 즉시적으로 드러나는 순간의 요구에 좀 더 온전히 함께하고, 열려 있으며, 또 반응할 수 있게 된다. 둘째, 마음을 챙기고 현재-중심적인 태도는 신체 내면에 머무르고 신체를 자각하는 경험을 촉진시킨다. 그 결과 우리는 우리 자신의 신체적 반응에 잘 조율하게 되고, 이런 조율은 환자가 보내는 신호를 증폭시켜 환자의 내적 상태가 비언어적으로 표현되는 것을 우리가 민감하게 감지하도록 해 주는 역할을 한다. 따라서 마음챙김은 환자가 표현하지 못하고 그래서 어쩌면 격리된 경험과 우리가 접촉할 수 있는 능력뿐 아니라 정확하게 공감할 수 있는 능력을 증진시킬 잠재성을 갖고 있다. 셋째, 마음챙김(애착의 측면에서 마음의 안정된 상태와 같이)은 수용하는 태도, 즉 있는 그대로의 경험에 비방어적으로 열려 있으며 받아 주는 태도를 증진시켜 우리가 환자의 느낌과 생각 및 욕망의 모든 범위를 담을 수 있는 여지를 둘 수 있게 도와준다. 이런 방식으로 치료자의 마음챙김은 통합 과정을 조성하는 환자와의 관계를 촉진할 수 있다.

이런 통합은 심리치료의 주된 목표일 뿐만 아니라 (앞에서도 언급했듯이) 안정 애착과 마음챙김의 자각 수행 둘 다의 결과이기도 하다. 치료자의 마음챙김 태도는 치료 관계가 변화를 가져오는 관계가 되도록 만드는 요소의 일부인데, 이런 태도는 '전염되는' 성질을 가질 수 있다. 즉, 치료자가 성찰적 태도를 보여 주는 것이 환자의 정신화 능력을 촉발하는 데 도움이 되는 것과 마찬가지로 치료자의 마음챙김 태도는 마음챙김에 대한 환자 자신의 경험을 촉발한다는 것이다. 게다가 어떤 환자들의 경우에는 공식적인 명상 수행을 하도록 격려하는 것이 유익할 수 있다.

애착 이론과 연구의 렌즈를 통해서 살펴볼 심리치료의 치유적 힘은 주로 치료적 상호작용에서 나온다는 것이 분명히 밝혀졌다고 믿는다. 환자가 치료자와 형성하는 애착의 새로운 관계는 발달의 도가니로 기능할 가능성이 있다. 뒷장에서 나의 치료작업을 이끄는 세 가지 핵심주제, 즉 관계와 비언어적 차원 및 경험에 대한 자기의 태도를 좀 더 깊이 다룰 것이다. 제1부에서는 애착 이론과 연구를 요약하여 그 과정에서 이 책의 개념적 기반을 구축할 것이다. 제2부에서는 자기의 발달에 애착 관계가 미치는 영향을 설명할 것이다. 제3부는 애착 이론과 심리치료의 실제를 연결 짓는 첫 번째 다리들을 놓을 것이다. 제4부는 환자의 주된 애착 패턴을 파악하는 작업이 임상 실제에 주는 함의를 설명할 것이다. 제5부는 경험에 대해 좀 더 성찰적이고 마음을 챙기는 태도를 우리 자신 안에서 개발하고 동시에 환자에게서 이끌어 낼 수 있는 방식뿐만 아니라 비언어적 영역에서의 치료적 작업의 본질에 대해 더 자세하게 다룰 것이다.

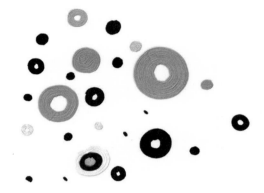

제1부

{ Bowlby와 그 이후 }

John Bowlby는 물론 애착 이론의 아버지다. 그의 독창적인 기여는 실증적으로 검증되었고, 마침내 Mary Ainsworth에 의해 정교화되었다. 이 두 사람 간의 지적인 관계는 서로의 작업을 풍요롭게 했고 서로에게 영향을 주었다. Bowlby의 생각은 Ainsworth의 연구에 시초 자극을 제공했고, 그녀의 연구는 이후 Bowlby의 사고를 새롭게 했으며, 그 결과 후속 연구와 이론의 정교화를 촉발시켰다. 이들의 협력으로 애착 이론의 기본적인 구조가 탄생했고, 이 이론에 의해 촉발된 경험적 연구들이 폭발적으로 이루어졌다.

Bowlby와 Ainsworth가 내린 결론은 Mary Main의 작업을 통해 확장되었는데, 그녀는 애착 연구의 초점을 유아기에서 성인기로, 또한 비언어적 행동에서 정신적 표상으로 옮겨 왔다. Main의 이런 공헌은 다시 Peter Fonagy와 그의 동료들에게 영감을 주었고, 이들은 상호주관적인 애착 관계가 통찰과 공감이라는 인간의 중요한 능력을 발달시키는 주된 맥락임을 확인했다.

애착 이론 연구와 관련해서 제1부는 심리치료에 가장 직접적이고 풍부한 시사점을 주는 연구 결과에 초점을 둔다. 그럼으로써 임상적 측면에 초점을 둔 이후의 장을 위한 개념적 기초를 제공할 수 있으리라 생각한다.

02
애착 이론의 기초

    흔히 Bowlby를 애착 이론의 아버지로 일컫지만, Inge Bretherton(1995)과 같은 이들은 이 이론이 사실상 부모 두 사람의 창작물이며, 이때 어머니는 Mary Ainsworth라고 주장했다. 비록 Ainsworth가 "이론을 만든 사람은 Bowlby다."라고 몇 번 말했던 것으로 알려져 있는데(Karen, 1994, p. 434), 내 생각에는 그녀가 자신의 중요성을 상당히 낮게 평가해서 말했던 것 같다. 내가 Bowlby의 아들인 Richard Bowlby 경에게 그의 아버지가 Ainsworth의 역할을 어떻게 생각했는지 물었을 때, 아버지의 관점에 입각하여 그가 한 대답은 다음과 같다.

    그들은 역동적인 2인조였습니다. 한 층의 계단에서 아랫부분은 계단의 일부이고 윗부분은 계단이 아니라고 말할 수 없듯이, 누구 한 사람이 이론을 만들었다고 말할 수는 없습니다. 그들의 관계는 하나의 긴 대화였습니다. Ainsworth가 없었다면 아버지는 그림자 같은 존재였을 것이고, [그러나] 아버지가 없었다면 Ainsworth는 별 볼 일 없는 존재였을 것입니다(R. Bowlby, 개인적인 교신, 2004).

John Bowlby: 근접과 보호 및 분리

Bowlby의 중요한 기여는 아이가 양육자에게 애착하는 행동이 생물학적인 진화에 필요하다는 것을 인식한 점이었다. Bowlby는 동기 체계로서 애착의 근본적 속성은 양육자와 물리적인 근접성을 유지하려는 유아의 절대적인 필요에 기초한 것으로, 이것은 단지 정서적인 안전을 증진하는 것만이 아니라, 사실상 문자 그대로 유아의 생존을 확보하기 위한 것으로 이해했다. 우리 조상들이 적응해야 했던 자연 환경에서는 수많은 포식 동물과 목숨을 위협하는 다른 위험 요소들로 인해, 유아가 보호자와 떨어져 몇 시간은 고사하고 몇 분이라도 살아남을 가능성은 극히 낮았다 (Main, Hesse, & Kaplan, 2005). 따라서 Bowlby가 말한 애착 행동 체계(attachment behavioral system)는 생존과 재생산의 성공 가능성을 높이기 위해 진화에 의해 고안된 것이다. 이처럼 애착 체계는 젖을 먹이고 짝짓기를 하는 것과 같이 인간 유전 프로그램의 한 요소인 것이다(Bowlby, 1969/1982).

위협과 불안정에 처했을 때 나타나는, 선천적이면서 본능에 의해 유도되는 반응들의 이런 집합은 다음 세 유형의 행동에서 분명히 드러난다.

1 보호해 주는 애착 대상을 찾고 살피며 근접성을 유지하려고 애쓰기. 애착 대상은 특정한 한 사람일 수도 있고 여러 명의 애착 대상으로 이루어진 작은 위계에 속한 한 사람일 수도 있다. 그리고 이런 인물은 보통 친족이지만 반드시 그렇지는 않다. 누구든 아이가 가장 밀접하게 관계하는 사람(엄마나 아빠 혹은 다른 양육자)이 애착 위계에서 맨 위에 있을 것으로 보일 수 있지만, 아이가 가장 선호하는 인물에게 돌아가는 이 자리는 실제로 주로 엄마가 차지하는 것으로 나타났는데, 이것은 아이가 엄마와 관계하는 정도와는 무관했다.[1] 아이가 울고, 매

----

[1] Bowlby에 의하면 유아가 엄마와의 근접성을 더 추구한다는 사실은 애착이 주로 가용성과 관련된다는 현실에서 비롯된다. 하지만 흥미롭게도 Mary Main은, 스웨덴에서 수행된 몇 개의 연구들을 인용하면서, 심지어 엄마가 밖에서 일을 하고, 아버지가 사실상 주양육자인 경우에도 여전히 엄마

달리며, 애착 대상을 부르고, 그 대상에게 기어가는 행위는 모두 어린아이에게 생물학적으로 입력되어 있는 행동 유형의 일부로서 근접성이 주는 안전을 확보하기 위한 것이다.

2 낯선 상황과 경험에 대한 탐험을 가능하게 하는 '안전 기지(secure base)' (Ainsworth의 표현을 빌리자면)로 애착 대상을 활용하기(Ainsworth, 1963). 안전 기지 현상을 보여 주는 예로 잘 알려진 Margaret Mahler의 관찰연구에서 걷기 전의 유아와 걸음마를 뗀 유아들이 잠시 엄마에게서 떨어져 탐험을 하고 난 뒤 다시 한 번 탐험을 시작하기 전에 '재충전'을 하려고 잠깐 동안 엄마에게 되돌아오는 행동을 생각해 보자(Mahler, Pine, & Bergman, 1975). Bowlby가 **탐험 행동 체계**(exploratory behavioral system)라고 명명한 것은 애착 체계와 긴밀한 관계가 있다. 아이에게 필요할 때 애착 대상이 보호와 지지를 제공해 주는 안전 기지가 되어 준다면, 아이는 보통 자유롭게 탐험한다. 반면, 애착 대상이 일시적으로 부재하면, 탐험은 갑자기 중단된다.

3 위험한 상황과 놀란 순간에 '안전한 피난처(safe haven)' 로서 애착 대상에게 달려가기. 인간은 땅 위에 사는 다른 영장류와는 공통적이지만, 영장류가 아닌 많은 다른 종과는 달리, 위협에 직면하면 안전을 얻기 위해 굴이나 동굴과 같은 어떤 장소를 찾는 것이 아니라 '더 강하고/강하거나 현명하다.' 고 여겨지는 사람과 함께하려고 한다(Bowlby, 1988, p. 121). 유아의 생존에 대한 내외적인 위협과 '자연적인 위험의 단서' (예컨대, 어둠, 큰 소리, 낯선 환경), 그리고 엄마와의 실제 혹은 곧 일어날 것 같은 분리는 모두 애착 행동의 특징인 근접성을 추구하는 행동을 유발할 수 있다.

가 강력하게 선호되는 사람이라는 점을 지적한다. Main은 이런 '놀라운 발견' 에 대한 설명으로 유아가 자궁에서 나오기 전부터 엄마가 주된 애착 대상이 될 것임을 어느 정도 보증해 주는 태내 경험(자궁 안에서 엄마의 목소리에 노출되었고 즉각적으로 그것을 선호하는 것과 같은 경험)을 제안한다.

Bowlby가 처음 이론을 정립하기 시작했을 때는 물리적 근접성 자체가 애착의 '정해진 목표'였다면, 이후에 이 관점은 정교화되고 좀 더 다듬어졌다. 물리적 근접성은 그 자체로서도 중요하지만, 그것은 또한 위안을 주는 양육자가 곁에 있음을 알려 주는 상징이기도 하다는 것을 Bowlby 스스로 깨닫게 되었다. 이런 관점에서 보면 애착 행동의 목표는 현재의 위험에서 보호받는 것뿐만 아니라, 양육자의 지속적인 가용성(availability)에 대한 확인이기도 하다. 또한 양육자가 물리적으로는 접근 가능하지만 감정적으로 부재할 수 있다는 점을 감안하여, Bowlby는 애착 대상의 '가용성'을 그저 접근 가능성의 문제가 아니라 감정적인 반응성의 문제로도 정의했다.

그는 마침내 애착에 대한 이런 확장된 이해에 명백하게 내적인 차원을 추가하여, 애착에서 결정적으로 중요한 것은 양육자의 가용성에 대한 아이의 평가이며, 현재 시점에서의 평가는 주로 아이가 과거에 양육자의 가용성에 대해 어떤 경험을 했는가에 달려 있다고 역설했다(Bowlby, 1973). 유사한 맥락에서 Sroufe와 Waters(1977a)는 애착 체계의 정해진 목표는 주로 양육자와의 거리 조절이 아니라 '안전의 느낌(felt security)'이라고 주장했다. 그런데 이런 느낌은 아이의 주관적인 상태로서, 양육자의 행동뿐만 아니라 아이 자신의 기분과 신체적인 상태 및 상상을 포함한 아이의 내적인 경험에 의해서도 결정된다.

Bowlby가 처음에는 유아와 어린 아동의 행동에 초점을 두었지만, 결국 애착을 형성하고자 하는 생물학적인 욕구의 발현은 전 생애에 걸쳐 중요하다고 믿게 되었다는 사실을 우리는 염두에 두어야 한다. 통계 자료와 일상의 경험은 그의 이런 신념을 암시적으로 뒷받침한다. 보험 통계에 의하면 배우자와 가까운 친구 둘 다 있거나 혹은 어느 한쪽이라도 있는 사람들이 소외된 삶을 사는 사람들보다 더 오래 사는 것으로 나타난다. 이와 마찬가지로 거의 보편적인 경험 자료에 의하면, 2001년 9월 11일에 일어난 사태와 같은 위협의 순간에 사람들은 가까운 사람들을 찾는다는 사실을 확인할 수 있다. 위협이 극심할수록 연결되고자 하는 욕구는 더 강하며, 글자 그대로 피부끼리 접촉하는 근접성을 통한 연결을 원하는 경우도 드물지 않다. 신체적 친밀함은 유아의 생존에 필수적인 요소인데, 이것은 좀 더 연령이 높은 아동과 성인에게도 감정적으로 반드시 필요한 요소로 흔히 경험될 수 있음이 분명하다.

사람들은 전 생애에 걸쳐 자신이 가장 애착되어 있는 대상의 신체적, 감정적인 행방, 즉 가용성과 반응성을 점검하는 경향이 있다. 그러므로 애착의 정해진 목표로서 근접성에 안전의 느낌이 추가된 이상, 애착은 우리가 성장하면서 탈피하는 유치한 의존성이 아니라 지속적인 인간의 욕구로 간주되어야 한다. Bowlby(1980)는 이것을 다음과 같이 표현했다.

> 다른 사람들에 대한 친밀한 애착은 한 인간의 삶이 그것을 구심점으로 해서 움직이는 것으로, 이는 걷기 이전의 유아나 걸음마를 뗀 유아일 때뿐만 아니라 사춘기와 성년기를 거쳐 노년기까지 지속된다(p. 442).

그렇다면 초기 아동기와 생애 전반에 걸쳐 안정 애착을 가능하게 하는 것은 무엇인가? Bowlby는 그가 살았던 시대에 제시되었던 정신분석학적 설명, 예컨대 건전한 발달과 병리적인 발달의 근원을 아이의 발달에 영향을 미치는 실제 관계에 두지 않고 오로지 아이의 환상에만 두었던 Melanie Klein의 이론과 같은 설명에 대해 깊은 불만을 품고 있었다. Bowlby는 1989년 사망하기 일 년 전쯤 이루어진 Robert Karen(1994)과의 인터뷰에서 자신의 비전을 제시했다.

> 나는 부모가 아이를 대하는 방식과 같이 실생활에서 일어나는 사건들이 발달을 결정하는 데 가장 중요하다는 관점을 갖고 있었고, Melanie Klein은 그것을 전혀 고려하지 않으려 했습니다. …… 내적인 관계가 외적인 관계를 반영한다는 생각은 그녀의 머릿속에 전혀 존재하지 않았습니다(p. 46).

Bowlby는 정신분석 훈련을 받는 동안 Klein에게서 슈퍼비전을 받았다. 그는 불안이 극심한 한 남아를 일주일에 5일씩 만나 치료하는 동안 불안감이 극도로 심한 이 어린 환자의 어머니를 만나고자 했지만 Klein이 이를 금지했는데, 이때 그는 낙담했다. 하지만 이 남아와 치료를 시작한 지 3개월 뒤 아이의 어머니가 격정성 우울증으로 입원하게 되었는데, 이때 Klein이 보인 유일한 반응은 이제 아이를 치료실로 데려올 사람이 없다며 곤혹스러워한 것이었다. Klein의 이런 반응에 Bowlby의 낙담은 혐오로 변했다.

이 불쌍한 여인이 신경쇠약으로 무너졌다는 사실은 Klein에게 아무런 임상적인 관심사가 되지 못했습니다. …… 솔직히 말해 이것이 나를 소름끼치게 했습니다. 그래서 그때 이후로 줄곧 내 삶의 사명은 실생활의 경험이 발달에 매우 중요한 영향을 미친다는 사실을 입증하는 것이었습니다(p. 46).

Bowlby가 우리에게 가장 중요한 사람들로부터 우리가 어떤 대우를 받았는가의 현실을 강조한 것이 그 시대 정신분석적 관습에 대한 반발에서 비롯되었다는 것은 그가 그런 현실을 강조한 이유의 일부분에 불과하다. 아마도 더 중요한 이유는 극단적인 상황에 처한 아동들과의 만남, 특히 빈곤이나 이혼 혹은 상실로 인해 엄마와의 관계가 붕괴된 아동들과의 만남이었을 것이다. Bowlby는 1930년대 후반에 런던의 아동지도센터(Child Guidance Center)에서 정신과의사로 일하는 동안 비행청소년을 치료하고 연구하는 데 거의 3년을 보냈다. 그리고 어린 시절에 겪은 장기간의 분리가 끼친 파국적인 영향을 『44명의 청소년 절도범: 그들의 성격과 가정생활(Forty-Four Juvenile Thieves: Their Characters and Home-life)』(1944)에 상세하게 기술했다. 이 연구의 결과로 Bowlby는 세계보건기구(WHO)로부터 위임을 받아 1949년에 제2차 세계대전의 여파로 집을 잃게 된 아이들이 감정적인 차원에서 겪는 불운에 대한 논문을 쓰게 되었다(Bowlby, 1951). 마지막으로 Bowlby는 런던의 태비스톡클리닉(Tavistock Clinic)에서 아동 치료 부서의 부국장으로 일하면서 유아가 부모와 떨어져서 장기간 입원하거나 시설에서 지낼 경우 정신적으로 피폐해지는 것을 목격하게 되었다.

분리와 상실의 실제 현실은 그가 관찰했던 비행아동과 집을 잃은 아동 그리고 입원한 아동에게 도저히 부인할 수 없는 중대한 영향을 미쳤다. Bowlby(1969/1982)는 이런 영향이 고통스러운 현실에 대처하기 위한 아동의 노력을 반영하는 일련의 반응에서 규칙적으로 나타난다는 사실을 발견했다. 외상성의 분리에 대해 아동이 보인 최초의 반응은 항의(protest)였고, 그 뒤 절망(despair)으로 이어졌으며, 마침내 거리두기(detachment)로 나타났다.

분리와 상실에 대한 Bowlby의 연구가 인간 발달의 이해에 대한 그의 접근방식에 깊은 영향을 주었지만, 이런 종류의 정신적 외상이 그의 연구의 일차적 초점이 되었던 주된 이유는 이런 경험이 실증적으로 자료를 수집하고 과학적으로 연구할 수 있는 대상이었기 때문이다(Bowlby, 1986; Bretherton, 1991). 대조적으로, Bowlby는 전쟁의 혼란으로 유린당한 아이들에 대해 그가 쓴 세계보건기구 논문에서 이런 분리와 상실의 외상에 비해 조사하기가 훨씬 더 어렵지만 이와 마찬가지로 부정적인 영향을 미치는 만성적으로 부적절한 양육에 대해 언급했다. 같은 보고서에서 그는 건강한 발달을 위해 "유아와 아동은 자신과 엄마가 모두 만족과 즐거움을 느끼는 따뜻하고 친밀하며 지속적인 관계를 경험해야 한다."라고 이론화했다(Bowlby, 1951, p. 13). 요점은 다음과 같다. Bowlby는 분리와 상실의 외상보다 좀 더 보편적으로 심리적 발달을 형성하는 것은 부모와 아이 사이의 지속적이고 일상적인 상호작용이라는 점을 알고 있었다. 하지만 그에게는 이것을 연구할 수 있는 경험적 도구가 없었다. 그러나 머지 않아 이와 같이 일상적이지만 연구하기가 극히 어려운 상호작용은 Bowlby의 동료인 Mary Ainsworth의 탐구 주제가 되었다.

Mary Ainsworth: 애착과 의사소통 및 '낯선 상황'

Ainsworth는 토론토 대학의 발달심리학자이자 연구자였고 또한 뛰어난 진단학자였는데, 그 당시 선도적인 로르샤흐 전문가 Bruno Klopfer와 공동으로 책을 쓰기도 했다. Ainsworth는 1950년에 결혼하면서 남편과 함께 런던으로 거처를 옮겼는데, 그해 말 Bowlby가 초기 아동기에 엄마와 분리되는 경험이 미치는 심리적인 영향을 연구하는 연구자를 구하려고 타임스지에 낸 구인 광고를 보고 지원했다. 이 두 사람이 서로 영향을 주고받으며 거의 40년 동안 지속된 공동 작업은 이렇게 시작되었고, 이 기간 동안 Ainsworth는 Bowlby의 가설들을 경험적으로 시험하는 최초의 과제를 떠맡았다. 처음에는 우간다에서, 그 뒤 볼티모어에서 수행한 연구를 통해 그녀는 애착 이론과 연구를 바꾸어 놓았다.

Ainsworth가 수행한 연구들은 Bowlby가 제안한 생각의 많은 부분을 분명히 확증해 주었지만, 그녀는 또한 애착이라는 개념의 진화에 있어 절대적으로 중요한 것으로 밝혀지는 데 독자적인 기여도 했다. 아마도 가장 중요한 기여는 선천적이고 생물학적인 애착 체계가 실제로 영향받을 수 있는(malleable) 것임을 발견했다는 것이다. 즉, 개인의 애착 행동의 질적인 차이는 양육자의 행동에 달려 있다는 것이다(Grossman, 1995). 이 발견은 애착 이론이 심리치료에 가장 크게 기여한 부분인 유아와 성인기 애착 양식의 분류로 이어졌다.

Ainsworth는 또한 예비적인 방식으로, 한편으로는 안정 애착을 형성할 가능성이 가장 높은 부모와 자녀 간 상호작용을 확인하였고, 다른 한편으로는 불안정 애착의 다양한 유형을 밝혀냈다. 그녀는 안정이냐 불안정이냐의 핵심은 유아와 양육자 간에 이루어지는 의사소통 패턴에서 찾을 수 있을 것임을 깨달았다.

게다가 Ainsworth는 '안전 기지'라는 개념을 만들었고, 애착 연구가 배타적으로 근접성에만 초점을 두는 데서 벗어나, 유아가 양육자에 대해 갖는 기대—궁극적으로 Bowlby가 '내적 작동 모델(internal working models)'이라 불렀던 정신적 지도나 표상으로 형성되는 기대—의 영향을 포함하도록 하는 데 핵심적인 역할을 했다. 마지막으로 그녀의 이름이 들어간 기여, 즉 애착 연구와 실질적으로 동의어가 되어 버린 Ainsworth의 낯선 상황(the Ainsworth Strange Situation)을 들 수 있다. 유아와 부모의 관계를 연구하기 위해 그녀가 1964년 볼티모어에서 고안하고 수행했던 이 실험 절차는 연구의 폭발을 불러일으켜 애착 이론이 현대 발달심리학에서 지배적인 패러다임이 될 수 있도록 했다.

우간다에서 수행된 Ainsworth의 연구

낯선 상황에서 정점에 달한 Ainsworth 연구의 여정이 시작된 것은 1964년보다 10년 전, 그녀가 남편과 함께 우간다로 옮겼을 때였다. 그녀는 자신과 함께 3년 반 동안 외상성 분리의 충격에 대해 연구했던 Bowlby처럼 '잘못된 발달'에 대한 연구가 애착의 정상적인 발달을 이해하는 기초로는 부적절하다고 확신하게 되었다 (Marvin & Britner, 1999). 따라서 우간다의 캄팔라에 정착한 지 얼마 지나지 않아 그녀는 엄마와 상호작용하는 유아에 대해 최초로 자연적이고 장기적인 연구에 착수했다. 9개월 동안 Ainsworth는 아직 젖을 떼지 않은 유아가 있는 26가구의 가족을 관찰했다. 2주마다 2시간씩 모든 가족을 방문하여 자료를 수집했는데, 이 자료들이 애착의 발생에 대한 다음과 같은 근본적인 질문에 대한 답을 주기 시작했다. 애착이라는 유대의 '잉태'를 특징짓는 것은 무엇이며, 그것의 '탄생'을 나타내는 신호는 무엇인가? 안정 애착을 촉진하는 것은 무엇이고 저해하는 것은 무엇인가?

이 연구의 자료(Ainsworth, 1967)에서 얻은 시사점은 애착이 단계를 거쳐 발달하며, 이 과정에서 유아는 초기에 엄마와 타인을 구별하지 못하다가 이후 엄마에 대한 분명한 선호를 보이는데, 이것이 6개월과 9개월 사이에 강력한 유대로 구체화된다는 것이다. 진정한 애착의 구체적인 양상은 (여러 다른 행동이 있지만 특히) 유아가 고통 받거나 놀란 상황에서 엄마에게 달려가고, 탐험을 위한 안전 기지로 엄마를 활용하며, 엄마와 다시 만났을 때 엄마에게 적극적으로 다가가는 행동으로 나타났다. 유아들이 공통적으로 보여 준 발달 궤도에 대한 Ainsworth의 기록은 Bowlby의 이론에 대한 분명한 경험적 지지를 제공했다. 하지만 그녀가 가장 관심을 가졌던 측면은 사실 이 유아들 간의 공통점보다는 차이점이었다.

대다수의 유아는 분명히 애착을 형성했던 반면에, 소수는 엄마가 달래도 듣지 않았고 탐험도 거의 하지 않았으며, 이보다 더 소수의 유아는 애착을 나타내는 어떠한 징표도 전혀 보여 주지 않았다. Ainsworth는 이런 예상치 못한 다양성은 유아가 경험했던 양육의 특성 차이를 반영하는 것이라는 이론을 세웠다. 일반적으로 엄마로부터 돌봄과 관심을 가장 많이 받았던 유아들이 안정 애착을 형성할 가능성이 가장 높았지만, 주목할 만한 예외적인 사례들을 보면서 Ainsworth는 중요한 것은 양육의 양이 아니라 질이라고 믿게 되었다. 그녀는 엄마들을 면담한 내용을 토대로 하여 유아가 보내는 신호에 대한 엄마의 민감성이 가장 중요하다고 잠정적인 결론을 내렸다. 또한 유아의 애착 안정과 엄마가 수유에서 누리는 즐거움 간에 정적인 상관이 있음을 발견했다(Bretherton, 1995; Marvin & Britner, 1999). 이 발견은 건강한 발달이 애착 관계에서 엄마와 자녀 양자가 느끼는 즐거움에 의해 결정된다는 Bowlby의 초기 가설(Bowlby, 1951)을 지지했다. Ainsworth는 엄마의 어떤 행동이 안정 애착의 발달에 유익하고 어떤 행동이 그렇지 않은지를 끝내 구체화시키지는 못했다. 하지만 그녀가 유아의 상태에 대한 엄마의 조율과 애착 간의 관련 가능성을 확인한 것은, 우간다에서 수행했던 연구를 반복하고 아주 의미 있게 정교화시킨, 8년 뒤의 볼티모어 연구로부터 그녀가 무엇을 발견하게 될지에 대한 암시를 주었다.

'낯선 상황'

1963년에 Ainsworth는 볼티모어에서 가정방문을 중심으로 진행할 초기 발달에 대한 연구의 참여자로 임신 중인 26명의 예비엄마들을 모았다. 이 연구에서는 아기가 태어난 후 일 년 동안 아기와 엄마의 상호작용을 상세하게 기록했다. Ainsworth와 동료들은 각 가정을 매번 4시간씩, 18차례 방문하는 동안 자료를 수집했고, 이 자료는 이곳에서 기록한 애착 행동과 이전에 우간다에서 관찰했던 것이 거의 완벽하게 일치한다는 것을 보여 주었다. 이와 같이 서로 다른 문화 간에 나타난 상관은 애착이 보편적이고 본능적인 욕구라는 Bowlby의 주장을 뒷받침했다. 그러나 Ainsworth는 두 문화 집단 간에 보이는 의문스럽고 호기심을 불러일으키는 차이점도 인식하고 있었다. 이것은 우간다의 유아들은 가정에서 현저하게 안전 기지 행동을 보였는데, 볼티모어 집단은 그렇지 않았다는 점이었다.

Ainsworth에게 안전 기지 현상은 핵심적인 것으로, 그것의 존재는 안정을 의미하며, 이런 안정은 유아가 탐험과 애착을 둘 다 할 수 있는 균형 잡힌 능력으로 드러났다. 우간다에서 유아들은 애착 대상이 곁에 있으면 탐험을 시작했고, 그 대상이 떠나고 없으면 고통 받고 갑자기 탐험을 중단했다. 이와는 대조적으로 볼티모어에서는 애착 대상이 함께 있든 없든 상관없이 유아의 탐험은 지속되는 것 같았다.[2] Ainsworth는 Bowlby의 이론대로 안전 기지 행동이 실제로 유전적인 것인지를 결정하기 위해 Barbara Wittig과 함께 볼티모어 유아들에게 '낯선 상황(a Strange Situation)'을 제시함으로써 가정에서의 친숙함 문제를 비켜간 연구 절차를 고안했는데, 이런 연구 절차에 대해 초기에는 논란이 있었다(Ainsworth, Blehar, Waters, & Wall, 1978).

약 20분 동안 지속되는 이 구조화된 실험실 평가에서 엄마와 이제 12개월이 된 유아는 장난감이 가득 들어 있는 분위기가 좋은 방으로 안내받았다. 그 후 각 3분간 일련의 에피소드가 이어졌다. 여기에는 유아가 엄마와 함께 있는 상황에서 탐험할 수 있는 기회와 두 차례 엄마와의 분리 및 두 차례의 재회, 그리고 유아가 낯선 사람(항상 유아를 관찰하도록 훈련 받은 사람)과 함께 있어야 하는 기회가 포함되었다. 익숙하지 않은 환경과 엄마와의 분리 그리고 낯선 사람이라는 조합이 유발하는 불안감으로 인해 예측 가능하고 생물학적 기반이 있는 애착 행동 체계가 발현될 것이라 예측되었다. Ainsworth는 집에서 안정적이라고 평가 받은 유아는 엄마를 안전 기지 삼아 엄마가 있을 때는 놀이를 할 것이고, 엄마가 떠나면 고통 받고, 엄마가 돌아오면 충분히 안심하고 계속해서 재미난 탐험을 할 것으로 예상했다. 그녀는 또한 집에서 불안정하다고 평가 받은 유아들은 엄마와 분리되어 있는 동안 매우 불안해할 것으로 예상했다. 그런데 실제로 낯선 상황에서 일부 유아들이 보인 행동은 Ainsworth의 예상을 완전히 벗어나 그녀를 놀라게 했다.

---

2) Ainsworth는 이런 차이점에 대한 잠정적인 설명으로 미국 유아들은 우간다 또래들과는 확연히 다르게 엄마가 집에 있다가 밖으로 나가는 상황에 너무나 익숙하기 때문이라고 했다. 하지만 그녀는 가정이라는 익숙한 환경에서는 볼티모어 유아들에게서 이런 안전 기지 행동—이론상 생물학적으로 보편적인 행동—을 분명히 찾아볼 수는 없었지만, 그렇다고 해서 이들에게 이런 행동이 전혀 존재하지 않을 것이라고는 믿으려 하지 않았다.

가정에서 1년간의 관찰을 토대로 '안정적'으로 판단된 볼티모어 유아 대다수는 실제로 예측했던 것과 같은 반응을 보였고, 자유롭게 탐험하며 엄마와의 연결에 의해 위로받을 수 있는 유연한 능력을 보여 주었다. 그런데 Ainsworth가 예상하지 못했고 처음에는 이해할 수 없었던 부분은 적지 않은 수의 유아들이 탐험을 선호하여 엄마와의 연결을 전적으로 단념한 것처럼 보였다는 것이었다. 이 유아들은 실험 절차의 과정 내내 탐험을 계속했을 뿐만 아니라, 재회 장면에서도 엄마를 회피했기 때문에 '회피적(avoidant)'이라고 묘사되었다. 대조적으로 이들보다 더 적은 수의 유아들은 연결을 선호하여 탐험을 완전히 포기한 것처럼 보였다. 이 유아들은 계속해서 엄마가 어디 있는지에 집착했을 뿐만 아니라, 엄마와 재회했을 때도 화를 내거나 수동적인 반응을 보이면서 달래지지 않았기 때문에 '양가적인(ambivalent)' 혹은 '저항적인(resistant)'이라고 불렀다.

의심할 여지없이 Ainsworth가 애착 이론에 남긴 가장 큰 공헌은 낯선 상황 실험을 통해 집에서 이루어지는 엄마와 유아의 상호작용 패턴과 연관된 세 가지 애착 유형을 발견해 낸 것이다. 유아의 유형화와 이런 유형들을 만들어 내는 것처럼 보이는 상호작용 양식은 치료 실제와 깊이 관련되어 있기 때문에 이런 유형에 대해 좀 더 상세하게 정리할 필요가 있다.

유아기 애착의 유형화

안정 애착

안정된 유아들은 안전하다고 느낄 때는 탐험을 하고 그렇지 않을 때는 관계를 통해 위안을 얻고자 하는 두 가지 충동과 균등하게 접촉하는 것처럼 보인다. Ainsworth는 애착의 안정이나 불안정에 대해 가장 많은 것을 보여 준 것은 분리가 아니라 엄마와 재회했을 때 유아가 보인 반응이라고 결론 내렸다. 안정된 유아는 분리로 인해 아무리 심하게 고통 받았더라도 엄마와 다시 연결되면 거의 즉시 안심했고 선뜻 놀이를 재개했다.

이와 같은 유연성과 탄력성(resilience)은 유아가 보내는 신호와 의사소통에 반응을 보였던 민감한 엄마와의 상호작용의 산물로 보였다. 일반적으로 안정된 유아의 엄마들은 아기가 울면 재빨리 들어 올려 부드럽고 조심스럽게 안아 주었지만, 유아가 안겨 있고 싶어 하는 동안만 그렇게 했다. 이 엄마들은 유아에게 자신의 속도나 목적을 강요하기보다는 자신의 리듬이 유아의 리듬과 순조롭게 맞물리게 하는 것처럼 보였다. Winnicott의 표현을 빌리자면 '그만하면 좋은(good-enough)' 방식으로 이 엄마들의 행동은 잘못된 조율보다는 민감성을, 거절보다는 수용을, 통제보다는 협동을, 냉담함보다는 감정적으로 함께해 주는 능력을 보여 주는 경향이 있었다(Ainsworth et al., 1978).

회피형 애착

낯선 상황 절차에서 유아들이 본질적으로 위협적인 환경에 노출된다는 점을 감안할 때 회피적인 유아들의 무신경한 반응은 특이한 현상으로 보일 수 있다. 엄마가 떠나든 돌아오든 이들은 눈에 띌 정도로 태연한 가운데 끊임없이 탐험하기 때문에, 고통 받지 않는 것처럼 보이는 이들의 모습은 침착한 것으로 오인받기 쉽다. 실제로 이 유아들이 엄마와 분리된 동안 일어난 심장 박동률의 상승은, 그런 상황에서 눈에 띄게 고통 받았지만 안정된 유아들의 수준과 같았다. 하지만 낯선 상황 절차 이전과 이후에 측정한 이들의 코르티솔(신체의 주요 스트레스 호르몬)은 안정된 유아에 비해 그 증가량이 유의하게 높았다(Spangler & Grossmann, 1993; Sroufe & Waters, 1977b).

Ainsworth는 회피형 아기가 보이는 표면적인 무관심과 애착 행동의 사실상 부재는 Bowlby가 부모로부터 장기간 떨어져 있어야 했던 2, 3세 아기들에게서 관찰했던 거리두기(detachment)와 유사한 방어적인 적응을 나타낸다고 믿게 되었다. 이 회피형 아기들은 부모와의 분리와 상실로 인해 외상을 경험한 좀 더 연령이 높은 아이들처럼, 위로와 돌봄을 청하는 그들의 요구가 소용이 없을 것이라 결론짓고 그래서 어떤 의미에서는 체념한 것 같았다.

Ainsworth는 회피형으로 분류된 유아들의 엄마는 연결을 원하는 유아의 시도를 적극적으로 거부했었다는 사실을 발견했고(Ainsworth et al., 1978), 이후에 다른 연구자들은 이런 엄마들이 유아가 슬퍼하는 것처럼 보일 때 뒤로 물러나는 것을 관찰했다(Grossmann & Grossmann, 1991). 이것은 뜻밖의 발견이 아니었을지도 모른다. 감정 표현을 억제하고, 신체적인 접촉을 회피하며, 접촉했을 때 무뚝뚝하게 반응하는 것은 모두 회피형 유아를 만드는 것처럼 보이는 양육의 징표인데, 이런 유아들은 엄마한테 안겼을 때도 엄마를 꼭 껴안거나 달라붙기보다 늘상 축 늘어졌다(Main & Weston, 1982).

양가적 애착

Ainsworth의 연구에서는 두 가지 유형의 양가적인 유아들이 확인되었는데, 이들은 분노하는 유아들과 수동적인 유아들이었다. 두 유형 모두 엄마가 어디에 있는지에 너무 집착해서 자유롭게 탐험할 수 없었고, 또한 엄마가 자리를 뜨면 극심한 고통을 겪었다. 이런 고통이 너무 심해 엄마와 분리되는 에피소드를 중단해야 하는 경우가 빈번했을 정도였다. 엄마와 다시 만났을 때 '분노하는'으로 분류된 유아들은 엄마와 연결하려고 적극적으로 시도하는 것과 거부를 표현하는 것 사이에서 왔다 갔다 했는데, 이때 거부는 엄마가 안으려고 할 때 몸을 뒤로 젖히는 것에서부터 분노 폭발까지 다양하게 나타났다. 이와 대조적으로, '수동적인'으로 분류된 유아들은 엄마에게 자신을 위로해 달라고 그저 미약하게 혹은 심지어 암시하듯이 요청할 수밖에 없는 것처럼 보였다. 이들은 마치 자신의 무력감과 고통에 너무나 압도되어 엄마에게 직접적으로 다가가지 못하는 것 같았다. 불행히도 양가적인 유아들에게는 엄마와 다시 만나는 것이 그들의 괴로움을 줄여 주지도 못했고, 그들이 엄마의 행방에 집착하는 행동을 멈추게 하지도 못하는 것 같았다. 이것은 마치 엄마가 곁에 있음에도 이 유아들은 거기에 존재하지 않는 엄마를 계속 찾고 있는 것 같았다.

Ainsworth가 알게 된 사실은 실제로 양가적인 유아의 엄마는 반응을 하더라도 기껏해야 예측할 수 없는 방식으로 반응했고, 그리고 이따금 감정적으로 유아와 함께해 준다는 것이었다. 이 엄마들은 회피형 유아의 엄마들처럼 언어적이거나 신체적으로 거부적이지는 않았지만, 유아의 신호에 대한 반응은 그들만큼 둔감했다.[3] 마지막으로 양가적인 유아의 엄마들은 은근히 혹은 그다지 은근하지 않게 유아의 자율성을 좌절시키는 것 같이 보였다. 아마도 이것이 이 유아들의 특징인 탐험 행동에 대한 억제의 원인을 부분적으로 설명해 준다고 볼 수 있다(Ainsworth et al., 1978).

핵심은 의사소통

Ainsworth는 안정 애착과 여러 유형의 불안정 애착을 구분하면서 애착 관계에서 가장 중요한 측면은 유아와 양육자 간 의사소통의 질이었다는 것을 발견했다.

안정 애착이 형성된 관계에서 유아는 분리 후에 위안을 받고 싶다는 욕구와 다시 엄마를 만났을 때 위로 받고 안도감을 느끼는 것, 그리고 그 결과 놀이를 재개할 준비가 됐음을 분명하게 표현했다. 엄마는 유아의 비언어적인 단서들(눈물을 글썽이면서 팔을 들어 올린 채 다가오기, 안겼을 때 엄마의 몸 쪽으로 파고들기, 안절부절못하는 모습)을 정확하게 읽고 그에 맞게 반응했다(유아 들어 올리기, 부드럽게 안아 주기, 그리고 놀이를 하도록 놓아 주기). 엄마와 유아 간의 이런 일련의 움직임은 일종의 조율된 의사소통을 나타내는데, 이것은 **협력적이고**(collaborative) 상대방의 의도와 상태에 **수반되는**(contingent) 것으로 묘사되어 왔다. 즉, 한 사람이 신호를 보내면 상대편은 행동으로 답하는데 그 행동이 말하는 것은 이른바, 나는 네가 무엇을 느끼는지를 알아차릴 수 있고, 네가 필요로 하는 것에 반응할 수 있다는 것이다.

---

3) Ainsworth가 관찰한 바에 의하면 아기를 들어 올리는 에피소드의 41%에서 이 엄마들은 아기를 다루는 데 서툴렀고, '부드럽고 조심스러운' 경우는 2%에 불과했다. 이는 안정된 유아들의 엄마가 동일한 에피소드의 53%에서 부드럽고 조심스러웠으며, 서툴게 대하는 경우는 매우 드물었다는 것과 분명한 대조를 이룬다.

불안정 애착이 형성된 관계에서는 의사소통의 질이 매우 달랐다. 분리되었을 때 회피형 유아는 그들이 느낀 매우 현저한 괴로움을 직접 표현하지 못했는데, 이런 고통은 심장박동 수와 코르티솔 호르몬의 증가를 통해 간접적으로 드러났다. 마찬 가지로 그들은 엄마와 다시 만났을 때 위로 받고 싶다는 욕구를 표현하지 못했다. 간단히 말해, 회피형 유아들은 연결을 이끌어 내는 모든 의사소통을 실질적으로 억 제했다. 즉, 그들은 근접성을 원한다는 표현을 전혀 하지 않았고, 엄마가 그나마 애 써 보여 줄 수도 있는 어떠한 애정 어린 표현에도 무관심한 듯 보였다.

양가적인 유아들은 이와 거의 반대되는 행동을 보였는데, 이들은 애착에 대한 표 현을 증폭시키는 것 같았다. 이 유아들은 Ainsworth의 실험 절차에서 사실상 처음 부터 불편할 정도로 엄마가 곁에 있는지에 집착했다. 그러나 엄마와 분리되었을 때 이들의 괴로움은 극도로 심했고, 엄마를 다시 만났을 때 그들이 느낀 안도감은 미 미했다. 양가적인 유아들은 엄마가 해 주는 것과 상관없이, 이를테면 높은 수준의 음량으로 애착에 대한 자신의 욕구를 지속적으로 전달하는 듯이 보였다(Ainsworth, 1969; Main, 1990, 1995; Slade, 1999).

Ainsworth는 낯선 상황에서 나타난 서로 다른 패턴의 의사소통은 특정한 강점과 약점을 가진 부모와 가능한 한 최상의 애착을 형성하고자 하는 유아의 욕구를 반영 하는 것으로 이해하게 되었다. Forster는 "관계 맺기만 하라!(Only connect!)"라고 썼 지만, 관계를 맺으려면—즉, 애착을 형성하려면—유아는 양육자의 성격에 적응할 수밖에 없다. 안정 애착이 형성된 유아들의 엄마는 집에서 유아가 보내는 신호에 민감하고 반응을 잘 보였으며, 그들의 행동이 놀랄 만큼 아기에게 맞춰져 있다는 사실이 관찰되었는데, 이런 결과를 두고 Mary Main은 엄마의 '초기 조율(early attunement)'을 보여 주는 증거로 해석할 것이다(Main, 1995, p. 417). 따라서 안정 애 착이 형성된 유아들은 엄마에게 자신의 감정과 욕구를 직접적으로 전달하려고 한 다는 것—마치 그들이 그런 전달이 엄마의 조율된 반응을 가져오리라 가정하는 것 처럼—은 이해가 되는 현상이다.

회피적인 유아의 엄마는 집에서 아기의 애착 행동에 대해 거부적인 반응을 보이 는 것으로 관찰되었다. 그들은 유아가 원할 때 감정적으로 함께해 주는 반응을 보이지 않았고, 신체적인 접촉을 불편해했으며, 유아가 슬퍼하면 뒤로 물러나는 경향이 있었다. 엄마의 거부에 대해 유아들은 드물지 않게 분노 반응을 보였다. 따라서 이런 회피형 유아들이 애착 욕구의 전달을 억제하는 데에는 적응을 위한 목적이 있었다. 그 목적은 거부당하는 것을 피하고 또한 자신의 욕구가 좌절되었을 때 화를 내어 엄마를 밀어낼 우려가 있는 상황을 비켜 가기 위한 것이었다.

양가적인 유아의 엄마는 아기가 보내는 신호에 대한 반응에 일관성이 없었고, 아기가 원할 때 감정적으로 함께해 주는 반응도 예측할 수 없을 정도로 불규칙했던 것으로 관찰되었다. 이런 예측 불가능성은 유아의 상태에 조율할 수 있는 능력을 과도하게 방해하는 엄마 자신의 마음 상태에서 비롯되는 것 같았다(Siegel, 1999). 엄마의 예측 불가능한 이런 반응성을 감안할 때, 양가적인 유아는 애착 욕구를 끈덕지게 그리고 혼동할 우려가 없는 분명한 방식으로 전달하는 행동은—마치 엄마를 계속 압박하면 보살핌을 유지할 수 있는 것처럼—나름대로의 적응 목적을 갖고 있었다.

혼란된 애착

Ainsworth가 한 사람의 인간으로서 그리고 스승으로서 가졌던 강점은 물론이고 그녀가 수행했던 연구는 그녀와 함께 연구하기를 원했던 재능이 탁월한 많은 학생들을 끄는 힘이 있었다. 이들 가운데는 Inge Bretherton, Jude Cassidy, Alicia Lieberman, Everett Waters, 그리고 가장 걸출한 Mary Main이 있었다. Mary Main이 애착 이론과 연구에 기여한 바는 제3장에서 살펴보고자 하는데, 여기에서는 그것이 가히 기념비적인 수준이라고만 말해두려고 한다. 지금까지 애초에 제시된 세 가지 유형의 '구조화된' 애착 범주를 개괄적으로 살펴보았다. 이런 맥락에서 볼 때 가장 중요한 성과는 Ainsworth의 선구적인 연구가 수행되고 거의 20년이 지난 뒤 Main이 그전까지 발견되지 않았던 유형, 즉 혼란된(disorganized)/혼란에 빠진(disoriented) 애착 유형을 발견했다는 점이다.

Main과 그녀의 제자였던 Judith Solomon은 낯선 상황 실험에서 전통적인 범주에 맞지 않는 행동을 보였던 유아들의 모습이 담긴 200개의 비디오테이프를 세밀하게 검토하던 중 이런 유아의 90%는 부모 앞에서 이해할 수 없고 모순되거나 괴상한 반응을 보였다는 사실을 알게 되었다. 예컨대, 그들은 엄마와 다시 만났을 때 엄마에게 등을 돌리거나, 그 자리에서 얼어붙거나, 바닥에 맥없이 쓰러지거나, 혹은 멍한 혼수상태에 빠진 것처럼 보였다. 한 유아는 엄마를 보는 순간 손으로 입을 가렸는데, 이것은 Darwin이 영장류에게서 관찰했 던 행동으로, 그는 이런 행동을 숨죽인 비명(a stifled scream)이라고 해석했다(Hesse, 1999). 혼란된 애착 유형이 그토록 오래 발견되지 않았던 이유는 아마도 이와 같은 행동들은 (흔히 기껏해야 10초에서 30초 정도 지속되었기에) 유아의 낯선 상황 행동의 전체 흐름을 이를테면, 그저 잠시 중단시킬 뿐이었기 때문이다(Main & Solomon, 1990). 같은 이유로 혼란된 유형으로 분류된 유아들에게는 이들이 낯선 상황 실험에서 순간적으로 보인 이런 행동 이외에 전반적으로 보인 행동을 가장 잘 묘사하는 대안적인 범주도 함께 주어져, 각각이 보인 행동에 따라 안정된, 회피적 혹은 양가적인 유형으로 분류되었다.

혼란된 애착은 애착 대상이 안전한 피난처이자 동시에 위험의 근원으로 경험될 때, 즉 겁먹은 순간에 생래적으로 부모에게 의지하도록 되어 있는 유아가 접근과 회피라는 상충되는 충동 사이에 갇혀 꼼짝 못할 때 나타난다는 것이 Main의 가정이다. 이는 부모에게 의존할 수밖에 없는 아이에게는 탈출구가 없는 감당할 수 없는 상태다. 따라서 이토록 끔찍한 '생물학적인 역설'의 결과가 혼란 그리고/또는 혼란에 빠진 상태라는 것은 놀랄 만한 일이 아니다.

예를 들어, 부모에게 학대받은 유아들에 대한 한 연구에서 이들의 82%가 혼란된 애착으로 분류되었는데, 반면에 짝표본의 통제집단은 18%만이 혼란된 애착으로 분류되었다(Carlson et al., 1989). 게다가 혼란된 유아들은 고위험 표본, 즉 빈곤과 정신 질환, 물질 남용 등의 스트레스원에 의해 고통 받는 가족이 포함된 표본에서 지나치게 높은 비율로 나타났다. 하지만 놀랍게도 학대 받지도 않았고 고위험 표본에 속하지도 않은 유아들 중에서도 혼란된 애착이 발견되었다.

Main은 이런 발견의 의미를 이해하려고 노력하는 가운데 유아의 혼란스러움은 분명히 유아를 겁먹게 하는 분노나 학대하는 행동을 보이는 부모와의 상호작용에

서 나온 결과일 뿐만 아니라 부모가 겁을 먹었다고 유아가 지각하고 경험하는 상호
작용에서 나온 결과이기도 하다고 제안했다. 특히 혼란스러움이 유발될 수 있는 상
황은 부모가 보이는 두려움이 유아에 대한 반응에서 일어날 때 그리고 부모가 신체
적으로 철회하거나 혹은 혼수상태와 유사한 상태로 빠져들 때다. 요약하자면,
Main은 혼란된 애착이 아이에게 겁을 주거나, 스스로 겁먹었거나 혹은 해리된 상
태에 빠진 부모와 상호작용을 할 때 발생하는 것으로 이해할 수 있다고 제안한다.
안정된, 회피적인 그리고 양가적인 유아의 구조화된 전략과는 대조적으로, 혼란된
애착은 '해결책이 없는 공포'를 경험한 유아의 입장에서 전략의 **붕괴**를 반영하는
것으로 볼 수 있다(Main & Hesse, 1992).

유아기 애착 패턴의 장기적인 영향

Ainsworth의 기념비적 연구에 따라 그 뒤 수많은 반복 연구가 이루어져 왔고, 많
은 후속 연구에서 유아기 애착 패턴은 장기적인 영향을 미친다는 것을 보여 주고
있다. 안정된, 회피적인, 양가적인 그리고 혼란된 애착의 역사는 이후 아동기와 청
소년기 그리고 성인기에서 일어나는 결과와 좋게든 나쁘게든 관련되어 있다고 밝
혀졌다.

안정 애착의 역사를 가진 아이들은 불안정 애착을 형성한 또래들에 비해 자존감
과 감정적인 건강 및 자아 탄력성, 긍정적인 정서, 주도성, 사회적 능력 그리고 놀
이에 집중하는 능력이 상당히 더 높다. 유아기 때 안정 애착을 보였던 아이들은 학
교에서 교사로부터 따뜻하고 나이에 걸맞은 대우를 받는다. 이에 비해 회피적인(종
종 부루퉁하거나 거만하거나 혹은 반대를 잘하는 것으로 보이는) 아이들은 교사로부터
화를 내며 통제하는 반응을 불러일으키는 경향이 있고, 양가적인(종종 너무 달라붙
고 미숙해 보이는) 아이들은 교사가 응석을 받아 주고 유아 취급을 하는 경향이 있
다. 회피적인 아이들은 종종 다른 아이들을 괴롭히는 반면에 양가적인 아이들은 흔
히 괴롭힘의 피해자가 되는 경향이 있다. 그리고 안정된 아이들은 피해자도 가해자
도 아니다(Elicker, Englund, & Sroufe, 1992; Sroufe, 1983; Weinfeld, Sroufe, Egeland, &

Carlson, 1999).

　이후의 발달을 보면 안정 애착은 생애 초기에 혜택을 받았던 이들에게 어느 정도의 탄력성을 부여하는 것 같다. 이와는 대조적으로 유아기에 형성된 혼란된 애착은 아동기와 그 이후 시기의 정신병리에 영향을 미치는 아주 중대한 위험요소로 보인다. 예를 들어, 경계선 장애 환자들은 흔히 혼란된 애착의 역사를 갖고 있는 것 같다(Dozier, Chase, Stoval, & Albus, 1999; Fonagy et al., 2002; Schore, 2002). 불안정 애착의 구조화된 전략 역시 위험요소로 작용하지만, 그 정도는 훨씬 덜하다. 회피적 애착은 강박적, 자기애적, 분열성적 문제와 관련되는 것 같고, 양가적인 애착은 히스테리나 연극성 장애와 연관성이 있다(Schore, 2002; Slade, 1999).

　이런 결과들의 의미를 어떻게 이해해야 하는지는 아직 미해결로 남아 있는 과제다. 최초의 관계가 미치는 영향이 지속되는 이유는 아동의 행동과 의사소통 및 정서 조절의 원래 패턴이 맨 처음 형성될 때 영향을 준 부모와의 지속적인 관계를 통해 유지되고 강화되기 때문이다. 다른 한편으로는, Ainsworth가 낯선 상황 실험을 통해 분류해 낸 애착 패턴이 아동의 마음속에 구조화된 패턴으로 내면화되었을 가능성도 있다.

　다시 말해서, 생물학적인 동인에 의해 시작된 상호작용이 정신적 표상으로서 심리적으로 남아 전 생애에 걸쳐 지속적으로, 원래의 애착 대상이 물리적으로 존재하는지의 여부와 무관하게 개인의 행동과 주관적인 경험을 형성한다. Ainsworth는 유아기의 애착 행동을 연구했던 반면, 초기의 애착 경험이 마음속에서 부호화되고 이후 아동기와 성인기에 자신과 타인과의 관계에 미치는 영향으로 보존되는 방식을 조명하는 것은 그녀의 가장 재능 있는 제자였던 Mary Main의 몫으로 남겨졌다.

03
Mary Main
정신적 표상과 메타인지 및 성인 애착 면접

Mary Main은 1970년대 중반에 버클리의 캘리포니아 대학으로 옮겨간 지 얼마 지나지 않아, 중산층 가정의 유아가 아동기와 청소년기 그리고 그 이후에 성장해 가는 것을 추적하는 야심찬 종단 연구를 시작했다. 이 프로젝트의 첫 단계에서 유아들은 두 차례의 낯선 상황 평가—한 번은 엄마와, 한 번은 아빠와 함께—를 거쳤다. 그리고 5년 후, Main은 연구의 두 번째 단계로 40가구의 가족을 녹화한 비디오 자료를 평가했다(Main, Kaplan, & Cassidy, 1985). 이 연구는 그 구조가 놀라울 정도로 독창적이었는데, 이 연구로 말미암아 '애착 연구에서 두 번째 혁명'(Karen, 1994, p. 216)으로 묘사되는 과정이 시작되었다.

첫 번째 혁명은 낯선 상황이라는 절차가 고안됨으로써, 그 이전에는 Ainsworth의 연구팀이 각 가정에 방문해 72시간 동안 관찰하여 유아의 안정성을 평가했던 것을 실험실에서 20분 만에 할 수 있게 된 것이었다. Ainsworth의 기념비적 연구에서는 행동이 연구의 분석단위였음을 생각해 보라. Main이 말했듯이, 낯선 상황 평가는 "부모의 몸과 관련하여 유아 몸의 물리적 움직임의 구성"을 관찰한 데서 나왔다(Main et al., 1985, p. 93).

대조적으로, 6세 아동과 부모에 대해 Main이 수행한 연구에서는 그 초점이 대인

간 상호작용이라는 외적 세계에서 **정신적 표상**이라는 내적 세계로 옮겨갔다. 그녀의 연구는 (정신분석적 표현을 빌자면) 내면화된 대상관계에 접근하기 위해 설계되었다. 내면화된 대상관계는 개인의 애착 역사를 기억과 감정 및 신념의 복잡한 연결망 속에 집약한 것으로, 현재와 미래의 애착 행동을 형성한다.

이와 같은 발전의 맥락을 이해하기 위해 Bowlby가 이룬 두 가지 위대한 공헌을 고려해 볼 필요가 있다. 첫째, 그는 애착을 독특하고, 생물학적인 기반을 갖고 있으며, 절대적으로 근본적인 행동/동기 체계로 보았다. 둘째, 애착 체계의 기능에서 나타나는 개인차는 개인이 가진 자신과 타인에 대한 '내적 작동 모델(internal working models)'과 뒤얽혀 있다고 했다(Bretherton, 1985). Ainsworth의 연구가 Bowlby의 첫 번째 기여를 위해 했던 일을 Main의 연구는 두 번째 기여를 위해 하려고 했다. 즉, 낯선 상황이 연구자들에게 애착 행동에 대한 경험적인 연구를 수행할 수 있게 해 주었듯이, Main의 혁신적인 방법은 내적 작동 모델을 경험적으로 연구할 수 있게 해 주었다. 또한 1964년에 낯선 상황이 유아의 애착 관계를 엿볼 수 있는 창을 열어 주었던 것처럼, Main의 가장 중요한 방법론적 공헌인 성인 애착 면접은 20년 후 연구자들이 후기 청소년기와 그 이후 시점에서 애착의 내적 세계를 탐구할 수 있게 해 주었다. 하지만 Main의 혁신과 그로 인한 발견이 갖는 의의를 충분히 파악하려면 우리는 먼저 내적 세계를 이해하기 위한 Bowlby의 선구적인 노력으로 되돌아가 볼 필요가 있다.

Bowlby와 내적 작동 모델

Bowlby는 당연히 정신적 표상의 내적 세계에 대해 그 당시 통용되고 있던 정신분석적인 이론화에 만족하지 못하고 있었다. 특히, 그는 내면화된 대상관계와 '무의식적 환상(phantasies)'이, 그가 믿었던 대로 아이가 현실의 인물들과 경험했던 실제 상호작용에서 비롯되는 것이 아니라, 아이의 내면에서 나온 것으로 보는 Klein 학파의 이론을 거부했다. 그는 또한 역동적이고 진화해 나가는 표상적 세계를 '이미지'나 '지도'와 같이 정적인 비유를 써서 묘사하는 것도 꺼렸다. 대신, 그는 이후에 인공지능이라고 불리게 되는 분야의 최첨단에서 혁신적인 역할을 했던 Kenneth Craik이 제안한 '내적 작동 모델'이라는 개념에 끌렸다(Bretherton & Munholland, 1999).

만약 유기체가 외적 세계에 대한 그리고 자신이 할 수 있는 가능한 행동들에 대한 '축소판 모델'을 자기 머릿속에 넣어 다닌다면, 그것은 다양한 대안들을 시도해 보고 그중에서 어떤 것이 최선인지를 결정하며, 미래 상황이 발생하기 전에 반응하고, 과거 사건에 대한 지식을 현재와 미래를 다루는 데 적용하며, 모든 면에서 좀 더 충분하고 안전하며 능숙한 방식으로 자신이 맞닥뜨리는 응급 상황에 대처할 수 있을 것이다(Craik, 1943, p. 61).

Bowlby는 대상과의 관계에서 유아가 하는 행동(붙잡기, 빨기나 힘껏 치기)은 물리적인 세계와 그것에 미치는 자신의 영향력에 대한 지식—내면에서 '도식(schemata)'으로 저장되는 지식—이 된다고 주장한 인지심리학자 Jean Piaget의 영향도 받았다. 이와 매우 유사하게 Bowlby도 유아가 양육자와 반복적으로 경험하는 상호작용이, 작동 모델로서 내면에 저장되는 대인간 세계에 대한 지식이 된다고 주장했다.

모든 사람들이 만드는 작동 모델의 핵심 요소는 누가 자신의 애착 대상인지, 어디서 그들을 찾을 수 있는지, 그리고 그들이 어떻게 반응할지에 대해 각자가 갖고 있는 개념이다. 이와 비슷하게, 모든 사람들이 만드는 자신에 대한 작동 모델의 핵심 요소는 자기가 애착 대상들의 눈에 어느 정도 수용될 수 있는지 혹은 수용될 수 없는지에 대한 개념이다. 이런 보완적인 모델의 구조를 기반으로 하여 사람들은 자신의 애착 대상이 얼마나 다가가도 되는 사람인지, 또 그들이 원하는 반응을 얼마나 보여 줄 것인지를 예측한다(Bowlby, 1973, p. 203).

Bowlby는 초기 유아기부터 애착에 대한 개인의 작동 모델이 그 개인으로 하여금 이미 반복해서 일어난 양육자와의 상호작용 패턴을 인식하고, 그래서 양육자가 그 다음에 무엇을 할지를 '알게' 해 준다고 이론화했다. 작동 모델은 기대와 그런 기대에서 나오는 행동에 모두 영향을 주기 때문에, 상호작용에 의해 영향을 받을 뿐만 아니라 상호작용에 영향을 줄 수도 있다.

애착의 가장 기능적인 모델은 진정으로 '작동하는(working)' 모델이다. 이런 모델은 잠정적인 특성을 갖고 있는데, 이런 특성으로 말미암아 모델은 새로운 경험을 바탕으로 하여 수정될 수도 있다. 임상적으로, '가장 건강한' 환자들이 또한 자신의 변화를 위해 치료를 가장 잘 이용할 수 있는 사람이라는 인상을 받는데, 아마도 이것이 그 이유를 설명해 줄 것이다. 대조적으로, 불안정 애착 모델은 좀 더 경직되고 수정에 덜 개방적이어서, 어쩔 수 없이 새로운 경험을 오래된 기대에 맞추게 된다. 예를 들어, 거절을 예상하게 된 회피형 환자는 치료자가 자신을 수용해 주는 이유는 치료비를 받기 때문이라고 생각할 수 있다.

Bowlby는 한편으로는 내적 작동 모델이 새롭고 변화된 관계나 고양된 자각을 통해 '개선'될 수 있는 잠재력을 갖고 있다고 믿었다. 다른 한편으로 그는 이런 모델들이 종종 변화를 거부한다고 했는데, 그 이유는 부분적으로는 이 모델들이 의식적인 자각 밖에서 작동하기 때문이며 또 부분적으로는 자기 보호적인 (비록 그것이 자기 패배적이라 해도) 방어 때문이라고 했다.

실제로 애착 모델은 얼마나 안정적인가? 그것의 구조는 어떠한가? 유아기와 그 이후에 실제로 어떻게 발전하는가? 안정 모델과 불안정 모델을 구분 짓는 것은 무엇인가? 그의 이론 내에서 잠정적인 답을 구할 수는 있지만, Mary Main의 연구 이전에는 이런 질문들을 경험적으로 다루지 않았다. 그녀의 연구 결과는 이후 Bowlby의 내적 작동 모델 이론에 대한 상세한 설명으로 구체화되었다.

내적 작동 모델의 재개념화

Main이 "표상적인 과정은 직접 목격될 수 없다."(Main et al., 1985, p. 78)라는 공리

(公理)를 출발점으로 삼아, 그때까지는 보이지 않았던 것을 '볼' 수 있었던 것은 연구 방법을 창안해 낸 그녀의 천재성 덕분이었다. 고고학자가 발굴해 낸 유물을 토대로 오래전에 사라진 문명을 상상해 볼 수 있는 것처럼, Main은 그녀가 '표상적 유물(representational artifacts)'이라 불렀던 것을 기반으로 그녀의 종단 연구에 참여했던 아이들과 부모들의 내적 세계를 그려 볼 수 있었다(Main, 1991, p. 130).

표상적 유물에 대한 탐구에서 Main은 언어학(그녀에게 첫사랑이었던(Karen, 1994))으로뿐만 아니라, Bowlby와의 만남이 이루어지기 수년 전 Ainsworth에게 인간의 심리를 엿볼 수 있는 창을 제공해 주었던 투사적 검사로까지 되돌아갔다. Main은 개인의 애착 작동 모델은 행동에서뿐만 아니라 이야기와 담화 및 상상의 특징적인 패턴에서도 드러날 것이라고 추론하고, 그에 맞게 연구를 설계했다.

이후 애착 연구에 가장 많은 영향을 미친 것으로 그녀가 고안했던 것은 성인 애착 면접(Adult Attachment Interview: AAI)이라 불리는 것이다. 이것은 느슨하게 구조화되고 '속기 쉬울 정도로 단순한' 면접도구로서 연구에 참여한 부모들에게 상실과 거절 그리고 분리를 포함하여 그들의 부모와의 관계 내력을 회상하고 성찰해 볼 것을 요청한다(George, Kaplan, & Main, 1984, 1985, 1996; Slade, 2000, p. 1152). 성인 애착 면접은 원래, Main의 표현을 빌면, '무의식을 놀라게 하기 위해' 고안되었으나, 애착 체계를 '자극하는' 것으로 볼 수 있다. 이처럼 이 반임상적인 면접은, 낯선 상황 실험이 유아의 애착을 평가하는 도구인 것처럼 성인기 애착을 평가할 수 있는 강력한 도구인 것으로 입증되어 왔다(Main, 1995, pp. 436-437).

하지만 우리는 이 두 가지 도구에 의해 각각 측정되는 '애착'의 속성은 다소 다르다는 것을 유념해야 한다. 낯선 상황의 애착 유형 범주는 특정한 관계에 속한 애착의 질을 파악하는 것으로, 어떤 유아가 한 부모와는 안정 유형으로, 다른 부모와는 불안정 유형으로 분류될 수 있고, 또한 흔히 그렇게 분류되는 결과가 나온다. 사실 낯선 상황 실험은 유아의 성격 특성보다는 관계를 확인하는 것으로 여겨져 왔다. 이와는 대조적으로, 성인의 유형화는 어떤 특정한 관계에 국한되지 않기 때문에, Main(1995)은 성인 애착 면접이 실제로 응답자가 현재 갖고 있는 '애착과 관련된 마음 상태'를 측정한다고 제안했다(p. 437).[1]

성인 애착 면접은 애착과 관련된 기억에 확실하게 주의를 기울이도록 유도하는 일련의 질문들과 후속 '탐구' 로 이루어져 있다. 피면접자에게 먼저 아동기 때 양쪽 부모와의 관계가 어떠했는지를 전반적으로 묘사하라고 요청한 후에, 부모 각각과의 초기 관계를 가장 잘 나타내는 5개의 형용사나 문구를 고르라고 한 다음, 각 표현마다 그와 관련된 기억을 떠올려 보라고 요구한다. 이를테면, "애정 어린, 당신은 어머니와의 관계를 묘사하는 데 '애정 어린' 이라는 단어를 사용했습니다. 당신이 이 형용사를 선택한 이유를 설명해 줄 수 있는 기억이나 사건을 말씀해 주실 수 있나요?" 라고 한다(Main, 2000, p. 1078). 이어서 비교적 빠른 속도로 피면접자들에게 좀 더 복잡하고 상세한 질문들을 한다(〈표 3-1〉 참고).

표 3-1	성인 애착 면접 질문지(요약본)

1. 우선, 당신 가족에 대해 대략적으로 알 수 있도록 도와주실 수 있을까요? 예를 들어, 당신의 직계 가족에는 누가 누가 있었고, 어디에 살았는지 말씀해 주시겠어요?

2. 이제 어렸을 적 당신과 부모님의 관계가 어땠는지 말씀해 주시면 좋겠습니다. 기억할 수 있는 한 가장 어렸을 때부터 시작해 주세요.

3-4. 어린 시절 어머니/아버지 각각과의 관계를 나타내 주는 5개의 형용사나 문구를 말씀해 주시겠습니까? 말씀해 주시는 대로 제가 받아 적겠습니다. 5개를 다 말씀하시면 각각의 표현을 선택하게끔 한 기억이나 경험을 말씀해 주시면 좋겠습니다.

5. 부모님 중 어느 분과 더 가깝다고 느꼈는지, 그리고 그렇게 느낀 이유는 무엇입니까?

6. 어렸을 때 언제 기분이 나빴고, 그런 때 당신은 어떻게 했으며, 그런 행동을 하면 무슨 일이 일어났습니까? 기분이 나빴던 구체적인 사건 몇 가지를 이야기해 주실 수 있나요? 몸을 다쳤거나 아팠습니까?

7. 부모님과 처음 떨어졌던 일을 말해 주시겠습니까?

8. 어렸을 때 거절당했다고 느낀 적이 있었습니까? 그때 당신은 어떻게 했으며, 그 당시 부모님은 당신을 거절하고 있다는 것을 알고 있었다고 생각합니까?

---

1) Main과 다른 연구자들의 연구에서 이 '상태(state)' 는 특성(trait)이라고 기술해도 정확하다고 할 수 있을 정도로 장시간에 걸쳐 안정성—결코 불변의 특성은 아니지만—이 있는 것으로 밝혀져 왔다.

9. 부모님이 훈육하려는 목적으로나 혹은 농담조로 당신을 위협한 적이 있었나요?

10. 당신의 전반적인 초기 경험이 성인이 된 당신의 성격에 어떤 영향을 미쳤다고 생각합니까? 당신의 발달에 방해가 되었다고 생각되는 어떤 측면들이 있나요?

11. 당신의 어린 시절에 부모님은 왜 그렇게 행동했다고 생각합니까?

12. 어렸을 때 부모님처럼 당신과 가깝게 지낸 다른 어른이 있었습니까?

13. 어렸을 때 혹은 성인이 되어서 부모님이나 다른 가까운 사람을 잃은 적이 있습니까?

14. 어린 시절과 성인기 사이에 부모님과의 관계에 많은 변화가 있었습니까?

15. 현재 부모님과의 관계는 당신에게 어떻게 느껴집니까?

*참고: George, Kaplan, Main(1996)에서 발췌한 성인 애착 면접 질문지의 요약본으로 중요한 추가 질문뿐만 아니라 몇 가지 질문들이 빠져 있기 때문에 이것만으로는 성인 애착 면접을 시행할 수 없다. 상세한 실행 방법에 대한 지시를 포함한 전체 내용은 Mary Main 교수에게 연락하여 구할 수 있음(Department of Psychology, University of California at Berkeley, Berkeley, CA 94720) Hesse(1999).

Main의 가장 가까운 동료이자 남편인 Erik Hesse는 〈표 3-1〉과 같은 요약본 혹은 수정본으로는 성인 애착 면접을 제대로 시행할 수 없다고 하지만, 나는 이런 질문들이 임상 장면, 특히 치료의 초기 단계에서 매우 유익할 수 있다는 것을 알게 되었다. 예를 들어, 최근에 내가 만난 새로운 환자의 경우 그와 부인 간의 갈등이 점점 커져 급기야 결혼 생활에 위협을 주게 되었다. 그는 어린 시절 부모님과의 관계를 가장 좋은 말로 묘사했다. 그래서 나는 그에게 어린 시절 겁이 나거나 기분이 나쁠 때 주로 어떻게 했는지 물어보았다. 처음에 그는 그런 감정을 한 번이라도 느꼈던 때를 떠올리지 못했는데, 그러다 최근 그의 네 살 난 딸이 밤에 몹시 무서워한다고 언급하면서 어떤 불편한 사실을 깨닫게 되었다. 딸은 위로를 받기 위해 엄마에게 기댈 수 있었지만, 그는 자기 부모님들이 그런 상황에서 그를 위해 있어 주지 않을 것임을 어쩐지 늘 알고 있었던 것 같았다. 그는 어렸을 적부터 '극복하는' 법을 배웠기에, 이제는 취약한 감정을 인정하기가 거의 불가능하게 되었고, 그래서 그에게는 화를 내는 것이 훨씬 더 쉬운 일이었다.

언어는 그것이 드러낼 수 있는 것만큼이나 숨길 수도 있다—그리고 내적 표상은 주로 무의식적이어서 언어화할 수 없다—는 것을 알았기에, Main은 자신의 연구에서 부모들이 사용한 특정한 단어보다는 단어를 사용하는 특정한 **방식**에 주의를 집중했다. 즉, 말의 내용보다 과정과 형식에 더 집중했다. 성인 애착 면접을 이용한 그녀의 연구가 임상가들에게 더할 나위 없이 가치 있는 이유는 무엇보다도 표상적인 세계를 이해하는 이런 접근—사람들이 무엇을 전달하는가보다는 어떻게 전달하는가에 주로 주의를 기울이는 접근—을 취했기 때문이다.

Main의 종단 연구[2]는 효과적으로 애착 연구를 행동 수준에서 표상 수준으로 옮겨 놓게 된 두 가지 중요한 발견을 내놓았는데, 이 때문에 이 연구는 환자의 행동 기저에 있는 감정과 신념에 관심이 있는 치료자들에게 직접적인 관련성을 갖게 되었다. 두 가지 발견은 모두 내적 표상을 보여 준다고 여겨지는 표상적 유물(6세 아동이 다른 아동들의 분리 장면을 담은 사진들을 보고 나타내는 반응이나, 그들의 부모의 성인 애착 면접 녹취록과 같은)에 대한 추론을 바탕으로 밝혀진 것이었다.

Main은 이런 유물들을 연구하면서 두 개의 놀라운 상관관계를 발견했다. 첫째, 12개월 때 유아가 주 양육자인 부모와 함께한 낯선 상황 실험에서 보여 준 행동과

---

2) Main의 종단 연구 두 번째 단계에서 그녀와 동료들이 1982년에 40가구의 가족을 대상으로 2시간 동안 평가하고 이를 비디오로 녹화했었다는 사실을 생각해 보라. 6세 아동과 부모들을 평가하기 위해 분리와 재회를 중심으로 구성되었던 이 과정은 낯선 상황 실험 그 자체처럼 구체적으로 애착 체계를 활성화하도록 고안되었다. 각 가족은 연구 장소에 도착하자마자 폴라로이드 사진을 찍도록 자세를 취해 달라는 요청을 받았다. 그리고 모든 가족은 2세 유아가 부모와 분리되는 상황을 극적으로 보여 주는 짤막한 영화(Robertson & Robertson, 1971)를 보았다. 그런 다음 실제로 가족이 분리되는 상황을 만들었다. 6세 아동은 놀이방으로 안내되었고, 부모는 각기 다른 방에서 성인 애착 면접을 받도록 했다. 그러는 동안 6세 아동은 한 여자 연구원과 함께 20분 동안 준비 활동에 참여했고, 그런 다음 이 연구원은 아동에게 아이들이 부모와 헤어지려는 장면을 담은 6장의 그림을 차례로 보여 주었다. 각각의 그림을 본 후 아동은 사진 속의 아이들이 부모가 떠났을 때 어떤 느낌일지, 그리고 어떻게 할지에 대한 질문을 받았다. 그런 다음 연구원은 이전에 찍었던 가족의 폴라로이드 사진을 보여 주면서 "하지만 여기에 너와 너의 가족 사진이 있고, 네가 보다시피 모두가 함께 있어."라고 말했다(Main et al., 1985, p. 89). 아이는 또한 가족그림을 그리도록 요청받았다. 마지막으로 아동이 모래 놀이통에서 마음껏 놀도록 한 후에 부모 한 명이 돌아왔다. 이들의 재결합은 3분 정도 지속되었으며, 그 후 또 한 명의 부모가 돌아왔고, 재결합 시간은 3분이 더 주어졌다.

5년 뒤 그 아이의 내적 세계의 구조 간에는 상관관계가 있었다. 둘째, 그녀는 낯선 상황에서 유아의 행동과 그 부모의 '애착에 관한 마음 상태' 간에 세대 간 상관관계가 있음을 발견했다. 유아의 비언어적 행동 패턴이 표상적인 패턴을 예측할 수 있음을 보여 주는 이 두 가지 발견은, Main이 Bowlby의 개념인 내적 작동 모델을 정교화시키는 데 있어 핵심적인 요소가 되었다.

유아의 행동과 6세 아동의 내적 세계

Main이 낯선 상황에서 관찰한 엄마와 유아의 의사소통 패턴과 6세 아동의 표상적인 유물은 꽤 놀라울 정도로 구조적으로 유사한 것으로 밝혀졌다.[3] 이에 대한 예시로, 분리 장면을 담은 사진에 대한 반응에서 나왔던 다음의 짧은 대화를 참고해 보라. 연구원(다음에 고딕체로 표시)은 연구에 참여한 각각의 아동에게 2주 동안 부모와 떨어져 있게 될 다른 아동의 모습을 담은 이미지를 보여 준 다음, "아이가 어떻게 할 것 같니?"라고 물었다.

> 아이 1(유아기 때 안정형): 울어요. (낄낄 웃으며) 울어? (그렇다고 고개를 끄덕인다.) 얘가 왜 울 것 같니? 얘는 엄마 아빠를 정말 사랑하니까요. 엄마 아빠를 정말 사랑해서라고? 네. 또 뭘 할 것 같니? 조금 놀 것 같아요.

> 아이 2(유아기 때 회피형): 몰라요. 얘가 뭘 할 수 있을 것 같니? 몰라요! 생각나는 게 없니? 와. 와. (장난감 말을 가지고 목소리를 높인다.) 없어요. 없어? 휴우. 똑바로 앉아 봐, 사자야.

---

3) 낯선 상황에서 유아가 엄마에게 보였던 행동을 통해 6세 아동의 애착 표상을 정확하게 예측한 정도는 68~88%였다. 흥미롭게도 재회했을 때의 행동과 대화는 낯선 상황에서 아빠에게 보였던 행동과 유의한 상관관계가 있었다(Main, 1995).

아이 3(유아기 때 양가형): 그들을 쫓아가요. 누굴 쫓아가? 엄마 아빠를요. 새 장난감 자동차를 타고요. 얘는 슈우웅 바로 달려가요. 그럼 어떻게 될까? 그리고 얘는, 그럼 얘는 …… 활과 화살을 가져와서 엄마, 아빠를 쏴요. 엄마, 아빠를 쏜다고? 네. 얘가 원하면 아마 그럴 거예요.

아이 4(유아기 때 혼란된 형): 아마 어디 가서 숨을 거예요. 숨을 거라고? 네. 그럼 어떻게 될까? 아마도 자기 옷장 안에 갇히겠죠. (억지로 낄낄 웃음) 자기 옷장에 갇힌다고? 네. 난 옷장 안에 갇힌 적이 있어요(Main et al., 1985, pp. 103-104).

엄마와의 낯선 상황에서 유아들이 보여 주었던 행동들 간의 차이는 앞에서 제시된 분리 상황에 대해 아동들이 했던 '이야기'뿐만 아니라 6세 아동들이 그렸던 가족화, 가족사진에 대한 그들의 반응 및 부모로부터 잠시 떨어졌다가 다시 만난 상황에서 그들이 보였던 행동들 간의 차이를 예측했다. 이런 결과들을 종합해 보았을 때, '엄마와 유아 간의 다양한 상호작용 패턴은 다양한 행동뿐만 아니라 다양한 표상적 과정의 발달로 이어졌음이 틀림없다.'는 것을 보여 주었다(Main, 2000, p. 1059). 이와 같은 발견에 비추어 볼 때, 애착과 관련된 우리의 초기 작동 모델은 분명히 우리의 최초 상호작용 도가니에서 형성되는 것으로 보인다.

부모의 내적 세계와 유아의 행동: 성인 애착 면접과 낯선 상황

Main의 두 번째 발견이 주는 시사점은 우리 부모의 내적 작동 모델은 우리의 초기 상호작용 질에 결정적인 영향을 미치고, 또 이런 상호작용은 우리 자신의 작동 모델을 형성한다는 것이다. Main은 자신의 연구에서 (5년 전에 낯선 상황을 통해 평가한) 유아들의 애착 안정성과 (성인 애착 면접을 통해 평가한) 부모들의 '애착에 대한 마음 상태' 사이에 유의한 상관관계가 있음을 발견했다.

더 구체적으로 말하자면, 낯선 상황에서 관찰된 애착유형은 성인 애착 면접의 결과를 예측했다(Main et al., 1985). 중요한 점은, 그 반대도 예측이 가능하다는 것이었다. 이후에 Main을 비롯하여 전 세계 많은 연구자들이 반복해서 수행했던 연구에서 부모의 성인 애착 면접에서 나타난 유형이 75%의 정확도로 유아의 낯선 상황 유형이 안정형인가 불안정형인가를 예측하는 것으로 나타났다. 놀랍게도 아이가 태어나기 전에 실시한 성인 애착 면접을 통한 예측도 그에 못지않게 정확했다(van IJzendoorn, 1995).

성인 애착 면접이 낯선 상황만큼 애착 체계를 '자극한다'는 것을 떠올려 보자. 성인 애착 면접은 이렇게 자극함으로써 응답자에게 스트레스를 줄 정도는 아니라 해도, 극도로 자극적인 경험을 하게 만들 수 있는 잠재력을 갖게 된다. 그리고 그 결과 피면접자는 Main이 애착과 관련된 안정된 마음 상태의 표시로 보았던 '일관된 담화(coherent discourse)'를 할 수 있는 능력을 보여 줄 (혹은 보여 주는 데 실패할) 기회를 충분히 갖게 된다. 일관된 담화는 내적 일관성이 있고, 그럴듯하며, 협력적인 성인 애착 면접 녹취록에서 볼 수 있었다(Main, 1991, 1995).

Main의 연구는 안정 애착을 형성한 아이를 키운 부모와 불안정 애착을 형성한 아이를 키운 부모의 성인 애착 면접의 녹취록에서 놀라운 차이점이 있다는 것을 보여 주었다. 전자에서는 면접자와 협력할 수 있는 부모의 능력이 분명하게 드러났고, 이뿐만 아니라 애착과 관련된 과거사를 탐구하는 동안 쉽게 회상할 수 있는 능력과 사려깊음 및 객관성이 드러났다. 정확하게는 애착 관계에 대해 이 부모들이 보여 준 객관성—이들은 애착 관계의 중요성과 영향력에 대해 흔쾌히 인정했는데—때문에 Main은 이들이 애착에 대한 '안정된/자율적인(secure/autonomous)' 마음 상태를 지녔다고 묘사했다.

이와는 아주 대조적으로, 불안정한 아동의 부모는 성인 애착 면접 녹취록에서 일관되고 협력적인 담화를 지속하는 데에 전반적으로 힘들어하는 패턴을 보였다. 이에 일관되지 못하고 협력적이지 못한 **특정한 세 가지 패턴**이 나타났는데, 이런 패턴들은 그에 상응하는 불안정한 낯선 상황 행동의 세 가지 패턴을 반영하는 것으로 밝혀졌다. 회피적인 유아의 부모는 '무시형(dismissing)'이라고 묘사되었는데, 이것은 이들이 애착의 가치와 영향력을 최소화하는 경향이 있었고, 애착과 관련된 경험을 떠올릴 수 없다고 주장했기 때문이다. 양가형 유아의 부모는 과거의 애착 관계를 계속해서 현재에 끼어드는 것으로 경험하는 것처럼 보였기 때문에 '집착형(preoccupied)' 이라고 묘사되었다. 마지막으로, 혼란스러운 유아의 부모는 과거의 정신적 외상에 대해 이야기할 때 간헐적으로 혼란스러워하거나 어리둥절해하는 것같이 보였기 때문에 '미해결된/혼란스러운' 이라고 묘사되었다(Main, 1991, 1995, 2000; 1985; Main et al. 1985; Siegel, 1999). 이 내용은 〈표 3-2〉에 요약되어 있다.

Main의 연구는 성인 애착 면접에서 부모의 '담화 방식' —즉, 부모가 자신의 애착 경험에 대해 이야기하는 방식—과 낯선 상황에서 유아가 보이는 애착 행동 사이에 부인할 수 없는 일치성이 있음을 보여 주었다. 이에 부모가 자신의 과거에 대해 일

표 3-2	성인 애착 면접 유형과 이에 상응하는 유아의 낯선 상황 행동 패턴
애착에 대한 성인의 마음 상태	**낯선 상황에서 유아가 보여 준 행동**
안정된/자율적인(F) 일관되고 협력적인 담화. 애착을 중시하지만, 특정한 사건이나 관계에 대해서는 객관적임. 애착과 관련된 경험을 묘사하고 평가할 때 그 경험이 긍정적이든 부정적이든 간에 일관성이 있음. 담화가 Grice의 대화 격률(Grice's maxims)을 특별히 위반하는 부분이 없음.	안정된(B) 부모와 분리되기 전에는 방과 장난감에 관심을 보이며 탐색함. 분리 에피소드 동안 부모를 보고 싶어 하는 기색을 보이고, 종종 두 번째 분리될 때는 울기도 함. 낯선 사람보다 부모를 확실히 더 좋아함. 재회 에피소드 때 부모를 적극적으로 맞이하며, 보통 신체적 접촉을 먼저 함. 두 번째 재회 때 접촉을 유지하고, 그리고 나서 안정을 되찾고 놀이를 재개함.
무시하는(Ds) 일관되지 않음. 애착 관련 경험과 관계를 무시함. 회상되는 사건들에 의해 뒷받침되지 않거나 그것과 명백히 상충되는, 과거사에 대해 일반화된 표현들('아주 훌륭한, 대단히 정상적인 어머니')로 경험을 정상적인 것으로 묘사함. Grice의 대화 격률 가운데 질(quality)의 격률을 위반함. 녹취록 길이가 매우 짧아서 양(quantity)의 격률에도 위배됨.	회피적인(A) 부모와 분리되어도 울지 않음. 재회 시 일부러 부모를 피하고 못 본 척함(부모와 멀어지거나, 고개를 돌리거나, 부모가 안아 올리면 밀어내려 함). 부모에게 가까이 가려거나 접촉하려는 행동이 거의 없거나 전혀 없고, 힘들어하지 않으며, 화내지 않음. 부모에게 감정 없이 반응하는 것처럼 보임. 실험하는 동안 내내 장난감이나 주변 환경에만 집중함.

집착하는(E)	저항하거나 양가적인(C)
일관되지 않음. 과거의 애착 관계/경험에 대해 집착하고 있거나 혹은 그것에 의해 마음이 빼앗겨, 말하는 동안 화가 나 있거나 수동적이거나 두려워하는 것처럼 보임. 보통 문장이 길고, 문법에 맞지 않거나 모호한 표현('어어 어어' '음 그러니까')을 많이 사용하여, Grice의 대화 격률 중 태도와 관련성의 격률에 위배됨. 대개 녹취록도 지나치게 길어서 양의 격률에도 위배됨.	부모와 분리되기 전부터 경계하거나 힘들어할 수 있으며, 주변 탐색도 거의 하지 않음. 실험기간 내내 부모에게 집착함. 부모와 재회 시 진정되지 않고 부모에게 위안 받지 못하며, 대체로 계속해서 부모에게 집중하고 우는 행동을 보임. 재회 후 놀이를 재개하지 않음.
미해결된/혼란스러운(U)	혼란스러운/방향을 잃은(D)
상실이나 학대에 대한 이야기를 하는 동안 추론이나 담화가 자기 모니터링에 있어 현저하게 혼란을 보임. 예를 들어, 죽은 사람이 아직 실제로 살아 있다거나, 혹은 어린 시절 자신이 가졌던 생각 때문에 이 사람이 죽었다는 믿음을 잠시 언급함. 오랜 침묵이나 찬사 일색의 이야기에 빠져들 수도 있음. 이 유형에 포함되지 않는다면 대개 앞의 Ds나 E 혹은 F 유형에 부합할 것임.	이 유형의 유아는 부모와 함께 있을 때 혼란스러워하고 그리고/또는 어리둥절해하는 행동을 보이는데, 이것은 행동전략의 일시적인 붕괴를 시사함. 예컨대, 넋을 잃은 것 같은 표정과 양손을 치켜올린 채 얼어붙은 자세로 있을 수 있음. 혹은 부모가 들어오면 일어났다가 바닥에 앞으로 쓰러져 웅크릴 수 있음. 또는 심하게 울고 시선을 돌린 채로 몸을 뒤로 빼면서도 부모에게 매달릴 수 있음. 이 유형에 포함되지 않는다면 대개 A, B 또는 C에 부합할 것임.

＊참고: 성인 애착 유형 체계에 대한 설명은 Main, Kaplan, & Cassidy(1985)와 Main & Goldwyn(1984-1998)에 있는 내용을 요약했고, A, B, C유형 유아에 대한 설명은 Ainsworth, Blehar, Waters, & Wall(1978)의 내용을 요약했으며, D유형의 유아는 Main & Solomon(1990)의 내용을 요약함.

＊출처: Hesse(1999)에서 인용함. 1999년 Guilford 출판사에서 저작권을 획득하여 허가하에 이용.

관되게 성찰할 수 있는 능력의 정도가 자신의 아이에게 안정성을 부여하는 능력에 유의하게 영향을 끼칠 것이라고 타당하게 추론해 볼 수 있다. 그리고 곧 살펴보게 되겠지만, 우리 자신의 '애착에 대한 마음 상태'의 안정성은 궁극적으로 우리 과거사—그것에 얼마나 문제가 있었든지 간에—의 특정한 사실보다, 그런 개인사를 의미 있게 만들려는 우리 노력의 성공 여부에 달려 있을지도 모른다.

'형판' 이 아닌 '규칙' 으로서의 작동 모델

Main은 자신의 연구를 통해 발견한 (1) 유아의 비언어적 행동 패턴과 (2) 6세 아동의 애착 표상 그리고 (3) 성인 애착 면접 동안 부모가 면접자와 나눈 담화의 형태와 내용 간에 존재하는 꽤 놀라운 유사성에 깊은 인상을 받았다. 그녀는 이런 관계에 대해 다음의 예를 들어 설명했다.

> 불안정−회피형 유아는 낯선 상황에서 부모를 외면하고, 부모로부터 멀어지고 모른 척하며, 5년 뒤에는 부모를 생각나게 하는 표상들을 외면한다. 이들의 부모는 아이와 대화하면서 물건과 활동에 집중하고, 수사적 질문을 하며, 또한 아이와 교대로 이야기를 하거나 화제에 대해 더 자세하게 대화를 나눌 기회를 거의 주지 않는데, 아이도 이와 유사하게 행동한다. 마지막으로, 회피형 유아의 부모들은 성인 애착 면접에서 어린 시절의 사건을 기억해 낼 수 없다고 말하고, 그리고/또는 그런 사건들이 주었을 법한 영향을 무시하거나 평가절하하는 식으로 말하는 경향이 있다. 애착을 이끌어 내거나 혹은 관계를 떠올리게 할 만한 잠재성을 가진 신호에 선택적으로 주의를 기울이지 않는 것이 아이와 부모 모두가 지키는 하나의 원칙인 것 같다(Main et al., 1985, p. 100).

Main은 내적 작동 모델이 정신분석 이론에서 말하는 내면화된 자기 이미지와 대상 이미지 같은 형판(templates)이라기보다는 '정보를 얻거나 정보에 대한 접근을 제한하는 기능을 하는 **구조화된 과정**' 이라고 제안했다(Main et al., 1985, p. 77, 강조점 첨가). Bowlby의 원래 개념을 토대로 하여 Main은 내적 작동 모델을 다음과 같이 재개념화했다.

> 애착과 관련된 정보를 조직하는 일련의 의식적 그리고/또는 무의식적 규칙이다. …… 안정 애착 대 다양한 유형의 불안정 애착 구성은 특정한 유형의 내적 작동 모델을 나타내는 용어로 생각하면 가장 잘 이해할 수 있다. …… 이는 **감정과 행동뿐만**

아니라 주의와 기억 그리고 인지에도 영향을 미친다. …… 내적 작동 모델의 개인차는 비언어적 행동 패턴에서 보이는 개인차뿐만 아니라 언어와 마음 구조의 패턴과도 관련이 있을 것이다(p. 67; 강조점 첨가).

Main은 우리가 최초의 관계를 통해 내면화하는 규칙들은 원래 유아기에 특정한 애착 대상과의 관계에서 '통했던' 것에 대한 우리의 경험에서 나온 것이라고 가정했다. 이런 '애착의 규칙들'은 글자 그대로 살아가면서 지켜야 할 규칙들이다. 이 것들은 우리의 생존을 좌우하고 생물학적으로 정해져 있는 애착 체계와 우리가 경험하는 실제 양육 간의 상호작용에서 만들어지기 때문에 그러하다. 이전에 Main은 회피형 유아와 양가형 유아가 보이는 각기 다른 의사소통 행동이 한편으로는 자신에게 반응을 보여 주지 않을 것이라고 유아가 예측할 수 있었던 부모에게, 다른 한 편으로는 언제 어떤 반응을 보일지 유아가 예측할 수 없었던 부모에게 가장 잘 애착하기 위한 각각의 적응적 전략을 반영한다고 이론화했다(Main, 1981, 1995). 그후 그녀는 여기에다, 원래는 '행동적/의사소통적' 전략으로 구현되었던 규칙들이 또 한 결국에 가서는 애착과 관련된 우리 자신의 느낌과 욕망 및 기억에 접근할 수 있는 정도와 본질을 결정하는 '표상적/주의(representational/attentional)' 전략을 만들어 낸다고 덧붙였다. 앞서 Ainsworth가 안정 애착을 애착과 탐험 간의 유연한 균형 잡기 같은 것으로 여겼던 것처럼, Main도 그녀의 연구에서 가장 안정된 부모와 아이는 "예측 가능하고, '규칙 같은' 정규성과 패턴화"로부터 가장 자유로운 관계였다는 점에 주목하면서, 이제는 초점 맞추기와 정서, 사고 및 기억의 유연성이야말로 안정성을 보여 주는 표시라고 여겼다(Main, 1995; Main et al., 1985, p. 101).

유아의 의사소통 패턴을 애착 관계를 형성하기(혹은 관계의 단절을 피하기) 위해 맞춰진 초기의 표상적 전략으로 간주하면 대인 간 세계와 개인 내적 세계 모두에 대해 많은 것이 명료해진다. 낯선 상황 실험에서 Ainsworth는 유아의 의사소통 행동의 특성이 유연성(안정 애착을 형성한 유아들의 경우)과 억제나 증폭(불안정 애착을 형성한 유아들의 경우)으로 다르게 나타난다는 것을 관찰했다. Main의 연구가 시사하는 바는 이런 다양한 대인 간 의사소통 패턴이 유아가 자기 자신과의 의사소통에서 보이는 이에 상응하는 다양한 패턴에 반영되었다는 점이었다.

안정된 유아들은 엄마가 적절한 반응을 해 주리라고 확신하기에 애착과 관련된 느낌과 욕구에 조율할 수 있는 마음의 여유가 있었다. 그들은 자신의 느낌과 욕구를 알아차리고 표현할 수 있었다. 회피형 유아들은 엄마가 자신을 거절할 것이고, 그러면 자신이 화가 날 것이라고 예상하여, 애착과 관련된 자신의 느낌과 욕구를 알아차리거나 표현할 마음의 여유가 없었다. 따라서 이런 대인 간 경험을 억제하거나 최소화하는 회피적인 전략을 택하게 되었다. 양가형 유아들은 엄마가 늘 함께해 주리라고 예상할 수 없기에, 이에 대한 반응으로 마치 지속적인 보호를 확보하려는 듯 애착과 관련된 느낌과 욕구의 자각과 표현을 모두 증폭시키거나 극대화하는 전략을 발달시킨 것이 분명했다.

Main은 조직화된 표상적/주의적/행동적 전략으로 구현된 규칙들은 적극적으로 실행된다는 논지를 추가적으로 강조했는데, 이것은 임상적으로 중요한 의미가 있다. 예를 들어, 회피형 유아는 그저 다른 것에 몰두하여 엄마의 존재를 감지하지 못하는 것만은 아니다. 그들은 적극적으로 엄마를 냉대하거나 무시하고 자신의 주의를 장난감에 한정시킨다. 이런 행동은 마치 낯선 상황에서 촉발된 불안으로부터, 그리고 엄마에게는 위안을 기대해서는 안 된다고 배우게 되었기에 이런 위안을 엄마에게 바랄 때 받게 될 고통으로부터 주의를 딴 데로 돌리기 위한 것 같았다. 이런 유아는 결과가 좋지 않았던 애착 체계를 억제하기 위해 자신의 탐험 체계를 과활성화하고 있다고 추론해 볼 수 있다. 이와 유사하게, 양가형 유아도 단순히 엄마에게 집착하고 있는 것만은 아니다. 그들은 적극적으로 접촉을 시도하고 엄마가 어디에 있는지를 살피는 것에만 주의를 한정시킨다. 그래서 장난감은 완전히 무시하고 자신의 고통을 증폭시킬지도 모르는 아주 작은 단서도 놓치지 않으면서 대인 간 환경을 세밀하게 살피는 것 같다. 그들은 얻을 수 있을 것이라고 예측하기 힘든 엄마의 관심을 확보하고 또한 엄마가 제지해 온 자율적인 탐험을 억제하기 위해 자신의 애착 체계를 과활성화하고 있다고 추론해 볼 수 있다(Main, 1995, 1999).

이 유아들과 매우 흡사하게 성인 환자들도 '애착의 규칙'을 고수하려고 적극적으로 노력하는 모습을 볼 수 있다. 예를 들어, 애착에 대해 무시하는 마음 상태에 있는 환자들은 자신이 타인의 욕구에만 주의를 집중하고 있다는 것을 자주 발견한다. 이렇게 함으로써 그들은 자신에게 충족되지 못한 감정적 욕구를 습관적으로 부인하는 습성을 조장한다. 이와 유사하게 애착에 대해 집착하는 마음 상태에 있는 환자들은 연인들이 그들의 관계에 충실한지 여부에 대한 의구심에 사로잡힐 수 있다. 이렇게 함으로써 그들은 자신의 자율적인 소망에 대해서는 관심을 두지 않는데, 이런 무관심이 그들에게는 익숙한 것이다.

여기에서 얻을 수 있는 임상적 함의는 환자들이 기존에 그들이 갖고 있던 기대와 현재의 행동을 지지하고 주관적으로 '정당화' 하는 것처럼 보이는 방식으로 그들의 주의를 무의식적으로 배치할 수도 있다는 점이다. 이런 성인들은 Main이 말한 '이 차적인 안정감의 느낌(secondary felt security)' 을 만들어 내기 위해 예측 가능하게 반응이 없었거나 예측할 수 없게 반응을 보였던 부모와의 관계에서 근접성을 (또한 자기 조직화를) 유지하기 위해 '차선의 전략' 을 채택해야만 했다(Main, 1995, p. 462). 이런 점에서 환자들(그리고 우리 자신)에게서 관찰되는 생각하기와 느끼기, 기억하기 그리고 행동하기의 대부분은 애착에 대한 낡은—하지만 너무나 영속적인—내적 작동 모델을 보존하기 위해 생겨났고 지속된다고 간주하는 것이 좋을 것이다.

이런 모델들의 '끈끈함(adhesiveness)' 은 오랫동안 임상가와 연구자 모두에게 주요 관심 대상이 되어 왔다. 물론 Freud는 '반복 강박(repetition compulsion)' 에 우리의 주의를 끌었고, Bowlby(1980)는 내적 작동 모델의 '자기 영속적인 속성' 에 대해 언급했다. Main은 연구 결과에 대한 성찰을 통해 이 모델들—특히 불안정한 모델—의 지속성은 처음 생겨날 당시 그것들이 유아의 생존에 필수적이었던 맥락에서 기인한다고 보았는데, (1) 한 사람이 생존할 수 있도록 해 준 규칙들은 쉽게 버려지지 않고, (2) 내적 작동에 의해 요구되는 규칙들은 그 모델을 보존하기 위해 실제로 오랫동안 기능한다고 설명했다. 이런 규칙들은 개인이 무엇을 알아차리고 느끼며 기억하고 행동하도록 스스로에게 허용할지를 결정하고, 아주 엄격하게 지켜진다. 그 이유는 이를 위반할 경우 그 개인이 감정적으로 살아남을 수 있도록 해 준 마음 상태와 존재 방식이 흔들리기 때문이다. 이 때문에 안정된, 회피적인, 양가적인 혹은 혼란스러운 유아들의 내면에서 처음 생성되었던 특정한 애착 모델은 더 나아가 이에 상응하는 자각과 정서적인 경험 및 행동—궁극적으로 양육 행동을 포함하여—패턴에 의해 적극적으로 존속되는 경향이 나타났다.

애착 패턴의 세대 간 전이

앞에서 언급한 것과 같이 애착 패턴은 세대 간에 걸쳐 지속되는 강한 경향이 있다. Main의 독창적인 연구의 영향으로, IJzendoorn(1995)은 그 당시 유사한 연구들(6개 국가의 18개 표본을 포함)에 대한 메타분석을 실시하여, 부모의 성인 애착 면접 유형이 대체로 유아의 낯선 상황 유형을 예측한다는 결론을 내렸다. 흔히 안정형 유아들은 자라서 안정된 성인이 되었고, 이들은 부모가 되어 다시 자녀들을 안정형으로 키웠다. 마찬가지로, 회피형 유아들은 무시형 성인이 되고 그들의 아이들은 다시 회피형이 될 것으로 예측할 수 있었다. 이와 유사하게 3세대에 걸친 애착의 운명을 탐구한 한 연구에서는 할머니들의 애착 유형이 성인이 된 그들의 딸뿐만 아니라 그 딸의 자녀들의 애착 유형과도 일치하는 경향이 나타났다(Benoit, Parker, & Hesse, 1999. 재인용). 애착이 어떻게 그리고 왜 세대 간에 전이되는지는 연구자와 임상가 모두에게 중요한 질문이다. 이 질문에 대한 답은 양육을 위해서도 중요한 함의점을 갖는다.

Main의 연구는 안정 애착은 부모의 유연성이 자녀에게 유연성을 가져다 준 결과라고 시사했다. 안정된 부모들은 행동과 정서의 범위가 넓고 자신의 주의를 기울이는 데 거리낄 것이 거의 없기에 유아가 보내는 신호에 민감한 반응성을 보일 준비가 잘 되어 있는 것 같았다. 부모의 이런 민감한 반응성은 Ainsworth와 다른 연구자들의 연구를 통해 유아의 안정성을 생성하는 데 핵심적인 역할을 하는 것으로 밝혀져 왔다.

불안정과 관련해서 Main은 무시하고 집착하는 부모들은 자녀와의 관계에서 애착에 대한 자신의 마음 상태를 지키려고 무의식적으로 계산된 방식으로 행동한다고 했다. 이런 마음 상태는 원래 부모가 그들 자신의 부모와 가까이 있기를 원했던,

절대적으로 최우선적인 욕구에 대한 반응으로 생겨난 것이었다. 이런 마음 상태를 건드리는 그 어떤 것—그들의 유아가 보이는 행동 양상을 포함하여—도 그들에게는 위협이 되었고, 그들은 선택적으로 주의를 기울이지 않거나 조율되지 않게 반응하도록 만드는 규칙들을 통해 이런 위협에서 자신을 보호했다. 하지만 불행하게도, 이런 불안정한 부모들을 보호했던 주의와 행동의 제한은 또한 이들이 자신의 유아에게 일관되고 민감하게 반응할 수 있는 능력을 저해했다. 이에 대한 반응으로 유아들은 부모의 규칙들이 반영된 규칙들을 채택했다. 따라서 회피형 유아는 애착 행동을 최소화하고, 사람을 제외한 환경의 탐험을 최대화하며, 집착형 유아는 애착 행동을 최대화하고 자율적인 탐험을 최소화했다.

안정형과 회피형, 집착형 유아들과는 달리 혼란스러운 유아들은 부모를 무서운 존재로 거듭 경험해 왔던 것으로 보였다. 이는 종종 그들의 부모들이 실제로 학대를 하기도 했지만, 때로 유아들을 대하면서 그들 자신이 겁이 나 있고 그리고/또는 해리된 것처럼 보였기 때문이다. Main의 성인 애착 면접 연구에서 혼란스러운 부모들은 그들 자신이 미해결된 어린 시절의 외상이나 상실의 경험에 사로잡혀 있다는 것을 볼 수 있었다.

이런 압도적인 경험들은 한 번도 의식적으로 처리되지 못했기 때문에 해리된 상태로 보존되고 잠재되어 있지만, 감정을 자극하는 특정한 맥락에 의해 활성화될 수 있었다. 미해결형 부모들은 자신의 외상이나 상실을 떠올리게 하는 단서들—예컨대, 아이들의 고통이나 요구 혹은 분노를 포함한—에 직면하게 되면 (이전에) 해리되었던 경험들에 의해 압도되기 쉬웠고, 이런 상태는 너무나 자주 그들의 자녀들을 겁에 질리게 만들었던 행동을 촉발시켰다. 이럴 때 이 아이들은 그들을 무력하게 만드는 모순에 빠지게 되었다. 즉, 아이들은 안전을 위해 반사적으로 부모에게 기대려고 했지만, 동시에 부모에 대한 두려움 때문에 달아나고자 하는 욕망이 일어나고 있었던 것이다. 이런 종류의 경험이 거듭되면서 유아기에는 혼란이 초래되었고, 그 이후에는 이 해결할 수 없는 모순을 '해결하기' 위한 수단으로서 부모와 그 역할이 뒤바뀌고 통제적인 행동이 나타났다. 그러므로 부모의 미해결된 상실이나 외상이 남긴 유산은 다음 예시에서 볼 수 있듯이 그들의 자녀에게 그와 유사하게 압축되고 해결하기 힘든 외상으로 전해졌다.

얼마 전 나는 한 환자와 함께 그가 어떠한 의학적 절차에 대해서도 본능적인 공포를 느끼는 문제를 탐색했다(그는 피를 뽑는 절차를 앞두고 몇 번이고 기절한 적도 있었다.). 나는 어릴 적 누가 그를 병원에 데려갔는지 물어보았다. 그는 "어머니요."라고 답했다. 나는 이 남성과 수년 동안 작업을 했었지만, 그가 그때 무미건조하게 사실적으로 말해 준 이야기를 그제야 처음 들었고, 그 이야기를 통해 평생에 걸쳐 지속되어 온 그의 공포를 이해할 수 있었다.

> "엄마가 다섯 살 때, 할머니께서 대수롭지 않은 것이라고 여겨졌던 어떤 수술을 받으려고 병원에 가셨다고 합니다. 그런데 할머니는 수술 중에 돌아가시고 말았고, 엄마는 자기 어머니가 돌아가셨다는 이야기를 아무에게도 듣지 못했답니다. 엄마는 아버지한테 어머니가 너무 아파서 자신을 돌봐 줄 수 없다는 이야기를 들었고, 그 후 친척집으로 보내졌어요. 엄마가 여덟 살 때 할아버지는 재혼을 하셨고, 엄마는 집으로 돌아왔어요. 그런데 할아버지는 새 부인을 엄마에게 소개하면서 "이분이 네 어머니다."라고만 말씀하셨고, 엄마는 그 말을 믿었대요. 하지만 몇 년 뒤 엄마는 진실을 알게 됐어요."

Main은 이런 종류의 외상과 불안정이 어떻게 부모로부터 아이에게 전달되는가를 설명하기 위해, 애착 욕구의 강도가 너무나 커서 어린아이들은 그들이 발달적으로 엄청난 대가를 치르더라도 부모의 심리적인 상태를 있는 그대로 유지시키는 방식으로 반응할 것이라고 제안했다. 같은 이유로 부모는 자녀들이 자라면 이제는 그들과 공유하게 된 마음 상태를 강화하는 상호작용 패턴을 유지하기 위해 대개 자녀들과 결탁할 것이다.

예를 들어, 미해결형 부모들은 혼란스러워하는 유형의 자녀들이 그들과 뒤바뀐 역할을 하는 행동을 환영할 수도 있는데, 그것은 그런 행동이 부모 자신의 감정적인 욕구와 꼭 들어맞기 때문이다. 이런 부모들은 오래전에 자신의 부모에게 걱정스레 혹은 가혹하게 반응하는 법을 배웠기에, 자기 자녀들에게서 그와 똑같은 반응을

'이끌어 낼' 수 있다. 왜냐하면 그렇게 하는 것이 원래는 없어서는 안 되었던 개인 내적 패턴과 대인 간 패턴을 유지시켜 주기 때문이다. 따라서 주의 기울이기와 행동에 대한 경직된 패턴을 존속시키려는 부모의 (종종 무의식적인) 욕구가 그들의 자녀에게도 유사하게 경직된 패턴이 생겨나게 한다. Main은 이것이 불안정 애착이 세대 간에 전이되는 기제라고 이론화했다(Main, 1995).

하지만 이 주제는 미해결 상태로 남아 있었다. 앞서 언급한 메타분석에서 IJzendoorn(1995)은 매우 정교한 통계적 접근을 이용하여 관련 연구들을 분석한 후, 애착 연구자들이 그의 적절한 표현에 따르면 '전이 공백(transmission gap)'(p. 387)이라는 것에 직면했다고 결론지었다. 양육자의 민감한 반응성의 속성은 오랫동안 안정 혹은 불안정 애착의 근간이라고 간주되었는데, 이것은 부모의 작동 모델이 어떻게 그리고 왜 자녀의 작동 모델이 되는 경향이 있는지에 대한 부분적인 설명인—결코 완전한 설명은 아닌—것처럼 보였다. 놀랍게도, 1991년에 메타인지적 지식과 메타인지적 모니터링이라는 두 개의 중요한 개념을 애착 이론 분야에 소개한 사람은 바로 Mary Main이었고, 후에 Peter Fonagy가 소위 전이 공백을 메우는 데 도움을 주려고 이런 개념들을 활용하게 되었다.

메타인지: 생각하기에 대해 생각하기와 표상적 세계 표상하기

Main은 자신의 연구에 참여한 유아와 6세 아동 및 성인의 표상적 세계를 그리려는 시도에 Bowlby의 내적 작동 모델이라는 개념을 가져왔다. 하지만 그녀는 어느 시점에서 애착에 대한 하나의 '모델'을 갖고 있다고 실제로 말할 수 있는 사람들은 안정된 유형뿐이라는 것을 깨닫게 되었다. 안전 기지를 제공했던 일관되게 민감한 양육자와의 경험을 통해 이 사람들은 다른 사람들이 자신의 욕구에 반응할 것이라는 비교적 안정된 기대를 하게 된 것 같았다.

이와는 대조적으로 불안정 유형의 사람들은 그러한 안전 기지를 전혀 제공하지 않고 그 대신 거절하거나 예측 불가능하고 혹은 겁을 주는 부모 밑에서 자랐다.

Main은 이와 같은 불운한 경험으로 인해 생겨난 모순되고 비일관적이며 해리된 애착 표상을 묘사하기 위해 '다중 모델(multiple models)'이라는 용어를 사용했다. 여기서 그녀는 다음과 같이 말한 Bowlby의 선례를 따랐다. "다중 모델의 가정, 이런 모델 중 하나는 매우 영향력이 있지만 상대적으로 혹은 전적으로 무의식적인 것으로, 다른 말로 하자면 Freud의 역동적 무의식에 대한 가정의 또 다른 형태에 지나지 않는다."(Bowlby, Main, 1991, p. 132, 재인용)

유연성 및 애착과 관련된 정보에 대한 접근의 용이성을 길러 주는 안정된 개인이 가진 '단일하고' 통합된 모델과는 달리, 양립하기 힘들거나 갈등적인 다중 모델은, Bowlby(1988)의 표현을 빌자면, "당신이 알아서는 안 될 것을 알고 느껴서는 안 될 것을 느끼는 것"(p. 99)의 문제를 해결하기 위해 방어적으로 주의를 제한할 수밖에 없게 한다. 이미 우리가 살펴본 대로, 위협적인 생각과 감정에 대한 이처럼 엄격한 배타성은 불안정한 부모들이 유아의 신호에 민감하게 반응할 수 있는 능력을 저해한다. 이런 배타성은 또한 불가피하게 이 부모들이 한 걸음 물러서서 자신의 경험을 되돌아보고 성찰할 수 있는 능력도 손상시킨다.

Main(1991)은 자신이 다중 모델을 고려하다 보니 곧바로 메타인지에 대해 생각하게 되었다고 한다. 이 개념에서 Main은 특히 정신적인 경험을 포함한 경험에 대해 자기가 취하는 태도(the self's stance)라는 임상적으로 중요한 주제로 우리를 이끈다. 메타인지는 이전에는 주로 인지심리학자들에 의해 연구되었던 것으로, 인지에 대한 인지, 즉 생각하기에 대한 생각하기다. Main의 말을 부언하자면, 메타인지는 우리 자신(혹은 타인)의 정신적 표상이 갖는 '단순히 표상적인 특성'을 올바르게 인식할 수 있는 능력을 포함한다.

Main은 표상("나는 다른 사람들의 기억에 잘 남지 않는 사람이다.")과 메타표상이나 메타인지("나는 다른 사람들의 기억에 잘 남지 않는 사람이라는 느낌을 종종 받는 사람이다. 그런데 왜 그런지는 모르겠다.") 간의 차이를 강조했다. 메타인지 능력이 있으면 우리는 잠시 우리가 어떤 특정한 마음 상태에 있음을 알아차릴 수 있다. 그런데 이런 능력이 없다면 마치 우리가 바로 그 상태인 것과 같아진다. Main은 더 나아가 '메타인지적 지식'과 '메타인지적 모니터링'도 구분했다.

메타인지적 지식은 주로 인지과학자들이 외양과 실재(appearance-reality) 간의 구분이라고 부르는 것을 파악할 수 있는 능력을 포함한다. 우리에게 이런 지식이 없다면 우리의 생각과 지각에 타당성이 없거나 혹은 다른 사람들이 사실이 아닌 어떤 것을 믿을 수도 있다는 것을 깨닫기가 불가능하다. '오류가 있을 수 있는 지식의 속성'을 모르는 환자들은 자신의 경험에 대해 성찰하는 능력뿐만 아니라 그렇게 하고자 하는 욕구도 제한되기 쉽다(Main, 1991, p. 134). 예를 들어, 최근에 한 환자가 내가 듣기에는 꽤 믿기 어려운 어떤 일을 자신 있게 단언했다. 내가 그의 확신에 대해 호기심을 보이자 그는 그저 그것이 사실로 느껴졌다고 했다. 그리고 그는 다음 말이 이 주제에 대한 최종 발언으로 더 이상의 말이 필요 없다는 듯, "감정이 결국 궁극적인 사실 아닌가요?"라고 단호하게 덧붙여 말했다.

우리가 치료자로서 치료 관계에 있는 두 사람 **모두**를 메타인지적으로 이해할 수 있는 능력은 환자가 변화할 수 있도록 조력하는 데 중요하다. 이것은 바로 이렇게 이해했을 때 우리는 반사적으로가 아니라 성찰적으로 반응할 수 있기 때문이다. 즉, 느낌과 신념 그리고 소망을 즉각적이고 의심 없이 액면 그대로 받아들이기보다, 그것들의 복잡한 의미를 고려할 수 있게 되는 것이다.

메타인지적 지식이 있어야 우리는 외양과 실재 구분하기를 넘어서 **표상의 변화**(신념과 느낌이 시간에 따라 변할 수 있다는 지각)와 **표상의 다양성**(같은 상황에 대해 다른 사람들은 우리와 다른 신념과 느낌을 가질 수 있지만, 그들의 신념과 느낌은 우리 것과 마찬가지로 타당할 수도 있다는 인식)을 제대로 인지할 수 있다. 어쩌면 가장 근본적으로 메타인지적 지식을 통해 얻게 되는 능력은 우리가 현재 겪고 있는 경험이, 우리가 믿고 느끼고 바라게 된 것을 포함한 저변의 정신상태에 의해 깊은 영향을 받는다는 것을 알아차리는 것이다.

이런 지식이 Main이 **메타인지적 모니터링**이라 불렀던 능력의 토대를 제공한다. 메타인지적 모니터링에는 우리가 동시에 우리 경험의 안과 밖에 설 수 있도록 해 주는 적극적인 자기-점검(self-scrutiny)의 태도가 포함된다. 이런 성찰적 태도를 통해 우리는 경험에 대한 우리 **생각**에서 모순되거나 편향되어 있고 혹은 믿기 어려울 수 있는 어떤 측면들이 없는지 알아차리기 위해 우리 경험에서 한 발 물러설 수 있다.

성찰적 태도는 또한 이런 모순이나 잠재적인 '오류'를 이해하거나 해결하려는 노력을 촉구하는 경향이 있다. 따라서 메타인지적 모니터링은 우리의 경험을 형성하는 마음(mind)의 습관에 대한 관찰과 그것에 대한 호기심을 수반한다. 성인 애착 면접의 맥락에서 메타인지적 모니터링은 안정 애착을 보여 주는 표지로 여겨졌으며, 반면 부모에게 이런 모니터링의 결여는 유아 자녀의 혼란스러운 애착 유형을 예측했다(Main, 1995).

　Main은 메타인지 능력을 획득할 정도로 성장한 아동의 경우, 그 능력이 클 경우에는 외상을 포함한 부정적인 애착 경험의 파괴적인 영향을 감소시킬 수 있는 잠재력을 가질 수도 있다고 했다. 물론 이것은 성인에게도 마찬가지일 수 있다. 반대로, Main은 더 어린 아동들의 경우 메타인지는 발달적으로 결여될 수밖에 없는데, 이런 결여로 말미암아 애착과 관련된 문제가 되는 사건들의 영향에 더욱 취약할 수밖에 없다고 했다. 메타인지가 아직 발달하지 못했거나 방어적으로 억제되어 있는 성인도 마찬가지로 취약하다. 메타인지는 분명히 개인이 탄력성(resilience)이나 취약성을 갖게 하는 데 있어 어떤 역할을 하는 것으로 보였지만, 이것이 애착과 관련해서 전반적으로 얼마나 중요한가의 문제는 Main에게는 아직 해결해야 할 주제로 보였다.

　메타인지의 기능 능력이 안정성과 관련되어 있고, 그것의 결여는 불안정과 관련된다는 것은 Main에게는 아주 분명한 사실이었다. 하지만 그녀는 메타인지가 안정 애착을 조성했는지 혹은 안정 애착이 메타인지를 조성했는지에 대해서는 단언할 준비가 되어 있지 않았다. 이는 단지 이 문제를 해결할 연구가 시작되지 않았기 때문이었다. 비슷한 이유로 (그리고 부모의 성인 애착 면접에서 높은 점수의 메타인지적 모니터링이 자녀의 안정 애착과 관련되었다는 사실에도 불구하고) Main은 부모의 메타인지의 질이 자녀의 애착이 안정형인지 불안정형인지를 결정하는 데 중요한 역할을 한다고 주장할 준비가 되어 있지 않았다(Main, 1991). 하지만 몇 년 후, 대서양 반대편에서 애착을 연구한 정신분석가인 Peter Fonagy는 실제로 이런 주장을 할 수 있었다. 그는 메타인지에 대한 Main의 개념화를 '마음의 이론(a theory of mind)'으로 알려진 심리적 능력의 견지에서 확장하면서 이런 주장을 펼쳤다(Fonagy et al., 1995).

04
Fonagy와 그 이후

Main은 자신과 Fonagy가 서로 독립적으로 마음 이론(theory of mind)에 대한 연구를 하게 되었다고 했다(Main, 개인적인 교신, 2004). 마음 이론이라는 용어는 우리 모두가 그 정도는 각기 다르지만 자신과 다른 사람들의 행동을 신념과 감정 및 욕망을 포함한 기저의 정신적 상태를 토대로 하여 이해하는 방식을 말한다. 여기서 주된 생각은 우리가 어린 시절부터 다른 사람의 마음속에서 어떤 일이 일어나고 있는지에 대해 우리의 생각에 비추어 그 사람의 행동을 이해하고 또한 어느 정도는 예측할 수 있도록 어떤 '이론'을 발달시킨다는 것이다. Fonagy는 어쩌면 Main이 영향받았던 마음 이론에 대한 문헌과 같은 자료에서 영감을 얻었을 수도 있지만, 그 문헌들에 대한 해석을 통해 Main보다 훨씬 더 광범위하게 개념화했다.

Peter Fonagy: 정신화와 경험의 방식 및 자기의 상호주관적 기원

Fonagy는 25년여 전에 런던대학교(University College London)의 조교수로서 Freud 기념 정신분석학 객원 교수—1980년 당시 그 교수는 다름 아닌 Bowlby였다—의 세미나와 자문 관련 일을 중간에서 처리하는 책임자로 지명되었다. Fonagy(이제는 그 자신이 Freud 기념 정신분석 교수직을 맡고 있는데)는 그해 Bowlby의 강의를 들으면서 그의 생각뿐만 아니라 사회적 문제에 대한 깊은 관심에도 깊이 매료되었다고 말한다.

> Bowlby는 자신보다 사회적으로 혜택 받지 못한 사람들의 복지에 매우 헌신적이었어요. 사회적 힘과 압력을 염두에 두면서 과학을 개인과 개인의 주관성에 대한 관심과 접목시키려는 그의 비전은 나에게 엄청나게 인상적이었습니다. 그것이 여전히 나에게는 애착 이론 가운데 가장 중요하고 흥미를 자아내는 부분으로 남아 있습니다 (Fonagy, 개인적인 교신, 2006).

몇 년 뒤 Fonagy는 Miriam Steele, Howard Steele과 공동으로 애착 패턴의 세대 간 전이에 대한 연구에 착수했다. 이 연구를 진행하는 내내 Fonagy와 동료들은 Bowlby에게 자문을 받았다. 그들은 또한 Mary Main에게 성인 애착 면접 훈련도 받았다.

정신화와 '성찰적 기능' 척도

Fonagy는 Main의 혁신적인 연구에서 영감을 얻고 처음에는 메타인지 능력의 개인차에 대한 그녀의 개념을 조작적으로 정의하려고 했다. 하지만 Main은 성인 애착 면접을 하는 동안 생각과 회상에 대한 성인의 자기 모니터링에 중점을 두었는데, Fonagy는 (마음 이론에 착안하여) 일반적으로는 마음 상태 그리고 특정적으로는 타인의 마음 상태에 대한 성인의 주의로까지 초점의 범위를 확대했다(Fonagy, Steele, & Steele, 1991a). 그는 이후에 자신이 정신화(mentalizing)—즉, '마음을 갖는 것이 세상에 대한 우리의 경험을 중재한다는 것에 대해 우리가 깨닫는 과정'—라고 불렀던 능력의 특징은 자기에 대한 지식이 아니라 일반적인 마음에 대한 지식이라고 했다(Fonagy, Gergeley, Jurist, & Target, 2002, p. 3). 이런 지식은 대체로 암묵적이지만,

Fonagy와 Target(출판 중)은 '마음 상태에 대해 명시적으로 생각하는' 활동을 묘사하기 위해 '순수 정신화'라는 용어를 사용한다(p. 2). 정신화 활동(말하자면, 딸이 아버지가 자신을 '거부하는' 이유가 아버지의 적대감 때문이 아니라 우울 때문일 수도 있다고 알아차리는 것)은 Fonagy가 **성찰적 기능**이라고 불렀던 능력에서 유래한 것이다.

성찰적 기능은 우리가 자신과 타인을 심리적 깊이를 가진 존재로 보게 해 준다. 이런 기능은 관찰된 행동뿐만 아니라 욕망과 느낌 및 신념과 같은 행동 저변의 마음 상태를 토대로 하여 우리가 우리의 경험에 반응하게 해 주는데, 이런 마음 상태는 행동을 이해할 수 있게 해 주고 거기에 의미를 부여한다. 이처럼 성찰적 기능은 통찰하고 공감하는 능력과 밀접하게 관련되어 있다.

개인의 정신화 능력의 정도를 평가하기 위해 Fonagy와 동료들은 성찰적–기능 척도를 만들었다. 이 척도는 연구 목적으로 만들어졌지만 또한 어떤 종류의 개입이 환자에게 좋을지에 대한 임상적 판단을 돕는 목적으로도 사용될 수 있다. 피면접자(혹은 환자)가 다음을 보여 줄 때 정신화 능력—그리고 어쩌면 치료 장면에서는 치료자의 해석에 대한 수용성—이 클 가능성이 더 높다.

- 정신적 상태의 속성을 알아차림　예를 들어, 우리 자신과 타인에 대한 이해는 항상 불완전하다, 사람들은 고통을 최소화하기 위해 정신적 상태를 바꿀 수도 있다, 사람들은 의도적으로 내적 상태를 숨길 수 있다, 어떤 특정한 상황에서는 특정한 심리적 반응을 예측할 수 있다 등을 인식한다.
- 행동 기저의 정신적 상태를 알아내려는 명시적인 노력　예를 들어, 신념과 느낌 및 욕구의 관점에서 행동을 그럴듯하게 설명할 수 있다. 타인에 대한 우리의 해석이 우리 자신의 정신적 상태에 의해 영향을 받을 수도 있음을 이해한다. 어떤 상황에 대한 느낌이 그 상황에 대해 관찰할 수 있는 측면들과 일치하지 않을 수도 있음을 깨닫는다.
- 정신적 상태의 '발달적인' 측면을 인식　예를 들어, 어제의 느낌은 오늘이나 내일의 느낌과 다를 수도 있다. 부모의 행동은 그들 부모의 행동에 의해 형성되었고 또한 그들 자녀의 행동을 형성한다. 어린 시절의 관점은 종종 어른의 시

각으로 수정할 필요가 있다.

• 면접자(혹은 치료자)와의 관계에서 정신적 상태를 알아차림   예를 들어, 환자가 말해 주지 않으면 치료자는 환자가 알고 있는 것을 알 수 없다. 치료자는 환자의 이야기에 대해 자신만의 독특한 감정적 반응을 가질 수 있다. 치료자의 역사, 그리고 결과적으로 치료자의 정신적 상태는 당연히 환자와 다를 수 있다 (Fonagy, Target, Steele, & Steele, 1998에서 허가 받고 사용(각색)).

Fonagy가 강조하는 점은, 여기서 우리가 귀 기울여야 할 것은 피면접자나 환자가 말하는 정신적 상태와 관련된 원칙의 명확한 진술(예: 사람은 다른 사람이 어떻게 느끼는지를 절대로 알 수 없다)이 아니라, 그런 원칙들이 암묵적으로 이해된다는 증거(예: 어렸을 때 나는 어머니가 나를 좋아하지 않는다고 확신했었는데, 어머니는 내가 당신을 거부했다고 느꼈다는 말을 아버지한테 들어서, 이제는 어머니가 어떻게 느꼈는지 잘 모르겠다)라는 것이다.

1987년에 Fonagy와 Steele 부부는 출산을 앞둔 100명의 부부를 모집해서 그들이 개발한 척도를 사용하여 성인 애착 면접 연구를 실시했다. 이 연구는 여러 가지 이유로 주목할 가치가 있다. 첫째, 이 연구는 애착과 관련된 부모의 마음 상태—아기의 출생 전에 평가한—에 따라 12개월 때 아기가 보여 줄 낯선 상황 유형을 예측할 수 있었음을 증명했다. 이 연구는 또한 성찰 능력이 많은 어머니와 아버지는 정신화 능력이 적은 부모보다 안정된 자녀를 가질 확률이 3~4배 더 높았음을 보여 주었다. 마지막으로, 부모의 성찰 능력이 많은 경우에는 자신의 애착 경험이 부정적이었던 부모가 대체로 자녀를 불안정 유형으로 키우는 '악순환'을 깰 수 있음을 보여 주었다.

연구자들은 정신적 상태에 대해 성찰할 수 있는 능력이 문제가 있는 과거에 대한 '해독제'가 될 수 있다는 예측을 검증하기 위해 이 연구에 참여한 어머니들을 두 집단으로 나누었다. 첫 번째 집단은 심각한 박탈(부모의 정신질환, 부모로부터 장기간 분리 등)을 경험했었고, 두 번째 집단은 그런 경험이 없었다. 연구 결과 박탈 경험이 있었던 어머니들 가운데 성찰적 기능이 높은 어머니들의 아기는 모두 안정 애착이

었다. 이와는 뚜렷하게 대조적으로, 성찰 기능이 떨어지는 어머니 집단에서는 17명 중 단 한 명의 아기만이 안정 유형으로 나타났다. 정신화를 할 수 있는 능력은 힘들 었던 어린 시절의 부정적인 영향을 완화하고 또한 불안정 애착이 세대 간에 전이될 가능성을 줄이는 보호요인이었음이 분명했다(Fonagy, 2001; Fonagy, Steele, Steele, Moran, & Higgitt, 1991b; Fonagy et al., 1995).

이와 같은 발견으로 인해 Fonagy는 정신화가 애착에 절대적으로 중요하다고 생 각하게 되었다. 사실, 그는 "애착은 그 자체가 목적이 아니라, 오히려 인간의 생존 을 돕기 위해 진화해 온 것이라고 가정할 수 있는 표상적 체계를 만들어 내기 위해 존재하는 것이다."라고 주장하기에까지 이르렀다(Fonagy et al., 2002, p. 2). 이 표상 적 체계는 인간이 자신의 행동뿐만 아니라 타인의 행동을 이해하고 해석하며 예측 할 수 있게 해 주는 진화론적 생존에 유리한 엄청난 이득을 제공하는 정신화 체계 다. 이처럼 표상적 체계는 '사회적 지능의 초석'이며 일과 놀이 및 모든 종류의 협 력적인 활동에 있어서 매우 중요하다(Allen & Fonagy, 2002).

15년이 넘도록 Fonagy와 동료들은 두드러지게 적극적으로 연구하고 이론을 정 립함으로써 정신화와 애착이 발달과 정신병리 및 심리치료에서 매우 중요하고 서 로 얽혀 있는 역할을 한다는 것을 점차 설득력 있게 보여 주었다. 간단히 말해서, 부모의 정신화는 아이의 안정 애착 형성을 촉진시키는 데 결정적인 역할을 하고, 안정 애착은 아이의 잠재적인 정신화 능력을 활성화시키는 핵심적인 맥락을 제공 한다. 환자에게서 볼 수 있는 대부분의 정신병리는 정신화를 억제하거나 혹은 애초 에 정신화를 발달시키지 못한 상태의 결과로 볼 수 있다. 같은 맥락에서 심리치료 는 환자의 정신화 능력을 회복시키거나 활성화시키려는 노력의 일환으로 이해될 수 있다.

내적 작동 모델에 대한 Main의 이론과 일관되게 Fonagy는 초기 애착 경험의 표 상에 있어서 중요한 것은 우리가 내면에 저장한 '형판(the template)'이라기보다는 우리가 자신의 경험, 특히 감정이 담겨 있는 경험을 엄밀하게 탐구할 수 있게 해 주는 정신화 능력의 정도라고 했다. 그는 감정을 느끼면서 동시에 그 의미를 생각 할 수 있는 우리의 능력을 설명하기 위해 '정신화를 거친 정서성(mentalized affectivity)' 이라는 용어를 제안했다. Fonagy의 탁월한 동료인 Mary Target은 이에 대해 다음과 같이 표현했다. "최고로 발달한 수준의 성찰적 기능은 느끼는 것에 대한 생각하기와 생각하기에 대한 느껴 보기를 포함합니다."(개인적인 교신, 2005)

경험의 양식

Fonagy의 연구는 대부분 내적 세계와 외부 현실 간의 관계에 대한 우리의 지각을 반영하는 심리적 경험의 양식을 이해하도록 돕는 데 초점이 맞춰져 왔다. 다음은 세 가지 주관적인 양식, 즉 심리적 등가성(psychic equivalence)과 가장하기(pretense) 및 정신화(mentalizing)에 대한 Fonagy의 설명이다.

심리적 등가성 양식에서 내적 세계와 외부 현실은 그저 같은 것으로 여겨진다. 여기에서는 신념과 사실을 구별하지 않는다. 우리가 생각하고 느끼는 것은 물리적인 세계에서 우리에게 일어나는 일을 반영하는 것처럼 보이고, 그 반대도 마찬가지다. 이런 마음 구조에서는 우리가 나쁜 대우를 받으면 우리 자신이 나쁜 사람이다라고 느끼기 쉽다. 그리고 자신이 나쁘다고 느끼기에 우리는 나쁜 대우를 받을 것을 '알고 있다.' 이런 폐쇄적인 체계에서는 심리적 주체로서 자기는 묻히기 쉽다. 경험을 해석하거나 창조하는 주체로서의 '나(I)'는 없고, 일어나는 경험의 대상이 되는 객체로서의 '나(me)'만 존재할 뿐이다.

'가장하기' 양식에서는 내적 세계와 외부 현실이 분리된다. 여기서 우리는 현실에 의해 구속되지 않는다. 우리가 상상하는 것은 무엇이든지 실재로 느껴지고, 우리가 무시하는 것은 무엇이든지 중요하지 않게 여겨진다. 해리와 부정 그리고 극단적인 자기애적 과대성은 모두 이 '가장하기'의 예다. 이 양식에서는 심리적 등가성 양식처럼 경험을 해석하거나 창조하는 주체로서의 자기는 억눌려 있다. 왜냐하면 현실을 고려하는 행위는 상상했던 것을 위협하고 또한 무시했던 것을 보게 할 여지를 두기 때문이다.

정신화 (혹은 성찰적) 양식에서 우리는 내적 세계가 외부 현실과 분리되어 있으면서 또한 연관되어 있음을 인식할 수 있다. 여기서 우리는 우리의 생각과 느낌 및 환상이 우리에게 실제로 일어난 일에 영향을 주고, 또 그것에 의해 영향을 받는 방식에 대해 성찰할 수 있다. 이 양식에서 우리의 주관적인 경험은 해석적인 깊이가 있는 것처럼 느껴지고, 따라서—우리는 사건과 사건에 대한 우리의 반응 간 차이를 알 수 있기 때문에—어느 정도의 내적인 자유를 누릴 수 있다. 정신화는 풍부하고 복잡하며 모호한 자기와 타인의 세계—또한 우리의 실제 현실이 변함에 따라 우리가 외부 현실에 대한 우리의 정신적 표상을 바꿀 수 있는 잠재력을 갖고 있는 세계—를 보여 준다.

Fonagy에 의하면 이 양식들은 발달과정에서 순차적으로 드러난다. 처음에 유아와 어린 아동은 주관적 경험이 어쩔 수 없이 그리고 무섭게도 실재로 느껴지는 심리적 등가성의 세계에서 살 수밖에 없다. 그런 다음 아이들은 주관적 경험이 현실과 분리되는 가장하기의 양식을 통해 일종의 자유를 찾는다. 그들은 놀이를 하면서 현실적 제약이 그저 존재하지 않는 것처럼 행동할 수 있다. 마지막으로 발달이 정상적으로 이루어지면 4세쯤부터 이 두 양식의 통합이 일어나기 시작한다. 이제 내적 세계는 외부 세계와 동등한 것으로 여겨지지도 않고 그렇다고 완전히 단절되지도 않는다. 성찰적 양식의 출현과 함께 내적 현실과 외부 현실 간의 관계를 암묵적으로 그리고 명시적으로 고려할 수 있는 능력이 커진다(Allen & Fonagy, 2002; Fonagy, 2001; Fonagy et al., 2002).

심리치료에서 우리가 만나는 환자들은 심리적 등가성 그리고/또는 가장하기 양식에서 벗어나지 못하는 경우가 많다. 심리적 등가성 양식에서 벗어나지 못하는 경우에 환자는 사실과 같은 것이기에 행동으로 옮겨야 한다는 압박감을 주는 생각과 느낌 때문에 고통 받는다. 가장하기 양식에서 벗어나지 못하는 경우에 환자는 소망이 담긴 생각으로 현실에서 높이 떠 있지만, 그 과정에서 자신의 감정으로부터 그리고 그들에게 중요한 사람들로부터 격리된다. 연구자뿐만 아니라 심리치료자와 부모에게 중요한 질문은 '심리적 등가성과 가장하기 경험 양식에서 정신화 양식으로 전환하는 과정을 촉진하는 것은 무엇인가?' 다. 이에 대한 Fonagy의 답은, Bowlby와 Ainsworth 및 Main의 결론에 대한 상세한 설명으로서, 애착의 상호주관적 관계라는 것이다. 이런 관계는 먼저 정서 조절을 충분히 할 수 있게 해 주고, 그런 다음 중요한 점으로, 성찰할 수 있는 타인과 함께 어느 정도의 놀이를 할 수 있게 해 준다.

정서 조절과 세대 간 전이 및 상호주관성

Fonagy는 경험의 성찰적 양식으로 넘어가는 가교는 정서 조절을 토대로 세워진다고 믿는다. 애착 행동의 '생물학적 기능'이 약탈자로부터 보호 받는 것이라면, 아기들은 또한 그들의 감정적인 생존을 보장해 줄 애착 대상을 필요로 한다. 태어나는 순간부터 아기들은 혼자 힘으로 감당할 준비가 전혀 되어 있지 않은 고통의 느낌에 놓일 수밖에 없다. 아기들은 애착의 정해진 목표로 묘사되어 온 '안정감의 느낌(felt security)'을 경험하기 위해 그들이 경험하는 압도적인 정서를 조절하도록 도와줄 애착 대상에 의존한다.

Fonagy에 의하면, 자녀의 불안을 대체로 잘 '담아내는(containing)' 부모의 유아들이 대개 정신화를 할 잠재력이 충분히 있는 안정 애착을 형성한다. 왜 그런 것일까? 그리고 정서 조절과 애착의 안정성 및 정신화 간에는 어떤 연관성이 있는 것일까?

성공적인 담아내기와 안정 애착

심리분석가인 Wilfred Bion(1962)에 의하면, 지지적인 어머니는 아기가 스스로 감당하지는 못하지만 어머니가 그것을 느끼도록 어머니 안에서 불러일으킨 감정적인 경험을 정신적으로 담아낸다. 이런 담아내기(containment)에서 어머니는 원래 아기가 견딜 수 없었던 감정적인 경험을 자기 안에서 견뎌 내고 처리하며 또한 아기가 견딜 수 있는 형태로 되돌려 주어야 한다. Fonagy는 Bion의 이론을 가져와서 부모가 정서적으로 그리고 신체적인 돌봄의 언어를 통해 다음을 전달함으로써 아이의 고통스러운 정서를 담아낼 수 있다고 제안했다. 부모가 아이에게 전달하는 것은 (1) 그들이 아이의 고통의 원인과 그로 인한 감정적인 충격을 이해하고, (2) 그런 고통에 대처하고 그것을 줄여 줄 수 있으며, (3) 또한 점차 생겨나고 있는 아이의 의도적인 입장을 알아차릴 수 있다는 것이다. 이때 의도적인 입장이란 행동, 특히 부모의 행동에 담긴 의도를 추론할 수 있는 아이의 능력을 뜻한다(Dennett, 1987). 놀랍게도 Fonagy는 담아내기의 이 세 번째 요소, 즉 아기가 자신만의 마음이 있는 분리된 존재이고 또한 잠재적으로 자신의 마음뿐만 아니라 부모의 마음도 읽을 수 있는 능력을 갖고 있음을 부모가 인식하는 것이 '아마도 아기가 안정 애착을 형성할 가능성을 극대화하는 데 가장 중요할 수 있다.'고 믿었다(Fonagy et al., 1995, p. 248).

부모가 공감과 적절한 대처 그리고 아이의 의도적인 입장에 대한 이해가 담긴 반응으로 아이 스스로 감당할 수 없는 감정들을 성공적으로 담아내면, 이때 부모는 상호작용을 통해 아이의 정서를 조절하는 과정에 참여하는 것이다. 이 과정을 통해 부모는 안전한 도피처이고 안전 기지로서 애착 관계에 대한 아이의 확신을 강화한다. 그리고 이런 (정신화를 하는) 부모는 아이의 의도적인 입장을 알아줌으로써 장차 아이 자신의 정신화 능력으로 발전할 어떤 토대를 제공한다. 여기에서 우리는 정서 조절과 안정 애착 그리고 정신화 간의 상승작용에 주목할 필요가 있다.

아이의 정서 반영하기

거울보다 먼저 보는 것은 엄마의 얼굴이다.
−D. W. Winnicott(1971a, p. 111)

Fonagy의 관찰에 의하면 감정적인 조율을 잘하는 부모는 '내적 상태에 수반되고(contingent)' '티가 나는(marked)' 정서 반영을 통해 공감과 대처 능력을 보여 준다. 내적 상태에 수반되는 반영(contingent mirroring)은 정확하다. 부모의 얼굴 표정이나 음성 표현은 유아의 정서에 부합하며, 이에 부모의 정서 표현은 아기 자신 정서의 최초 표상의 기초가 된다. 이처럼 내적 상태를 정확하게 반영하는 표현이 부모 자신의 감정 경험이 아닌 아이의 감정 경험을 반영하는 것으로 보이려면 부모가 이런 표현을 가장하기(pretend)나 혹은 '마치 그런 것처럼(as if)' '티가 나게' 해야 한다. 예를 들어, 반영된 정서를 과장하거나 혹은 불안하게 하는 정서를 그와 상반되는 정서와 섞어 버리는 식으로 표현하는 것이다(Fonagy et al., 2002). 이런 방식으로 부모의 반응은 '아기에게 아기 자신의 자기를 되돌려 준다.' (Winnicott, 1971a, p. 118)

감정적으로 조율된 이런 반영은 절대적으로 중요하다. 그 이유는 '유아가 드러내는 내적 상태에 공명하고 그것에 대해 성찰하며 표현해 줌'으로써 부모는 아이가 점차적으로 자신의 감정을 다른 사람이 인식하고 공유할 수 있는 정신적인 상태로 발견하게 해 주기 때문이다. 이런 발견이 정서 조절과 충동 조절의 토대를 만든다(Allen & Fonagy, 2002, p. 11). 게다가 아이는 **부모가 자신에 대해 갖고 있는 이미지에 반영된 자신**, 즉 의도적인 입장을 가진 존재로 자신을 봄으로써, 자신이 느끼고 믿고 바라며 정신화를 하는 한 사람으로서 단지 물리적인 현실에 대해서만이 아니라 정신적인 상태의 관점에서 경험에 반응하는 존재로 경험하기 시작한다(Fonagy et al., 1995). 아마 가장 중요한 점은 부모의 티가 나는 반영을 통해 아이는 자신의 마음이 자기 자신의 것임을 자각하게 된다는 것이다.

티가 나는 반영에서 우리는 자신이 느끼는 것을 부인하는 동시에 우리의 개인성을 유지합니다. 사실상 우리는 아이가 필요로 하는 모습이 되는 것이죠. 이것이 바로 아기의 자라나는 개별성의 핵심이 되는 과정입니다. 그리고 양육자가 이렇게 할 수 없다면―즉, 양육자가 너무 자기 자신으로만 있거나(아이의 내적 상태에 수반되지 않는 반영) 혹은 너무 아이와 동화되면(티가 나지 않는 반영) 아이는 효과적으로 자신이 부모와 분리된 존재라는 감각을 발달시키지 못합니다(Fonagy, 개인적인 교신, 2006).

그렇다면 대략적으로 말해 안정 애착이 한 세대에서 다른 세대로 전이되는 것은 이런 과정―즉, 중요한 관계적 맥락에서 부모가 높은 수준의 수반성을 보이고 정신화를 함으로써 가능해진 상호작용을 통한 정서 조절―을 통해서다. Fonagy에 의하면 이 과정을 매개하는 것은 정신화이고, 이런 능력은 심지어 문제가 있는 애착의 역사를 가진 부모도 아이들이 안정 애착을 형성하도록 기를 수 있게 해 준다.

불안정 애착의 세대 간 전이

Fonagy는 다수의 불운한 사례들을 확인했는데, 이 모든 사례들의 공통된 주제는 아이가 스스로 감당할 수 없는 정서를 부모가 담아낼 수 없었다는 것이다. 집착형 부모는 아이의 고통을 공감적으로 반영해 줄 수는 있지만 그것을 다뤄 주지는 못한다. 무시형 부모는 공감을 전달할 수는 없지만, 대처 능력과 안정성을 전할 수는 있다. 또한 부모의 정신적 상태에 대한 아이의 의도적인 입장에 공감적으로 반응하는 부모의 능력이 부모 자신의 취약함 때문에 손상되는 경우도 있다. 부모의 이런 취약함의 중심에는 분리된 존재로서의 아이에 의해 유발된 불안뿐만 아니라 부모 자신의 정신화 능력의 결함이 있다. 예를 들어, 임신한 한 엄마는 아기들이 "자기를 꿰뚫어 볼 수 있다."고 확신하기 때문에 자신을 불편하게 만든다고 했다. 그렇다면 그녀는 아기들이 무엇을 볼까 봐 두려웠던 것일까? 그녀는 아기들의 울음소리와 막무가내로 떼쓰기, 지저분함, 그리고 그들이 그녀에게 방해가 될 수 있는 모든 것을 그녀가 경멸하면서 견디지 못한다는 것을 그들이 볼까 봐 두려웠던 것이다.

부모가 만성적으로 아이의 고통스러운 정서를 담아낼 수 없을 때 아이는 그 정서에 대한 부모의 전형적인 반응이 내면화된 방식으로 행동하는 경향이 있다. 예를 들어, 무시형 어머니가 유아의 고통에 대해 무시하거나 억제하는 방식으로 반응하면, 그 유아는 아마도 자신의 고통스러운 정서를 다루는 데 있어 회피적인 전략을 발달시킬 것이다. 달리 말하면, 그 유아는 그런 정서를 회피하거나 억제할 것이다. 사실상, 불안정 애착 유형 부모의 아이들은 그들 부모의 방어를 '차용하고', 그래서 부모의 불안정은 종종 아이에게 유사한 불안정이라는 유산으로 남게 된다 (Fonagy et al., 1995).

문제가 있는 반영

엄마의 얼굴에 반응이 없으면, 그때 거울은 쳐다보는 것일 뿐 들여다보는 것은 아니다.

–D. W. Winnicott(1971a, p. 113)

Fonagy는 특별한 종류의 정신병리는 특정한 종류의 조율 및 반영의 실패와 관련되어 있을 수 있다고 제안한다. 정서에 대한 부모의 반영이 '티가 나지' 않으면, 그 결과 아이에게 자신의 고통이 갖는 전염성에 의해 압도당하는 느낌이 들게 만들 수 있다. 이는 자신이 느끼는 불편함이 그저 부모에게 똑같은 감정을 불러일으킬 뿐인 것처럼 보이기 때문이다. 티가 나지 않는 반영에 반복해서 노출되는 경험은 심리적 등가성 양식을 강화시키는 것으로 여겨진다. 그 이유는 아이의 내적 경험이 언제나 외적 경험과 일치하는 것처럼 보이고, 또한 거기에서 벗어날 길이 없는 것처럼 보일 수 있기 때문이다. Fonagy는 이것이 어쩌면 경계선 장애의 기원의 일부가 될 수 있다고 이론화한다.

이와 대조적으로, 아이의 내적 상태에 수반하지 않는 반영은 내적 공허함과 다양한 양상의 거짓 자기를 낳을 수 있다. 이는 아이가 내면화하도록 요청받은 것이 자신의 감정적 자기에 대한 이미지가 아니라 부모의 감정적 자기에 대한 이미지이기 때문이다. 이런 경우 아이의 내적 경험과 그 경험을 외부 세계가 반영해 주는 것 간의 연결이 끊어져 있기 때문에 내적 상태에 수반되지 않는 반영은 가장하기 양식의 사용을 강화한다고 여겨진다. 따라서 Fonagy에 의하면, 아이가 자신의 내적 상태에 수반되지 않는 반영에 계속해서 노출되면 자기애적 병리에 취약할 수 있는데, 이런 병리에서는 상상 속의 과대성(imagined grandiosity)이 텅 빈 자기(the empty self)의 고통을 줄여 주는 기능을 한다(Fonagy et al., 2002).

담아내기를 넘어서

만일 심리적 등가성과 가장하기에서 벗어나는 길이 담아내기와 정서 조절에서 시작된다면, 그 길은 부분적으로 놀이라는 매개를 통해 반영의 영역으로 이어진다. 아이가 자신의 놀이에 푹 빠져들면, 상상의 세계와 현실의 세계는 완전히 분리된 것처럼 보일 수 있다. 그러나 그 놀이를 부모나 더 큰 아이 혹은 치료자가 보고 있다면, 가장하기의 세계와 현실 세계는 겹치기 시작할 수 있다. 관찰하는 사람이 어떤 말이나 표정 혹은 '해석'을 통해 아이의 내적 경험과 외부 현실 간의 연결을 만듦으로써, 이 둘은 동등시되거나 분리되기보다 연관될 수 있다. 이런 식으로 정신화 그리고 더 나아가서 '메타표상'―경험의 순전히 표상적인 속성에 비추어 자신과 타인의 내적 경험을 성찰할 수 있는 능력―을 위한 기초가 마련된다(Fonagy et al., 2002).

Fonagy는 이런 발달이 관계적이고 상호주관적인 맥락에서만 이루어진다는 점을 강조한다. 앞에서 언급한 정서의 반영은 우리가 타인의 마음속에서 우리 자신의 측면들을 발견하게 해 주는 상호주관적인 과정의 핵심 요소다. 아동기 발달과정이나 심리치료에서 심리적, 감정적, 성찰적 자기는 주로 다른 사람들에 의해 그것이 인식되고 이해되면서 발견되는 (혹은 어쩌면 창조되는) 듯하다. 이런 인식과 이해가 이루어질 수 있는 최적의 맥락은 당연히 애착 관계다.

애착에서 상호주관성으로

상호주관성의 인식에 대한 최초의 개인교습은 아이의 생존을 위해 반드시 존재하고
함께해 주어야 하는 애착 대상과 함께 이루어진다.
-Karlen Lyons-Ruth(1999, p. 605)

상호주관성은 유아기 연구자와 정신분석 이론가 모두에게 핵심적인 개념이 되었지만, 그 의미에 대한 일치된 견해는 없다. 상호주관성은 생래적인 인간 조건이 갖는 하나의 특징, 발달적 성취, 그리고/또는 하나의 치료 이론으로 다양하게 간주되고 있다. 이 단어가 여러 가지 용도로 쓰이기 때문에 Beebe, Knoblauch, Rustin 및 Sorter(2003)는 우리가 '상호주관성의 여러 가지 형태'라는 관점에서 생각해야 한다고 권고한다. 개략적으로 말하면 상호주관성은 두 개의 주관성 간 상호작용―두 마음의 공유 영역―을 의미하기 때문에, 이것은 분명히 이 책의 주제인 아동기의

발달적 관계와 심리치료에 중요한 주제다.

타고난 상호주관성

유아기 연구에 의하면 초보적인 형태의 상호주관성은 사실상 태어나는 시점부터 존재한다. 상호주관성은 우리에게 사전에 프로그램화되어 있는—즉, 신경학적으로 '내장된'—것 같다. (거울 뉴런(mirror neurons)에 대한 발견은 이 이야기의 핵심적인 부분으로 제5장 애착의 신경생리학에 대한 논의에서 다룰 것이다.) Andrew Meltzoff와 Colwyn Trevarthen은 신생아에게서 Trevarthen(1979)이 기본적인 상호주관성(primary intersubjectivity)이라고 부르는 것의 증거를 최초로 발견한 연구자들이다.

Meltzoff와 동료들은 태어난 지 42분이 된 신생아들이 성인의 얼굴 표정을 의도적으로 모방한다는 사실을 발견했다. 이들은 처음에 고무 젖꼭지를 빨고 있어서 표정을 따라할 수 없는 동안에는 성인의 얼굴—입을 벌리거나 혀를 내밀고 있는—을 쳐다보았다. 그런 다음 고무 젖꼭지가 치워지면, 2분 30초 동안 성인의 얼굴에서 보았던 표정과 점차적으로 비슷한 표정을 짓는 모습이 관찰되었다. 생후 6주가 된 신생아가 어느 날 한 성인의 얼굴 표정에 노출되면, 그다음 날 동일한 성인의 '무표정한' 얼굴을 보고 이전에 보았던 그 표정을 흉내 낼 것이다. 이처럼 아주 어린 아기들도 다른 사람의 얼굴에서 그들이 본 것과 그들 자신의 얼굴에서 그들이 느낀 것 간의 일치성을 감지할—그리고 그것에 대한 정신적 표상을 유지할—수 있다는 것이 분명하다. 이렇게 의도적인 교차 형태의 짝짓기(cross-modal matching)는 자기를 다른 사람들과 상호 연결하고, '나는 당신과 같다.'라는 감각을 가질 수 있는 놀라운 초기 능력을 보여 준다(Meltzoff, 1985, 1990; Meltzoff & Moore, 1998). 모방과 일치성에 대한 지각을 통해 유아들은 다른 사람들에게서 자신의 모습을 발견한다.

Trevarthen도 Meltzoff처럼 타고난 상호주관성의 증거를 신생아의 모방에서 발견했다. 그러나 그는 모방을 넘어 유아와 성인 간에 이루어지는 상호적으로 조절된 의사소통을 발견했다. "각자는 즉각적으로 상대편이 자신과 함께하는 것의 동기와 목적을 반영할 수 있다. 유아들과 그들의 상대는 이처럼 **즉각적인 공감적 접촉** 상태에 있다."(Trevarthen, Beebe et al., 2003, p. 782 재인용) 이런 접촉의 토대는 사실상 아기가 생래적으로 갖고 있는 수반되는 효과(contingent effects)를 감지하는 능력인데, 이것은 상대편의 행동이 자신의 행동에 수반되는(혹은 수반되지 않는) 것인지, 반대로 자신의 행동이 상대편의 행동에 수반되는(혹은 수반되지 않는) 것인지를 인식하는 능력이다. 아기들은 수반되는 반응성을 선호하고 이런 반응성을 인식할 수 있는 그들의 능력에 의해 두 사람이 함께하는 어떤 행위를 상호적으로 조절하는 것이 가능해진다. Trevarthen에 의하면 유아와 그 상대는 서로의 의사소통 행위의 타이밍과 형태 및 강도의 수반성을 '읽음'으로써 비언어적인 '원형적인 대화(protoconversations)'를 수행한다. 이런 행위 대화(action dialogues)에서 드러나는 것은 자기와 타인의 행동뿐만 아니라 그에 상응하는 내적 상태—특히 동기와 의도—의 일치성을 나타내는 것처럼 보이는 정교한 상호 조정이다(Trevarthen, 1998). Fonagy는 인간이 상호주관적인 관계성을 위해 준비되어 있다고 보는 Trevarthen의 견해에 동의한다. "기본적인 상호주관성은 존재합니다. 우리는 우리의 마음이 다른 사람들 안에 존재한다는 믿음을 갖고 태어납니다. 우리는 우리 마음속에 무엇이 있는지를 보고 또 그것이 무엇을 의미하는지 알아내기 위해 다른 사람들에게 의지합니다." (Fonagy, 개인적인 교신, 2006)

거의 같은 맥락에서, Daniel Stern(1985)은 아기들은 그들 자신에 대해 알아 가기 위해—그리고 이뿐만 아니라 다른 사람들과 세상에 대해 알아 가기 위해—엄마에게 의지한다고 한다. Stern에 따르면, 약 9~12개월쯤 유아는 자신에게 마음이 있고, 엄마에게도 마음이 있으며, 그 마음의 내용물, 즉 내면의 주관적 경험이 공유될 수 있다는 중요한 발견을 하게 된다. 예를 들어, 한 실험에서 한 살 된 아기들은 '눈으로 보기에 절벽처럼 보이는 구조물' 건너편에 놓여 있는 탐나는 장난감을 손에 넣기 위해 약간 겁이 나는, 유리로 된 표면을 건너가야 하는 상황에 놓인다. 이런 모호한 상황에 처한 아기들은 자신의 주관적인 경험이 어때야 할지를 결정하기 위해 한결같이 엄마의 얼굴—그리고 그 얼굴이 전하는 주관적인 평가—을 본다. 이때 엄마가 미소를 지으면 아기는 대담하게 앞으로 나아가는 모험을 감행할 정도로 안전함을 느끼는 것 같다. 하지만 엄마가 겁이 난 것처럼 보이면 아기도 당황하는 듯하고 뒤로 물러난다. 이런 유형의 '사회적 참조(social referencing)'는 아이가 다른 사람의 마음을 들여다봄으로써 자신의 마음을 정하는 공동 주의(joint attention)의 형태를 수반한다.

주의의 초점을 이렇게 공유하는 것은 상호주관적인 관계성의 주된 특징 중 하나다. 두 가지 다른 특징은 의도를 공유하는 것 그리고 아마 가장 중요한 특징으로, 감정 상태를 공유하는 것이다. 정서 조율(affect attunement)은 Stern이 사용한 용어로서 감정의 공명과 전달의 이중 과정을 가리키며, 이 과정은 우리에게 다른 사람이 느끼고 있는 것과 아주 유사한 어떤 것을 느끼게 해 주고, 또한 공유된 경험의 사실을 그 사람에게 전달하게 해 준다.

Stern의 관찰에 의하면, 아기가 자신의 내적 상태에 엄마가 조율되어 있다고 느끼기 위해서는 엄마가 아기의 정서를 모방하는 것만으로는 부족하다고 한다. 그 이유는 모방하는 것은 아기의 경험보다는 행동에 대한 반응을 전달하기 때문이다. 아기의 경험을 공유하고 있음을 보여 주려면 엄마는 반드시 감정을 표현하는 아기의 행동에 대해 '두 감각을 통합하는' 반응을 보여야 한다. 예를 들어, 엄마는 아기가 흥분한 것을 몸으로 표현할 때 그 리듬에 맞추어 소리를 낼 수도 있고, 또는 아기가 기분이 좋지 않아서 울 때 동일한 템포로 소리가 들리게 한숨을 쉬어서 아기의 실망에 조율된 상태를 전달해 줄 수 있다. 의사소통 행위의 타이밍과 강도 및 형태(여기에서 Stern은 Trevarthen의 견해를 반복한다)는 조율된 상태가 표현되는 비언어적 차원이다.

Stern이 볼 때 아이의 상호주관적 경험의 본질과 그 후에 발생하는 자기 자신에 대한 경험을 규정하는 것은 의도와 느낌 및 주의의 초점을 공유하는 행위다. 여기에서 발달적으로 중요한 의미를 갖는 질문은 무엇을 공유할 수 있고 무엇을 공유할 수 없는가다. 이 질문에 대한 답은 '어떤 경험이 상호적인 고려와 수용의 범위 안에 있고, 어떤 경험이 그 밖에 있는가?'를 결정짓는다(Stern, 1985, p. 208). 조율된 반응을 불러일으키는 의도나 느낌 혹은 주의의 초점은 공유될 수 있는 것이기에 아이의 자기감에 통합될 수 있지만, 그런 반응을 불러일으키지 못하는 의도나 느낌 혹은 주의의 초점은 공유하지도 못하고 아이의 자기감에 통합되지도 못한다. 이런 관점에서 보면 상호주관적인 관계는 주관적인 경험이 형성되는 중요한 맥락이다. Stern(2004)이 말한 대로 "두 마음이 상호주관성을 만들어 낸다. 그러나 마찬가지로 상호주관성도 그 두 마음을 형성한다. 무게 중심이 심리 내적인 것에서 상호주관적인 것으로 옮겨져 왔다."(p. 78)

애착과 정신화 및 상호주관성

Stern은 애착과 상호주관성이 분리되어 있으면서 보완적인 동기 체계라고 믿고 있다. 애착 체계는, 한편으로는 주 양육자와의 안정된 물리적 근접성을 유지하는 것과 관련된 욕구와 다른 한편으로는 탐험을 통해 학습하는 것 사이에서 균형을 잡는다. 상호주관적 체계는 우리가 타인을 알고 또한 타인에게 알려지고 싶은 욕구에 의해 작동된다. 애착이 안정감의 느낌을 조성하기 위해 존재한다면, 상호주관성은 심리적 친밀감과 소속감의 경험을 증진하기 위해 존재한다. 애착과 마찬가지로 상호주관적 경험은 진화론적으로 생존에 유리한 측면들이 있다. 우선 이 경험은 집단(사랑에 빠진 두 사람이 이룬 집단도 포함)의 형성과 효과적인 기능을 촉진한다. 이 경험은 또한 자기정체성을 형성하고 유지하는 데도 기여한다. 상호주관적 관계성 없이도 애착을 형성할 수 있고(자폐증을 생각해 보라), 애착 없이 상호주관적인 관계를 맺는 것도 가능하지만(우연히 만난 낯선 사람이지만 영혼의 동반자처럼 느껴지는 사람을 생각해 보라), 일반적으로 애착과 상호주관성은 서로를 증진한다(심리치료를 생각해 보라).

Stern은 정신화를 상호주관성의 발현으로 보지만, 내 생각에 그는 이 두 가지를 별개의 것으로 여기기도 하는 것 같다. 정신화는 단어 자체가 암시하듯이 우리가 자신과 타인의 경험을 이해하고 의미를 만들어 낼 수 있도록 해 주는 과정이다. 상호주관적 관계성은, 그 문구 자체가 암시하듯, 이해와 의미보다는 우리와 다른 사람들 간의 공명과 제휴 그리고 '정신적인 조망의 공유'와 더 관련 있다. 그것은 우리가 다른 사람들의 주관적인 경험에 참여할 수 있게 해 주는 개인적 경계의 투과성 혹은 '상호침투성(interpenetrability)'이다. 이런 관점에서 상호주관성의 표시인 정서 조율은 단지 의사소통의 문제가 아니라 Stern이 '대인 간 교감(interpersonal communion)'이라 부르는 것, 즉 다른 사람의 주관적 경험을 바꾸려고 하지 않으면서 그것에 동참하거나 함께하고 공유하는 것으로 볼 수 있다(Stern, 1985, 2004).

발달적 성취로서 상호주관성

Trevarthen과 Stern은 상호주관성이 선천적이라는 점과 그것이 자신과 타인의 경험 간 일치성에 대한 지각에서 비롯된다는 점을 강조했을 뿐만 아니라, 상호주관적 경험이 상호적으로 조절된다는 점도 강조했다. 정신분석 이론가인 Jessica Benjamin은 상호주관성의 개념을 한 단계 더 발전시켜 그것이 일치성뿐만 아니라 차이에 달려 있고, 상호 조절뿐만 아니라 상호 인식에도 달려 있다고 제안한다.

Benjamin(1990/1999)은 "두 주체가 만나는 것은 주체가 객체를 만나는 것과 어떻게 다른가?"라는 질문을 제기한다(p. 35). 이에 대한 답으로 그녀는 상호주관적 관계성의 능력은 점차 진화하며 불완전하게 습득되는 능력으로, 그 정점에서는 두 주체—분리되어 있지만 동등한, 주도성과 경험의 두 중심체—간의 만남을 가능하게 해 준다고 한다. 이것은 마음과 마음의 만남으로서, Benjamin의 표현에 의하면, "심지어 내가 원하거나 느끼는 것이 당신이 원하거나 느끼는 것의 반대인 경우에도 당신은 내가 느끼는 것을 안다." "내 감정이 단순히 당신의 감정일까 봐 내가 걱정하지 않으면서 우리는 감정을 공유할 수 있다."라는 것이다(p. 40). 이런 상호주관적 관계성은 Benjamin이 상호 인식—즉, 타인을 인식하고 타인에게 인식될 수 있는 능력—이라고 한 것의 예가 된다.

이런 인식은 타인에 대한 '심리 내적' 경험과는 대조적인 '상호주관적' 경험에 필수적이다. 타인에 대한 상호주관적 경험은 타인을 기본적으로 우리의 정신적 행위 영역 밖에 존재하는 분리된 주체로 인식하는 데 달려 있다. 타인에 대한 심리 내적 경험은 주로 투사와 동일시 그리고 다른 심리 내적 과정을 통해 타인에게 반응하는 것을 포함하는데, 이런 경우에 타인은 본질적으로 우리의 표상적 세계에서 어쩌면 이상화되거나 혹은 평가절하되는 대상이고, 실제 사람으로 경험되지는 않는 대상이다. Martin Buber(1923/1970)의 대화에 대한 '상호인간(interhuman)' 철학에 의하면, 상호주관적 관계성은 '나-너(I-Thou)' 관계를 만드는데, 이 관계의 특징은 상호성과 대화 그리고 타인들을 그들의 관점에서 경험할 수 있는 능력이다. 대조적으로, 심리 내적 관계는 상호성이 결여되고, 강요가 협상을 대체하며, 기존의 범주들이 다른 사람에 대한 우리의 경험을 지배하는 '나-그것(I-It)'의 관계에 우리를 가둔다.

한편으로, Benjamin(1990/1999)은 정신분석의 목적에 대해 (Freud의 말을 달리 표현하여) "객체가 있는 곳에 주체도 있어야 한다."고 역설한다(p. 34). 다른 한편으로, 그녀는 (Buber가 믿었던 것처럼) 두 종류의 관계―주체/주체 그리고 주체/객체―가 모두 필요하고, 역설적이지만 그 각각이 서로를 가능하게 한다고 믿는다.

Benjamin(1990/1999)은 이런 역설에 대해 설명하면서 일치성과 유사성에 대한 유아의 최초의 알아차림에서부터 2세 중반에서 시작되는 재접근기 유아의 분리/개별화와 관계성 간의 갈등에 이르기까지 상호주관성의 발달을 추적한다.

> 그것은 '우리는 이런 감정을 느낀다.' 에서 시작하고, 그런 다음 '나는 다른 마음을 가진 당신이 나와 똑같은 감정을 공유한다는 것을 안다.' 로 옮겨 간다고 말할 수 있다. 하지만 재접근기에서 아이가 차이―즉, '당신과 나는 같은 감정을 원하지 않거나 느끼지 않는다.'―에 직면하기 시작하면서 위기가 발생한다. 이런 발견에 대한 최초의 반응은 자기와 타인 간의 인식의 와해다. '나는 내 방식을 고집하고, 너에게 강요하기 시작하며, 그 때문에 나는 너의 거절을 반대로 경험한다. 즉, 네가 나에게 강요하는 것으로 경험한다.' (p. 40)

아기가 상호적 인식 능력을 획득하기 시작하려면 '인식의 와해'를 복구하는 것이 필수적이다. 이런 능력의 발달은 물론 일회적인 사건이 아니라, 생애 초기에 시작되지만 평생에 걸쳐 지속되는 과정이다. 이를 위해서 아이는 우선 자신의 현실을 주장하고, 둘째로 타인의 반대되는 현실을 받아들일 수 있게 되어야 한다.

Benjamin은 Winnicott의 견해를 받아들여, 타인이 실은 객체라기보다 분리된 주체라는 것을 아이가 알려면, 아이는 자신의 분노를 강하게 표현하고 타인이 그런 분노 표현에 대해 보복하거나 철수하지 않고 '파괴에서 살아남는다.'는 것을 발견해야 한다고 설명한다. 여기에 타인이 객체로 대우받으면서 주체로 인식될 수도 있다는 역설의 해법이 있다. 자신의 의지를 관철시키고 타인의 의지를 부정하는 데 실패하는 경험을 통해 아이가 발견하는 것은 자신과 타인 간의 차이가 경험을 공유하는 데 반드시 장애가 되는 것은 아니며, 대화는 한 사람이 지배하고 다른 한 사람은 복종해야 할 필요를 없애 준다는 사실이다. 이런 발견은 아이로 하여금 자신의 주관성을 좀 더 충분히 받아들이게 해 주며, 관계에서 어쩌면 두 개—즉, 두 개의 의지, 현실에 대한 두 개의 시각, 두 개의 주체—를 위한 여지를 둘 가능성이 있다는 것을 깨닫게 해 준다.

상호인식과 정신화는 개념적으로 사촌 관계에 있다는 점에 주목하라. Fonagy는 주체와 객체에 대한 Benjamin의 논의를 참고하지 않으면서도 그녀의 견해와 유사하게 구분하여, 정신화를 할 때 우리는 타인을 객체가 아닌 사람으로 여기고 반응한다고 제안한다.

심리치료 이론으로서 상호주관성

Benjamin은 임상이론의 영역에 '상호주관성'이라는 개념을 소개한 것을 Robert Stolorow와 그의 동료들의 업적으로 돌린다. 이 연구자들은 그들의 연구를 정신분석적 자기 심리학의 확장으로 규정하면서, 상호주관성을 분석적 맥락에서 '두 개의 주체성, 즉 환자의 주체성과 분석가의 주체성 간의 교차로 이루어지는 특정한 심리적 영역'이라고 묘사한다(Stolorow, Brandschaft, & Atwood, 1987, p. 1). 이와 유사하게, Natterson과 Friedman(1995)은 『임상적 상호주관성 입문(A Primer of Clinical Intersubjectivity)』에서 "상호주관성은 관계 속 두 사람의 의식적, 무의식적 주관성이 상호적으로 미치는 영향을 가리키는 폭넓게 아우르는 용어"라고 설명한다(p. 1).

이 저자들이 '상호주관성'이라는 용어를 치료에 대한 특정한 접근과 관련해서

사용하는 반면에, 나는 더 폭넓게 보아 이것이 애착 이론과 유아 및 부모 연구가 제
공하는 임상적으로 풍부한 통찰을 확인하고 확장시켰으며, 지난 20년 동안 형성되
어 온 임상적 연구의 주요 내용을 아우를 수 있는 가장 적합한 포괄적 개념이라고
생각한다. 치료 장면에서 발견된 이런 결과들은 '상호주관성 이론'과 '관계적 정신
분석' 그리고 '사회적 구성주의'와 같이 다양한 용어로 묘사되어 왔다. 그리고 이
런 결과들은 임상 영역에서 패러다임의 변화를 가져왔고, 이런 변화는 애착 연구에
서 너무나 핵심적인 부분으로 여겨지는 '언어화할 수 없는' 경험을 다룰 수 있는
새로운 도구들을 제공해 주었다. 패러다임 변화의 중심에는 객관적인 관찰자로서
익명성을 유지하는 치료자에 대해 이상적인 모습으로 보기를 거부하는 입장이 자
리하고 있다. 그 대신 변화된 패러다임에는 환자와 치료자의 서로 맞물리는 취약성
을 반영하는, 역동의 재연(enactments)에 치료자가 불가피하게 연루된다는 사실에
대한 인식과 함께, 이런 잠재적 장애물을 치유의 기회로 바꾸어야 하는 도전에 대
한 인식이 자리한다.

치유적인 관계에서 애착과 상호주관성

　　Ainsworth와 Main 및 Fonagy의 연구뿐만 아니라 Bowlby의 독창적인 통찰이 부
각하는 것은 우리의 성격을 형성시키는 도가니로서 애착 관계가 갖는 절대적인 중
요성이다. 함축적인 의미에서, 애착 관계는 또한 그것이 사랑하는 관계든 치료 관
계든 간에 생애 초기에 우리가 입었던 감정적인 상처가 치유될 가능성이 가장 높은
맥락일 수도 있다. 그렇다면 치료자는 환자가 새로운 애착 패턴을 발달시킬 수 있
는 새로운 애착 대상이 될 수 있다.

　　Fonagy는 애착 연구를 임상 실제와 이어 주는 가교를 만들려고 시도하면서, 환
자가 치료자의 마음속에서 생각하고 느끼는 존재로서 자신의 이미지를 발견할 수
있도록 해 주는 것이 중요하다는 점을 강조한다. 이런 관점에서 심리치료는 환자
의 정신화와 정서 조절 능력이 개발될 수 있는 안정 애착 관계를 형성함으로써 '효
과를 낸다.'고 볼 수 있다. Fonagy에 의하면, 이런 관계는 환자가 다른 사람에 의

해 자신이 알려지는 과정에서 자신을 알아가게 되는 상호주관적인 관계가 되어야 한다.

애착과 상호주관성 및 심리치료 영역을 연결하려고 시도한 임상가/연구자로 Fonagy가 유일한 인물은 아니다. 그 외에 Beebe(2004), Beebe와 Lachmann(2002), Beebe 외(2003), Fosha(2000, 2003), Holmes(1996, 2001), Seligman(2000, 2003) 그리고 Slade(1999, 2000) 모두 상호주관적인 애착 관계가 발달에서 차지하는 역할에 대한 이해를 높이는 데 크게 기여했다. 그리고 1995년에 Daniel Stern이 시작한 협동 연구가 기여한 부분은 특별히 주목할 필요가 있다.

그 당시에 Stern은 여러 명의 발달 연구자와 정신분석가(그 가운데 가장 유명한 인물로 Karlen Lyons-Ruth와 Louis Sander 및 Edward Tronick을 들 수 있다)를 모아서 현재 변화과정연구모임(Change Process Study Group: CPSG)이라고 불리는 연구 집단을 결성했다(Boston Change Process Study Group, 2002, 2005; Lyons-Ruth & Boston Change Process Study Group, 2001; Stern et al., 1998). 인간에게는 상호주관성이 '내장되어' 있다는 Stern의 결론을 바탕으로 하여, 이 집단의 연구는 발달을 이해하기 위해 아동기와 심리치료에서 상호작용의 미묘한 측면에 주목하는 것이 중요하다는 점을 강조했다. 특히 그들은 유아와 부모 그리고 환자와 치료자의 관계에서 변화를 가져오는, 공동으로 만들어지고 암묵적이며 흔히 비언어화된 과정에 초점을 두어 왔다. 그들의 관점에서는, 분석되기보다 체험되는 치료 관계가 주된 치료적 개입이다. 최근에 Stern은, 어쩌면 그가 더 이전에 일종의 상호주관적 교감으로서 정서 조율에 주목했던 것으로 되돌아가면서, 의미를 추구하는 것이 경험의 심화 과정—특히 그 자체로 가장 의미 있는 치료적 변화를 가져오는 환자와 치료자 간의 상호주관적 만남의 경험—을 단축시킬 수 있다고 역설한다. 이런 점에서 Stern은 직접적으로 마음챙김(mindfulness)을 거론하지는 않지만 현재의 순간에 초점을 맞추는 것이 절대적으로 중요하다는 점을 강조한다(Stern, 2004).

이런 다양한 공헌들을 살펴보면 애착 이론에서 대체로 빠져 있는 임상적인 차원을 채워 주는 어떤 통합적인 치료적 접근의 윤곽을 잡을 수 있다. 앞으로 여러 장에 걸쳐 자세하게 다루겠지만, 이런 접근법은 새로운 애착 관계를 치료 작업의 중심에 둔다. 이렇게 공동으로 만들어진 상호주관적 관계의 맥락에서 이루어지는 암묵적이고 비언어적인 의사소통은 환자의 미해결된 발달적 과제를 우리가 인식하고, 환자가 이런 과제를 다시 다룰 수 있게 해 주는 데 결정적인 역할을 한다. 이에 못지않게 중요한 것은, 자유롭게 느끼고 생각하며 사랑하는 데 필요한 능력이지만 환자에게는 다소 덜 발달된 능력을 배양시키는 인큐베이터로서 치료 관계가 기능할 수 있도록 우리가 그 관계를 구조화시킬 수 있어야 한다는 것이다. Winnicott(1965)에 의하면 "성숙되어 가는 과정의 특징은 통합으로 가려는 추동(drive)이다."(p. 239) 우리가 어떻게든 환자 안에 있는 그런 추동이 재활성화될 수 있게 한다면 새로운 애착 관계는 변화를 유발할 수 있다.

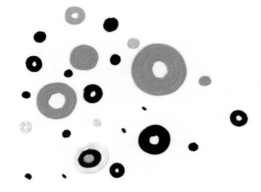

제2부

{애착 관계와 자기의 발달}

좋든 나쁘든 간에 자기가 원래 형성되는 곳은 아이가 경험하는 최초의 관계라는 도가니 속에서다. 이런 형성적인 관계의 결함으로 건강한 발달이 좌절된 환자들에게 심리치료는 애착의 상호작용적인 모체를 재창조함으로써 이런 모체 안에서 자기가 치유될 가능성을 부여한다. 민감하게 반응하는 부모가 제공하는 것과 공감적으로 조율하는 치료자가 제공하는 것이 겹쳐진다는 점에 비추어 보면, 임상가로서 우리의 작업은 우리가 아동기의 변화 과정을 이해하는 만큼 힘을 얻을 수 있다.

아동기 변화과정에 대한 이해를 도우려면, 발달과정에서 서서히 드러나고 또한 다가올 삶의 경험을 위해 준비해 주는 자기의 여러 측면들—심리학적인 측면뿐만 아니라 신경생리학적인 측면—을 어느 정도 상세하게 기술할 필요가 있다. 곧 살펴보게 되겠지만, 후기 발달의 경로는 근본적으로 아동이 어려운 감정을 처리하는 방법을 처음으로 배우는 (혹은 배우지 못하는) 방식에 따라 형성된다. 애착 관계는 이런 감정 학습이 최초로 이루어지는 배움터다. 상호작용을 통한 정서 조절의 초기 패턴을 확인하는 데 있어서, 안정 애착과 불안정 애착 연구 둘 다 우리가 치료자로서 환자의 발달을 촉진하는 관계를 형성함으로써 환자의 과거 경험을 재작업하고 동시에 환자와 함께 새로운 경험을 만들어 가는 데 필요한 능력을 증진하도록 도움을 준다.

제5장에서는 원래 애착의 맥락에서 처음 형성된—그리고 그런 맥락에서 이후에 재형성될 수 있는—자기의 여러 차원에 대해 설명하고자 한다. 제6장에서는 유아기부터 성인기까지의 다양한 애착 경험을 상세히 기록할 것이다. 또한 애착에 관한 네 가지 기본적인 마음 상태의 기원과 의미 및 그것이 미치는 영향을 파악하는 데 있어서 우리의 관심을 독특하게 환기시켜 주는 이해의 토대를 제공하는 관련 연구들을 개략적으로 제시하고자 한다. 제7장에서는 정서 조절과 공동으로 만들어 낸 애착 관계 및 아동기와 심리치료에서 가장 효과적으로 안정감을 조성하는 협력적인 의사소통의 질에 초점을 두고 애착 연구와 치료 실제를 연결 짓는 다리를 놓는 작업을 시작할 것이다.

05
자기의 여러 차원

우리 각자 안에서는 몸과 뇌 그리고 마음이 조화를 이루며 상호작용하여 자기라고 알려져 있는, 상대적으로 안정적인 내적 참조점을 만들어 낸다. 자기는 의식적으로뿐만 아니라 무의식적으로 삶을 경험하고 형성하는 부분이다. 자기는 또한 경험에 대한 우리의 독특한 반응의 성격을 결정짓는, 다소 영구적인 패턴의 특정한 군집의 관점에서 설명될 수도 있다. 자기의 현재 특성은 우리의 과거사와 현재의 맥락 둘 다에 따라 다양할 것이다. 여기서 일반적으로 영향력이 가장 큰 과거사는, 당연히 자기를 형성한 애착 관계의 과거사다.

자기 경험의 영역

애착 관계의 영향은 몸과 감정 그리고 표상적 세계의, 상호 연관되어 있고 실제로 중첩되는 영역들에 남게 되고, 우리 각자 안에서 경험에 대해 자기가 어떤 태도를 가질 것인지를 결정한다. 자기의 이런 영역들이나 차원들은 서로 연결되어 있고 상호적으로 영향을 주고받기에 따로따로 구별하는 것이 어려운 문제가 될 수 있을 정도다. 신체적 감각은 표상을 형성하는 감정의 한 요소이며, 또 표상은 이후에 일어나는 감각과 감정 및 표상의 질에 영향을 미친다. 하지만 이런 식의 순환이나 겹쳐짐에도 불구하고 자기의 개별적인 영역들을 확인하는 것은 상당한 임상적 가치가 있다. 그 이유는 이런 구분이 치료적 관계에 참여하는 환자 개개인(그리고 치료자)의 통합(혹은 통합의 결여)의 본질을 밝히는 데 도움이 되기 때문이다.

자기의 다양한 차원들이 얼마나 자유롭게 접근될 수 있고 통합될 수 있는지를 결정하는 것은 주로 애착 역사의 세부 내용들이다. 환자들은 어느 정도까지 신체적 감각을 경험하고 감정을 느끼며 자신의 생각에 대해 생각할 수 있을까? 그리고 그들은 얼마나 효과적으로 이 영역들을 통합할 수 있을까? 예를 들면, 그들의 감정에 영향을 미치기 위해 생각을 불러올 수 있을까? 이 같은 질문들의 답을 통해 우리는 우리가 제공하려고 노력하는 새로운 애착 관계에서 환자들이 가장 필요로 하는 것이 무엇인지를 명확히 밝히는 데 도움을 얻을 수 있다.

신체적 자기

자아는 우선 무엇보다도 신체적인 자아다.

-Sigmund Freud(1923/1962, p. 20)

유아의 최초 경험은 분명히 몸에 남겨지는 것 같다. 이를 테면 젖을 먹은 이후의 만족스러운 포만감, 엄마의 팔에 안겨 잠으로 이어지는 편안한 졸음, 추운 방에서 기저귀를 갈 때의 눈물이 날 정도로 차가운 감각이 몸에 남을 것이다. Daniel Stern(1985)은 『유아의 대인관계 세계(The Interpersonal World of the Infant)』에서 '핵심 자기(the core self)'는 아기의 '자기-불변(self-invariants)'의 초기 경험에서 생겨나고, 이런 자기-불변의 중심에는 아기 자신의 신체와 그 경계가 있다고 했다. 신경생리학자 Antonio Damasio(1999)도 '신체의 구조와 작용의 놀라운 불변성'(p. 135)이 자기의 경험에 주축이 되는 안정성의 자원이라고 역설했다.

Bowlby는 물론 애착 이론의 토대를 진화론적 생물학에 두었고, 유아가 양육자에게 가까워지려고 하는 것은 원래 신체를 보호하려는 욕구에 그 뿌리를 두고 있다고 주장했다. 후속 연구들은 유아가 애착 인물과 지속적으로 가까이 있는 것은 문자 그대로 유아 신체의 내적인 기능을 조절하는 역할을 한다는 것을 보여 주었고, 또한 안정 애착이든 불안정 애착이든 간에 애착 관계의 질은 유아의 발달하는 생리적인 측면이 신체적 자기가 경험에 반응하는 방식에 영향을 준다고 제안했다. 예를 들어, 민감하게 반응하는 엄마의 안정된 유아는 회피형과 집착형 그리고 특히 미해결형 엄마들의 불안정한 유아에 비해 생리적 스트레스 반응이 활성화되는 역치가 높은 것으로 밝혀졌다(Lyons-Ruth, 1999; Polan & Hofer, 1999).

따라서 자기에 대한 최초 감각의 근원은 주로 초기 애착 관계의 질에 따라 그 성격이 다른 신체적 경험에 있다. 이런 경험은 최초 몇 개월, 혹은 몇 년 동안 자기를 형성하고, 흔히 그 영향이 지속된다. 이에 따라 신체적 경험은 평생에 걸쳐 자기 몸에 기반을 두게 하고 자기에게 필요한 정보를 제공하며 또한 자기를 풍성하게 할 수 있는 잠재성을 갖고 있다. 하지만 이와는 달리, 신체적 경험은 부정되고 해리되거나 왜곡될 수도 있다. 즉, 신체 자체가 여러 가지 심리적인 이유로 착취되거나 공격당하는 것이다. 신체에 대한 환자의 경험은 근원적인 것이고 또한 관계의 맥락 안에서 일어나는 것이기 때문에, 애착 중심 치료의 초점은 신체적인 자기도 포함해야 한다. 신체를 '말로 하는 치유(talking cure)'에 어떻게 통합시킬 것인가의 방법론적인 주제는 발달과 심리치료에서 비언어적인 경험의 역할을 탐색할 때 다룰 것이다.

감정적 자기

고통의 느낌이나 기쁨의 느낌 혹은 그 중간의 어떤 느낌이 우리 마음의 바탕을 이룬다.
-Antonio Damasio(2003, p. 3)

Sroufe와 Waters(1977a)가 애착의 목표로 '안전감의 느낌(felt security)'을 유아와 엄마 간의 물리적 근접성에 접목시켰을 때, 그들은 애착에서 차지하는 감정의 중요성을 분명하게 강조했다. 실제로 가장 근원적이고, 심지어 근접성보다 더 근원적인 것은 안정감의 느낌이다. 아이는 안정감을 느끼지 못하면서도 애착 대상에게 물리적으로는 가깝게 있을 수 있기 때문이다. 유아기 이후에도 이와 마찬가지로 우리가 어떻게 느끼는지는 분명히 우리가 누구인가에 대한 감각의 중심에 있다.

Bowlby(1988)는 정서적 교류를 생애 초기 몇 년 동안 "우리가 가진 유일한 소통 수단"이라고 기술하면서 감정[1]이 가장 중요하다는 점을 강조했다(p. 157). Daniel Stern(1985)의 견해도 Bowlby와 비슷하지만, 그는 한 발 더 나아가서 "생애 초기에 정서는 의사소통의 주된 매체이고 또한 주된 주제다."라고 역설했다(pp. 132-133). Allan Schore(1994)는 이 문제를 다음과 같이 간결하게 요약했다. "자기의 핵심은 정서 조절 패턴에 있다."(p. 33)

감정적 반응은 적어도 다음 세 가지 이유로 자기에 대한 감각의 발달에서 근원적인 역할을 한다고 볼 수 있다. 첫째, Bowlby(1969/1982)가 『애착(Attachment)』 3부작의 첫 번째 책에서 언급한 것처럼 "감정은 …… 자신의 유기체적 상태나 …… 자신이 놓여 있는 일련의 환경적인 상황에 대한 개인의 **직관적인 평가**다."(p. 104; 강조 추가됨)

둘째, 감정이라는 단어의 어원(라틴어 motore, 움직인다는 뜻)이 시사하듯, 감정은 행동을 추진한다. 때로는 선천적인 행동 체계, 그중에서도 특히 애착 체계를 활성화함으로써 행동을 추진한다. Bowlby에 의하면 감정적인 평가는 즉각적인 결정—예컨대, 싸울지 혹은 달아날지와 같은 결정—을 촉진했기 때문에 생존에 유리한 가치가 있었다. 진화론적 설계에 의해 특정 감정들은 자동적으로 독특한 행동 경향성을 촉발하도록 우리 안에 입력되어 있다. 화는 직면이나 억압을 유발하고, 두려움은 달아남이나 신체적 마비를 유발하며, 무력감은 와해를 유발한다

---

1) 일부 저자들은 '감정(emotion)'과 '정서(affect)' 그리고 '느낌(feeling)'이라는 용어들을 번갈아 가면서 사용하지만, 나는 '감정(emotion)'이라는 단어는 경험에 대한 정신생리학적 각성과 반응성의 포괄적인 범주를 지칭할 때 사용하기를 선호한다. 반면, '정서(affect)'는 신체의 외부에서 감정이 어떻게 보이는지를 묘사할 때 사용하고, '느낌(feeling)'은 신체의 내면에서 감정이 어떻게 느껴지는지를 묘사할 때 사용한다(Damasio, 2003; Nathanson, 1992; Rothschild, 2000; Siegel, 1999 참고).

(Damasio, 1999; van der Kolk, 2006).

　셋째, 감정은 항상 몸과 연결되어 있다. 신체적 감각은 우리의 감정이 갖는 최초의 형태이고 또한 감정은 대개 몸을 통해 표현된다. 우리는 감정을 느낄 때 몸에서 일어나고 있는 것을 감지하고(또는 상상하고) 있다(Damasio, 2003). William James(1884)의 다소 도발적인 표현에 의하면, 우리가 두려움을 느끼기 때문에 우리 몸이 위험에서 달아나는 것이 아니라, 우리 몸이 달아나기 때문에 우리는 두려움을 느낀다. 감정은 몸에 기반을 두기에 우리의 주관적인 경험으로 스며들고 자주 그 경험을 지배한다. 감정은 그것이 강렬할 때는 흔히 합리적인 분석과 의사결정을 눌러 이기거나 혹은 그 자리를 먼저 차지해 버린다.

　요약하자면, 감정은 우리가 맞닥뜨리는 경험의 좋음이나 나쁨을 내장(內臟)의 차원에서 평가하는 과정이며, 우리가 어떻게 행동할지를 (의식적으로나 무의식적으로) 결정하는 것은 주로 이런 평가에 기반을 두고 이루어진다. 좀 더 포괄적으로 말하면, 감정은 평생에 걸쳐 우리가 경험에 의미를 부여하고 어떻게 진행할지를 선택할 수 있게 해 주는 내적 가치 체계를 제공한다고 볼 수 있다(Siegel, 1999).

　Fonagy 등(2002)과 Schore(2003) 그리고 다른 학자들은 감정 조절이 자기의 발달에 근원적이고, 애착 관계는 우리가 정서를 조절하는—즉, 감정에 접근하고 그것을 조정하고 활용하는—방법을 배우는 일차적인 맥락이라고 제안한다. 우리의 최초 애착의 특성을 보여 주는 관계 패턴은 근본적으로는 정서 조절 패턴이고, 이 패턴은 이후 경험에 대한 우리의 독특한 반응성의 본질—즉, 자기의 본질—의 많은 부분을 결정한다. 이와 유사하게, 치료자가 형성하려고 시도하는 새로운 애착 관계에서도 환자의 감정이 중심적인 것이고, 효과적인 감정 조절—감정이 느껴지고, 조절되고, 소통되고, 이해되도록 해 주는 과정—은 대체로 환자들이 치유되고 성장하도록 해 주는 과정의 핵심에 있다.

표상적 자기

머릿속에 어떤 모델이 있다는 생각은 그것이 아직은 하나의 도구, 하나의 모조 세계인 장난감을 구성하고 있다는 것인데, 우리는 이런 도구, 모조 세계를 우리에게 가장 잘 맞는 방식으로 조종하여, 그것이 표상하는 진짜 세계를 조종하는 방법을 알아볼 수 있다.

-J. Z. Young(1964, Bowlby, 1969/1982, p. 80 재인용)

Bowlby는 실제 세계에 대한 지도를 그린 표상적 세계를 갖는 것은 진화론적 필요성에 의한 것이라고 역설했다. 우리는 효과적으로 기능하기 위해 세상과 자신에 대한 지식이 필요했고(지금도 여전히 필요하며), 이런 지식은 반드시 우리가 소지할 수 있는 것이어야 한다. 우리는 이런 지식을 과거 경험에 대한 기억에서 이끌어 내고, 이런 지식을 이용해서 현재와 미래의 경험을 예측한다. 그러므로 이런 지식은 내적 작동 모델이다. 그러나 흔히 말하듯이, 지도는 영토가 아니다.

우리의 애착 관계에 대한 작동 모델은 선택적인 것으로, 체험한 관계 경험을 어느 정도 대표하는 표본이다. Daniel Stern(1985)의 이론적 틀에서 작동 모델은 '일반화되어 온 상호작용의 표상'으로 구성되어 있다(p. 97). 작동 모델은 평생에 걸쳐 경험에 대한 기본적인 정향성 혹은 반응성의 속성을 우리에게 지속적으로 제공해 준다.

우리의 초기 관계가 안정된 것이었다면, 그 결과 우리는 개방적이고 융통성 있게 반응하는—즉, 생각하고 감지하고 느끼고 행동할 수 있는—능력을 가질 가능성이 있다. 이런 경우에 우리는 새로운 경험에 비추어 오래된 표상을 수정할 수 있다. 이런 융통성 있는 표상은 우리의 느낌과 함께 우리의 의식적인 선택을 유연하게 형성하는 지침으로 이용될 수 있다. 한편, 우리를 형성하는 초기 관계의 두드러진 특성이 회피나 양가감정 혹은 혼란이라면, 이렇게 수정될 수 있는 표상들과 관련된 '반응 유연성(response flexibility)'(Siegel, 1999)에 대한 우리의 역량은 제대로 발휘되지 못할 것이다.

아마도 가장 중요한 것은 초기 애착이 우리에게 안전 기지에 대한 관계 경험, 그래서 내면화된 안전 기지에 대한 정신적 표상의 토대를 어느 정도 제공했느냐(혹은 제공하지 못했느냐)는 것이다. 내면화된 안전 기지에 대한 이런 내적인 표상은 우리가 감정적인 평형을 회복할 수 있게 해 주는데, 때로는 안정감을 높여 주는 애착 인물과 꼭 실제로 가까이 있지 않아도 그런 대상과 **상징적으로** 접촉함으로써 평형을 회복하게 해 준다(Holmes, 2001; Mikulincer & Shaver, 2003). 우리가 이렇게 안심시켜 주는 내적인 존재에게 (의식적으로나 혹은 다른 방식으로) 의지할 수 있을 때, 우리는 어느 정도의 탄력성(resilience)을 갖게 되고, 그 결과로 우리 자신과 세상을 탐험할 수 있는 자신감을 얻게 된다. 반면, 내면화된 안전 기지가 없을 경우 이런 탄력성은 결여되거나 줄어든다.

　대상관계 이론에서 설명하는 것처럼 '작동하는' 정신적 표상의 발달은 분화와 통합이라는 두 가지 기본적인 과정을 수반한다(Kernberg, 1984). 분화는 심리적 경계, 특히 자기와 타인 간에 그리고 내적 세계와 외부 현실 간에 경계를 만든다. 우리의 자기 표상(self-representation)이 잘 분화되어 있으면 우리는 타인이 우리에 대해서 갖는 느낌에 의해 규정된다고 느끼지 않고 자율적으로 기능할 수 있다. 잘못된 분화의 측면에서 본다면, 내부와 외부 간의 분화, 정신적 세계와 물질적 세계 간의 분화의 결여가 바로 불안정 애착 환자들의 기능을 저해하는 심리적 등가성 양식의 특징을 이룬다. **통합**은 종합(synthesis)과 연결(connection)을 포함한다. 우리 자신과 타인에 대한 통합된 표상은 우리가 감정적으로 모순된 경험을 한데 합칠 수 있게 해 준다. 그래서 예를 들어, 우리는 누군가에게 화가 나 있을 때도 그 사람을 사랑할 수 있다. 통합은 균형을 촉진하고 경험의 뉘앙스와 복잡성에 대한 자각을 길러 준다. 통합된 표상이 없다면 우리는 자신과 타인을 극단적이고 단순하게 경험하기 쉽다. 즉, 모두 좋거나 모두 나쁘게, 혹은 영웅이나 악한으로 본다.

　감정적 자기의 뿌리가 신체적인 경험에서 발견되는 것처럼, 표상적 자기는 근본적으로 감정적인 경험, 때로는 매우 격정적인 성격의 감정적인 경험에 기반을 두고 있다. Bowlby(1969/1982)가 언급했듯이 애착 그리고/또는 애착의 혼란 경험은 가장 강렬한 느낌을 불러일으키기 쉽다. 때문에 자신과 타인 그리고 관계에 대한 우리의 표상은 강력한 감정적 요소를 갖고 있을 뿐만 아니라, 대부분 자각되지 못한 채 표상의 밑받침이 되는 감정에 의해 사실상 **지배받는다.**[2]

대체로 내적 표상들의 무의식적인 감정적 차원으로 인해 이 표상들은 수정되기가 어렵다. 예를 들어, 만일 우리가 성장과정의 형성적인 상호작용을 통해 타인과 가까워지는 것이 위험하다고 배웠다면 우리가 계속해서 친밀함의 욕구를 자각하지 못하게 하려는 목적으로 방어가 형성되었을 것이다. 만약 우리가 친밀감을 얻으려고 도전하는 데 성공한다면 애착에 대한 우리의 오래된(회피형) 모델을 좀 더 안정된 모델로 개선할 수도 있겠지만, 방어로 인해 우리는 친밀함에 도전하려는 동기를 아예 갖지 않을 것이다. 이와 비슷하게 감정은 우리 자신뿐만 아니라 타인에게 보내는 신체적 신호를 담고 있기 때문에, 다가가려는 우리의 시도가 거부될 것이라는 예상은 당연히 우리 안에서 두려움이나 분노의 느낌이 일어나게 할 수 있고, 이런 느낌이 무의식적으로 몸으로 표현되면 우리의 작동 모델이 예상하도록 만든 바로 그런 거부 상황을 실제로 초래한다. Bowlby와 Main 둘 다 강조하듯이 작동 모델, 특히 불안정한 작동 모델은 자기 영속적인 특성을 갖는 경향이 있다. 내적 표상들은 초기의 애착 관계 안에서 언어 습득 이전 시기에 형성되기 때문에 발달하고 있는 자기의 속성에 강력하고 대개는 무의식적인 영향을 미칠 수밖에 없다.

치료자들은 이런 내적 표상들이 상호작용하는 여러 개의 영역에 걸쳐 존재한다는 점을 알고 있어야 한다. Main이 제안했듯이, 내적 작동 모델은 우리의 경험을 시각화할 수 있는 이미지나 혹은 말로 분명히 표현할 수 있는 신념, 즉 상징으로뿐만 아니라, 생각과 느낌, 욕망 그리고 기억을 포함해서 우리가 무엇에 주의를 기울여도 되는지 혹은 주의를 기울여서는 안 되는지를 결정하는 '규칙'으로 저장하거나 입력한다(Main, 1991; Main et al., 1985). Main의 연구 이후 다른 애착 연구자들은 Karlen Lyons-Ruth(1999)가 **실연되는 표상**(enactive representations)이라고 부르는 것에 초점을 맞추었다. 이 표상은 경험에 대한 상징화 이전의 표상으로 어떤 행동이나

---

2) 이와 관련하여 Bucci(2003)는 우리의 내적 표상이나 작동 모델의 '정서적 핵심(affective core)'에 대해 논의하면서, 그는 표상이나 모델보다—이것을 조종하는 것이 무엇인가의 견지에서— '감정 도식(emotion schemas)'이라는 용어를 더 선호한다.

상호작용으로만 표현되는 것인데, '절차' 혹은 존재 방식, 특히 다른 사람들과 함께하는 방식으로 표현된다. 예를 들어, 우리가 우리 자신의 유아기 시절을 기억할 수는 없다 하더라도, 부모로서 우리의 아기와 함께 그 시기의 어떤 측면들을 재연할 수는 있다. 마지막으로 애착 분야 밖에서도 정신적 외상의 연구자(예: van der Kolk, 1996)와 신경과학자들(예: LeDoux, 1996)이 경험을 신체적 감각과 정서적 반응의 형태로 입력하는 신체적 기억과 감정적 기억에 대해 논의했다.

다양한 형태의 표상—상징적인 형태뿐만 아니라 신체적, 감정적 및 실연되는 형태의 표상—에 대한 이해는 임상적으로 엄청난 가치가 있다. 치료 장면에서 과거의 보이지 않는 흔적으로서 어둠 속에 존재해 오던 표상에 빛을 비추어 주면 환자는 더 자유롭게 현재에서 느끼고 생각하고 행동하게 될 수 있다. 이런 주제들은 비언어적 경험을 다루는 이후의 장에서 상세하게 다룰 것이다. 지금으로서는 이런 암묵적인 표상을 명시적으로 만들기 위해서, 그리고 더 나아가 이 표상들이 의식적인 성찰의 통합적인 영향을 받을 수 있도록, 치료자는 환자의 언어적 의사소통뿐만 아니라 신체적, 감정적 실연을 통한 의사소통에도 조율해야 한다는 점을 언급하는 것만으로 충분하다.

물론 여기서 환자에게 유효한 것은 치료자에게도 똑같이 유효하다. 즉, 경험에 대한 우리의 표상들이 자각을 통해 밝혀질 때 비로소 우리는 그것의 진위 여부에 대해 의문을 가질 수 있다. 자각을 통해 얻을 수 있는 이해가 없다면 우리도 환자들과 마찬가지로 어떤 특정 순간에 우리가 생각하거나 느끼는 대로 믿기 쉽고, 특히 감정의 조류가 강하게 밀려오는 순간에는 더욱 그렇게 되기 쉽다. 이런 비성찰적인 마음 상태에서 우리는 주관적인 경험에 단순히 매몰되거나 빠져 버린다. 그 결과 우리에게 좀 더 폭넓은 조망이 허용되지 않기 때문에 우리는 우리의 정신적 경험이 본질적으로 표상적인 성격을 갖는다는 사실을 파악하지 못하고 우리가 현실이라고 받아들이는 것의 포로로 남게 된다.

성찰적 자기와 마음챙김의 자기

자기의 신체적, 감정적, 표상적 차원은 사람이라면 누구나 갖는 것이기에 대부분의 사람들에게는 접근할 수 있는 것이지만, 성찰적 자기와 마음챙김 자기의 영역은 오직 **잠재적으로** 접근 가능하다. 그러나 이런 잠재성이 결정적으로 중요하다. 왜냐하면 정신화와 마음챙김은 각기 다른 방식으로 탄력성과 탐험을 가능하게 해 주는 내면화된 안전 기지와 관련되기 때문이다. 게다가 이 두 가지 모두 통찰과 공감, 정서 조절과 주체적 행위 능력에 대한 지각, 내면의 자유 그리고 우리가 살아가면서 당면하는 복잡하고 어려운 상황에서 적응적인 유연성을 발휘하면서 대응하는 능력을 기를 수 있게 해 준다. 그러므로 정신화와 마음챙김은 심리적인 자유로 통하는 길이다.

앞에서 논의한 것처럼, 우리의 성찰적인 혹은 정신화하는 자기는 일반적으로 애착 인물을 안전 기지로 경험함으로써 우리가 내면 세계를 포함한 세상을 안전하게 탐험할 수 있도록 해 주는 관계를 통해 그 모습을 드러낸다. Diana Fosha(2003)가 제안한 것처럼, '우리가 누군가에게 객체라기보다 사람—즉, 우리 행동의 의미가 그 저변에 있는 느낌과 의도 및 신념으로부터 밝혀질 수 있는 존재—으로 알려질 수 있는 기회를 우리에게 주는 것은 (우리를) 사랑해 주고 아껴 주며 조율해 주는 침착한 누군가로부터 이해받고 또한 그 사람의 마음과 가슴속에 (우리가) 존재한다는 느낌을 갖는 것'(p. 228)이다. 우리의 마음을 염두에 두고 있는 누군가의 보살핌을 받으며 자라는 경험을 통해 우리는 우리의 주관적 경험의 의미를 이해하려고 의도적으로 노력할 수 있는 '정신적인 주체적 행위자(mental agents)'(Fonagy & Target, 출판 중)가 될 수 있도록 준비되어, 우리의 주관적 경험에 의해 압도되거나 그것으로부터 차단되기보다, 그 경험과 함께할 수 있다. 아동기에 이런 정신적인 주체적 행위 능력을 지지해 주는 관계를 경험해 보지 못한 환자들은 그들의 내적 경험에 의해 휩쓸려 버리는 상태로 혹은 그것과 격리된 채로 남아 있다. 우리가 치료자로서 이 환자들에게 성찰적 자기에 대한 역량을 길러 줄 수 있는 유형의 관계—즉, 새로운 애착 관계—를 제공할 수 있을 것인지는 주로 우리의 정신화 능력에 달려 있다.

마음챙김은 정신화처럼, 그러나 다른 경로를 통해 우리가 경험에 빠지거나 해리되기보다 경험과 함께할 수 있게 해 준다. 왜냐하면 정신화가 우리가 정신적인 주체적 행위자(mental agents)로 행동할 수 있게 해 줌으로써 내적인 자유를 증진시킨다면, 마음챙김은 우리가 '주의 기울이기에서 주체적인 행위자(attentional agents)'로 행동하게 하여 자유를 증진시키기 때문이다. 자발적이고 지속적이며 무비판적으로 지금 여기의 경험에 주의를 기울이는 수련은 경험을 변화시키는데, 그것은 경험을 깊게 하면서 동시에 '가볍게' 만든다. 경험을 깊게 한다는 것은 우리가 좀 더 충분히 그 경험과 함께하며 그것을 수용하고 자각할 수 있기 때문이고, 경험을 가볍게 만든다는 것은 현재에 초점을 둔 알아차림은 과거와 미래의 무게로 인한 부담을 덜 받고 수치심과 두려움에 의해 방해를 적게 받기 때문이다. 이런 알아차림은 여러 면에서 유익할 수 있다. 이것은 어려운 감정을 조절하는 데 도움을 준다. 이것은 또한 습관적인 반응 패턴을 탈자동화시켜(Engler, 2003; Martin, 1997; Safran & Muran, 2000), 우리가 '깨어나서' 마치 '초심자의 마음'(Suzuki, 1970)으로 세상을 새롭게 경험하게 해 준다. 게다가 제1장에서 제안한 대로, 마음챙김의 자기는 우리가 알아차리는 생각이나 느낌 혹은 감각보다는 알아차림 그 자체와 점차 동일시하는 경향이 있다. 이런 알아차림과의 동일시—궁극적으로는 (개인의) 자기를 보호하고자 하는 욕구를 줄이는 자기 없음(selflessness)의 경험—는 내면화된 안전 기지에 대한 우리의 감각을 강화시킬 수 있다. 마지막으로, 마음챙김은 마음을 고요하게 만든다. 마음챙김은 정신적 잡음(mental static)을 줄이기 때문에 자기의 모든 영역에서 오는 신호를 수신할 수 있는 능력을 높여 준다. 그러므로 마음챙김 자기의 경험들은 통합될 뿐만 아니라 통합을 촉진시키기도 한다. 이 경험들은 자기의 다양한 측면들 간에 그리고 자기와 타인 간에 적응적인 연결을 조성한다.

이런 식으로 이해한다면, 마음챙김은 정신화처럼 우리가 만들려고 시도하는 새로운 애착 관계를 강화하고 또한 그 관계에 의해 강화되기도 하는 중요한 치료적 자원으로 볼 수 있다. 환자와 우리 자신에게서 이 상호 보완적인 능력들을 어떻게

개발할 것인가는, 경험에 대한 자기의 태도와 관련된 몇 개의 장에서 중심 주제로
다루고자 한다.

애착의 신경생리학

인간의 진화에서 애착 관계의 역할은 유아에게 물리적인 보호를 제공하는 것을 능가한다. 애착
은 사회적 인지를 촉진하는 뇌의 과정이 적절하게 조직화되고, 또 뇌가 설계된 대로 한 개인이
타인과 협력하고 협동하면서 존재할 수 있도록 뇌의 과정이 준비되게끔 해 준다.

-Peter Fonagy and Mary Target(2006)

심리적 패턴은 신경 조직의 패턴이기도 하고, 마음뿐만 아니라 뇌도 애착 관계라
는 도가니 속에서 발달하기 때문에, 현대 신경과학의 기본을 익히 알게 되면 자기
의 다양한 차원에 대한 우리의 이해가 풍성해질 수 있다. 20세기의 마지막 10년은
'뇌의 10년'이라고 불릴 만큼 신경과학 연구가 이 시기에 봇물처럼 쏟아져 나왔다.
혁신적인 뇌 영상기술은 뇌의 구조와 기능에 관한 우리의 지식을 너무나 빠르게 확
장시켜서 '과학적 심리학을 위한 프로젝트'를 열망했던 Freud(1895/1966)의 꿈—
정신에 대한 그의 이론이 언젠가는 신경생리학적 사실에 기반을 둘 수 있을 것이라
는—이 실현될 가능성이 만들어지기 시작했다.

애착과 경험 및 뇌

뇌와 마음—그리고 신경과학과 심리치료—을 가장 강력하게 개념적으로 연결
시키는 작업은 Allan Schore(1994, 2002, 2003)와 Daniel Siegel(1999, 2001, 2006)에 의
해 서서히 이루어져 왔다. 중요한 사실은 각 저자가 애착 이론 연구에 기반을 두고
심리학적 발달과 뇌 발달을 이해하고 있다는 점이다. Schore(2002)는 초기 아동기
의 심리학적 발달뿐만 아니라 건강한 신경의 발달도 애착 인물의 조율된 반응성에
달려 있다고 분명하게 말한다. "아기의 뇌는 이런 상호작용에 의해 영향을 받는 것

만이 아니다. 뇌의 성장은 글자 그대로 뇌와 뇌 간의 상호작용을 필요로 하고 엄마
와 유아 간의 긍정적인 관계의 맥락 안에서 일어난다."(p. 62) 아이가 엄마의 자궁
에서 나올 때, 뉴런이라고 불리는 수십 억 개의 세포로 구성된 아기의 뇌는 신체 기
관 중 가장 분화가 덜 된 부위다. 이후에 일어나는 뇌의 발달은 주로 '유전적으로
프로그램화된 신경계의 성숙' 이 대인관계 경험에 의해 어떻게 이루어지는가에 달
려 있다(Siegel, 1999, p. 2). 그렇다면 심리학적 관점에서뿐만 아니라 신경생리학적
관점에서도 가장 중요하고 영향력 있는 경험은 좋든 나쁘든 애착 관계의 맥락 안에
서 일어나는 경험이다.

Siegel은 마음과 몸에 '경험'으로 저장되는 것은 신경계 수준에서는 뇌세포의 발
사(firing)나 활성화 패턴과 일치한다고 설명한다. 이런 뉴런의 발사 패턴은 뇌 안에
서 뇌의 구조와 기능의 특성을 결정하는 시냅스의 연결을 만든다. Siegel(1999)은 신
경해부학자 Donald Hebb의 말을 부언하여 "함께 발사하는 뉴런들은 함께 연결된
다."고 했다(p. 26). 뇌의 구조물은 연합적이다. 유입되는 자극(엄마의 섬세한 손길과
위안을 주는 목소리, 평온한 얼굴 표정)이 아기의 뇌 안에서 활동을 촉발하면, 함께 발
사되는 뉴런들은 서로 연합하여 '신경 네트워크'를 형성함으로써 이런 엄마의 자
극들 전부나 혹은 그중 어떤 것이라도 안전감과 연합시킨다. 이런 방식으로 경험,
특히 반복되는 경험은 뇌의 '회로'를 만든다. 더 어린 뇌는 더 오래된 뇌로부터 배
우도록 설계되어 있는데, 애착 관계는 대부분의 이런 학습이 최초로 이루어지는 곳
이다. 그러므로 관계에서 경험되는 연결은 신경계 수준의 연결이 되고, 이런 연결
은 새로운 경험에 대한 자기의 반응성에 영향을 미친다. 반대로, 관계에서 연결의
경험이 결여되면—예를 들어 회피형 부모와 고통 받는 유아의 관계와 같이—신경
계 수준의 연결이 제대로 발달하지 못하고, 그로 인해 유아가 자신의 감정을 느끼
는 능력을 제한할 수 있다. Schore와 Siegal은 기초 신경과학과 초기 관계들이 뇌에
미치는 영향을 익히 알고 있으면 치료자가 환자들을 좀 더 효과적으로 돕는 데 도
움을 얻을 수 있다는 설득력 있는 주장을 했고, 이는 나 자신의 임상 경험에서도 입
증되었다.

뇌의 구조

기초적인 것부터 알아보기로 하자. 가장 단순한 비유를 들어 설명하면, 뇌는 3층이며 양 옆이 이중으로 된 구조로서 중앙을 기점으로 양쪽(우뇌/좌뇌)으로 나뉘어있고 세 층(뇌간, 변연계, 신피질)은 아래에서부터 위로 한 층씩 쌓여 있다.

뇌간

개인의 발달과 진화의 과정 모두에서 뇌의 '가장 낮은' 층 혹은 최하단인 뇌간은 가장 먼저 그 모습을 드러낸다. 뇌간은 이미 자궁 안에서 활성화되고 아기의 출생 후에는 완전하게 기능하는 상태가 되는데, 뇌의 다른 영역에 비해 경험과 학습에 의존하는 정도가 가장 적다. 뇌간은 척주의 꼭대기에 자리하며, 심박동 수, 호흡, 소화와 같은 기초적인 신체기능을 조절하고, 애착 과정에 '시동을 거는' 것을 포함한 반사행동들을 활성화하는 데 필요한 신경 기제를 제공한다. '신생아는 엄마 냄새가 나는 방향을 향해 젖꼭지를 찾고 엄마의 눈을 응시하며 엄마의 머리카락을 움켜잡을 것이다. …… 아기의 눈은 엄마의 눈과 얼굴로 향한다. 아기의 첫 번째 미소도 양육자의 마음을 사로잡기 위해 뇌간에 의해 제어되는 반사행동이다.'(Cozolino, 2002, p. 75)

신체적 자기의 신경계적 기반인 뇌간은 임상적 관점에서도 중요하다고 할 수 있다. 뇌간은 각성을 조정하고 Schore(2003)가 "마음의 생리적 바탕"이라고 부른 자율신경계를 조절하기 때문이다(p. 82). 높은 수준의 각성은 자율신경계의 교감신경계 활성화와 관련되어 있어 호흡을 빠르게 하고 심박동 수를 높이며 팔다리로 피를 보냄으로써 싸우거나 달아나도록 우리를 준비시킨다. 낮은 수준의 각성은 극단적인 상태에서 긴장성 부동 상태 혹은 '얼어붙는 상태'를 가져오는 부교감신경계의 활성화와 연관되어 있다.

뇌간에서 시작되는 것으로 미주(迷走) 신경이라 불리는, 둘로 갈라진 두개골 신경이 있다. 이 신경은 우리에게 안전하거나 위험하거나 혹은 생명을 위협하는 것으로 경험되는 상황에서 우리가 보이는 독특한 반응을 형성한다. 우리가 안전하다고 느낄 때면, 좀 더 성숙한 가지인 복부 쪽 유수 미주 신경(the myelinated ventral vagus)이 교감신경계를 억제시키는 '미주 신경 제동장치'를 가동하여 (몸을 진정시키고 심장 박동을 늦춤으로써) 사회생활을 가능하게 한다. 우리가 위험하다고 느낄 때면 미주 신경 제동장치가 풀려 교감신경계가 탈억제되면서 우리가 싸우거나 달아날 수 있도록 준비시킨다. 우리가 치명적인 위험 상황에 있다고 느끼게 되면 좀 더 원시적인 등 쪽 유수 미주 신경이 부교감신경계를 정지시키고 움직이지 못하게 만든다. 우리는 생명을 위협하는 정신적 외상에 직면하여 무력감을 느끼면서 '죽은 척한다.' 해리는 보통 이런 신체적 반응을 보완하는 심리적인 반응이다(Porges, 2006; Schore, 2006).

중요한 사실은 복부 쪽 미주 신경 체계가 심장과 같은 내부 장기뿐만 아니라 얼굴과 머리의 근육 조직을 일차적으로 통제한다는 점이다. 그런데 이런 근육 조직이 없다면 효과적인 사회적 의사소통(눈 맞춤, 매력적인 음성으로 소리내기, 수반되는 얼굴 표정)이 불가능하다. 위험이나 생명에 대한 위협으로 인해 복부 쪽 미주 신경이 작동하지 않게 되면 그로 인한 교감신경의 활성화나 부교감신경의 무력화가 적응에 이로울 수 있다. 그러나 과거의 정신적 외상으로 인해 뇌간에 있는 미주 신경 제동장치의 효율이 손상되었다면, 손상된 결과로 나타나는 싸우거나 도망가거나 혹은 얼어붙어 버리는 경향은 거의 항상 부적응적일 것이다. 심리치료에서 우리가 보게 되는 정신적 외상 생존자들이 보이는 극단적으로 예민한 반응 그리고/또는 무표정한 얼굴과 억양이 없는 목소리를 통해 확인해 보라(Van der Kolk, 2006; Porges, 2006).

여기서 얻을 수 있는 한 가지 임상적인 시사점은 우리가 치료에서 뇌간에 기초한 반응으로서, 환자의 과도하게 각성되는 패턴과 제대로 각성되지 않는 패턴을 고려해야 한다는 것이다. 치료의 성공은, 특히 정신적 외상이 있었던 환자의 경우, 관계하는 것에 대한 환자들의 욕구(그리고 두려움)뿐만 아니라 그들의 생리적인 각성 수준을 우리가 정확히 읽고 효과적으로 조절할 수 있는 능력에 달려 있다. 이렇게 하기 위해서는 신체와 비언어적 경험 그리고 치료적 상호작용의 미묘한 측면에 초점을 맞춰야 한다.

변연계

Paul MacLean(1990)이 제안한 '삼위일체의 뇌(triune brain)' 모델에 따라 뇌간을 파충류의 뇌와 닮았다고 본다면, 변연계는 대략 우리가 다른 포유동물들과 공유하는 원시 포유동물의 뇌에 비유할 수 있다. 때로 '감정의 뇌'라고 불리는 변연계는 우리가 느낌을 처리하는 곳이다. 이런 처리과정은 아주 중요하다. 감정은 우리가 내장 수준에서 경험을 평가하는 근본적인 수단뿐만 아니라 효과적인 사회적 상호작용을 가능하게 해 주는 비언어적인 언어를 제공하기 때문이다. 변연계는 또한 기억과 학습 및 동기―애착과 관련된 동기도 포함―에 있어서도 핵심적이다.

이중 구조로 된 집의 1층이 바깥 거리와 소통하기 쉬운 것처럼, 변연계는 내면 세계와 외부 세계가 만나는 곳이다. 이곳의 감정적 수준에서 우리는 우리 자신과 우리 몸 밖에 존재하는 급박한 현실 간의 관계를 처리한다. 그리고 삶의 체험에 기초하여 우리가 무엇을 기대할 수 있는지를 배운다. 사실상 우리는 엄마의 첫 손길을 느끼면서 우리가 위안을 얻고자 엄마에게 안전하게 기댈 수 있을지 없을지를 결정하기 시작한다. 우리의 울음이 우리를 안심시켜 주는 엄마의 존재를 불러내는지 혹은 우리의 고통이 엄마의 짜증이나 무관심을 유발하는지의 이런 경험들이 감정적 기억에 저장되고, 애착과 관련된 이후의 상황에서 안전이나 위험에 대해 우리가 내리게 될 평가를 좌우한다. 명백하게 변연계는 감정적 자기를 구성하는 신경계의 기반이다. 이것은 두 개의 핵심적 구조를 담고 있다.

이 두 개의 구조 중 하나인 **편도체**는 태어날 때부터 잘 발달되어 있고, 변연계에 이르는 감각 통로라고 할 수 있다. 편도체는 내부 세계(심장, 폐, 장)의 내장 감각이 자각되도록 하는 뇌간의 미주 신경과 함께, 경험에 대한 우리의 '직감적인' 반응을 책임지고 있다(Schore, 2003). 이것은 '눈에서 마음을 읽어 내는' 우리 능력의 중심이 되는데, 선택적으로 얼굴 표정 단서에 더 주의를 기울이게 하고, 또한 다른 사람에 대한 직관적인 '느낌'을 전해 준다(Baron-Cohen, 1999). 편도체는 또한 '생존을 위한 중심부(survival central)'(Rothschild, 2000)라고 묘사될 수 있는데, 이는 이것이 싸우거나 달아나는 반응을 일으키는 역할을 하기 때문이다. 편도체는 1초도 안 되는 짧은 시간에 입력된 감각(화난 얼굴, 개가 으르렁거리는 소리)을 평가할 수 있고, 특히 입력된 감각이 안전이나 위협과 관련 있을 때 그 효력을 더 발휘한다.

편도체는 뇌간으로 교감신경계를 활성화하라는 신호를 보냄으로써 위험에 대한 거의 즉각적인 평가를 신체 반응으로 전환시켜 몸이 싸우거나 달아나도록 준비시킨다. 이런 즉각적인 평가 가운데 몇 가지는 생물학적으로 보편적인 자극에 그 기반을 두지만(예를 들어, 인간은 본능적으로 뱀을 두려워한다) 나머지는 개인력의 특정한 세부사항에 의해 조건화된다.

편도체는 평가의 기관인 만큼 기억의 기관이기도 한데, 무의식적이고 상징화되기 이전의 '감정적 기억'의 형태로 경험을 저장한다(LeDoux, 1996). 언어적으로 접근 불가능한 이런 과거(특히 정신적 외상이 되는 과거)의 흔적들은 자각의 범위에서 완전히 벗어나 있기에 현재 경험에 대한 우리의 평가를 왜곡한다. 그러므로 전쟁으로 인해 정신적 외상을 입은 퇴역군인은 도시의 거리에서 자동차 내연기관의 역화(backfire) 소리를 듣고 반사적으로 식은땀을 흘리며 땅바닥에 엎드릴 수 있다. 이와 유사하게, 정신적 외상이 되는 애착 경험이 있는 환자는 모호하거나 위협적이지 않거나 심지어 긍정적인 사회적 신호를 자동적으로 위험한 사회적 신호가 되는 단서로 읽기 쉽다.

해마(hippocampus)는 무차별적이고 통제되지 않고 극도로 예민한 반응을 하기 쉬운 편도체의 경향성을 조절한다. 해마의 특화된 기능은 순서와 맥락에 맞게 정보를 조직화하는 것으로, 이것은 방울뱀이 산길에서 똬리를 튼 채 우리 앞에 있을 때와 동물원에서 유리벽을 사이에 두고 몸을 틀고 있을 때 우리가 아주 다르게 반응할 수 있게 해 준다. 이런 변별 능력이 전혀 없는 편도체가 교감신경계를 준비시키는 가속장치라면, 해마는 제동장치로서 부교감신경계를 작동시켜, 위급상황으로 지각되었던 것이 근거 없는 판단으로 평가되면 우리가 진정될 수 있도록 (호흡과 심박수가 느려지게) 해 준다(Siegel, 1999).

임상적으로 알아 두어야 할 중요한 사실은, 해마가 생후 2년에서 3년이 되는 시점에 가동되기 시작한다는 점이다. 그 결과, 생후 첫해에는 경험과 학습이 무의식적인 감정적 기억으로 편도체에 저장되는데, 이런 형태의 기억은 전반적이고 과잉 일반화되어 그 결과 불균형적으로 영향을 미치는 경향이 있다. 이런 기억들은 치료 장면에서 환자가 생애 초기에 겪은 경험에 대한 신체적, 감정적 혹은 실연적 표상을 반영하는 감각과 느낌 또는 충동을 통해서만 접근할 수 있다.

대조적으로 해마는 대뇌피질의 좀 더 높은 수준의 뇌 중심부와 연결되어 있고, 이런 연결망은 사춘기 후반기까지 계속해서 성숙한다. 이런 해마의 도움으로 저장된 기억은 명시적이고 언어적인 형태로 인출 가능하며, 시간과 장소 및 사람에 맞게 맥락화된다. 안정된 관계는 발달하고 있는 해마가 편도체의 반응성을 균형 잡도록 하는 반면에, 관계 경험에 의한 중대한 정신적 외상은 해마를 일시적으로 멈추게 만들거나 그것의 발달을 억제시켜 과잉 경계하는 편도체의 반응성이 조절되지 않은 채로 남아 있게 할 수 있다.

LeDoux(1996)의 주장을 달리 표현하자면, 편도체의 감정적 기억은 영원히 지속될 수 있다. 그러나 두려움 반응은 조건화된 것으로 연합 학습의 산물이다. 과거 애착의 정신적 외상도 친밀함과 위험 간의 연합(함께 활성화되는 뉴런은 서로 결합된다)을 만들어 냈을 수 있다. 그러나 환자가 심리치료의 새로운 애착 관계 맥락에서 오래된 정신적 외상을 재조명하게 되면 뇌와 마음 안에 새로운 연합을 서서히 만들어 갈 수 있다. 환자는 안전한 맥락에서 어렸을 적 두려움과 상처를 기억해 내고 재경험함으로써 과거의 기억을 서서히 변형시킬 수 있고, 그 과정에서 오랫동안 그런 기억에 의해 유발되었고 편도체에 기반한 자동적인 반응을 완화시킬 수 있다.

신피질

해부와 기능

뇌간과 변연계 위에는 대뇌피질이 자리 잡고 있는데, 이것은 신경의 이중 구조의 윗층이다. 인간과 가까운 영장류와 공유하는 이 '신포유류의 뇌'는 우리의 경험을 이해하고 세상과 우리의 상호작용을 조직화한다. 이것은 진화론적 관점에서나 개인의 발달에서 맨 나중에 나타나는 뇌의 부위로, 경험과 새로운 학습이 누적되면서 오로지 서서히 발달하며 실질적으로 평생에 걸쳐 자란다. 피질의 후방 부위들은 오감과 몸을 통해 물리적인 세상을 지각하는 데 집중하고, 전방 부위들은 뇌의 다른 부위들에서 들어온 정보를 처리하고 행동을 안내하도록 전문화되어 있다.

전두엽은 의식적인 사고와 계획, 기억, 의도적인 행동, 통제된 주의 그리고 추상적인 추론을 가능하게 해 주는 '뇌의 집행부'(Cozolino, 2002)로 볼 수 있다. 전두엽은 언어를 관장하고 또한 자각의 수준으로 끌어올려져, 고려되고 조종될 수 있는 생각과 정신적 표상들을 관장하는 '부위'다. 전두엽은 자기의 상징적/표상적이고 성찰적이며 마음챙김 차원을 위한 신경의 기반을 제공한다고 볼 수 있다.

피질에서 가장 발달한 영역이면서 심리치료와 특히 관련성이 있는 영역은 **전전두엽피질**(prefrontal cortex)이다. 이 영역은 두 개의 주요 부위로 나뉘어 있다. 첫 번째는 인지적 지능을 위해 전문화된 배외측 부위로서 해마와 언어 지향적인 좌뇌와 연결되어 있다. 두 번째는 감정 지능을 위해 전문화되고, Siegel(2006)이 '중전전두엽피질(middle prefrontal cortex)'이라고 부르는 부위로서 편도체와 감정 지향적인 우뇌와 많이 연결되어 있다.

배외측 영역(dorsolateral region)은 '이성적인 마음'(van der Kolk, 2006)으로 그리고 '의지적인 뇌(volitional brain)'의 핵심으로 묘사되어 왔다(Libet, Freeman, & Sutherland, 1999). 이 영역은 우리가 **의식적으로** 경험에 대해 생각하고, 의도적으로 지각과 기억 그리고/또는 관념에 주의를 기울이며, 필요할 때 과거와 현재 그리고 미래에 대한 우리의 정신적 표상에 의지할 수 있게 해 준다. 이 영역은 작동 기억을 위한 신경 부위, 즉 '마음의 칠판'(Siegel, 1999)인 것처럼 우리가 문제를 해결하고 결정에 대해 심사숙고하며 일반적으로 사태를 이해하려고 노력하기 위해 머리를 쓰는 곳이다.

중전전두엽피질은 몸 자체와 뇌간, 변연계 그리고 대뇌피질을 서로 연결해 주는 통합적인 영역이다. Schore(1994, 2002)와 Siegel(1999, 2006)은 둘 다 애착 행동과 정서 조절, 사회적 의사소통 그리고 정신화의 매개체로서 이 영역의 중심적 역할을 강조했다. 그들은 특히 눈 바로 뒷편에 있는 피질 영역, 즉 **안와전두피질**(orbitofrontal cortex 또는 Ofc)이 '피질의 한 부분이면서 변연계의 확장'일 수도 있다고 강조한다 (Cozolino, 2002, p. 180).

이 영역은 우리에게 얼굴 표정과 제스처 그리고 음조와 같은 비언어적 단서를 '읽는' 능력을 부여함으로써 감정적 신호를 해독하는 일을 맡고 있는 것 같다. 안와전두피질은 '감정적인 뇌의 사고하는 영역'(Goleman, 1995)으로서 정서 조절에서 핵심적인 역할을 하는데, 정서 조절은 안정 애착 관계의 목적이자 그것의 결과로 여겨져 왔다. 정서 조절은 부분적으로 안와전두피질이 위협의 지각에 대한 편도체의 신속한 반응을 조정할 때 일어난다. 안와전두피질은 편도체가 그런 것처럼 위협적인 얼굴 표정에 반응한다. 이와 동시에 그런 위협에 맥락을 부여하고 위험의 정도를 결정하는데, 편도체는 이렇게 하지 못한다. 이런 종류의 변별은 자기 조절(self-regulation)과 사회적 관계성(social relatedness) 둘 다를 촉진한다. 이와는 반대로, 안와전두피질의 손상이나 결손은 감정 조절의 어려움과 다른 사람들에게 자신이 미치는 영향을 가늠하며 그들이 보내는 사회적 신호와 그들의 마음 상태에 적절하게 반응하는 것의 어려움과 관련된다. 안와전두피질은 독특하게 뇌의 다른 모든 영역과 잘 연결되어 있어 수렴지대 혹은 통합 기관으로서 신체적이고 감정적이며 인지적인 통로를 통해 전달되는 정보의 흐름을 종합한다고 볼 수 있다. 이런 종합하는 역량은 우리가 내적 모델을 갱신할 수 있고 또한 다른 사람들에게 효과적으로 조율하는 능력에 필수적이다. 그런데 이 두 가지 능력은 모두 발달과정에서 어려운 상황에 처했음에도 불구하고 우리가 안정 애착을 형성하고 또한 우리 자녀에게 안정감을 줄 수 있는 부모가 되려면 없어서는 안 되는 것들이다. 물론 이런 능력들은 환자에게 안정감을 부여하고자 하는 치료자에게도 마찬가지로 없어서는 안 된다.

안와전두피질에 '사회정서적 뇌의 고위 간부'(Schore, 2002, p. 42)라는 이름이 붙었는데, 이 영역 위쪽 뒤편에 있는 영역인 **전대상회**(anterior cingulate) 또한 애착과 정서 조절 및 정신화에서 중요한 역할을 한다. 전대상회는 모성적 행동과 자기에 대한 암묵적이고 명시적인 감각 및 감정에 대한 의식적인 경험을 위한 신경적 기반을 제공할 수도 있다는 주장이 제기되어 왔다. 이것은 또한 몸의 상태에 대한 가장 통합된 관점의 근원일 수도 있다. 마지막으로, 전대상회는 감정의 안내를 받아 순간순간 주의의 방향과 운동 반응을 결정하는 책임을 맡고 있는 것으로 보인다(Allen & Fonagy, 2002; Cozolino, 2002; Damasio, 1999).

안와전두피질, 전대상회와 함께 중전전두엽피질의 세 번째 영역은 **섬엽**(insula)으로 심리치료와 관련해서 특별히 중요하다. 섬엽은 우리의 신체적 상태, 특히 내부 장기의 상태에 주의를 기울이고 알아차리는 '내부감각(interoception)'을 위해 꼭 필요하다. 신체적 감각은 감정의 바탕을 이루기 때문에 '다른 어떤 구조보다 더 중요하게 섬엽과 관련되어 있는'(Damasio, 2003, p. 105) 내부감각은 우리가 어떻게 느끼는지를 아는 주된 수단일 것이다. 아울러 섬엽은 다른 사람들의 감정을 느낄 수 있는 우리의 능력에서도 핵심적인 역할을 할 수 있다. 이는 섬엽이 다른 사람들의 정서적 행동에 대한 감각운동 인상들—시각과 청각 및 '느낌'—을 대뇌피질로부터 편도체로 전달하기 때문이다(Iacoboni, 2005). 이것이 우리가 곧 살펴볼 공감과 거울 뉴런의 영역이다.

대뇌피질은 어떻게 작동하는가

Hawkins(2005)는 대뇌피질의 기능에 대한 모델을 제안했는데, 우리는 이 모델에서 중요한 임상적 함의를 발견할 수 있다. 이 모델에서 신피질은 무엇보다도 기억과 예측의 기관이다. 피질은 감각과 몸을 통해 경험을 받아들이기 때문에 반복되는 경험 패턴을, 가깝고 먼 미래에 우리가 무엇을 기대할 수 있는가에 대한 예측을 형성하는 기억의 형태로 저장한다. 이 피질 기억들은 뉴런 간의 시냅스 연결 패턴으로 저장되며, 세 가지의 뚜렷한 특징이 있다. 이들은 **자율연합적**(autoassociative)이고 **불변의 표상**(invariant representations)들을 수반하며 위계적인 구조로 되어 있다.

시각적 기억이 가장 분명한 예시를 보여 준다. 나는 딸아이와 숨바꼭질을 할 때 아이의 발이 커튼 밑에 나와 있는 것을 보고 즉각적으로 아이의 몸 전체를 시각화한다. 피질의 기억이 '자율연합적'이라는 사실은 부분이 전체를 촉발한다는 뜻이다. 즉, 우리는 시각적인 자극의 일부분만을 보았을 뿐인데, 우리의 기억이 전체 이미지를 완성시킨다. 또 다른 예로, 어두운 극장에서 몇 줄 아래 좌석에 앉아 있는 사람의 어렴풋하게 보이는 옆얼굴에 잠시 나의 주의가 머문다. 그런데 조금 지나서, 저절로 한 친구의 얼굴에 대한 정신적 이미지가 갑자기 초점에 들어오면서, 회미하게 눈에 익은 그 옆얼굴을 갑자기 알아볼 수 있게 된다. 도대체 부분에서 전체로의 이런 전환이 어떻게 일어나는가?

Hawkins(2005)가 '불변의 표상'이라고 부른 것은 세부적인 다양성과는 상관없는 형태로 경험을 저장하는 피질 안의 뉴런 패턴을 가리킨다(p. 69). 이런 불변의 기억 형태가 파편적인(혹은 왜곡된) 시각적 정보에 의해 활성화되면, 그 형태는 우리가 무엇을 보게 될 것인지를 예측하고 또 이런 방식으로 사실상 대부분 그것을 결정한다. 따라서 Hawkins(2005)에 의하면, "당신이 지각하는 것의 대부분은 당신의 감각을 통해 들어오는 것이 아니라, 당신의 내적 기억 모델에 의해 생성되는 것이다." (p. 202) 하지만 만약 불변의 표상이 없다면, 우리가 경험하는 세계는 유아가 경험하는 세계처럼 '엄청나게 윙윙거리는 혼란스러움'으로 남을 것이다(James, 1890/1950, p. 488).

피질의 모든 영역에는 6개의 층으로 된 뉴런이 있다. Hawkins가 묘사하는 '피질의 위계' 안에서 이 6층 구조는 '아래쪽' 3개의 층에서 오는 지금 여기에서의 감각적 정보에다 '위쪽' 3개 층에서 나오는 기억을 토대로 한 예측을 결합시켜서 우리의 주관적인 경험을 만들어 낸다. 지각에 대한 기억의 영향이, 인지과학자들이 '하향식(top-down)' 과정이라고 부르는 것이라면, 감각적 정보에 의한 지각의 축적은 '상향식(bottom-up)' 과정이라고 부르는 것이다(LeDoux, 1996). 이런 구조는 이전 경험에서 얻은 우리의 지식을 자동적으로 현재에서의 경험에 적용할 수 있게 해 주기 때문에 유익하다. 예를 들어, 친구가 평소에 턱수염을 길렀다면 우리는 심지어 처음으로 그가 깨끗하게 면도한 모습(실시간 시각적 정보)을 보고 있더라도 턱수염이 있는 그의 얼굴(불변의 표상)로 인식한다는 것이다. '관찰된 패턴이 위계를 따라 위로 올라가고 예측은 아래로 내려가는'(LeDoux, 1996, p. 159) 이런 구조의 단점은 기억에서 비롯된 예측이 흔히 새로운 경험을 압도해 버린다는 것이다. 그 결과, 예를 들어 예상치 못하게 친구의 얼굴에서 턱수염이 없어졌음에도 불구하고 우리가 이를 모르고 지나칠 수 있다는 것이다. 종종 우리가 보려고 기대하는 것이 유일하게 우리가 보는 것이다.

시각 피질의 기능에서 사실인 것은 다른 감각 양식뿐만 아니라 우리가 경험을 받아들이고 처리하는 모든 방식에서도 마찬가지로 사실일 것이다. 이것이 주는 함의 가운데 하나는 우리가 우리의 지각으로 간주하는 것은 항상 (다소간) 해석의 정도 문제라는 점이다. 그리고 물론 이 해석들은 우리의 과거에 뿌리를 두고 있다. Hawkins(2005)에 의하면 "인간 심리의 많은 부분이 생애 초기 삶의 경험과 애착 그리고 양육의 결과에 바탕을 두고 있는데, 그 이유는 이때 뇌가 처음으로 세상에 대한 모델의 기초를 세우는 시기이기 때문이다." (p. 203)

거울 뉴런 체계

자기를 타인과 구별하지 않는 일종의 원시적인 사회성은 영장류의 뇌에 깊숙이 새겨져 있다.

−Leslie Brothers(1997, p. 78)

1990년대 중반 이탈리아의 신경과학자 Rizzolati는 중대한 발견을 했다. 그는 짧은 꼬리 원숭이의 전운동피질 안에서 원숭이가 자신이 시작한 어떤 행동을 하는 동안뿐만 아니라 이에 상응하는 다른 원숭이들의 행동을 관찰하는 동안에도 활성화되는 일군의 뉴런을 발견했다. 추후 연구를 통해 인간에게도 영장류 조상들처럼 뇌 안에서 다른 사람들의 행동을 똑같이 따라하거나 흉내 내는 '거울 뉴런(mirror neuron)' 체계가 있다는 사실이 확인되었다.

그러나 여기서 알아 두어야 할 사실은 오직 의도된 행동만이 거울 뉴런을 흥분시킨다는 점이다. 즉, 공명 반응(resonant response)을 촉발하는 것은 행동 그 자체에 대한 우리의 지각이 아니라, 오히려 그 뒤에 어떤 의도가 있는 것으로 보이는 행동에 대한 지각이라는 것이다. 마치 거울 뉴런은 정신 상태에 의해 유발된 행동에 반응하는 만큼 행동 저변의 정신 상태에 대한 반응으로도 흥분하는 것처럼 보인다. 이런 사실의 중요성은 우리가 지각한 다른 사람의 의도된 상태뿐만 아니라, 그들의 감정과 신체 감각―예컨대, 우리가 다른 사람에게서 느낌의 표현을 보거나 그들이 바늘에 찔리는 것을 볼 때처럼―도 우리의 거울 뉴런을 흥분시킬 수 있음을 보여 준 연구에서 강조되고 있다. 앞서 언급한 것처럼, 섬엽은 우리가 타인의 정서에 대해 받은 인상을, 감각을 통해 지각하는 피질에서 신체에 근거한 느낌 반응을 불러일으키는 편도체로 보낸다고 이론화되었다(Iocoboni, 2005).

따라서 거울 뉴런은 관찰된 타인의 행동과 우리가 미루어 짐작하는 그들의 마음 상태(예를 들어, 느낌) 둘 다를 우리 안에서 흉내 내 보는 것 같다. 이 때문에 거울 뉴런 체계는 공감과 정서 조율, 정신화 및 상호주관성을 위한 신경적 기반으로 간주되어 왔다. 이것은 심지어 우리가 다른 생명체들과 공유하는 하나됨을 느끼는 '일체감(oneness)' 경험의 토대일 수도 있다(Allen & Fonagy, 2002; Gallese, 2001; Siegel, Siegel, & Amiel, 2006).

뇌의 측면성: 하나 안에 있는 두 개의 뇌

뇌의 각 반구는 경험을 서로 다른 방식으로 처리하고 나타내도록 전문화되어 있다. Ornstein(1997)이 '오른쪽 마음(the right mind)'이라고 부른 우반구는 경험에 대해 감정적이고 전체적이며 비언어적이고 직관적이며 관계적이고 수용적으로 반응하도록 전문화되어 있다. 우반구는 변연계와 몸—특히 편도체와 자율신경계를 포함한—에 신경 연결이 빽빽하게 되어 있어, 경험에 대해 내장 수준에서, 말하자면 속속들이 반응할 수 있다. 우반구는 경험을 통합된 전체로 받아들이고 나타낸다는 점에서 정보를 '아날로그적 방식으로' 처리한다고 말할 수 있다. 우뇌는 현실을 이해하기 위해 현실을 시험해 보고 분해해 보는 일종의 '디지털적' 분석이 부족하기 때문에 있는 그대로의 현실—즉, 게슈탈트, 전체 맥락, 따로 분리되어 있는 것이 아니라 서로 관련된 부분들—에 직접적으로 반응한다. 우뇌는 맥락과 경험에 대한 여러 개의 관점을 인식하게 해 주며, 비언어적인 의사전달을 해독하도록 조율되어 있기 때문에, 성찰적 자기나 정신화하는 자기의 바탕을 이루는 신경적 기반으로 간주할 수 있다. 우뇌는 또한 무의식과 Freud가 제안한 일차적 과정이 일어나는 곳으로 생각할 수 있다.

좌반구는 전혀 다른 방식으로 반응하도록 설계되어 있다. 좌반구는 의식적 사고—Freud가 말한 이차적 과정—의 원천으로 선형적인 논리에 따라 경험을 언어적으로 나타낸다. 좌뇌의 기본적인 정보 단위는 단어다. 우리가 우리의 의식적인 사고를 살펴보면, 대체로 우리의 사고는 주로 단어의 연속으로 이루어져 있음을 알게 된다. 우리의 내적인 독백의 내용은 우뇌로부터 정보를 얻을 수 있지만, 그것에 대한 언어적 표현은 주로 좌뇌의 소산이다. 좌뇌는 세부적인 면에 초점을 두도록 전문화되어 있기 때문에 우리가 오로지 좌뇌에만 의존하면 나무만 보고 숲을 놓치기 쉽다.

또한 뇌의 두 반구 사이에는 감정과 관련된 작업이 분업화되어 있는 것 같다. 좌뇌는 그 정도가 보통 수준이고 긍정적인 감정의 경험에 의해 활성화되는 것 같고, 우뇌는 아주 강렬한 그리고/또는 부정적인 색채를 띤 감정에 의해 활성화되는 것 같다. 이에 상응하여 좌반구는 우리가 접근하도록 중재하고 우반구는 물러나도록 중재하는 것 같다.

우리가 현실에 효과적으로 적응할 수 있도록 유연성을 가지려면 반드시 좌반구와 우반구 둘 다 접근할 수 있어야 한다. 그러므로 이 두 개의 뇌가 서로 소통하는 데 실패하지 않는 한, '두 개의 뇌는 한 개보다 낫다.' 다행히도 우리의 뇌는 반구들 간의 이런 소통을 촉진하도록 설계되어 있다. 뇌의 두 반구를 연결하는 신경섬유 다발인 **뇌량**은 우리가 각 반구의 특별한 강점을 이용하고 두 반구 간의 조화로운 통합—이를테면, 우뇌의 감정적 반응성과 좌뇌의 분석 통합—을 통해 이득을 얻을 수 있게 해 준다(Cozolino, 2002; Schore, 2003; Siegel, 1999).

통합과 뇌

특히 생애 초기 1년 동안의 건강한 애착 관계는 좌뇌와 우뇌의 기능 및 변연계와 대뇌피질의 기능 발달과 통합에 필수적이다. 이런 통합을 통해 뇌의 다양한 역량—뇌의 감각적, 운동적, 감정적, 분석적 역량 등—이 기능적으로 서로 연결되어 뇌의 모든 잠재적 자원이 가장 조화롭고 적응적으로 활용될 수 있다.

이렇게 다양한 측면(오른쪽과 왼쪽 그리고 위쪽과 아래쪽)에서 이루어지는 뇌 기능의 통합은, 안정 애착의 보상일 뿐만 아니라 심리치료의 목표이기도 한 심리적 통합이 신경계에 가져다주는 결과라는 점을 유념할 필요가 있다. 이런 종류의 심리적 통합은 몸과 마음, 생각과 느낌, 자기 정의(self-definition)와 관계성뿐만 아니라 마음의 다양한 상태를 서로 연결시켜 주기 때문에 우리가 경험의 일부분이 아니라 전체에 깊이 있고 폭넓게 접근할 수 있게 해 준다. 이런 통합으로 인해 우리는 우리 자신의 일부를 부인하거나 외면해야 한다고 느끼지 않고 우리의 여러 측면들을 발달시키고 조화시켜 나갈 수 있다.

임상가로서 우리에게 고무적인 연구 결과는 성인의 뇌가 발달하는 아동의 뇌처럼 최근의 경험, 즉 신경들 간에 새로운 연결을 만들 뿐만 아니라, 실제로 뇌의 물리적 구조를 변화시키는 경험에 의해 뇌가 재형성될 수 있다는 것을 보여 주는 결과다. 이런 신경계의 가소성(neural plasticity)에 대한 발견이 주는 강력한 시사점은, 우리가 치료적인 변화를 효과적으로 촉진하려면 반드시 원래 몸과 뇌 그리고 마음의 발달을 촉진하는 그런 종류의 애착 관계를 치료과정에서 다시 만들어 내야 한다는 것이다.

애착과 몸에 기반을 둔 마음과 마음이 깃든 몸 통합하기

뇌는 싫더라도 몸의 소리를 들어야 하는 청중이다.
-Antonio Damasio(1994, p. 158)

Damasio(1994)는 그의 저서 『Descartes의 오류(*Descartes' Error*)』에서 떼려야 뗄 수 없는 마음과 몸의 연관성을 지지하는 신경생리학적인 증거를 정리하여, 느낌은 기본적으로 몸 상태에 대한 마음의 해석이고, 이성은—그것이 진정으로 합리적이려면—몸에서 나오는 감정적인 신호에 기반해야 한다고 주장했다. 그러나 '몸에 기반을 둔 마음(the embodied mind)'(Lakoff & Johnson, 1999; Varela, Thompson, & Rosch, 1992)은 많은 과학자와 철학자에 의해 인간 조건에 대한 하나의 사실로 인정받아 왔지만, 이 현실은 몸에 기반을 두지 않은 마음 상태로나 혹은 마음이 없는 몸으로 살아가는 듯한 사람들—환자와 치료자 모두—에게는 결코 '당연한 사실'이 아니다.

　자기의 다양한 차원(신체적, 감정적, 표상적, 성찰적 그리고 마음챙김의 차원)을 통합하는 것과 뇌의 분리된 영역들(좌반구와 우반구, 대뇌피질과 피질하) 간의 상호 연결성을 수립하는 것은 동전의 양면과 같다. 안정 애착 관계의 산물이면서 애착 지향적인 심리치료의 목표이기도 한 이런 종류의 통합을 통해 우리는 몸에 기반을 둔 마음과 마음이 깃든 몸 모두를 주관적으로 경험할 수 있게 된다.

　몸에 기반을 둔 마음 상태에서는 내적으로 든든한 느낌이 들고 우리의 행동은 내면의 지시를 받는다. 우리는 신체적 감각과 감정에 접근할 수 있고, 이것은 우리를 심리적으로 풍성하게 해 주는 유용한 접근이다. 이 상태에서 우리는 우리가 느끼는 방식뿐만 아니라 생각하는 방식이 '살아 있는 사람의 몸에서 비롯되고, 그것에 의해 형성되고 의미가 부여된다.'는 느낌을 받는다(Lakoff & Johnson, 1999, p. 6).

　애착 용어로 회피형 혹은 무시형으로 분류될 수 있는 환자들은 대개 (어느 정도) '몸과 분리되어(disembodied)' 있다. 이런 환자 중 한 명은 이런 상태에 대해 "저는 제 몸에 내리지 못하고 제가 경험하는 것 위를 맴돌아요."라고 표현했다. 이런 환자들에게는 몸이 어떻게 기능하는지 혹은 밖에서는 어떻게 보이는지는 중요할 수 있으나, 안에서 어떻게 느끼는지 혹은 감지되는지가 중요하게 여겨지는 경우는 거의 없다. 이들은 좌뇌에 치우친 상태로 기능하기 때문에 마치 감정 지향적인 우뇌로부터 정보를 받지 못하고 사는 것처럼 보일 수 있다. 하지만 이들은 행동을 억제하고 이들의 주의를 감정과 감각에 두지 못하게 만드는 강력한 피질하 '반사작용'에 속박되어 있다. 이런 환자들에게 치료적인 도움을 주려면 이들이 느끼고 감지하는 자신의 몸을 자기의 고유하고 본질적인 부분으로 되찾아 활용할 수 있도록 도와주어야 한다.

　몸과 분리된 마음 상태에서 살고 있는 것 같은 환자들과 대비를 이루는 환자들은 '마음이 없는' 몸으로 살고 있는 것처럼 보이는 이들이다. 마음이 없는 몸이라면 몸의 표현에 대해 마음이 의문을 제기할 수 없으므로 몸이 자기를 지배한다. 이런 상태로 살아가는 환자들은 종종 정신적 외상에 사로잡혀 있거나 외상을 해결하지 못한 채 무심코 그들의 내적 상태를 드러내는 몸의 압제로 인해 고통 받는 느낌을 받을 수 있다. 흔히 이들은 '신체화 환자'로 감정과 기억을 주로 몸의 언어로 표현한다. 이런 감정이나 기억이 견딜 수 없는 상태가 되면, 그것을 격리시켰던 몸이 마음에서 버림받게 된다. 몸을 떠나는 것, 즉 해리는 '도망갈 곳이 없을 때 도망가도록' 해 준다(Putnam, 1992, p. 104). 이런 환자들은 마음이 깃든 몸의 자원에 접근할 수 없다. 마음이 깃든 몸은 알아차림으로 가득 차 있어 몸이 감지되고 알려질 수 있을 뿐만 아니라 또한 몸이 감지하고 알 수도 있다.

Siegel(2005, 2006)이 지적한 것처럼, 심장과 내장(내장을 둘러싸고 있는 세포 구조는 뇌의 세포 구조를 꼭 닮아 있다)은 각기 순환과 소화 작용을 맡은 기관일 뿐만 아니라 지각하는 기관이기도 하다. '가슴 깊이에서 우러난 느낌(heartfelt feelings)'과 '뱃속에서 감지되는 직감적인 반응(gut reactions)'과 같은 말들은 여기에서 나온 것이다. '몸에 마음을 불어넣기(minding the body)'(Damasio, 1994)가 가능할 때, 다른 방식으로는 불가능한, 깊이 있는 자기 인식과 타인에 대한 인식을 할 수 있다. 가장 중요한 것은 우리가 마음이 깃들어 있는 몸과 몸으로부터 정보와 생기를 얻는 마음을 갖고 있으면 좀 더 온전히 현재에 머물 수 있다는 것이다. 이것은 내가 곧 다시 언급할 핵심 포인트다.

치료자로서 우리는 유능한 부모가 안정 애착을 형성한 그들의 자녀에게 통합을 촉진하는 것과 거의 같은 방식으로 환자들에게 이런 통합을 촉진할 수 있다. 치료자는 환자들이 몸을 통해 전달하든 감정이나 말을 통해 전달하든 간에, 그들이 전하려는 암묵적이고 명시적인 의사소통의 모든 범위를 인식하고 그것에 조율해서 반응해 줌으로써 통합을 촉진할 수 있다. 이런 종류의 '전반적인' 수용성과 반응성의 도움으로 환자들은 역량을 기르고 그들의 원래 애착 관계에서 충분히 받아 주지 못했던 경험—가장 폭넓게는 몸과 마음의 경험—을 통합할 수 있다.

다시 뇌로 돌아와서

환자의 마음과 몸—생각과 느낌, 알아차림과 경험—의 통합을 증진하는 방법을 모색하기 위해 앞서 다루었던 몇 가지를 포함해서 최근의 몇몇 신경과학 연구 결과들의 임상적 함의를 진지하게 살펴보는 것이 좋을 듯하다.

여기서 살펴볼 연구 결과 중 첫 번째(Damasio, 2003; Siegel et al., 2006)는 진화와 개인의 발달 모두에서 뇌의 '상위'(대뇌피질/좌반구) 구조는 '하위'(피질하/우반구) 구조 위에 만들어지고 종종 하위 구조에 의해 지배된다는 암시를 주는 발견이다. 이런 패턴의 영향력과 궤를 같이 하듯 신경의 '교통량'은 하향식보다는 상향식, 즉 편도체(두려움 반응)에서 대뇌피질(두려움 관리)로 오는 양이 훨씬 많다(LeDoux, 1996). 이런 사실로 미루어 보아 심리치료에서도 이에 상응하여 치료 작업의 기반을 행동과 사고를 뒷받침해 주는 신체적 감각과 감정에 두는 상향식 접근이 요구된다. 또한 치료적인 관계에서 말로 표현되는 것보다 감지되고 느껴지며 행동으로 드러나는 것을 통해 표출되는 비언어적이고, 주로 우뇌에 의해 지배되는 차원에도 초점을 두는 접근이 요구된다(Ogden, Pain, Minton, & Fisher, 2005; Schore, 2005; van der Kolk, 2006).

두 번째로, 대뇌피질에서 편도체로 가는 신경의 영향은 대개 피질의 **배외측** 영역보다는 중전전두엽 영역에서 나온다. 앞서 논의했듯이 중전전두엽 영역은 정서를 조절하고 뇌 전반에서 받은 정보를 통합적으로 처리하는 반면에, 배외측 영역('합리적인 마음')은 의식적이고 주로 언어적인 정보를 처리하도록 전문화되어 있다. 따라서 배외측과 변연계 영역을 연결하는 부분이 거의 빠져 있는데, 이것이 치료 실제에 주는 함의는 환자, 특히 정신적 외상을 경험한 환자들과 함께 힘든 감정에 대한 생각을 그저 소리 내어 말하는 작업은 어느 정도 유용할 수는 있지만 충분하지는 않다는 것이다(다음 설명을 보라.).

이런 환자들에게는 추가적으로 그들의 내적 경험, 특히 호흡을 포함한 몸의 경험에 집중하도록 도움을 주어 중전전두엽피질을 활성화시켜야 한다. 마음이 몸에 주의를 기울이도록 하는 것은 이런 환자들의 성향에 맞지 않을 수 있다. 하지만 몸에 주의를 집중하는 일은 정서 조절과 자기 조절 능력을 강화하는 데 필요한 도움을 얻을 수 있는 강력한 자원일 수 있다(van der Kolk, 2006). 이렇듯 내부감각수용기 수준의 내적 경험에 주의를 기울이는 것은 일종의 마음챙김으로서 이를 통해 환자는 현재 순간에 머물고 잠재적으로는 과거의 정신적 외상 및 두려운 미래와 연합된 고통을 조절하는 데 도움을 받을 수 있다. 환자들에게 몸에서 느껴지는 것에 이름을 붙여 보라고 요청함으로써 고통스러운 피질하(즉, 신체적인/정서적인) 경험을 처리하는 데 대뇌피질 역량의 도움을 얻는다. 신체적 경험에 이름을 붙이는 작업을 통해 환자는 단순히 그 경험과 동일시하고 그것에 의해 압도되기보다 그것을 관찰하게 된다. 몸에 대한 자각이 증진되고, 느낌이 고통스럽지만 견딜 수 없는 것은 아니라는 감각이 생겨나면서 지금까지 해리되었던 경험을 의식적으로 처리하고 통합할 수 있는 장이 만들어진다(Ogden, 2006).

세 번째로, 여러 층으로 된 피질의 기능에 대한 이론을 떠올려 보자. 하부에 있는 3개의 층은 감각 기관과 몸에서 오는 현재의 정보를 처리한다. 상부의 3개 층은 지금의 현실에 맞지 않을 수도 있는 '불변하는 표상들'로 저장된 기억을 토대로 하여 앞으로 일어날 경험을 예측한다(Hawkins, 2005). 여기서 한 가지 임상적 함의는 이런 불변하는 잘못된 표상들(예를 들어, 지금의 현실에 뒤처진 내적 작동 모델)이 구속하는 힘을 느슨하게 하려면 환자들이 마음챙김을 하면서 지금-여기의 경험에 주의 집중할 수 있는 능력을 길러 줄 필요가 있다는 것이다. 문자 그대로, 환자들이 '제정신이 들도록'(Kabat-Zinn, 2005) 도와줌으로써 대뇌피질의 위계를 따라 위로 올라가는 현재 경험의 정보가 아래로 흘러내려 가는 기억 및 예측에 의해 휩쓸릴 가능성을 줄인다는 것이다.

마지막으로, 정신화 및 마음챙김과 직접적인 연관성이 있는 신경과학적 연구 결과가 있다. 먼저 정신화와 관련하여, 여러 연구에서 정신화가 전두엽피질뿐만 아니라 편도체도 활성화시킨다는 것을 보여 주고 있다(Allen & Fonagy, 2002; Lieberman, 출판 중). 이것이 주는 함의는 환자들이 실제로 정신화 능력을 발휘하려면 고통스러운 느낌을 실제로 느끼고 있는 동안 그 느낌을 다루어야 한다는 점이다—그렇지 않으면 '유사 정신화(pseudo-mentalizing)'만 일어날 뿐이다(Fonagy, 개인적인 교신, 2006). 이 연구들은 더 나아가 명시적인 정신화의 핵심적인 특징으로, 고통스러운 경험에 언어가 영향을 주도록 함으로써 그것이 신경계에 주는 충격을 줄일 수 있음을 보여 준다. 불쾌한 사진을 보고 이를 묘사하라는 지시를 받은 피험자들은 똑같은 사진을 보았으나 이에 대해 말로 나타내라는 지시를 받지 않은 피험자들보다 편도체의 활성화가 훨씬 적게 나타났다(Hariri, Bookheimer, & Mazziotta, 2000; Hariri,

Mattay, Tessitore, Fera, & Weinberger, 2003). 이와 유사하게 힘든 감정 경험의 '재평가'나 '재구성'은 편도체의 반응성을 조절할 수 있다는 증거가 있다(Ochsner & Gross, 2005 참고). 이와 같은 연구들은 치료에 대한 통합된 접근, 즉 하향식 접근뿐만 아니라 하향식 접근을 포함하는 접근을 지지해 준다. 그 이유는 좌뇌/피질의 자원(언어, 해석)이 우뇌/피질하 경험(몸에 기반을 둔 감정들)을 실시간으로 처리하면 감정 조절이 실제로 강화될 수 있는 것처럼 보이기 때문이다.

　뇌 연구는 또한 마음챙김의 태도로 호흡하고 있는 몸에 주의를 집중하면 감정 조절이 증진될 수 있다는 것도 보여 준다. Austin(1999)은 명상 상태에서 호흡에 주의를 집중할 때 좀 더 긴 날숨이 생성된다고 언급하면서, 숨을 내쉬는 것은 편도체의 흥분을 감소시키고, 따라서 '뇌를 조용하게 만들고'(p. 94) 몸을 진정시키는 효과가 있음을 시사하는 연구 결과들을 인용했다. Lazar와 동료들(2005)은 호흡에 집중하는 수련을 하는 명상가들의 뇌에서 대뇌피질, 특히 섬엽의 피질이 두꺼워지는 것을 볼 수 있다고 했는데, 섬엽은 대뇌피질을 변연계에 연결시켜 생각을 몸에 기반을 둔 감정과 통합시킨다. 이 저자들은 사람들이 여러 개의 공이나 접시 등을 공중에서 돌리는 재주를 배울 때 피질의 시각 운동 영역이 두꺼워진다는 것을 보고한 이전의 연구 결과를 인용하면서, 호흡과 다른 내부 감각기관에 주의를 기울이는 것은 내부 감각수용기의 수련으로서, 이런 수련은 섬엽을 '튼튼하게 할' 것으로 예측할 수 있고, 어쩌면 그 과정에서 우리 자신의 감정에 접근하고 다른 사람들의 감정에 공감하는 역량을 촉진시킬 수 있다고 제안했다.

　대체로, 경험의 어떤 특별한 측면을 의식적으로 자각하려는 노력은 그 경험과 관련된 뇌 영역의 신경 흥분을 촉발하는 것 같다. 경험에 반복적으로 자각을 집중하게 되면 새로운 시냅스 연결이 생성되고, 결국 '대뇌피질의 재구성'이 이루어진다(Lazar et al., 2005, p. 1895). 이것이 주는 임상적인 함의는 환자 경험의 다양한 측면들—신체적, 감정적, 표상적 측면 등—에 반복적으로 초점을 맞추고 이런 측면들을 연결시키는 작업을 통해 우리는 환자의 뇌에 새로운 연결을 만들 수 있다는 점이다. 이런 연결성은 신경계의 통합으로서, 이것은 원래 환자를 형성했던 생애 초기의 관계보다 더 포괄적이고 협력적인 치료 관계를 통해 우리가 환자에게 촉진하기를 희망하는 심리적 통합에 상응하는 신경계 수준의 통합이다.

우리가 제공하려고 시도하는 새로운 애착 관계를 환자가 최대로 이용할 수 있도록 도우려면 초기의 안정과 불안정 애착의 다양한 패턴을 이해하는 것이 필수적이다. 양육자가 어떻게 안정 애착을 가능하게 하는지를 이해함으로써 우리는 환자에게 통합과 안정을 증진시킬 수 있는 방식으로 우리의 반응을 맞추는 데 도움을 얻을 수 있다. 또한 다양한 유형의 불안정 애착을 이해함으로써 우리는 환자의 최초 애착 관계가 받아 주지 못했던 경험들이 무엇인지를 확인하고, 그런 경험들이 궁극적으로 통합될 수 있도록 필요한 반응성을 제공하는 데 도움을 얻을 수 있다.

06
다양한 애착 경험

우리의 최초 애착 관계들은 마음속 청사진의 원형을 제공한다. 이 관계들에서 이루어지는 대인 간 의사소통 패턴은 자기(self)라고 알려진 구조화된 패턴의 집합으로 내면화된다. 암묵적인 실연적 표상(enactive representations)의 수준, 즉 내적 작동 모델에서 미디어는 곧 메시지다(the medium is the message)(역자주: 미디어 학자 Marshall McLuhan이 한 말로, 메시지를 전달하는 미디어가 메시지에 강하게 영향을 미칠 정도로 그 영향력이 있다는 뜻임). 발달과정에서 우리의 생존을 좌우하는 사람들과 나누는 대화의 구조는 우리 내면 세계의 초기 구조가 된다(Lyons-Ruth, 1999; Main & Goldwyn, 1984-1998; van IJzendoorn, 1995).

가장 단순한 수준에서, 유아의 비언어적 의사전달 가운데 부모로부터 조율된 반응을 이끌어 내는 행동은 어떤 것이든지 용인되고, 부모로부터 혐오적인 반응을 이끌어 내는(혹은 인식되지 않은 채 넘어가는) 행동은 배제된다. Main의 연구에서 밝혀졌듯이, 유아들이 이 같은 최초의 교류에서 이끌어 낸 규칙들은 그들이 어떻게 행동할지를 결정할 뿐만 아니라, 그들이 무엇을 느끼고 원하고 생각하며 기억하도록 스스로에게 허용할지를 결정한다. 이 규칙들은 아동의 내적 작동 모델에 입력되는데, 이런 모델은 그들의 애착 역사에 대한 지식을 보존하고, 타인과 자신의 현재 및 미래의 관계 패턴을 형성한다(Main et al., 1985).

그러나 유아기의 애착 패턴은 정확하게 어느 정도 안정적인가? Fonagy는 주요 종단 연구들의 결과를 요약하면서 12개월 때 낯선 상황 실험에서 분류되었던 안정 대 불안정 패턴이 성인기에 실시한 성인 애착 면접에 의한 분류와 68~75%가 일치한다고 했다. '유아기에 관찰된 행동과 성인기 결과 간의 이 정도 일관성은 유례없이 높은 것이다.' (Fonagy et al., 2002, p. 40) Mary Main이 수행했던 원래 연구를 근래에 반복한 여러 연구들은 유아기부터 19세까지 80%를 훨씬 넘는 수준의 일관성을 보이고 있다. 그러나 이는 도중에 정신적 외상을 겪은 환자들을 분석에서 제외했을 때의 수치다. 정신적 외상(연구 참가자들의 경우, 학대가 아니라 부모의 사망과 같은 다른 형태의 정신적 외상을 말함)은 명백히 모든 것을 바꿔 놓을 수 있으며, 대개 좋은 쪽으로 바뀌지는 않는다(Main et al., 2005). 한편, 불안정성이 예측되는 개인력이 있지만, 성인 애착 면접에서 '획득된 안정(earned secure)' 애착이라 불리는 성취가 드러나는 일관된 결과를 보이는 성인들도 있다. 이와 같은 증거는 결혼이 성인의 불안정 애착을 안정 애착으로 변화시킬 수 있음을 보여 주는 연구 결과와 함께, 애착에 대한 개인의 내적 작동 모델(들)이 개인의 애착 관계의 본질에서 일어난 변화에 의해 긍정적인 영향을 받을 수 있음을 보여 준다(Crowell, Treboux, & Waters, 2002; Hesse, 1999). 이런 결과는 심리치료의 관점에서 볼 때 매우 고무적이다.

불안정하게 애착이 형성된 환자들은 그들의 최초 관계에서 받아들여질 수 없었던 경험을 통합하기 위해 치료자와의 새로운 애착 관계가 반드시 필요할지도 모른다. 아동기의 애착 관계들이 시초에 자기를 구성하는 반면, 치료자에 대한 환자의 애착은 자기를 재구성하여 불안정한 작동모델을 획득된 안정된 작동모델로 변화시킬 수도 있다. 심리치료가 이런 방식으로 변화를 가져오려면 해리된 과거를 다룰 수 있는 여지를 두는 동시에 현재에서 환자에게 새로운 관계 모델을 제공해야 한다. 중요한 사실은 오래된 경험들을 통합하는 일과 새로운 경험을 만들어 내는 일은 동전의 양면과도 같은 것이 될 수 있다(Amini et al., 1996; Lyons-Ruth, 1999).

치료자들이 새로운 애착 관계를 제공함으로써 변화를 가져오려고 시도할 때 다양한 안정 애착과 불안정 애착 경험에 대한 지식을 갖고 있으면, 환자의 생애 초기 관계에서 들어설 자리가 없었던 느낌과 생각 및 타인과 함께하는 방식이 무엇이었는지를 확인하고 마침내는 그것들을 위한 여지를 두는 데 도움이 될 수 있다. 이런 지식은 환자들의 아동기 과거사뿐만 아니라, 주관적인 경험을 상상하고 이해하며 공감적으로 공명해 주는 치료자의 역량 또한 증진시켜 줄 수 있다. 게다가 환자 개개인의 발달적 욕구에 부합할 가능성이 가장 높은 특정한 치료적 입장에 관한 단서를 줄 수도 있다.

유아기와 그 이후의 애착 패턴

Mary Main의 선구적인 종단 연구는 1970년대 중반에 시작되었는데, 연구에 참여했던 유아들이 아동기와 사춘기를 지나고 초기 성인기로 발달해 가면서 여러 가족들을 추적 조사했다. 유아들이 두 번의 낯선 상황 평가(Strange Situation assessments)—한 번은 엄마와, 다른 한 번은 아빠와 함께—에 참여한 후 5년 뒤, Main은 유아들의 가족에 대해 낯선 상황 실험처럼 분리와 재회를 중심으로 2시간이 소요되는 상황을 고안하여 실험을 진행하고 녹화한 후 그 자료를 평가했다.

Main은 애착 연구를 낯선 상황 수준 이상으로 끌어올리려는 시도로 유아기 이후의 애착 행동에 초점을 맞추었을 뿐만 아니라, 더 중요하게는 전 생애에 걸쳐 애착 행동을 형성한다고 생각되는 정신적 표상, 즉 내적 작동 모델을 밝히려고 노력했다. 더 이상 볼 수 없는 문명을 그려 보기 위해서 발굴된 유물을 모으는 고고학자처럼, Main은 연구 참가자들의 보이지 않는 내적 세계를 눈에 보이는 것으로 만들기 위해 참가자들(예컨대, 부모의 성인 애착 면접 녹취록과 아동들이 그린 가족화)로부터 '표상적 인공 유물(representational artifacts)'을 모았다.

유아와 6세 아동 및 성인의 애착 경험과 표상에 관한 Main의 연구(Main et al., 1985)는 애착에 관한 네 가지의 주요한 마음 상태 각각의 발달과 특징 및 결과를 상세히 밝히고 있다. 여기에서 이것을 요약하여 제시하고자 하는데, 그 취지는 애착 모델/규칙이 전반적으로 미치는 영향력을 인정하면서, 유아기에 그 모습을 드러내고 시간이 지나면서 진화하여 다양한 양상(비언어적인 행동, 언어, 심상 등을 포함)으로 표현되는 표상적인 패턴의 구조적인 연속성을 부각시키려는 것이다. 환자들의(그리고 우리 자신의) 애착 패턴을 인식하고 이해하는 것이 극히 중요한 이유는 자기의 다양한 차원들 간의 이런 연속성 때문이다.

안정된/자율적인 애착: 자유롭게 연결되고 탐험하며 성찰함

낯선 상황에서 안정 애착으로 분류된 유아들은 전형적으로 엄마 가까이 머물면서 위안을 얻는 행동과 혼자서 장난감이 가득한 방을 탐험하는 행동 간에 유연한 균형을 보였다. 이때 엄마는 자신이 유아의 관심 대상이 되어야 한다거나 혹은 그런 대상이 되지 않겠다는 요구나 기대가 없는 것처럼 보였다.

이제 연속성에 주목하라. 이제 6세가 된 안정 애착 아동들은 전반적으로 볼 때 감정적으로 열려 있는 것 같았다. 분리 상황을 나타내는 자극적인 그림을 보여 주었을 때, 이 아동들은 편안하게 그림 속 아동의 느낌에 대해 말할 수 있었고, 그런 느낌의 이유를 상상할 수 있었다. 게다가 그 위기에 대한 건설적인 해결책도 생각해 낼 수 있었다. 이것은 안정 애착 유아가 엄마와의 분리라는 '위기' 후에, 엄마에게 기쁨으로 다가가서 거기에서 위안을 찾는 데 성공한 다음, 탐험과 놀이를 재개하는 행동과 유사하다. 이와 비슷하게, 부모와 다시 만났을 때 아동은 곧바로 따뜻하고 기쁘게 맞이했고, 부모와 말을 주고받는 양상이 '유창하다' ─ 즉, 부자연스럽지 않고 유려하며, 부모와 순서를 바꿔 가며 말을 나누는 데서 균형 잡혀 있고, 초점을 맞추는 데 전혀 제한을 두지 않는 점에서 ─ 는 평가를 받았다. 안정된 6세 아동이 그린 가족화는 전형적으로 현실적이었고, 흔히 부모와 아이가 팔을 뻗친 채 서로 가까이 서 있어서 마치 접촉을 받아들이려는 듯한 모습이었다. 6세 아동에게 평가 초기에 찍었던 가족 폴라로이드 사진을 건네주었을 때 아동은 기쁨을 나타내고 미소를 짓거나 가볍게 한두 마디 한 다음 사진을 돌려 주었다. Main의 동료인 Nancy Kaplan은 이런 아동들을 '안정되고 자원이 풍부한(secure-resourceful)' 아이라고 묘사했다(Main, 1995, 2000; Main et al., 1985).

그렇다면 이 연구가 이런 안정된 아동들의 부모들에 관해 밝혀낸 것은 무엇인가? 우선 이 부모들의 성인 애착 면접 녹취록은 대체로 '안정된/자율적인' 범주에 속했다. 녹취록의 내용과 형식을 보았을 때, 이 부모들은 그들의 애착 관계를 거리낌 없이 소중히 여기고 또한 객관적으로 성찰할 수 있는 능력을 둘 다 가지고 있는 것으로 나타났다. Main은 이 부모들의 '담화 방식'이 일관되고 협력적이라고 묘사했다. 이 부모들은 한편으로는 면접을 진행하는 사람의 질문 및 탐색 사이에서, 다른 한편으로는 그들 자신의 기억과 느낌 및 생각 사이에서 융통성 있게 주의를 전환시킬 수 있는 것 같았다. 이 부모들은 많은 것을 불러일으키게 만드는 과거의 애착 관계라는 영역을 되돌아보면서 충분히 '현재에 머무르고', 사려 깊었으며, 감정에 휘둘리지 않으면서도 감정에 열려 있는 것처럼 보였다. 심지어 그들 자신의 부모와 있었던 매우 힘들었던 경험을 떠올리는 동안에도 그들은 부모를 이해하고 때로 용서하려는 노력을 보여 주는 균형 잡힌 관점을 유지할 수 있는 것 같았다.

이런 맥락에서 Main은 후에 '획득된 안정'이라 명명된 안정된 부모의 하위 집단을 확인했다. 이 집단의 성인들은 보통 불안정 애착과 관련된 유형의 문제가 많고 고통스러운 과거사를 묘사했지만, 이런 과거사에 대해 일관되고 협조적으로 이야기했다(Main & Goldwyn, 1984–1998). '획득된 안정'에 속하는 이런 성인들은 흔히 가까운 친구나 연인 그리고/또는 심리치료사들과 감정적으로 중요한 관계를 맺고 있었는데(Siegel, 1999), 이는 심리치료의 관점에서 볼 때 매우 고무적인 현상이다.

안정 애착 아동의 부모는 또한 그들의 애착 경험을 회상하는 과정에서 바로 그런 경험에 대해 숙고하고 재고할 수 있는 것처럼 보였다. 경험을 하고 또한 그것에 대해 성찰할 수 있는, 즉 자신의 경험 안에 그리고 밖에 서 있을 수 있는 이 중요한 능력을 Main(1991)은 메타인지적 모니터링이라고 부른 것이다. 애착과 관련된 광범위한 기억과 느낌 그리고 생각을 자각하고 통합하는 능력과 함께, 안정된 부모들이 보여 준 메타인지적 모니터링 능력은 애착과 관련된 안정된 작동 모델이나 마음 상태를 반영하는 것으로 여겨졌다.

Main은 이런 모델이나 마음 상태로 인해—정확히 말하자면 그것이 특정한 주의 규칙(attentional rules)에 제한되지 않고 열려 있고 유동적이며 자기 모니터링을 할 수 있기 때문에—안정된 부모가 안정된 자녀를 양육할 수 있도록 해 준 민감한 반응성이 가능했다고 제안했다. 이런 부모들은 애착과 관련하여 그들 내면에서 나오는 '뉴스'를 검열하거나 편집할 필요가 거의 또는 아예 없었기 때문에, 자녀가 보내는 대인관계에서의 의사전달과 신호를 전 범위에 걸쳐 수신할 여유가 있었다. 발달과정에서 이루어지는 이런 식의 포괄적인 대화는 심리적 통합, 즉 애착과 탐험, 관계성과 자기 정의(self-definition) 간의 균형을 위한 관계적 기반을 제공하여 아동의 안정 애착 과거사가 남기는 유익한 유산이 될 수 있을 것이다.

우리가 곧 살펴보겠지만, 불안정한 부모의 자녀들은 그리 운이 좋았던 것처럼 보이지 않는다.

회피형/무시형 애착: 그다지 멋지지 않은 고립

회피형 유아는 전형적으로 안정 애착 또래들에 비해 융통성과 풍부한 자원이 부족했다. 낯선 상황에서 그들은 실질적으로 애착 행동을 완전히 배제한 채 탐험에만 몰두했다. 생후 12개월에 이 유아들은 엄마를 적극적으로 피하는 모습을 보였는데, 이런 행동은 아마도 아이가 이전에 신체적이고 감정적인 접촉을 시도했을 때 엄마가 지속적으로 시종일관 거절했던 것—혹은 다른 연구자들(Sroufe, 1996)이 제안하듯이, 침해적이고 통제적이며 과도하게 자극하는 엄마의 양육방식—에 대한 반응으로 추정된다. 마치 유아가 부르는 노래가 전부 한 개의 음률로만 구성된 것처럼, 회피형 유아가 내보이는 감정은 물건에 대한 흥미로 제한되어 있었다. 하지만 비록 회피형 유아들이 분리 장면에서 당황하는 기색을 보이지 않았고 엄마를 다시 만났을 때 엄마를 모른 척했음에도 불구하고, 그들의 생리적인 반응에서는 그들이 실제로 느끼는 고통을 부정할 수 없게 만드는 징후가 나타났다(Sroufe & Waters, 1977b). 그들은 분리 및 애착과 관련된 감정을 자동적으로 표현하는 행동에 대해 억압하는 것을 배웠다. 그러나 그렇다고 해서 그들이 아예 그런 감정을 느끼지 않았다는 뜻은 아니다.

이제 유형의 지속성에 다시 주목해 보라. 마치 엄마로부터 위로받는 것에 대한 희망을 잃은 것처럼 행동했던 회피형 유아는 6세가 되었을 때, 부모와 분리되는 상황을 담은 그림 속 아동들이 경험했을 감정이 슬픔이라고 이름을 붙일 수는 있었지만, 그림으로 제시된 분리의 위기에 대해 어떠한 해결책도 생각해 내지 못했다. 그리고 회피형 유아들이 낯선 상황의 재회 장면에서 엄마를 모른 척했듯이, 6세 아동들도 엄마를 모른 척했는데, 이제는 그 방식이 그저 좀 더 미묘해졌을 뿐이었다. 재회 장면에서 아동과 엄마가 보여 준 상호작용은 '제한되어 있는' 것으로 묘사되었다. 회피형 아동들은 엄마가 상호작용을 전부 다 주도하도록 맡긴 채 최소한의 반응만 보였다. 그들의 대화는 매끄럽게 흐르지 않고 자주 막혔으며 대화의 주제는 개인적인 감정이 섞이지 않은 것이었다. 아동들이 그린 가족화―연구자들이 "불안정−상처 받지 않는(insecure-invulnerable)" 이라고 묘사했던―에서는, 전형적으로 서로 구별되지 않게 그려진 인물들이 각기 정형화된 '행복한 얼굴'을 하고, 서로 떨어져 있으며, 공중에 붕 떠 있고, 팔이 없는 경우가 많았다. (여기서 Main은 우리에게 무시형 엄마들이 유아들의 신체적인 접촉에 대해 혐오반응을 보였던 사실을 떠올려 보라고 한다.) 실험실에 도착했을 당시 찍었던 폴라로이드 가족사진을 보여 줬을 때, 회피형 6세 아동들은 눈길을 돌리거나 사진을 거부하고 무심코 바닥에 떨어뜨려 버렸다(Main, 1995, 2000).

회피형 아동의 부모들은 거의 한결같이 '무시형'으로 분류되었는데, 그 부분적인 이유는 그들이 애착 관계의 중요성과 영향을 너무나 일정하게 과소평가하는 것으로 보였기 때문이다. 성인 애착 면접 상황에서 이 부모들의 담론 방식은 일관되지도 협력적이지도 않았다. 그들이 보여 준 한 쌍의 전형적인 행동은 아동기 경험이 기억나지 않는다는 주장과, 그들이 경험했었다고 이야기하는 이상화된 관계와 그들이 실제로 체험했던[1] 것으로 보이는 문제가 있는 관계 간의 모순이었다.

무시형 부모들의 성인 애착 면접 녹취록에서 가장 주목을 끌었던 점은, 그들이 자기 부모들과의 관계 특성을 묘사할 때 처음에 선택했던 거창하게 좋은 어구들이―사용된 어구 중 가장 안 좋은 표현으로 '정상적인(normal)'에서, 대부분 '아주

---

1) 비교적 드물게 나타나기는 하지만 무시형의 하위범주―Ds2―로 애착 대상을 이상화하지 않고 폄하하는 경우도 있다(Hesse, 1999).

좋은(very good)'과 '대단히 좋은(excellent)' —그들이 나중에 그 어구들을 선택한 이유를 설명하면서 제시했던 실망스러운 과거 기억들과 일치하지 않았다는 사실이었다. 부모와의 관계를 이상화하거나 혹은 정상화하는 묘사들은 그것을 뒷받침하는 근거가 없거나('기억이 안 난다.') 혹은 면접에서 이후에 언급된 경험에 의해 거짓된 것으로 드러났다.

Main은 자신의 어머니를 '잘 보살펴 주고 애정이 넘치고 …… 지지적인'이라고 기술했던 한 어머니의 예를 들어 이런 비일관성을 설명한다.

> 한 번은 제가 마당에서 놀다 팔이 부러졌어요. 그런 일들이 엄마를 화나게 했을 거예요. 엄마는 그런 류의 일들을 몹시 싫어했죠. 팔이 오랫동안 아팠지만 엄마에게 절대로 말하지 않았는데, 어떤 이웃사람을 통해 엄마가 알아 버렸나 봐요. 아마도 제가 팔을 붙잡고 있는 자세 때문이었나 보죠. …… 엄마는 울보를 좋아하지 않았어요. 전 항상 울지 않으려고 노력했어요. 왜냐하면 엄마는 정말 강한 사람이었거든요 (Main, 2000, pp. 1084-1085).

Main이 기술하고 있는 이 어머니는 아이였을 때 애착과 관련된 자신의 느낌과 충동 및 행동을 억제하도록 배웠던 것이 분명하다. 성인으로서 그녀는 자신의 '잘 보살펴 주고 애정이 넘치고 지지적인' 어머니를 이상화함으로써 이런 느낌과 충동을 회피한다. 고통스러운 기억이 이런 이상화를 위협하면 그녀는 어머니의 단점을 강점으로 재구성함으로써 이상화를 뒷받침한다. "나는 항상 울지 않으려고 했다. 왜냐하면 엄마는 정말 강한 사람이었기 때문이다." 이런 방식으로 무시형 성인들은 아동기 때의 감정적인 격리(emotional isolation)를 자주 '정당화'하면서, 그들 부모의 거부와 방치 혹은 분노가 그들에게 자립자족과 결단력을 키워 주었던, 엄하지만 좋은 도장이 되었다고 설명했다.

Main의 연구에서 회피형 아동의 부모는 무의식적일지도 모르지만, 적극적으로 이런 감정적인 격리를 유지하는 것으로 보였다. 그들은 이상화(혹은 평가절하)와 선택적인 부주의 및 기억이 나지 않는다는 주장을 통해 과거의 애착 관련 경험이 그들을 자극할 수 있는 잠재력을 최소화했다. 면접 관계의 지금−여기에서 그들은 그들의 거부적인 부모와 회피형 자녀 양쪽의 단면을 보여 주는 태도를 취하면서 감정적인 거리를 유지했다. 이 부모들은 면접에 진정으로 협력하기보다 끝마치는 데 더 관심이 있는 것처럼 보였고, 미묘하게(혹은 그다지 미묘하지 않게) 면접자를 거절하는 것처럼 보였다. "우리 엄마요? 있으나 마나 한 사람. 관계무(無). 다음 질문은요?"(Hesse, 1999, p. 403) 그리고 이 부모들은 그들의 유아들처럼 고통과 취약함이나 혹은 분노를 전혀 경험하지 않았거나, 경험했더라도 그런 것을 표현할 수 있다고 느끼지 않았다. 그러나 이 부모들이 느꼈을 고통을 생리적으로 측정했던 후속 연구들이 보여 주듯이, 무시형 성인들도 회피형 유아들처럼 그저 겉으로만 정서가 결핍된 것처럼 보일 뿐이다(Dozier & Kobak, 1992).[2]

회피형 아동들과 무시형 부모들이 공유한 경험의 양식에서는 애착과 관련된 주제들에 대한 주의가 철저하게 제한되었다. 두 집단 모두 일반적으로는 느낌 전반에 대한 자각을, 특정적으로는 애착과 관련된 느낌에 대한 자각을 최소화시키는 규칙이 지배하는 표상적인 세계에 살고 있는 것 같았다. 이런 감정적으로 변동 없는 세계에 대해 내면에 저장되고 대외적으로 '방송되는' '뉴스'는 모두 좋은 경향이 있었는데, 이것은 마치 그들이 반드시 강하고 자족적이며 독립적으로 느껴야 (혹은 그렇게 느끼는 것처럼 보여야) 한다는 요구를 반영하는 것 같았다. 하지만 Main의 연구는 또한 이 내면의 정경에서, 이를테면 어둠 속에 가려져 있는 특징을 드러내 주었다. 우리는 무시형 부모들이 스스로 부인한 욕구와 취약성 그리고 분노를 다른 사람에게 (혹은 다른 사람들 안으로) 투사하는 모습에서 이처럼 그늘지고 접근하기 힘든 경험의 임상적인 증거를 볼 수 있다.

이런 애착 관련 경험에 대한 동기화된 부주의는 무시형 부모들과 그들의 회피형 자녀들에게 심각한 제약을 가했다. 무시형 부모들은 그들의 초점을 애착에서 멀리 돌리면서 다른 사람들과 그들 자신의 가장 깊숙한 갈망으로부터 거리를 두어야만

---

2) 무시형 성인들은 전기 피부 반응에서, 특히 성인 애착 면접 중 분리와 거부 그리고/또는 부모로부터 위협을 느꼈던 경험에 대한 질문에 대해 급격한 상승을 보인다(Dozier & Koback, 1992).

했다. 이 과정에서 그들은 (내적 그리고 대인 관계적) 경험에 대해 성찰하는 능력뿐만 아니라, 그들의 유아가 보내는 신호에 민감하게 반응하는 능력까지 함께 쓰이지 못하도록 묶어 두었다. 무시형 부모들은 그들의 감정적인 생존을 가능하게 해 주었던 무시하는 마음 상태를 유지하기 위해 유아들의 애착 욕구를 외면하거나 억제해야만 했다. 이에 대한 반응으로, 회피형 유아들은 욕구를 차단한 채 마치 욕구가 없는 것처럼 사는 법을 배웠다.

Main은 부모와 자녀가 함께 만들어 가는 애착 관계의 본질을 밝히는 후속 연구들을 미리 알려 주듯이 이런 식의 '두 사람 간의 협력'이, 즉 무시형 부모의 내적 작동 모델과 규칙이 어떻게 그들의 회피형 자녀들에 의해 채택되는지를 설명할 수도 있다는 이론을 내놓았다(Main et al., 1985). Main이 제안하는 내용의 핵심은 부모와의 관계에서 실연되는 것이 아이에 의해 내면화된다는 점이다. 무시형 부모는 자녀의 발달과정에서 신체적이고 감정적인 접촉에 대한 욕구 표현을 배제하는 대화 패턴을 만들어 낸다. 이에 따라, 그들의 자녀들은 이런 대화들을 통합되지 않은 작동 모델의 형태, 즉 이런 욕구들을 만족시키려는 시도는 물론이고 욕망조차 들어설 여지를 두지 않는 모델을 내면화한다.

그러나 위협이나 고통에 직면했을 때 느끼는 위안과 접촉에 대한 욕구는 진화론적 설계에 의해 내장되어 있는 것이다. 따라서 이런 욕구는 완전히 없애 버릴 수 없고 그저 방어할 수밖에 없다. 회피하는/무시하는 전략의 목적이 바로 이것이다. 이런 전략은 애착 행동 체계를 비활성화하기 위해 내부나 외부의 애착 관련 단서들에 대한 자각을 최소화하는 것을 목표로 삼는다(Main, 1995).

이 '최소화하기'나 '비활성화하기' 전략들은 서로 엮어져 회피형/무시형 개인의 내적인 경험과 대인 간 경험을 형성하는—의식적이고 무의식적인—모순된 작동 모델들에 자리 잡는다. 한 모델은 의식적으로 받아들여지는 것으로, 여기에서 자기는 좋고 강하며 완전한 반면, 타인들은 믿을 수 없고 욕구가 많으며 부적절하다고 여겨진다. 이와는 대조적으로 두 번째는 무의식적이고 두려움을 느끼게 하는 모델로서, 여기에서 자기는 결함이 있고 의존적이며 무력한 반면에, 타인들은 자기에 대한 반응으로 거부적이고 통제적이며 처벌적일 가능성이 높다고 지각된다. 비활화 전략은 두 번째 모델에 대한 방어로서 첫 번째 모델을 지지한다(Mikulincer & aver, 2003). 좀 더 구체적으로 말하자면, 이런 전략들은 애착 체계를 활성화시킬 있는 감정적인 경험을 억제하면서(그런 경험은 무의식적인 모델에서 실망스러운 것 로 표상되어 있기 때문에), 거리두기와 통제 및 자기 의존(의식적인 모델의 본질)을 장한다.

우리는 무시형 환자들에게서 이런 모순된 모델의 임상적인 증거를 종종 보게 된 . 이들은 자신의 취약함과 욕구를 다른 사람들에게 '옮겨 놓고서는', 그 사람들 연약하고 짐스러우며 달갑지 않은 존재로 경험한다. 좀 더 일반적으로는, 이 환 들은 부풀려진 자존감을 지키기 위해 그들이 의지하고 사랑할 수 있었을지도 모 는 사람들에게서 결점을 찾아낼 수밖에 없는, 상당한 대가를 치르는 것 같다.

양가형/집착형 애착: 자기 자신만의 마음을 위한 공간이 없음

Main이 회피형 유아에게서 관찰했던 비활성화 전략에 상응하는 것으로 양가형 아에게서 발견한 것은 '과잉활성화(hyperactivating)' 전략이다. 회피의 경우 정서 과잉조절(overregulation)이 그 특징이었다면, 양가성은 정서 조절의 결여(under-gulation)가 특징이었다. 그리고 낯선 상황에서 회피형 유아는 오로지 장난감에만 심을 두었던 반면, 양가형 유아는 오로지 엄마에게 관심을 집중했다.

양가형 유아는 한편으로는 매달리고 화내면서 저항하기를 번갈아 하거나, 다른 편으로는 무력하게 수동적인 상태에 빠져 있어서 달래기가 극히 힘들었다. 이들 엄마가 어디에 있는지에 대해 줄곧 염려했기 때문에 불안에 의해 너무나 압도되 탐험을 할 수 없는 것 같았다. 양가성 그리고/또는 무력감으로 표현되는 이런 증 된 정서의 패턴은 예측 불가능하게 반응을 보이는 엄마에 대한 유아의 예측 가능 반응으로 여겨졌다. 유아의 이런 반응은 엄마의 변덕스러운 관심을 확보하는 데 움이 되었고, 엄마가 좋아하지 않는 것 같은 유아의 자율적인 탐험을 억제시켰다 점에서, 그것은 필요하고 적응적인 타협으로 볼 수 있었다.

이제 Main의 연구에서 양가형 유아처럼 욕구와 분노에 대한 강렬한 표현이 교차

했던 전형적인 양가형 6세 아동을 살펴보자. 일례로, 분리장면을 담은 그림에 대한 반응으로 한 아이는 그림 속의 아이가 부모님을 위해 꽃을 사지만, 그러고 나서 부모님의 옷을 숨겨 놓을 것이라고 답했다. 이와 유사하게, 양가형 아동들은 부모와 다시 만났을 때 특징적으로 이중 메시지를 전하는 행동을 보였다. 한 아이는 엄마 무릎 위에 예의 바르게 앉아 있더니 결국 꼼지락거리며 빠져나갔고, 또 한 아이는 과시하듯 잠시 엄마에게 애정을 표현하더니 불쑥 교류를 끊어 버렸다. 양가형 아동의 가족화는 '취약하다'고 묘사되었는데, 가족 구성원들이 아주 크거나 너무 작게 그려져 있었고, 항상 서로 아주 가깝게 붙어 있으며, 종종 몸의 취약한 부분이나 치부를 두드러지게 그렸다. 양가적인 6세 아동들은 폴라로이드 가족사진을 건네받았을 때 혼란스러워하는 것처럼 보였다. 한 아이는 거북하게 사진을 응시하더니 자기 피부를 손으로 잡아당기기 시작했다. 가족 스냅 사진을 좋아하는 것처럼 보였던 전형적으로 안정된 유아나 사진을 외면해 버리는 회피형 유아와는 달리, 양가형 유아는 애착의 사진 이미지에 유별나게 열중하는 반면, 동시에 그것 때문에 괴로워하는 것처럼 보였다(Main, 1995, 2000).

양가형 아동의 부모들은 애착과 관련된 자신의 문젯거리에 깊숙이 빠져 있었다. 이 부모들의 유아가 엄마가 어디 있는지 염려하느라 낯선 상황에서 탐험하지 못했던 것처럼, 이들도 '애착 대상에 대한 과도하고 혼란스럽고 화나거나 혹은 수동적으로 몰두되어 있는' 상태가 주는 부담 때문에 힘들어하고 있어 그들 자신의 애착 과거사를 탐색하는 능력이 제한된 것처럼 보였다(Main, 1995, p. 441). 이 부모들은 자녀의 자율성을 막는 경향이 있는 것으로 관찰되었는데, 이는 그들의 불안 저변에 깔려 있는 유기와 무력감에 대한 두려움 때문인 것으로 설명될 수 있다. 이 부모들은 '집착형'으로 범주화되고 'E'(밀착된(enmeshed) 혹은 얽혀 있는(entangled))로 코딩되는데, 이들은 성인 애착 면접에서 과거의 감정에 휩쓸린 나머지 현재에서 일관되게 회상하고 성찰하는 능력을 발휘하지 못하는 것처럼 반응했다.

예를 들어, Main의 연구에 참여했던 부모들처럼 한 집착형 성인은 초기 기억에 대한 질문을 받았을 때 다음과 같은 반응을 보일지도 모른다. 그는 화를 내면서 아주 오래전에 그의 아버지와 있었던 일화를 묘사하다가 곧장 아버지에 대한 너무나 최근의 불만을 강하게 내뱉었다. 이런 이야기를 하는 도중에 그의 아버지가 한 말 ("어째서 넌 그렇게 엄마 말을 안 들을 수가 있냐?")을 '누구의 말인지 분명히 밝히지 않은 채' 불쑥 끼워 넣거나 마치 아버지가 실제로 그 자리에 있는 것처럼 직접 아버지에게 말하기도 한다("저에게 다시는 그런 식으로 말씀하지 마세요!"). 과거가 미치는 만연한 혼란스러움의 영향은 또한 어린애 같은 말투("저 멍멍이가 날 물어서 엄마 진짜 화났어."), 모호한 어법("아빠가 무릎 위에 저를 앉혀 놓고 그것도 말이에요."), 무의미한 말("어어어어."), 문법적으로 뒤죽박죽인 채 끝없이 이어지는 문장, 그리고/또는 미완성 문장에서도 드러났다(Hesse, 1999; Main, 1995).

현재의 애착뿐만 아니라 과거에 의해 환기되는 강렬한 화나 두려움 또는 수동성은 집착형 부모들이 일관성을 유지할 수 있는 능력뿐만 아니라 협조적으로 담화할 수 있는 능력도 저해했다. 이 부모들은 본인도 혼란스럽고 또한 듣는 사람도 혼란스럽게 만드는 방식으로 의사를 전달했다. 그들의 이야기는 따라가기가 어렵고, 주제와 관련성이 없을 정도로 엉뚱한 곳으로 벗어났으며, 너무 길었다. 면접 진행자와의 관계에서 그들은 압도적일 수도 있었고, 일반적인 대화의 단서에 조율하지 못했으며, 자율성을 가로막았다. 이것은 양가형 유아들의 '과잉활성화' 전략을 만들어 낼 가능성이 있다고 생각되는 양육의 특성과 같았다. 이 유아들은 부모가 늘 관심을 줄 것이라고 믿을 수 없었기에 부모의 관심을 확보하기 위해 그들의 고통을 증폭하는 법을 배웠다는 것을 기억해 보라. 이와 유사하게 집착형 부모들은 그들이 다룰 수 없는 (혹은 다루고 싶지 않은) 것처럼 보이는 고통의 감정에 취약한 것처럼 보였다(Main, 1995, 2000).

이 부모들과 그들의 양가형 자녀들은 다중적이고 통합되지 않은 내적 작동 모델들에 의해 형성된 표상적 세계에서 살고 있는 것으로 이해되어 왔다. 이 모델들은 예측할 수 없는 애착 인물들과의 모순된 경험의 산물로 간주되었다. 이 애착 인물들은 어떤 때는 비교적 잘 반응해 주고, 또 어떤 때는 침해하거나 마음으로 함께해 주지 않았기 때문에, 자녀들이 한편으로는 친밀함에 대한 기대에, 다른 한편으로는 그 친밀함의 상실 가능성에 계속해서 집착하도록 만들었다. 아마도 친밀함은 대로 반응적인 타인과의 상호작용으로 고통스러워하는 자기 모델을 생성한 우호적인 경험과 관련되어 있고, 유기는 반응을 보이지 않는 타인과 관계하는 자율적인 자기 모델을 생성한, 문제가 있는 경험과 연관되었을 것이다(Mikulincer & Shaver, 2003).

이렇게 상충되는 모델들은 감정적인 잡음을 만들어 냈고, 이로 인해 이 부모들이 그들의 유아가 보내는 신호를 정확하게 지각하고 일관성 있게 유아의 욕구에 맞춰 반응해 주는 능력이 훼손되었다. 이런 감정적인 잡음은 또한 이 부모들이 그들 자신의 경험에 대해 자유롭고 유용하게 성찰할 수 있는 메타인지적인 능력도 손상시켰다. 양가형 유아들의 행동 전략에서 비롯된 고통을 증폭시키고 자율성을 억제하는 애착의 규칙은 자기 탐색을 포함하여 유능하고 독립적인 탐색을 계속해서 방해했다.

Main은 애착의 이런 규칙들이, 이 부모들이 성인 애착 면접에서 보였던 혼란스럽고 감정적으로 압도된 반응과 유아의 비언어적인 신호에 대해 일관되게 민감하지 못한 것 둘 다의 원인이라고 결론지었다. 이 부모들은 과거와 현재의 갈등으로 인해 너무나 힘든 나머지 애착과 관련된 정보가 내면(기억)에서 나온 것이든 외부(그들의 유아가 보내는 신호)에서 오는 것이든 간에, 그것들을 효과적으로 처리할 수 없었다. Main의 연구—그리고 임상 경험—가 시사하는 것은, 이런 종류의 고통이 유아기 때 만들어 낸 '거짓이지만 느껴지는 안정성'에 너무나 밀착되어 있어 성인기에는 내려놓기 힘든 짐으로 남아 있게 된다는 것이다(Main et al., 2005, p. 292). 그 결과 집착형 부모의 과잉활성화 전략은 (무시형 부모의 비활성화 전략처럼) 그들의 자녀들과 함께 만들어지고 또한 자녀들에 의해 채택되는 경향이 있다.

혼란된/미해결형 애착: 정신적 외상과 상실의 상처

혼란된/혼란에 빠진 유아들은 낯선 상황에서 엄마와 함께 있을 때 뭐라 설명할 수 없거나, 기괴하고, 겉으로 보기에 모순되거나, 해리된 것처럼 보이는 행동을 산발적으로 보였다. 이런 행동은 그들을 겁먹게 만드는 존재였던 부모에 대한 반응에서 나왔거나, 겁에 질린 또는 해리된 상태에 처한 부모가 보여 준 반응이 그들에게 두려움을 불러일으켜서 생겼다고 생각된다. 또한 이런 행동들은 유아가 생물학적으로 연결된 안식처가 동시에 공포의 근원이 되는, 해결할 수 없는 모순에 맞닥뜨려서 위험을 느낄 때, 구조화된 애착 전략이 붕괴된 상태를 나타내는 것으로 이해되었다.

Main은 이 유형에서 다시 한 번 연속성을 발견했다. 원래 이 유아들을 혼란된 유형으로 분류하게 만든 행동의 특징들은 전형적인 6세 아동의 '표상적 인공 유물'의 특징을 이루었는데, 이들은 '뭐라 설명할 수 없을 정도로 두려워하고, 그런 상태에 대해 아무것도 할 수 없어' 보였다(Kaplan, 1987, p. 109). 일례로, 이 아동들은 분리장면을 담은 그림을 보여 주었을 때 침묵에 빠지고, 마음의 동요가 너무나 심해서 아무런 반응을 하지 못하거나, 파국적인 결과를 상상하거나, 혹은 말이나 행동에서 혼란을 보였다. 이와 유사하게 그들의 가족화에는 흔히 보는 이의 마음을 불편하게 만드는 그리고/또는 기괴한 요소들(예컨대, 절단된 몸의 부위들, 해골 또는 단순히 그렸다가 지워진 인물들)이 들어 있었다. 이 6세 아동들은 가족사진을 보여 주자 말이 없어지고 비이성적인 언행을 하거나 괴로워했다(한 아이는, 그전까지만 해도 명랑했었는데, 사진을 보여 주자 조용히 그리고 불행한 표정으로 12초 동안 사진 위로 몸을 구부린 채 가만히 있었다.)(Main, 1995; Main et al., 1985).

그런데 놀랍게도, 유아기에 혼란된 유형으로 분류되었던 아동들이 이제는 부모와 재회하는 상황에서 새로운 행동 전략을 이용하는 것으로 보였다. 유아기 때 그들이 낯선 상황에서 보여 준 반응은 명백한 전략의 붕괴였던 반면에, 5년 후 그들의 행동은 부모와 역할을 뒤바꾸어 부모를 돌보는 행동("피곤해요, 엄마? 좀 앉을래요? 그럼 (소꿉놀이) 차를 가져올게요.")을 통해서나, 공격적으로 지시하고 가혹하게 행동하기("앉아서 닥치고 눈 감고 있어! 말했잖아, 눈 감고 있으라고!")를 통해서 그들의 부모를 통제하려는 체계적인 노력을 반영하는 것처럼 보였다(Hesse & Main, 2000, p. 1107). 이 두 가지 중 어느 경우에나 이 아동들은 부모와 물리적인 근접성을 유지하면서 동시에 부모의 존재가 던져 주는 위협에도 대처하기 위해 부모 역할을 맡고 있는 것 같았다. 이런 통제적인/역할 뒤바꾸기 전략은 아동과 부모가 다시 만났을 때 나눈 대화에서도 뚜렷이 나타났다. 이 가족의 '유창하지 않은' (말을 더듬고 서툴게 말 걸기가 두드러진) 대화는 이 6세 아동들이 지배했는데, 이들은 가혹하게 부모의 존재를 무시하거나, 혹은 염려스러운 마음으로 부모 간의 의사소통을 '이어 주고 뒷받침해 주는' 역할을 했다(Main, 1995; Main et al., 1985).

Main의 연구는 혼란된 아동의 부모들이 해결되지 못한 정신적 외상 그리고/또는 상실을 경험했었다는 증거를 보여 주었다. 결정적으로, 여기서 중요한 것은 문제가 있었던 삶의 경험 그 자체가 아니라 어떻게 그 경험이 통합되고 이해되었는가(또는 그렇게 되지 않았는가)였다. 다시 말하자면, 자녀들의 애착 상태와 통계적으로 상관관계가 있었던 것은 부모의 상실이나 정신적 외상의 과거사가 아니었다. 자녀들의 혼란된 애착을 예측한 것은 구체적으로 부모가 그런 과거사를 해결하지 **못한** 상태(Ainsworth & Eichberg, 1991 참조)였다. 성인 애착 면접의 맥락에서 이런 미해결 상태는 이 부모들이 가까운 가족 구성원의 죽음이나 성적 또는 신체적 학대의 일화와 같은 정신적 외상의 가능성이 있는 사건들을 회상하고 성찰하는 능력에 문제가 있다는 점에서 확인할 수 있었다. 부모들이 이런 사건들에 대해 이야기하려고 시도하는 동안 '추론이나 담화를 모니터링함에 있어 착오가 있는 것'으로 드러나면 그들은 미해결된/혼란스러운 애착으로 분류되었다.[3]

추론을 모니터링하는 데서 착오가 확인된 경우는 부모들이 동일한 현실에 대해 양립할 수 없는 시각(예컨대, 어떤 사람이 죽었으면서도 살아 있다고 암시하는 것)을 보이거나, 인과관계나 공간/시간 관계에 대해 일반적으로 통용되는 가정에 위배되는(예컨대, 어떤 생각이 사람을 죽였다) 내용을 진술했을 때였다. 미해결형 부모들은 상실이나 학대에 대해 이야기하라는 질문을 받으면, 평상시에는 분리되고 해리된 마음 상태에 갇혀 있던 외상 관련 기억이나 신념들이 지배적인 마음 상태가 되어 그

---

3) 최근에 개발된 성인 애착 면접의 다섯 번째 범주인 '분류할 수 없음(cannot classify)' 또한 유아의 혼란된 애착을 예측하는 것으로 보인다. Hesse(1996)는 미해결된 성인이 '말이나 추론에서 여러 차례 짧고 한정된 혼란'을 보이는 반면, 분류될 수 없다고 평가된 성인은 '면접 내내 지속되는 전반적인 혼란이나, 혹은 단일하거나 일관된 담화 전략의 붕괴'를 드러낸다고 말한다(Main et al., 2005, p. 285). 분류할 수 없음의 범주는 정신과적 장애와 폭력 그리고 성적 학대를 겪은 성인의 삶과 상관이 있다는 것이 연구에서 나타났다(Hesse, 1999).

들에게 일시적으로 홍수처럼 밀려오는 것 같았다.

담화를 모니터링하는 데서 착오가 확인된 경우는 이 부모들이 '담화의 사용역'을 갑자기 바꿀 때였다. 예컨대, 외상 경험을 간략하게 이야기하다가 불쑥 속속들이 상세하게 이야기하는 식으로 전환한다든가, 집중해서 이야기하다가 긴 침묵에 빠지고 이전에 무슨 말을 했는지 기억하지 못한다거나, 혹은 하나의 '어조(narrative voice)'에서 또 다른 어조로(말하자면, 상을 당한 사람의 어조에서 장례식에서 추도사를 전하는 사람의 어조로) 변한다거나 하는 경우였다. Main은 이렇게 전환되는 순간에 의식변성상태가 촉발되어 한 번도 의식적인 처리과정을 거치지 않았던 특정한 외상 경험에 의해, 말하자면 이 부모들이 사로잡히는 것이라고 제안했다.

추론과 담화의 착오는 흔히 잠깐씩 일어났고, 이것은 혼란된 유아들의 설명할 수 없거나 모순된 행동이 낯선 상황에서 그들의 통상적인 상호작용 패턴을 잠깐 동안 방해했던 것처럼 미해결형 부모의 면접 흐름을 끊어 놓았다. Main은 성인 애착 면접 장면에서 이런 착오를 초래하는 외상적 기억의 침해가 바로, 이 미해결형 부모들이 가정에서 유아들에게 혼란된 애착이 형성되게 하고, 자녀들을 겁먹게 하는 행동의 원인이라고 제안했다(Hesse & Main, 2000; Main, 1995, 2000).

이 부모들의 경우, 과거의 외상이나 상실의 미해결 상태로 인해 철저하게 서로 단절된 마음 상태들이 생겨났고, 그 결과 이들은 그들을 불안하게 만드는 경험을 강력하게 부인할 필요가 있었다. 미해결형 성인들은 감정을 자극하는 성인 애착 면접 질문이나 과거의 정신적 외상과 유사한 양육 장면에 의해 이런 부인된 경험이 건드려지면, 갑작스럽게 그들을 압도하거나, 혼란스럽거나, 혹은 넋이 나간 것 같은 상태로 자신이 빠져드는 것을 발견할 수 있다.

이런 상태—예를 들어, 달래지지 않거나 화를 내는 유아들의 울음소리나 짜증 부리기에 의해 초래된 상태—에 사로잡힌 미해결형 부모들은 너무나 쉽게 자녀들을 겁에 질리게 만드는 행동을 할 수 있다. 그리고 신체적 또는 정서적 학대로 표출되는 이 부모들의 격한 분노는 아이들이 두려운 상황에서 그렇게 행동하도록 생물학적으로 추동된 반응에 혼란을 주기 때문에 두 배로 파괴적이다. 아이들은 그들이 지각하는 위험의 근원이면서 동시에 유일한 피난처이기도 한 애착 인물에게 다가갈 수도 없고, 그렇다고 멀어질 수도 없다. 따라서 혼란된 유아들은 이례적인 행동을 보이는데, 이런 행동은 그들이 택한 '행위의 모순이나 억제 혹은 마치 대안적인 해결책이없는 것처럼 얼어붙는 상태'를 반영한다(Ainsworth & Eichberg, 1991, p. 162; Hesse & Main, 2000; Main, 1995).

그런데 중요한 것은 혼란을 유발하는 것이 유아를 압도하는 부모의 정서와 겁에질리게 하는 학대만은 아니라는 점이다. 부모의 미해결된 외상은 부모가 유아로부터 신체적으로 물러나는 행동이나 해리와 같이, 부모가 두려움을 느끼고 있다는 것을 알려 주는 신호로 표현될 수도 있는데, 이런 신호 자체가 유아들을 불안하게 만든다. 왜냐하면 이때의 안전 기지는 전혀 안전하게 느껴지지 않기 때문이다. 그리고 유아들은 부모의 행동 저변에 있는 동기가 무엇인지를 정확하게 해석할 수 없기때문에, 부모의 두려움이나 철수 혹은 해리에 대한 책임이 어떤 식으로든 그들 자신에게 있다고 믿기 쉽다.

자신의 생존이 달려 있는 애착 대상에 의해 위험에 처했다고 느끼거나 혹은 자신이 그 대상에게 위험이 된다고 느끼는 이런 경험들은 유아들을 너무나 압도하기 때문에 통합되기가 어렵다. 따라서 혼란된 유아들과 미해결형 성인들은 다 같이 그런경험들과 멀찌감치 거리를 두어야만 하는 것이다. 하지만 이렇게 부인된 경험들은그들을 다소 불안하게 만드는 존재로 남아 있으면서, 의식적인 자각의 언저리에 숨어 있다가 주기적으로 불쑥 중앙 무대로 올라온다.

치료자들은 미해결형 환자들이 과거의 외상이나 상실의 기억을 '추방시키려는'노력의 대가로 엄청난 비용을 치른다는 것을 알고 있다. 그런 환자들은 끊임없이안팎으로 위협받는다고 느낀다. 안으로는 해리와 압도적인 감정에 계속해서 취약한 상태로 힘들어하고, 밖으로는 그들이 감당할 수 없는 내적 경험을 외부로 투사함으로써 그들 스스로 위험하게 만들어 버린 외적 세계로 인해 힘들어한다. 이에더하여, 그들의 메타인지적 모니터링 능력은 심각하게 제한되어 있다. 왜냐하면 그들에게 자기 자신이나 다른 사람들을 깊이 들여다보는 일은, 감정적인 필요에 의해숨겨 놓아야만 하는 것에 빛을 비추어 그 모습을 드러나게 할 위험성이 있기 때문이다. 그리고 마지막으로, Main의 설명이 확인해 주듯이, 미해결형 부모들의 해리되고 위험한 작동 모델들—그리고 이와 관련된 자기 성찰 능력의 상실—로 인해 그들의 자녀들은 혼란스러운 애착뿐만 아니라 이런 애착 유형과 너무나 빈번히 연관되는 정신병리를 갖게 될 심각한 위험에 놓이게 된다.

유의할 점과 용어 사용에 대한 부연 설명

나는 애착에 대한 환자들의 전반적인 마음 상태에 비추어 그들에 대해 생각해 보는 것이 매우 유익하다는 것을 알게 되었지만, 한 가지 용어—안정형, 무시형, 집착형 혹은 미해결형—로는 하나의 온전한 존재로서 그들이 갖는 복잡성을 결코 제대로 포착할 수 없다는 것이 사실이다. 이런 이유로 애착 범주의 문제를 두고 논쟁이 지속되어 왔다(Brennan, Clark, & Shaver, 1998 참조).

실제로 사회심리학자들은 애착 패턴을 범주나 '유형'으로 생각하는 것은, 이것을 두 개의 차원으로 된 공간으로 생각하는 것에 비해 의미가 적다고 주장해 왔다. 이들이 제안하는 2차원적 공간은 (친밀함과 의존의) 회피(avoidance)에 상응하는 차원과 (유기에 대한) 불안(anxiety)에 상응하는 차원으로 되어 있다. 여기에서 쓰인 용어 '불안'은 Ainsworth의 '양가성(ambivalence)'과 Main의 '집착(preoccupation)'에 상응한다.[4] 이 대안적인 틀에서 개인의 애착 패턴은 회피와 불안이 **상대적으로** 얼마나 두드러지는가에 의해 규정된다(Mikulincer & Shaver, 2003).

---

4) 안정형 애착 사람들은 행동이 회피적이지도 않고 유기에 대해 불안해하지도 않기에 안정(secure) 애착은 제4사분면으로 나타낸다. 양가적/집착형(ambivalent/preoccupied) 애착 사람들은 유기에 대해 불안해하지만 친밀함을 피하지 않고 추구하기 때문에 이 패턴은 제1사분면으로 나타낸다. 회피/무시형(avoidant/dismissing) 애착은 제3사분면으로 나타내는데, 이 패턴의 사람들은 유기에 대해 불안해하지 않는 것처럼 보이지만 행동은 회피적이기 때문이다. 마지막으로, 제2사분면은 사회심리학자들이 두려운–회피적(fearful-avoidant)이라 부르는 애착을 나타낸다. 두려운 회피 패턴은 Main의 혼란되고 미해결된 애착 범주와 겹쳐지고 회피적인 행동과 유기 불안 둘 다를 포함한다.

환자들은 대개 시간이 지나면서 어느 정도는 상황 구속적—즉, 특정한 마음 상태
는 어떤 특정한 상황에서 드러날 가능성이 좀 더 높다는 뜻으로—다중적인 마음
상태를 보인다. 예를 들어, 평소에는 무시하는 마음 상태에 있는 것처럼 보였던 나
의 한 환자는 거절당했다고 느낀 장면에서 집착하는 마음 상태에 있는 것처럼 보였
다. 대부분의 사람들이 다중성 혹은 '여러 겹'의 마음 상태를 갖고 있다는 바로 이
점이, 치료가 진행되고 우리가 환자를 더 잘 알게 되면서 환자가 정확히 어떤 사람
인지가 덜 명확해진다는 느낌을 종종 받거나, 혹은 어쨌든 명료성은 더 이상 단일
한 범주로 환원될 수 없다는 역설적인 상황을 부분적으로 설명해 준다.

게다가 환자의 애착 유형은 치료적으로 유용한 많은 시사점들을 제시해 주지만,
그 환자에 대해 가장 많이 알려 주는 것은 항상 환자의 삶과 역사의 개별적인 내용이
다. 그래서 예를 들어, 무시형으로 보이는 어떤 환자가 부인해야만 했던 연결에 대
한 열망은 그의 특정한 애착 대상들과 관련된 경험의 구체적인 부분과 가장 크게
연관되어 있을 것이다.

이런 모든 경고에도 불구하고, 지난 시간을 돌이켜 보고 새로운 환자들과의 첫
한 두 회기를 요약한 내용을 재검토할 때, 나는 첫인상의 힘에 놀라곤 한다. 특히
치료를 처음 시작하는 시점에서 대체로 치료자는 애착에 대한 환자의 지배적인 마
음 상태에 대해 치료적으로 유용한 감각을 가질 수 있다.

마지막으로, 용어에 대해 한마디를 덧붙이고 싶다. Main을 위시하여, 성인 애착
면접 도구를 적용했던 연구자들은 개인의 '애착에 대한 마음 상태(state of mind
with respect to attachment)'라는 용어를 사용해 왔는데, 이것은 성인의 애착 경험에
대한 이야기의 일관성을 반영하고 그 성인의 자녀가 어떤 애착 행동을 보일지를 예
측하는 평가다. 반면, 사회심리학자들은 자신이 연구한 성인들에 대해 '애착 양식
(attachment style)'이라는 용어로 묘사하기를 선호하는데, 이것은 애정관계나 다른
친밀한 관계를 형성할 때의 경험에 대한 성인들의 자기 보고에서 도출된 평가다.
이런 차이점에도 불구하고, '마음의 애착 상태'와 '애착 양식' 둘 다 내적 작동 모
델과 애착 전략 및 이것들을 만들어 낸 개인의 과거사와 연결되어 있다. 이런 이유
로 나는 이 책에서 앞으로 이 두 용어를 번갈아 사용할 것이다.

07
애착 관계가 어떻게 자기를 형성하는가

타인과의 관계 경험은 자기 자신과의 관계의 틀이 된다.
—Peter Hobson(2002, p. 180)

　인간의 유아는 엄청나게 취약하고 의존적인 생명체다. 유아들은 자궁 밖의 삶이 주는 신체적, 감정적, 환경적인 도전을 스스로 감당하는 데 필요한 고등 신경장치를 갖추고 있지 않다. 그들이 살아남으려면, Bowlby(1988)가 '더 강하고 그리고/또는 더 현명한' 타인들(p. 121)이라고 부른 사람들의 보호가 필요하다. 유아는 신체적인 생존을 넘어서, 자기라고 알려진 안정된 참조점을 형성하고 유지하는 것을 도와줄 애착 대상이 필요하다.

　이렇듯 유아들이 전적으로 의존할 수밖에 없는 조건은 그들이 각자 특유의 강점과 취약함을 가진 채 반드시 애착 대상에게 적응해야 한다는 것을 뜻한다. 그리고 그들은 적응해야만 하기 때문에 적응할 것이다. (물론, 웬만큼 좋은 애착 대상은 자신이 유아에게 적응함으로써 호의를 되갚는 경향이 있다. 애착 관계는 공동으로 만들어진다는 경험적인 연구 결과가 바로 이런 의미다.) Ainsworth의 애착 연구는 본질적으로 애착 대상과 근접성을 유지함으로써 얻게 되는 보호를 확보하기 위해 유아들이 발달시키는 다양한 적응 전략들에 대한 증거 자료다.

　유아들이 애착 대상에게 자동적으로 적응하는 것은 분명히 생존의 필요성과 본능에 그 기반을 두고 있다. (신생아에게는 태어날 때부터 애착 과정을 촉발하는 뇌간에 기초한 반사 행동들이 이미 내재되어 있다는 사실을 떠올려 보라.) 그러나 애착은 안정의 느낌을 바라는 욕구에 의해서도 마찬가지로 동기화된다. 유아들은 스스로 안정의 느낌을 만들어 낼 수 없기 때문에 그들이 감당하기 힘든 감정을 다루는 것을 도와줄 애착 대상이 필요하다.

이런 감정의 관리는 정서 조절이라고 불린다. 유아의 심리적인 운명(애착 용어로 표현하자면, 유아의 안정 또는 안정의 결여)은 전반적으로 유아의 최초 관계가 정서 조절에 상대적으로 성공하느냐 실패하느냐에 달려 있다. 이런 관점에서 본다면 유아들의 적응적인 애착 전략은 자기를 근본적이고 전반적으로 형성할 정서 조절 전략으로도 간주할 수 있다.

발달과정에 있는 아동의 자기(the self)는 이런 적응적 전략들과 아동의 최초 애착 관계가 잘 받아 줄 수 있는 특정한 느낌과 생각 및 행동의 작용으로 즉발적으로 생겨난다. 애착 대상에게서 조율된 반응성을 불러일으키는 자기의 표현은 아동에게 통합될 수 있으나, 무시하거나 예측 불가능하거나 겁을 주는 반응(또는 완전한 무반응)을 불러일으키는 자기의 표현은 방어적으로 배제되거나 왜곡될 것이다. 통합된 것은 이후 건강한 성숙의 궤도를 따라 발달할 수 있고, 통합되지 못한 것은 미발달된 상태로 남게 되는 경향이 있다.

애착 관계는 통합의 과정에 결정적으로 중요하다.[1] 환자들이 치료를 받게끔 하는 문제들은 보통 느끼고 생각하고 타인(그리고 자기 자신)과 관계하는 능력이 '제대로 작동하는' 방식으로 통합되지 못하고 발달되지 못한 것과 관련이 있다. Bowlby(1985)는 이 점을 염두에 두면서, 심리치료자들의 과제를 다음과 같이 기술하고 있다. "우리의 역할은, 환자의 부모가 생각하지 못하게 했거나 금지시켰던 것들을 환자가 생각하도록, 또 부모가 경험하지 못하게 했거나 금지시켰던 느낌들을 환자가 경험하도록, 그리고 부모가 꾀하지 못하게 금지시켰던 행동들을 환자가 고

---

1) 통합과정에서 관계하기와 느끼기, 생각하기의 발달적인 경험들은 서로 긴밀하게 연결되어 있고 상호 간에 영향을 주고받는다. 예를 들어, '만일 어떤 사람이 강렬한 느낌들을 통합하는 데 도움을 받지 못했다면, 행동이 사고의 자리를 차지할 수 있다.' (Hobson, 2002, p. 175)

려해 보도록 허용해 주는 것이다." (p. 198) 요컨대, 치료자의 역할은 통합을 촉진하
고 그래서 대체로 감정적인 발달에서부터 시작되는 건강한 발달의 재개를 촉진하
는 것이다.

정서 조절과 애착 전략

유아의 정서에 대해 양육자가 보이는 반응의 질은 유아가 채택하는 주된 애착 전
략의 본질—안정 또는 불안정—을 결정짓는 데 있어서 매우 중요하다. 안정 애착
의 경우, 양육자의 반응은 유아의 고통을 완화하고 긍정적인 감정을 증폭시키는 것
들 다에 도움이 된다. 그 결과, 유아는 애착 관계를 정서가 효과적으로 조절될 수
있는 맥락으로 경험한다. 그러면 유아의 내면에는 타인과의 연결이 안도와 위안 및
만족감의 원천이 될 수 있다는 내장(內臟) 수준의 감각이 남게 된다. 또한 자기—그
것의 신체적이고 감정적인 경험과 욕구의 범위 전체를 표현하는—가 좋고 사랑받
으며 수용되고 유능하다는 감각도 남게 된다.

여기서 말하는 정서 조절 과정은 일종의 '사회적 바이오피드백'을 통해, 유아가
처음에는 불수의적으로 표현되는 자기 감정을 양육자의 반응과 연합시키게 되는 과
정이다. 즉, 유아는 자신의 정서가 그것을 반영하는 양육자의 반응을 불러일으키는
원인이라는 것을 '알게' 된다. 따라서 가장 바람직한 시나리오는 유아가 다음의 아
주 유용한 것들을 많이 배우는 것이다. (1) 자기의 느낌을 표현하는 것은 긍정적인
결과를 가져다줄 수 있다는 것으로, 이것은 자기와 타인에 대한 긍정적인 느낌을 준
다. (2) 자신이 타인에게 영향을 줄 수 있다는 것으로, 이는 주체성(agency)이나 자기
주도성(self-initiative)에 대한 감각이 생겨나게 한다. 그리고 (3) 서서히 특정한 정서
들이 특정한 반응을 초래한다는 것으로, 이는 유아가 자신의 느낌들을 서로 구별하
고 마침내는 명명하기를 시작할 수 있도록 도와준다(Fonagy et al., 2002). 따라서 안
정 애착 관계는 우리가 초기 아동기에서뿐만 아니라 생애 전반에 걸쳐 효과적으로
정서를 조절하는 것을 학습하는 배움터라고 볼 수 있다.

방금 개략적으로 설명한 안정적인 패턴은 Main이 일차적인 애착 전략(primary attachment strategy)이라고 부른 것을 나타낸다. 이것은 생물학적으로 이미 프로그램화된 진화의 산물로서 유아가 애착 대상과 근접성을 유지하도록 요구하는데, 이때 애착 대상이 보여 주는 정서적으로 조율된 반응은 유아가 무서움을 느끼는 순간에 엄마를 안전한 피난처로 여길 수 있게 해 주고, 또한 자율적인 탐험을 가능하게 해 주는 안전 기지로 경험할 수 있게 해 준다. 그러나 유아의 감정적 신호들이 양육자로부터 유아의 근접성 추구나 자율성을 방해하고 잘못 조율된 반응을 불러일으킨다면, 이런 일차적인 애착 전략은 거부될 것이다. 좀 더 정확히 말하자면, 이 전략은 (불안정한) 양육자의 특정한 취약성에 적응하도록 수정될 것이다. 따라서 유아는 애착 행동 체계의 비활성화나 과잉활성화를 나타내는 이차적인 애착 전략을 발달시킬 것이다. 유아기의 이 전략들은 불리한 상황에서 최대한 대처하려는 노력, 때로 실패하더라도 그 상황에서 필요한 유아의 노력에서 비롯된 심리적 방어기제의 전조로 볼 수도 있다. 유아의 이런 노력은, 자신의 방어기제 때문에 자녀의 정서를 상호적으로 조절해 주는 능력이 제한된 애착 대상에게 적응하려는 노력을 말한다(Main, 1990, 1995; Mikulincer & Shaver, 2003).

비활성화는 회피적이라고 분류된 유아들과 또한 애착에 대한 마음 상태가 무시형이라고 묘사된 성인들에게서 찾아볼 수 있다. 이와는 대조적으로 과잉활성화는 양가적인 유아들과 집착하는 마음 상태를 가진 성인들이 적응을 위해 채택하는 전략이다. 미해결된 성인들뿐만 아니라 혼란된 유아들도 과잉활성화와 비활성화 전략 사이를 왔다 갔다 할 수 있다.

일반적으로, 비활성화가 우세한 전략은 아동의 애착 관련 정서에 대해 부모가 회피하는 반응을 보일 때 발생한다. 이런 경우에는 고통을 전하는 아동의 신호와 근접성을 추구하는 시도가 부모로부터 거부하는 그리고/또는 통제하는 반응을 유발했다. 근접성을 추구하는 아동의 시도를 거부하는 부모의 반응은, 아동의 감정적인 평형상태를 회복시키지 못하고, 반면 부모의 침해는 아동을 감정적으로 과도하게 각성된 상태로 남겨 둘 수 있다(Sroufe, 1996). 그 어떤 경우에도 유아는 자신의 힘든 느낌을 다루는 데 필요한 도움을 받지 못하고, 오히려 그 반대의 경험을 한다. 아동은 이런 상황에서 가능한 최선의 애착 관계를 유지하기 위해 자신의 느낌과 표현을 과잉 절제하고 애착 대상과 연결되고자 하는 충동과는 거리두기를 배우게 된다.

우리는 여기에서 감정의 범위가 협소하고 다른 사람들이 보내는 정서적인 신호들을 대체로 알아보지 못하는 것처럼 보이며, 무미건조한 반응성 때문에 마치 죽은 척 하는 사람처럼 생기가 없어 보일 수 있는, 강박성이나 자기애성 또는 분열성 환자를 떠올릴 수도 있다. Siegel(1999)은 성인들에게 이런 회피적인 비활성화 전략은 좌뇌와 부교감신경계의 활성화로 치우치는 경향성으로 나타난다고 제안한다.[2] 이런 전략을 채택하는 환자들에게 통합되지 않은 채 남아 있는 것들은 친밀한 관계와 관련된 모든 감정과 욕망 그리고 만족감이다. 말할 나위도 없이, 친밀성의 회피는 깊은 느낌과 성적인 표현, 건강한 의존 및 신뢰에 대한 능력의 발달을 제한하는 결과를 초래한다.

이와는 대조적으로 양가적인 유아들의 과잉활성화 전략은 친밀성을 쫓는 것을 중심으로 조직된 것으로 보인다. 아동은 자신의 감정에 대해 예측 불가능한 반응성과 잘못 조율된 반응을 보여 주는 부모에게 적응하면서, 자신의 정서를 과장하는 것이 그러한 부모의 관심을 이끌어 낼 가능성을 높인다는 것을 배운다. 그러나 이끌어 낸 관심의 질과 양은 대개 아동의 욕구에 부합하지 않는다. 그 결과 아동은 지지를 얻고자 하는 자신의 노력이 종종 원하던 결과를 가져오지 못할 뿐만 아니라, 위안을 얻기 위해 자신의 고통 표현을 시종일관 강도 높은 수준으로 유지해야만 할지도 모른다는 것을 배운다. 요컨대, 아동은 애착 체계를 만성적으로 활성화된 상태로 두는 것을 배운다.

우리가 히스테리성이거나 경계선적이라고 볼 수 있는 환자들의 과잉활성화 전략

---

2) 여기서 Siegel의 개념화가 유익한데, 그것이 애착에 대해 회피적인/무시하는 마음 상태가 우세한 환자들이 갖고 있는 '결점'과 함께, 치료적 관심이 있어야만 재통합될 수 있는 이들의 미발달된 능력을 둘 다 강조하기 때문이다. 신경과학적인 관점에서 볼 때, 이런 환자들이 치료자에게서 필요로 하는 접근은 감정으로부터 정보를 얻고 전체 지향적인 우뇌에 입력된 정보—이런 정보로부터 그들은 단절되어 있는 것 같은데—에 다가가도록 도와주는 접근이다.

은 그들이 고통의 표현을 극대화함으로써 도움을 얻어 내려고 했던 자신의 (과거와 현재의) 애착 대상들이 그들과 함께해 주지 않을 것이라는 지각에 집착하는 상태를 반영하는 것일 수 있다. 불행하게도 이런 환자들은 애착 체계를 만성적으로 활성화 시켜 두어야 한다고 느끼기 때문에 극도로 경계하고, 위협 특히 유기 위협의 존재 를 과장하기 쉽다. 비활성화 전략과 마찬가지로, 여기에서도 보호받기 위해 치르는 대가는 크다. 과잉활성화 전략은 개인의 무력감을 조장하기 때문에 적어도 다음 두 가지 이유로 자기나 타인에 대한 긍정적인 느낌의 통합을 막는다. 첫 번째로, 긍정 적인 느낌은 감정적인 생존을 좌우하게 된 애착 체계를 비활성화시킬 위험이 있다. 그리고 두 번째로, 과도한 의존은 자존감을 손상시키고 무의식적으로 피하고자 하 는 바로 그 유기를 유발하는 경향이 있다. 과잉활성화 방어기제들은 또한 관계에서 상호성의 발달과 사고나 행동의 자율성 그리고 당연히 정서 조절을 저해한다. 이와 관련해서, 과잉활성화에 대한 습관적인 의존은 교감신경계를 촉발하는 역치를 낮 추고 감정적인 반응에 대한 대뇌피질의 통제를 행사할 수 있는 능력을 감퇴시킬 수 있다. 이것이 주는 시사점은 집착형 환자들이 그들의 감정을 이해함으로써, 감정적 인 반응성을 조절하고 감정을 관리하는 능력을 강화하는 데 있어서 우리의 도움을 필요로 할 것이라는 점이다.

일반적으로 혼란된 애착은 유아들이 그들에게 겁을 주는 부모에게 본능적으로 접근하려고 시도하지만, 한편 겁에 질린 상태에서 적응 전략이 붕괴된 양상을 반영 하는 것으로 여겨진다. 그러나 Main(1995)은 또한 모순된 행동 패턴의 순차적이거 나 혹은 동시적인 표출을 혼란의 증거로 기술하고 있다.

> 학대받은 유아에게서 관찰된 한 가지 예로, 유아는 애착 행동(팔을 뻗은 채 울면 서 부모에게 달려가는)을 강렬하게 보여 준 다음, 이해할 수 없는 회피 행동(유아가 갑자기 멈추더니 부모에게 등을 돌리고 침묵해 버림)을 보였다(p. 423).

이와 유사하게, 미해결형 성인은 비활성화와 과잉활성화 전략 둘 다에 의존하는 것을 배웠을 것이라는 이론이 있다. 이런 성인들에게는 흔히 친밀성의 회피와 유기에 대한 극심한 공포 둘 다를 불러일으키는 애착 대상과의 관계에서 경험했던 정신적 외상의 과거사가 있다(Mikulincer & Shaver, 2003). 이와 같은 환자들은 갈등적인 충동(공격 받을지도 모른다는 두려움 때문에 다른 사람들을 회피하려는 충동과 혼자 남게 되는 것에 대한 두려움 때문에 필사적으로 다른 사람들에게 매달리기)으로 인해 고통 받고, 흔히 자신의 느낌을 불가항력적이고 혼돈스러운 것으로 경험한다. 자기 파괴적으로 보이는 이런 환자들의 행동은 모순된 충동과 압도적인 느낌에 대해 그들이 가능한 한 자신을 보호하면서 대처하려는 과거와 현재의 시도를 나타낸다는 점을 이해하는 것이 치료자에게 매우 유익할 수 있다. 여기에서 치료자는 다각적인 차원에서 통합을 촉진해야 하는데, 정신적 외상 경험과 해리된 정서의 통합 및 자기와 타인에 대해 환자들이 갖고 있는 분열된 상의 통합이 이에 포함된다(그러나 이런 통합에만 국한된 것은 아니다.). 이런 통합을 가능하게 하는 것은, 그 자체로 이전에는 감당할 수 없었던 느낌을 견뎌 내고 조절하고 전달할 수 있는 환자 능력의 주요한 원천이 될 수 있고 점차적으로 안정된 애착—안전한 피난처이자 안전 기지—을 만들어 낼 수 있는 치료자의 능력에 달려 있다.

애착 대상이 자녀의 발달에 미치는 영향력(그리고 확장시켜서 치료자가 환자의 발달에 미치는 영향력)을 요약하면서 Fonagy와 Main의 관점을 떠올려 보는 것이 유용할 것이다. Fonagy에 따르면, 부모의 영향은 그들의 정서 반영의 질과 아동의 고통을 '담아내는' 능력에 의해 좌우되며, 담아내기는 그들의 공감적 이해와 대처할 수 있는 능력 그리고 의도가 담겨 있는 아동의 태도의 출현에 대한 자각을 전달하는 반응을 통해 이루어진다. 안정된 부모가 제공하는 반영은 자녀의 내적 상태에 수반하고 티가 난다. 수반되지 않는 반영은 회피적인 애착과 '가장하기' 경험 양식과 관련될 수 있다. 티가 나지 않는 반영은 집착형 애착 및 심리적 동가성 양식과 연관될 수 있다. 일반적으로 안정은 안정을 낳고, 부모가 채택한 방어 전략은 자녀에게 전수되는 경향이 있다.

Main의 관점에서 볼 때, 안정은 한편으로는 아동이 근접성을 원하고 다른 한편으로는 자율적인 탐험을 원하는 욕구가 정서적으로 표현되는 것에 부모가 민감하게 반응하는 가운데 발달한다. 불안정은 무시형 부모가 자녀의 애착 행동을 단념시키거나 집착형 부모가 자녀의 자율성을 단념시키는 결과로 인해 생겨난다. Main에 따르면, 부모의 이런 양육 태도 기저에 있는 감정적인 논리는 불안정한 부모들이 자신의 부모와 가졌던 아동기 경험에 대한 기존의 마음 상태를 보존하려는 무의식적인 욕구에서 나온다는 것이다. (이런 무의식적인 욕구는 많은 사람들이 부모의 양육 방식에 대해 비판적이지만, 그들의 의식적인 의도와는 상관없이 대개 그들이 비판하는 양육 방식의 양상을 답습한다는 역설에 대한 부분적인 설명을 제공한다.) 예컨대, 무시형 부모는 접촉하고 연결되고자 하는 아기의 눈물 어린 노력을 외면하거나 거부하고 혹은 억제하려고 시도할 것이다. 아기의 이런 행동은, 그 옛날 그들이 아이였을 때 그들의 부모가 보여 주었던 반응이 고통스러울 정도로 부적절했다는 것과 관련된, 의식 너머에 존재하는 불안을 불러일으키는 연상을 촉발하기 때문이다.

부모와 치료자 모두 정서 조절과 애착 간에 서로를 강화하는 상승적인 관계를 조성할 수 있는 잠재력을 갖고 있다. 부모는 자녀의 감정 신호에 조율할 수 있다는 점에서, 아동의 감정적인 욕구에 효과적으로 반응할 수 있는(자녀의 고통을 덜어 주거나 자녀의 기쁨을 눈에 보이게 즐거워해 줌으로써) 잠재력을 갖고 있다. 이렇게 함으로써 부모는 애착의 결속을 튼튼히 한다. 그런 가운데 부모는—아이에게 점점 더 안전한 피난처와 안전 기지로 경험되면서—아이가 자신의 감정적인 경험에 접근하고 이를 조절하고 변별하며 활용하도록 도와줄 수 있는 능력이 커지게 된다. 환자와 관계하는 치료자에 대해서도 거의 같은 말을 할 수 있다.

애착 대상은 '발달적으로 불리한' 상대(아동, 환자)가 관계 패턴을 형성하도록, 그리고 그 패턴에 의해 형성되는 정서 조절 패턴을 발달시키도록 도와줄 수 있다. 만약 아동이 자신이 표현하는 느낌에 대해 적절한 도움을 받는다면, 그는 자신이 느끼는 것을 알고 보여 주는 것을 편안해하며 그런 것에 숙달될 것이다. 그리고 이것은 안정된 관계를 어떻게 갖는지를 알게 되는 데 있어서 큰 부분을 차지한다. 애착을 '두 사람에 의한 감정 조절'(p. 256)이라고 규정한 Schore(2003)의 정의는 건강한 발달은 아동의 감정적인 경험, 또는 심리치료에서는 환자의 감정적인 경험을 위한 여지를 두고 그것의 의미를 이해하도록 도와주는 관계에 달려 있다는 점을 강조한다.

관계에서 일어나는 과정과 발달과정에서 진정 바라는 것

'desideratum'이라는 단어는 '본질적인 어떤 것으로서 우리가 진정 바라는 것'으로 정의된다(Merriam-Webster Dictionary, 2003). 애착 이론 연구가 양육과 치료에 똑같이 가장 크게 기여한 부분은 안정되고 통합된 자기의 발달과 연관되는 것으로서, 우리가 관계에서 몹시 바라는 것이 무엇인지를 확인해 준 것이다. 여기서 기저의 가정은 우리가 생애 초기에 체험한 상호작용과 정서 조절의 패턴이, 이후에 비교적 지속적인 방식으로 경험에 대한 우리의 반응을 형성하는 다양한 종류의 표상으로 우리 내면에 입력된다는 것이다. 이후에 제시할 내용에서 이러한 패턴들이 어떻게 내면화되는지를 탐색하고, 건강한 발달을 가장 효과적으로 촉진하는 경험의 종류가 어떤 것인지를 확인해 보도록 할 것이다.

Bowlby는 그의 연구가 부모들이 자녀를 안정되고 탄력성 있게 해 줄 수 있는 유형의 관계를 제공하는 데 도움이 되기를 희망했다. 처음에 그는 아이가 필요로 할 때 부모가 접근 가능해야 한다는 점을 중시했다. 이후에 그는 유아의 비언어적 신호에 대한 부모의 민감한 반응성의 중요성을 강조한 Ainsworth의 연구에 비추어, 부모들이 접근 가능해야 할 뿐만 아니라 반응적이어야 한다고 주장했다. 그렇다면 여기서 당연히 생기는 질문은, 부모로서 또는 치료자로서 '민감하게 반응적이다.'라는 것이 무엇을 의미하는가다.

Ainsworth의 연구는 유아와 관련해서 특히 유용한 정보를 많이 제공한다. 생후 첫 3개월 동안 울음을 통해 가장 즉각적이고 빈번한 부모의 반응을 이끌어 냈던 아기들은 12개월이 되었을 때, 가장 적게 울고 가장 안정된 모습을 보였다. (어쩌면, 아기들이 울게 내버려 둬야 한다는 주장은 이제 그만해도 될 듯하다.) Ainsworth는 또한 '애착/탐험'의 균형과 근접성 및 자율성에 대한 유아의 욕구를 똑같이 편안하게 여기는 부모에 의해 성공적으로 조성된 '안전 기지' 행동을 부각시켰다(Ainsworth et al., 1978).

유아기 이후의 삶에 대해서는, 애착 연구자인 Karlen Lyons-Ruth(1999)가 관련 문헌을 검토하고 경험적인 발견들을 추려 내어, '협력적인 의사소통(collaborative communication)'이라고 부르는 틀로 만들어 냈다. 이러한 의사소통은 전반적으로 아동이 안정성과 융통성 및 애착에 대한 일관된 내적 작동 모델을 발달시킬 수 있게 해 주었다. 그녀가 제시한 틀은 다음 네 가지의 요소로 구성되어 있다.

첫 번째로, 양육자는 아동이 경험하는 것의 전 범위(단지 고통의 표현뿐만 아니라)에 대해 수용적이어야 하고, 아동이 무엇을 느끼고 원하고 믿는지에 대해 가능한 한 많이 배우도록 시도해야 한다. 분명히 이런 종류의 개방성이나 포괄성은 통합을 촉진할 수 있는데, 이런 통합은 애착 이론에서 이해하는 건강한 발달에서 아주 중요한 측면이다. 두 번째로, 양육자는 아동과의 관계에서 균열이 생겼을 때 먼저 관계를 복구하려는 시도를 해야 한다. 이런 시도는 아동에게 자신이 잃어버린 감정적인 평형상태가 타인과의 상호작용을 통해서 복구될 수 있다는 기대를 갖게 해 준다. 세 번째로, 양육자는 아동에게 즉발적으로 나타나는 의사소통 능력을 위한 "발판을 제공하는(scaffolding)' 노력을 적극적으로 기울여야 한다. 처음에는, 이를테면 언어를 습득하기 이전의 아동이 아직은 분명하게 말할 수 없는 것들을 대신 말로 표현해 주려고 시도함으로써, 그리고 이후에는 아동에게 '네 말로 해 봐.'라고 요청함으로써 발판을 제공할 수 있다. 네 번째로, 자기 자신과 타인에 대한 아이의 감각이 발달적으로 유동적인 상태에 있는 시기 동안, 양육자는 적극적으로 아동과 함께하며, 한계를 설정하고 아동이 저항하도록 허용해 주어야 한다. 이렇게 기꺼이 애쓰고자 하는 양육자의 마음이 아동에게 전달되면 심지어 아동이 분리감을 느끼는 동안에도 양육자와 연결되어 있는 경험을 할 수 있게 된다.

협력적인 의사소통이 '다른 사람의 마음을 알아 가는 것'에 달려 있다는 사실은 (Lyons-Ruth, 1999, p. 583) Fonagy의 진술을 생각나게 하는데, 그는 안정 애착 아동의 부모는 아동의 고통에 공감하고 그것에 대처할 수 있을 뿐만 아니라, 아동의 '의도가 담긴 자세'를 인식할 수 있는 것으로 보인다고 언급했다. 즉, 그들은 아동의 행동 기저에 있는 느낌과 신념 및 욕구에 비추어 아동의 행동에 반응할 수 있다는 것이다. 심지어 문제의 행동이 부모 자신의 바람과 다를 때도, 이 부모들은 아동의 행동이 이해될 수 있는 맥락을 알고 있는 것처럼 반응할 수 있다. (이들은 대개 잘 발달된 성찰적인 자기 혹은 정신작용을 하는 자기를 동원할 수 있는 부모라는 점에 주목하라.)

많은 저자들은 '수반적인 의사소통(contingent communication)'이 이루어지는 발달적 관계의 중요성을 강조한다. 이것은 아동에 대한 양육자의 반응이 아동의 감정 경험과 일치하거나 맞아떨어지고 공명하는 의사소통을 말한다. Trevarthen과 Fonagy 및 그 외 다른 학자들에 의하면, 인간은 태어나기 전부터 또는 태어날 때부터 '수반성 탐지자(contingency detector)'로서 애초에 완벽한 자극-반응 수반성을 선호하는데, 이런 경향성은 대략 생후 3개월에 변화를 보인다.

> 유아가 애초에는 완벽한 수반성에 집중함으로써 물리적 세계에서 자신의 신체적 자기를 발견할 수 있지만, 이후에 유아는 그 정도가 높지만 완벽하지는 않은 수반적인 사회적 반응성에 집중함으로써 사회적 세계에서 자신의 정신적 자기를 발견하게 될 수 있다(Allen & Fonagy, 2002, p. 9).

주관적인 관점에서 말하자면, 양육자가 실제로 아동의 경험을 공유할 때, 그러한 수반적인 의사소통은, Siegel(1999)이 사용한 자극적인 문구를 빌자면, 아동이 상대방에게 자신이 '느껴졌다고 느끼게(feel felt)' 해 준다. Stern은 정서 조율이라는 개념을 통해 이와 관련된 주제를 다루는데, 그는 아동이 자신의 주관적인 상태가 타당하고 공유될 수 있다고 느끼게 해 주는 중요한 부분은 아동의 감정적인 경험을 공명해 주지만, 결정적으로는 아동의 표현과는 다른 감각 양식을 통해 공명해 주는 부모의 반응이라고 말한다. 이와 같은 교차 형태의 반응성(cross-modal responsiveness)(예컨대, 아이가 기뻐서 소리 지르면 엄마는 그것에 맞추어 춤추듯 몸을 흔들어 주는 것으로 답하는 것)은 아이가 자신이 알려졌다고 느끼게 해 주는 반면, 이것이 없다면 아이는 단지 모방되었다고만 느낄 것이다.

협력적이고 수반적이며 정서적으로 조율된 의사소통은 자녀에게 안전 기지의 경험을 주고자 하는 부모에게 내려 주는 처방의 핵심을 이룬다. 말할 나위 없이, 의사소통의 이런 속성을 촉진하려는 노력은 양육 못지않게 심리치료에서도 극히 중요하다. Bowlby(1988)가 기술했던 것처럼, "치료자가 자신의 환자에게 어느 정도의 안정감을 느끼게 할 수 없는 한, 치료는 시작조차 할 수 없다. 그러므로 우리

는 안전 기지를 …… 제공하는 치료자의 역할에서부터 시작해야 한다."(p. 140)

아동이나 환자가 상대방에게 자신이 느껴졌다고 느끼도록 돕는, 부모나 치료자의 정서적으로 조율된 반응은 Schore(2003)가 '우뇌에서 우뇌로의 의사소통(right-brain-to-right-brain communication)'(p. 50)이라고 부른 것에 달려 있을지도 모른다. 그의 개념은 다른 사람들의 정서적인 신호에 대한 우리의 수용성과 반응성은 얼굴 표정, 어조, 몸의 자세, 제스처 등과 같은 비언어적으로 표현된 감정을 처리하는 우뇌의 역량(대개 안와전두피질을 통해서)의 산물이라는 것이다. 나의 한 환자는 이것을 이렇게 표현했다. "제가 뭔가를 말하면 선생님은 얼굴에 어떤 표정을 짓죠. 그럼 저는 선생님이 제가 뭘 느끼는지 아신다는 걸 알게 되죠."

Schore는 만일 부모나 치료자가 그러한 우뇌 의사소통을 할 수 있으려면 특정한 마음의 틀이 요구된다고 제안하는데, 나는 그의 제안이 맞다고 생각한다. 이 점에 대해 그는 분석가는 '고르게 떠 있는 주의' 의 자세로 기능해야 한다는 Freud의 권고와, 유능한 치료자는 자신의 '몽상(reverie)'에 접근할 수 있어야만 한다는 Bion의 개념 둘 다를 언급한다. 내가 환자들과 아이들의 관계에서 경험해 온 바에서도 분명하듯이, 감정적으로 조율하는 나의 능력은 집착하거나 혹은 거리를 두기보다는 열려 있으면서 그 순간에 충분히 존재하는 내 역량에 달려 있다. 나는 부모나 치료자의 이런 수용적인 마음 상태를 '마음챙김' 상태의 특징이라고 규정하고 싶은데, 이것은 특히 아동이나 환자의 감정적인 욕구를 포함하여 그 순간의 요구로부터 자연스럽게 나오는 반응을 만들어 내는 것처럼 보인다.

이렇게 감정적으로 조율된 반응성에 대한 반복적인 경험은 긍정적인 기대에 기여하고, 이런 기대들은 점차적으로 안정된 내적 작동 모델로 구체화될 수 있다. 달리 말하면, 이러한 경험들은 타인뿐만 아니라 자기 자신 및 자신의 감정과도 편안하고 효과적인 관계를 맺는 방법을 배우는 연습이다.

여기서 부모나 치료자가 항상 그리고 완벽하게 조율해야 할 필요는 없다는 점을 강조해 두고 싶다. 이 점에 대해서는 웬만큼 좋은 정도면 될 것이다. Stern(2002)이 익살스럽지만 교훈적으로 언급했듯이, 최고의 엄마들도 일반적으로 자신의 유아에게 최소한 19초마다 한 번씩 실수를 저지른다는 것이 연구에서 밝혀진 결과다.

Stern의 변화 과정 연구 집단(2005)과 Beebe와 Lachmann(2002) 그리고 다수의 자기 심리학자들은 관계의 불가피한 특징인 균열을 피하는 것보다 더 중요한 것은 그것을 견뎌 내고 복구하는 것이라는 점에 동의한다. 사실, 이러한 일련의 균열과 복구, 잘못된 조율 그리고 재조율은 아주 중요한 상호작용으로서, 이것이 내면화되면 오해는 풀릴 수 있다—더 광범위하게는 고통은 덜어질 수 있기 때문에 견뎌 낼 수 있다—는 확신을 심어 준다.

공동의 창조와 통합 및 상호주관성

지금까지 우리는 안정되고 통합된 자기의 발달에 도움이 되는 반응성의 유형에 대해 연구 결과들이 말해 주는 것이 무엇인지를 살펴보았다. 여기에는 분명히 부모가 자녀와의 관계에서 그리고 치료자가 환자와의 관계에서 의도적으로 채택하려고 시도할 수 있는 태도와 행동에 대한 유익한 통찰들이 있다. 여기에 포함되는 것으로, 수반되고 정서적으로 조율된 의사소통(Siegel, 1999; Stern, 1985), 공감과 대처 능력 그리고 아동의 '의도성'에 대한 인식을 전달하는 접근(Fonagy et al., 1995), 아동의 주관적 경험의 폭과 관련된 포괄성, 아동에게 즉발적으로 나타나는 능력을 위한 발판 제공, 상호작용에서 균열이 있을 때 복구를 먼저 시도하려는 준비성 그리고 필요할 때 아동과 함께 기꺼이 분투하려는 마음가짐을 구현하는 반응 양식(Lyons-Ruth, 1999)을 들 수 있다.

그러나 Lyons-Ruth가 제안하는 협력적인 의사소통 틀에서 '협력적인' 부분이 시사하듯, 발달 지향적인 관계는 상호작용하는 두 사람 중 결코 어느 한쪽이 배타적으로 만들어 내는 것이 아니라는 점에 유의해야 한다. 그러므로 유아와 부모의 관계는 상호적으로 조절되고 함께 만들어지는 것으로 기술되어 왔다. Jaffe, Beebe, Feldstein, Crown 그리고 Jasnow(2001), Tronick(1989), Sander(2002) 그리고 다른 학자들의 연구는 모두 엄마와 유아는 한 사람의 행동이 다른 사람의 행동에 영향을 미치고 또한 그 행동에 의해 영향을 받는 역동적인 체계를 구성한다는 결론을 내린다. 유아와 부모 연구를 통해 얻은 결론이, '상호 호혜적인 영향'을 환자와 치료자 간의 상호작용 전반에 배어 있는 특징으로 확인한, 관계적/상호주관적 전통의 임상 '연구자들'의 결론과 꼭 들어맞는다는 것(Aron, 1996; Mitchell, 1995; Stolorow et al., 1987)은 아마도 우연의 일치는 아닐 것이다.

물론 일반적으로, 이 발달적 관계에서 부모가 행사하는 영향력의 정도는 아동의 영향력보다 더 큰 것으로 간주되고 있다. 예컨대, 연구 결과 민감하게 반응적인 부모의 양육은 생후 3개월에 기질적으로 '다루기 힘들다.'(달래거나 자극하기가 어려운)고 평가된 유아들이 12개월 때 '다루기 쉬운' 유아로 재평가될 만큼 유아를 변화시킬 수 있는 것으로 나타났다. 마찬가지로, 양육에 문제가 있을 때에는 소위 다루기 쉬운 기질이 다루기 힘든 기질이 되는 것으로 보고되었다(Belsky, Fish, & Isabella, 1991). 부모는 더 큰 영향력을 가질 뿐만 아니라 아동과 바람직한 관계를 형성하는 데 도움을 줘야 할 더 큰 책임이 있고, 또한 이상적으로는 관계를 형성하는 데 있어서 더 많은 유연성을 보여야 할 것이다.

유아와 부모 간에 이런 차이점이 있다 해도, 이들은 서로 간의 상호작용에서 조화를 이루고 상호적으로 조절하는 의사소통 패턴을 생성하도록 서로에게 반향을 일으키는 영향력을 행사한다. 부모와 아동의 모든 쌍은 제각기 특징적인 패턴으로 서로를 '따라가고(track)', 주도하고 따르며, 서로 번갈아 가며 하고, 또한 서로를 반영한다(혹은 그렇게 하는 데 실패한다.). 이런 패턴들은 서로 간의 정서적인 조율과 수반된 반응성—즉, 한 사람의 반응이 상대가 주도하는 반응에 수반되거나 혹은 그것과 적합하게 들어맞는 정도—을 반영한다.

관련 연구들은 놀이를 하는 엄마와 유아 간의 면대면 의사소통에서 공동으로 구성되는 이런 패턴에 대한 증거 자료를 분명히 보여 주고 있다. 조화와 부조화 및 복구로 이어지는 일련의 과정이 순간적인 조정을 통해 일어나는 것으로 보인다. 분할 화면 비디오(화면의 한쪽에는 아이의 얼굴과 몸이, 다른 쪽에는 엄마의 얼굴과 몸이 보이도록 되어 있는)를 사용한 연구들은 유아와 엄마 간의 상호작용에서 한 사람의 행동을 상대의 행동에서부터 12분의 1초 안에 예측할 수 있을 정도로, 두 사람의 얼굴 표정뿐만 아니라 목소리를 통한 표현에서 너무나 절묘한 동시성이 있음을 보여 준다. 이 연구들에서는 4개월 된 유아들이 엄마와 상호작용하는 모습이 녹화되었고, 12개월 때 낯선 상황 프로토콜을 이용해서 평가되었다. 가장 큰 관심을 모은 발견은 안정애착을 조성한 관계와 그렇지 못한 관계를 구별 짓는 것이 엄마와 아이의 상호작용에서 양방향적으로 이루어지는 조정의 정도라는 것이다.

한 살이 되었을 때의 안정성 여부는 엄마와 유아 사이의 따라가기(tracking)가 중간 범위, 즉 '존재하지만 의무적이지 않은' 조정(Beebe & Lachmann, 2002, p. 104) 내에 있을 때 예측될 수 있었던 반면에, 불안정 애착은 따라가기가 높거나 낮은 수준에 있을 때 예측될 수 있었다. 높은 수준의 조정은 상대에게 과도한 주의를 기울이는 모니터링을 반영하는 것처럼 보였던 반면에, 낮은 수준의 조정은 철회나 억제 혹은 단순히 서로 잘 맞지 않는 상태를 나타내는 것처럼 보였다. 달리 말하면, 최적의 상태는 유아와 부모의 의사소통에서 수반된 반응성이 서로 가깝지만 완벽하지는 않은 것이다. 이것은 양육뿐만 아니라 심리치료를 위해서도 시사점을 제공한다.

Beebe와 Lachmann은 이 연구를 상호작용을 통한 조절(interactive regulation)과 자기 조절(self-regulation) 간의 균형이라는 관점에서 논의하면서, 이런 시사점들을 명료화하는 데 도움을 준다. 상호작용을 통한 조절에서는 한 사람이 자신의 감정과 각성의 내적 상태를 다루기 위해 상대의 반응에 초점을 맞추고 그것을 '이용한다'. (예를 들어, 고통을 느끼는 상태에서 위안을 얻고자 하는 유아는 엄마 목소리의 달래 주는 리듬에 귀 기울일 것이다.) 이와는 대조적으로, 자기 조절에서는 감정과 각성의 상태를 다루기 위해 상대로부터 벗어나 자신의 내면으로 향한다(예를 들어, 유아의 시선 회피하기, 엄마 몸에서 떨어지려 하기, 소리를 내면서 스스로를 달래기, 몸 흔들기 등의 행동에서 볼 수 있다.). 상호작용을 통한 조절과 자기 조절 간의 균형은 안정 애착을 예측하는 중간 범위의 따라가기에서 반영된다. 높은 수준의 양방향적인 따라가기는 상호작용을 통한 조절 쪽으로 치우침(일종의 상대편에 대한 과도한 관여)을 반영하고 양가적이거나 혼란스러운 애착을 예측하는 데 반해, 낮은 수준의 따라가기는 자기 조절 쪽으로 치우침(상대편에게 너무 관여하지 않는 상태)을 반영하고 회피적인 애착을 예측한다.

치료자들은 상호작용을 통한 조절과 자기 조절에 관한 이런 발견의 관점에서 생각해 봄으로써 환자들을 이해하고 그들에게 유익을 주는 데 도움을 얻을 수 있다. 치료 장면에서 자기 조절보다 상호작용을 통한 조절 쪽으로 많이 치우친 환자들은 치료자의 모든 반응을 주의 깊게 따라가고 그리고/또는 그들의 힘든 느낌들을 다루는 데 도움을 얻기 위해 치료자에게 전적으로 의지하는 것 같다. 이들은 대개 애착 대상의 가용성(또는 더 명확히 말해서, 가용성의 결여에 대한 두려움)에 집착하고 있다고 묘사되는 환자들이다. 그들은 혼자 힘으로 자신의 고통을 줄일 수 없고, 또한 그것을 다른 사람들에게 심할 정도로 분명하게 드러내지 않고서는 그들의 도움을 얻을 수 없다고 생각하는 듯이 행동한다. 이 환자들에게 (그리고 그들의 치료자들에게) 문제가 되는 것은 그들의 의존성 자체가 아니다. 그보다 더 문제가 되는 것은, 조심하면서 다른 사람들을 필요로 하는 그들의 욕구가 온통 그들의 주의를 차지함으로써 그들이 자신의 자원과 욕구를 알고 활용할 기회가 거의 없게 된다는 것이다. 이 환자들이 재통합해야 하는 것은 그들의 무게 중심이 그들의 외부, 즉 다른 사람들의 마음과 반응에 있다고 느끼기보다 그들 자신 내부에 있다고 느끼면서 살아가는 능력이다.

물론, 우리는 또한 지나치게 발달한 자기 조절 능력으로 인해 취약한 환자들과도 많은 작업을 한다. 이 환자들은 대개 애착에 대해 '무시하는 마음 상태'에서 기능하는 것으로 보이는데, 과시적으로 자족하는 경향이 있다. Bowlby가 '강박적인 자기 의존'이라고 부른 이런 성향은 종종 치료자들(그리고 배우자들)로 하여금 그들이 줄 수 있는 것 중에는 환자가 필요로 하거나 가치를 두는 것이 거의 없다는 느낌을 갖게 만든다. 이 환자들의 비활성화 애착 전략은 타인과 연결되고자 하는 그들의 부인된 욕구에 그들이 다가가게 만들지도 모르는 어떠한 느낌이나 충동에 대한 자각으로부터 거리를 두게 만든다. 대개, 이런 환자들의 심리치료에서는 애착과 관련된 그들의 느낌과 충동 및 욕구가 반드시 재통합되어야 한다.

유아와 부모에 관한 면대면 연구 결과들은 Ainsworth의 낯선 상황 연구 결과들과 꼭 들어맞는다. 중간 범위의 따라가기가 발달적으로 최적이라는 결론은 Ainsworth가 안정 애착이 근접성과 탐험, 연결과 자율성, 관계성과 자기 정의(self-definition)

간의 균형에서 나타난다고 이해한 것과 부합한다. 면대면 교류의 녹화 자료를 보면, 안정 애착은 엄마와 유아 사이의 가깝지만 완벽하지 않은 수반된 반응성의 속성과 연관된다는 결론을 내릴 수밖에 없다. 이런 반응성은 유아가 자신의 내적인 상태가 '공유될 수 있고', 동시에 타인의 내적인 상태와는 다르다는 것을 배울 수 있게 해 주는 경험의 일부가 된다.[3]

나는 중간 범위의 따라가기가—그리고 이것이 나타내는 자기 조절과 상호작용을 통한 조절 간의 유동적인 균형이—발달의 관점에서 볼 때 바람직하다는 것은, 양육과 심리치료에서 관계하는 두 사람 **모두**의 주관성을 위한 공간을 두는 것이 중요하다는 점을 부각시킨다고 말하고 싶다. 엄마는 '일차적인 모성적 몰두(primary maternal preoccupation)'(Winnicott, 1975)로 인해 한동안 자신의 주관성보다 아기의 주관성을 우위에 둘 가능성이 높다. 그리고 치료자들은 당연히 그들이 맡은 조력자로서의 역할과 윤리적인 책임으로 인해 대개 그들 자신의 주관성보다 환자들의 주관성에 더 초점을 두게 된다. 그러나 자신의 주관성을 완전히 유보하거나 중지시키면서, 완벽하게 조율하는 엄마(또는 치료자)는 아마도 실현 가능한 이상형도 아니고 전적으로 바람직한 상도 아닐 것이다.

애초에 우리 대부분에게는 우리 자신의 욕구와 한계를 아이 방이나 치료실 문 밖에 놓아 둘 수 있는 능력이 없다. 만약 우리가 그렇게 하기 위해 우리 능력의 범위를 뛰어넘으려고 무리하게 애쓴다면 흔히 우리가 의도하지 않은 반갑지 않은 결과가 따라오게 된다. 두 번째로, 우리의 아이들과 환자들은 '꼭 들어맞음'의 경험을 통해서만이 아니라 분리성과 차이의 경험을 통해서도 성장한다. Benjamin(1990/1999)이 분명하게 해 주었듯이, 상호적인 인식의 역량, 즉 타인을 어떤 객체로서가 아니라

---

3) 흥미롭게도 여러 연구들은, 회피적 애착은 엄마가 유아를 따라가는 반응이 높은 수준에 있고, 유아는 마치 엄마의 관심으로부터 달아나는 듯이 반응하는 것과 상관이 있다고 보고하고 있다. 이런 상호작용 패턴은 '쫓고 피하기'(Beebe & Lachmann, 2002, p. 111)로 묘사되어 왔다. 분명히 유아도 우리와 마찬가지로 어느 정도의 공간을 필요로 한다. 그러므로 민감한 반응성은 상호작용을 통한 조절과 그것으로 인해 조성되는 타인과의 연결을 포함하는 만큼이나, 자기 조절과 '열린 공간'(Sander, 1980)에 대한 아동의 욕구에 조율하는 것을 포함한다.

하나의 분리된 주체로 인식하는(그리고 상대에게 그런 존재로 인식되는) 능력은 분노와 갈등에도 불구하고 타인 및 관계 자체가 살아남을 수 있다는 발견에서 비롯된다. 다르게 말하자면, 균열과 복구의 에피소드들이 자기 정의와 관계성에 대한 욕구 간의 균형을 잡는 법을 배우는 데 있어서 핵심적인 부분이라는 것이다.

아동이나 환자는 서로 다른 두 주관성 간의 주고받음 없이는 '오직 한 사람만을 위한 공간이 있다.'라고 배우게 된다. 즉, 오직 하나의 목소리, 하나의 의지, 항상 주도하는 한 사람의 욕구, 상호작용을 통제하는 한 사람만이 있다는 것이다. 회피적이고 무시하는 마음 상태에 있는 사람은 당연히 마치 자기를 위한 공간만이 있는 것처럼 느낄 것이다. 불안하고 집착하는 마음 상태에 있는 사람들에게는 마치 다른 사람을 위한 공간만 있는 것처럼 느껴질 수 있다. 안정 애착은 둘 다를 위한 공간을 만든다.

서로 다른 두 주관성 간의 상호작용—그 안에서 한쪽이 다른 한쪽의 경험에 심리적으로 참여할 수 있는—은 상호주관성의 본질이다. Stern(2004)은 우리 모두에게는 상호주관성을 위한 장치가 '내장되어' 있다고 한다. (그는 우리 뇌가 그렇게 구조화되어 있는데, 정말 궁금한 것은 우리가 왜 다른 사람들의 경험에 지속적으로 마음이 사로잡히지 않느냐는 것이라고 한다.) 이런 '상호 경험(interexperience)'의 기본적인 기제들—여기서 Stern은 거울 뉴런의 발견을 언급한다—은 사실상 생래적인 인간 신경계의 특징이다. 이와 관련하여, 자궁 밖으로 나온 지 겨우 42분밖에 되지 않는 유아들이 성인 모델의 얼굴 표정을 모방한다는 사실을 보여 준 Meltzoff(1985, 1990)의 연구를 떠올려 보라. 유아들은 성인이 혀를 내미는 것을 관찰하고 나서 그것과 똑같이 하려고 시도할 것이다. 아기들은 그들 자신과 타인 혹은 혀에 대해 많은 것을 알기 훨씬 전에, 그들이 다른 사람의 얼굴에서 본 것과 그들 자신이 느낀 것을 연결 지을 수 있는 능력을 분명히 갖고 있다. 그러한 교차 형태의 짝짓기(cross-modal matching)는 자기 자신 및 타인의 상호연관성과 관련하여 아주 놀라울 정도로 초기에 발달하는 능력을 보여 주는 것 같다.

이런 초보적인 관계성에 대한 역량—더 진화된 형태의 상호주관성의 전조—은 애착과 양육 체계를 준비시키는 뇌간에 기반을 둔 일군의 반사 행동의 자연적인 성장 결과물로서, 최초의 친밀한 관계를 아주 중요한 발달의 도가니로 만든다. 유아기뿐만 아니라 전 생애에 걸쳐 우리가 의지하는 친밀한 타인들과의 상호작용은 심리적인 성장과 변화를 위한 핵심적인 맥락을 제공한다. Tronick(1998)은 유아와 부모 그리고 환자와 치료자의 관계 둘 다 '두 사람에 의해 확장된 의식 상태'를 생성함으로써 발달을 가능하게 한다고 주장한다(p. 290). 우리가 우리 자신의 마음을 알고 그것을 '성장시키기' 위해 타인의 마음을 필요로 한다는 것은 애착 연구자들 (Fonagy, Lyons-Ruth)뿐만 아니라 상호주관성의 임상 이론가들(Bollas, Mitchell, Stolorow)도 공유하는 이해다.

안정성 또는 불안정성을 출현시키는, 함께 만들어지고 상호적으로 조절되며 상호주관적인 상호작용을 통해 아동들은 관계를 맺는 방법과 그들의 감정을 조절하는 방법 둘 다를 배운다. 이와 유사하게, 환자들은 치료적인 상호작용이라는 본질적으로 상호주관적인 상황에서 다른 사람들과 그리고 그들 자신의 느낌과 어떻게 더 나은 관계를 맺을 수 있는지를 배울 수 있다. 이 두 경우에, 발달에 이로운 결과를 낳는 비결은 관계 내에서 이루어지는 정서적인 의사소통의 질이다.

이런 의사소통은 관계하는 두 사람이 상호적인 인식과 '적합성'에 대한 감각을 경험하기 위해 서로 조율하는 것을 어느 정도로 허용하는가? 부모(또는 치료자)는 아동(또는 환자)이 보내는 어떤 정서적인 신호에 조율되고 협력적인 방식으로 반응하는가? 그리고 어떤 정서적 신호들이 무시되거나 잘못 읽히고 혹은 저지되는가? 더 광범위하게 본다면, 그 관계가 제공하는 정서적인 의사소통과 경험을 담아낼 수 있는 용기(a container)는 얼마나 큰가? Bowlby와 Main 그리고 Stern으로 되돌아가, 개인은 애착 관계(들)에서 받아들여질 수 있는 것을 자기 안에 통합할 잠재력을 갖고 있다.

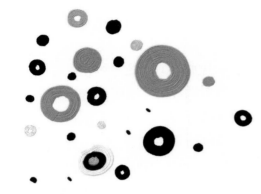

제3부

{애착 이론에서 임상 실제로}

이제까지 살펴본 것과 같이 애착 관계는 발달을 위한 주요한 맥락이다. 애착의 맥락에서 비언어적이고 정서적인 경험은 자기의 근원적인 핵심을 이룬다. 이것은 또한 자신의 경험에 대해 자기가 취하는 태도를 형성하는 맥락이기도 하다. 그리고 경험에 대한 이런 태도는 발달에 결정적인 영향을 미칠 수 있고, 특히 역경에 처했을 때 더욱 그렇다. 애착 이론 연구를 통해 얻게 된 통찰 가운데 이 점이 심리치료와 관련하여 가장 중요한 함의를 갖는다.

우리의 최초 관계 경험은 주로 언어 영역 밖에서 이루어지기 때문에 초기 관계에서 내면화된 중요한 경험은 언어의 형태로는 인출될 수 없는 정신적 표상과 규칙 및 모델로 우리에게 남게 된다. 접근하기 어려운 이런 표상들을 이후에 수정하려면, 즉 오래된 작동 모델을 갱신하려면 이런 표상에 접근해야 하는데, 이것은 경험적인 차원에서 관여해야 한다는 뜻이다. 치료에서 환자 내면에 있는 이런 표상은 언어가 아닌 다른 통로를 통해 의사소통될 때에만 접근 가능한 경우가 많다. 따라서 언어 습득 이전의 경험과 비언어적, 유사언어적 경험의 영역에 초점을 두는 일은 환자의 최초 관계에서 원래 학습되었던 것을 이해하는 일과 치료자와의 새로운 관계에서 일어날 수 있는 재학습을 촉진하는 일 둘 다에 필수적이다. 이것이 제8장에서 다룰 주제다.

Bowlby는 실제의 초기 애착 경험이 발달하는 자기에 미치는 강력한 영향을 강조했던 반면, Main과 Fonagy는 자신의 과거와 현재 경험에 대해 자기가 취하는 태도가 궁극적으로 훨씬 더 큰 영향력이 있을 수 있음을 보여 주었다. 우리가 경험을 갖고 있을 뿐만 아니라 경험에 대해 성찰할 수 있는 정도에 따라 안정과 유연성 그리고 내적 자유에 대한 우리의 감각이 크게 향상될 수 있다. 성찰적 태도는 우리가 자각의 내용, 즉 느낌과 생각 같은 것을 이해하도록 해 주고, **마음챙김의 태도**는 이런 수준을 넘어 자각에 대해 차분하면서도 폭넓게 자각하는 것을 잠재적으로 가능하게 해 준다. **마음챙김을 할 수 있는** 정도에 따라 우리는 좀 더 온전히 존재하고 좀 더 내면의 중심에 서서 살 수 있으며 또한 변동하는 감정과 생각이 바로 우리 자신이라고 혼동하는 경향에 덜 취약할 수 있다. 제9장에서 탐색할 주제는 경험에 대한 자기의 태도를 좀 더 성찰적이고 마음챙김의 방향으로 바꾸는 데 있어 심리치료와 일상 생활이 갖는 힘에 관한 것이다.

환자의 비언어적 경험에 접근하고 성찰하며 마음을 챙길 수 있는 역량을 강화하려면 애착 분야 이외의 자원을 이용할 필요가 있다. 왜냐하면 애착 이론은 명백하게 임상적인 이론은 아니기 때문이다. 활용 가능한 자원 가운데 중심이 되는 자원은 상호주관성 이론과 관계 이론(relational theory)이라는 기치 아래 수행된 임상 연구다. 이것은 애착 이론이 임상 분야에 기여할 수 있는 부분을 실현하는 데 매우 유용한 치료적 접근이다. 이 주제는 제10장에서 다룰 것이다.

08
비언어적 경험과
'알고 있지만 생각해 보지 않은 것'
자기의 정서적 핵심에 접근하기

　Bowlby는 애착에 대한 마지막 저서에서 '잊혀져 있던' 어떤 것을 자각하게 된 환자가 특징적으로 보이는 반응에 대해 Freud가 했던 말을 인용하고 있다. "사실 저는 항상 그것을 알고 있었어요. 단지 그것에 대해 한 번도 **생각해** 본 적이 없을 뿐입니다."(Bowlby, 1988, p. 101) '알고 있지만 생각해 보지 않은 것(the unthought known)'이라는 자극적인 이런 어구를 만들어 낸 Christopher Bollas(1987)는 어쩌면 앞의 구절을 읽었는지도 모르겠다.

　우리가 '알지만' 생각하지 않은(혹은 생각할 수 없는) 것은 또한 우리가 말할 수도 없는 것이다. 언어화되지 않은(혹은 언어화될 수 없는) 지식은 의식적인 자각의 범위를 벗어나 저장되므로 그 영향력이 지대하다. 이 때문에 이런 지식은 아동기뿐만 아니라 심리치료에서도 결정적인 역할을 한다.

　치료에서 이루어지는 대화가 항상 말보다 더 많은 것으로 이루어진다는 것이 명백하다 해도, 비언어적 영역에 주목하라고 주장하는 일은 여전히 매우 중요하다. 그 첫 번째 이유는 비언어적 영역이 임상에서 차지하는 중요성이 보편적으로 인식되거나 잘 이해되고 있지 않기 때문이고, 두 번째 이유는 표현되는 말이 갖는 힘이 너무도 강력하기 때문이다. 우리가 주고받는 말의 저변에는 그런 말의 근원적인 맥락을 제공하는 매우 중요한 경험의 흐름이 있다는 사실을 상기하지 않으면, 치료에서 나누는 말이 우리의 관심을 독점하도록 허용할 위험성이 있다. 처음에는 분명하게 말로 표현할 수 없는 이런 경험들은 근본적으로 감정적이고 관계적인 속성이 있는데, 이 경험들이 흔히 우리가 치료적 변화를 꾀할 수 있는 가장 유효한 수단을 발견하는 영역이다.

나는 이 장에서 비언어적인 저변의 의미가 갖는 결정적인 중요성을 입증하고 난다음, 우리가 그것을 이해하는 방법에 대해 논의하고자 한다. 마지막으로 애착 연구자들이 매우 중요한 것으로 규명한 경험, 특히 초기 경험의 비언어적 차원에 대한 작업에서 활용할 수 있는 임상적인 도구를 제공해 주는 연구와 이론을 살펴볼 것이다.

비언어적 경험에 초점을 둔 연구의 개요

애착 연구 결과 가운데 환자가 말로 표현하기를 꺼리거나 혹은 표현하지 못하는 경험에 치료자들이 관심을 갖도록 요청하거나, 어쩌면 관심을 가져야 한다고 강력하게 요구하는 결과가 적어도 두 가지 있다. 그 첫째는 수많은 관찰 연구와 종단적 애착 연구에 의해 입증된 사실로서(Main et al., 2005 참조), 우리는 생후 12개월까지 다른 사람과의 관계에서 우리가 어떤 존재인가에 대해 가장 의미 있고 이후에도 지속되는 많은 교훈을 배운다는 것이다. 그런데 어머니와 4개월 된 유아의 상호작용을 분할 화면으로 제시하는 연구(Beebe et al., 2000; Jaffe et al., 2001)도 유효한 것으로 보이는데, 만약 이것이 실제로 유효한 것으로 입증된다면, 어쩌면 그 시기는 12개월보다 훨씬 더 앞당겨질 수도 있다. 경험적인 증거가 분명하게 시사하는 바는 우리의 내적 작동 모델의 기초와 이런 모델 안에 부호화된 습관적인 애착과 정서 조절 전략이 언어 습득 이전에 모두 자리 잡게 된다는 점이다.[1] 앞서 언급한 연구에서 나온

---

1) 이런 연구 결과가 우리의 최초 관계에 의해 설정된 궤도가 수정 불가능하다는 것을 시사한다고 잘

자료는 Schore(2003)가 내린 결론, 즉 "자기의 핵심은 …… 비언어적이고 무의식적이며 정서 조절 패턴 안에 들어 있다."라는 주장의 토대다(p. 46). 언어 습득 이전의 경험은 발달하고 있는 자기의 근간이 되기 때문에, 심리치료에서 이런 경험의 반향과 정교화를 위한 여지를 확보하는 일은 절대적으로 중요하다.

두 번째 연구 결과는 가장 성공적으로 안정된 애착을 촉진하는 부모와 아동의 관계는 **포괄적**(inclusive)(Bowlby, 1988; Lyons-Ruth, 1999)이라는 것이다. 이것은 부모가 아동의 주관적 경험의 전체 범위를 담아낼 수 있는 여지를 가능한 한 많이 둔다는 뜻이다. 치료적 관계를 이와 유사하게 포괄적인 것으로 만들려면, 즉 환자 경험에서 최대한 많은 부분의 여지를 확보하려면 단지 환자가 우리에게 말로 전하는 것뿐만 아니라 그들이 다른 방식으로 보여 주는 것에도 주목해야 한다. 아동은 자신의 애착 관계에서 받아들여지는 것만을 자기 내면에 통합할 것이라는 Bowlby의 이론이 시사하는 바는 아동이 자신의 애착 관계를 위태롭게 할 위험성이 있는 생각과 감정 및 행동은 의식에서 배제할 것이고, 그 결과 그런 생각과 감정 및 행동은 발달하지 못하고 통합되지 않은 채 남아 있을 뿐만 아니라 흔히 언어화할 수 없는 상태로 유지된다는 것이다. 그러므로 우리가 환자의 원래 애착 관계에서 배제되었던 경험을 이끌어 내고자 한다면, 비언어적으로 전달되는 어떤 것을 '듣는' 것이 필수적이다. 방어적인 목적으로 분리되거나 배제되어 온 것을 통합하려면 이제껏 환자 내면에서 말해지지 않고 생각되지 않으며 어쩌면 느껴지지 않았던 어떤 것에 접근할 필요가 있다.

애착 연구의 한 가지 결론은 **발달적인 이유**(경험이 언어 습득 이전에 일어났다) 혹은 **방어적인 이유**(어떤 경험에 대해 생각하거나 느끼거나 말하면 중요한 관계를 위태롭게 할 수 있다)로 인해 중대한 경험을 묘사할 수 있는 단어가 환자에게 결여될 수 있다는 것인데, 신경과학 연구는 이런 결론을 확증하고 또한 정교하게 해 준다. 과거의 성장 경험, 특히 정신적 외상 경험에 대한 언어적 접근을 막는 정신역동적인 장벽과 신경생리학적인 장벽은 분명히 존재한다(Fonagy, 2001). 신경 발달에 관한 연구는, 언

못 해석해서는 안 된다는 점에 유의하라. 내적 작동 모델은 갱신될 잠재성이 있다. 초기 경험은 안정된 패턴을 형성하지만, 경직된 구조를 만드는 것은 아니다.

어(좌측 피질, Broca 영역)와 자서전적 기억(특히 해마)을 매개하는 뇌의 영역이 18개월에서 36개월까지는 제대로 '작동하지' 않으며, 그래서 '유아기 기억상실증(infan-tile amnesia)'에 대한 거의 보편적인 결과를 보여 준다. 더구나 정신적 외상에 의해 유발되는 유형으로서 우리를 압도하는 감정은 뇌의 이런 영역들의 기능을 억제한다. 이런 경험들은 우리가 언어로 부호화할 신경학적인 장치를 갖기 이전에 발생했기 때문이거나 혹은 우리를 압도할 정도로 강력한 고통스러운 감정으로 인해 이런 장치가 일시적으로 무력해졌기 때문에, 우리에게 가장 깊이 영향을 주는 많은 경험에 우리가 언어적으로 접근하지 못한다는 것이 분명하다.

외상후스트레스장애(PTSD) 환자는 혼란스러운 감정과 신체 감각, 심상 및 충동의 혼돈에 휩싸여 파편화되고 다중 감각적인 자신의 경험에 의미나 맥락을 부여할 언어가 결여되어 있다.[2] 외상은 Broca 영역과 해마를 차단시키므로 일종의 '감정 가로채기(emotional hijacking)'(Goleman, 1995)의 원인인 동시에 그 결과라고 이해할 수 있다. 감정 가로채기는 정서 지향적인 우뇌와 연결된 편도체가 해마 및 이것과 연관되는 능력, 즉 외상에 대한 기억을 부호화하고 인출하며 맥락화하는 능력을 압도하는 현상을 말한다.[3]

외상의 영향이 실제로 저장된다는 사실은, 대부분은 아니더라도 많은 환자들과 우리가 작업하는 데 있어 시사점을 준다. van der Kolk(1996)는 외상이 신체적이고

---

2) 그래서 표현적인 언어 능력이 박탈되면 외상을 경험한 사람들은 '말 못할 공포(speechless ter-ror)'를 경험한다(van der Kolk et al., 1996).

3) 일부 연구에서 아동기에 외상을 경험한 사람들이 건강한 통제집단 피험자에 비해 일반적으로 좌측 해마가 더 작고 좌뇌의 발달이 감소된 것으로 나타났다. 이와 유사하게, 학대받은 경험이 있는 성인에게 마음을 불편하게 하는 초기 기억을 회상하도록 요청했을 때 그들의 반구 활동이 극단적으로 우반구로 치우침을 보여 주었다. 그러나 중성적 기억을 회상했을 때는 치우침이 극단적으로 좌반구 쪽이었다. 이에 비해 통제집단에서는 기억이 불편감을 주는 것이든 혹은 중성적인 것이든 상관없이 반구의 활동이 균형적으로 이루어졌다. 더구나 뇌량—두 반구 간의 정보 교환을 담당하는 뇌의 주요 경로—도 외상 경험이 없는 통제집단에 비해 외상 피험자들이 유의하게 작다는 것이 발견되었다. 그러므로 외상은 심리적 통합을 저해할 뿐만 아니라 정서적인 우반구를 좌반구의 언어적 자원에서 격리시킴으로써 신경계의 통합도 저해하는 것으로 보인다.

감각적으로 각인된다고 하면서, 분명하게 표현할 말이 환자에게 결여된 어떤 경험에 접근하려면 신체 감각을 활용하라고 주장한다. 그는 매우 유용한 이 권고를 PTSD를 다루는 치료자에게 국한시켜 언급하고 있지만, 나는 외상을 입은 환자가 결코 좁은 범주에 속하지 않는다는 사실을 감안하여 그 적용 범위를 넓히고자 한다.

유아가 애착 인물에게 전적으로 의존한다는 사실은 양육자가 보여 주는 만성적인 조율의 결여와 우울 및 분노가 그 자체로 외상으로 경험될 수 있다는 뜻이다. 이에 대해 Schore(2002)는 혼란된(disorganized) 애착 경험에서 발생하고 종국에는 경계선 장애와 정신병의 가능성으로 이어질 수 있는 '관계 외상(relational trauma)'에 대해 언급했다. 나는 더 나아가 환자들 가운데 다수(그리고 치료자 가운데 다수)가, 정신분석가인 Phillip Bromberg(1998a)가 외상의 '섬(islands)'—그리고 해리(dissociation)—이라고 기술한, 그 영향과 의미가 처음에는 말로 표현될 수 없는 어떤 현상으로 인해 고통 받고 있다고 말하고 싶다. 그것의 파괴적 효과를 완화시키려면 치료자는 그런 외상 경험에 접근할 수 있는 방법을 찾아야 한다.

애착과 신경생리학 그리고 외상 연구와 더불어 인지 과학 연구의 결과는 치료의 초점을 비언어적 경험에 둘 필요가 있음을 명확히 하는 데 도움을 준다. 인지 과학자들은 기억이 단일한 것이 아님을 발견하고, 두 가지의 서로 구별되는 기억 체계, 즉 명시적(explicit) 기억과 암묵적(implicit) 기억을 규명했다. 간략하게 설명하자면, 명시적 기억은 '기억'이라는 용어에 대한 우리의 일반적인 이해와 대체로 일치한다. 이것은 의식적으로 인출하고 성찰할 수 있으며 언어화할 수 있고 상징적이며, 그 내용은 정보와 심상이다. 이와는 대조적으로 암묵적 기억은 비언어적이고 비상징적이며 또한 의식적 성찰이 가능하지 않다는 점에서 무의식적이다. 이것의 내용에는 정서적 반응과 행동 패턴 그리고 기술이 포함된다. 암묵적 기억은 '명제적 지식(knowing that)'이 아니라 '방법적 지식(knowing how)'을 뜻한다.

암묵적 기억은 심지어 태내에서도 존재하기 때문에[4] 때로는 초기 기억이라 불린

---

4) 암묵적 기억은 아마도 일반적으로 주요 애착 인물로 엄마를 선택하도록 만드는 것 같은데, 그 이유는 Main(1999)이 언급했듯이 신생아가 듣게 되는 엄마의 목소리가 태아기 '사운드 트랙'의 아

다. 이것은 원래는 절차적 기억(procedural memory), 즉 춤을 추거나 자전거를 타거나 관계를 맺는 방식처럼 말로 전달할 수 없는 어떤 절차와 관련된 지식인데, 이것의 주관적 특성은 회상(recollection)이 아닌 **친숙성**(familiarity)이다. (자전거 타기를 배우고 나면 그 방법을 절대 잊어버리지 않는다고 흔히 말하지만, 사실 우리가 실제로 그것을 '기억하는' 것은 아니다. 그 기술이 우리에게 너무나 친숙해서 그저 행동으로 옮길 뿐이다. 이렇게 자전거 타는 '방법을 아는 지식'이 암묵적 기억의 한 가지 예다.) 가장 중요한 암묵적 기억은 다른 사람과 함께 있는 것과 자기 자신과 함께 있는 것의 절차와 관련된 것이다. 이런 기억된 절차들이 **암묵적 관계 지식**(implicit relational knowing)이라고 불리는 지식을 구성한다(Lyons-Ruth, 1998; Stern et al., 1998).

암묵적 지식은 우리가 하는 말보다는 우리가 행동하고 느끼고 처신하는 방식과 관계에 대한 우리의 기대로 표출된다. 이런 지식은 일반적으로 성찰적 자각의 범위 밖에 존재하는데, 그 이유는 우리가 이런 지식을 감당하지 못하기 때문이 아니라 우리가 아는 것이 언어적으로 인출되기 어려운 암묵적 형태로 저장되었기 때문이다.[5]

암묵적 혹은 절차적 지식은 내적 작동 모델의 근간을 이룬다. 애착 연구자들은 이 모델이 우리의 최초 관계의 특성에 따라 생애 초기에 나타나고 성인기까지 지속되어 관계에서 변화를 막는다는 것을 보여 주었다. 예를 들면, 유아는 자신의 불편함을 알리는 울음으로 자신에게 위안을 주는 엄마의 존재를 재빨리 불러올 수 있다는 것을 암묵적으로 알 수 있게 되는데, 이런 원초적인 앎은 자신이 필요로 하면 지지적인 타인이 곁에 와 줄 것이라는 지속적인 기대로 자리 잡을 것이다. 그러나 많은 환자들의 경우 초기 상호작용에 문제가 있었고, 이것이 자기와 타인에 대해 낙담하고 떨쳐 버릴 수 없는 지식이 되어 암묵적으로 저장되는데, 이런 지식은 명확

주 친숙한 특성이기 때문이다.

5) 억압에 의해 생성된 Freud 이론의 무의식(unconscious)과 함께 이 암묵적 비의식(nonconscious)(Siegel, 1999; Stern, 2004)은 아마도 Bollas가 '알고 있으나 생각해 보지 않은 것'이라는 용어를 만들었을 때 염두에 두었던 것일 것이다.

하게 말로 표현하기가 쉽지 않을 뿐만 아니라 이것이 행동으로 옮겨지는 것을 막을 수도 없어 흔히 스스로에게 불리한 결과를 초래한다.

하지만 어쩌면 역설적으로 이런 자기 패배적인 실연(enactment)이 심리치료에서 나타나면 그것은 가치 있는 자원이 될 수 있다. 환자를 과거의 볼모로 잡아 두는, 말로 표현할 수 없는 내적 표상에 치료자인 우리가 관여하고 그것을 변화시킬 수 있는 가능성이 생기기 때문이다. 그러나 이런 비언어적인 수준에서 환자에게 접근하려면 치료에서 이루어지는 대화의 배후에 있는 언어화되지 않은 의미를 포착할 수 있는 능력을 어느 정도 갖추어야 한다.

비언어적인 언어 이해하기

심리치료에서 나누는 말은, 이를테면 환자와 치료자 간의 비언어적 의사소통의 흐름 위에서 떠돈다고 볼 수 있다. 말로 표현되는 대화의 흐름, 즉 무엇이 말로 표현되고 무엇이 표현되지 않는가 그리고 어느 정도의 깊이에서 표현되는가는 치료에서 이루어지는 상호작용의 표면 아래에 흐르는 감정과 관계의 흐름에 의해 주로 결정된다. 이런 저변의 흐름이 환자와 치료자의 경험을 형성하는데, 이는 유아와 양육자 간에 이루어지는 (필연적으로) 비언어적인 의사소통의 질이 이들의 경험을 형성하는 것과 마찬가지다.

유아기 상호작용의 주된 특징인 비언어적 행동과 성인의 상호작용에서 관찰할 수 있는 비언어적 행동 간에는 꽤 놀라운 일치성이 있는 것으로 나타났다(Beebe & Lachmann, 2002). 언어 습득 이전 시기에 이루어지는 의사소통의 최초 패턴과 이후에 나타나는 이에 상응하는 패턴에 대한 연구는, 우리가 우리와 상호작용하는 사람에게─불가피하게 그리고 대개는 의식적인 자각의 범위 밖에서─영향을 주고 또한 영향을 받는 어떤 방식들을 보여 준다. 아동기에서든 심리치료에서든 간에 애착관계가 발달해 나가는 자기에게 미치는 영향을 전반적으로 결정짓는 것은 이런 비언어적 상호작용의 질이다.

얼굴 표정과 음색, 자세와 몸짓 그리고 말과 행동의 리듬과 개략적인 형태, 이런 것들이 본질적으로 몸과 몸 사이에서 이루어지는 의사소통의 매체를 구성하는 요소다. 유아기 동안 이런 의사소통은 아기의 신체적/감정적 자기와 양육자의 신체적/감정적 자기 간의 대화로 혹은 신경과학의 관점에서는 '변연계 간의 대화'로 볼 수 있다(Buck, 1994; Schore 2003, p. 49 재인용). 이런 대화의 주제는 주로 유아의 내적 상태, 특히 감정과 의도다. 내적 상태의 신체적 표현을 통해 대화가 전개되는 가운데 유아는 자신과 타인에 대해 배운다. 즉, 자신의 감정과 의도는 무엇인가? 타인은 이것을 인식하고 이것에 맞추어 줄 것인가? 자신의 내적 상태에 영향을 주려는 시도를 혼자 힘으로 혹은 타인의 도움을 받아서 주도하는 것이 '통할' 것인가?

다음은 엄마 품속에서 점점 달래기가 어려워져서 이제 막 아빠에게 건네진 생후 8일 된 신생아와 아빠 간의 상호작용에 대해 녹화한 부분을 기술한 내용(Sander, 2002)이다.

> 아빠가 아기 얼굴을 잠시 흘깃 내려다보는 모습이 보인다. 이상하게도 같은 장면에서 아기는 아빠 얼굴을 올려다본다. 그런 다음 아빠의 왼팔 위에서 아래로 늘어뜨려져 있던 아기의 왼팔이 위로 움직이기 시작한다. 기적적으로 같은 장면에서 옆구리에서 아래로 늘어뜨려져 있던 아빠의 오른팔이 위로 움직이기 시작한다. 장면마다 아기의 손과 아빠의 손이 동시에 위로 움직인다. 마침내 아기의 배 위에서 두 손이 만날 때 아기의 왼손이 아빠의 오른손 새끼손가락을 쥔다. 그 순간 아기의 눈이 감기면서 아기가 잠들고, 아빠는 그의 품속에서 일어난 시간과 장소 그리고 움직임의 특이함이 만들어 낸 작은 기적을 전혀 알아차리지 못한 듯이 계속 말을 이어간다(p. 20).

얼굴 표정과 몸의 움직임으로 이루어지는 이런 '행위 대화(action dialogue)'에서 아빠가 말로 불러 주는 '자장가'가 동반된, 절묘한 관계의 춤을 볼 수 있다. 달래기와 잠의 욕구를 비언어적으로 소통하는 아기의 행위가 아빠에게서 일련의 무의식적으로 조화되고 조율된 반응을 불러일으킨다. 우리는 이런 조율의 경험이 이 신생아 안에서 형성되기 시작하는 암묵적 지식, 특히 타인과의 관계에서 자신에 대한 암묵적 지식에 작지만 형성적인 영향을 주는 경험으로 저장되었다고 추론할 수 있다.

심리치료에서는 이에 상응하는 비언어적 춤이 환자의 경험에 영향을 주고, 이상적으로는 타인과의 관계에서 자신에 대한 환자의 생겨나는 감각을 결정짓는다. 일례로, 얼마 전에 나는 수개월 동안 만나고 있었던 환자, 가칭 엘리엇에게 말하고 있는 동안 내 목소리가 평소보다 더 크고 말의 속도도 빨라졌음을 알아차렸다. 나는 그제야 졸음이 왔다는 것을 알아차리게 됐는데, 졸음에 빠지지 않기 위해 나 자신에게 자극을 주려고 애쓰고 있었음을 깨달았다. 무슨 일이 일어나고 있는 것인지 속으로 자문해 보고 난 다음(이런 자기 탐구는 분명히 졸음에 겨운 상태에 의해 방해 받았을 것이다), 나는 엘리엇의 참여를 끌어들이기로 마음먹었다.

나의 경험을 환자에게 알려 주었을 때 드러나게 된 사실은 그 역시 졸음을 느꼈다는 것이었다. 하지만 그는 졸음의 상태를 넘어서 감정이 '사라져 버리고', 나에게서 심리적으로 철회했으며, (그가 사용한 표현으로) '해리된' 상태였다. 그는 그것이 그가 불안이나 분노 혹은 낙심을 느끼는 것에 대한 친숙한 반응이라고 말했고, 또한 내가 자신을 밀어내는 듯한 느낌이 들었다고 밝혔다. 내 의자는 그에게 편안함을 주기에는 너무 가깝게 있었고, 나는 너무 앞으로 몸을 기울였으며, 말을 너무 많이 하고 있었다는 것이었다. 불편함을 초래한 이런 상태가 표면화된 것은 내가 나 자신의 비언어적인(혹은 오히려 유사언어적인) 행동과 경험에 초점을 두었기 때문에 가능했고, 이와 유사한 방식으로 엘리엇이 나에 대해 느끼기는 했지만 처음에는 개방하지 않았던 불편함이 우리 관계의 물리적인 측면에 그 근원이 있었다는 사실에 주목할 필요가 있다.

비언어적인 배후의 숨은 의미에 주의를 기울임으로써 앞서 논의한 바 있는 발달적으로 바람직한 몇 가지 측면과 관련된 치료적 성과를 거둘 수 있었다. 우선 포괄성과 관련하여 우리는 엘리엇이 이전에는 배제해야 했던 것을 우리 관계 안에 담을 수 있었다. 즉, 자기 보호를 목적으로 하는 해리는 말할 것도 없고 경계의 주제와 친밀함, 안전 그리고 자기 정의를 포함하여 제3의 타인뿐만 아니라 나에 대한 불편한 느낌을 담아낼 수 있었던 것이다. 조율과 관련해서는 엘리엇이 얼마나 쉽게 밀리고 침해 받는 느낌을 받을 수 있는지를 함께 알게 됨으로써 그가 좀 더 안전하고, 나에게 좀 더 친밀하며, 그 자신의 치료에서 좀 더 주도적이 되게끔 나는 뒤로 물러났고 또한 그에게 나를 표출하는 방식의 강도를 낮출 수 있었다. 전반적으로 우리의 원래 상호작용과 여기에서 비롯되어 이후에 이루어진 조절은 이 환자에게 '부조응(misalignment)와 재조응(re-alignment)' (Schore, 2003)을 포함하는 균열의 복구 경험(an experience of disruption repaired)을 제공했고, 이런 경험은 우리 둘 다에게 매우 감동적이었다.

갓난아기와 아빠의 일화처럼 이런 경험도 내적으로 저장될 수 있다는 것은 타당한 추론으로 보인다. 물론 엘리엇과 나는 아기와는 달리 조율하려고 노력하는 과정에서 말을 사용할 수 있었다는 이점을 갖고 있었지만, 내가 추정하기로는 환자에게 영향을 준 것은 우리가 주고받은 말의 내용보다 우리가 관계하는 과정이었다. 이런 과정에서 초기에 나 자신의 목소리와 몸에 초점을 둠으로써 나는 엘리엇이 이전에는 말로 분명히 표현할 수 없었던 감정에 접근하고 의미 있게 반응하는 방법을 발견했다. 비언어적인 배후의 숨은 의미에 근거하여 우리가 공유한 경험, 즉 환자가 자신의 개인사에 비추어 예상할 수 있었던 것보다 좀 더 포괄적이고 상호 협력적이며 자신의 욕구에 조율된 경험은 그의 '암묵적 관계 지식'에 어떤 변화를 가져왔을 수 있다.

이미 설명한 대로 이런 종류의 암묵적 지식은 항상 그 영향력이 엄청나게 크고 대체로 말로 표현하기가 매우 어렵다. 확실히 이런 암묵적 지식을 형성한 언어 습득 이전의 경험이나 혹은 외상적 경험의 기원을 언어적으로 되돌려 내기는 불가능할지 모른다. 그러나 우리가 명시적으로 기억해 낼 수 없는 것—그리고 말로 표현할 수 없는 것—은 거의 항상 다른 방식으로 반드시 표출된다.

이런 맥락에서 나는 이것을 다음과 같이 간략하게 제안하고자 한다. 우리는 우리가 언어화할 수 없는 것을 타인을 연루시켜 실연하거나 타인 안에서 그것을 불러일으키고 혹은 신체화하는 경향이 있다. 이에 대해 좀 더 자세히 논의하기에 앞서 엘리엇과의 경험을 예시로 삼아 이런 제안의 의미를 설명하고자 한다.

엘리엇은 그에게 너무나 친숙하지만 동시에 그가 인식하는 것은 불가능했던—혹은 인식하기를 거부했던—어떤 각본을 나와 함께 실연했다. 그와 내가 함께 만들어 낸 이런 재연에서 나는 우리 사이에 떠 있는 것 같았고 마치 사람을 무감각하게 만드는 침묵을 몰아내려는 듯 빠르고 크게 말하는 나 자신의 모습을 보게 되었다. 나에게 졸음이 왔다는 사실을 털어놓았을 때 비로소 나는 그에게 영향을 미치려는 나의 시도가 실패를 거듭하면서 내가 얼마나 좌절을 느꼈는지를 깨닫기 시작했다. 엘리엇의 입장에서는, 처음에는 주로 그의 신체적, 정신적 공간을 내가 서툴게 침해하는 것만을 지각했다. 그러나 우리의 대화가 전개되면서 엘리엇은 그에게 접근하려는 나의 노력이 그의 취약성을 충분히 존중하지 않으면서 잘못 조율되었다는 느낌을 주었고, 이해 받는 느낌을 갖고자 하는 그의 욕구보다는 효율성을 느끼고 싶었던 내 욕구에서 나온 것이었음을 인식하게 되었다. 이에 그는 죄책감이 섞인 분노 감정과 접촉하기 시작했다. 그의 감정적인 반사적 반응은, 침해적인 수준으로 그를 유혹했던 어머니에게서 그가 물러났던 (혹은 물러나려고 시도했던) 것과 매우 유사하게 나에게서도 뒤로 물러나는 것이었다.

엘리엇은 내 안에서 몇 가지 경험을 불러일으켰다고 추정된다. 이것은 한편으로는 그가 비언어적으로 소통하고 있었던 것과 또 한편으로는 내가 내적으로 영향 받을 만큼 충분히 수용적이었다는(혹은 취약했다는) 것 두 가지가 다 작용한 탓이었다. 돌이켜 보면 나 자신의 졸음은 환자의 졸음을 몸으로 반향한 것일 뿐만 아니라(우리가 하품을 하면 다른 사람들도 따라서 하품을 하게 되듯이) 그에게 좌절감을 느끼고 잠재적으로는 분노를 느끼는 것에 대한 나의 방어적인 반응이었던 것으로 보인다. 마치 내가 그에게 줄 수 있는 것이 비효과적일 뿐만 아니라 그에게 상처가 된다는 말을 듣게 될 것처럼 반응했던 것이다. 나의 이런 경험들은 엘리엇 자신의 경험과 연관되어 있었기 때문에 나는 감정적이고 직접적인 방식으로 그를 알 수 있었는데, 이것은 놀라운 일은 아니다. 말하자면 이것은 그의 말에 의해 전달되는 정보를 통해서가 아니라 그와의 동일시를 통해 알게 되었던 것이다. 이것은 마치 엘리엇이 무엇을 느꼈는지에 대해 듣는 것이 아니라 그 느낌을 내가 직접 경험한 것과 같았다. 이런 주관적인 반응을 불러일으키는 데 성공하는 환자들은 치료자가 그들을 '내면에서부터 깊숙이(from the inside out)' 알 수 있는 기회를 준다(Bromberg, 1998a).

환자들은 또한 그들이 말로 소통할 수 없거나 혹은 소통하지 않으려고 하는 것을 신체화하거나 혹은 치료자가 신체화하도록 유도할 수 있다. 엘리엇은 그가 '감정이 사라져 버릴'—즉, 해리하거나 사실상 그의 몸을 떠날—필요가 있다는 것을 나에게 말로 표현할 수는 없었다. 그리고 나는 엘리엇이 멀어지고 있었고 나 자신은 졸린 상태가 되었음을 인식할 수 없었지만, 내 몸은 내 마음이 알지 못했던 것을 '알고' 있었던 것 같다.[6] 엘리엇과 함께 있는 동안 나의 자율신경계를 비활성화시키는 부교감신경 가지가 자극되었고 그래서 나는 졸렸다—이것은 환자의 비활성화에 대한 반응 그리고/또는 우리의 상호작용이 내 안에서 불러일으키고 있었던 느낌에 대한 방어였던 것이다.

실연(enactment)과 불러일으키기(evocation) 그리고 신체화(embodiment)는 환자가 알고 있지만 생각해 보지 않았고—그리고 이 때문에 말할 수 없는—어떤 것을 소통하는 주된 수단이다. 따라서 알고 있지만 생각해 보지 않은 것을 전달하는 이런 통로를 치료자가 이해하는 것이 필수적이다. 비언어적인 경험이 발달에서 차지하는 중요성은 Bowlby 후계자들의 경험적 연구를 통해 증명되어 왔지만, 애착 연구의 이런 특정한 발견을 충분히 활용하려면 현대 임상 이론—특히 상호주관성 이론과 관계 이론—에 주목할 필요가 있다. 뒷장에서 나는 거의 언어로는 매개되지 않지만 우리가 알고 또 알려지게 되는(knowing and being known) 이런 방식들을 치료자가 어떻게 다룰 수 있는지를 좀 더 자세하게 탐색할 것이다. 그러므로 다음에 제시되는 내용은 앞으로 상세하게 다룰 심리치료에 관한 몇 가지 중요한 아이디어의 첫 번째 관문 정도로 여겨야 할 것이다.

---

6) 자기심리학자인 Michael Basch(1992)는 "환자는 미묘하게 치료자로 하여금 환자의 무의식에 자동적으로 공명하도록 만든다."라고 언급했다(p. 179).

알고 있지만 생각해 보지 않은 것이 실연되는 것에 대한 작업

Lyons-Ruth(1999)는 우리의 내적 작동 모델의 기초를 제공하는 초기 경험에 대한 상징화 이전의(presymbolic) 내면화를 기술하기 위하여 '실연되는 표상(enactive representations)'이라는 용어를 만들어 냈다. 이 용어가 적절해 보이는 이유는 상호 주관성 이론가와 관계 이론가들이 실연(enactment)에 집중적으로 초점을 두기 때문이다. 엘리엇과의 작업에서 볼 수 있었듯이, 실연은 처음에는 무의식적이고, 중첩되는 환자와 치료자의 취약성과 욕구를 반영하면서 두 사람이 함께 만들어 내는 각본이다.

심리치료에서 실연은, 우리—환자와 치료자—가 유아일 때 애착 인물과 함께 '실연했던' 것에 그 최초의(하지만 유일한 것은 아닌) 근원을 두고 있는 암묵적인 관계 지식이 지금 여기에서 행동적으로 표출되는 것으로 볼 수 있다. 예를 들면, 위안을 구하는 우리의 최초 몸짓이 일관되게 환영받았다면 아마도 우리는 우리의 불편함을 누그러뜨리기 위해 타인에게 의지하는 것의 이점을 배웠을 것이다. 그런데 이런 초기의 몸짓이 거부를 불러왔을 경우, 아마도 우리는 가능하면 우리의 불편함을 타인에게 숨겨야 할 필요성을 배웠을 것이다. 자기와 타인에 대한 이런 근원적인 배움은 이것이 실연되면서 학습된다. 즉, 기억되고, 표상되고, 내면화된다는 것이다. 발달 초기에 우리를 형성하는 경험에 대해서 언어화하기가 어려운 이런 표상은 이후에 사건에 대한 회상('아! 무슨 일이 있었는지 이제 기억이 나네!')으로 인식되는 것이 아니라 주로 그것들이 실연될 때 인식된다. 만약 인식된다 해도 그것은 일반적으로 제삼자에 의해 인식된다('당신 어머니가 당신에게 그렇게 대했다고 불평했던 것과 똑같이 당신이 우리 애들을 대한다는 걸 모르겠어요?'). 그러나 일반적으로 암묵적으로 알고 있는 것은 암묵적인 상태로 남아 있다. 이것은 의식적인 성찰의 대상이 되기보다 그저 자동적으로 그리고 반사적으로 실연될 뿐이다.

Freud(1958)는 이 점을 꿰뚫어 보았다. "환자는 자신이 망각하고 억압한 것에 대해 아무것도 기억하지는 못하지만 그것을 **행동화한다**. 그는 기억이 아니라 행동으로 그것을 재생한다."(p. 147) 환자는 과거를 기억하는 것이 아니라 **반복한다**는 Freud의 발견은 그의 전이 개념의 초석이다. 하지만 상호주관성의 관점에서 볼 때 Freud가 간과했던 사실은, 치료자는 결코 환자가 자신의 과거를 투사하는 비어 있는 화면이 아니라는 점이다. 그보다 환자의 전이는 치료자의 성격과 행동이라는 지금의 현실을 선택적으로 지각하는 데서 비롯된다. 이런 관점에서 보면 치료 관계에서 실연되는 것은 항상 나선형의 상호적 영향을 반영하는데, 이런 맥락에서는 실연되는 것에 치료자가 기여하는 바가 환자가 기여하는 것보다 결코 적지 않다.

이후에 더 상세히 설명하겠지만, 현대의 상호주관성 이론과 관계 이론은 전이-역전이 실연을 효과적으로 다룰 수 있는 가장 강력한 도구를 치료자에게 제공해 준다. 이 이론들은 우리가 다음과 같은 문제에 대해 고려할 것을 요구한다. 특정 환자와의 지금 여기에서 일어나는 즉시적인 상호작용에서 감정적으로 가장 강력하게 강요되고 있는 것은 무엇인가? 현재 실연되고 있는 대인 간 패턴은 무엇인가? 그리고 특히 그 안에서 치료자인 우리의 참여는 어떤 특성을 띠고 있는가? 환자와 치료자가 함께 만들어 낸 실연을 어떻게 이해할 수 있는가? 이와 같은 질문은 일반적으로 환자와의 대화를 통해서만 그 해답을 얻을 수 있다. 이런 대화를 하려면 때로는 치료자가 '먼저 말을 꺼낼' 필요가 있다. 즉, 잠재적인 실연을 명백하게 하기 위해 상호작용에 대한 우리의 경험을 말로 표현할 필요가 있을 수 있다는 것이다.

예컨대, 얼마 전에 새로 시작한 사례로, 최근에 별거한 한 여성과의 치료 장면에서 환자는 남편과의 관계에서 겪었던 어려움을 불행한 어조로 이야기하고 있었고, 나는 그 환자에게 공감을 전하려 하고 있었다. 나는 상당히 조율된 방식으로 그녀의 이야기를 '따라가고' 있었다고 느꼈던 반면에, 그녀는 내가 주의 깊게 선택해서 전달한 이해의 표현을 시종일관 아무 소용이 없다고 여기는 것처럼 보였다.

그 환자('캐럴')는 짜증을 내면서, 전적으로 합당하게 들리기는 했지만 나에게 가로막힌다는 느낌과 조급함이 들게 하고 점점 더 좌절감을 주는 말을 하면서, 내가 했던 말의 대부분을 무시했다. 마침내 나는 그녀에게 나 자신도 상당히 짜증이 나기 시작했다고 말했고, 평소에는 여기에서 우리 두 사람이 같은 편에 서 있다고 느꼈고 그녀도 그랬다는 생각이 들었는데, 어쩐지 오늘은 우리의 대화가 적대적으로 돌아선 것같이 보인다는 말을 덧붙였다. 이 말이 환자의 관심을 끌었다.

캐럴에게 말하는 동안 내가 깨닫게 된 것은, 나는 나 자신의 심리적인 특성에 영향을 받아 은근히 도발적인 그녀의 평가절하를 오랫동안 무시해 왔기에 나의 격분이―마침내 내가 그것을 느꼈을 때―과도한 강도로 경험되고 표현되었다는 사실이었다. 이런 종류의 의도하지 않은 치료자의 참여는 좋지 않은 일처럼 보이지만, 실은 유익한 결과를 가져오는 경우가 적지 않다.

오래지 않아 캐럴은 우리의 상호작용에서 그녀가 때로 참을 수 없이 싸움을 걸고 싶었던 남편과의 상호작용과 유사한 면을 살펴보게 되었는데, 이런 주제는 그녀에게 상당한 불편감을 느끼게 했다. 나는 그녀의 이 말을 듣고 나서, 오늘 그녀가 보였던 호전성은 지난 회기 끝 무렵 치료가 마침내 도움이 되기 시작했다고 그녀가 내게 말했던 것과 어쩌면 관련될 수 있겠다는 나의 생각을 말해 주었다. 그리고 지금 자신의 감정에 대한 그녀의 두려움과 자기 충족적 전략 그리고 의존과 거절에 대한 극도의 두려움에 관한 탐색을 시작했고, 이 탐색 작업은 여전히 진행 중이다. 이 회기에서 감정이 실린 상호작용이 치료의 전환점이 되었다. 이 예시가 보여 주는 것은 실연을 최대한 활용하려면 흔히 해석만큼이나 치료자의 진술한 반응과 숙고된 자기 개방이 따라야 한다는 점이라고 생각한다.

심리치료에서 실연이 환자와 치료자에 의해 공동으로 이루어진다고 이해하는 것은 초기 애착 관계 자체가 공동으로 형성된다는 것을 보여 주는 연구 결과와 전적으로 일치한다. 앞서 언급한 바와 같이 유아기의 관계와 심리치료에서의 관계를 잇는 가장 중요한 개념 중 하나로 Daniel Stern과 Karlen Lyons-Ruth 및 변화과정연구집단(Change Process Study Group)이 제시한 개념을 들 수 있다. 비록 Stern 등은 나보다 실연을 더 좁은 의미로 정의했지만 그들은 가장 중요한 심리적 발달―그리고 치료적 변화―을 가능하게 하는 과정으로서, 언어적 과정이 아니라 본질적으로 실연되는 과정을 거듭 강조했다. 이 연구자들의 고유한 접근은 환자와 치료자 간의 '공유된 암묵적 관계'에서 일어나는 변화가 주는 치유적 효과를 조명했다는 점에서 매우 가치 있는 임상적 공헌을 했다(Stern et al., 1998; Lyons-Ruth, 1999; Lyons-Ruth & Boston Change Process Study Group, 2001).

공유된 암묵적 관계는 상대가 어떤 사람인지, 각자가 상대에게 어떤 사람인지 그리고 둘이 함께 있을 때 어떤 사람들인지에 대해 비교적 안정적이지만 그럼에도 점진적으로 발전하는 감각을 반영한다. 이런 관계는 실제 진행되는 환자와 치료자의 개인적인 관여의 산물이지만 또한 필연적으로 각 파트너의 암묵적 관계 지식—혹은 내적 작동 모델—에 의해 영향을 받는다. 나는 공유된 암묵적 관계가 잠재적인 변화의 지렛대가 되게 하는 것은 이러한 자기와 타인, 내적인 것과 대인적인 것, 그리고 예상되는 경험과 체험된 경험 간의 상호주관적인 만남이라고 생각한다.

변화과정연구집단은 1998년에 획기적인 한 편의 논문을 발간했는데, 이 논문의 부제인 "해석 '그 이상의 무엇'('Something More' than Interpretation)"은 변화에 영향을 주는 치료에서의 비언어적인 경험을 암시한다. 구체적으로 이들은 암묵적 관계 지식의 변화는 주로 환자와 치료자가 만나는 상호주관적 장에서 무엇이 실연되는지에 따라 나타난다고 언급했다. 환자와 치료자의 관계가 변하면 이것은 치료자가 어떤 사람인지, 자신이 치료자에게 어떤 사람인지 그리고 그들이 서로에게 어떤 사람인지에 대한 환자의 감각을 변화시킨다.

Stern과 동료들은 치료가 일련의 현재 순간들(present moments; 희곡 용어로는 '비트(beats)')을 통해 전개되며, 매 순간은 '우리 사이에 지금 일어나는 일'에 대한 별개의 주관적인 지각의 신체화라고 역설한다. 때로 이런 현재 순간은 강렬한 느낌으로 채색되고 환자와 치료자를 즉시성과 지금 여기에서의 감정의 열기 속으로 저항할 수 없이 몰아넣는다. 변화과정연구집단에서는 이런 순간을 지금 순간(now moments)이라고 부른다.

지금 순간이 환자와 깊이 공명하는 치료자의 진정한 개인적 반응을 불러일으키면, 치료에 참여하는 두 사람은 공유된 암묵적 관계를 변화시키는, 기억에 남을 만남의 순간(moment of meeting)을 경험할 수 있다. 만남의 순간은 환자에게 기존의 전이 경향성이나 암묵적 관계 지식의 제약을 넘어서 새로운 존재 방식을 얼핏 엿볼 수 있게 한다. 이런 교정적 관계 경험은 갑작스럽고 극적인 변화를 향한 문을 열어 줄 수 있다.

변화과정연구집단은 변화를 가져오는 이런 만남을 먼저 집중적으로 조명한 후에 지속적인 치료 관계—큰 영향을 미치는 만남의 순간을 위한 좀 더 넓은 맥락—로 초점을 옮겼다. 이전에 언급했듯이 치료에서 발달은―아동기에서처럼―협력적이고 조율되며 내적 상태에 수반되는 의사소통이 이루어지는 관계에 의해 촉진된다. 이런 의사소통은 환자와 치료자가 주고받는 말의 명시적인 내용보다 암묵적이고 정서적이며 상호작용하는 과정에 의해 더 크게 좌우된다. Lyons-Ruth는 이것을 다음과 같이 표현한다. "이런 관점에서는 과정이 내용을 이끈다. 그래서 어떤 특정한 내용을 따라가야 할 필요는 없다. 오히려 대화의 영역과 흐름을 확장하는 일이 일차적이고, 이것이 점차 통합되고 복합적인 내용으로 이끌 것이다." (Lyons-Ruth & Boston Change Process Study Group, 2001, p. 15)

언어적 대화뿐만 아니라 정서적인 대화를 확장하는 것은 치료를 구조화하려는 치료자의 의도적인 시도가 아니라 치료 장면에서 치료자와 환자 두 사람의 시행착오가 있는 '즉흥적인 관계적 움직임(improvisation of relational moves)'을 통해서다 (Lyons-Ruth & Boston Change Process Study Group, 2001). 환자와 치료자가 둘 다 그들의 공동 목표를 향해 나아가면서 서로 잘 맞다고 느끼면, 그것은 흔히 활력을 주는 경험, 즉 그들이 공유한 관계가 소중하고 유익하다는 지각을 강화하는 경험이 된다. 관계의 즉흥극이 거듭되면서 서로에게 잘 맞는 점증적으로 효과적인 패턴이 만들어지는데, 이것은 결국 환자의 오래된 경향성과 힘을 겨루게 되고, 이런 기존의 경향성을 불안정하게 만든다―그래서 변화가 올 것임을 알려 주는 (흔히 불편감을 느끼게 하는) 주관적인 전조(前兆)가 되는 가능성과 유동성 그리고 혼란의 경험을 만들어 낸다.

환자의 암묵적 관계 지식에서 이런 변화가 갑작스럽게 (만남의 한순간에) 발생하든 혹은 점차적으로 (환자가 기대하는 것보다 점차 좀 더 포괄적이고 협력적으로 이루어지는 지속적인 대화를 통해) 발생하든 간에 그 맥락은 항상 실연적이고 상호주관적인 것이다. Frieda Fromm-Reichmann은 수년 전에 환자에게 필요한 것은 설명이 아니라 경험이라고 말한 바 있다. 환자에게 필요한 것은 왜 그런지에 대한 이유보다 관계라고 말할 수도 있다.

치료 관계에서 실연되는 것은 치료자의 암묵적 관계 지식과 환자의 지식이 상호작용한 결과일 것이다. 우리가 의식하지 못하는 가운데 관계에 기여할지도 모르는 것이 무엇인지를 인식하려면 우리가 치료자로서 이런 실연에 참여하는 방식의 속성에 주의를 기울이는 것이 매우 중요하다. 지금까지 우리가 살펴보았듯이 공동으로 만들어 내는 실연은 자신과 타인 그리고 관계에 대한 환자의 지각을 변화시키는 가장 중요한 맥락의 일부를 제공할 수 있는 잠재력을 가진다.

그러나 치료자가 환자의 내적 표상에 입력된 패턴을 재연하는 데 무의식적으로 공모하게 되면, 공동으로 이루어지는 실연은 치료 목표를 달성하는 데 걸림돌이 될 수 있다. 예전의 학습은 제자리에서 고정되고, 익숙한 기대가 확인되며, 문제가 있는 과거는 반복된다. 그 결과 치료는 교착상태에 빠질 수 있다. 이보다 더 나쁜 결과는 환자가 또 한번 외상을 입을 수 있다는 것이다. 게다가 경험에 대한 우리의 태도라는 문제가 있다. 실연이 우리의 사려 깊은 주의를 끌어내지 못한다면 우리는 마치 자동 조종 장치에 있는 것이나 마찬가지다. 즉, 상호작용에서 우리가 수행하는 역할에 우리가 깨어 있지 않고 몽유병적인 상태로 그런 역할을 수행하며, 경험에 대해 성찰적이거나 마음을 챙기는 상태가 아니라 경험에 매몰된 채로 있게 된다.

이 모든 것을 고려해 보면, 우리는 반드시 우리가 환자와 함께 실연하는 암묵적 관계의 특성에 일관되게 주의를 기울여야 한다. 우리는 환자들이 언어화하지 못하는 것에 관여할 수 있도록, 노래의 가사만큼 곡조에도 귀 기울여야 한다. 우리는 어떻게 환자에게 영향을 주고 또 영향을 받고 있다고 느끼는가? 환자는 어떻게 우리에게 영향을 주고 영향을 받고 있다고 느끼는가? 환자의 주관적이고 상호주관적인 경험에 대해 우리가 추론할 수 있는 것은 무엇인가? 그리고 우리 자신의 그런 경험에 대해 우리가 지각하는 것은 무엇인가? 우리는 모든 언어적인 교환과 모든 해석 그리고 모든 개입이 대인 간에 이루어지는 사태라는 점을 명심해야 한다. 이 각각이 공유된 암묵적 관계에 크거나 작게 그리고 흔히 예측하지 못한 방식으로 영향을 미친다. 그 결과 도움을 주고자 하는 우리의 시도(엘리엇에게 '다가가려는' 나의 과잉 노력처럼)는 우리의 의도나 기대에서 크게 벗어난 영향을 미칠 수 있다.

알고 있지만 생각해 보지 않은 것이 불러일으켜 지는 상태에 대한 작업

상당히 지적인 고위직 기업 임원(이 환자를 고든이라 이름 붙인다)이 나를 만나러 왔는데, 표면상으로는 부인의 강요로 왔다고 했다. 부인의 불만은 남편이 긴장해 있고 마음이 산란하며 자신과 감정적으로 함께해 주지 않는다는 것이었다. 고든은 부인의 이런 불평에 대해서나 치료에 대한 자신의 욕구에 대해 확신이 없었지만 한 번 (짧게) 시도해 볼 의향은 있는 것 같았다. 서너 번의 회기를 갖는 동안 치료가 지속될 가능성은 점점 희박해 보였는데, 이즈음 나는 단어를 선택하는 데 조심스러워 하는 내 모습을 보았다. 나는 까닭 모를 불안을 느끼고 있었고, 마치 내가 검사로부터 위협을 받고 있고 내 말에 한 치의 실수도 없어야 하는 것처럼 느끼고 있음을 깨달았다.

약간 망설인 끝에 나는 이런 경험을 환자와 나누기로 결심했다. 고든은 내 말을 들은 다음 몹시 놀랐다. 그는 내가 기술한 경험이 바로 그 자신의 경험이라고 했고, 치료 장면에서 나와 함께 있을 때뿐만 아니라 좀 더 일반적인 상황에서도 그렇다고 했다. 그는 이전에는 그런 경험을 묘사할 말을 찾지 못했었는데, 이제 그가 자신의 '내면의 정경(internal landscape)'이라고 부르는 것을 우리의 상호작용 안으로 가져오고 있는 것같이 보였다. 이와 관련하여 그는 직장에서 막연히 느껴지는 위협감 때문에 그가 이룬 성과를 강박적으로 '금도금(goldplating)' 하는 패턴이 있다고 나에게 털어놓았다. 그리고 이에 덧붙여 유대인 대학살의 생존자인 그의 어머니가 최근에 그에게 "너 불안하지 않니? 분명히 거기서 유대인은 너 혼자뿐일 거야."라고 물었다고 했다.

몇 회기 동안 그의 경험과 우리가 함께 겪은 경험을 탐색하는 동안 고든은 한 치의 실수도 없도록 그가 자신을 몰아붙이게 만드는 동인은, 구체적으로 판단과 공격에 대한 두려움, 특히 그에게 합리적이라고 믿지 않는 상황에서 느끼는 두려움이라는 것을 자각하게 되었다. 그는 그의 어머니가 '그녀의 경험에서 이와 똑같은 불안을 느꼈고' 그것이 어쨌든 그에게 전가되었다고 생각했다. 이제 그는 그것을 나에게 전가했던 것으로 보였다. 위협을 잘 느끼는 나의 취약성으로 인해 고든은 자기 안에서 느끼지 않으려고 애써 피했던 어떤 경험을 내 안에 불러일으킬 수 있었던 것이다. 그는 위험에 대한 그의 무의식적 감각을 '재배치함' 으로써 우리 두 사람이 그것을 확인하고 분명하게 표현할 수 있게 해 주었고, 또한 그런 다음 그가 자신의 것으로 인정하기를 꺼렸던 느낌들이, 어떤 수준에서는 사실 원래 그의 어머니의 것이라는 점을 우리가 이해하기 시작하도록 해 주었다.

이 환자가 알기를 꺼렸고 그래서 나에게 말할 수 없었던 어떤 것을 내 안에서 불러일으켰다는 설명은 투사적 동일시(projective identification)를 말하는 것이다. 투사적 동일시에 대한 일반적인 이해에 따르면, 이것은 우리가 우리 안에서 감당할 수 없는 어떤 것을 다른 사람에게(혹은 다른 사람 안으로) 투사하는 과정이다. 그리고 나서 우리는 우리가 투사한 것을 상대가 동일시하게끔 유도하는 방식으로 상대를 대한다. 투사적 동일시는 일반적으로 하나의 방어기제로 여겨지지만 비언어적 의사소통의 양식이기도 하다.[7]

Melanie Klein이 원래 생각했듯이 투사적 동일시는 본질적으로 유아와 심리적 발달이 크게 미흡한 성인의 마음속 환상(fantasy)인데, 이들은 자신의 일부를 다른 사람에게 어떻게든 재배치할 수 있다고 믿는다. 이러한 Klein의 통찰을 '대인 간에 일어나는 과정' 으로 개념화한 공은 일반적으로 정신분석가인 Winnicott과 Bion에게 돌아간다. 그들은 Klein이 전적으로 내적 현상으로 간주한 것이 실제로 대인 간 현상이라는 것을 깨달았다. 우리 모두는 태어나서부터 그 이후까지 우리 자신의 것이라고 인정할 수 없거나 혹은 인정하고 싶지 않은 경험을 실제로 타인 안에서 불러일으킨다.

Bion(1962)은 그의 이론에서 '정상적인 투사적 동일시' 를 유아기에 가장 중요하고 유일한 의사소통 수단이라고 이론화했다. 유아는 자신을 압도하는 감정을 수용

---

7) 이와 관련하여 Schore(2003)는 다음과 같이 말한다. "Freud는 우리가 다른 사람의 무의식적 의사소통을 전해 받을 수 있게 하는 '고르게 분산된 주의(evenly suspended attention)' 라는 마음 상태를 개념화하기 시작했다. Freud가 무의식이 어떻게 '수용 기관' 의 역할을 할 수 있는가를 기술했다면, Klein의 투사적 동일시 개념은 무의식 체계가 어떻게 '전달 장치' 의 역할을 하고, 또한 이런 전달이 이후 어떻게 다른 사람의 무의식적 마음의 수용 기능에 영향을 줄 것인가를 개념화하려는 시도라고 나는 제안한다."

적인 엄마에게 투사하고, 엄마는 그것을 담아내고 처리하여, 조절되고 '소화할 수 있는' 형태로 아이에게 되돌려 준다. 유아와 부모 연구에서 이루어진 관찰은 대체로 Bion의 이론을 지지하고 있다. 그러나 이에 덧붙여, 유아와 부모 간의 영향이 양방향적이며 공동으로 구성된다는 점을 중요하게 강조한다.

정신분석가이며 캘리포니아대학교 연구자인 Stephen Seligman(1999)은 유아와 부모 관계의 현실을 제대로 이해하려면 유아의 투사뿐만 아니라 **부모의 투사**도 반드시 고려해야 한다고 제안한다. 이런 유아와 부모 관계나 다른 친밀한 관계—결혼과 심리치료와 같은—에서 성인들은 분명히 투사적 동일시를 사용한다. Bion(1967)은 실제로 투사적 동일시가 환자와 치료자 간 가장 중요한 형태의 상호작용이라고 주장했다. 이후의 장에서 내가 강조할 점은 투사적 동일시의 복잡성이다. 첫째는 이것이 양방향적이라는 사실이고, 둘째는 치료자로서 우리는 환자가 우리 안에서 불러일으키는 것이 환자에게만 속한 것이라고 너무 쉽게 가정하는 경향을 경계해야 한다는 사실이다. 일반적으로 사람들은 모자걸이가 있어야 모자를 걸기 마련이다.

정확히 우리가 어떻게 다른 사람에게 우리 자신의 경험을 불러일으킬 수 있는가는 현대 여러 분야의 연구자에 의해 어느 정도 밝혀지고 있다. 현재로서는 내적 상태가 환자에게서 치료자로(그리고 그 역으로)뿐만 아니라 유아에게서 부모로(그리고 그 역으로) 전이되는 것은, 주로 몸과 몸 간의 의사소통이라는 매체를 통해 이루어지는 것으로 보인다. 우리가 보는 것이 우리 자신의 일부가 된다고 말할 수 있을지도 모른다. 즉, 우리가 다른 사람에게서 어떤 감정을 지각하면 우리 자신 안에서 그 감정을 느낀다는 것이다.

앞서 언급했듯이 태어난 지 42분밖에 되지 않은 신생아도 입을 벌리거나 혀를 내미는 모델의 얼굴 표정을 모방할 것이다(Meltzoff & Moore, 1998). 2개월 반이 된 영아는 엄마의 감정 표현에 대해 이에 상응하는 자신의 감정으로 반응할 것이다(Haviland & Lelwica, 1987).[8] 관련된 연구에서 Dimberg 등(2000)은 성인 피험자에게

---

8) 한 연구에서 엄마들에게 유아와의 면대면 상호작용에서 다양한 얼굴 표정을 만들어 보라고 요청했다. 엄마가 보이는 기쁨의 표시에 대한 반응으로 유아 자신도 기쁨이 고조된 것처럼 보였고

미소 짓는 얼굴과 화난 얼굴을 끼워 넣은 중성적인 내용의 비디오를 30밀리세컨드 (역주: 밀리세컨드(msec) = 1,000분의 1초) 동안 보여 주었다. 이런 잠재의식적인 자극에 노출되었을 때 실험에 참여한 피험자들은 비디오에 나온 얼굴에서 그들이 (무의식적으로) 보았던 표정을 따라 하기 위해 자기 얼굴의 미세근육을 반사적으로 움직였다.

우리는 진화에 의해 우리와 상호작용하는 사람들의 얼굴 움직임을 반사적으로 모방하도록 만들어진 것 같다. 그런데 이런 모방은 내적 상태의 전이와 어떤 연관이 있을까? 다른 사람의 얼굴 움직임을 그대로 따라 하는 것은 그의 감정 경험에 참여하는 것과 같지는 않다. 아니면 혹시 같은 것인가?

얼굴 표정의 현상학과 정신생리학 분야에서 세계적으로 유명한 연구자인 Paul Ekman[9]은 얼굴 근육의 반응이 감정을 표현할 뿐만 아니라 감정을 활성화시킨다는 점을 발견했다. 우리가 의도적으로 특정한 감정과 관련된 얼굴 표정을 취하면 우리의 생리와 뇌 활성화 패턴도 그에 맞게 변한다.[10] 모방 연구와 함께 Ekman의 연구가 시사하는 바는 우리가 선택하든 선택하지 않든지 간에, 사실 우리는 자주 타인의 상태에 접근할 수 있다는 것이다. 왜냐하면 우리가 무의식적으로 그리고 본의아니게 다른 사람의 얼굴 표정을 그대로 따라 할 때 우리는 그 사람의 감정 경험과

'입을 실룩거리는' 움직임이 줄어들었다. 엄마의 슬픈 얼굴에 대한 반응으로 유아는 기분이 가라앉은 듯해 보였고 입을 실룩거리는 움직임이 증가했다. 엄마의 화난 표정에 대한 반응으로 유아는 화를 나타냈고 몸의 움직임이 없었다(Haviland & Lelwica, 1987).

9) 패턴의 얼굴 근육 움직임과 연관되는 이러한 현상이 범문화적이라는 사실을 입증하여 명성을 얻었다. 예를 들면, 즐거움은 미소로 나타날 뿐만 아니라 눈 주위 근육의 비자발적인 움직임에서도 결정적으로 나타난다는 것이다.

10) 이런 과정을 예시하면서 Ekman은 Edgar Allan Poe가 탐정이라는 페르소나를 가장하여 쓴 글에서 자신이 어떻게 다른 사람들의 내적 상태에 의도적으로 들어가는지를 설명한 『도둑맞은 편지 (The Purloined Letter)』를 인용하고 있다. "누가 얼마나 현명한지, 얼마나 어리석은지, 얼마나 선량한지, 얼마나 사악한지, 혹은 그 순간에 그의 생각이 무엇인지를 알아내고자 할 때, 나는 내 얼굴 표정을 가능하면 정확하게 상대방의 표정과 일치하도록 만들어 보고, 그런 다음 그 표정과 어울리거나 일치할 때 내 마음이나 심정에 무슨 생각이나 감상이 떠오르는지를 알아보려고 기다린다." (Poe, Ekman, 2003, p. 37 재인용)

공명하거나 일치하고 혹은 상응하는 감정 반응을 우리 내면에서도 느끼기 때문이다(Ekman, 2003; Ekman, Levenson, & Friesen, 1983).

　이것이 우리가 치료자로서 환자가 경험하는 것을 '내면으로부터 깊숙이' 알 수 있는 잠재력을 갖는 방식일 수 있다. 환자들은 그들이 말로 표현하지 못하는 것을 우리 안에서 그들의 감정을 불러일으키는 면대면 의사소통을 통해 우리에게 전달한다. Ekman이 목소리의 '음악'(음색, 억양, 음조)이 얼굴 표정과 마찬가지로 감정을 전달하고 활성화한다고 믿는 것은 놀라운 일이 아니다. 그것을 투사적 동일시라 부르든 비언어적 의사소통이라고 부르든 간에, 분명한 사실은 환자가 그들의 경험에 대한 공명을 우리 내면에서 활성화시킬 것이라는 점이다.

　여기에서 핵심은 심리치료에 대한 상호주관적, 관계적 접근의 중심에 있는 것이다. 즉, 환자가 말로 표현하지 못하는 것에 접근하려면 우리는 반드시 우리 자신의 주관적인 경험에 주목해야 한다는 점이다. 이후에 나는 우리에게 반응을 불러일으키는 환자의 영향력을 확인하고 이해하며 잘 활용하기 위하여 우리 자신의 주관성을 이용하는 데 있어 현대의 관계 이론이 어떤 도움을 줄 수 있는지를 자세히 살펴볼 것이다. 지금으로서는 환자의 비언어적인 소통을 받아들이기 위해 우리는 이런 소통이 우리 안에 일으키는 반향을 인식하는 법을 반드시 배워야 한다는 점만을 언급하고자 한다.

　일단 우리가 이런 반향을 인식한다면, 우리 안에 불러일으켜졌다고 우리가 믿는 것을 환자에게 의도적으로 개방하는 것이 어떤 경우에는 매우 중요할 수도 있다. 또 어떤 경우에는 환자가 말하지 않은 경험에 대해 좀 더 깊은 이해를 얻은 다음 그런 이해를 환자에게 전달하기 위해 우리 안에 불러일으켜진 것에 대한 우리의 자각을 활용할 수 있을 것이다. 또 다른 경우에는 환자 스스로 감당할 수 없다고 느끼는 어떤 경험을 우리가 애써서 성공적으로 감당해 내는 모습을 환자에게 보여 줄 필요가 있을 수도 있다. 몸의 언어를 제외하고서, 환자가 언어를 사용하여 소통하지 못하는 것을 종종 치료자인 우리 안에 불러일으킬 것이라는 점을 우리가 이해하지 못한다면, 아마도 이 모든 것은 가능하지 않을 것이다.

알고 있지만 생각해 보지 않은 것이 치료 장면에서 신체화되는 것에 대한 작업

한 여성 환자는 우리 사이에 침묵이 흐를 가능성이 있을 때마다 극도로 불편해했다. 이 경험을 세밀하게 탐색하던 중에 그녀는 만약 대화가 없다면 우리는 그저 서로 바라보고만 있어야 할 것이라고 말했다. 그래서 "만약 그렇게 된다면요?"라고 내가 물었다. 그녀는 그러면 우리는 서로 상대의 몸을 그냥 보고 있어야만 할 것이라고 답했다. 그것은 마치 우리가 단지 두 개의 몸으로 존재하는 것과 같을 것이라고 했다. 이것은 그녀에게 우리의 몸과 몸 간의 관계에 대한 매우 심란한 질문, 즉 성적인 주제라고도 알려진 질문을 유발한 듯했다.

심리치료가 환자 경험의 최대한 많은 부분을 담아낼 여지를 만들고자 한다면 우리는 몸을 배제해서는 안 된다. 만약 '말로 하는 치료(the talking cure)'가 말을 하는 머리와 머리(talking heads) 간의 대화에 국한된다면 이런 치료는 상당히 덜 포괄적이고 덜 통합적이 될 개연성이 높다. 신체 감각은 항상 감정의 밑바탕을 이룬다. 즉, 우리가 몸으로 느끼는 것의 상당 부분은 우리가 감정적으로 느끼는 것이다.

언어 습득 이전의 경험은 애착 연구에 의해 그 영향력이 매우 큰 것으로 밝혀져 왔는데, 물론 이런 경험은 대체로 신체적인 경험이다. 그리고 앞서 언급한 대로 심리치료에서 말로 이루어지는 대화에서 반응을 불러일으키는 배후의 숨은 의미를 제공하는 것은 몸과 몸 간의 의사소통이다. 물론 이런 의사소통이 미치는 영향 중 많은 부분은 의식적인 자각 밖에서 저장되기는 하지만, 우리가 찾기를 기대하지 않는다면 그것을 발견하는 일 역시 매우 어려울 수 있다. 치료자는 몸―그것이 환자의 몸이든 치료자 자신의 몸이든 간에―을 무시해서는 안 된다. 그 이유는 몸은 흔히 말로 표현되지 않거나 표현될 수 없는 어떤 것을 받아들이고 전하기 때문이다.

혼란된 애착뿐만 아니라 중대한 정신적 외상의 영향도 몸으로 나타나는 경우가 흔하다. 아동기에 만성적으로 외상을 경험했던 나의 한 환자는 압도될 정도의 심한 신체적인 통증을 느끼거나 혹은 통증에 무감각해지는 상태를 번갈아 가며 겪었는데, 이것은 마치 내적 신호가 귀를 멀게 할 정도로 강렬하거나 혹은 거의 들리지 않는 것과 같았다. 그녀는 때로는 자기 몸 안에 갇힌 죄수처럼 느끼고, 때로는 자기 몸이 없는 것처럼 느낀다. 그녀는 자신의 신체적 고통이 실제로 감정적인 고통을 대신하는 것인지 아닌지를 분간하기 힘들어한다.

이런 환자, 즉 압도하는 과잉각성과 무감각한 해리 상태를 번갈아 경험하는 환자는 늘상 정서 조절에서 극심한 어려움을 겪는다. 이들에게는 신체 감각을 느낌으로 바꾸어 이런 느낌을 말로 명확하게 표현하고 적절한 행동으로 옮기는 것이 어려운 일이다. 이들에게는 신체 감각이 너무나 쉽게 자동적으로 촉발될 수 있어서 생각하고 느끼는 것이 힘들다. 그 대신 그들은 부인하고 해리하는 반응을 보인다. 신경생리학 연구를 통해, 외상을 경험한 환자는 편도체의 높은 반응성과 이에 상응하는 전두엽 피질의 활동 저하를 볼 수 있는데, 이것은 놀라운 결과가 아니다(Rauch et al., 2000; Shin et al., 2004). 이런 환자들은 '몸이 모든 것을 기록한다(the body keeps the score).' (van der Kolk, 1996, p. 214)

이것은 마치 몸이 과거에 저장했던 고통을 너무도 잘 기억하고 있고, 그래서 현재 일상의 어려움이 마치 생명을 위협하는 재앙인 것처럼 반응하는 것과 같다. 이런 환자의 심리치료 작업에 있어 많은 부분은 몸의 상태를 인식하고 감당하며 이름을 붙이는 노력을 수반하는데, 이런 노력을 통해 신체적 감각이 감정과 연결되고, 또한 감정은 그것을 유발하는 맥락과 연결될 수 있다. 이들 환자에게 정서 조절의 통로와 해리된 경험의 통합은 일반적으로 몸에서 시작된다.

교감신경계의 과잉활성화와 부교감신경계의 비활성화를 번갈아 겪는 환자와는 다른 양상을 보이는 사람들이 있는데, 이들은 애착에 대해 무시하는 마음 상태에 있다. 이런 환자들은 그야말로 머리로만 말하는 사람 같고, 표현력이 매우 부족하며, 자세는 굳어 있고 무표정하며, 목소리에는 억양의 변화가 없다.[11] 이처럼 억제되고 비활성화된 환자에게는 치료자가 긴장과 죄어드는 느낌, 졸음 등과 같은 자신

---

11) Ekman의 연구는 이런 신체의 억제가 실제로 성인뿐만 아니라 유아에게서도 감정에 대한 주관적인 경험을 억제한다는 것을 시사한다.

의 신체 감각에 각별히 의도적으로 주의를 기울일 필요가 있다. 환자 자신의 부인된 감정이나 혹은 그런 감정에 대한 방어가 불러일으키는 반향이 치료자의 몸에서 먼저 나타나는 경우가 자주 있기 때문이다.

한 동료 치료자는 자신이 '진짜 마초 남자 환자' 와 치료하는 동안 한 번은 가슴에 날카로운 통증을 느꼈다는 이야기를 내게 해 주었다. 이 환자는 수년간 치료받으면서 감정을 내보인 적이 거의 없었다. 치료자는 가슴에 통증을 느끼면서 말없이 앉아 있었고, 그것이 청소년기에 외로운 아이로서 그가 느꼈던 감정이 몸에서 반향하는 것임을 알게 되었다. 그는 이 경험을 환자와 나누기로 결심했다. 그는 환자에게 이야기를 했고 환자도 이와 유사한 감각을 느껴 본 적이 있었는지 물어보았을 때, 이 남자의 눈에 눈물이 고였다. 그리고 남자는 소년 시절에 겪었던 고통스러운 외로움의 감정—그가 한 번도 다른 사람과 나누거나 극복할 수 없었던 감정—에 대해 처음으로 말하기 시작했다.

정신분석가인 Otto Kernberg의 말을 부연하자면, 신체는 개인적 의미를 담고 있는 지형이다. 이런 의미를 알아내려면 치료자는 신체적 자기를 위한 여지를 두면서 환자의 몸이 드러내는 것과 환자가 자기 몸과 어떤 관계에 있는지 둘 다에 주목할 필요가 있다. 치료자는 또한 자기 자신의 신체 감각에도 주목해야 한다. 왜냐하면 그것은 흔히 환자 내면에서 일어나는 어떤 것에 공명하는 생리적인 반응을 나타내기 때문이다. 마지막으로 심리치료에서 몸이 차지하는 의미에 대한 이런 성찰을 보여 준 치료 예시에서 언급한 것처럼, 우리는 치료실에 있는 두 신체 간의 관계에 주목해야 한다. 이런 것들은 모두 환자가 표현할 말을 갖고 있지 않지만 문제가 있었던 과거의 형성적 경험이 미친 영향을 인식하고 이끌어 내며, 성과가 좋다면 그런 영향을 수정하는 통로가 된다.

우리는 비언어적 영역에 초점을 둠으로써 통합된 적이 없고 분명히 표현할 수 없었던 환자 자기의 면면들과 연결을 꾀할 수 있다. 환자가 우리와 함께 실연하고, 우리 안에 불러일으키고 혹은 신체화하는 것이 무엇인지를 자각하게 됨으로써 우리는 환자가 '알고 있으나 생각해 보지 않은 것' 에 대해 어느 정도 알아 갈 수 있는 기회를 갖고, 이와 동시에 그 과정에서 흔히 우리 자신에 대해서도 배우게 된다. 치료

다른 사람들의 감정 상태를 드러내는 얼굴의 미세한 표정을 읽는 데 있어 놀라울 정도로 숙련된 사람이었다.[2]

　마음챙김과 명상이 광범위한 신체 상태(예: 고혈압, 천식, 월경전 증후군, 제2유형 당뇨병) 및 심리적인 문제(예: 우울증, 강박장애, 불안, 공포증)와 관련해서 매우 유익한 효과가 있을 수 있음을 시사하는 연구문헌이 급증하고 있다(Walsh & Shapiro, 2006 참조). 마음챙김 수행이 어떻게 이런 효과를 가져오는지는 다양한 방식으로 설명할 수 있다. 생리적 수준에서 이런 수행은 두려움과 분노처럼 편도체에 기반한 감정에 의해 유발되는 자율적인 반응과 교감신경계의 과잉각성을 감소시키는 것으로 보인다. 심리적 수준에서 이런 수행은 생각하고 느끼는 습관화된 방식의 탈자동화뿐만 아니라 침착함과 자기 인식 및 자기 수용을 촉진하는 것으로 보인다. 그리고 앞서 내가 제안했듯이 이런 수행은 시간이 지남에 따라 내면화된 안전 기지의 형성(혹은 공고화)에 기여할 수 있다. 마지막으로 마음챙김이 공감을 향상시킨다는 것을 시사하는 증거들이 늘어나고 있는데(Morgan & Morgan, 2005), 이는 명상이 정신화를 강화시킨다는 결론(Allen & Fonagy, 2002)에 부합하는 결과다. 분명히 마음챙김은 심리치료에서 중요한 역할을 할 수 있다.

매몰에서 정신화로

　모든 환자들은 때때로 자신의 경험에 매몰되고, 이들 중 일부는 항상 매몰된다. 이 일부 환자들은 확고하게 '실제'로 느껴지는 내적, 외적 상황의 덫에 갇힌 순간의 포로다. 이들은 주로 경계선 수준의 자아 강도와 외상후스트레스장애, 그리고/또는 주요 우울증을 갖고 있는데, 그 이유는 아주 다르지만 유아나 어린 아동처럼 어떤 특정 경험에 대해 다중적인 관점을 유지하지 못한다. 이들의 관점은 일차원적

---

2) 이 승려는 매우 숙련된 다른 한 명상가와 함께 Ekman이 검사한 5,000명의 피험자 가운데 그 누구보다도 훨씬 더 높은 점수를 기록했다.

이어서 경험을 해석할 수 있는 정신적 여지를 두지 않는다. 그 결과, 이들은 자기 자신이나 다른 사람의 경험을 정신 상태에 기초하여 이해하는 데 엄청난 어려움이 있다. 더구나 이들은 이런 태도에 갇혀 있기 때문에 경험, 특히 고통스러운 경험에 의해 야기되는 느낌을 확인하고 조절하며 또 효과적으로 표현할 능력이 거의 없다.

대부분의 환자(그리고 대부분의 치료자)는 때로 이처럼 경험에 매몰되는 자신을 보게 되지만, 이런 일은 좀 더 드물게 그리고 대개는 심각한 곤란을 겪을 때 일어난다. 그래서 우리 대다수에게는 내가 매몰이라고 부르는 상태가 특정한 맥락에 달려 있는데, 이는 우리에게 완전히 휩싸인다는 느낌을 갖게 하는 어떤 사태와 어떤 관계 그리고 관계 안에서의 어떤 사태들이 있다는 것이다. 우리를 압도하는 감정에 빠져 버린 이런 상태에서는 우리가 경험 밖으로 나와 우리 자신의 어떤 부분을 활용하여 경험에 대해 생각해 볼 수 있도록 수면 위로 머리를 들어 올리는 것이 전적으로 불가능하다는 느낌이 들 수 있다.

아동기에서나 심리치료에서나, 확고하게 매몰된 태도에서 정신화 그리고 성찰적 태도의 유연함으로 나아가는 움직임은 대개 가까운 관계의 맥락에서 일어난다. 애착 안정성을 증진시키는 이 관계적 요소들은 정신화를 위한 능력도 기른다. 제4장에서 논의한 것처럼 매몰에서 정신화로 이어지는 가교는 정서 조절과 의도성에 대한 인식 및 상징적인 놀이에 기초하여 만들어진다.

충분히 건전한 발달과정에서 어린 아동의 정신화 태도는 양육자의 민감한 반응성을 통해 생겨난다. 이런 반응성 자체는 전적으로 양육자 자신의 정신화 능력, 즉 아동이 보여 주는 대체로 암묵적이고 비언어적인 단서를 아동의 정신적 상태에 대한 의사전달로 해석할 수 있는 능력에 달려 있다. 심리치료에 대해서도 거의 같은 말을 할 수 있다. 즉, 환자가 전달하는 것에 대해 치료자가 공감적으로 조율하는 능력은 주로 치료자의 정신화 능력에서 나온다. 실제로 정신화를 하는 치료자가 환자 자신의 정신화 잠재력을 활성화시키는 것은 주로 안정 애착이 형성되어 가는 상호주관적인 관계의 맥락에서 이루어지는데, 이런 관계는 치료자가 실연 또는 환기되거나 신체화되는 비언어적 차원에 초점을 둠으로써 지지된다.

좀 더 건강한 환자와 그들의 치료자는 어느 한쪽이 감정적으로 압도적인 어떤 경험과 우연히 마주칠 때까지 그들의 정신적 상태에 대해 상당히 일관되게 함께 성찰할 수 있을 것이다. 그런데 정신화가 본 궤도를 이탈하거나 (예컨대, 혼란스러운 실연의 과정에서) 혹은 정신화를 위한 잠재력이 아직 촉발되지 않았을 때, 환자는—그리고 때로 치료자는—개인의 마음과 세상이 융합되어 버리는, 매몰되고 일차원적인 심리적 등가성 방식에 빠질 수 있다. 우리는 여기서 아동이 이처럼 자신의 내적 상태와 외적 현실을 동등한 것으로 만드는 방식을 살펴볼 필요가 있다. 왜냐하면 매몰된 태도에 빠져 있는 성인 환자에게서 이런 방식의 변형된 양상을 너무나 자주 보기 때문이다.

잘 알려진 한 실험(Gopnik & Astington, 1988)에서 3세에서 6세까지의 아동들에게 M & Ms 초콜릿 통을 보여 주고 그 안에 무엇이 들었다고 생각하는지를 물어보았다. 아동들은 모두 'M & Ms'라고 답했는데, 실제로 통 속에 연필 하나밖에 들어 있지 않다는 것을 보게 됐을 때 아마도 그들은 모두 실망했을 것이다. 잠시 후 그들에게 M & Ms 통을 본 친구가 똑같은 질문에 뭐라고 답할지를 예측해 보도록 했을 때, 대부분은 그 답이 전적으로 확실하다는 듯 '연필'이라고 대답했다. 더 놀랍게도, 이들에게 처음 M & Ms 통을 보았을 때 그 안에 무엇이 들어 있다고 생각했었는지 기억해 보라고 하자 대부분은 '연필'이라고 같은 답을 했다.

이 '잘못된 믿음(false-belief)' 검사는 아동이 특히 4세나 5세가 되기 전에, 경험에 대해 한 가지 이상의 관점을 염두에 두기가 어렵다는 점을 분명히 보여 준다. 메타인지 용어로 말하자면 이들은 기껏해야 표상의 다양성과 변화에 대해 미약하게 이해하고 있을 뿐이다. 즉, 이들은 친구가 자신과는 다른 관점을 가질 수 있다는 것도, 또한 자신의 관점이 달라졌을 수도 있다는 것도 상상할 수 없다. 일상생활에서와 같이 이 연구에서 어린 아동들은—그리고 자신의 경험에 매몰된 성인들은—내적 세계가 외적 현실과 동등하게 간주되지 않도록, 그리고 어떤 의미에서는 내적 세계가 외적 현실에 의해 무효화되지 않도록 하는 데 있어 엄청난 어려움을 경험할 수 있다.

그러나 물론 심리적 등가성은 양방향으로 작용한다. 한 동료가 내게 말해 주기를, 그녀가 거의 두 살이 된 아들을 목욕시키려고 하는 순간, 아이는 자기 뜻에 반해 욕조에 들어가는 데 대해 격렬하게 화를 내며 큰 소리로 항의했다고 했다. 아이는 심한 분노에 휩싸여 엄마를 물었고 그런 다음 또 한 번 소리쳤는데, "엄마가 나 물었어!"라고 울부짖었다. 이 경우 분노와 그다음에는 두려움의 내적 세계가 외적 현실을 눌렀고, 그 결과 이 둘은 하나가 되었다.

심리적 등가성이 남기는 한 가지 위험은 개인의 내면에서 느껴지는 것(격노, 공포)을 너무나 쉽게 외부에 투사하고, 그 과정에서 아주 위험한 어떤 세상에 대한 경험을 만들어 낸다는 것이다. 경계선이라고 말할 수 있는 환자처럼 자신의 경험에 매몰된 성인 환자는 바로 이런 위험에 취약하다. 이들은 느낌을 현실과 동등하게 보고, 그들 자신의 느낌이 타인에게 투사될 때 마치 위험을 받는 것처럼 반응한다. 예를 들면, 치료자가 제대로 조율하지 못한 데 대한 반응으로 분노를 느끼고 또한 수치심을 느낀 나머지 이들은 치료자가 악의적이고 아마도 도움을 주기에는 자질이 부족하다는 판단을 내릴지도 모른다.

주로 이런 종류의 위험 때문에 아동과 성인 모두 Fonagy가 가장하기 양식(the pretend mode)이라고 부르는 것을 도피처로 삼게 된다. 우리가 놀이나 백일몽에 몰두할 때와 같이 가장하기 영역에 머물기 위해 물리적 현실을 외면할 때 우리는 내적 세계와 외적 세계를 동등시하는 것이 아니라 이 두 세계를 분리하여, 상상을 통해 너무나 실제처럼 느껴지는 정신적 상태의 압박으로부터 우리 자신을 해방시킨다. 심리적 등가성의 매몰된 태도에서 아동과 성인 모두에게 경험이란 그저 있는 그대로의 것이라면—때로 놀랍게도 그러하다—가장하기 양식에서 경험은 우리가 바라는 어떤 것이다.

이것을 좀 더 생생하게 설명하자면, 어느 날 아침 네 살 된 아들 녀석이 나를 깨워 자기 어깨에 망토처럼 두른 수건을 묶어 달라고 했다. 나는 아들 말대로 한 다음 그가 여전히 내 아들인지 아니면 이제 슈퍼맨이 됐는지를 물어보는 실수를 저지르고 말았다. "아빠!" 분명한 책망의 표시로 둘째 음절에 강세를 두며 아들이 불평했다. 그러고는 방 밖으로 달려 나가면서 소리쳤다. "둘 다 아니야, 난 배트맨이야!" 잠시 후에 계단을 내려오면서 나는 층계참에 놓여 있는 아이의 '망토'를 집어 들었다. 아침을 먹으면서 나는 어쩔 수 없이 심리학자로서 참지 못하고 아들에게 물었다.

"이제 너는 내 아들이니 아니면 배트맨이니?" 활짝 미소 지으며 아이가 답했다. "난 배트맨이야. 배트맨이 되려고 가끔 복장을 입어."

가장하기 양식에서 상징화는 매몰이나 심리적 등가성을 넘어서는 발달상 중대한 진전을 나타낸다. 상징화를 할 때 우리는 한편으로는 어떤 한 가지가 다른 것을 나타내도록(혹은 가리키도록) 만들면서, 다른 한편으로는 상징과 그것이 상징하는 것이 두 개의 분리된 실체임을 인정한다. 배트맨의 망토(상징화된 것)를 나타내는 수건(상징)을 두르는 것은 내 아들이 자신이 진짜 배트맨이라고 믿지 않지만 배트맨이 '되도록' 해 주었다. 말하자면 그는 상징적인 놀이에서 동일한 경험에 대해 두 가지 관점을 가지고 외양과 현실 간의 차이를 파악할 수 있었다. 가장하기 양식에서 우리는 정신화를 구성하는 세 가지 요소의 초보적인 형태를 연습할 기회를 갖는다. 즉, 우리는 상징화하고 다중적인 관점을 유지하며, 그리고 외양과 현실 간의 차이를 알 수 있다. 어떤 의미에서 우리는 가장하는 한, 정신화를 할 수 있다.

Fonagy 역시 그의 네 살 된 아들의 배트맨 이야기를 하면서 국외 회의 참석차 떠난 여행길에 배트맨 복장을 사달라는 아들의 요청을 들어주려고 무척 고생을 했었다는 경험담을 들려주었다(Allen & Fonagy, 2002). Fonagy가 구입한 복장을 집에 가져갔을 때 아들은 그것을 입고 거울 속의 자기 모습을 한번 보고는 겁에 질려 와락 울음을 터뜨리며 그것을 당장 치우라고 했다. 잠시 후 아이는 엄마의 낡은 치마를 얻어서 어깨에 두르고 기분 좋게 배트맨이 된 척했다.

가장하기 양식에서 경험은 우리가 원하는 대로 될 수 있다. 하지만 이것은 현실 속의 늑대가 문으로부터 멀찌감치 거리를 두고 떨어져 있는 한에서다. Fonagy의 아들이 지나치게 진짜같이 만들어진 복장을 입은 자기 모습을 보았을 때 그는 너무 배트맨같이 보였고, 그래서 자기가 배트맨이라고 느꼈다. 가장하기 양식—상징화와 외양/현실 구별, 그리고 다중적 관점 채택이라는 안정성을 높이는 잠재력과 함께—이 무너져 심리적 등가성으로 넘어간 것이었다.

이와 같은 붕괴는 당연히 치료 장면에서도 일어날 수 있다. 일례로, 최근에 나는 오랫동안 나와의 치료 관계가 좋았던 한 여성 환자가 평소와 달리 나와 함께 있으면서 불안해한다는 것을 몇 회기에 걸쳐 알아차리게 되었다. 그녀의 불안을 탐색해 본 결과, 그녀에 대한 내 감정의 성격과 나의 '경계'에 대한 의문 때문에 그녀가 불편했었다는 것이 드러났다. 내가 어느 한 회기에서 그녀의 외모를 칭찬하는 말을 했을 뿐만 아니라 그녀가 사무실을 나갈 때 내가 그녀의 어깨를 살짝 건드렸는데, 그때 이후 줄곧 불편했었다는 것이다. 앞으로 좀 더 설명하겠지만, 이 일화는 치료 관계의 '가장하기' 혹은 '마치 ~인 것처럼(as if)'의 특성이 갖는 취약성을 보여 준다.

치료자의 잘못된 조율과 환자의 취약함이 맞물려 치료의 '놀이 공간'은 빠르게 너무나 겁이 날 정도로 현실적이 될 수 있고, 매몰의 태도로 넘어가면서 정서 조절에 혼란이 야기될 수 있다. 왜냐하면 내적인 경험이 갑자기 외적 현실과 다르지 않다고 보일 때(예를 들면, 우리의 두려움이 의문의 여지없이 현실에 기반을 두고 있다고 느껴질 때) 우리는 마치 위험하고 출구가 없는 상황을 혼자서 직면하고 있는 것처럼 압도감을 느낄 수 있기 때문이다.

네 살 된 아이와 치료를 받고 있는 한 성인의 이야기는 가장하기 양식이 어떻게 우리를 매몰에서 정신화로 가는 길의 중간으로—그러나 단지 중간으로만—데려 가는지를 보여 주기 위한 것이다. 심리적 등가성은 너무 현실적인 반면에, 가장하기는 충분히 현실적이지 않고, 이 때문에 상대적으로 취약하다. 그러나 가장하기는 아주 중요한 중계 지점이다. 그 이유는 가장하기 양식이 우리가 경험에 매몰되어 있는 한 절대 획득할 수 없는 정신화 능력에 실제적으로 접근할 수 있게 해 주기 때문이다.

아동들은 만약 과제가 가장하기의 형태로 주어지면 앞서 기술한 잘못된 믿음 검사와 같은 종류의 검사에서 훨씬 더 높은 수준의 수행을 보여 준다. '실제 버전'으로 제시된 과제는 많은 4세 아동들의 능력으로는 힘들었지만, 이와는 대조적으로 가장하기 형태로 제시된 과제는 거의 모든 3세 아동에게 아주 쉬운 문제로 판명되었다(Gopnik & Slaughter, 1991). 영향력 있는 발달학자인 Lev Vygotsky가 말한 것처럼 "아동은 놀이에서 항상 그의 평균 연령을 넘어서고 일상적 행동을 넘어선다. 놀이에서 그는 마치 실제보다 자기 머리 높이만큼 더 키가 큰 사람 같다."(Fonagy et al., 2002, p. 261 인용) 가장하는 동안 아동은 중요한 정신화 기술을 연습하고 강화할 수 있다.

심리치료 환자도 마찬가지다. 치료자가 치료의 '틀(frame)', 즉 경계를 유지하면 일종의 중간적 공간(transitional space)이 만들어져, 그 안에서 현실적일 뿐만 아니라 가장하기이기도 한 치료 관계가 발달할 수 있다. Freud(1914/1924b)가 전이는 '놀이터'(p. 374)와 같이 환자의 해리된 충동이 허용될 수 있는 "질병과 현실 생활 간의 매개 영역"이라고 했을 때, 아마도 그가 염두에 두었던 것은 이런 이중성일 것이다. 왜냐하면 전이 관계에서 위험부담은 다른 중요한 친밀한 관계에서만큼 크지 않으므로 환자는 놀이를 하는 아이처럼 좀 더 모험을 해 볼 수 있는 여유를 가지기 때문이다. 심리치료에서 가장하기의 측면은 안전 기지로서의 치료 관계와 더불어 환자들에게 좀 더 자유롭게 상상하고 생각하며 느끼는 것이 허용될 만큼의 자유와 안전성을 제공한다.

그러나 상상하기는 우리를 정신화로 끝까지 데려가지는 못한다. 그 이유는 가장하기가 현실에 부딪히면 자유와 가능성에 대한 감각이 정서를 조절하는 능력과 함께 너무나 쉽게 사라지기 때문이다. Fonagy의 아들이 자신이 너무 진짜 배트맨처럼 보이는 모습을 마주하고서 느낀 두려움에 대해 생각해 보라. 혹은 참으로 중요하게 자신을 받쳐 주지만 취약한 면이 있는 자신에 대한 환상이 외적 현실―자신의 욕구와 일치하지 않는 타인의 반응과 같은―에 의해 도전 받았을 때 '자제력을 잃고' 자기애적 분노에 휩싸인 환자들을 생각해 보라.

아동기에서나 심리치료에서 심리적 등가성이라는 '현실 지향적이고 정신화를 하지 않는(nonmentalizing reality-oriented)' 양식과 가장하기라는 '비현실과 이어지고 정신화를 하는(mentalizing nonreality-connected)' 양식을 통합하는 기회가 주어졌을 때만 우리는 매몰에서 정신화로 끝까지 갈 수 있다(Fonagy et al., 2002, p. 266). 이런 통합은 실제 현실을 잊지 않으면서도 적나라한 사실의 횡포(특히, 실제라고 느껴지는 정신적 상태를 포함하여)로부터 우리의 마음을 자유롭게 한다.

마음을 세상과 동등시하지도 않고 세상에서 해리시키지도 않는, 이런 '현실에 근거하기(groundedness)'와 상상하기의 조합을 통해 우리는 내적 상태와 외적 현실의 관계에 비추어 우리 경험에 반응할 수 있다. 이것을 이런 식으로 생각해 보자. 우리가 경험에 매몰되어 있으면 그 경험은 우리가 '알기로는' 현실이고 그래서 우리는 행동하지 않을 수 없다고 느낀다. 한편, 우리가 가장하기를 하면 경험은 우리가 알기로는 비현실이고 그래서 어떤 실제 행동도 필요하지 않다. 그러나 우리가 정신화를 하고 있으면 우리는 경험에 대한 우리의 현재 감각이 실제로 얼마나 현실적인지 혹은 비현실적인지에 대해 스스로 질문할 수 있다. 달리 말하자면, 우리는 우리의 내적 상태가 현재 외적 현실과 얼마나 관련되는지를 궁금하게 여길 수 있다. 그런 다음 우리는 더 많은 자유와 좀 더 신뢰할 수 있는 정보를 가지고 어떻게 행동할지 (혹은 행동할지의 여부)를 선택할 수 있다.

　이런 식으로 의문을 가질 수 있는 능력은 안정 애착의 경험과 이런 경험에 의해 촉진되는 정서 조절과 최적의 각성 수준 및 정신화로 이어지는 선순환(benign circle) 에서 생겨난다(Allen & Fonagy, 2002). 이런 상승적인 과정에서 민감하게 반응하는 양육자(혹은 환자에게 공감적으로 조율하는 치료자)와의 지속적인 관계는 정서가 조절될 수 있고 각성이 '감당할 수 있는 범위' 내에서 유지되는 경험과 그리고 종국에는 그런 기대를 제공한다(Siegel, 1999). 그 결과 안전 기지에 대한 감각이 생겨나고, 이런 감각은 아동이(혹은 환자가) 탐험할 수 있도록 해 준다. 즉, 양육자(혹은 치료자) 의 얼굴과 마음(the mind) 및 심정(the heart)을 들여다보고, 그 안에서 '의도성을 가진 존재(an intentional being)'로서 반영된 자기 모습을 발견한다. 의도성을 가진 존재는 그의 행동이 행동의 맥락을 구성하는 감정과 소망, 신념에 비추어 이해될 수 있는 존재다.

　아동(혹은 환자)의 행동, 특히 비언어적 행동에 대해 이런 식의 반응, 즉 기저의 정신적 상태를 고려한 반응이 주어지면, 경험의 다중적 수준과 경험에 대한 다중적 관점에 대한 이들의 자각이 점차 강화된다. 달리 말하면, 이런 반응은 경험에 대한 정신화 태도가 생기게 한다. 한편, 정신화 능력은 정서를 조절하는 능력과 애착 관계를 안전 기지로 경험하는 능력 둘 다의 증진을 촉진한다. 이것이 아동기에서나 심리치료에서 심리적 성장과 통합 및 내면화된 안전 기지의 출현을 가능하게 하는 선순환이다.

심리치료에서 성찰적 자기의 강화와 통합의 촉진

메타인지에 대한 Main의 저술과 정신화에 대한 Fonagy의 저술이 강력하게 시사하는 바는 아동에게 애착 관계가 필요한 이유는 그 관계가 보호와 안정감을 제공할 뿐만 아니라 성찰 능력이 발달할 수 있는 상호주관적인 맥락을 제공하기 때문이다. 이런 과정의 첫 번째 단계는 정서를 조절해 주는 애착 인물과의 상호작용을 포함하는데, 이런 상호작용은 아동에게 느낌에 대해 가르쳐 준다. 감정은 발달하는 자기의 핵심이기 때문에 효과적으로 정서를 조절하는 이 같은 상호작용은 아동의 많은 감정 경험의 통합(해리가 아닌)을 가능하게 하고, 그 결과 응집된 자기에 대한 아동의 감각이 자라나게 해 준다.

심리치료라는 본질적으로 상호주관적 맥락에 있는 환자는 발달하고 있는 아동처럼, 느낌은 인식하고 다른 사람과 공유하며 성찰할 수 있고 또한 변화가 가능하다는 것을 배우는(그리고/또는 상기되는) 기회를 갖는다. 관계를 통해 변화를 추구하는 심리치료 모델에서는 안전 기지와 함께 치료자가 비언어적 경험에 초점을 두는 방식을 통해 환자의 해리된 느낌이 표면화되고 인식될 수 있다. 그리고 이런 부인되었던 느낌들이 일단 드러나고 느껴지면 그것들은 변화될 잠재 가능성을 갖게 된다. 즉, 부인되었던 느낌들이 수용되고 (과거에 대한 격분이 회한으로 누그러질 수 있다), 그리고/또는 변화될 수 있다(이전에 부인됐던 욕구가 '소유되고' 충족될 수 있다.). 또한 이전에 부인됐던 감정을 위한 여지를 만드는 관계와 환자가 이런 감정을 견디고 이해하도록 돕는 치료자의 노력은 감정의 통합도 좀 더 가능하게 해 준다.

그러나 심리치료 과정에서 환자는 어린 아동과 마찬가지로 어떤 다른 사람이 그것을 알아주기 전에는 자신의 내적 상태를 아는 것—혹은 심지어 알게 될 수 있는 내적 상태가 그에게 존재한다는 것을 아는 것—이 불가능한 때도 있을 것이다. 이제 이런 인식되지 않은 내적 상태를 어떻게 다른 사람—부모나 혹은 치료자—이 인식하고 그것에 이름을 붙이며 성찰하는 것을 가능하게 하는지 살펴보자.

나는 이런 과정이 아동기에 전개되는 양상에 먼저 초점을 두면서 심리치료와의 관련성에 대해서도 도중에 언급하려고 한다. 그런 다음 몇 가지 임상 자료를 제시

함으로써 발달하고 있는 아동에 대해 우리가 알고 있는 것—아동은 감정을 조절하
도록 도와주고, 정신화를 할 수 있는 타인을 필요로 한다는 점과 아동이 매몰에서
정신화로 옮겨 가는 데 상징적인 놀이와 언어를 사용한다는 점—이 어떻게 심리치
료의 통합적 과정을 조명할 수 있는지를 보여 주고자 한다.

　유아와 어린 아동들은 자신의 내적 상태에 수반되고(contingent) 또한 '티가 나는
(marked)' 반영(mirroring)의 경험을 통해 그들의 느낌에 대해 처음으로 배운다고 했
던 Fonagy와 그의 동료들의 보고를 독자들은 기억할 것이다. 예컨대, 괴로운 상태
에 처한 아이는 엄마가 그의 내적 상태에 공명하고 그것에 대해 곰곰이 생각해 보
며 또한 정확히 반영하여 아이에게 되돌려 줄 수 있을 때—하지만 엄마의 감정 표
출이 엄마 자신의 내적 상태에 대한 표현이 아니라 아이의 내적 상태에 대한 반응이
라는 '티가 날' 수 있도록 충분히 차이가 나도록 반응할 때—달래질 수 있을 것이
다. 더구나 이런 반영을 통해 아동이 자신의 정서를 인식할 뿐만 아니라 조절할 수
있는 능력이 길러지려면 고통은 다스려질 수 있음을 암시하는 어떤 태도나 행동이
수반되어야 한다. 물론 양육자가 이런 태도를 가져야 하지만 잠재적으로는 아동 자
신도 가질 수 있어야 한다.

　나의 개인적인 경험에서 나온 또 다른 일화에서 이런 과정이 어떻게 작동하는지
를 구체적으로 볼 수 있다. 내 딸아이가 18개월이 채 되지 않았을 때 나는 우연히
한밤중에 아이가 "엄마! 엄마!" 하고 격하게 부르는 소리에 잠을 깼다. 유아용 침대
에 있던 아이는 내가 자기 방문을 열고 들어서자 격렬하게 화를 내며 소리쳤다. "나
쁜 아빠! 아빠 미워! 엄마 불러 줘!" 이것은 새벽 3시에 내가 바랐던 환대와는 거리
가 멀었고 나는 점점 더 긴장하고 있다는 것을 느꼈다. 아이가 울면서 외치는 동안
아이에게 내 말이 들리게 하려고 애쓰면서—필시 날이 선 목소리로—엄마는 자고
있고 내가 가서 엄마를 깨우지는 않을 것이라고 아이에게 말했다. 그러나 딸아이
침대 옆에 있으면서 아이 행동 이면의 분명한 논리가 갑자기 이해되면서(혹은 더 정
확히는 그 논리가 느껴지면서) 내 마음이 누그러지는 것을 느꼈다. 분명히 아이는 자기
가 충분히 화를 내고 큰 소리를 내면 내가 엄마를 부르러 갈 것이라고 믿었던 것이
다. 이 모든 것이 한순간에 나를 거쳐 갔지만, 지금 돌이켜 보니 그것은 나를 진정

시켰을 뿐만 아니라 또한 (생각지도 않게) 아이의 격렬한 분노를 반영할 수 있게 해주었다. 그때 나는 과장된 '언짢은 표정'과 내 감정의 표시를 '가장하기'로 나타내려고 약간의 화난 소리를 곁들여, 마치 아이의 분노 이면에 있는 욕구가 채워지지 않은 데 따른 실망을 반영하는 듯이 화난 소리에 바로 이어서 길고 동정적으로 "오오오오" 하는 소리를 냈다. 그러고 나서 나는 이런 무언의 동작을 말로 옮겨 아이에게 엄마가 정말 보고 싶은데 아빠가 엄마를 부르러 가지 않아서 당연히 화가났겠다고 말해 주었다. 곧바로 나는 아이가 울면서 전하려고 하는 무슨 말을 들었는데, 처음에는 그 말을 알아듣지 못했다. 조금 뒤 내가 알아듣고 보니, 그 말은 "아빠, 내 기분이 좋아지게 해 줘요."라는 것이었다. 뒤이어 우리는 감동적인 포옹을 했고 함께 노래를 불렀으며, 그러고 나서 나는 아이가 잘 수 있도록 유아용 침대에 눕혔다.

이 상호작용에 대한 아이의 견해를 듣기 위해 내가 아이와 면담할 수는 없지만, 그것은 아이가 자신의 느낌이 무엇인지를 알고 그런 느낌을 조절하기 시작하도록 도와준 상호작용이었다고 믿고 싶다. 딸아이는 어떻게 그렇게 했는가? 내가 아이를 보았듯이 아이가 자기 자신을 봄으로써 그렇게 했을 것이다. 즉, 내가 아이를 의도를 가진 존재, 다시 말해서 알 수 있고 명명할 수 있고 공유할 수 있으며 또한 변화시킬 수 있는 어떤 느낌과 소망을 행동을 통해서 표현하는 존재로 보고 대하는 정신화 반응을 했을 때, 아이는 그런 존재로 반영된 자신의 모습을 보았던 것이다.

이 상호작용에서 서로 강화하는 몇 가지 측면을 강조할 필요가 있는데, 왜냐하면 그런 측면들이 환자의 치료작업과 직접적인 연관성이 있기 때문이다. 첫째, 내가 용케 성찰적 태도를 발견하고 그 결과 나 자신의 느낌을 조절하는 데 성공하고 나서야 비로소 딸아이가 느끼고 있던 것을 파악하고 반영하여 아이에게 되돌려 줄 수 있었다. 둘째, 내가 아이의 의도에 비추어 아이의 감정을 이해했을 때 비로소 나는 아이의 감정을 이해할 수 있었다. 그리고 셋째, 내가 아이에게 도움이 될 수 있도록 스스로 자제할 수 있게 해 준 것은 바로 아이의 감정 경험에 대한 이런 '정신화'였다.

심리치료에서 이와 유사한 과정을 활성화하려면, 우리는 환자에게 감정적인 수준에서 반응할 뿐만 아니라 감정—우리 자신과 환자의—에 대해 성찰할 수 있어야 한다. 이렇게 할 수 있어야 우리가 그저 느낌에 사로잡히는 것이 아니라 그것을 이해하려고 애쓸 수 있기 때문이다. (말할 나위 없이 우리 안에서 이런 종류의 반응성을 이끌어 내는 것은 때로 대단히 어려울 수 있고, 대개 치료자 자신이 환자로서 치료를 받아 본 상당한 경험을 요구한다.)

정신화를 하는 치료자의 활동과 정신화를 하는 부모의 활동 간의 이런 대칭은, 아동이 어떻게 자신의 감정을 알고 조절하며 통합하는지에 대해 현재까지 알려진 내용을 검토해 보면 좀 더 분명해질 것이다. 결정적으로 이런 종류의 발달은 아동의 상태에 조율하는 다른 사람과의 관계 맥락에서만 가능하다. 이런 관계를 경험할 때까지 아동은 어떤 것을 느낀다는 것 외에는 자신이 무엇을 느끼는지 '알지' 못할 수 있다(Coates, 1998). 그들의 '원 감정(raw feelings)을 상징'으로 바꾸기 위해(Holmes, 2001) 아동에게 필요한 것은 상호주관적이고 정서를 조절해 주는 상호작용인데, 이를 통해 아동은 다른 사람에 의해 자신이 알려지는 과정에서 자기 자신을 알게 될 수 있다. 심리치료 환자에 대해서도 마찬가지다. 아동이나 환자나 마찬가지로 성찰하는 자기의 발달을 가능하게 하는 것은 그들에게 조율할 수 있고 민감하게 반응하는 타인과의 상호작용이다.

아동은 내적 상태에 수반되고 '티가 나는' 반영—그리고 좀 더 일반적으로는 감정의 조율—의 경험을 통해 자신의 정서를, 애착 인물이 처음에는 주로 비언어적으로 반응했고 이후에는 언어적으로 반응한 것과 연관시킴으로써 정서에 대한 표상(representations)을 발달시킬 수 있다. 아이의 내면에 조율하는 부모는 처음에는 비언어적인 수준에서 아동의 내면 경험에 대한 공감적인 인식을 전달하는 얼굴 표정과 어조, 몸짓 등과 같은 신체 행동을 통해 아동의 느낌에 '이름을 붙여 준다'. 따라서 아이의 내적 상태의 최초 표상은 엄마의 반응이라는 거울에서 발견된다. Winnicott(1971a)이 다음을 언급했을 때 아마도 그는 이 점을 염두에 두었을 것이다. "아기가 엄마 얼굴을 볼 때 그는 무엇을 보는가? 아기는 자기 자신을 본다. 왜냐하면 엄마는 아기를 보고 있고, 엄마가 어떻게 보이는가는 엄마가 거기서 무엇을 보느냐에 달려 있기 때문이다."(p. 112)

물론 부모는 아이가 느낌을 표상하도록 돕기 위해서 말에 의존하기도 한다. 부모는 아이의 정서에 이름을 붙이기 위해 '슬프다' 혹은 '화난다'와 같은 단어를 사용함으로써 감정 어휘를 생성한다. 아이가 다른 사람들이 정서를 묘사하기 위해 이런 단어를 사용하는 것을 듣고(예: 울고 있는 한 친구가 슬퍼한다고 사람들이 말한다) 또한 그것을 같이 해 보기 시작함에 따라(그 결과 감정 단어에 대한 아이의 이해가 맞다고 확인되거나 혹은 고쳐지게 되면서) 부모가 생성한 감정 어휘는 좀 더 유용하게 된다. 이런 비언어적 과정 및 언어적 과정과 유사한 양상이 환자와 치료자와의 관계에서 전개되는데, 이를 통해 환자의 감정이 느껴지고 점점 더 미묘한 뉘앙스를 띠고 자기 스스로 알 수 있는 방식으로 표상될 수 있다.

　중요한 사실은 표상할 수 있는—특히 언어에 의해—느낌(그리고 다른 정신 상태)은 좀 더 쉽게 파악하고 공유하며 성찰하고 조절할 수 있다는 점이다. 따라서 느낌에 대해 분명하게 말로 표현할 수 있는 이런 능력의 발달을 가능하게 해 주고 정서를 조절해 주는 관계가 아동기 그리고 심리치료에서 갖는 중요성은 엄청난 것이다. Fonagy에 의하면 "언어는 명시적으로 정신화를 하는 데 있어서 탁월한 표상의 수단이다."(Allen & Fonagy, 2002, p. 29) 감정은 이 명시적 정신화의 대부분은 아니더라도 많은 부분을 차지하는 대상이다. 그래서 '대화 치료(talking cure)'에서의 대화는 감정을 조절하고 통합하는 환자의 능력을 강화할 수 있는 잠재력을 갖는다. (하지만 이런 잠재력이 실현되려면 감정이 치료 관계의 지금 여기에서 생생하게 드러나야만 한다. 그렇지 않은 경우 아마도 대화는 그저 대화일 뿐일 것이다.)

　정서를 조절하고 표상화하는 이런 상호작용에서 부모가 수행하는 역할을 넘어서, 부모는 아동의 상징적 놀이를 관찰하거나, 그 안에 참여하고 혹은 그것에 대해 언급할 때 아동의 정신화를 강화한다. 여기서 아동의 '가장하기' 경험에 대한 부모의 언어적 반응과 비언어적 반응은 상상의 내적 세계가 온갖 제한과 가능성을 가진 외부 세계와 연결되도록 돕는 추가적인 관점—즉, 성인의 관점—을 제공한다. 이와 유사하게 아동 심리치료에서 치료자는 아동의 놀이에 대해 아동 자신의 관점에 공명하고 동시에 그것을 확장하는 치료자 자신의 관점을 암묵적으로나 명시적으로 제공한다.

성인 치료에서 우리는 환자들에게 공감과 해석을 제공할 때 이와 매우 유사한 행위를 한다. 물론 이때 공감과 해석은 그들의 놀이에 대해서가 아니라 우리와 그들이 공유하는 관계에 대한 그들의 경험에 관한 것이다. 전이-역전이 상황에는 항상 현실성뿐만 아니라 '가장하기'의 요소가 내재되어 있다. 이런 요소들은 자신에 대한 환자의 통상적인 감각에서 방어적으로 배제되어 온 것을 포함하여 광범위한 감정적 경험과 마음 상태를 위한 여지를 만들어 내는 데 도움이 된다. 가장하기의 역설은 환자와 우리의 관계가 덜 현실적이기 때문에 이 관계는 좀 더 현실적일—즉, 감정적으로 더 깊고, 더 진정성이 있으며, 더 포괄적일—수 있다는 점이다.

우리가 환자의 다양한 감정과 마음 상태, 그리고 경험의 (명시적이고 암묵적인, 그리고 상징적이고 비상징적인) 수준에 접근하고 그것을 조명하며, 그것들이 서로 연결되도록 도울 때, 우리는 정서 조절과 정신화 두 가지 모두를 위한 환자의 역량을 키워 준다. 그 과정에서 우리는 환자가 이전에는 해리시키거나 부인해야 한다고 느꼈던 경험의 통합을 촉진한다. 그리고 그렇게 하면서 우리는 '명시적인 정신화의 정점, 즉 일관된 자서전적 그리고 전기적 이야기를 통해 자신과 다른 사람을 이해하는 능력'이라고 불리는 능력이 발달하는 데 기여한다(Allen & Fonagy, 2002, p. 29).

성찰적 자기 키우기: 치료과정의 예시

'레베카'는 내가 그녀의 외모를 칭찬하고 이후 그녀가 사무실을 나갈 때 내가 그녀의 어깨를 가볍게 건드렸을 때 불안을 느끼게 됐던 환자인데, 앞서(p. 212) 언급한 적이 있다. 심한 불안을 초래했던 그 일이 끼친 감정적인 악영향을 우리 두 사람이 어떻게 다루었는지를 검토하면서, 심리치료에서 애착과 정서 조절 및 정신화의 선순환이 실제로 어떻게 작동하는지를 설명하고자 한다.

좀 더 구체적으로 말하자면, 계속해서 서로 뒤섞이고 중첩되는 치료작업의 네 가지 측면과 관련해서 내가 어떻게 생각하고 처신하는지를 분명하게 밝히고자 한다. 이 네 가지 측면 가운데 첫 번째는 경험에 대한 환자의 태도 전환인데, 이것은 각

회기에서 내가 하는 치료적 선택의 성격을 어느 정도 결정한다. 두 번째는 환자의 암묵적이고 해리된 경험을 지금 여기의 즉시성 안에서 표면화시키기 위해 비언어적 영역―즉, 환기되고 실연되며 신체화된 영역―에 지속적으로 초점을 두고 활용하는 것이다. 세 번째는 암묵적인 것을 명시적으로 만들기, 즉 주어진 순간에 환자가 겪고 있는 경험을 인식하고 명명함으로써 그런 경험을 위한 여지를 만들고, 또 그렇게 함으로써 통합을 위한 준비작업을 촉진하는 일이다. 마지막으로 통합을 더욱 촉진하기 위해 환자와 대화하면서 환자의 경험을 이해하려고―즉, 환자 경험의 이질적인 요소들을 서로 연결시켜 그 경험에 환자의 기억된 과거와 살고 있는 현재 및 기대되는 미래의 관점에서 어떤 의미 있는 맥락을 제공하려고―노력하는 일이다. 이런 노력을 모두 합치면 정신분석가 Roy Schafer(1992)가 '삶의 이야기를 다시 해 보기(retelling a life)'라고 부른 것을 포함하게 된다. 이 모든 것이 제대로 이루어지면 이런 과정을 통해 일관된 삶의 이야기가 만들어져서, 자신이 온전하다고 느끼는 환자의 감각과 사랑할 수 있는 환자의 역량 둘 다가 자리 잡히고 깊어지게 된다.

환자에 대해 간략하게 보충 설명을 하자면, 레베카는 30대 초반의 의사로서 이혼의 결과로 심한 불안정감을 느낀 나머지 심리치료를 받으러 오게 되었다. 그녀는 매우 영리하고 쾌활하며 매력적이었지만, 누군가 자신에게 관심을 가질 것이라고 상상할 수 없는 사람이었다. 그녀는 겉으로 보기에는 자신감이 있었지만, 간헐적으로 자신을 압도하거나 때로 흐느껴 우는 상태로 몰아넣는 형언할 수 없는 비탄에 빠져 고통 받았다. 그녀는 자신의 감정 때문에 혼란스러웠고 감정의 기습 공격에 취약했다. 결과적으로 그녀는 위태로운 기반 위에 서 있다고 느꼈다.

우리는 조금씩 그녀가 자기 내면에서 세상을 경험하는 것과 자신이 자기 삶을 만들어 가는 존재라고 느끼는 것이 그녀에게는 얼마나 힘든지를 함께 인식하게 되었다. 그녀는 습관적으로 타인의 눈을 통해 보듯이 자신을 보았고, 주로 타인의 기대와 욕구에 따라 살아왔던 것이다. 우리는 점차 자신의 마음을 알기 어려워하는 그녀의 이런 경향성이 어린 시절 어머니의 마음에 일차적으로 주의를 기울여야만 했던 데서 비롯되었다는 것을 이해하기 시작했다.

레베카의 어머니는 마음으로 함께할 수 있는지의 여부가 예측 불가능했고, 너무나 자주 격분하는 모습을 보였다. 레베카는 이런 무섭고 또한 매력적인 여성의 사랑을 깊이 갈구했고, 어머니의 불인정은 그녀에게 아주 겁나는 일이었다. 그녀는 적응하기 위해 규칙에 따랐고, 중재자로 기능했으며, 어머니가 중요하게 여기는 것들에서 뛰어난 성과를 거두었다. 그러나 그녀의 성취와 순응에도 불구하고 그녀는 어머니에게 자신이 기껏해야 부차적인 존재이고, 최악의 경우에는 성가신 존재라는 느낌을 자주 받았다.

어머니에 대한 갈망과 위압감에 더하여 레베카는 아버지에게도 자신이 보이지 않는 존재라고 느꼈다. 그녀는 아버지의 관심을 온통 언니가 사로잡고 독점했다고 믿었다. 진정한 연결성에서 느낄 수 있는 참된 안정성이 결여된 채, 그녀는 가족 안에서 혼자이고 지지 받지 못한다고 느꼈고, 자신이 원하는 것이 무엇인지 확신하지 못했으며, 자신의 욕구 주장을 억눌렀다.

여기서 유념해야 할 사실은, 이 이야기는 약 2년간의 치료 기간에 걸쳐 드러났고, 또한 우리의 관계가 시작되었을 때는 레베카가 분명히 말로 표현할 수 없었던 어떤 깨달음을 반영하고 있다는 점이다. 그녀는 우리의 관계와 그 관계로 인해 촉진된 이해에 힘입어 자신의 욕구를 알고 주장할 수 있게 됐고, 마치 그녀가 이제는 자신의 삶에 대한 권리를 스스로 주장할 수 있다고 느끼는 것 같았다.

치료를 시작하고 몇 년 뒤 레베카는 재혼을 했는데, 그녀의 설명에 의하면 이번에는 그녀를 무조건적으로 사랑해 주고 지지해 주는 남자와 아주 행복한 결혼을 한 것 같았다. 그러나 그녀는 이 남자와의 성적인 면에 있어서 어려움을 느끼기 시작했고, 특히 그녀 자신은 단지 드물게만 성적인 욕구에 접촉되는 데 비해, 남편은 늘 그녀에게 성적인 관심이 있는 것으로 보여 마음이 상했다. 게다가 그녀는 남편과 일정 기간 친밀감을 경험한 뒤에는 자신이 감정을 철회한다는 것을 알아차리게 될 때마다 마음이 혼란스럽고 의아했다.

경험에 대한 태도의 전환

몇 주 동안 레베카는 나의 조율되지 못한 신체접촉으로 인해 얼마나 크게 동요했는지에 대해 전혀 아무 말도 하지 않았다. 그녀는 내 행동이 얼마나 그녀를 낙담시켰는지에 대해 한 마디도 안전하게 말할 수 없다고 확실하게 믿었던 것이 분명했다. 몇 년간 우리 둘 사이에 솔직한 교류가 있었고, 이런 교류가 추가적인 관점—특히 그녀가 안전하지 않게 느꼈다고 나에게 말할 수 있을 만큼 우리 관계가 충분히 안전할 수도 있다는 것—의 가능성을 제기할 수 있었음에도 불구하고 그녀는 이렇게 믿고 있었던 것이다. 분명히 레베카는 때로 자신의 경험, 이 경우 우리 사이의 관계에 대한 매우 불편한 경험에 자신이 매몰되어 있음을 볼 수 있었다.

다른 때에 레베카는 그녀의 치료가 부분적으로 '가장하기'의 특성을 갖고 있음을 알 수 있었다. 즉, 그녀의 표현에 따르면 우리 관계는 '인위적이기도 하면서 현실적인 것'이었다. 안전 기지로서 이 관계에 대한 그녀의 감각은 충분히 현실적이었지만, 놀이를 하는 아동이 정신화를 하도록 허용하는 것과 같은 자유를 그녀가 부분적으로나마 경험할 수 있게 해 준 것은 이 관계의 '인위성'이었다. 가장하기의 보호된 영역 안에서 레베카는 치료회기 밖에서보다 치료회기 내에서 그녀 자신에게 더 광범위한 느낌과 생각 및 충동을 허용했다. 그리고 그녀는 그저 이것들을 경험하는 것이 아니라 이런 정신적 상태에 대해 성찰할 수 있었다.

그러나 가장하기 양식에서 만들어진 안전한 심리적 공간은 가장하기와 너무 동떨어진 어떤 경험에 부딪히면 무너질 수 있다. 그녀가 나를, 말하자면 좋은 아버지의 옷만 입고 있다고 보는 동안에는 내가 제시한 위협—성이나 친밀감의 위협—은 주변으로 밀려날 수 있었다. 그러나 내가 그녀를 칭찬하고 접촉했을 때, 그때까지 그녀를 안심시켜 주었던 가장하기가 너무나 현실적으로 보이는 위험에 대한 감각으로 넘어가고 말았다.

레베카는 여러 회기에 걸쳐 나에 대해 전적으로 안전하게 느낀다는 가장하기를 회복하고 유지하려고 시도했다. 그러나 이와 같은 상호작용에서 흔히 나타나듯이, 그녀는 자신에게 너무나 안전하지 않다고 느껴져 나에게 개방하거나 혹은 그녀 자신에게 충분히 인정할 수 없었던 어떤 것을 비언어적인 의사전달에서 드러냈다. 이런 드러남이 우리 사이에서 일어났던 일의 의미를 그녀가 나와 함께 생각해 볼 수 있게 해 준 첫 번째 단계였다. 이어진 몇 회기 동안 자신의 경험에 대한 레베카의 태도는 매몰과 가장하기 사이를 왔다 갔다 했고, 그런 다음 점차적으로 정신화의 방향으로 움직여 갔다.

암묵적/해리된 경험으로 가는 비언어적 통로

이어진 회기 중 첫 회기는 긴 침묵으로 시작했고, 이 침묵은 레베카가 생각나는 것이 별로 없고, 특별히 이야기할 것이 없다고 다소 신경질적으로 던진 말로 깨어졌다.

그런 상태가 그녀에게 어떻게 느껴지는지 내가 묻자 그녀는 불편하게 만든다고 답한다. "어떻게 불편하게 만드나요?"라고 내가 묻는다. 그 말에 그녀가 답한다. "그럼 우리는 그냥 서로 쳐다보기만 할 테니까요." "만약 우리가 서로 쳐다보고 있다면요?" "모르겠어요. 그냥 저를 불편하게 해요. 아시잖아요."

그녀는 재빨리 두 가지 비슷한 경험에 대한 이야기로 이어 간다. 첫 번째는 그 이유를 알지는 못하지만 그녀가 거리를 두고 대하는 한 여자 친구와의 경험이었고, 두 번째는 남편과의 경험이었다. 그녀와 남편은 낭만적인 주말 여행에서 막 돌아왔다. 여행 첫날밤 멋진 성관계를 가졌고, 그런 뒤 다음 날 아침에 남편이 성적으로 유혹할 때 그녀는 그를 밀어냈다. 그녀는 그 이유를 알지 못했다. 그때 싸움이 일어날 수도 있었지만 그들은 그것을 피했고, 그 주말의 나머지 시간도 무사히 지나갔다. 하지만 그들이 누워서 빈둥거리고, 비디오를 보고, 외식하고, 섹스 하는 것 외에는 아무것도 하지 않았기 때문에 그녀는 자신과 남편을 흉보지 않을 수 없다고 말한다. 이런 말을 들으면서 내 얼굴에 나타난 표정이 그녀에게 다음과 같은 말을 하고 있음이 분명하다. "음, 근사한데요!" 그녀는 나를 주시하면서 말하기를, "선생님과 제 친구는 이런 류의 일에 대해 분명 같은 생각을 하네요. 전 뭐가 좋은지 알 수 없으니, 제가 뭐가 잘

못됐는지 모르겠어요. 아시잖아요."

그리고 이제 또다시 침묵이 이어진다.

여기서 가사가 아닌 곡조에—즉, 우리 상호작용의 비언어적인 차원에—귀 기울이면서, 나는 환자의 불안을 반영한다고 할 수 있는 불안의 떨림을 내 안에서 느낀다는 것을 자각한다. 나는 또한 그녀가 반복해서 사용하는 '아시잖아요(You know).' 라는 어구를 약간 찌푸리고 기묘한 얼굴 표정과 함께 상당히 날카롭게 말한다는 것을 알아차리면서 (처음으로 알아차린 것이 아니라) 내 안에서 약간의 불쾌감을 감지한다. 최근 몇 주간 신경증적 틱처럼 그녀의 말에 무게를 싣고 아마도 그녀의 불편한 심기를 드러내는, 또 다른 종류의 '아시잖아요.' 도 나는 알아차린다. 그러나 좀 더 날카로운 '아시잖아요?' 는 내가 그녀의 치료자로서 알지 못하고 이해하지 못한다는 것과 또한 아마도 이전에 내가 할 수 있었던 것처럼 이제도 할 수 있다고는 믿어지지 않는다는 숨은 의미를 전하는 것 같다. 이제 지난 몇 주 동안(혹은 더 오랫동안일까?) 내가 보통 우리의 상호작용에 대해 연상했던 편안함 및 깊이와는 상당히 맞지 않을 만큼 우리 관계가 막연하게 불편하고 피상적인 느낌이 있었다는 뒤늦은 인식이 내 마음속에서 뚜렷해진다. 나는 이런 내 경험은 그녀의 경험과 관련된 것이라 짐작하고 또한 말을 넘어서 현재 상호작용에서 아직 언어화되지 않은 암묵적 수준에 접촉하기를 바라면서, 침묵 속에서 지금 그녀가 어떻게 느끼고 있는지 소리 내어 묻는다.

그녀는 이전에 그랬던 것처럼 불편하며, 그리고 서로 말없이 쳐다보는 것에 대해 그녀를 약간 불안하게 만드는 어떤 것이 있다고 말한다. 나는 그녀가 단지 이 회기에서만 아니라 아마도 몇 주 동안, 그리고 어쩌면 더 오랫동안 실제로 상당한 불편감을 느껴 왔을 수 있겠다는 내 느낌을 주저하면서 그녀에게 말한다.

이에 대한 반응으로 그녀는 반은 한숨으로, 반은 신음소리를 내며 눈길을 먼 곳으로 돌린다. 나는 그녀에게 "그 한숨이 뭔가요? 아니면 신음소리인가요?" 라고 묻는다. 그녀는 무슨 일이 일어났는지 알고 있다는 생각이 들지만 그것에 대해 말할 수 있을

지는 잘 모르겠다고 한다. 나는 좀 더 부드러운 어조로 "이것이 당신에게 얼마나 힘든지 알겠어요."라고 말한 다음, 그녀가 그처럼 분명하게 그녀를 괴롭히고 있는 어떤 것에 대해 나에게 말하는 것이 무엇 때문에 그토록 어려운지를 알고 있는지 묻는다.

이어진 대화를 통해 드러나게 되는 것은, 그녀가 아마도 내가 이전에 이런 류의 이야기를 들었을 것이라고 생각하면서도, 자신이 하는 말을 내가 듣게 되면 망연자실하리라는 걱정을 하고 있다는 것이다. 마침내 그녀는 아마도 한 달 전 내가 그녀를 칭찬하고 어깨를 건드렸을 때 촉발됐던 '혼란과 당황스러움'에 대해 나에게 알려 준다. 그때까지 그녀가 나를 만난 시간을 통틀어서 내가 그녀의 몸에 접촉한 적은 단 한 번도 없었다고 말한다. 내가 접촉했을 때, 그런 행동으로 인해 우리 관계에 관한 모든 것이 갑자기 의문에 빠지게 된 것처럼 보였다. 그녀가 이런 말을 하는 동안 그녀의 눈에 눈물이 가득 고인다.

그 회기에서 비언어적(혹은 유사 언어적) 단서—나의 불안과 불쾌감, 이전 몇 회기에서 내가 감지했던 단조로움, 레베카가 거듭 말했던 "아시잖아요?"와 그에 수반된 신체 언어, 그리고 그녀의 한숨—에 초점을 둔 것이 전부 다 그녀를 괴롭히고 핵심적이지만 암묵적이고 아마도 해리되어 있었을 경험으로 이끌어 준 통로였다. 이 회기 안에서 이후에 이루어진 나의 모든 개입은 환자의 이런 경험을 위해 가능한 한 많은 여지를 두려는 것을 목적으로 한 것이었다. 그렇게 함으로써 내가 지금 여기에서의 그녀의 경험을 최우선으로 한다는 것을 암묵적으로 그리고 명시적으로 전달했다. 그녀의 감정과 생각, 분노와 의심에 대한 나의 이런 개방성과 진정한 관심으로 인해 그녀는 나에 대해 충분히 안전하다고 느껴 자신의 경험을 좀 더 깊게 파고들게 됐던 것 같다.

암묵적인 것을 명시적으로 만들기

만약 환자가 그들의 관계에서나 자신에 대한 지각에서, 혹은 이 둘 다에서 배제시켜야 한다고 오랫동안 느꼈을 수도 있는 어떤 것을 우리가 받아들이고자 한다면,

심리치료에서 암묵적인 경험을 표면화시키는 작업이 매우 중요하다. 때로 부인되거나 해리된 이런 경험에 접근하는 일은 치료적 변화를 가져오기 위해 필요할 뿐만 아니라 그 자체로도 충분하다. 그리고 내 생각에는 이에 더하여 경험을 말로 표현함으로써 암묵적인 것을 명료화하는 작업이 필요한 경우가 더 흔하다.

　나는 레베카를 그처럼 동요시켰던 순간에 대한 막연한 기억을 떠올리면서 아마도 그때 내가 그녀에게 가깝다고 느꼈고 또한 그녀를 염려하는 마음이었을 것이라는 나의 느낌을 개방할 수도 있었다. 그리고 나의 칭찬뿐만 아니라 몸짓은 어쩌면 내가 그녀와 함께한다는 것을 적극적으로 전달하고자 하는 나의 (무의식적인) 소망에서 나왔을 것이라는 나의 통찰을 개방할 수도 있었다. 그러나 그런 개방은 그녀의 경험에 대한 때이른 침해가 될 수 있다는 느낌이 들었다. 그래서 그 대신 나는 그녀의 경험을 위한 여지를 만들 뿐만 아니라 또한 그녀를 안심시키기를 (그리고 그렇게 함으로써 나에 대한 그녀의 두려움에서 우리 둘 다를 보호하기를) 바라면서, 분명히 그녀에게 그처럼 문제가 되고 그녀가 나에게 말하는 것이 그토록 어려웠던 어떤 것에 대해 이제 말할 수 있어서 정말 안도감을 느낀다고 말한다. 나는 또한 그녀의 고통을 내게 알려 준 단서 중의 하나는 그녀가 거듭 사용한 '아시잖아요.'였고, 이런 표현은 적어도 내가 알기에 그전에는 그녀가 사용한 어휘에 들어 있지 않았으며, 내가 그녀를 얼마나 당황스럽게 했는지를 그녀가 내게 말한 이후로는 그녀가 '아시잖아요.'라고 하는 것을 듣지 못했다고 말한다.

　이런 말을 듣고 그녀는 흐느껴 울기 시작한다. 그녀가 진정되자 나는 그 눈물이 무엇에 대한 것인지를 말해 줄 수 있는지 물어본다. 그녀는 그것이 슬픔이라고 말한다. 그녀가 그토록 억제해야만 한다는 것과 여기서 너무 친밀해지지 않는 것이 그녀에게 그처럼 필요했다는 것, 그리고 우리가 이런 이야기를 하고 있으니 좀 더 친밀하게 느껴지지만 또한 그것이 그녀를 괴롭힌다는 것에 대한 슬픔이라고 한다. "나는 치료가 구획화되어 있도록 해야만 해요. 선생님과 어느 정도 거리를 둘 필요가 있죠. 치료는 인위적이라는 걸 알고 있어요. 이건 그다지 현실적인 건 아니죠. 현실적이기도 하고 아니기도 하죠. 하지만 그때 선생님이 칭찬을 하고 또 나와 접촉했기 때문에 치료는 너무나 혼란스럽게도 현실적인 것으로 되어 버렸어요."

"그리고 그것이 당신을 너무나 불편하게 했군요."

"네, 그랬어요. 전 우리가 계속할 수 있을지 알 수 없었어요. 마치 갑자기 선생님의 의도가 뭔지, 혹은 우리가 실제로 어떤 관계인지 알 수 없게 되어 버린 것처럼요."

"그리고 내 생각에는 설상가상으로 당신은 내가 했던 행동과 그것이 당신에게 미쳤던 영향에 대해 말하는 게 안전하지 않다고 느꼈죠."

물론 여기서 이름 붙이고 있는 것은 나와의 관계에서 위협과 불신을 느꼈던 그녀의 암묵적 경험이다. 그녀가 나로 인해 촉발되었던 그 특정한 위험에 대해 분명하고 솔직하게 드러내기를 어려워한다는 것—심지어 지금도—은 그녀가 얼마나 위험에 처했다고 느꼈는지를 보여 주는 척도다. 우리는 다음 회기에 가서야 이 위험과 그녀가 그것을 어떻게 다루었던가를 말로 표현할 수 있었다.

레베카는 그 치료회기를 일종의 농담—"이제 우리 서로 사이가 괜찮은가요?"—으로 시작하는데, 이런 말을 하면서 그녀는 머리를 뒤로 젖히고 손바닥을 마주하며 가슴께에서 손을 앞뒤로 움직인다. 나는 그녀와 함께 웃지만, 그러고 나서 그녀의 유머는 아마도 우리가 지난번에 시작했던 대화가 끝나지 않았다는 그녀의 지각을 반영하는 것일 거라고 말한다. 그녀는 자신이 치료자인 나의 결백함을 의문시하고 있다고 내가 생각할 수도 있는 방식으로 이야기하고 있는 것이 지난 회기에도 몹시 불편했고 오늘도 여전히 그렇다고 말한다.

"그러니까 내가 당신을 유혹했다고 당신이 내게 말하는 것이 나의 결백함을 의문시하는 게 됐을 거란 말인가요?"라고 나는 말한다.

"그런 거죠. 선생님의 결백함을 의문시하지 않고서 어떻게 제가 선생님이 절 유혹하고 있었던 것이라 말할 수 있겠어요? 그리고 선생님이 그랬었는지 전 알 수 없었어요. 그런 식으로 느껴졌지만, 알 수는 없었어요. 제 말은 어떤 수준에서 저는 선생님이 그렇지 않았다는 걸 알았어요. 선생님은 무수한 방법으로 저를 도와주셨고 저에 대한 선생님의 염려를 의심할 이유가 될 만한 행동을 제게 한 적이 없어요. 하지만 그때 이전에 선생님은 한 번도 저와 접촉하지 않았었고 그래서 …… 전 그냥 그런 일이 일어나지 않았거나 혹은 그건 제게 중요하지 않은 것처럼 가장하려고 애썼어요."

"하지만 물론 그 일은 중요했죠. 너무나 중요해서 당신이 나와 함께 계속할 수 있을지 확신하지 못할 정도로 말이죠. 게다가 당신은 그것에 대해 한 마디도 할 수 없었어요."

레베카의 더 깊은 수준의 암묵적인 불신과 두려움이 점차 명시적인 것으로 되어 가고 있다. 첫째는 나의 칭찬과 접촉에는 그녀를 착취하려는 의도가 있었던 게 아닌가 하는 의심이고, 둘째는 그녀의 이런 의심에 대해 이야기했을 때 내가 엄청나게 방어적이 되지 않고 그 말을 들을 수 있을까에 대한 의구심이다.

나는 그녀에게 완전히 이해되지 않는 게 있다고 말한다. "만약 당신이 내가 당신을 유혹하고 있다는 걱정을 한다고 말할 수 있었다면—그리고 내가 실제로 당신을 유혹하고 있었다면—그건 나의 결백함을 의문시하는 게 아니라 순전히 당신 자신을 돌보는 게 아니었을까요? 그건 마치 내가 현행범으로 잡힌 꼴이 됐겠죠." "물론 그랬겠죠." 그녀가 대답한다. "하지만 그건 선생님이 솔직할 것이라는 가정하에서죠." 예기치 못했던 그녀의 불신의 정도에 나는 약간 당황하면서 말한다. "그리고 그렇게 가정하기가 당신에겐 무척 어려운 것 같네요. 당신이 나를 믿는 것이 얼마나 어려운지를 우리 둘 다 깨달아 가고 있는 것 같군요."

잠시 후 그녀는 나에게 그토록 확고하게 이 모든 것을 계속 논의하는 이유가 뭐냐고 묻는데, 이때 나는 속으로 내 경험의 일부를 명시적인 것으로 만든다. 여기에 캐널 만한 가치가 있는 어떤 것, 그녀가 배울 만한 무엇인가가 있다고 내가 생각하기 때문인가? 혹은 내가 뭔가 잘못한 게 있다고 염려해서 그것을 더 명확하게 밝히고 싶기 때문인가?

나는 우리가 함께 탐색하고 있는 것이 아주 중요한 의미가 있다고 믿는다는 말로 시작한다. 그리고 우리 사이에 일어나는 일에서 내가 기여하는 부분이 무엇인지 아는 것을 나는 언제나 기꺼이 받아들인다고 덧붙여 말한다. 그러나 실제로 내가 이 말을 하는 도중에 내 말이 어쩐지 판에 박히고 진정성이 없으며 우리 사이에서 그 순간에 필요한 것과 맞지 않다는 느낌이 든다.

그래서 나는 '좀 더 진실한' 느낌을 주는 방식으로 바꾸어 말한다. "여기서 일어났던 일이 어떤 돌이킬 수 없는 방식으로 우리 관계를 훼손했다고 내가 느꼈다면, 혹은 내가 어떤 무의식적이고 파괴적인 충동을 행동으로 옮겼다고 느꼈다면 나 스스로를 비난할 거라고 확신해요. 그런데 사실은 그런 느낌이 들지 않아요. 현 시점에서, 그때 일어났던 일을 세세하게 전부 다 기억할 수는 없어요. 하지만 그 회기가 끝날 때 당신과 가까워졌다고 느꼈던 건 기억이 나요. 그리고 그때 당신은 당신에게 아주 어려운 어떤 경험을 겪어 내고 있는 것처럼 보였기에 나는—결과적으로 보면 매우 서투르기는 했지만—어쨌든 내가 당신과 함께하고 있다는 걸 전하려고 애쓰고 있었던 게 아닌가 하는 생각이 들어요."

레베카는 내가 이 모든 것을 말하는 것을 듣게 되어 크게 안도하게 된다고 답한다. "어째서 그런가요?"라고 내가 물어본다. "그건 여기서 일어나고 있는 일에서 제가 차지하는 부분에 대해 생각해 볼 수 있는 여지를 더 주니까요." 그녀는 잠시 말없이 있다가 고뇌하고 하소연하는 듯한 어조로 질문을 던진다. "왜 이 모든 게 저에겐 이토록 엄청난 위협이 되어야만 할까요?" 그리고 나서 그녀는 자신의 질문에 답하려는 힘겨운 노력을 시작한다.

여기서 레베카의 반응은 치료자의 신중한 자기개방이 때론 환자가 자신의 감정적인 현실에 덜 매몰되게 느끼도록 도와줄 수 있다는 나의 지각과 일치한다. 아마도 치료자는 환자와 다른 관점을 분명하게 말로 표현하면서 환자가 자신의 경험에 대해 한 가지 이상의 관점을 고려하도록 마음을 열게 해 주는 것 같은데, 이렇게 고려하려는 태도가 정신화의 특징이다.

레베카와 같은 환자들이 우리가 그들과 함께 있고 또 우리에게서 이해받는다고 느끼려면, 그들에게 절대 필요한 우리의 공명과 조율을 알려 주는 비언어적 행동 이외에도 그들의 내적 상태를 정확하게 반영하는 언어적 반응이 대체로 필요하다. 환자가 우리의 얼굴 표정뿐만 아니라 우리가 하는 말에서 우리 마음을 읽을 수 있을 때, 그들은 우리와의 관계를 그들이 이전에는 해리시켜야 한다고 느꼈던 것을 담아낼 수 있는 관계로 경험하도록 도움 받는다.

이름이 붙지 않은 것에 이름을 붙이기 위해 우리가 언어를 사용할 때 우리는 환자가 견뎌 내지 못하는 자신의 느낌과 생각을 견뎌 내고 전달하도록 도움을 준다. 이렇게 상호작용을 통해 환자의 괴로움을 조절하는 방식은 환자가 자신의 정서를 견뎌 내는 힘과 치료 관계를 안전 기지로 경험할 수 있는 역량 둘 다를 길러 준다. 다음에 이어질 예시를 통해 곧 보게 되겠지만 이런 상호작용을 통한 조절은 또한 정신화를 증진시킨다.

경험 이해하기: 해석과 정신화 및 이야기

치료작업의 현실이 최적인 경우는 거의 없지만, 구체적인 이해를 돕기 위해 내가 설명한 과정을 최적의 치료적인 모습으로 그려 보려고 한다. 치료과정에서 안전 기지와 중간적 공간 둘 다를 만들어 내어 환자가 그 안에서 그것들이 마치 '단지 전이'이거나 혹은 단순히 '현실적인' 것처럼 느껴지는 것이 아닌—Freud(1914/1924b)는 그것을 '중간 영역(intermediate realm)'이라고 불렀다(p. 374)—경험을 우리와 함께하도록 하면서, 우리는 지금 여기에서 환자의 암묵적인 경험에 접근하기 위해 우리 자신의 내면과 환자로부터 전달되는 비언어적 신호를 읽는다(Damasio의 말을 부연하자면, 우리는 환자가 지금 여기에서 일어나고 있는 것에 대한 **느낌**(feeling)—즉, 어떤 경험의 감정적, 신체적 차원—과 연결되도록 돕고 있는 것이다.). 환자의 내적 작동 모델 혹은 암묵적 진술의 지각 가능한 주변부와 접촉하면서, 우리는 암묵적인 것을 명시적인 것으로 만들려고 노력한다. 그런 다음에야 마침내 우리는 그 경험을 이해하기 위해 환자와 함께 그것에 대한 성찰을 시도한다.

내가 이론적으로 묘사한 일련의 상호작용을 통해 어떤 치료적 과정이 가능하게 되는데, 이런 과정에서 이전에는 단지 느껴지기만 했던—혹은 전혀 느끼지 못했던—어떤 경험이, 이제는 그것이 이해되고 그것에 어떤 새로운 맥락이 주어지는 관계 장면에서 체험될 수 있게 된다. 암묵적 경험과 명시적 경험은 안전하게 공유되면 변화될 수 있다. 이것은 표상의 재기술(representational redescription)(Karmiloff-Smith, 1992)로서, 이것을 통해 기능적이고 환자에게 영향을 주는 과거(물론 역사적 과거는 아니지만)가 수정되고, 새로운 가능성이 현재에서 활용 가능하게 된다(Stern, 2004). 궁극적으로 우리의 목적은 환자가 자신의 삶에 대해 일관된 진술을 할 수 있도록 하는 것인데, 이는 환자가 자신을 일관된 존재로 경험한다는 것을 반영한다. 이것이 내가 레베카에게 가졌던 목표였고, 해석은 이 목표를 실현하는 데 중요한 일부였다.

레베카가 나의 접촉이 왜 그토록 자신에게 위협적이었던가 하고 푸념하듯 질문을 던졌을 때, 그녀는 분명히 더 이상 자신의 경험에 매몰되거나 현실에서 분리된 가장된 탐색을 하고 있는 것이 아니었다. "남자들이 저에게 매력을 느끼는 것을 제가 좋아한다는 걸 알고 있어요. 하지만 저를 보기만 하고 만지지는 않았으면 좋겠어요. 누구라도 너무 가까이 오는 건 원치 않아요. 그래서 누가 내게 성적으로 다가오면 저는 대개 모든 걸 그냥 차단해 버려요. 제 얘기는 과거에 대한 것이기는 하지만 심지어 지금 남편과도 전 그냥 즉시 뒤로 물러나죠. 그래서 그와 비슷한 어떤 일이 선생님과도 일어나고 있었던 걸까요? 그게 틀림없이 한 부분을 차지했을 거예요. 누가 제게 성적으로 다가오면 자동적으로 뒤로 물러나는 것 말이죠. 하지만 여기서 뭔가 빠진 것처럼 느껴져요. 제가 이해하지 못하는 뭔가가 있는 것 같은."

이에 나는 다음의 해석으로 응답한다. "그 어떤 것이 무엇일지 나는 알 것 같아요. 내가 당신에게 칭찬을 하고 어깨를 건드렸고 이에 당신이 혼란을 느꼈을 때, 당신은 그 이유를 잘 몰랐던 게 아닌가 하는 생각이 들어요. 당신은 내가 당신에게 가깝게 느끼거나 지지적인 것이 아니라 유혹하고 있다고 결론 내려서 자기 자신에게 그 이유를 설명했죠. 그리고 내가 당신에게 성적으로 다가갔다는 생각은 여기에서 느껴졌던 우리 사이의 친밀감을 거의 죽여 버렸는데, 당신은 그런 친밀감을 소중히 여기면서도 동시에 두려워한다고 생각해요."

그녀는 "선생님 말씀이 맞다고 생각해요. 맞다는 느낌이 들어요."라고 말하고, 가까운 여자 친구든 그녀의 남편이든 간에 누군가가 그녀와 가까워지는 데 관심이 있다는 신호를 받으면 자신이 뒤로 물러나는 예를 제시한다. 이와 같은 반응에 그녀는 곤혹스러워했다. 그러나 그녀는 자라면서 혼자 있는 것에 매우 익숙해졌다고 덧붙여 말한다. 여기서 그녀는 눈물을 보이게 되고—내가 그녀의 내면에서 무슨 일이 일어나는지 묻자—그녀의 마음속에서 자신이 권투 선수가 되어 나와 남편 그리고 여자 친구가 '그녀의 코너에, 그녀 편에' 있는 아주 감동적인 이미지가 막 떠올랐다고 말한다.

내가 발췌해서 묘사할 그다음 그리고 마지막 회기에서 레베카는 우리의 지난번 대화가 그녀의 마음을 열었지만 열린 상태가 유지되지는 않았다고 말한다. 그녀는 주말에 남편과 섹스를 했고, 마치 다시 관계에 전념하려는 듯 평소와 다른 친밀감을 느꼈다. 그런데 그때 그녀는 '그냥 차단되고 닫히고 말라 버렸다.' 그녀는 자신이 마치 의도적으로 그렇게 하는 것처럼 느꼈다. 며칠 후 그녀는 기분이 좋지 않았고 남편에게 그냥 소파에 혼자 앉아서 책을 읽고 싶다고 말했는데, 이것은 그녀가 남편의 성적인 몸짓일 수도 있다고 상상한 것을 피하는 한 가지 방법이었다.

그녀는 자신의 한 부분은 남편을 믿고 가까이 하고 위안을 받고 싶어 하지만, 그녀가 그렇게 하도록 두지 않는 다른 한 부분이 있다고 말한다. "제 안에 화가 나 있고 상처 입고 앙심을 품고 그저 어디로 가서 혼자 있고 싶어 하는 어린 소녀가 있는 것 같아요. 실제로 저는 그냥 남편과 끝내고 혼자 있을 집을 구해 꼭 제가 원하는 대로 꾸미고, 이 그림이나 저 직조물을 벽난로 위에 걸어 두면 어울리는지 확인해야 할 필요 없이 사는 게 어떨까 하는 생각을 하고 있다는 걸 알았어요. 그 어린 소녀는 그냥 몹시 화가 났어요. 그건 제 안에 마치 마음을 열고 싶어 하는 부분이 있는데, 그 소녀는 제가 그렇게 하도록 두지 않는 것 같아요."

나는 말하기를, "왜 그 애가 화가 났는지, 왜 혼자 있지 않으면 자기가 원하는 걸할 수 없다고 느끼는지 난 알겠어요. 또한 내 생각에 이것은 대부분의 시간에 당신이 느끼는 것이기도 하죠. 그 애는 분명히 당신에게 너무나도 중요한 존재죠." 울먹이는 목소리로—슬프면서도 약간 생각에 잠기듯이—"그 애는 오랫동안 좋은 친구였어요."라고 레베카는 말한다.

그리고 이제 레베카의 해석이 나온다. 그녀는 "마치 그 애는 항상 거기에 있었던 것 같아요. 거의 제 진짜 감정의 수호자라 할 만큼, 전 그 모든 상처와 분노와 소망이 제게 없는 것처럼 가장해야 했는데, 왜냐하면 가족 중에는 그걸 나눌 사람이 아무도 없었기 때문이죠. 그런데 그 애가 그것들을 지켰어요."

"그리고 그걸 나눌 사람이 아직 아무도 없나요?"

"이제는 제가 혼자일 필요가 없다는 걸 알아요. 하지만 그게 그다지 믿어지지 않는 것 같아요. 아니면 제가 그러고 싶지 않거나. 제 말은 제가 저의 불신에 매달리는 것 같다는 뜻이에요. 선생님이 절 유혹하고 있다든지 저에 대한 남편의 유일한 관심은 성적인 것이라든지 하는 생각에 말이죠. 어떤 수준에서 전 이 모든 게 사실이 아니라는 걸 알아요. 전 늘 원했던 사랑과 지지를 받고 있어요. 하지만 어떤 이유에서인지 갖지 못한 것보다 그게 더 힘들어요. 그래서 다른 사람들이 갖고 있다고 제가 부러워했던 모든 걸 실제로 제가 갖고 있을 때조차 다른 사람들을 부러워하게 되죠. 오, 하느님, 이건 정말이지 너무나 이상하고, 너무나 슬픈 일이에요."

환자가 자신의 주관적인 경험에 대한 태도를 바꾸도록 돕는 것은, 부분적으로 그런 경험의 서로 다른 요소들을 연결시켜 줄 수 있는, 치료자인 우리의 명시적인 정신화(즉, 해석)에 달려 있다. 그런 연결은 해리된 마음의 상태—레베카의 경우, 한편으로 너무 쉽사리 갖는 신뢰의 상태와 다른 한편으로는 완강한 불신—를 통합하는 데 필수적이다. 이런 통합 없이는 환자의 자기감도 자서전적 이야기도 일관성이 있을 수 없다.

레베카의 이야기에는 자율성과 친밀이 상호 배타적이라는 암묵적인 지식이 들어 있다. 이 이야기의 일부는 레베카가 그녀에게 중요한 누군가와 그녀가 가까워지도록 스스로에게 허용한다면 자기 목소리—독립적인 의지—를 가질 수 없다는 것이다. 나의 접촉에 대해 그녀가 침묵하고 또 남편의 성적인 몸짓을 거부하는 것이 그녀에게 어려운 것은 이 때문이었다. 그러나 이 이야기 중 이 부분과 분리된 다른 부분에서 그녀는 사람들이 그녀에게 민감하게 반응하고 지지적일 수도 있다고 믿을 수 있었다. 다만 이 관점은 가장하기의 속성을 가졌기에 매우 불안정할 수밖에 없었다. 이 이야기가 자기 모순적이기 때문에 레베카는 끝에 가서는 자주 이에 대해 말할 수 없었을 뿐만 아니라 혼란감을 느끼게 되었다.

우리는 공동 작업을 통해 그녀의 모순된 마음 상태에 접근했고, 그녀는 그런 마음 상태들 간의 관계를 고려하기 시작할 수 있었다. 또한 우리는 레베카의 일관되지 못한 이야기는 현재 그녀가 활용할 수 있는 가능성들을 제대로 반영하지 못한다는 것을 보게 되었다. 좀 더 구체적으로 말하자면, 그녀는 자기 자신을 잃게 될까봐 다른 사람과 가까워지는 것 그리고 그녀에게 필요한 것을 얻는 것 둘 다를 가로막았다는 것이다. 레베카가 이제 단일한 마음 상태에서(in a single state of mind) 그녀의 갈망과 불신 둘 다를 경험할 수—그리고 그것에 대해 성찰할 수—있었다는 사실은 이 둘의 통합이 이제 진행되고 있음을 내게 알려 주는 신호였다.

내가 지금까지 묘사한 종류의 관계적이고, 감정적이며, 해석적인 과정은 해리된 마음 상태를 통합하는 데 기여할 뿐만 아니라, 느낌과 생각, 암묵적 기억과 명시적 기억 간의 연결, 그리고 뇌에서 피질의 '상위' 기능과 변연계 및 뇌간의 '하위' 기능뿐만 아니라 좌반구와 우반구 간의 연결에도 유익하다. 이런 유형의 통합은 심리치료가 가져다주는 정서 조절과 애착, 그리고 정신화로 이어지는 선순환의 산물이고, 이런 선순환은 환자의 자기감과 자서전적 이야기 둘 다에서 좀 더 높은 일관성을 부여한다.

궁극적으로 가장 치료적인 것은 어떤 특정한(particular) 이해가 아니라 환자가 이해받는다고 느끼는—그리고 자신을 이해하도록 영감을 주는—관계를 경험하는 것이다. 그래서 우리가 환자에게 가능하기를 바라는 것은 어떤 특정한 통찰이 아니라 통찰이 가능하다는 것을 그들이 깨닫는 것이다. 암묵적, 명시적 정신화를 통해 우리는 환자에게서 통찰과 공감의 쌍을 이룬 능력을 길러 주는데, 이 두 능력은 함께 작용할 때 정신화와 거의 동등하다.

정신화와 마음챙김

Fonagy는 원래 성찰적 자기를 '정신적 삶의 내부 관찰자'라고 불렀다(Fonagy et al., 1991b, p. 201). 그러한 내적 관찰자가 없다면 우리는 객관적 현실과 혼동하는 주관적 경험에 그저 매몰되고 만다. 이럴 때 우리는 느낌과 사실 간의 차이에 대해 성찰할 수 없기 때문에 우리 경험의 '현실'을 습관적으로 해석하고 또한 구성하는 방식을 우리가 보지 못하는 눈먼 상태로 남아 있게 된다.

이 두 가지 점—즉, 내부 관찰자의 중요성과 정신적 상태의 객관적인 속성이 아닌 주관적인 속성—에 있어서 정신화의 태도는 마음챙김의 태도와 중첩된다고 보일 수 있다.[3] 이 두 가지 태도는 우리의 주관적인 경험이 주로 심리적 해석이라는 인식과 그 결과 심리적 고통의 많은 부분은 (무의식적으로) 우리 스스로가 만들어 내는 것이라는 인식을 촉진한다는 점에서 하나로 수렴된다. 두 가지 태도 모두 우리가 경험에 매몰되고 또 그런 상태가 유발하는 자동적 반응성의 속성을 넘어설 수 있도록 해 주는 잠재력을 갖고 있다.

그러나 분명히 정신화와 마음챙김이 같은 것은 아니다. 각각과 관련된 정신 활동의 종류가 다르고, 마찬가지로 각각이 심리치료에 기여할 수 있는 바도 구별된다. 정신화는 망원경을 사용하는 것에 비유되어 왔다. 그것은 과거나 무의식을 '더 가까이' 가져옴으로써 '멀리 떨어진' 경험에 대한 우리의 조망을 예리하게 한다. 반면에 마음챙김은 현미경을 사용하는 것에 비유되어 왔다. 그것이 없다면 숨어 있는 채로 남아 있을 수도 있는 즉시적인 경험에 대한 생생하고 세밀한 조망을 우리에게 제공한다(Rubin, 1996). 정신화가 일관된 자기를 형성하는 핵심적 통로를 제공할 수 있는 반면, 마음챙김은 자기 초월로 가는 관문으로 여겨져 왔다. 왜냐하면 마음챙김은 2,500년간 이어져 내려온 불교 전통의 가장 중요한 요소로서, 그 목적은 자기의 허상에 매달리는 데서 생겨나는 스스로 부과한 고통을 제거하는 것이기 때문이다.

---

3) 정신분석가이자 불교를 가르치는 Barry Magid는 명상의 효과를 다음과 같이 기술하고 있다. "처음에 호흡과 생각에 이름 붙이기를 따라가면 종국에는 갈등하는 감정에 시달리거나 연상이나 반추의 흐름에 의해 휩쓸리지 않는 안정된 내적 '관찰자'가 마음속에 자리 잡게 된다."(Safran, 2003, p. 279에서 인용)

심리치료에서 마음챙김

대부분의 정신역동 치료에서는 현재 순간은 뒤에 남겨 둔 채
의미를 좇아 급히 움직이는 경향이 있다.

─Daniel Stern(2004, p. 140)

하버드 대학교의 발달학자인 Robert Kegan은 의식의 형태를 심리적 성숙이 더 높은 순서대로 '사회화된 마음(socialized mind)' '자신이 저자로서 이야기를 써 나가는 마음(self-authoring mind)' 그리고 '스스로 변화시키는 마음(self-transforming mind)'으로 논하고 있다(Kegan, 2000). Kegan의 이 범주들은 매몰에서 정신화로 그리고 마음챙김으로 가는 것과 유사한 진전 과정을 따르고 있다.

분명히 정신화는 우리가 '사회화된 마음'에 표상되어 있는 가족과 문화적 과거의 제약에서 벗어날 수 있도록 도와준다. 정신화는 암묵적인 이해와 명시적인 성찰을 통해 우리가 우리의 경험과 표상을 이해하고 그래서 점차 우리 자신의 삶의 창조자이자 해석가가 되기 위해 우리 경험과 표상에서 한 걸음 물러나는 것을 가능하게 해 준다.

이에 비해 마음챙김은 우리 경험의 내용을 이해하기보다 우리의 수용적인 자각이 경험의 순간순간 과정으로 향하게 한다. 시간의 경과에 따라 이런 주의는 '코페르니쿠스적 전환'을 가져올 수 있는 잠재력이 있고, 이런 전환이 일어나면 세상에 대한 우리의 경험을 매개하는 마음이 스스로를 바꾼다(Engler, 2003).

마음챙김과 심리치료에 관한 최근 저술의 저자들(Germer et al., 2005)은 마음챙김의 자각을 다음과 같이 기술하고 있다.

- 비개념적(Nonconceptual). 마음챙김은 우리의 사고 과정에 몰입하지 않는 자각이다.
- 현재 중심적(Present-centered). 마음챙김은 항상 현재 순간에 있다. 이에 비해 우리의 경험에 대한 생각은 현재 순간에서 한 걸음 떨어져 있다.
- 비판단적(Nonjudgmental). 우리의 경험이 그것이 아닌 다른 것이 되기를 바란다

면 자각은 자유롭게 일어날 수 없다.

- **의도적(Intentional).** 마음챙김은 항상 주의를 어딘가로 향하게 하려는 의도를 갖고 있다. 주의를 현재 순간으로 돌림으로써 마음챙김에 시간적 연속성이 주어진다.
- **참여적 관찰(Participant observation).** 마음챙김은 동떨어져 목격하는 것이 아니다. 그것은 마음과 몸을 좀 더 가깝게 경험하는 것이다.
- **비언어적(Nonverbal).** 마음챙김의 경험은 말로 표현될 수 없는데, 그 이유는 단어가 마음에 떠오르기 전에 자각이 일어나기 때문이다.
- **탐색적(Exploratory).** 마음챙김의 자각은 항상 더 포착하기 어려운 수준들의 지각을 탐구한다.
- **해방적(Liberating).** 마음챙김의 자각이 일어나는 매 순간은 조건화된 고통으로부터 자유를 제공한다(p. 9).

　마음챙김의 순간은 일상의 경험 가운데 때때로 일어날 수 있지만, 마음챙김의 수행은 우리의 주의를 현재에 집중하는 것을 잊지 않고 기억하려는 지속적인 노력—명상에서만큼 일상생활에서도—을 포함한다. 그리고 이런 노력은 위에서 언급한 자각의 모든 특성들을 갖는다. 이런 수행의 결과, 내면화된 안전 기지가 제공하고 위안을 주는 감각을 몇 가지 다른 방식으로 강화할 수 있으며 마음챙김을 하는 자기(a mindful self)가 발달한다. 여기에 대해서는 곧 설명할 것이다.

마음챙김하는 자기 일깨우기

　마음챙김과 명상은 심리치료 그 자체와 같이 그것을 알려면 경험해 보아야 한다. 인지행동주의자인 Segal 등(2002)은 마음챙김 수행을 연구하고 치료적으로 활용하기 위해 그들 스스로 마음챙김을 수행해 볼 필요가 있었다고 언급했다. 이 책의 첫 장에서 언급했듯이 내가 마음챙김 자세의 중요성을 경험적으로 자각하게 된 것은 처음에 명상을 통해서가 아니었고 성찰적 자기의 특성에 대한 고찰을 통해서였다.

나는 나 자신에게 논리적인 질문으로 보이는 다음 질문─'여기서 성찰을 하고 있는 사람은 정확히 누구인가? ─을 던졌는데, 그때 나는 평상시 내가 알고 있는 나의 자기가 파열되는, 갑작스럽고 강력하며 약간의 현기증이 동반된 감각을 느꼈다. 이때 남은 것(즉, 내 질문에 대한 답이라고 생각되는)은 '자기' 그 자체가 아니라 오로지 자각뿐이었다. 자기에 대한 나의 평상시 경험─나의 역사와 정체성이 배어 있고 많은 심리적인 공간을 차지하는 경험─대신에 전혀 아무 공간도 차지하지 않고 의식의 한 지점처럼 느껴지는 어떤 것이 있었다. 두어 주 동안 나는 실제로 이 새롭게 발견한 자기에 대한 감각─혹은 '무아(no self)'─과 내 뜻대로 다시 연결될 수 있었다. 실제로 나는 현재에 존재할 수 있는 매우 고양된 능력뿐만 아니라 안녕감과 감사의 감정을 경험했다. 나는 또한 나의 방어적인 태도가 줄어들고, 공감과 수용 능력이 높아지는 것을 느꼈으며, 이뿐만 아니라 고통은 말할 것도 없고 자각을 공유할 수 있는 능력처럼 느껴지는 것을 토대로 하여 타인에게 연결되는 강렬한 느낌을 경험했다.

그 후 결국 나는 그 이전에는 크게 애쓰지 않고도 접근할 수 있다고 느껴졌던 이런 마음 상태에 내가 더 이상 연결될 수 없다는 것을 알게 되어 놀라고 낙담했다. 그러나 나는 친구 및 동료들과 논의하는 가운데 명상이 그 특정한 마음챙김의 마음 상태와 관련된 '근육'을 실제로 단련시킨다고 믿게 되었다.

물론 명상에는 많은 방식이 있다. 하지만 대략적으로 말하면, 두 가지의 주요 접근으로 구분될 수 있는데, 그것은 집중 명상(concentration meditation)과 통찰 혹은 마음챙김 명상(insight or mindfulness meditation)이다. Germer(2005)는 전자에서는 주의의 초점을 레이저 광선에, 그리고 후자에서는 탐조등에 비유했다. 집중은 마음의 초점을 좁게 하여 자각의 대상(전형적으로는 호흡)에 모으는 수행이며, 반면에 마음챙김은 어떤 한순간에서 그다음 순간까지 우리의 자각을 지배하는 것이 무엇이든지 간에 활짝 열려 있고 무선택적인 초점을 수반한다. 집중 명상은 고요함을 길러 주는 반면에 마음챙김 명상의 이점은 자기 이해뿐만 아니라 마음 그 자체의 특성에 대한 이해를 포함한다고 한다(Germer et al., 2005).

이 두 접근을 통합한 방식으로서 내가 끌린 수행방식은 마음챙김에 기초한 스트레스 감소(Kabat-Zinn, 1990)와 마음챙김에 기초한 우울증 인지치료(Segal et al., 2002)를 포함한 다양한 심리치료에서 열거되었던 것과 똑같은 방식이다.[4] 이 수행은 대개 눈을 감은 채 가만히 앉아 있는 상태에서 이루어지며, 연속적인 들숨과 날숨에 주의를 기울임으로써 우리의 자각이 지금 어디에 있는지를 확인하는 것으로, 일련의 동일한 절차를 무수히 반복하는 행위를 포함한다. 그런 다음 자발적으로 생겨나서 우리의 주의를 '가로채' 현재 순간에 대한 우리의 의식적 자각을 일시적으로 놓치게 만드는 생각과 느낌, 신체적 감각 그리고 감각적 인상을 관찰한다. 마지막으로 우리는 우리의 주의를 사로잡은 생각이나 느낌 혹은 감각에 빠져 우리가 '사라졌다'는 것을 알아차리는데, 이때 우리가 호흡과 자각으로 주의를 서서히 되돌리기 전에 해야 할 과제는 우리가 사로잡혔던 경험에 **이름을 붙이는** 것이다(Germer, 2005).

가장 단순한 수준에서 볼 때 이런 종류의 명상의 목적은 우리가 경험하고 있는 것의 특성을 묘사하거나 판단하려는 우리의 경향성을 의도적으로 억제하면서, 자발적으로 우리 주의가 어디에 머물고 있는지를 찾아서 현재 순간의 경험으로 돌리는 것이 무엇을 의미하는가를 익히 알게 하는 것이다. 온 마음으로 수용하는 자세로 현재 경험에 초점 두기를 잊지 않고 반복해서 기억하는 것은—그리고 이 초점을 반복적으로 놓치고 다시 찾는 것은—많은 유익한 효과를 거둘 수 있는 수행이다.

안정 애착의 관계에서 생겨난 내적 안전 기지처럼 마음챙김에 의해 길러진 내적 안전 기지도 어려운 경험에 직면했을 때 우리를 진정시켜 준다. 그러나 이런 과정은 어떻게 전개되는가? 마음챙김의 태도는 '기꺼이 받아들이고 허용하는 것이며 …… 어려움에 '개방적'이고 모든 경험에 관대한 태도를 취할 것을 권장한다.'는 점을 고려해 보자(Segal et al., 2002, p. 58). 우리가 이런 태도에 더 접근하면

---

4) 변증법적 행동 치료(Linehan, 1993)는 선불교의 좌선에서 영감을 얻은 마음챙김 기법을 사용하지만 공식적인 명상 수행을 적용하지는 않는다.

할수록 우리 내면의 고요한 지점—'돌아가는 세상 속의 정지된 지점'(Eliot, 1943/1991b, p. 180)—을 찾기가 좀 더 쉬워지는데, 그 이유는 고요한 수용의 지점이 우리가 알고 있는 것이 되었기 때문이다. 이런 수용의 기초는 우리 자신의 고통스러운 경험에 우리가 마음을 열게 되면서 생겨나는 자신에 대한 자비심(compassion)이다. '마음챙김은 고통을 거부하려는 우리의 욕구를 버림으로써 고통에 대한 우리의 관계를 바꾸는 방법을 제공한다. 이것은 자신에 대한 친절의 행위다.' (Fulton, 2005, p. 63)

게다가 마음챙김의 경험은 우리가 자각하게 되는 변동하는 자기의 상태(긍정적이거나 혹은 부정적인 상태)가 아니라 자각 그 자체와 동일시할 수 있는 능력을 강화한다. 우리가 더 강하게 자각과 동일시할수록 내적인 자유와 안정성에 대한 우리의 감각이 더 커진다. 왜냐하면 만약 원래의 안전 기지가 우리의 보호자가 접근 가능한지에 대한 우리의 확신에 의존하고 있다면, 마음챙김을 통해 길러진 내면화된 안전 기지는 부분적으로 보호가 필요하지 않다는 지각에 의존하기 때문이다. 자각과의 동일시는 찾아야 할 실제 피난처나 피해야 할 위험이 아니라 단지 일시적인 상태일 뿐인 자기 상태에 매달리거나 혹은 회피함으로써 우리 자신을 보호해야 한다고 느끼는 필요성을 (어느 정도) 없애 준다.

마음챙김 수행은 또한 자각하며 존재하는 것과 그저 현장에 있는 것 간의 차이를 경험적으로 알 수 있는 교육의 기회를 제공한다. 이것은 주의가 우리가 주관하는 능력이라는 지각을 확고히 해 준다. 즉, 우리가 현재에 존재하기를 기억하고 만약 우리가 그렇지 않을 때를 알아차리면 지금 여기로 우리의 주의를 다시 돌리기를 선택할 수 있다는 것이다. 점차 이런 '주체적인 주의 관장(attentional agency)' 행위는 온전히 존재하는 우리의 능력을 증진시키는데, 이것은 점점 더 우리가 마치 매 순간이 우리의 마지막인 것처럼 사는 것을 뜻할 수 있다. 마음챙김 수행은 또한 생각과 느낌 그리고 감각을 갖고 있음을 자각할 수 있으면서 이것과 전적으로 동일시하지는 않는 "내부 관찰자"에 대한 우리의 감각을 강화한다. 다시 말하면 마음챙김은 '탈매몰(disembedding)'에 기여한다(Safran & Muran, 2000). 이 모든 효과는 치료자와 그들의 환자에게 특별한 관련성을 갖는다.

우리는 치료자로서 명상을 통해서나 혹은 더 비공식적으로는 '깨어나서' 수용적인 태도를 갖고 지금 여기 경험으로 우리의 주의를 돌리는 의식적인 노력을 통해 마음챙김의 태도를 채택할 수 있는 우리 자신의 능력을 키울 수 있다. 대략적으로 말하자면, 만일 우리가 환자와 함께 앉아 있을 때 이런 태도를 동원할 수 있다면 우리가 온전히 존재할 수 있을 가능성이 더 높다. 그 이유는 부분적으로 우리가 경험에 저항하기보다 그 속으로 '부드럽게 들어가기' 때문이다. 더 구체적으로, 마음챙김의 태도는 정서에 대한 감내력과 공감 및 '고르게 떠 있는 주의'에 대한 우리의 능력을 강화할 수 있다.

우리는 또한 우리가 환자와 함께하는 치료작업의 구체적인 측면에 대해 알리고 조명하며 고양하는 데 이런 태도를 사용할 수도 있다. 이런 관점에서 보면 심리치료는 일종의 두 사람을 위한 명상으로 볼 수 있는데, 이때 우리의 과제는 환자가 순간순간의 경험에 대해 판단하지 않고 마음챙김의 상태가 될 수 있도록 돕는 일이다. 여기서 우리가 자주 부딪히는 문제는 현재 순간에 존재하고 자각하며 그리고/또는 수용하기를 환자가(그리고 우리 자신도) 어려워한다는 사실이다. 물론 이런 어려움이 우리의 우호적인 주의의 초점이 된다. 이런 속성을 지닌 마음챙김의 주의를 거듭 놓치고 다시 기울이는 것이 심리치료의 명상 수행으로 볼 수 있다.

마지막으로 우리는 명상을 유용하게 사용할 가능성이 있어 보이는 환자에게 명상을 소개할 수 있다. 대체로 내 경험으로는 이런 환자들의 유형은 정서를 조절하는 데 도움이 필요한 환자 그리고/또는 온전히 혹은 통합된 방식으로 존재하는 것이 어려운 환자다. 소수 환자에게는 마음챙김 수행의 기초를 가르쳤지만, 내가 명상을 추천했던 환자 대부분은 별도의 수업을 들었다(우리가 치료 장면에서 마음챙김을 활용할 수 있는 방법에 대한 구체적인 내용은 제17장에서 논의할 것이다.).

마음챙김의 치료적 작용

마음챙김 수행은 정서 조절을 분명히 촉진하는데, 정서 조절은 정신화 및 애착과 함께 선순환하면서 치료적인 기능을 한다. 안정 애착 관계처럼 마음챙김은 불안정하게 애착된 사람—특히 집착형 혹은 미해결형으로 기술될 수 있는 사람—의 감정 과정 특징인 편도체와 교감신경계의 격렬한 반응성을 조절한다.

　이미 언급했듯이 명상은 스트레스성 각성의 생리적 지표를 경감시킨다는 사실이 경험적인 연구를 통해 밝혀져 왔다. 나는 이런 발견이 주의의 방향을 자유 의지로 정할 수 있는 능력에 대한 명상가의 확신이 커지는 것과 관련될 뿐만 아니라 명상에서 호흡하는 신체에 초점을 두는 것이 가져다주는 진정 효과와도 관련된다고 생각한다. 주의를 관장하거나 주의를 기울이기 시작하는 존재로서의 자기에 대한 감각이 강화되면서 우리는 우리를 불안하게 하는 생각이나 느낌 혹은 신체 감각의 괴롭힘에 반사적으로 저항하거나 혹은 자동적으로 빠져들게 하는 강력한 힘을 덜 느낄 수 있다. 그 대신 우리는 그것들을 밀어내거나(회피/무시형) 혹은 그것들에 빠져 있지(불안/집착형) 않고 순전히 그것들과 함께할 수 있을 것이다. 게다가 우리가 경험하는 정신적 사태에 이름을 붙이는 수행(명상이나 일상생활에서)은 아마도 피질하(皮質下, subcortical)의 감정 반응을 조절하도록 뇌의 피질 자원을 동원함으로써 그것의 감정적인 힘을 감소시킬 수 있다(Hariri et al., 2000; Hariri et al., 2003 참조). 반복적으로 우리의 생각과 느낌 그리고 감각을 알아차리고 이름 붙이는 것—그리고 명상에서 호흡과 자각으로 주의를 되돌리는 것—은 자신을 힘들게 하는 감정 상태와 '탈동일시' 할 수 있는 우리의 능력을 강화할 수 있다. 이런 탈동일시는 정신적 공간을 확장시키는데, 이런 공간에서 환자와 치료자는 감정 상태에 저항하거나 그것에 의해 지배되는 것이 아니라 그것을 이해하려고 시도할 수 있다.

　명상은 또한 무시형으로 기술될 수 있는 일부 환자들을 위한 심리치료의 유익한 보조활동이 될 수 있다. 이런 환자들은 일반적으로 자신의 느낌과 동떨어져 있어 흔히 자신의 경험에 충분히 몰입하기가 어렵다. 그들은 그들에게 중요할 수 있는 타인뿐만 아니라 그들 자신으로부터도 어느 정도 거리를 두고 있는 것처럼 살아간다. 호흡에 초점을 둔 명상은 이런 환자들이 신체—감정의 근원—에 기반을 둘 수 있게 하고 현재 순간에 실제로 존재하는 것이 어떤 것인지에 대한 감각을 고양시켜 줄 수 있다. 나는 여기에서 분석적인 성향이 매우 강했던 한 환자가 생각나는데, 우리는 그의 경험을 '맴돌기(hovering)'라는 은유로 포착했다. 그는 자신의 몸이나 대인관계 속으로 결코 내리지 않고 자신의 삶 위를 계속해서 맴도는 것처럼 느낀다는 것이었다. 매 회기를 시작할 때마다 했던 5분에서 10분 동안의 명상은 그가 자신의 치료 속으로 내리기 시작하는 데 도움이 되는 것처럼 보였다.

심리치료와 같이 임상 장면 내부 혹은 외부에서 하는 마음챙김 수행은 우리 자신의 마음을 알게 되는 하나의 방법이다. 명상 과정에 대해 Jack Engler(2003)가 기술한 내용을 살펴보자.

> 정신물리학적 사태의 흐름에 대해 최소한의 반응성으로 순간순간 기울이는 훈련된 주의는 지각적 및 개념적 자극에 의식적인 자각을 다시 부여함으로써 그런 자극을 기록하고 선택하고 조직화하며 해석하는 심리적 작용의 탈자동화를 촉발한다. 이것이 발생함에 따라 이전에는 의식적 자각과 통제 없이 자동적으로 조절되던 심리적인 기능을 자각할 수 있게 된다(p. 68).

Engler가 기술한 과정은 이완 상태에서 수행되는, 소리 없는 자유 연상을 통해 일어난다고 볼 수 있다. 재차 말하자면 명상을 하는 동안의 과제는 선호나 판단 없이 현재 순간에 일어나는 정신적 사태가 무엇이든지 간에 그것을 알아차리면서 호흡에 초점을 두는 일이다. 우리가 호흡에 초점을 두고 또 우리가 호흡으로 주의를 되돌릴 수 있음을 아는 것—그리고 그와 함께 자각에 대한 우리의 자각—은 상대적으로 고요하고 방어하지 않는 마음 상태를 조성하는 데 도움이 된다. 이런 상태에서는 이전에 억압되거나 해리되었던 생각이나 느낌 혹은 감각이 의식으로 떠오를 수 있다. 그러나 이런 생각과 느낌 및 감각은 Daniel Stern(2004)이 '현재의 기억하는 맥락(a present remembering context)'이라고 부른 새로운 맥락에서 떠오르기 때문에 이제는 다르게 경험될 것이다(p. 199).

치료자와의 안정된 관계가 변화를 가져오는 이런 종류의 맥락을 잠재적으로 제공할 수 있듯이, 명상을 통해 유발된 평온한 상태도 그런 효과를 낼 수 있다. 개인의 과거사에 뿌리를 둔 고통스러운 정신적 경험은 이런 마음 상태에서 다시 만나게 되면, 이런 경험이 우리를 불안하게 만드는 강도가 조절되고, 심지어 '과거의 가능한 기억들을 다시 쓰게 하는' 방식으로 새로운 맥락을 부여받게 될 수 있다(Stern, 2004, p. 200). 다소 다른 각도에서 보자면, 여기에서 치료적 작용은 우리가 정신적으로 그리고 신체적으로 편안한 상태에 있는 동안 우리를 괴롭히는 경험을 다시 만나는 점진적인 둔감화 형태로서 명상의 효과에서 나오는 것일 수 있다(Goleman, 1988). 이 과정에서 이런 경험들은 좀 더 통합될 수 있는 방식으로 변화될 수 있다.

게다가 명상뿐만 아니라 평상시의 마음챙김은 우리 경험과 환자의 경험이—순간순간에—구성되고 재구성되는 과정 그 자체를 조명하는 데 도움이 될 수 있다. 마음챙김을 하는 동안 우리는 자각의 바로 가장자리에서 소곤대는 소리에서부터 집요한 질책까지 우리의 생각을 표현하는 말을 '들을' 수 있다. 또한 일시적으로 우리를 사로잡고 그런 다음 멀어지는 느낌들을 느낄 수 있다. 그리고 나타나고 사라지는 신체 감각과 감각적 인상을 경험할 수 있다. 또한 우리 경험의 이런 다양한 표상들이 어떻게 상호작용하는지도 알아차릴 수 있다. 어떤 생각이 어떤 느낌이나 신체 감각으로 이어지고, 어떤 감각이 어떤 생각이나 느낌으로, 어떤 소리가 어떤 느낌으로 이어질 수 있다. 그리고 우리는 현재 순간으로 되돌아올 수 있다.

전개되는 경험의 궤도를 따라가면서 우리는 적어도 다음 두 가지를 확실하게 배우게 된다. 첫째, 우리는 지금 여기로 향한 우리의 주의를 얻고 놓치기를 되풀이한다는 것이다. 즉, 우리는 현재에 존재하거나 존재하지 않을 수 있고, 자각을 자각하거나 자각하지 못할 수 있다. 둘째, 우리 경험은 유동적인 구성물로서, 이것은 오고 가는 여러 마음 상태에서 구체화되는 생각과 느낌 그리고 감각의 변화무쌍한 상호작용을 통해 한순간에서 다음 순간에 새로운 형태를 취한다는 것이다. 이 점과 관련하여 우리가 우리의 자기라고 여기는 바로 그것은 그 자체가 끊임없이 변화한다는 것, 그리고 그 결과 본질적이거나 영구적인 혹은 고정된 자기에 대한 지각은 그저 착각에 불과할 수 있다는 것이 불교심리학의 기본 교리라는 점을 고려해 보라.

마음챙김을 하는 자기와 성찰하는 자기

이제 성찰하는 자기 및 외양과 현실의 분간이라는 주제로 되돌아오자. 마음챙김은 정신적 상태의 '단순히 표상적인 속성'(Main, 1991, p. 128)에 관해 더 깊이 있는 설명을 제공한다. 왜냐하면 내가 방금 제안했듯이 마음챙김 수행은 우리가 생각하고 느끼고 지각하는 것의 비영구적이고 변하기 쉬운 속성을 들여다볼 수 있는 창을 제공한다. 마음챙김의 태도는 성찰적 혹은 정신화적 태도와 다르지만, 이 두 가지가 미치는 영향은 유사할 수 있다. 즉, 정신적 상태는 그저 정신적 상태일 뿐이고, 객관적이 아니라 주관적인 것이며, 고정된 것이 아니라 유동적이고, 우리 존재의 어떤 것이 아니라 우리가 가진 어떤 것이라는 인식을 촉진한다. 요컨대 마음챙김과 정신화는 비슷하게 매몰에 대한 교정수단으로 기능할 수 있다.

게다가 가장 발전된 형태의 정신화— '정신화를 거친 정서 상태(mentalized affectivity)'(Fonagy et al., 2002)—와 같이 마음챙김은 '사회적-감정적인' 우뇌와 '해석적인' 좌뇌의 통합을 촉진한다. 성찰적 자기가 '느낌에 대해 사고하고 사고에 대해 느끼기'(Target, 2005, 개인적인 교신)가 가능하도록 할 수 있는 것처럼, 마음챙김의 자기는 우리의 느낌이 생각을 통해 정보를 얻고 또한 우리의 생각이 느낌을 통해 정보를 얻을 수 있도록 할 수 있다.

그러나 마음챙김은 또한 정신화가 제공하지 못하는 것을 제공한다. 왜냐하면 마음챙김의 자기는 성찰적 자기를 자각하기 때문이고, 그리고 경험을 성찰하는 것은 온전히 현재에 존재하면서 경험하는 것과는 전적으로 다르다는 것 또한 자각하기 때문이다. 자각에 대해 자각하기를 거듭하면서 우리는 '주관성의 소재를 자기의 표상에서 자각 그 자체로 옮긴다.'(Engler, 2003, p. 65) 이런 식으로 마음챙김의 자기 경험은 '내부 관찰자'를 강화할 뿐만 아니라 우리 자신의 중심에서 우리가 누구인가에 대한 심오하고 아마도 침범할 수 없는 감각에 접근할 수 있는 잠재력을 갖고 있다. 앞서 언급했던 것처럼, 불교심리학과 수행에서 마음챙김의 중요한 목적은 자기의 중심에 전혀 자기가 없으며, 오히려 '자각 경험이라는 하나의 지속적인 흐름"이 있음을 발견하는 것이다(Falkenstrom, 2003, p. 1559). 심리치료에서 '무아'에 대한 이런 깨달음에 가까운 상태는, 이해와 성장을 위한 우리의 잠재력을 구속하는 구체화된 자기 이미지들(예컨대, 전적으로 자족하거나 혹은 전적으로 무력한)에 대한 감정적인 투자를 점차 거두어들이는 것이다.

물론 성찰적 태도(시간이 지남에 따라 우리가 우리 경험에서 특정한 패턴을 보도록 돕는)와 마음챙김의 태도(현재 순간의 경험에 우리가 깊이 머물도록 돕는) 사이에서 우리가 반드시 하나를 선택해야 하는 것은 아니다. 이 두 가지 태도는 모두 심리치료에서 치유적일 수 있고, 각각은 서로에게 힘을 더해 준다. 분명히 Fonagy의 주장대로 마음챙김 수행은 정신화를 강화한다. 숙련된 명상가는 '표정에서 마음을 읽는' 능력이 고도로 발달되어 있다는 Ekman의 발견도 이것과 맥을 같이 한다. 그 이유는 정신화가 행동을 통해 표현되는 정신적 상태의 인식을 포함하기 때문이다. 이와 유사하게 정서 조절과 공감 및 신뢰에 기여하는 정신화는 또한 마음챙김의 태도를 좀더 접근 가능하게 해 줄 수 있다.

정신화와 마음챙김 간의 관계가 다소 모호할 수도 있지만, 우리가 치료자로서 환자를 이해하고 관여하며 도움이 되려고 노력하는 가운데 이 두 가지 모두 가치 있고 상호 지지적인 역할을 한다는 사실은 의문의 여지가 없다. 둘 다 안전 기지의 내면화된 경험과 통합에 기여하고, 또한 환자의 자유롭게 느끼고 성찰하고 사랑하는 능력을 강화하는 정신적 공간을 확장하는 데 기여할 수 있다.

10
애착 이론의 임상적 차원 심화시키기
상호주관성과 관계적 관점

Bowlby의 독자적인 통찰에서 영감을 얻어 진행된 연구는 치료자들에게 인간 발달을 관계의 과정으로 이해할 수 있는, 경험적 연구에 기반을 둔 하나의 틀을 제공해 왔다. 그래서 애착 이론은 발달에 대한, 또한 어쩌면 내적 세계와 방어 및 정신병리에 대한 관계 이론으로도 간주될 수 있을 것이다. 그러나 애착 이론이 임상 이론은 아니다. 하지만 이 이론에는 분명히 심리치료를 위한 시사점이 아주 풍부하게 들어 있고, 이 중 두 가지는 애착 이론을 임상적으로 보완하는 것으로서 바로 상호주관적, 관계적 관점을 가리킨다.

그 첫째는, 발달은 근본적으로 관계의 과정이기 때문에 심리치료가 건강한 발달의 회복을 촉진하기 위한 것이라면 그것은 반드시 관계적 관점에서 이해해야 한다는 점이다. 둘째는 비언어적 상호작용이 발달에서 차지하는 중요성 때문에 심리치료에서도 환자가 말로는 접근할 수 없는 과거와 잠재적인 경험 영역에 이르는 통로가 반드시 발견되어야 한다는 점이다.

그러나 임상적으로 말해서 관계적 관점에서 심리치료를 이해한다는 것은 정확히 무엇을 뜻하는가? 그리고 우리는 어떻게 환자가 말로 표현할 수 없는 경험에 연결되도록 할 수 있는가? 애착 이론에서 관계를 강조하는 것과 유사하게 정신분석에서 소위 '관계적 전환(the relational turn)'은 이런 질문에 매우 유용한 몇 가지 답을 제공한다.

한 사람 심리학을 넘어서

Main과 Fonagy가 애착 안정성의 언어 습득 이전 시기와 관계에서의 기원을 탐구하고 있었던 때와 거의 같은 시기에, 여러 학파의 정신분석가들은 밀접하게 관련된 관점에서 환자와의 치료작업을 세밀하게 살펴보고 있었다. 애착 연구가 개인의 내적 작동 모델의 특성이 그것을 탄생시킨 관계의 특질에 달려 있음을 보여 주는 증거자료를 제시했던 것처럼, 이 정신분석가들은 관찰을 통해 치료에서 환자가 경험하는 바의 특성은 순간순간 치료 관계의 특질에 달려 있음을 알게 되었다.

이 치료자들은 임상적 자료에 기초하여(몇몇 경우에는 그들이 환자로서 치료받은 경험을 포함하여) '한 사람 심리학(one-person psychology)'의 중대한 한계를 인식하고 있었다. 이 용어가 가정하는 바는 환자의 생각과 느낌 및 행동은 모두 근본적으로 환자 내면에서 발생하고, 따라서 치료에서는 환자 정신의 내적 작동에 관심을 집중해야 한다는 것이다.

이와는 대조적으로 관계적, 상호주관적 혹은 구성주의자라고 부를 수 있는 치료자들의 주장은 환자의 '정신적 실제'는 치료에서 치료자와 환자 두 사람에 의해 함께 만들어지는 경험의 실제 맥락에서만 의미 있게 다룰 수 있다는 것이었다. Bowlby가 부모 행동의 실제가 아동의 발달에 미치는 영향을 인정해야 한다고 촉구했던 것처럼, '두 사람 심리학(two-person psychology)'의 주창자들은 이제 환자의 생각과 느낌 및 행동이 언제나(적어도 부분적으로는) 치료자에 대한 반응이라고 주장하고 있다. 치료자의 선의의 개입과 함께, 치료자의 의도하지 않은 참여의 실제가 환자에게 영향을 미친다는 것이다.

이런 관점에서 보면 치료자들은 환자들에 비해 그들의 개인적 주관성을 치료실 문 밖에 둘 수 있는 능력이 더 나은 것은 아니다. 그리고 그들 자신의 무의식과 취약성 및 이론의 영향을 부인하거나 제거하려는 노력은 소용없을 뿐만 아니라 반치료적이기도 하다. 치료자들의 '부인할 수 없는 주관성(irreducible subjectivity)' (Renik, 1993)의 현실은 그들로 하여금 냉정한 객관성이라는 (가정된) 능력에서 그 권위가 유래된, 진리를 결정짓는 존재로서의 자격을 잃게 한다. 더구나 치료자와 환자는 둘 다 Stephen Mitchell(1993)과 Robert Stolorow(Stolorow et al., 1987) 그리고 Jessica Benjamin(1990/1999) 모두가 **공동의 상호적 영향**(mutual reciprocal influence)이라고 부르는 친밀한 관계의 불가피한 조건에 놓이게 된다.

이러한 영향에 대한 인식이 정신분석학에서 패러다임 변화의 중심에 있는데, 이것은 이제 무엇이 효과적인 심리치료를 구성하는지에 대한 주류의 사상조차 변화시키고 있다. '상호주관성 이론'은 이 새로운 패러다임에 대한 가장 포괄적인 용어라 할 수 있다. 제4장에서 논의한 것처럼 상호주관성은 '서로 관계하는 두 사람의 의식적, 무의식적 주관성의 상호적인 영향'으로 정의되어 왔다(Natterson & Friedman, 1995, p. 1). 여기에 내가 덧붙이고 싶은 점은 상호주관성에서 '상호(inter)'는 환자와 치료자의 경험 두 가지 다 그들의 **상호작용**(interaction)을 통해 만들어진다(그래서 개인은 양자관계에 매몰된다[1])는 현실을 강조하는 반면에, 상호주관성에서 '주관성(subjectivity)'은 치료적 객관성의 오류를 부각시키고 그 대신 감정적으로 반응하는 치료자는 항상 불가피하게 주관적(irreducibly subjective)이라고 가정하는 것의 이점을 강조한다는 점이다. 이런 새로운 패러다임과 관련된, 임상적으로 혁신적인 접근에서는 일종의 치료적 다원주의를 선호하고 어떤 표준화된 기술을 거부하며, 치료자의 신중한 자기개방을 선택 가능한 기법으로 열어 두고, 전이-역전이의 실연을 통찰과 새로운 경험으로 향하는 핵심적인 통로로서뿐만 아니라 이 둘 다를 가로막는 잠재적인 장애물로 보고 이것에 초점을 둔다.

---

1) Mitchell(1993)과 Stolorow 등(1987) 그리고 Daniel Stern(2004) 모두가 제안하듯이, '고립된 마음(the isolated mind)'이라는 개념은 하나의 허구이자 불가능한 모순이다.

애착과 상호주관성: 수렴적이고 상호보완적인 이론

애착 연구는 환자와 치료자가 불가피하게 서로에게 미치는 공동의 상호적인 영향을 강조할 뿐만 아니라 이런 영향을 설명하는 데도 도움을 준다. 상호주관성 이론도 이와 마찬가지지만, 이에 더하여 이런 상호적인 영향을 치료에서 다룰 수 있는 개념적·기술적 도구를 제공하는데, 이런 영향은 문제가 될 수 있을 뿐만 아니라 잠재적 자원이 될 수도 있다.

Bowlby는 유아기와 그 이후에 애착 인물이 우리에게 좋거나 좋지 않거나 간에 우리는 우리가 의존하는 사람들에게 무의식적으로 적응한다는 점을 인식했다. 때로 자기 파괴적이기도 한 이런 적응은 많은 경우 성인기 애착의 특징이 된다. 말할 나위도 없이 환자와 그들의 치료자는 서로에게 의존한다. 우리는 환자가 그들의 치료자에게 어떻게 의존하는지는 알고 있다. 하지만 환자와의 관계에서 치료자인 우리 자신의 욕구에 대해서는 생각을 덜 하는 경향이 있다.

물론 우리의 욕구는 다양하다. 만약 우리가 개인 치료실을 운영하고 있다면 우리는 환자에게 경제적으로 의존하고 있다. 이런 실제적인 의존을 넘어 우리는 또한 환자와의 관계에서 소위 자기애적 욕구를 갖고 있다. 즉, 우리는 개인적으로 또 전문적으로 스스로에 대해 좋게 느끼려는 욕구가 있다. 우리의 심리적인 특성에 따라 우리는 스스로를 유능하거나, 유용하거나, 호의적이거나, 혹은 힘 있는 사람으로 느끼도록 환자가 우리를 도와주기를 기대할 수 있고, 또한 우리가 좀 더 안정감을 느끼도록 도와주기를 기대할 수도 있다.

상호적 영향의 근원은 복합적이지만, 우리가 의존하고 있는 사람들과의 관계에서 갖게 되는 욕구나 열망은 분명히 그중 하나다. 환자와 치료자의 의존성—상호적이지만 반드시 대칭적이지는 않은—은 적응의 가능성이 농후한 지대를 조성한다. 그런데 이런 적응의 일부는 잠재적으로 유익할 수 있지만, 일부는 특히 인식되지 않거나 말로 분명히 표현하지 않은 채로 남아 있을 때 잠재적으로 심각한 문제가 될 소지가 있다. 애착 이론은 환자와 치료자 공동의 의존성 간의 이런 상호작용이 만들 수 있는 일부 패턴들을 조명하는 데 유용하다.

상호주관성 이론은 공동의 상호적 영향의 불가피성과 만연함을 강조할 뿐만 아니라 모든 치료적 관계의 특징이 되는 공모(그리고 충돌)에 대한 협력적인 반응을 만들어 낼 수 있는 잠재력이 있는 접근들을 치료자에게 제공한다. 이런 접근들의 핵심에는 치료자가 환자와의 관계에 매몰되는 상태가 불가피하게 전이−역전이 실연을 만들어 내고, 이런 실연은 초기에는 무의식적이고 중첩되는 환자와 치료자의 욕구와 취약성을 반영한다는 인식이 자리하고 있다. 이런 실연에 대한 상호주관성 이론의 접근은 전통적인 분석적 개념에 대한 급진적인 새로운 생각에 의해 도움을 받는다.

치료자의 개인적 관여

상호주관성 이론은 전이−역전이, 저항 그리고 중립성을 관계적 관점에서 재정의 하면서 치료자의 역할에 인격을 부여하고, 치료에서 애착의 관계가 발달하는 데 기여하는 방식으로 환자에 대한 존중을 제고한다. 새로운 패러다임에서 치료자는 환자와 마찬가지로 항상 치료적 상호작용에서 일어나는 사태에 기여하고 있다.

그러므로 환자의 전이는 치료자가 관계에 참여하는 실제적인 성질에서 결코 완전히 분리되지 않으며, 이 때문에 전이의 탐색은 치료자에 대한 환자의 시각이 지금 여기의 치료 장면에서 타당한 근거를 가진다는 가정에 그 근거를 두어야 한다. 역전이는 치료자의 불가피한 주관성의 표현이기도 하지만 여전히 유익한 정보를 담고 있는 환자에 대한 반응이다. 역전이는 환자의 전이를 드러내기도 하지만 또한 그것은 부분적으로 환자의 전이를 형성하기 때문에, 이것은 치료의 진전을 촉진할 뿐만 아니라 방해할 수도 있는 잠재성을 함께 갖고 있다. 저항도 마찬가지로 환자와 치료자의 상호작용에서 공동으로 만들어지는 것으로 여겨진다. 그러므로 이것은 대항이라기보다 의사소통의 노력으로 새롭게 이해된다. 그리고 치료적 중립성의 목표, 즉 치료자의 가치나 성격의 영향에서 환자를 격리시키려는 노력에 관해서 살펴보자면, 상호주관성의 틀에서 볼 때 이런 중립성은 불가능한 것, 치료자를 호도할 수 있는 어떤 이상적인 상태, 그리고/또는 특정한 실연의 구속력을 느슨하게 하기 위해 함께 작업하는 환자와 치료자가 명백히 일시적으로 성취할 수 있는 상태로 다양하게 간주된다.

전통적인 치료적 가정들은 치료자가 치료 관계에서 중립적인 관찰자로 남아 있기 위해 개인적인 관여를 최소한으로 제한하려는 노력을 권장했다. 최상의 경우, 이런 전통적인 입장은 환자의 자율성에 대한 존중을 반영하는 것이었다. 최악의 경우, 이런 입장은 치료자를 소원한 존재로 만들었는데, 이런 존재의 감정적인 무반응성과 도달하기에 불가능한 객관성을 가졌다는 자기기만적인 주장은 환자의 부정적인 전이를 조장하고 굳히는 경향이 있었다.

물론 관계적 접근은 이와는 매우 다른 입장을 갖도록 하는 전적으로 다른 일련의 가정에 기초한다. 이 틀에서 치료자는 환자와의 관계에서 관찰자이면서 또한 참여자다. 우리의 진정한 개인적 관여와 정서적 반응성, 그리고 피할 수 없는 주관성은 방해가 되기는커녕 모든 성공적인 심리치료의 본질적인 특징이다. 여기서 유용한 이해를 얻을 수 있는 가장 큰 가능성은 우리가 환자와 함께 그 자체로 치료적 변화의 주요 원천이 될 수 있는 관계를 만들어 가면서 환자의 주관적인 경험뿐만 아니라 우리 자신의 경험도 기꺼이 점검하는 데 있다.

상호주관성 이론은 한 사람 심리학과 Freud가 제시했던 원래의 처방, 즉 분석가는 빈 스크린이거나 반영하는 거울, 혹은 정신의 외과의사로 기능해야 한다는 규칙에 대한 반작용으로 생겨났다.[2] Freud의 권고는 전이와 역전이의 힘에 대한 합당한 관심에서 연유한 것이었지만 분석가가 자신의 주관성이 사라지게 만드는 행위를 해야 한다는 주문은 수행 불가능할 뿐만 아니라 종종 반치료적이기도 했다.[3]

---

2) "인간적인 연민을 포함한 자신의 모든 느낌을 제쳐 놓고 단 한 가지 목적, 즉 최대한 능숙하게 수술을 집행하는 데만 마음을 집중시키는 외과의사를 정신분석적 치료의 모델로 삼을 것을 내 동료들에게 아무리 강력하게 추천해도 지나침이 없을 것이다."(Freud, 1912/1924a, p. 327)

3) 『정신분석 계간지(*Psychoanalytic Quarterly*)』의 전 편집장인 Owen Renik은 이전에는 어떤 환자들은 다른 환자들에 비해 전통적인 접근이 더 효과적이라고 믿었지만, 이제는 그것이 어떤 환자에게도 최적의 접근이 아니며, 일부 환자들에게는 다른 환자들보다 더 해롭다는 것을 확신한다고 말했다(개인적인 교신, 2002).

　　상호주관성과 애착 이론은 이런 단일 개체적 접근에 도전하면서 친밀하고 공동으로 만들어진 관계를 발달의 한 가운데에 놓는다는 점에서 입장을 같이 한다. 또한 이 두 이론은 환자의 발달하는 자기는 이런 관계 안에서 생각과 느낌 및 행동이 인정받고 표현이 허용되는 정도에 따라 그 모습이 형성된다는 데 이해를 같이 한다. 초기 발달에서나 혹은 심리치료에서 관계가 포괄적일수록 더 통합된 내적 세계를 만들어 내고, 반면에 경험의 전체 범위를 담아내지 못하는 관계는 해리의 특성을 가진 내적 세계를 아동기에 생성시키고 성인기에는 그것을 유지시킨다.

통합과 해리 및 다중성

　　Bowlby와 Main이 불안정하게 애착된 사람들의 다중적인(즉, 모순되고 양립하지 않는) 작동 모델이라고 부른 것은 본질적으로 그들의 초기 성장기의 형성적인 관계에서 들어설 여지가 없었던 경험—그래서 결과적으로 해리되어야만 했던 경험—의 결과다. 이런 해리된 경험들은 자기에 대한 지배적인 지각에서 방어적으로 배제되지만, 그 과정에서 그것들은 말하자면 미발달된 형태이기는 하지만 보존되기도 한다.

　　대인관계적 정신의학(interpersonal psychiatry)의 아버지인 Harry Stack Sullivan(1964)은 잘 알려진 논문—「개인의 개별성이라는 환상(The Illusion of Personal Individuality)」—에서 우리가 다양한 관계를 가진 만큼 많은 상이한 자기(selves)를 갖고 있다고 역설했다. 여기에서 Sullivan의 생각은 **자기의 다중성**(the multiplicity of selves)과 **사회적으로 구성된 자기**(the socially constructed self)의 관점에서 저술하는 현대의 관계적 그리고 상호주관적 임상가들의 저술에 전조가 되었다. 이들은 애착 연구자들의 결론과 부분적으로 중첩되는 방식으로 발달의 결과를 저술하고 있다.

　　이런 '구성주의자'의 관점에서 보면 우리는 모두 서로 다른 일련의 느낌과 기억, 태도 및 충동에 각각 상응하는 다중적 자기(multiple selves)를 갖고 있고, 동시에 우리 대부분은 또한 단일한 자기(a unitary self)라는 '적응적 환상(adaptive illusion)'을 유지할 수 있다(Bromberg, 1998a). 이런 자기는 고정되어 있지 않고 유동적이다. 그것은 다양한 대인관계 맥락에서 상이한 모습을 띤다. (여기에서 당신은 이전 장에서 언급되었던 자기—혹은 무아—에 대한 불교적 관점의 반향을 들을 수 있을 것이다.) 중요한 점은 다중적이고 구성된 자기에 대한 이 심리학이, 모순된 내적 작동 모델들은 상태 의존적이다—즉, 이 모델들은 내적인(예컨대, 우울한 기분) 상황과 외적인(예컨대, 실제 세계의 어떤 좌절) 상황에 따라서 나타나거나 활성화된다—라는 애착 연구의 발견과 일관된다는 것이다.

상호주관적이고 관계적인 관점을 가진 치료자에게 건강이냐 병리이냐의 질문은 이런 다중적 자기가 통합되어 있는 혹은 그렇지 않은 정도와 관련된다. 즉, 자기에 대한 우리의 서로 다른 지각 간의 의사소통 통로가 얼마나 열려 있는가? 특정 환자가 자신이 지금 놓여 있는 것으로 보이는 마음 상태와는 다른 마음 상태에 얼마나 쉽게 연결될 수 있는가? 이런 질문들에 대해 애착 이론과 상호주관성 이론은 다시 한 번 의견이 한데 모아진다. 이는 이 두 이론 모두 자기가 자신의 경험에 **접근하는** 방식의 특성에 초점을 두기 때문이다.

관계 이론가들은—애착 연구자들의 견해에 동의하며—다중적 자기에 대한 지각의 통합 실패를 초래하는 발달 궤도를 기술하면서, 우리의 가장 중요한 관계에서 받아들여질 수 없었던 경험은 억압되기보다 해리되고 미발달의 상태로 남아 있는 경향이 있다고 제안한다. 이런 경험은 방어적으로 '잊혀지기'보다 자각의 언저리로 밀려난다. 거기에서 그것은 다른 일련의 상황에 의해 결정되는 새로운 마음 상태의 맥락에서 이전에는 주변적이었던 것이 이제 너무나 중심적인 것이 될 때까지 자기의 원하지 않는 혹은 부인된 부분으로 남아 있다(Bromberg, 1998a; Davies, 1998; Stern, 2002).

일례로, 나의 한 환자는 자기 자신을 유난히 관대하고 사려 깊은 사람으로 보았는데, 이것은 그녀가 자신에 대한 좋은 느낌을 갖는 데 있어 절대적으로 중요한 것이었다. 그녀의 말에 의하면, 그녀는 젊었을 때 자신에 대한 어떤 비전—환상과 신념의 중간—을 가졌는데, 그것은 그녀의 남다른 '관대함' 혹은 '선량함'이 너무나 두드러져서 그녀가 접촉하는 사람들을 고양시키고 변화시킬 수 있는 것이었다. 그녀가 아동기 때 화를 내면 아버지의 격노를 위험 수위로 높였기 때문에 화를 억제해야만 했던 환자라는 사실은 아마도 놀랄 만한 일이 아닐 것이다. 이제 그녀 자신이 최근에 부모가 되어 쉽게 달래지지 않는 그녀의 아들이 그녀에게 통제할 수 없는 화를 자극할 수 있다는 사실을 알고서 깊이 동요된다. 그녀는 이런 행동에 대해 강력히 주장한다. "그건 내가 아니에요!" 분명히 여기에는 많은 일이 일어나고 있다. 한 사람으로서 그녀의 특별한 자질이 자신의 아들을 달래기에는 불충분하다는 데서 오는 괴로움, 자신은 억제해야만 했던 종류의 감정을 아들이—아버지와 같이—표현하는 것을 보았을 때 격노하게 되는 취약성, 그녀 또한 부모로서 화가 날 때 자신이 관대한 부모처럼 느끼기가 어렵다는 것이 그것이다. 여기에서 치료적 과제는 자신에 대한 이 환자의 모순된 경험들을 통합하는—그리고 그렇게 함으로써 그것들을 조절하는—것이었다. 이 모순된 경험들은 그녀가 자존감의 근원으로서 부풀리고 매달렸던 선량함과 또한 자신의 안전과 아버지에 대한 애착을 보존하기 위해 그녀가 부인하고 해리시켰던 분노다.

물론 '해리'는 적어도 이중적인 의미를 가진 용어다. 첫째, 해리는 현실에 대한 개인의 지각을 방어적으로 변경하는 것을 의미한다. 이것은 환자가 멍해지거나, 자신의 몸에서 빠져나가거나, 혹은 자신이 존재하지 않는다고 느끼는 경험을 기술할 때 환자가 말하는 상태다. 둘째, 해리는 개인이 평상시 자신을 보는 방식과 양립할 수 없는 경험을 분열시키는 것을 지칭한다. 앞서 자신의 분노에 대해 "그건 내가 아니에요!"라고 말했던 환자의 경우처럼 말이다.

두 번째 의미에서 해리는 자기의 여러 측면들을 통합하지 않고 분리시키는 내적 작동 모델의 특징이다. 해리의 정도가 크면 클수록 자기에 대한 지각은 모순되고 비연속적이며 불안정하고 혼란스럽다. 그리고 '다중적인 자기들' 간의 의사소통이 더 적다. 병리적인 극단에서 우리는 서로 다른 자기들이 각각의 다른 존재를 대체로 알지 못하는, 다중 인격 장애(multiple personality disorder)라고도 알려져 있는 해리성 정체성 장애(dissociative identity disorder)를 볼 수 있다. 연속선상의 반대쪽 극단에는 전체 경험에서 따로 떨어진 섬처럼 존재하는 '해리의 섬들(islands of dissociation)'이 있는데, 이것은 심지어 우리들 가운데 가장 건강한 사람들의 경험적 특징이기도 하다. 이 양극단의 중간 어딘가에 불안정하고 혼란스러운 개인들의 파편화되고 '다중적인' 작동 모델이 놓여 있다.

만약 애착 연구자들과 관계 이론가들 간에 해리의 의미에서 다른 점이 있다면, 애착의 세계에서 해리는 안정된 개인의 정신 구조의 특징을 이루지 않는다는 것이다. 그에 반해 관계적 관점의 저술가들 사이에서 해리는 인간됨의 불가피한 측면의 하나로 여겨진다. 우리는 모두 감정적으로 우리를 압도하는 경험을 갖고 있기 때문에, 때로 '정상적인 해리'라고 부를 수 있는 기제—즉, 우리 자신에 대한 평상시 지각이 아무리 통합되어 있다 해도 우리가 생각하거나 느끼거나 혹은 행하는 것이 그런 지각과 완전히 단절되는 일시적인 경험—에 필연적으로 의존하게 된다는 것이다.

치료적 함의에 관해서 애착 연구와 관계 이론은 정신 구조와 발달의 관계에 관한 모델을 공유한다. 이 모델은 심리치료가 해리되고 그로 인해 흔히 미발달된 환자 경험의 측면들을 통합하는 데 맞추어져야 한다고 제안한다. 즉, 치료자는(안정 애착 유아의 부모와 같이) 최대한 포괄적인 관계를 형성하는 것을 목표로 삼아야 한다는 것이다. 이 관점에서 심리치료는 자원으로서 치료자의 주관성에 크게 의존한다. 왜냐하면 치료자의 주관적인 경험은 때로 이전의 형성적인 관계의 맥락에서 해리되어야만 했던 환자 경험의 측면들을 담아낸다고 여겨지기 때문이다. 이와 관련하여 우리 자신의 다중적 자기 중 어떤 자기가 환자와의 상호작용에서 지금 활성화되고 있는지 물어보는 것이 유용할 수 있다. 왜냐하면 관계의 성격이 치료자와 환자가 함께 만들어 내는 것임을 감안할 때, 이 질문에 대한 답은 환자의 다중적 자기 중 어떤 것을 우리가 지금 다루고 있는지를 알아차리는 데 도움이 될 수 있기 때문이다(Mitchell, 1997).

전통적 개념의 재고: 심리치료의 민주화와 치료자 역할의 인격화

Bowlby와 그의 후계자들의 생각은 환자가 치료자를 새로운 애착 인물로 경험할 잠재성이 있는 치료적 관계에 대한 강력한 비전을 제공한다. 그래서 애착 지향적인

(attachment-oriented) 치료는 어느 정도 최상의 부모–자녀 관계를 모델로 삼는다.

이와 유사하게, 이런 모델의 그림자 유형으로 묘사될 수 있는 전통적인 정신분석적 입장에서는 치료자에게 매우 권위 있는 역할을 배정한다. 이런 역할에는 부모의 의미가 함축되어 있는데, 이 의미는 환자의 의존성에 의해 과장된다. 여기서 더 분명한 차이점은, 전통적인 정신분석적 입장에서는 환자의 관점을 예상대로 무의식적인 욕구와 방어 및 환상에 의해 왜곡된 것으로 보는 반면에 치료자는 객관적으로 보고 이해할 수 있는 특권이 있다고 가정하는 것이다.

매우 대조적으로, 새로운 패러다임은—치료적 객관성의 허구를 해체하고 전이가 왜곡이라는 전통적인 믿음을 거부함으로써—치료적 관계를 민주화시켰다고 할 수 있다. 곧 그 이유를 설명하겠지만, 치료자가 노력 없이 부여받은 권위에 도전하고 환자에게 더 큰 신빙성을 제공하는 이런 '평등한' 접근은 환자가 치료자를 새로운 애착 인물로 또한 안전 기지로 경험할 가능성을 더 높일 수 있다. 동시에 이 접근은 심리치료에서 환자를 유아처럼 취급할 위험성을 줄여 준다.

객관적 관찰자로서의 치료자라는 도달하기 불가능한 이상을 거부하는 것은 치료자가 전문성이나 권위가 없다는 의미가 아니라, 오히려 이런 전문성과 권위의 근거가 다르다는 점에 주목할 필요가 있다. 구체적으로 치료자는 환자에게 익숙한 경험과 상호작용 패턴이 치료 관계의 맥락에서 드러날 때 이것을 인식하고 탐색하며 변화시키는 과정에서 전문가이거나 혹은 전문가가 되도록 배울 수 있다.

상호주관적 관점에서 보면 이런 과정의 성공 여부는 환자에 대한 치료자의 민감성뿐만 아니라 관계에 참여하는 자신의 특징적인 방식을 치료자가 인식하고 성찰하며 필요할 때는 그것을 바꿀 수 있는 능력에 달려 있다. 이런 '자기 성찰적인 반응성'(Mitchell, 1997)은 전이와 같은 전통적인 한 사람 심리학의 개념들을 두 사람의 맥락에 재배치함으로써 촉진될 수 있다. 두 사람 맥락에서는 이런 개념들이 관계 안에서 존재하는 환자의 방식과 관계 안에서 존재하는 치료자의 방식 및 이 두 방식 간의 상호작용을 조명하는 데 사용될 수 있다.

전이의 재정의

과거 관계가 현재 관계―환자가 치료자와 갖는 매우 중요한 관계를 포함하여―를 형성한다는 것을 Freud가 발견했을 때, 그는 엄청나게 강력한 임상적 자원을 우리에게 제공했다. 왜냐하면 전이를 통해서 환자들은 자기 자신 및 타인과 관계하는 방식에서 가장 문제가 되는 측면을 경험하고 이해하며 변화시킬 잠재성을 가진다는 것이 분명하기 때문이다. 해결하기에는 너무나 고통스러운 해묵은 어려움이 치료자와의 관계에서 다시 나타날 때, 환자는 괴롭게도 친숙한 관계 시나리오를 훈습하고 이번에는 어쩌면 그것을 해결할지도 모르는 또 한 번의 기회를 갖게 된다.

전이의 원래 개념에서, 환자는 이전에 아동기의 주요 타자와의 관계에서 경험했었던 느낌과 생각 및 행동을 치료자에게 전가한다. 이렇게 환자의 과거가 현재에서 표현되는 양상은, 오로지 환자의 과거사에 의해서만 결정되며 치료자의 실제 존재의 영향과는 전적으로 분리된 어떤 논리에 따라 전개된다고 여겨졌다. 이 모델에서 치료자는 환자의 전이가 투사되는 빈 화면의 역할을 했다. 따라서 전이는 치료자를 실제 사람으로 정확하게 지각할 수 없는 환자 입장에서의 왜곡으로 여겨졌다.

관계적 관점(Aron, 1992, 1996; Hoffman, 1983, 1996, 2001; Mitchell, 1993, 1997, 2000; Renik, 1993, 1999a, 1999b, 1995 참조)에서 상호적인 영향의 불가피성에 비추어 보면 치료자는 환자가 전이를 통해 옷을 입히는 특색 없는 마네킹과 같이 기능할 수 있다는 생각은 터무니없는 것이다(Winer, 1994). 이런 생각과 연관된 것으로 치료자의 동기와 태도에 대한 환자의 시각은 예상되는 바와 같이 믿을 수 없는 것이라는 믿음이 있는데, 이에 대해 Gill과 Hoffman(1982)은 연구를 통해 분석가의 역전이에 대한 환자의 지각이 분석가의 자기 평가보다 종종 더 정확하다는 것을 보여 주었다.

분석 장면에서 치료자 익명성의 목적은 치료자의 개인적인 특성이 관계에 영향을 미친다는 사실―환자에게는 자명한―에 비추어 보면 문제의 소지가 다분히 있다. 치료자에 대한 환자의 지각을 왜곡과 같은 것으로 간주하는 관점에 내재되어 있는 환자의 판단을 깎아내리는 시각 또한 문제가 있다. 전이에 대한 이런 전통적인 가정은 치료자가 안전 기지로 경험될 수 있는 잠재성을 쉽사리 손상시킨다. 이런 가정은 때로 환자의 순응을 유발하여, 분석이 유사치료(pseudotherapy)로 전락해 버리는 결과를 초래할 수 있다. 때로는 반항(혹은 다른 부정적 전이)을 유발하는데, 치료자가 이에 대한 반응으로 해석을 제공하면서 환자가 받은 상처에 '통찰'을 보태려 하면, 이런 반항은 더욱 격렬해질 수 있다.

상호주관적 관점에서 전이는 더 이상 왜곡으로 간주되지 않는다. 치료자에 대한 환자의 지각은 거의 언제나 타당한 근거가 있기 때문이다. 전이는 왜곡이 아니라 일종의 경직성으로 여겨지는데, 이런 경직성은 치료자 행동에 대한 믿을 만한 많은 해석 가운데 환자가 부득이 오로지 하나의 해석만 믿게 된다는 사실에서 나타난다. 이 때문에 전이는 선택적 주의와 민감성의 문제다. 전이는 치료자 페르소나의 실제성과 분리되어 있다기보다 환자가 관계를 경험하는 어떤 습관적인 방식으로 부지불식간에 치우치는 경향의 표현으로 간주된다. 중요한 것은 이 관점에서 전이는 환자에 의해 해석되는 어떤 것일 뿐만 아니라 환자에 의해 구성되는 것이기도 하다는 점이다. 즉, 임상적 경험에 의해 확인되는 바에 의하면, 환자들은 대인관계의 현실에 대한 그들의 특정한 해석의 확증을 이끌어 내는 방식으로 자주 행동한다고 한다 (Aron, 1996; Gill, 1983; Mitchell, 1993; Renik, 1999a, 1999b).

우리의 태도나 동기에 대한 환자들의 생각이 우리의 자기 지각에서 벗어난다는 이유만으로 이런 생각을 근거 없는 환상의 영역으로 내모는 것은 거의 언제나 실수다. 다른 사람들은 우리가 자신에 대해 알지 못하는 방식으로 우리를 알 수도 있다. 우리에게도 무의식이 있기 때문에 어떤 특정 순간에 우리가 자각할 수 있는 정도를 의심하면서, 동시에 환자를 우리가 자각하지 못하는 우리 자신의 측면을 확인하는 데 도움을 줄 수 있는 잠재적인 협력자로 간주하는 자세가 필수적이다(Aron, 1991, 1992; Hoffman, 1983).

전이를 다루는 기법으로 가장 먼저 환자의 전이 관점에서 타당한(혹은 정확한) 것이 무엇인지를 부각시키는 것이 가장 효과적으로 시작하는 방법이다. 환자의 생각과 느낌이 아무리 치료자에게 당혹스럽다 해도 치료자가 이에 대해 열려 있다고 환자가 믿게 하려면, 환자의 관점을 존중하는 치료자의 이런 반응은 필수적이다. 이런 류의 개방성은 환자의 해리된 경험의 통합을 가능하게 하는 포괄성을 촉진한다.

그것은 또한 통찰로 이어지는, 그리고 어떤 환자들에게는 교정적 정서 경험을 이루는 협력으로 이어지는 탐색을 촉진할 수도 있다.

환자의 전이 반응을 위해 가능한 한 많은 여지를 만들려고 시도하는 가운데 우리 행동이나 태도에서 정확히 무엇이 환자의 '해석'을 이끌어 낼 수 있는지를 소리 내어 물어보는 것이 매우 유익할 수 있다. 때로 치료자에 대한 환자의 경험을 확인하고 이해하기 위한 가장 효과적인 접근은 환자에 관한 치료자의 경험에 대해 환자가 추정해 보도록 격려하는 것이다. 달리 말하면, 환자의 전이를 파악하기 위해서 우리의 역전이에 관한 환자의 생각을 들어볼 필요가 있다. 마지막으로 환자는 그들이 우리에 대해 실제로 생각하고 느끼는 바를 직접 표현하기를 상당히 꺼릴 수 있기 때문에, 환자가 전이에서 파생된 경험에 대해 전달하는 내용을 전이경험에 대한 부호화되거나 혹은 은유적인 설명으로 여기고 귀 기울이는 것이 전이경험을 조명하는 데 종종 도움이 된다.

예를 들면, 한 환자는 전날 내과의사가 그녀의 의료 불만사항을 심각하게 받아들이지 않았을 때 얼마나 화가 났었는지를 나에게 말해 주었다. 나는 그녀가 내과의사와의 경험을 기술하는 것을 들으면서, 그녀가 나에게도 화가 난 것은 아닌가 하는 의문이 들기 시작했다. 이런 가능성을 그녀에게 제기했을 때 그녀가 실제로 나에게 꽤 화가 났었음을 알게 되었다. 그녀가 화가 났던 이유는 내가 그녀의 문제가 사소한 것이라고 믿고 있다고 지각했기 때문이었다. 우리가 그녀가 받았던 이런 인상을 탐색하던 중에, 그녀는 갑자기 자신이 호소했던 문제에 대한 나의 반응이 어떠했는지를 나에게 물었다. 약간 균형이 깨진 느낌이 들기는 했지만 나는 그때서야 막 알아차리게 된 것—내가 그녀의 고통을 실제로 느끼고, 그에 합당한 만큼 심각하게 반응하는 데 어려움이 있었다는 불편한 사실—을 그녀와 나누었다. 나는 그녀에게 나의 이런 반응은 부분적으로 내가 더 잘 이해할 필요가 있는 내 안의 어떤 부분과도 연관될 수 있지만, 또한 그녀가 나에게 자신의 불행한 상태를 전할 때 자주 그것을 최소화하거나 부인할 필요를 느끼는 것처럼 보였다는 나의 지각과도 연관될 수 있다고 말했다. 뒤이어 고통스럽지만 결국에는 생산적이었던 탐색이 이루어졌다. 이 탐색에서 우리는 둘 다에게 어려웠던 어떤 상호작용을 초래하는 데 있어서 그녀의 역할과 나의 역할이 무엇이었는지를 살펴보았다.

이 예화가 시사하듯이 새로운 패러다임은 전이 경험에 대한 환자의 의사전달을 반기고 존중하며 공감하는 자세를 격려할 뿐만 아니라, 또한 우리의 자기개방이 유용할 가능성이 있다고 보이면 우리의 역전이 경험을 환자에게 개방할 여지를 두기도 한다.

역전이의 재고

역전이 반응은 Freud(1912/1924)가 분석가의 무의식의 '수용 기관(the receptive organ)' 이라고 부른 것이 '단서를 전해 주는 환자의 무의식을 향하면서' (p. 328) 드러나는 분석의 핵심 자료 가운데 하나다. 그렇기 때문에 역전이 반응은 환자의 해리된 경험에 접촉할 수 있는 매우 중요한 통로를 제공한다. 전통적으로 역전이는 치료자의 심리적인 결점에 기인한 우발적이거나 일시적인 방해로 여겨졌지만, 새로운 패러다임에서는 환자와의 관계에 있어 지속적인 하나의 특징이며 또 다른 '무의식으로 향한 지름길' 로 간주된다.

역전이는 치료적으로 유용한 정보를 줄 수 있는—구체적으로는 환자의 전이에 영향을 주면서도 그것을 조명하는—실제적인 잠재력을 갖고 있지만 또한 방해가 될 수도 있는데, 이것은 분석의 장애물로 간주되었던 역전이의 원래 의미와 일치한다. 환자와 치료자 간의 관계는 함께 만들어지는 것이기 때문에 두 사람 다 경험과 탐색의 자유로운 흐름을 방해하는 요소를 가져올 수 있는 입장에 놓여 있다. 예를 들면, 치료자의 해리나 혹은 현재 순간에 존재하는 데서 겪는 어려움은 환자의 해리된 경험에 접근할 수 있는 문을 열지 못하게 막아 버릴 수 있다. 그래서 역전이에 대한 **전체적인**(totalistic) 개념—자원이 될 수도 저항이 될 수도 있는 치료자의 주관적 경험—은 심리치료의 상호주관적 접근에서 절대적으로 중심적인 역할을 한다.

이런 틀에서 보면 역전이를 제거하려는 시도는 불가능할 뿐만 아니라 또한 바람직하지 못한 것이기도 하다. Joseph Sandler(1976/1981)가 '역전이 역할 반응성(counter-transference role-responsiveness)' 이라고 부른 것—즉, 치료자가 환자의 기대에 동조하는 경향—은 불리한 것이 될 수도 있지만 유용한 것이 될 수도 있다. 치료자가 역전이를 실연하는 것은 그것을 인식하기 위한 전제조건일 수 있기 때문에(Renik, 1993), 치료자는 환자와의 상호작용에서 어떤 우세한 흐름에 의해 마음이 움직이는 허용 범위를 스스로에게 인정하는 것이 현명하다. Dale Boesky가 언급했던 것처럼 '만약 분석가가 조만간에 그가 의도하지 않았던 방식으로 감정적인 개입을 하지 않는다면, 그는 성공적인 결말에 이르지 못할 것이다'(Renik, 1993, 1999a, p. 417 재인용). 이런 식으로 관계에서 엮이는 것—그리고 이어서 그런 엮임을 명료화하고 변형시키는 것—은 효과적인 심리치료를 위한 필수조건일 수 있다. 변화를 위한 촉매가 되는 진정성이 있고 감정적으로 연루된 만남은 깊이 관여하는 환자뿐만 아니라 치료자에게도 달려 있다(Ginot, 2001; Maroda, 1999).

이런 각도에서 보면 우리의 효과성은 역전이의 실연을 경계하려고 우리가 받아들이는 제약 때문에 실제로 손상될 수 있다. Renik이 제안했듯이 숙련된 치료자들이 흔히 더 효과적인 이유는 그들이 훈습을 통해 역전이를 더 극복했고 그것을 더 적게 실연하기 때문이 아니라, 오히려 역전이에 대해서 덜 방어적이고 역전이에 대한 환자의 반응을 충분히 다룰 수 있는 자신의 능력을 더 확신하고 있기 때문이다. 또한 무표정한 얼굴을 하는 것이 감정을 하향조절시킨다는 것을 보여 주는 연구(Ekman, Roper, & Hager, 1980)를 고려해 보라. 우리의 익명성을 유지하기 위해 역전이 반응을 죽이거나 감추려고 시도하는 것은 우리가 감정적인 수준에서 환자를 알도록 해 주는 매우 중요한 주관적인 신호에 대한 접근을 줄일 수 있다.

치료적 개입에 관해 새로운 패러다임은 역전이에 대한 치료자의 신중한 자기 개방을 현명하게 활용할 것을 권장한다(이때 '신중하다' 라는 것은 우리가 누구인가를 줄곧 비의도적이고 불명확하게 개방하는 것과 다르다는 의미다.). 역전이를 표명하는 구체적인 방법—즉, 아무 말 하지 않고 조용히 그것을 정보로 활용하는 대신 환자에게 우리의 경험을 언제, 왜, 그리고 어떻게 개방할지—은 우리가 상호주관성 이론에서 나오는 기법의 혁신을 다룰 때 언급할 것이다.

저항의 재고

전통적인 관점에서는 환자의 정신에 있는 어떤 것이 자각되지 않도록 해야 하기 때문에 저항이 일어나고, 그 기원은 오로지 개인 내적인 것이라고 본다. 새로운 패러다임에서 저항은 거의 언제나 개인 내적인 의미뿐만 아니라 대인관계적 의미를 갖고 있다. 이 관점에서 그것은 새롭거나 위협적인 어떤 일도 일어나지 않도록 하기 위해 환자와 치료자가 결탁한 결과로 여겨질 수 있다. 달리 말하면, 자신의 경험에 대한 환자의 저항—대개 견딜 수 없는 감정의 고통이라고 느껴지는 것에 대한 경험—은 도움이 되지 않는 치료자의 어떤 반응에 대한 두려움과 연관된다. 그래서 여기서 다시 한 번 말하자면 치료 관계는 함께 만들어 가는 것(상호적인 영향의 산물)이기 때문에 치료자가 어떻게 엮이지 않을 수 있는지 이해하기 어렵다.

이런 관점에서 보면 우리가 저항의 증거로 보도록 배워 왔던 행동(환자가 치료 시간에 지각하는 행동과 피상적인 태도, 자신의 느낌에서 거리두기 등과 같은)이 치료자가 보이는 조율의 특성이나 혹은 조율의 결여에 대한 환자의 합당한 반응일 수도 있다는 점을 일상적으로 고려해 보아야 한다. 저항을 불러일으키는 데 있어서 치료자 역할(만약에 있다면)에 대한 환자의 지각을 명료화하려는 시도를 통해 환자의 반응 기저에 있는 기존의 기대나 두려움이 무엇이든 간에 그것을 조명할 수도 있다.

물론 '저항'이라는 용어 자체가 불가피하게 환자를 낮추어 보는 의미를 내포하고 있다. 실제로 전통적인 관점에서는 저항을 환자가 무의식적으로 치료의 진전에 반하는 행위(opposition)로 본다. 마치 환자가 좀 더 알기만 한다면 즉시 자신의 어리석은 짓을 중단하고 치료를 잘 따라올 것처럼 말이다. 그러나 환자가 자기 자신의 이익에 반하거나 혹은 치료자에 반하는 행동을 한다고 보는 시각은 치료 관계를 적대적 분위기로 만들 위험성이 있다. 더구나 그것은 환자에게는 떳떳하지 못한 비밀을 가진 사람의 역할을, 그리고 치료자에게는 도덕적으로 더 우월한 탐정 혹은 고해신부와 같은 사람의 역할을 배정할 수 있다. 이 두 맥락 중 그 어느 것도 환자가 말하지 못했던 어떤 것을 말하거나 혹은 이전에는 알려지지 않은 채로 남아 있어야 했던 어떤 것을 알도록 환자의 용기를 북돋울 가능성이 없기 때문에 저항에 대한 고

전적 개념은 탐색과 통합을 가로막는 장벽으로 작용할 수 있다.

이와는 대조적으로 주류 정신분석가인 Roy Schafer(1983)뿐만 아니라 선구적인 관계 이론가인 Charles Spezzano(1995)를 포함한 저자들은 저항을 견디기 힘들고 말로 표현하기 어려운 환자 경험의 어떤 측면들에 대한 의사전달로 볼 것을 제안하고 있다. 이런 관점에서는 환자가 혼자서 견딜 수 없는 것을 간접적으로 전달하거나 혹은 치료자에게 그것을 불러일으키려고 무의식적으로 시도할 것으로 본다. 요컨대, 의사전달로서 저항에 주목하는 것은 환자의 해리된 경험에 대한 자각과 가능한 통합에 이르는 또 다른 통로가 될 수 있다.

중립성의 재고

중립성에 대한 전통적인 이해는 어떤 하나의 결과와 또 다른 결과를 놓고 치료자 입장에서 어느 한쪽을 얻으려고 마음 쓰는 일이 없는 상태, 치료자의 성격이나 가치 혹은 이론이 환자에게 미치는 영향을 배제한 상태로 보는 것이다. 새로운 패러다임에서 보면, 이런 의미의 중립성은 잘 봐주면 하나의 이상적인 목표로 간주되고—즉, 치료자의 부당한 영향으로부터 환자가 보호받도록 함으로써 환자의 자율성을 지키고 환자가 겪는 갈등의 모순적인 측면들이 드러날 자리를 만들어 준다는 의미에서—최악의 경우에는 오도하는 환상으로 간주된다. 또한 치료자의 주관성은 보류할 수도 숨길 수도 없는 것이기 때문에 중립성은 획득할 수 없는 상태로 여겨진다. 그리고 치료자의 주관성은 매우 귀중한 치료적 자원이기 때문에 중립성은 바람직하지 않은 것으로 간주된다(Renik, 1996; Stolorow & Atwood, 1997).

상호주관성 이론가들은 우리가 치료자로서 주관성을 '유보하기(bracket)'위해 의식적으로 노력하면 실제로는 우리가 환자에게 영향을 주려고 무의식적으로 시도할 가능성을 높인다고 주장한다. 우리가 우리 자신의 주관적인 반응을 기꺼이 인정하고 연구할 뿐만 아니라 이런 반응이 환자에게 미치는 영향을 탐구하려고 할 때 환자의 자율성이 좀 더 성공적으로 보호될지도 모른다. 이 점에 대해 Renik(1999b)은 치료자가 '자신의 패를 내보일' 때 환자에게 가장 크게 도움이 되는 경우가 종종 있다고 주장한다.

　이런 주장의 기저에는 치료자도 환자도 객관적일 수 없다는 가정이 깔려 있다. 치료자와 환자는 각각 현실에 대한 고유한 관점을 갖고 있으며, 어느 한쪽의 관점만이 믿을 만한 것으로 간주되어서는 안 된다는 것이다. 우리가 고전적 의미의 중립성을 열망하다 보면 치료자의 관점이라는 하나의 유용한 관점이 주는 이점을 환자로부터 박탈할 수도 있다. 환자의 자기 탐색을 효과적으로 촉진하기 위해 우리는 때로 우리 자신의 관점을 제시할 필요가 있다. 물론 그 목적은 환자가 우리의 관점을 받아들이도록 하려는 데 있는 것이 아니라 그것을 고려하도록 하려는 데 있다.

　상호주관적 관점에서 볼 때 중립성은 환자와 치료자가 그들 사이에서 일어나는 저항들을 함께 효과적으로 풀어 나가는 과정에서 공동으로 달성하는 것이다. 그렇게 하는 동안 그들은 현재 관계의 현실에 관한 하나의 특정한 해석에 제한되어 매달리는 것이 아니라, 하나의 새로운 기회, 탁 트인 가능성에 대한 감각을 만들어낸다. '중립성'에 대한 이런 경험은 전이와 역전이의 서로 맞물린 제약으로부터 일시적으로 해방되는 상태를 나타낸다(Gerson, 1996).

치료적 개입방법에 대한 상호주관성 이론의 기여

　상호주관성 이론은 관계 영역에서 치료자들이 이해하고 개입하는 역량을 고양시키는 중요한 임상적인 혁신을 가져왔다. 이것은 애착의 관계가 심리적 발달이 일어나는 주요 맥락이라는 경험적 결과에 비추어 볼 때 매우 중요하다. 구체적으로 이런 혁신들은 포괄성과 상호작용에서 일어나는 균열의 신속한 교정, 그리고 갈등과 차이의 효과적인 극복을 특징으로 하는 치료적 관계를 형성하는 데 기여한다. 이런 혁신들은 또한 치료자가 환자의 비언어적 경험에 접근하고 정신화와 마음챙김을 위한 환자의 역량을 강화하는 데 도움이 된다.

실연의 변증법

전이와 역전이는 관계의 틀 안에서 연결되어 있기 때문에 이 둘 중 하나를 따로 떼어서 이해할 수는 없다. 따라서 치료자가 전이－역전이로 알려져 있는 대인관계적 혼합 현상에 주의를 기울이는 것이 매우 유용할 것이다. 사실 전이－역전이의 실연에 초점을 두는 것이 바로 상호주관적 치료 접근의 핵심이다. 치료자와 환자가 나선형처럼 상호적으로 영향을 미치는 가운데 실연이 이루어지는데, 이런 맥락에서 치료자의 참여는 환자의 참여보다 덜 중요한 것이 아니다. 그러므로 치료가 치유적인 기능을 하자면 환자뿐만 아니라 치료자도 변화할 수 있어야 한다.

실연은 우리가 잠시 빠지는 일시적인 경험이 아님을 염두에 두어야 한다. Henry Smith는 한 논문에서, 분석 장면에서는 '실연에서 자유로운(enactment-free)' 상호작용을 상상하기가 어렵다고 기술하면서, "실연이 아닌 것이 무엇인지 말하기는 다소 어렵다."고 한 Dale Boesky의 글을 인용했다(Smith, 1993, p. 96). 그래도 여전히 각 환자와 우리의 관계에서 진행되고 있는 실연을 자각하는 일은 매우 중요하다. 즉, 치료자가 이런 실연을 의식화할 수 있다면 그만큼 실연은 치료의 과제를 달성할 수 있는 핵심적인 맥락이 될 수 있지만, 반면에 실연이 치료자의 자각 범위를 넘어 자동적으로 전개된다면 그만큼 그것은 통찰과 새로운 경험에 대한 장벽으로 작용할 것이다.

이에 대한 실례로, 다음 임상적 일화를 고려해 보라. 로드니는 무시형 애착 양식을 가진 중년 남성 환자로서 자기 삶에서 모든 사람—그의 고객과 아내—을 권위 인물로 만들고 있는 것이 아닌가 하는 걱정을 토로했는데, 그때 나는 우리가 함께하는 치료회기들이 예측 가능한 동일한 형태를 일정하게 띠고 있었다는 점을 갑자기 깨닫게 되었다. 즉, 치료회기에서 그는 주중에 그에게 성공이나 실패로 느껴진 경험을 나를 위해 열거하고, 그가 그 자신의 관점에서 향상하고 있는 것 같다면 나는 암묵적으로 그를 격려하고, 만약 그의 관점에서 향상하고 있는 것이 아니라면 나는 그가 더 잘하도록 도우려고 시도하곤 했다. 나는 이런 패턴에 대해 곰곰이 생각해 본 결과 분명히 그의 욕구뿐만 아니라 나의 욕구가 표출된 어떤 시나리오를 그와 함께 실연하고 있었다는 것을 깨달았다.

자신이 권위자로 대하는 사람들에게 격에 맞지 않게 굴종하는 것이 아닌가 하는 로드니의 걱정은 나에게 단서를 주었고, 그래서 나는 그에게 다음 문제를 제기했다. 이것은 또한 우리가 함께 진행해 왔던 방식이 아니었던가? 그가 나를 일종의 안내자 혹은 심지어 그의 노력을 점검하고 필요한 방향을 제시하는 영적 지도자로 경험하는 것처럼 보인다고 내가 받은 인상을 말해 주었다. 그가 제시된 방향을 성공적으로 활용했을 때는 보상받는다고 느꼈지만, 그렇게 할 수 없을 때는 아마도 지지받지 못한다는 느낌을 받았을 것이라고 나는 덧붙여 말했다.

이 순간까지 나는 생각 없이 이 시나리오에서 내 역할을 수행하고 있었고, 어쩌면 그 역할을 너무나 즐기고 있어서 그것을 완전히 의식하지 못했을지도 모른다는 점에 주목하라. 따라서 로드니가 우리 관계를 그가 언급한 다른 관계들과 유사하다고 경험하는 한, 내가 그에게 나 자신을 권위 인물로 내세우고 있었다는 그의 암묵적인 시각은 어떤 왜곡이 아니라 나의 태도에 대한 합당한 반응이었다. 심지어 나는 이 모든 것에 대해 그에게 말하고 있는 동안에도 그의 특성상 그가 나에게 부여하고 또 나의 특성상 내가 떠맡은 권위적인 역할을 피할 수 없었다.

나의 개입에 대한 반응으로 로드니는 "그래서 선생님 말씀은 이것이 제가 피해야 할 어떤 거라는 거죠?"라고 말했는데, 이것은 우리가 해 온 실연과 아주 일치하는 반응이었다. 이에 대해 나는 "아마도 이런 반응이 우리가 말해 온 것과 같은 게 아닐까요?"라고 했다. 이 말에 대한 그의 반응은 일종의 '아하' 경험이었다. 그러나 조금 뒤, 지난 회기 이후 구직 지원서를 완성하지 못한 일에 대해 그가 반은 인정하고 반은 변명하는 순간이 있었는데, 그때 나는 우리가 해 온 실연이 복원되고 있다는 느낌을 받았다. 그런데 웬일인지 환자에게 이런 식으로 우리 대화를 마치는 것이 바로 우리가 막 논의하고 있었던 것을 반영하는 것이 아닌가 하고 그에게 물어볼 생각이 나지 않았다.

두말할 나위 없이 이와 같은 실연은 아주 놀랄 만한 점착성이 있다. 환자와 함께 우리도 그 안에서 꼼짝 없이 갇힐 수 있다. 따라서 예상치 못한, 유용한 어떤 일이 일어날 수 있도록 하려면, 우리는 거듭해서 자각과 주도성을 불러일으켜 이런 실연을 헤쳐 나갈 방법을 찾을 필요가 있다.

　로드니와 같은 환자는 옛것과 새로운 것, 안정과 모험, 반복과 변화 간의 역동적 긴장을 나타내는 치료자와의 상호작용 패턴을 만들어 낸다. 우리는 치료자로서 전이-역전이 구도에서 우리의 역할을 실연하려는 힘과, 이런 힘에 굴복하거나 혹은 이런 힘에 맞서 반사적으로 방어하지 않고 이것을 이해하려는 우리의 충동을 강화하는 상대적인 '객관성' 사이에서 이와 유사한 긴장을 경험한다. Steven Stern(1994)은 이런 변증법을 '반복되는 관계(the repeated relationship)'와 '필요로 하는 관계(the needed relationship)'의 관점에서 논의하는데, 이 각각의 관계는 심리치료에서 실연될 수 있는 잠재력을 갖고 있다.

　Stern(1994)은 환자가 치료자를 '코치하고' 그래서 이런 패턴을 관계에서 탄생시킴으로써 옛 경험을 재창조하거나 혹은 새로운 경험을 가능하게 하는 수단이 투사적 동일시일 수 있다고 제안한다. Karen Maroda(1999)는 투사적 동일시를 "몸에서 몸으로의 의사소통"으로 묘사하는데, 이것은 환자가 투사하고 있는 어떤 것과 결국 치료자가 동일시하도록 만드는 어떤 방식으로 환자가 치료자를 대할 때 일어난다고 한다.[4]

　환자가 때로는 **반복되는** 관계를, 또 때로는 요구되는 관계를 활성화시키는 갈등적인 충동을 갖는다는 Stern의 변증법적 견해는, 불안정 애착 유형을 가진 사람들의 경우 애착에 관한 지배적인 마음 상태는 해리되는 경향이 있는 정반대의 마음 상태

---

4) '필요로 하는' 차원과 '반복되는' 차원에 상응하는 것이 환자의 '제1형'과 '제2형' 투사적 동일시(Stern, 1994)인데, 이것은 한편으로는 예전의 경험을 재창조하고 다른 한편으로는 새로운 경험을 가능하게 하는 구별되는 반응을 치료자에게서 불러일으킨다. Stolorow 등(1987)은 이와 관련된 주제를 전이에 대한 그들의 '양극적' 개념으로 다룬다. 전이는 한편으로는 외상적인 어떤 경험을 다시 보게 될 가능성으로 환자를 위협하고, 다른 한편으로는 충족되지 않은 자기 대상 욕구(self-object needs)를 채워 줌으로써 환자를 심리적으로 보살펴 주기를 번갈아 가며 한다. 이와 유사하게 Weiss와 Sampson(1986)의 통제-숙달 이론(control-mastery theory)은 치료자가 병리를 유발하는 환자의 신념을 확증하거나 혹은 반증하는 전이 시험(transference tests)을 통해 반복되는 실연을 필요로 하는 실연으로 변형시키는 하나의 지침으로 볼 수 있다.

를 규칙적으로 동반한다는 애착 연구자들의 결론과 잘 맞는다. 예를 들면, 무시형 환자는 감정적인 친밀함에 거의 관심이 없는 것처럼 행동할 수 있지만, 그들에 의해 부인된 바로 그 성향은 타인의 감정적 요구가 가져올 압박의 가능성에 대한 집착에서 찾아볼 수 있다. 치료자로부터 문제가 있었던 과거를 재창조하는 것으로 보이는 반응을 습관적으로 불러일으키는 이런 환자들은 또한, 충족되지 못한 그들의 발달적 욕구를 채워 주는 치료자의 반응을 암묵적으로 지원할 것이라고 우리는 예상할 수 있다. 새로운 관계의 가능성을 보여 주는 경험을 소망하는 환자와 치료자의 공유된 바람이 반복을 초래하는 강력한 힘에 맞서고 있는 것처럼 보인다.

자기개방

만약 새로운 패러다임을 예전의 것과 구별하는 한 가지 기법적인 변형이 있다면 그것은 신중한 자기개방을 대안으로 열어 놓은 것이다(Ehrenberg, 1992; Maroda, 1999를 보라). 관계적 관점에서 치료자의 익명성을 보존하는 것은 불가능한 목표일 뿐만 아니라 바람직하지 않은 목표이기도 하다는 점을 상기해 보라. 이런 점에서 보면 자기개방을 금지하는 전통적인 근거는 사라지기 시작한다. 그 빈자리를 채우고 있는 것은 자기개방을 치료자의 기법 목록에 추가해야 할, 강력한 다수의 이유들이다. 아마도 이 중에서 가장 중요한 이유는 우리의 생각과 느낌을 솔직하게 개방하는 것이 환자들이 이전에는 부인하거나 해리해야 한다고 느꼈던 경험을 그들이 인식하고 '소유하도록' 도와줄 수 있다는 사실이다.

Fonagy(2001)와 같은 애착 이론가들은 아동이 자신의 마음을 알려면 다른 사람의 마음을 필요로 한다고 주장하는데, 이와 마찬가지로 관계적 접근의 임상가들(Bollas, 1987; Spezzano, 1995)은 환자들이 부인된 생각과 느낌 및 욕망을 통합하려면 그들이 혼자서는 감당할 수 없었던 경험을 일시적으로 담아내는(contain) 치료자의 정신을 필요로 한다고 언급한다. 치료적 관계의 장에서 환자의 '알고는 있지만 생각해 보지 않은 것' (Bollas의 용어를 쓰자면)은 치료자 안에서 머물 수 있게 된다.

이런 상황에서 치료자 자신의 주관적인 경험은 그것이 환자에게 개방되지 않거나 개방될 때까지는 충분히 활용되지 않은 자원으로 남을 수 있다. 여기에서 기저의 가정은 환자들이 어떤 것들은 알거나 느끼거나 혹은 원하기에는 그저 너무나 위험하다는 그들의 신념의 진위를 결정하기 위해 무의식적으로 그러나 어떤 목적을 갖고 치료자를 시험한다는 것이다. 환자가 자신이 느끼는 것을 알고 보여 주는 것이 위험하다고 믿고 있을 때 치료자가 자신의 '개인적인' 경험—예컨대, 어떤 환자와 함께 있으면 치료자에게 느껴지는 슬픔—을 담아내고 깊이 생각해 보며 또 이제 그것을 소리 내어 말하면, 이런 치료자의 행동은 환자의 신념을 반증할 수 있다. 여기에서 치료자의 자기개방은 환자가 가정했던 것으로 보이는 것보다 더 많은 것이 안전하게 경험되고 표현될 수 있음을 보여 주는 역할을 한다(Hoffman, 1992, 1994).

분명히 상호주관성 이론은 치료자가 자신의 주관적 경험을 말하지 않고 조용히 활용하는 것뿐만 아니라 치료의 목적을 심화할 가능성이 있다고 보일 때는 그 경험을 환자와 논의할 것을 권장한다. 신중한 자기개방은 통합을 촉진하는 역할 이상으로 어떻게 치료의 효과를 향상시킬 수 있을까?

신중한 자기개방은 실연을 다루려는 우리의 노력에서 결정적으로 중요한 자원이다. 실연이라는 잠재적인 장애물을 치유를 위한 기회로 바꾸기 위해 치료자는 때로 실연되는 상황에서 '빠져나올' 필요가 있고 (만약 그렇지 않으면 활용할 수 있는 이해가 결여된 날경험(raw experience)만 있으므로), 때로는 실연 '속으로 들어가도록' 해야 할 필요가 있다(감정적인 학습을 가능하게 하는 생생한 체험이 없는 '이해'만 남지 않도록 하기 위해).

실연은 종종 치료자를 구속함으로써 그 존재를 알린다. 달리 말하자면, 우리가 얼마나 자유롭게 생각하거나 느끼거나 혹은 환자와 상호작용할 수 있는가에 있어서 우리 운신의 폭이 유의하게 제한되어 있다고 자각된다면, 아마도 우리는 실연에 사로잡힌 상태일 것이다. 실연이 더 경직되거나 반복적이고 혹은 벗어나기 어려울수록, 그것의 지배력을 약화시키기 위해 우리가 할 수 있는 것을 하는 것이 더 중요하다. 이런 상황에서 우리가 우리 자신의 경험을 말로 표현하는 모험을 시도하는 행동은 종종 실연의 마력을 깨뜨릴 수 있고, 그 결과 우리가 좀 더 자유롭고 진정성 있게 그리고 투명하게 환자와 관계할 수 있도록 해 준다.

다른 한편으로는 우리가 환자로부터 멀리 떨어져 있다는 느낌이 들 때—지속적으로 지루하거나 졸리거나 혹은 거리감이 느껴지는—혹은 진행 중인 실연의 속성이 너무나 모호할 경우, 환자에게 우리의 경험을 개방하는 일은 활기가 없는 상호작용에 생기를 불어넣고 잠재된 실연을 분명히 드러나도록 하는 데 도움이 될 수 있다. 예를 들면, 최근의 한 치료회기에서 나는 환자에게 다음과 같이 말했다. "당신이 하는 말에 내가 진정으로 관여된다고 느끼기가 평소보다 훨씬 더 어렵네요. 지금 여기에 내가 있다고 느끼기가 더 어려워요. 이것은 전적으로 나 때문일 수도 있고, 혹은 여기에서 우리 둘 사이에 일어나고 있는 어떤 것 때문일 수도 있어요. 이번 시간에 당신의 경험은 어땠는지 말해 줄 수 있나요? 그리고 내가 지금 하고 있는 이런 말을 들으니 어떤가요?"

환자는 깊이 한숨을 내쉬었고, 그녀가 관찰했다고 생각하는 것, 즉 내가 어디 다른 곳에 있는 것처럼 보였다는 것을 내가 인정하는 말을 들으니 안도감이 느껴진다고 말했다. 그리고 그녀는 자신도 지금 여기에 있다는 느낌이 들지 않았었고, 자동적으로 '그냥 떠들고' 있었다고 덧붙여 말했다. 하지만 이런 말을 주고받은 이후에 우리는 말하자면 다시 본궤도로 들어갈 수 있었다. 치료자가 자기 표현을 하면서 참여하는 접근은 공감의 교착상태를 타개하고, 치료자와 환자 모두 치료실이라는 공간에서 좀 더 온전히 존재하도록 해 주며, 그들이 함께 만들어 내는 실연에 대한 이해를 촉진할 잠재 가능성을 갖고 있다.

치료자의 자기개방은 또한 그가 치료과정에서 강화하고자 하는 많은 능력을 구체적으로 보여 주는 어떤 모델을 환자에게 제공할 수 있는데, 여기에는 Main과 Fonagy가 안정 애착과 관련시킨 성찰적 능력과 마음챙김의 능력 그 두 가지도 포함된다. 자신의 경험을 사려 깊게 고찰할 수 있고, 그것을 액면 그대로 받아들이기보다 질문할 수 있으며, 그것에 대한 다양한 해석을 고려할 수 있는 치료자는 특히 정신화의 모범을 보여 준다. 즉, 경험을 형성하고 변동하는 정신 상태를 고려하여 경험에 반응하는 능력을 보여 준다. 이와 유사하게 환자에게도 그렇게 하도록 권장하면서 지금 여기에서의 자신의 경험을 방어적이지 않게 논의할 수 있는 치료자는 마음챙김 태도의 주된 징표인 비판단적이고 현재 중심적인 알아차림의 특질을 환자에게서 이끌어 낸다.

또한 치료자의 자기개방은 어려운 느낌이나 반응을 말로 표현하는 능력의 모범을 보여 주고, 환자가 억제하거나 해리해야 한다고 여겼던 유형의 경험을 언어적으로 표현하는 것은 통합 작업을 촉진한다.

마지막으로, 자기개방은 환자가 치료자에게 미치는 영향에 대한 조망을 환자에게 제공하고, 그래서 그들이 다른 사람들에게 미치는 영향에 대한 조망도 가능하게 한다는 점에서 가치가 있다. 여기에서 생각나는 임상 사례는, 내가 한 남자 환자에게 말하면서 단어 선택에서 매우 조심하며, 비판의 여지가 전혀 없는 메시지를 전달해야 한다고 느꼈던 경우인데, 내가 이렇게 느꼈던 까닭은 그 환자가 내가 하는 말에 대해 너무나 쉽게 흠을 잡을 준비가 되어 있는 것처럼 보였기 때문이었다. 나의 이런 자기개방은 그에게는 엄청난 놀라움이었다. 그는 내가 그에게 위협을 느꼈을지 모른다고 상상한 것이 아니라 나와의 관계에서 그가 조심해야 한다고 실제로 느꼈기 때문이었다. 치료가 진행되면서 우리는 이런 대화로 여러 차례 되돌아갔는데, 가장 최근에 그랬던 때는 그가 직장에서 하급자들과 의사소통하는 방식이 그들을 방어적으로 만든다는 지적이 담긴 비판적인 수행평가를 받고 혼란스러워할 때였다. 이번에 그는 친숙한 패턴을 인식하면서 판단받는 것에 대한 자신의 두려움을 다른 사람들에게 전가함으로써가 아니라 그런 두려움을 이해하고 또 아마도 자신이 제대로 하고 있다는 확인을 받음으로써 이 두려움에 대해 다룰 필요가 있다는 것을 깨달았다.[5]

관계적 이론은 신중한 자기개방을 항상 가용한 선택지로 둔다. 주어진 순간에 그것을 실행하기로 선택하는가의 여부는 모든 건전한 임상적 판단과 마찬가지로 무

---

5) 이 점에 대하여—각 치료자의 고유한 특성을 감안한다면—치료 관계에서 환자의 경험이 반드시 다른 관계에서의 경험과 같다고 가정할 수는 없음을 분명히 해 둘 필요가 있다. 나는 환자들에게 그들이 나와 경험하는 것과 다른 곳에서 경험하는 것 간에는 공통점과 차이점이 모두 있을 가능성이 높지만, 부분적으로 일치하는 부분에 주목하는 것이 통찰하는 데 크게 도움이 될 수 있다고 제안하고, 이런 제안이 유용하다고 생각한다.

엇이 환자에게 가장 유익할 것인가에 대한 우리의 믿음에 달려 있다. 치료자가 개방하는 주관적인 경험이 환자와 아무런 관련성이 없을 수도 있고 그리고/또는 유용하지 않을 수도 있다. 하지만 치료자가 '능숙하게 잠정적인 태도'(Safran & Muran, 2000)로 그리고 환자의 반응을 기꺼이 고려하는 자세로 자신의 경험을 전달할 때 이런 위험성은 줄어들 것이다.

물론 우리 자신의 생각을 알리지 않는 것에도 위험이 따른다. 환자가 우리에게 불러일으키는 강한 감정─혹은 무관심─은 인정하기가 어렵고 그것을 개방하기란 더더욱 어려울 수 있다. 이 때문에 우리가 말을 아끼는 것은 이해되지만, 이에 대한 대가를 치러야 하는 경우가 종종 있다. 힘든 감정을 감추는 것은 그것을 드러내는 것보다 더 많은 해를 끼칠 수 있다. 우리가 느끼는 것을 알리지 않을 때 우리는 실제로 환자로부터 거리를 두고 뒤로 물러났지만 환자와 함께하고 있다는 가식적인 모습만을 보여 줄 수 있다. 더구나 예기치 못한 순간에 우리의 느낌이 우리가 담아내기에는 너무나 강력할 때 그것을 파괴적으로 행동화할 위험성이 있다. 이에 대해 Maroda(1999)와 Renik(1995) 둘 다 우리가 이런 느낌을 드러내기를 개인적으로 꺼리는 이유는 이런 개방으로 환자의 눈에 비친 권위적이고 도움을 주는 존재라는 우리 이미지가 훼손되고, 우리가 흠이 있고 취약한 존재로 전락할지도 모른다는 두려움 때문이라고 제안한다.

나에게는 치료자가 자기개방이라는 자원의 혜택 없이 효과적인 심리치료를 하려는 시도는 한 손으로 피아노를 치려는 시도처럼 이해되지 않는 행위로 여겨진다. 그렇지만 나의 이런 견해는 어쩌면 나 자신의 성격과 일관된 것일 수도 있다. 그러나 전통적인 이론이 자기개방을 금지한 반면, 새로운 패러다임은 그것을 처방하지는 않는다. 즉, 모든 치료자가 모든 환자에게 그렇게 하라고 하는 것은 분명 아니다. 자기개방은 단지 하나의 선택지일 뿐이다. 우리가 곧 보게 되겠지만, 이 선택지를 택하는 것이 임상적으로 현명한 판단인지의 여부를 결정하는 기준은 특정한 치료자와 환자의 속성이다.

상호작용의 모체

Jay Greenberg(1995)는 치료 중에 일어나는 구체적인 사태들이 그 안에서 어떤 의미를 획득하는, 치료자와 환자에 의해 만들어지는 맥락을 기술하기 위하여 이 용어를 만들었다. 그것은 서로 조화롭거나 조화롭지 않은 환자와 치료자의 주관성으로 이루어져 있다. Greenberg는 어떤 치료를 어떻게 수행할지를 결정하는 것은 어떤 '표준 기법서(Book of Standard Technique)'가 아니라 치료에서의 이런 상호작용의 모체(the interactive matrix)라고 주장한다. 달리 말하면 무엇이 치유적인가는 특정한 치료자와 작업하는 특정한 환자에게 효과적인 접근이 무엇인가에 전적으로 달려 있다는 것이다.

두 파트너의 감수성이 조화로우면 두 감수성이 너무나 순조롭게 맞물려서 두 사람 간의 상호작용은 어떤 사태로 보이지 않는데, 이런 경우에 관계와 애착의 주제는 주변부로 밀려난다. 이와는 대조적으로 두 감수성 간에 불협화음이 있으면 상호작용이 부각되고, 매우 강렬한 이 주제가 절대적으로 중심적인 것이 된다. 이때 치료관계에 있는 이 한 쌍의 평형상태를 복구하기 위한 절충(공감과 해석 그리고 때로 치료자의 자기개방을 혼합한)이 요구된다. 치료자와 환자 간의 불협화음은 평형상태의 회복을 위한 절충을 필요로 한다는 이 개념은 유아와 부모 연구에서 도출된 결론과 유사하다. 이 결론은 안정을 생성하는 데 있어 핵심 요인은 완벽하게 순조로운 상호작용의 반복적인 경험이 아니라 상호작용의 (불가피한) 균열과 뒤이은 복구가 거듭되는 경험이라는 것이다.

불화 혹은 조화, 일치 혹은 갈등의 주제는 대인관계적 주제이면서 또한 내적인 주제다. 대인관계의 수준에서 치료자의 작업 방식은 환자의 욕구나 욕망과 일치할 수도 있고 일치하지 않을 수도 있으며 또한 환자가 치료자의 개입을 잘 활용할 수도 있고 활용하지 못할 수도 있다. 그러나 이 대인관계의 수준에서 일어나는 일—즉, 치료자의 개방에 대한 환자의 반응—은 치료자가 무엇을 하는가(개입)와 치료자가 어떤 존재인가(인격) 간의 내적인 합치성(일치 혹은 갈등)과 깊이 관련된다.

예를 들면, 어떤 치료자가 익명성을 유지하는 것이 좋은 기법이라고 배웠기 때문에 가장 전통적 방식으로 실행하기를 선택할 수도 있다. 만약 그가 그런 방식이 기질적으로 편안하다고 느낀다면 치료 장면에서 보이는 그의 페르소나는 그가 도움을 주려는 노력의 자연스러운 표현으로 환자에 의해 받아들여질 수 있다. 반면에 만약 치료자가 자신의 심리적 특성상 환자에게 텅 빈 스크린으로 기능하려는 시도가 환자에게 줄 수 있는 것을 주지 않고 억제하고 있음을 뜻하고 또 이 때문에 죄책감이 유발된다면, 그의 이런 노력은 파괴적인 것으로 환자가 경험할 수 있다. 여기에서 우리는 치료자는 불가피하게 주관적이고 환자는 우리의 주관적인 경험을 드러내는 단서를 알아차린다는 사실을 다시 한 번 볼 수 있다. 그래서 중요한 것은 우리가 무엇을 하는가 뿐만 아니라—아마도 훨씬 더 중요하게—우리가 하는 것에 대하여 우리가 어떻게 느끼는가다(Wallin, 1997).

분석의 제삼자

　Thomas Ogden(1994)은 환자와 치료자의 상호작용은 무의식적 의미가 풍부하게 담겨 있는 어떤 분위기를 생성한다고 주장한다. 그것은 말하자면 감도는 분위기다. 이 상호주관적으로 생성되고, 의미로 채워진 분위기를 Ogden이 분석의 제삼자(the 'analytic third')라고 부른 것이다. 그는 이 '제삼자'가 상호작용에 대한 두 사람의 경험에 침투하고 또 그것을 형성한다고 믿고 있다. 따라서 환자에 대한 우리 자신의 경험 중에 가장 미묘한 측면—대개 산만함이나 자기애적 몰두의 증거로 여겨져 무시되는 신체적 감각이나 빗나간 생각을 포함하여—에 주목하는 것은 환자의 위험한 정서와 해리된 마음 상태의 관문일 수 있다. '분석의 제삼자'의 이런 흔적은 무의식을 엿볼 수 있는 또 하나의 창을 제공한다.

　이 '제삼자'에 대한 추가적인 증거는 환자와 치료자의 경험이 중첩되는 놀라운 사례에서 발견할 수 있다. 수년 전 나는 한 청년과 주 4회씩 만나 작업하고 있었다. 그는 내가 월요일 저녁 마지막 시간에 만났던 환자였다. 그다음 날 아침 일찍 나는 3개의 성기를 가진 여자에 대한 꿈에서 깨어났다. 그날 오후 내가 환자를 보았을 때 그는 전날 밤 가장 특이한 꿈을 꾸었다는 말을 하면서 회기를 시작했다. 나는 즉시 그가 그다음에 내게 무슨 말을 하려는지를 알았다. 그는 "3개의 성기를 가진 여자에 대한 꿈을 꾸었어요."라고 했다. 이와 같은 예들은 강렬한 상호주관적 관계에 의해 환자나 치료자 한 사람에게 속한 것이 아니라 이 두 사람의 신비한 혼합체에 속한 공유된 경험이 생성되는 초자연적인 방식을 암시한다.

상호주관적 관점이 애착 이론에 추가하는 것

Charles Spezzano(1998)는 관계적 접근의 치료자들이 실연과 자기개방 사이에 시간을 죽이기 위해 뭘 할까 하고—틀림없이 풍자적인—질문을 던졌다. 그의 질문은 사실 중요한 문제를 제기한다. 상호주관적 이론과 관계 이론에서는 우리가 부분적으로 자각의 범위 밖에서 일어나는 실연에 빠지고 결국 그것에서 벗어나는 데서 진정한 교정적인 감정 경험이 비롯된다고 본다. 만약 이런 관점이 맞다면 우리가 실연을 인식하게 될 때까지 우리는 환자들과 함께 무엇을 하려고 의식적으로 시도할 것인가?

상호주관성 이론과 애착 이론을 통합하는 데서 나오는 힘의 대부분은, 애착 이론이 이 질문을 아주 유용한 질문으로 만들고 상호주관성 이론은 이에 필적하게 효과적으로 우리가 이 질문에 답할 수 있도록 도와준다는 데 있다.

다시 정리해 보자면, 애착 이론에서 치료자는 환자가 새로운 애착 패턴을 발달시킬 수 있는 잠재적으로 새로운 애착 인물이라고 제안한다. 애착 이론은 아동에게 안정성을 조성해 주는 양육의 측면들을 규명하면서, 치료자가 환자에게 좀 더 높은 애착 안정성을 생성하는 데 이로운 태도를 취하고 또 이런 태도를 의도적으로 내보이는 데 도움을 준다. 이 이론은 또한 독특한 애착 유형들을 기술함으로써 치료자가 특정한 환자의 애착 패턴을 확인하고 그에 맞는 특정한 접근을 전개하도록 돕는다. 마지막으로, 애착 이론은 성찰적 기능의 중요성과 그것의 정상적 발달과정을 조명하면서, 환자의 정신작용 역량을 강화하려는 치료자의 노력에 초점을 두는데, 치료자의 이런 노력은 환자에게 안전 기지를 제공하려는 노력과 함께 환자의 '의도가 담긴 태도(the intentional stance)' — 그런 태도가 아무리 겨우 드러나기 시작하는 것에 불과하더라도 — 를 치료자가 일관되게 알아차린다는 것을 알려 주는 의사소통을 결합함으로써 이루어진다. 제4부에서 자세히 설명하겠지만 애착 이론은 치료자가 환자를 위해 무엇을 제공하려고 의도적으로 시도할지를 결정하는 데 도움을 주는 강력한 틀을 제공한다.

분명히 임상적인 관점에서 볼 때 상호주관적/관계적 이론은 많은 중요한 사실을 다루고 있다. 첫째, 모든 치료자들이 분명히 알고 있는 바와 같이, 심리치료에서 일어나는 일의 대부분은 아니라 해도 많은 부분은 치료자나 환자 측에서 계획적으로 의도한 것의 결과가 아니다. 그 대신, 치료과정에서 일어나는 일은 대개 한편으로는 의식적인 의도와, 다른 한편으로는 사전에 숙고되지 않고 의도하지 않은, 무의식적인 동기에 의한 치료에서의 경험이 상호작용한 것의 산물이다. 둘째, 환자는 대개 치료자가 암묵적으로 제공하고 있는 새로운 애착 관계를 활용하는 것에 대해 심한 갈등을 경험한다. 그리고 셋째, 환자는 자주 그들의 경험에서 중요한 측면들을 분명하게 말로 표현하기를 꺼리거나 혹은 순전히 그렇게 할 수 있는 능력이 없다.

상호주관적 이론은 환자의 세계에 우리 자신이 참여하는 부분에서 우리가 의도하지 않은 측면을 다룰 수 있는 도구를 제공하고, 또한 환자 경험 가운데 말로 표현되지 않고 또 흔히 표현될 수는 없지만 결정적으로 영향력이 있는 측면을 치료에 관여시킬 수 있는 도구를 제공함으로써 애착 지향적인 치료 접근에 매우 중요한 기여를 한다.

관계적 관점은 우선 첫째로, 치료자는 실연을 통해 환자 세계의 일부가 됨으로써 언어에 의해 매개되지 않고, 감정적이면서 직접적인 방식으로 환자를 경험하고 알 수 있다는 사실을 강조한다. 이것은 치료자가 환자 경험의 '언어화되지 않고 언어화될 수 없는' 영역에 접근할 수 있게 해 준다.

관계적 관점은 또한 애착 이론의 관점에서 보는 '민감한 반응성'에 대한 이해를 확장시켜 준다. 관계적 이론에서는 공감과 조율을 촉진하는 것 외에도 깊이 이해받고 보듬어진다는 느낌을 강조하는데, 이런 느낌은 환자에게 필요하다고 우리가 가정하는 것을 제공하려는 우리의 노력에 의해서가 아니라 우리의 의식적인 의도에도 불구하고 예측할 수 없이 일어나는 복잡하고 어렵고 때로는 고통스러운 상호작용에 우리가 환자와 함께 빠져드는 데서 생겨나는 것이다. 우리가 환자에게 의도적으로 제공하는 것에 관해 애착 이론이 제안하는 바에 더하여 상호주관적 접근은 환자와의 관계에서 (처음에는) 무의식적인 우리의 참여를 치료적으로 다룸으로써 얻을 수 있는 유익에 초점을 둔다.

게다가 상호주관적 접근은 실연에 주목함으로써 아마도 치료자가 제공하려고 시도하고 있는 공감과 담아내기(containment)—즉, 새로운 애착—를 활용할지의 여부를 놓고 환자가 경험하는 갈등에 대해 배울 수 있는 기회를 강조한다.

마지막으로, 상호주관적 이론은 환자가 치료 관계에서 다중적인 역할—치료자를 위한 '자문가'의 역할을 포함하여—을 하도록 이끄는 대화와 상호성에 대한 강조점을 애착 이론에 추가한다. 우리 모두에게 무의식이 존재한다고 가정한다면, 치료자 경험에 대한 해석자로서 환자의 협력을 암묵적으로 얻어 내는 접근은 매우 유용할 수 있다.

애착과 상호주관성 이론의 통합에는 강력한 상승작용이 있는데, 이 두 이론은 수렴적이고 또한 이런 점에서 서로를 확인시켜 준다. 이 두 이론은 친밀한 관계야말로 인간이 애초에 그 안에서 형성되고 또한—사랑이든 혹은 심리치료에서든—생애 초기에 받았던 감정적 상처가 치유될 수 있는 잠재성을 가진 도가니로 여긴다. 그리고 두 이론은 순전히 언어적인 영역 밖에 존재하는 관계 경험을 강조한다. 더 중요한 점은 각 이론은 서로를 보완하며 어쩌면 상대 이론을 완성한다고도 볼 수 있다는 것이다. 상호주관성 이론은 대체로 미발달된 애착 이론의 임상적 차원을 채워 준다. 이에 비해 애착 이론은 상호주관성의 발달적 차원과 진단적 차원에 무한한 깊이를 더해 준다. 그래서 심리치료를 위한 기여라는 관점에서 볼 때, 이 두 이론이 짝지어지면 이들은 개념적으로 '천생연분'이라 할 수 있다.

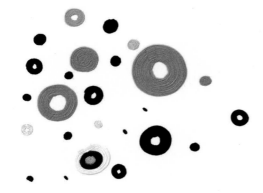

제4부

{심리치료에서의 애착 유형}

우리가 치료자로서 하는 일 가운데 미리 각본으로 써 둘 수 있는 것은 거의 없다. 변화과정연구집단(Change Process Study Group)이 관찰했듯이 심리치료는 **즉흥적으로 이루어지는** 관계적 움직임을 통해 진행된다. 하지만 치료자가 발달 촉진적인 관계가 실제로 어떤 모습일지를 자각하고 이것을 관계적 움직임에 활용한다면, 이런 **즉흥적인 움직임**에 도움이 될 가능성이 더 높을 것이다.

애착 연구는 아동의 삶에서 이후에 발달하는 안정성과 탄력성 및 융통성과 연관이 있는 협력적인 대화의 특성을 규명해 왔다. 아동기와 심리치료의 변화 과정이 중첩된다고 가정한다면, 이런 연구는 우리가 환자와 함께 이에 상응하는 협력적인 대화를 할 수 있도록 해 주는 어떤 틀을 제공해 준다. 애착 연구는 또한 우리가 환자들의 주된 애착 유형(들)을 파악하고, 그래서 그들의 초기 관계에서 받아들여질 수 있었던 것과 없었던 것이 무엇이었는지를 포함하여 이런 관계가 어떠했는지를 '상상'할 수 있도록 해 준다.

제11장에서는 일관된 의사소통을 촉진하고 불안정 애착 유형 환자들의 특정한 '비일관성'을 평가하는 작업에 도움을 주기 위해 애착 연구의 경험적 발견들을 치료 실제를 위한 제안으로 옮기고자 한다. 이렇게 함으로써 이어지는 다음 세 장에서는 애착에 관한 환자의 우세한 마음 상태가 무시형인지 집착형인지 혹은 미해결형인지를 인식하는 것이 치료에서 어떤 시사점을 갖는지를 상세하게 기술할 수 있는 사전 준비를 하고자 한다.

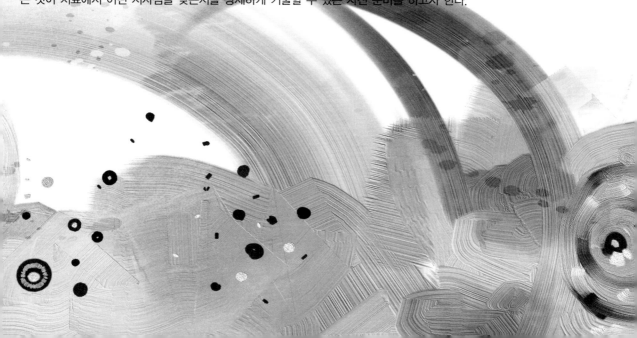

11
발달을 위한 도가니 만들기

아동기나 심리치료에서 안전 기지의 제공은 '그만하면 좋은(good enough)' 애착 관계를 규정짓는 한 가지 특성이다. 그런 관계는 위협이 있을 때 우리보다 더 강하고 현명한 타자가 있어 우리가 감정의 평형을 회복하도록 도와줄 것이라는 기대를 조성함으로써 우리에게 없어서는 안 될 중요한 정서 조절 역량을 강화한다. 그것은 또한 Ainsworth가 안정 애착의 징표로 보았던 타자와의 연계와 탐험 간의 유연한 균형을 조성한다. 이런 종류의 관계 경험은— '내면화된 안전 기지'로서—우리가 마음속에 지니고 다닐 수 있다는 점에서 우리의 자녀와 환자에게 무한히 귀중한 자원을 제공한다. 그런 경험은 자기에 대한 확신과 타인에 대한 신뢰 그리고 세상이 사랑하고 성장하기에 안전한 장소라는 감각을 강화하기 때문이다. 물론 문제는 우리가 어떻게 그런 관계 경험을 만들어 낼 수 있는가다.

심리치료에서 협력적 의사소통 촉진하기

Lyons-Ruth(1999)는 다양한 연구와 과학적 탐구의 전통에서 수렴되는 내용에 주목하여 부모와 자녀 간 의사소통의 주요 특성 가운데 가장 긍정적인 발달의 결과와 연관되는 것으로 다음 네 가지를 확인했다. 이런 특성을 가진 의사소통은 협력적이고 일관성이 있으며, 부모에게 다음과 같이 할 것을 요구한다. (1) 아동의 느낌과 욕구, 필요 및 관점에 대해 가능한 많이 알아 갈 수 있도록 상호작용을 구성한다. (2) 문제가 생겼을 때 먼저 상호작용의 복구를 시도한다. (3) 새로 생겨나는 아동의 잠재능력에 맞게 대화의 수준을 높인다. 그리고 (4) 자기 자신과 타인들에 대한 아동의 지각이 변화하는 와중에는 적극적으로 관여하고 아동과 함께 분투한다.

이와 유사하게, 민감하게 반응하는 부모로서, 그리고 공감적으로 조율하는 치료자로서 우리가 제공하는 것들 간의 대칭성을 고려하여 다음을 목표로 삼아야 한다. (1) 환자의 주관적인 경험—느낌과 생각 및 욕구—에 가능한 한 많이 조율된, 언어적일 뿐만 아니라 정서적인 대화, (2) 관계의 균열에 대한 민감성 및 관계 복구를 먼저 시도하려는 용의, (3) 환자가 현재 할 수 있다고 스스로 믿고 있는 것보다 조금 더 많은 것을 환자에게 기대하면서 환자를 수용하는 자세, 그리고 (4) 환자를 직면시키고 한계를 설정하며 환자와 함께 분투하려는 자세, 즉 이것은 흔히 환자의 정체성과 치료 관계에서의 변화를 예고하는 기간 동안에 적절한 자세다.

나는 치료 실제에서 우리가 이런 틀을 어떻게 적용할지를 설명하면서, 환자를 세상으로 내보냈던 최초의 관계보다 그들의 심리적 발달에 더 유익한 애착 관계를 환자에게 제공하려고 한다면, 우리의 이런 의도적인 노력을 구성하는 요소들이 무엇인지를 기술하고자 한다.

대화를 포괄적으로 만들기

환자들은 특히 감정 경험을 포함한, 그들의 폭넓은 주관적인 경험에 접근하고 표현하는 데 있어 우리의 도움을 필요로 한다. Bowlby(1988)가 말했듯이 "결정적인 역할을 하는 것은 환자와 치료자 간의 감정적인 의사소통이다." (p. 157) '어떤 느낌이 드나요?' '원하는 게 뭔가요?' 우리 두 사람 사이에 지금 여기에서 일어나고 있는 일이 어떤 것이라고 믿어지나요?' 와 같은 질문들은 (내담자에게 직접 물어보거나 혹은 치료자의 마음속에서 조용히 떠올려 보거나 간에) 포괄적인 대화를 생성하려는 우리의 노력에서 일관되게 나타나는 한 가지 특성이 되도록 해야 한다.

이런 질문들은 흔히 환자들이 답할 수 없는 것들이다. 그 이유는 정확하게 이 질문들은 환자가 경험한 최초의 관계에서 배제되었던 종류의 경험에 관한 것이기 때문이다. 그러므로 우리는 환자들이 오직 비언어적으로만 전달할 수 있는 것에 주파수를 맞춰야 한다. 앞서 논의했듯이 '알고 있지만 생각해 보지 않은 것'의 이런 암묵적인 의사전달은 환자의 표정이나 말투, 자세 혹은 몸짓을 통해 표현될 수 있다. 이것은 우리 안에서 어떤 느낌이나 신체 감각, 이미지 혹은 생각을 불러일으킬 수 있고, 또한 관계 안에서 실연될 수도 있다. 이런 종류의 암묵적 신호를 파악하려면, 한편으로는 환자에게 다른 한편으로는 우리 자신의 주관적 경험에 번갈아 가며 관심을 기울일 필요가 있다. '자기성찰적 반응성(self-reflective responsiveness)'(Mitchell, 1997)과 '공감적인 내성적 탐구(empathic introspective inquiry)'(Stolorow et al., 1987)는 내가 염두에 두고 있는 종류의 쌍안시(binocular vision)를 묘사하는 용어들이다.

나는 환자나 나 자신 혹은 우리의 상호작용에 대한 나의 경험을 명백히 표현하는 것이, 그렇게 표현하지 않았다면 관계에서 배제될 수 있는 어떤 것을 포함시키는 데 유용하다는 사실을 때로 보게 된다. 이런 경험을 분명히 말로 표현하는 것은 환자가 자신의 경험 가운데 해리되거나 혹은 거부된 측면에 접근하는 데 도움이 될 수 있다.

예를 들면, 최근에 나는 한 환자가 관계에서 겪는 어려움에 대해 이야기하는 것을 들으면서 놀랍게도 내 마음이 전혀 움직이지 않는다는 것을 발견했다. 나는 마음속으로 그 이유가 뭔지 의아해하는 가운데, 환자가 마치 질문을 하듯 끝을 올리는 억양으로 거의 모든 말을 끝마친다는 사실을 알아차렸다. 그녀는 또한 마치 내가 그녀의 이야기를 들어줄 정도로 인내심이 많은지를 의심하듯 매우 빠른 속도로 말했다. 내가 이렇게 관찰한 바를 그녀에게 말해 주면서 아마도 그녀는 자신이 하고 있는 말에 대해 불편감을 느끼거나 혹은 내 관심에 대해 의구심을 갖고 있을지 모르겠다고 하자, 그녀는 내 말에 이의를 제기했다. "꼭 그렇지는 않아요. 선생님 얼굴 표정에 '당신은 그런 경험을 할 권리가 있다.'라고 쓰여 있어서 그걸 보면 그렇지는 않아요." 그러나 나는 시도를 계속했고, 내가 우연히 듣게 되었던 두 어린 소녀의 대화를 그녀에게 이야기해 주었다. 한 소녀는 상대방이 관심 있다고 확신하는 듯이 말했지만, 다른 소녀는 자기 친구의 관심에 대한 확신이 부족한 듯 서둘러 말했고 모든 문장을 의문조로 끝마쳤다. 이 이야기에 대해 환자가 답했다. "선생님께서 어쩌면 중요한 뭔가를 알아내신 것 같다는 생각이 드네요. 왜냐하면 지금 선생님께서 말하는 동안 안정감이 들었거든요. 그런데 이전에 저는 그저 떠들어 대기만 했어요." 그녀는 말로는 그렇지 않다고 했었지만, 실제로는 자기 경험에 대한 권리가 없다고 느꼈고, 또한 그것이 다른 사람들에게는 그다지 중요하지 않을 것이라고 가정했다는 사실이 곧 우리 두 사람에게 분명해졌다.

　환자들이 하는 말은 자주, 그들이 실제로 느끼는 것 중에서 아주 부분적이고 때로는 오도할 수 있는 이야기를 나타낸다. 결과적으로 환자의 즉각적인 경험에 대한 우리의 공감은 중요한 출발점이면서 동시에—만약 우리가 거기서 멈춘다면—좀 더 포괄적인 대화를 가로막는 걸림돌이 될 수도 있다. 예를 들면, 흔히 환자는 변화하고자 하는 자신의 욕망이나 변화에 대한 두려움 중 어느 한쪽만 말로 표현할 수 있다. 이 둘을 통합하려면—대개는 둘 다 존재하기 때문에 통합하려고 하는데—환자가 현재 침묵하고 있는 경험에 대해 치료자가 언급하는 것이 도움이 될 수 있다. 그러나 이런 반응이 의미가 있으려면 환자는 치료자의 말 속에 반영된 자기 모습을 볼 수 있어야 한다. 환자가 이렇게 할 수 있을 때, 이런 개입을 통해 환자는 자신이 치료자에 의해 더 깊은 수준에서 인식되고, 좀 더 온전한 한 사람으로 수용되었다는 느낌을 받을 수 있다.

　통합을 가능하게 하는 포괄적인 대화를 촉진하려면 우리는 환자의 경험, 특히 감정적인 경험을 인식할 뿐만 아니라 환자가 이해받았다고 느낄 수 있는 방식으로 그런 인식을 전달할 필요가 있다. 그러나 흔히 치료자에 의해 이해받는 느낌 그 자체로는 불충분하다. 이런 때에 충분히 인식되었다는 느낌을 받으려면 환자가 치료자에게 자신이 **느껴졌다는** 느낌이 들어야 한다(Siegel, 1999). Susan Coates(1998)는 이 것을 다음과 같이 표현한다. "치료자가 해야 할 일은 환자의 느낌을 **알려고** 하기보 다 환자의 느낌이 환자 자신에게 **느껴지도록** 하는 것이다(즉, 환자에게 인식될 수 있는 방식으로 환자를 받아 주는 것이다.(p. 127))." 정서가 '전염되고(contagious)' 치료자의 반응이 환자가 전달하는 것의 속성에 부합하면, 그것은 매우 강력한 형태로 서로가 보내는 신호에 맞는 반응성과 상호주관적인 만남이 될 수 있다. 분명히 그러한 반 응은 환자가—아마도 상당히 두려워하면서—경험하고 있는 것이 사실은 치료자 와의 관계가 담아낼 수 있는 것임을 실제로 확인시켜 준다.

환자가 치료자에게 자신이 인식되고 느껴진다는 느낌을 갖도록 해 주는 이런 반 응성 이외에, 포괄성과 통합의 목적 달성을 증진시키려면 치료자의 의사소통에 두 가지 요소가 추가되어야 한다. 이와 관련하여 부모는 아동의 고통에 대해 반응할 때 공감과 대처하는 태도 그리고 아동의 '의도가 담긴 태도(intentional stance)'에 관 심을 보여 주어야 한다는 Fonagy의 제안은 전적으로 적절하다고 본다. 아동기와 마찬가지로 심리치료에서도 환자는 확실히 다른 사람의 공감적인 공명과 조율 및 반영을 필요로 한다. 그러나 Fonagy의 제안이 시사하듯이 만약 환자가 좀 더 깊숙 한 자기 개방의 위험을 무릅쓸 만큼 우리와의 관계가 충분히 안전하다고 지각하려 면 반영 이상의 것이 필요하다.

첫째, 환자에게 우리를 그들이 다루기 힘든 느낌에 대처하도록 도와줄 수 있는 사람으로 경험하게 할 필요가 있다. 만일 그렇지 않다면, 그들이 왜 필요 이상으로 어떤 감정을 느끼도록 스스로에게 허용해야 하는가? Schore(2003)의 말에 부언하자 면, 애착은 상호작용을 통한 감정의 조절이다. 이런 조절은 고통스러운 느낌을 견디 고 다루는 우리 자신의 능력에 크게 달려 있다. 우리에게 이런 능력이 잘 발달되어 있을 때 우리는 대체로 환자의 힘든 감정들을 인식하고 공명할 뿐만 아니라 그런 감정들이 실제로 처리될 수 있다는 것을 전달할 수 있다. 이런 과정에서 환자를 이 해하고 또 그런 이해를 통해 돕고자 하는 우리의 열망을 표현하는 행동뿐만 아니라 우리의 침착한 태도(만약 우리가 그런 태도를 취할 수 있다면)도 유익하다.

둘째, 우리는 환자의 말과 행동을 이해할 수 있는 맥락을 이루는 기저의 의도와 느낌 및 신념에 대해 반응해야 한다. 환자의 '의도가 담긴 태도'를 고려한 이런 식의 반응은 환자가 깊이 이해받았다는 느낌을 갖게 해 준다. 그리고 이것은 수용되는 느낌으로 받아들여지게 된다. 이해받고 수용되었다는 느낌은 그들의 경험이—그들이 묻어 두어야만 했던 것조차도—새로운 애착 관계에서 안전하게 담겨질 수 있다는 확신을 키워 준다.

어쩌면 포괄적인 대화를 생성하는 데 가장 중요한 것은 환자의 감정이 직접적으로 표현되지 않았을 때에도 (혹은 특히 이런 경우에) 충분히 수용하고 관여하며 환자에게 감정적으로 생생한 것이 무엇인지를 감지할 수 있도록 우리가 감정적으로 환자와 함께해야 한다는 것이다.

먼저 적극적으로 복구 시도하기

우리의 공감과 신중한 자기 개방 그리고/또한 해석이 치료자와 환자 팀의 평형 상태를 복구하는 데 도움이 될 수 있다. 개입이 어떤 것이든지 간에 관계에서 일어나는 균열의 복구는 대개 어떤 형태의 상호주관적인 절충을 포함한다. 치료자와의 절충을 통해 갈등을 해결하는 것은 안전 기지가 실제로 안전하다—즉, 그것이 실망과 차이점 그리고 항의로 인한 어려움에도 불구하고 살아남을 수 있다—는 환자의 신뢰를 굳건히 해 준다.

> 랜달은 내가 몇 년 간 만나 왔던 환자인데 2주간의 휴가를 보낸 후 치료에 복귀해서 나에게 익숙해진 '객관적인' 방식으로 자신이 결코 지속적인 친밀한 관계를 가질 수 없을 것이라는 두려움에 대해 말했다. 그는 거절당하는 것이 두렵지만 누군가 그에게 진지한 관심을 보이면 그때마다 그 사람에게 흥미를 잃는다고 했다. 그는 이제까지 내가 제안했던 것이 별로 효과가 없었음을 암시하는 말을 한 후에 내가 어떤 제안을 할지 물었다. 나는 좀 지나칠 정도로 익살스럽게 심리치료를 해 보라고 제안했다.
> 랜달은 약간 놀란 듯이 보였다. 분명히 그는 나의 농담을 재미있어 하지 않았다. 그는 최근의 치료가 그다지 도움이 되지 않았다고 불평하면서 우리가 한동안 우리의

관계를 면밀히 살펴보았던 이전의 기간을 언급했다. 그리고 나서 그는 그때 우리가 함께한 작업은 감정 몰입이 가능했고 그에게 유익했다—그런데 분명히 지금은 그렇지 않다—고 말했다.

　나는 최근에 (한 예로 오늘) 그가 치료에 몰입하지 못하는 것처럼 보인다고 생각하고 있는 나 자신을 보았다. 내 입장에서는 기대했던 것보다 내가 그에게 덜 가깝게 느끼고 있다는 것을 그 시간의 초반에 알아차렸다. 아마도 나의 '농담'은 그의 거리두기와 항의에 대한 나의 좌절을 반영한 것일 터다. 그때 그가 휴가를 떠나기 전의 회기에서 내가 다른 데 몰두했었다는 기억이 떠올랐다. 그 결과 그는 내가 냉담하고 아마도 거부적이라고 경험했을 수도 있다.

　몇 차례 말을 주고받는 과정에서 나는 연애 상대를 바라는 그의 강렬해지는 욕망과 우리가 아무런 진전을 보이지 못하고 있는 게 아닌가 하는 그의 두려움을 고려해 볼 때, 그가 표현했던 나의 도움에 대한 바람이 특히 절실하게 느껴졌을 수 있겠다고 그에게 말했다. 그런 다음 나는 지난 회기에 대해 어떤 인상이 남아 있는지 그에게 물었다. 그는 그때 배우자를 찾으려는 그의 노력이 교착상태에 빠진 것에 대해 우리가 나눈 대화가 그를 몹시 우울하게 만들었다고 했다. 나는 "내가 말하려는 것이 그때 당신이 우울하게 느꼈던 것과 관련이 있는지는 확실히 모르겠어요. 하지만 그 시간 동안 내가 이런저런 생각이 많았다는 건 알고 있어요. 그래서 그때 내가 온전히 집중하면서 당신과 함께하는 것이 힘들었고, 당신이 그걸 알아차렸을 수도 있었겠다는 생각이 드네요." 나는 이런 맥락에서 보면 앞서 내가 가볍게 던졌던 말이 적어도 그에게 거슬렸을 수도 있었겠다는 말을 덧붙였다.

　그는 내 말을 들으니 안심이 된다고 말하며 약간 눈물을 글썽거렸다. 그는 지난 시간에 내가 거리를 두고 물러났다고 생각했었고, 아마도 내가 앞서 약속 시간을 바꾸자고 한 요청을 그가 거절했기 때문에 내가 그에게 화가 났을 것이라고 걱정했었다고 했다. 그 시간이 끝났을 때 그는 내게 고마움을 표현했고, 나와 다시 연결된다는 느낌이 든다고 말했다.

이런 일련의 균열과 복구—특히 치료자가 먼저 시도한 복구—는 힘든 느낌을 담아내고 그것을 해결하는 데 있어서 관계에 의지할 수 있다는 환자의 확신을 굳건히 해 준다. 그 과정에서 그것은 자기 조절의 전조가 되는, 상호작용을 통한 정서 조절을 활용하는 환자의 역량을 길러 준다. 게다가 성공적인 복구 경험들은 환자가 갖고 있는 기존의 전이 기대를 반증하는 경향이 있다. 내 환자의 경우, 그런 기대는 놀랄 정도로 자기애적인 그의 어머니와의 경험에서 생겨난 것인데, 그것은 아무도 자신이 초래한 문제에 대한 책임을 지지 않을 것이고 그가 혼자서 책임을 떠맡아야 한다는 것이었다.

대화의 수준 높이기

Bromberg(1998b)는 심리치료를 환자가 동일성을 유지하면서도 변화하는 것을 허용하는 과정이라고 기술했다. 비슷한 맥락에서 Friedman(1988)은 우리가 치료자로서 환자의 고유한 방식대로 환자를 수용하면서도 동시에, 환자 자신이 그런 것처럼 그런 방식이 불만족스러운데도 감수하는 것을 거부할 필요가 있다고 제안한다. 이런 종류의 균형을 유지하려면 우리는 환자 자신이 믿고 있는 것보다 환자가 좀더 느끼거나, 사려 깊게 생각하고, 타자와의 연결감을 느끼거나 혹은 주도적일 수 있다고 가정할 필요가 있다. 환자에 대해 치료자가 기대를 너무 적게 하면 환자는 자신의 희망을 치료자가 저버렸다고 느낄 수 있다. 반면에 너무 많은 기대를 하면 환자는 그의 취약성이 인식되지 않는다고 느낄지도 모른다.

치료적 대화에서 알아차림과 복잡성을 더 높은 수준으로 끌어올리려면 발달론자들이 '비계(飛階) 혹은 지적 발판의 제공(scaffolding)'이라고 부르는 것이 필요하다. 예컨대, 부모는 아이가 자신의 경험을 기술할 단어를 습득하기 전에 아이를 대신해서 말해 주고 이후에는 아이에게 '너의 말로 해 보라.'고 요구함으로써, 즉발적으로 생겨나는 아이의 언어 능력을 위한 발판을 제공한다.

이와 유사하게 치료자는 느끼고 성찰하고 주도하는 등의 즉발적으로 생겨나는 환자의 역량을 위한 비계를 제공해 줄 수 있다. 치료 실제에서 이것은 때로, 이를테면 환자가 분명히 말로 표현할 수 없거나 인식하지 못하는 느낌을 우리가 분명히 표현해 줌으로써 환자를 대신해서 말해 줄 필요가 있음을 뜻한다. 또 어떤 때는 환자가 느끼거나 혹은 좀 더 깊이 느끼기 위한 여지를 주기 위해 우리가 수용적으로 침묵해야 할 필요가 있다. 그리고 어떤 순간에는 우리가 '먼저 말하고' 우리 자신의 느낌을 표현함으로써 대화를 좀 더 개방적이며 감정적인 수준으로 연결해 줄 필요가 있다.

성찰적 역량의 촉발을 돕기 위해 우리는 대개 환자 경험의 기저에 있는 정신 상태에 대해, 그리고 때로는 환자가 이런 방식으로 자신의 경험을 숙고하는 것이 얼마나 어려운지에 대해 이야기할 필요가 있다. 우리는 또한 경험을 이해하려고 애쓰는 우리 자신의 노력을 환자에게 알려 줄 수도 있는데, 이런 과정에서 우리는 정신화의 '본보기를 보여 준다.' 그리고 환자의 주체적인 행위 혹은 주도 능력을 강화하기 위해서는 환자가 자신을 위해 원하는 것(치료실 안과 밖에서)이 무엇인지 그리고 자신이 원하는 것을 알거나 그에 따라 행동하는 것이 얼마나 어려운지 둘 다에 초점을 맞출 필요가 있을 수 있다. 우리는 또한 어떻게 우리의 행동을 통해 은연중에 환자의 주도성을 빼앗지 않으면서 그것을 적극적으로 촉진할 수 있는가의 문제를 두고 우리가 처한 곤경을 환자에게 말해 주기로 결정할 수도 있다.

대화의 수준을 높이는 가장 효과적인 방식 중의 하나는 대화 그 자체를 논의의 초점으로 삼는 것이다. '대화에 대한 대화'를 나누는 것은 우리가 모든 환자들에게 증진하고자 하는 대인 간 형태(interpersonal version)의 개인 내적(intrapersonal) 발달, 즉 정신화의 발달이다. 여기에서는 매체가 곧 메시지임을 기억하라. 메타의사소통적 대화—즉, 의사소통에 대한 의사소통—를 촉진하면서 우리는 또한 사고에 대한 사고로 알려지기도 한 메타인지를 촉진할 수 있다. 자신의 경험에 너무 매몰되어 있는 환자에게 이런 종류의 대화는 좀 더 깊이 있고, 또한 좀 더 감정을 통해 얻게 되는 정보에 근거한 성찰로 향하는 문을 여는 데 도움이 된다.

실례로, 내가 불쑥 (하지만 '여러 가지 원인에 의해') "심리치료를 해 보라."는 제안을 했던 조금 전에 논의했던 환자를 생각해 보라. 나의 발언에 의해 생긴 관계의 균열은 상당히 성공적으로 복구됐지만, 다음 회기에 우리는 그때 내가 저질렀던 범행의 장면으로 되돌아가 있었다.

랜달은 그의 불신 때문에 진정한 자기 자신의 모습으로 다른 사람들과 만나는 것이 그토록 어려운데도, 마치 그가 그런 불신을 확인하려는 듯 '일부러 거부 경험이나 단서를 찾고 있는 것' 같다는 점이 그에게는 충격적인 모양이다. 나는 그가 치료 장면에서도 이와 유사한 불신 때문에 힘들어하는 것처럼 보인다고 말하고, 그가 처음에는 자신이 실망했던 것을 내게 말하기를 꺼렸고, 내가 그에게 거리를 두고 물러났다고 느꼈으며, 내가 화났을까 봐 그가 두려워했다는 것을 그에게 상기시킨다. 그는 조금 화가 난 듯 말한다. "그래서 제가 어떻게 해야 하죠? 선생님께 어떤 일이 일어나고 있는지 물어봐야 하나요? 선생님께서 제대로 못하고 있다고 말해야 하나요? 여기서 전문가는 선생님이에요. 그런 말씀을 드리면 선생님은 틀림없이 언짢아하실 텐데요." 나는 그의 이런 예상을 감안할 때 우리 사이의 어려움을 초래한 나의 역할을 내가 기꺼이 고려한 것에 대해 지난주 그가 안도감을 느끼고 감사한 것이 이해된다고 말한다. 이에 그는 이런 종류의 개방성이 사실상 처음부터 나와의 경험에서 가장 의미 있는 특성 중의 하나였다고 답한다. 내가 기꺼이 나의 역할을 인정할 때마다 그는 놀라고 감동했다고 말한다.

나는 그에게 질문을 던진다. "당신은 나와의 관계에서 감정적으로 강력한 똑같은 경험을 여러 번 했음에도 그게 당신에게는 여전히 늘 놀라운 일로 다가간다는 것을 아시겠어요? 그건 마치 그때마다 당신이 그 경험과 연결되고 신뢰감을 좀 더 느낄 수 있지만, 단지 잠시 동안만 그걸 느끼는 것 같네요. 그래서 다음에 어떤 일이 정말 당신을 힘들게 할 때, 예컨대 당신이 좋아하지 않는 어떤 것이나 당신이 필요한 것을 나에게서 얻지 못하고 있을 때 터놓고 말하기가 정말 어렵겠군요."

긴 침묵 끝에 그가 말문을 연다. "터놓고 말한다는 건 생각조차 나지 않아요. 모든 게 자동적으로 일어나고 저는 그것에 대해 의문을 제기하지 않죠. 마치 제 주위에 벽을 치고 벽 둘레에는 파 놓은 못이 있는 것 같아요. 저는 벽 뒤에서 나오지 않아요. 왜냐하면 다른 사람들이 항상 위험한 존재가 될 수 있는 것처럼 느껴지기 때문이죠. 하지만 아마도 그건 이전에 말했듯이 제가 거부를 찾고 있다는 것의 일부일 수도 있어요. 말하자면, 선생님의 반응을 제 안에 받아들이기를 원치 않고, 그래서 그것이 붙어 있지 않으며, 늘 큰 놀라움으로 다가오는 것이죠. 지금 이런 생각이 들어요. 만약에 선생님이나 어떤 다른 사람이 진정으로 저를 아끼고 또 안전해 보인다면, 제가 어 떻게 해야 할지 모를 것이라는 생각이 드네요."

대화에 관한—관계에서 허용되는 것과 배제되는 것에 관한—대화는 환자에게 경험에 대하여 한 가지 이상의 관점을 허용함으로써 환자의 내적인 규칙과 작동 모 델의 변화를 촉진한다. (물론 이것이 성찰할 수 있을 뿐만 아니라 느끼고 타인과 연결되 는 자유로움을 더 많이 허용해 줄 수 있는 성찰적 태도의 핵심이다.) 말하자면 이런 대화 는 환자가 동시에 두 장소에—참여자로서 자기 경험 내면에 그리고 관찰자로서 그 경험 밖에서—서 있을 수 있도록 해 줌으로써 대화를 새로운 수준의 자각과 복잡 성으로 한 단계 끌어올린다.

기꺼이 관여하고 함께 애쓰기

때때로 아이들에게는 부딪혀 볼 수 있는 부모, 그들에게 필요한 구조를 제공해 주는 부모가 필요하다. 그리고 아이들이 자라면 부모는 그 구조를 느슨하게 하고 아이에게 주도권을 좀 더 많이 넘겨주어야 한다. 환자가 치료자로부터 필요로 하는 것 또한 이와 비슷하다고 할 수 있다.

환자에게는 때로 공감이 필요한 것 이상으로 직면이 필요하다는 것을 우리는 이 해해야 한다. 이런 생각은 우리 대다수의 마음에 들지 않겠지만, 이것을 감안할 때 치료 관계는 또한 실제 관계이기도 하다는 사실을 우리 자신에게 상기시키는 것이 유익할 수도 있다. 우리가 다른 관계에서 상대방의 파괴적인 행동을 알고서 이를 묵인하지 않을 것과 마찬가지로 분명히 환자와의 관계에서도 이를 묵인하기를 원 치 않을 것이다. 우리가 환자를 수용하는 것은 치료 장면에서나 밖에서 환자가 보 여 주는 자기 파괴적인 행동에 반대하는 것과 결코 다르지 않다.

나는 수년 동안 만성적으로 심한 자살 충동을 느끼는 한 남자 환자를 만나 그저 그를 살아 있게 하려고 안간힘을 썼다. 너무나 많은 괴로운 위기일발과 수차례의 입원이 있었고 치료에서 구조(structure) 제공을 통한 끈질긴 한계 설정에 힘입어 마침내 실질적인 진전이 가능해 보였을 때, 환자가 내게 말하기를, 우리가 확립했던 구조가 참으로 중요했고, 또한 이제 어쩌면 진전이 있을 수도 있겠지만, 한 가지 내가 알아야 할 게 있다고 했다. 그것은 자신이 결국에는 자살할 것이라는 사실이었다. 환자의 말을 들으면서 나는 폭발하고 말았다. 심한 말은 삭제한 버전으로 그때 내가 한 말을 옮기면 다음과 같다. "자살에 대해 하고 싶은 말을 다하는 건 좋아요. 하지만 그런 말로 나에게 위협을 주려고 하는 건 허용할 수 없어요! 당신은 불치병에 걸린 게 아니고 난 절대로 당신을 위한 호스피스를 제공하기로 계약하지는 않을 겁니다." 내 말을 들으면서 그 환자는 진정했고 안도하는 것 같았으며, 실제로 내가 화낸 것을 고마워하는 듯했다. 그런 다음 그는 이전에 그랬던 것처럼 내가 자신보다 '더 큰' 사람이어야 할 필요가 있었다고 다시 말했다. 두말할 나위 없이 이 환자에게 격분했던 나의 반응은 미리 계획된 것은 아니었고, 내가 그것을 어떤 기법으로 권장하고 있는 것도 아니다. 그럼에도 그것은 치료자의 조율된 반응성이 기대치 않은 형태를 띨 수 있다는 예를 보여 준다.

심리치료라는 친밀한 파트너십에서 기꺼이 분투하려는 우리의 자세는 환자와 치료자 모두를 보호할 뿐만 아니라 환자의 항의와 분노를 위한 여지를 두는 역할도 한다. 이런 적극적인 관여는 나의 한 환자가 넌지시 말했던, 치료자가 빠지기 쉬운 함정을 피할 수 있도록 도와준다. "선생님이 그렇게 점잖게 있으면 제가 어떻게 저질스럽게 굴 수가 있겠어요?" 치료자가 한계를 설정하거나 환자의 행동에 대한 불쾌감을 자연스럽게 표현하면 환자가 연결을 유지하면서도 관계에서 분리될 수 있다는 감각을 발달시킬 수 있는 맥락을 제공할 수 있다.

이런 동요를 가져올 잠재성이 있는 순간에 잇따르는 후속작업에서 결정적으로 중요한 것은 최종적으로 이루어질 수 있는 치료자와 환자 간의 '적합성(fittedness)' 혹은 상호주관적 이해의 정도다. 어떤 사태 자체—예컨대, 환자 그리고/또는 치료자의 분노 표현—와 그런 사태의 의미를 구체화하는 과정은 별개의 일이다. 대체로 사태에 내포된 치료적 가치를 공고히 하는 것은 이런 후속 작업이다. 이것은 특히 그런 과정이 힘든 감정을 누그러뜨리고 두 사람 간의 유대나 동맹의 감각을 복구하는 절충을 포함할 때 해당되는 말이다. 여기서 '협력적인 의사소통'의 몇 가지 주요 측면 간의 상승작용에 주목할 필요가 있다. 즉, 치료자의 적극적인 관여는 일련의 균열과 복구뿐만 아니라 포괄적인 대화에도 유익하다.

치료자가 분투하고 적극적으로 구조를 제공해야 할 필요성이 특히 두드러지는 경우는 혼란되거나 혹은 외상이 미해결된 것으로 기술될 수 있는 환자들이다. 그러나 곧 보게 될 것처럼 치료 초기에는 거의 모든 환자에게 치료자가 약간의 구조를 제공하는 것이 유익하다.

환자가 심리치료에 잘 참여할 수 있도록 훈련시키기

Lyons-Ruth(1999)는 협력적인 대화에는 "다른 사람의 마음을 알아 가고, 상호작용을 구성하고 조절하는 데 있어 그것을 고려하는 것"이 포함된다고 제안한다(p. 583). 환자의 마음을 고려함에 있어 우리는 환자 대부분에게는 심리치료의 낯선 규칙과 역할에 대한 오리엔테이션이 필요하다고 가정해야 한다. 환자를 훈련시키는 일에는 그들의 협력 없이는 성공할 수 없는 관계에 그들이 적극적으로 관여하게 되도록 돕는 과정이 들어 있다. 물론 이런 훈련의 많은 부분은 암묵적으로 이루어진다. 그러나 치료의 구조를 신비한 상태로 남겨 두는 것은 내담자에게 피해를 주는 일이다. 환자의 협력을 촉진하기 위해 우리는 우리가 그들에게 기대하는 것이 무엇인지 또 그들이 우리에게 기대할 수 있는 것이 무엇인지를 그들에게 분명히 해 둘 필요가 있다. 치료적 관계는 일상적인 사회적 상호작용에서는 그 유례가 없는 독특한 관계다. 따라서 치료자는 환자가 그 관계를 가능한 한 잘 활용할 수 있는 방법을 '훈련시킬' 책임이 있다.

첫 시간에 나는 일반적으로 새로운 환자에게 치료자와 이런 식으로 계속 대화를 나누는 데서 무엇을 기대하는지를 먼저 물어본다. 첫 시간 후반부에는 만약 치료가 앞으로 계속될 것으로 보인다면, 우리가 함께 작업할 것이 정확히 무엇인지를 분명히 하는 데 몇 회기가 더 걸릴 수 있다고 덧붙인다. 우리는 치료자로서 종종 환자의 목표(혹은 문제의 정의)를 우리 자신의 것으로 받아들이는 것과 우리의 목표(혹은 문제의 정의)를 환자에게 부과하는 것 사이에서 줄타기를 할 필요가 있다. 예컨대, 무시형 환자는 우리가 그를 좀 더 자족하는 사람이 되도록 도와주기를 원할 수 있지만, 이에 비해 우리는 그가 덜 강박적으로 자기 의존적인 사람이 되는 게 더 나을 것이라고 믿는다.

이후 회기들에서, 특히 환자가 나와 함께하는 시간을 가장 잘 활용하는 방법에 대해 확신이 없는 것처럼 보일 때, 그들에게 우리가 정한 치료 목표와 관련된다고 보이는 것으로서 마음에 떠오르는 어떤 것이든 말하라고 제안할 수 있다. 이런 의사소통과 이와 유사한 다른 의사소통의 목적은 내가 환자들에게 기대하는 것이 무엇인지 그리고 우리가 가장 효과적으로 함께 작업할 수 있는 방법이라고 내가 생각하는 것이 무엇인지를 환자들이 알도록 하려는 것이다. 환자가 나에게서 기대할 수 있는 것에 관한 나의 의사소통은 암묵적이기도 하고 명시적이기도 하다. 나는 내가 보이는 반응의 질을 통해 그것을 암묵적으로 표현한다. 그리고 이와 함께 나는 보통 내가 그들에게 하고 있다고 생각하는 것과 그렇게 하는 이유에 대해 환자에게 명시적으로 설명하는 것을 중시한다. 이런 명시적인 설명은 대부분의 환자에게 유익할 수 있지만, 불안정하게 애착되었거나 외상이나 상실의 문제가 미해결된 환자들에게는 필수적이다. 그 이유는 이들이 비언어적인 단서만으로 다른 사람들의 의도를 정확하게 읽기 어려운 경우가 많기 때문이다.

치료과정에서 치료 관계 자체를 탐색하는 이유가 환자들에게 자명한 경우는 거의 없다. 따라서 치료자와 환자의 상호작용에 초점을 두는 것이 어떻게 환자의 치료 목적을 이루는 데 도움이 될 수 있는지를 명시적으로 설명할 필요가 있는데도, 이런 필요성이 흔히 간과되고 있다. 환자 대부분에게 이 중요한 작업 방식(공식적으로는 전이-역전이 분석으로 기술되는데)은 전혀 이해되지 않는다. 왜냐하면 아주 당연하게도 그들은 치료 밖의 관계를 살펴보는 데 훨씬 더 관심이 있기 때문이다. 그래서 만약 환자가 우리의 주도에 그저 순응하는 차원이 아니라 그 이상을 하려면, 치료자는 그들에게 이런 접근의 유용성에 대한 설명을 제공하거나 혹은 더 나은 방법으로서 예시를 보여 주어야 한다.

이보다 더 바람직한 방법은 환자가 이야기한 문제나 목표를 치료자와의 관계에서 일어나는 것과 연결 짓는 것이다. 다음은 이런 작업의 예를 보여 준다.

　　한 여성 환자가 첫 회기에, 그녀의 말에 의하면 "제가 결점을 찾을 수 없는 남자는 결코 만난 적이 없기" 때문에 남자들과의 관계가 항상 실패로 끝났다고 말했다. 그녀가 이전에 받았던 치료는 이렇게 방어적으로 평가절하하는 패턴에 대해 그녀에게 약간의 통찰을 주기 시작했다. 그다지 놀랍지 않은 일이지만, 그녀는 우리의 치료 초기에 나에 대해서도 결점을 찾기 시작했다. 그녀는 내가 차갑고 공감적이지 않다는 인상을 준다고 불평했다. 그리고 '표범이 자기 몸의 반점을 바꿀 수 없기'에 앞일을 생각하니 이것이 걱정된다고 덧붙였다. 이때 나는 그녀에게 다음과 같은 요지의 말을 했다. "당신이 남자와 관계하는 방식에 대한 통찰을 얻기 위해 남자 치료자와 작업하고 싶다고 내게 이야기했던 걸 기억하리라 생각해요. 만약 우리가 우리 두 사람 사이에 지금 여기에서 무슨 일이 일어나는지를 살펴본다면, 밖에서 당신과 남자들의 관계에서 일어나는 일에 대해 우리가 통찰을 얻을 것이라고 나는 장담할 수 있어요. 내가 이렇게 말하는 이유는 다른 남자들과의 관계가 실패로 끝나게 만든다고 당신이 말하는 바로 그 패턴을 당신은 이제 막 나와 되풀이하려는 것일 수 있기 때문입니다." 이 말은 그녀의 관심을 끌었고, 치료 장면 안과 밖의 경험 간에 있을 수 있는 유사점을 탐색하는 작업을 촉구했다. 그것은 또한 그녀가 다음을 인식하는 데 도움이 되었다. 즉, 우리의 상호작용에 초점을 두는 것이 그녀가 아직 자기 자신에게나 나에게 분명히 말할 수 없었던, 그녀와 남자들의 상호작용에 대한 어떤 측면들을 알아차리게 되는 데 유익할 수 있다는 점이다.

　모든 치료관계에서 발생하는 전이-역전이 실연을 활용하는 데 있어서 환자가 우리와 충분한 협력을 시작할 수 있으려면 일반적으로 이와 같은 대화가 한 번 이상 이루어져야 한다. 물론 지금 여기 상호작용에 주의를 집중시키는 작업을 선도해야 하는 사람은 치료자다. 환자가 먼저 주도적으로 치료자에 대한 그들의 지각과 느낌을 포함한 지금 여기의 관계 경험을 처음으로 탐색하는 시점은 그들이 진정으로 협력하고 있음을 보여 주는 징표라 할 수 있다.

이런 방식으로 환자를 훈련시키면서 우리는 또한 애착의 틀 안에서 특별한 중요성을 갖는 치료 관계의 특정한 사건들을 효과적으로 접근하는 데 필요한 사전 준비를 하게 된다.

분리와 중단 그리고 종결

분리와 상실은 애착만큼이나 Bowlby 이론에서 중심이 되는 개념이다. 애초에 애착 이론의 개념화에 이르게 했던 것은 사실 아동의 분리와 상실 경험이 발달에 미치는 중대한 영향을 이해해야 하는 필요성 때문이었다. 애착이 아동의 감정적, 신체적 생존에 필수적이라는 점을 고려하면 애착 인물의 상실—분리라는 일시적인 상실을 포함하여—은 원형적인 애착 외상으로 간주될 수 있다. 따라서 환자에게 새로운 애착 관계인 치료 관계에서 환자가 일시적으로나 영구적으로 치료자를 실제적으로 상실하든지 혹은 상실할까 봐 두려워하든지 간에, 상실이 포함된 사건은 대개 환자의 애착 역사와 직접적으로 연관된 느낌—혹은 그런 느낌에 대한 방어—을 불러일으킬 것이다.

미해결된 채로 남아 있는 상실이나 외상에 의해 발달이 저해되어 온 환자는 치료자의 휴가와 같은 사건에 대해 그것이 마치 파국의 징후인 것처럼 반응할 수 있다. 내적 자원이 많고 활기에 넘치지만 매우 자기 파괴적인 한 환자의 경우, 나의 여름 휴가로 인해 우리의 치료 작업이 처음으로 중단되었을 때 편집증적인 상태가 되었고 잠깐 동안 자살 충동을 느끼게 되었다. 미해결된 상실의 역사가 있는 많은 환자들처럼 그는 일시적인 분리와 돌이킬 수 없는 유기(遺棄)를 쉽게 구별할 수 없었다. 그리고 이런 환자들에게는 흔히 있는 일이지만, 이 남자 환자와의 치료에서 진전의 조짐은 우리의 분리에 대한 반응으로 그가 겪는 고통이 점차 줄어드는 것으로 나타났다. 그는 서서히 우리 관계에서 휴식은 관계가 끊어지는 것과 같지 않다는 것을 알게 됐고, 또한 내가 휴식을 원하는 것이 그에게서 벗어나기를 원하는 것과 같지는 않음을 깨닫게 되었다.

　　이런 종류의 진전은 때로는 심지어 치료회기를 마칠 때 발생하는 분리를 포함하여 분리에 의해 촉발된 상실에 대한 환자의 반응을 다룰 수 있는 여지를 두는 치료자의 능력에 달려 있다. 치료자는 분리가 미치는 영향에 대해 훈련된 관심을 기울임으로써 통합을 가능하게 하는 방식의 포괄적인 대화를 촉진할 수 있다. 분리에 대한 작업은 또한 관계에서의 단절이 복구될 수 있다는 것을 확실하게 하는 방법이기도 하다. 마지막으로 분리에 대한 환자의 반응을 효과적으로 다루는 일은 안전기지로서 치료 관계에 대한 환자의 신뢰를 조성하는 데 기여한다.

　　환자가 자신의 반응이 실제로 분리에 의해 촉발되었음을 깨닫지 못한 채 분리에 대해 강하게 반응하는 일은 그리 드물지 않게 일어날 것이다. 치료자의 휴가와 같은 치료의 일시적인 중단에 대해 환자가 특징적으로 나타내는 반응에 우리가 끈질기게 초점을 맞추는 것이 이런 반응의 의미를 명료하게 밝힐 수 있는 유일한 방법일 때가 자주 있다. 그러나 물론 그것은 그저 의미의 문제만은 아니다. 우리가 환자의 반응을 다룰 수 있는 여지를 주고 조율된 방식으로 반응할 때 우리는 새로운 경험의 가능성을 열어 준다. 그 이유는 결국 혼란된 애착을 초래하는 것은 상실이나 외상 그 자체가 아니라 해결되지 못했던 상실이나 외상이기 때문이다. 새로운 상실—예컨대, 치료자의 휴가와 같은—의 잠재적 외상에 대한 환자의 반응을 다루는 작업을 할 때 우리는 환자가 다시 외상을 겪는 것이 아니라 외상의 해결이라는 치유적인 경험을 할 수 있는 가능성을 높인다.

　　많은 환자들은, 앞서 내가 기술한 환자가 경험한 것처럼, 연구를 통해 애착에 관한 미해결된 마음 상태와 상관이 있는 것으로 밝혀진 심각한 상실로 인해 아동기에 고통을 겪었다. 그러나 다른 유형으로, 혼란의 정도가 덜 심각한 상실은 우리가 만나는 환자 대부분의 개인사의 특징을 이루는데, 이들 중 대다수가 불안정 애착으로 기술될 수 있을 것이다.

　　여기에서 이런 주장의 배경으로 부모와 장기간 떨어져 분리를 견뎌 냈던 어린 아동은 특징적인 일련의 반응을 보인다는 사실을 상기해 보라(Bowlby, 1969/1982). 이들은 먼저 항의한다(protest). 아동은 마치 순전히 자신이 강도 높게 고통을 표출하는 것만으로 부모가 되돌아오도록 할 수 있을 것처럼 심하게 울고 화를 내면서 드러내

놓고 표현한다. 다음에는 절망(despair)이 뒤따른다. 희망이 줄어들면서 아동은 여전히 곧잘 울지만 마치 깊은 비탄의 상태에 빠진 듯 점차 말이 없어지고 소극적으로 변한다. 마지막으로 희망이 사라지면서 절망은 점차 거리두기(detachment)로 바뀐다. 아동은 피상적인 사교성과 심지어 쾌활함을 보이는 것을 넘어 이제 냉담해 보이기까지 하는데, 아주 최근까지 그리고 고통스럽게 그 부재를 슬퍼했던 부모에 대해 모든 관심을 잃어버린 듯이 보인다.

항의와 절망 그리고 거리두기는 급성적이라고 기술될 수 있는 극적인 상실에 대한 반응의 단계다. 하지만 많은 불안정 애착 환자들의 경험에서 두드러지는 덜 극적인 상실은 만성적인 것이다.

우리는 자주, 불안하게 집착하는 애착 양식을 가진 성인은 예측할 수 없는 반응을 보여 주었던—있다가 없다가, 적당히 조율했다가 심하게 잘못 조율했다가를 번갈아 하는—부모 밑에서 자랐음을 알게 된다. 그래서 이런 성인들은 그들이 아동이었을 때 (그들이 필요할 때 함께해 주고 그들의 상태에 맞게 조율해 주는) 애착 인물의 상실을 되풀이해서 경험했다. 그때와 현재의 애착 관계—치료자와의 관계를 포함하여—에서 그들이 보이는 행동은 이런 상실에 대한 두려움을 반영한다. 항의 국면에 있는 아동처럼 그들은 상실의 위협에 대한 반응으로서 그리고 그것을 피하기 위한 전략으로서 강력하게 감정적인 반응을 보인다. 이들과 같은 환자의 경우 우리는 그들의 감정을 다른 사람을 조종하기 위한 것이라고 무시해서도 안 되고 또한 그들의 감정으로 인해 중심을 잃어서도 안 된다. 혼자서는 자신이 무력하다는 그들의 지각을 인정하지 않으면서 그들의 항의—그들의 눈물과 분노—를 받아 줄 수 있는 여지를 두어야 한다.

이와는 달리 무시형 성인은 Bowlby의 애도 반응 단계에서 거리두기 국면에 있는 아동처럼 행동한다. 연구 결과에 의하면 무시형 성인의 부모는 흔히 감정적으로 냉담하고, 위안과 연결을 구하는 유아의 시도를 거부했던 경우가 잦았으며, 이 때문에 이런 부모를 둔 성인은 아기였을 적에 제대로 아기처럼 행동하고 느낄 수가 없었다고 한다. 따라서 무시형 성인이 다른 사람들과 자신의 감정에 거리를 두는 것은 돌봄을 받는 것에 대해 그들이 느끼는 절망에 대한 반응이다. 또한 이런 거리두기는 현재에서 또다시 일어날지 모르는 추가적인 상실과 과거 상실의 유산인 슬픔 둘 다로부터 그들이 보호받을 수 있게 해 준다. 무시형 환자들이 최소한으로 축소시키는 욕구와 그들이 회피하는 감정과 연결되려면 우리의 도움이 필요하다.

일반적으로 현재의 상실은 과거 상실의 반향을 불러일으킨다. 심리치료를 받는 환자에게 치료 관계의 연속성이 중단되는 모든 사태는 예전의 느낌과 방어를 촉발하는 잠재적인 계기가 된다—그리고 분리와 애착을 둘러싼 미해결된 주제를 다룰 수 있는 잠재적인 기회이기도 하다. 환자들은 애착에 관한 우세한 마음 상태가 무엇인가에 따라 분리에 대해 다른 식으로 반응하는 경향이 있다—그리고 이 점에 대해서는 치료자인 우리도 마찬가지다. 집착하는 마음 상태에 있는 환자와 치료자는 흔히 분리에 대해 불안해하는 반면에 무시형인 이들은 일반적으로 마치 그것이 아무 일도 아닌 것처럼 반응한다. 그리고 이미 언급했듯이 미해결형 성인은 분리에 직면했을 때 혼란된 상태가 되거나 정향성을 상실한다. 이미 환자들에게(그리고 우리에게) 너무나 친숙하고 또한 문제가 있는 시나리오를 우리가 환자와 함께 반복하지 않으려면, 우리가 분리에 대한 우리 자신의 특징적인 반응을 알고 있는 것이 매우 중요하다. 예컨대, 무시형 치료자는 마치 그것이 중요하지 않은 것처럼 분리를 다룸으로써 무시형 환자와 공모할 수 있는데, 이런 반응은 애착 자체가 중요하지 않다고 확인해 주는 것과 같다.

물론 심리치료에서 최종적인 분리는 종결과 함께 발생한다. 환자는 치료가 끝난 뒤에도 되돌아올 수 있지만(또 때로 그렇게 하기도 하지만), 치료를 끝내는 일은 늘 감정적으로 엄청난 중요성과 치료적인 가능성이 내포되어 있는 과정이다. 치료가 제공해 준 새로운 애착 관계를 앞으로 끝내야 한다는 생각은 환자에게 깊은 영향을 미친다. 즉, 그것은 고통스럽고 또한 괴로우면서도 만족스럽다. 이 때문에 종결은 애착과 상실을 둘러싼 환자의 과거와 현재 문제를 다시 살펴보고 해결에 진전을 볼 수 있는 확장된 기회를 제공한다. 두말할 나위 없이 종결에는 감정을 담아 지나간 과정을 뒤돌아보는 기회뿐만 아니라 가능한 한 완결되고 충분히 느껴지는 방식으로 작별인사를 할 수 있는 가능성이 내포되어 있다.

이후 장에서 다른 애착 범주에 대해 할 이야기가 더 있겠지만, 여기서는 종결과 직접적으로 연관되는 몇 가지 일반론적인 이야기를 하고자 한다. 유기에 대한 두려움과 과장된 무력함이 있는 집착형 환자에게 치료자는 적절한 시점에서 치료의 종결을 구조화할―그리고 그 결과로 나타날 환자의 항의를 다룰 여지를 만들―필요가 있을 것이다. 자신의 감정을 회피하고 관계의 중요성을 최소화하는 무시형 환자들에게는 이들이 두려워하기도 하고 바라기도 하는 감정적 경험을 다룰 여지를 만들기 위해 이들이 달아나지 못하게 문에 빗장을 걸어 둘 필요가 있을지 모른다. 상실로 인해 무너질 수 있지만 또한 혼자 있는 것을 몹시 두려워하는 미해결형 환자들에게는 치료자가 시차를 두고 종결하는 것이 타당하다고 인정해 주고, 그들이 종결 후에 치료를 받으러 되돌아오는 것이 필요하고 또 되돌아오는 것을 견뎌 낼 수 있다고 느낄 때 그렇게 할 수 있다(아마도 그렇게 할 가능성이 매우 높다)는 것을 이해시키고 '때 이르게(환자의 관점에서)' 치료를 그만둘 수 있도록 해 줄 필요가 있다.

애착에 관한 환자의 마음 상태 평가하기

치료자는 애착에 관한 환자의 지배적인 마음 상태를 인식함으로써 환자의 관계뿐만 아니라 환자 자신에게 내포된 다양한 측면의 특징적인 양상을 제공하는 주요한 조직 원리 혹은 그것을 좌우하는 은유(guiding metaphor(s))가 무엇인지를 확인할 수 있다.

예를 들어, 회피 애착 양식의 환자를 생각해 보라. 이런 환자는 거부하는 그리고/또는 통제하면서 감정적으로 냉담한 부모 밑에서 자랐기 때문에 그에게 가해졌던 대로 그 자신에게 (그리고 다른 사람들에게) 한다. 그는 관계에서 거부하고 거리를 두며 통제하려고 시도하는 사람이 되는 경향이 있다. 그는 자신의 느낌을 거부하고 거리를 두며 통제하려고 애쓴다. 그는 처음에는 자신의 목표와 소망을 자기 자신의 것으로 경험하지만 쉽게 그것에 의해 통제당한다고 느끼고 그것을 거부하는 경향이 있을 수 있다. 요컨대 그는 그의 부모가 그에게 거리를 두고 접촉하지 않았듯이 자기 자신과 그리고 다른 사람들과 접촉하지 않는다. 여기에서 환자를 좌우하는 은

유는 거부되거나 통제당하는 것을 피하기 위한 자기 격리(self-isolation)다.

치료자는 애착에 관한 환자의 마음 상태를 확인함으로써 또한 (시험적이고 잠정적인 방식으로) 환자의 아동기가 어떠했을지를 그려 보고, 주어진 정보에 근거하여 환자의 성격 형성기 시절의 관계들이 어떠했을지를 추정해 볼 수 있다. 이런 관계들은 어떤 종류의 느낌과 소망, 생각 그리고 행동을 받아 줄 수 있었을까? 그 속에서 환자는 무엇을 부인하거나 억제할 필요가 있었을까? 환자는 애착의 유대를 유지하기 위해 어떤 관계 전략과 정서 조절 전략을 채택해야만 했을까? 이런 질문에 답함으로써 우리는 환자가 우리에게서 필요로 하는 것이 무엇인지를 결정하는 데 도움을 얻을 수 있다. 환자가 거부하거나 억제해야만 했던 느낌과 소망 그리고 능력을 인식하는 것은 우리가 그에게 제공할 수 있는 가장 유익한 종류의 반응성이 무엇인지를 규명하는 데 도움이 된다.

환자의 지배적인 애착 패턴(들)을 확인하는 방법은 다양하다. 일반적으로 환자들은 애착에 관한 그들의 마음 상태에 따라 다른 '느낌'을 경험한다. 그리고 그들과 함께 있을 때 우리도 이에 상응하여 다르게 느끼는 경향이 있다. 게다가 친숙하고 쉽게 인식할 수 있는 진단의 범주(강박적, 히스테리적, 경계선적 등)는 애착의 분류와 꽤나 잘 맞다. 그러나 환자의 애착 패턴을 확인하는 데 가장 가치 있는 단서는 성인 애착 면접에서 얻을 수 있다.

임상적 평가와 성인 애착 면접

성인 애착 면접은 연구 도구이기는 하지만 임상 면접과 매우 유사한 구조로 되어 있다. 성인 애착 면접에서는 연구 피험자의 진술로부터 결론을 이끌어 내는 과정에서 환자가 진술하는 내용보다 진술의 과정과 방식을 강조하는데, 치료에서 환자와의 첫 회기 면접에서도 마찬가지로 이것을 강조한다. 말의 내용이 결코 상관없는 것은 아니지만, 성인 애착 면접 연구와 치료 둘 다에서 평가의 궁극적인 목적은 개인의 여러 측면 가운데 직접 말할 수 없는 측면을 파악하는 것이다. 왜냐하면 '애착에 관한 마음 상태'(Main, 1995, p. 437)는 대체로 비의식적이고 암묵적인 내적 작동 모델과 이 모델이 부호화하는 규칙의 산물이기 때문이다. 그래서 가장 많은 것을 드러내 준다고 판명된 것은 누군가 우리에게 명시적으로 말할 수 있는 것이 아니라 그가 담화(discourse) 방식을 통해 우리에게 암묵적으로 보여 주는 것이다(Main, 2000).

Main은 수차례 반복된 성인 애착 면접 연구를 통해 일관되고 협력적인 담화는 안정된 작동 모델을 나타내고, 이와 반대로 비일관성과 무관련성 그리고/또는 잘못된 추론의 결함이 있는 담화는 불안정하거나 혼란된 작동 모델을 나타낸다는 것을 보여 주었다. 애착에 관한 개인의 담화가 그 개인의 애착에 대한 내적 작동 모델을 반영한다는 발견은 치료 장면에서 이루어지는 임상적 평가에 직접 적용할 수 있다. 환자가 우리에게 불러일으키고, 우리와 함께 실연하며 구현하는 것과 더불어, 환자가 말을 사용하는 방식은 역설적으로 말로 표현될 수 없는 경험의 측면들을 드러내 준다.

환자는 그 정의에 따르면 자신의 고통 때문에 자기보다 더 강하고 현명하다고 여겨지는 다른 누군가에게 도움을 받으러 온 사람이다. 그래서 심리치료의 첫 한두 시간은 (낯선 상황과 성인 애착 면접 자체와 마찬가지로) 애착 행동이나 혹은 애착 행동에 대한 방어를 활성화하도록 만들어진 맥락이다. 아마도 환자는 첫 번째 전화 통화에서부터 그리고 확실히 치료실 문턱을 넘을 때면 자신의 특징적인 애착 방식을 우리에게 보여 주기 시작할 것이다. 환자가 우리에게 말하는 방식에 관심을 갖고 듣는 것이 특히 중요한 정보를 주는데, 그 이유는 성인 애착 면접을 사용한 연구에서 안정형이나 무시형, 집착형 혹은 미해결형 성인들이 애착에 관해 의사를 전달하는 독특한 방식을 체계적으로 분류해 왔기 때문이다.

환자의 의사소통은 어느 정도 일관성이 있는가? 그리고 그 방식은 어느 정도 협력적인가? 이것은 애착에 관한 환자의 마음 상태를 확인하기 위해 우리가 환자의 말을 들으면서 유념해야 할 핵심 질문들이다. 성인 애착 면접에서 힌트를 얻어 우리는 Main이—철학자 Paul Grice(1989)를 따라서—환자 담화의 네 가지 측면, 즉 질(quality)과 양(quantity), 관련성(relation) 그리고 방식(manner)이라고 부른 것에 관심을 둘 필요가 있다.

질과 관련해서 문제는 환자의 진실성이다. 그는 자신이 말하는 것에 대한 증거를 갖고 있는가? 혹은 환자의 주장이 그가 나중에 말하는 것에 의해 지지되지 않거나 혹은 그것과 모순된다는 인상을 받게 되는가?

양에 관해서는 환자의 의사소통이 간결하지만 완전할 수 있는지를 묻는다. 혹은 우리가 환자의 지엽적이고 상세한 설명에 파묻힌다는 느낌을 받거나 우리의 질문에 대한 환자의 짤막한 답변에 오리무중이라는 느낌을 받는가?

관련성에 관해서는 환자가 주어진 주제와의 관련성을 유지할 수 있는지를 본다. 이것은 환자가 우리의 질문을 염두에 두는 동시에 그 자신의 경험에 조율할 수 있는가를 묻는 또 다른 방식이다.

마지막으로 방식에 관해서는 환자가 분명하고 정연한 방식으로 의사소통할 수 있는지를 본다. 혹은 환자가 모호하고, 혼란스러워하거나 혼란을 야기하고, 그리고/또는 비논리적인가를 본다.

일반적으로 안정형 환자는 관련성과 분명함을 유지하면서 진실하고 간결하게 의사소통할 수 있다. 그들은 감정을 불러일으키는 경험에 대해 사려 깊게 그리고 생생한 감정을 가지고 이야기할 수 있다. 그들은 강한 느낌에 빠져 있을 때조차도 치료자와 연결되고 대화의 목적을 염두에 두는 상태를 유지할 수 있는 것 같다.

대조적으로 무시형 환자는 일관성을 유지하고 협력하는 데 있어 어려움을 보인다. 특히 진실되게 이야기하는 것이 그들에게는 힘든 일이다. 즉, 그들은 흔히 그들이 주장하는 바를 뒷받침하지 못하고 때로는 그것과 모순된 말을 한다. 그들은 또한 지나치게 간결하고 애착과 관련된 경험에 대한 말을 거의 하지 않는데, 이에 대해 자주 그저 기억이 나지 않는다고 설명한다. 기억이 나지 않는다는 그들의 주장은 그들의 표상 습관이 형성된 관계의 맥락과 관련되어 있을 가능성이 매우 높다. 즉, 그 맥락은 가능한 최상의 애착을 유지하기 위해 무시형 환자들이 연결에 대한 욕구와 관련된 소망이나 느낌 혹은 경험을 자각하지 않고 기억하지 않도록 해 주었다는 것이다.

따라서 무시형 환자는 그들을 치료실로 오도록 하기 위해서 겪은 어려움에 대해 할 말이 거의 없을 수 있는데, 이는 그런 어려움에 대해 말하는 것은 애착 체계를 활성화시킬 위험성이 있기 때문이다. 무시형 성인의 성인 애착 면접의 녹취록 길이가 가장 짧은 경향이 있다는 발견과 일관되게, 무시형 환자들은 침묵에 빠져, 치료자가 시간을 채우는 상태가 되게 한다.

집착형 환자의 의사소통은 다분히 대조적인 특성을 보여 준다. 그들은 진실되게 말할 수 있지만, 좀처럼 간결하고 관련성 있게 분명히 말하지 못한다. 그들은 강렬하고 괴로운 느낌, 특히 과거 애착에 관한 느낌 때문에 흔히 그들의 이야기는 자주 본론에서 벗어나고 모호하며 따라가기가 어렵다. 마치 이 환자들은 그들이 느끼는 고통의 압력이 면접자와 협력할 수 있는 능력을 압도하는 것처럼 우리가 질문한 주제에 머무는 것이 불가능해 보인다. 결과적으로 이런 환자들이 자기 이야기의 요점에 도달하기 전에 면접 회기가 끝날 수 있다. 아동기 관계에 대한 질문을 받고 그들은 현재 관계에 대해 이야기할 수 있고, 그 반대로도 할 수 있다. 부모와의 관계에서 느꼈던 분노나 두려움 혹은 무력함의 묵은 감정이 치료자와의 관계를 포함한 그들의 현재 관계로 넘쳐 흘러 들어오는 것으로 보인다.

얼마 전에 한 집착형 환자가 내 전화 응답기에 거의 끝없이 이어지는 긴 메시지를 남겼는데, 그 메시지는 내 응답기의 녹음 시간이 다 되어서야 끝이 났다. 이 환자는 녹음된 메시지에서 매우 어른스러운 말투로 이야기를 시작했지만 절망적으로 불행한 어린 소녀의 목소리처럼 들리는 어투로 점차 바뀌었다. 이 환자는 과거의 미해결된 애착에 너무나 집착한 나머지 현재 시점에서, 무반응한 그녀의 아버지에게 절망적으로 도움을 간청하는 작은 아이와 비슷하게 관계하는 방식으로 자신도 모른 채 빠져 들어갈 수 있었던 것이다.

이 예가 보여 주는 것처럼, 집착하는 마음 상태는 때로 미해결된 상태와 중첩되는데, 이런 양상은 특히 과거의 혼란스러운 사건에 대한 집착이 현재의 의사소통에 영향을 미치는 방식에서 나타난다. 미해결형 환자의 의사소통은 Main(1995)이 "추론이나 담화의 모니터링에서의 착오"(p. 442)라고 부른 것이 특징이다. 이런 환자들의 담화는 애착, 그리고 외상이나 상실의 주제를 다룰 때 공간과 시간 및 인과관계에 대한 평상시 추론에서 일시적으로 이탈할 수 있다. 방금 언급한 환자는 자신이 어머니에 대해 생각하기를 멈추었다는 이유로 어머니가 죽었다고 염려했다. 또 다른 환자는 오래전에 죽은 아버지가 마치 여전히 살아 있는 것처럼 말했다.

　담화에서 착오는 환자의 목소리 톤이나 태도에서 상당히 두드러진 전환으로 나타날 수 있는데, 이런 종류의 전환은 환자가 해리된 어떤 다른 의식 상태로 들어갔음을 시사한다. 그리고 사실 해리는 미해결형 환자의 경험에서 흔히 나타나는 특징이다. 환자는 갑자기 꿈꾸는 듯이 보이거나 속삭이는 말투로 말하기 시작할 수 있다. 혹은 어떤 혼란스러운 경험에 대한 이야기를 시작한 다음, 그전까지는 앉아 있던 환자가 이제 치료자를 마주 보거나 혹은 심지어 얼굴을 돌려 장의자에서 옆으로 드러누울 수도 있다.

　다음 장에서 나는 치료자가 애착에 관한 환자의 지배적인 마음 상태가 무시형이거나 집착형이거나 혹은 미해결형 상태라고 인식함으로써 얻을 수 있는 치료적 시사점에 초점을 두고자 한다. 특히 이전에는 부인되거나 해리되었던 환자 경험의 측면들을 통합하기 위해서 우리가 신중하게 만들어 가야 할 유형의 관계를 고찰하고자 한다.

12
무시형 환자
고립에서 친밀로

전통적인 진단 용어에서 무시형(dismissing) 환자는 한쪽 극단의 강박증 환자에서 다른 쪽 극단의 자기애적 성격장애자와 분열성적 성격장애자로 이어지는 연속선상에 있다고 볼 수 있다. 이런 환자들은 모두 설령 안정된 장기적인 관계가 있다 해도 다른 사람들과 진정으로 친밀해질 수 있을 정도로 사람들을 신뢰하기가 매우 어렵다. 그리고 그들은 그들 자신과도 친밀하지 않다. 그들은 '강박적인 자기 의존' (Bowlby, 1969/1982)과 자신의 가치에 대한 방어적인 과대평가로 인해 다른 사람들로부터 지지나 연결감 혹은 보살핌을 구하도록 그들을 자극할 수 있는 어떠한 느낌이나 생각 혹은 열망과도 거리를 두어야 한다고 느낀다.

그러나 그들은 생물학적 추동에서 오는 애착 욕구를 제거할 수는 없다. 무시형 성인은 성인 애착 면접 맥락에서 '다 괜찮다.'고 느낀다 주장할 수 있지만, 생리적 측정 결과는 그 반대를 보여 준다. 이것은 마치 회피형 유아가 낯선 상황 실험에서 괴로움을 거의 보이지 않지만 그들의 심장 박동과 스트레스 호르몬은 딴 이야기를 하는 것과 같다(Fox & Card, 1999). 분명히 무시형 환자들은 타인과 깊이 연결되도록 그들을 자극할 수 있는 감정에 대해 느끼기를 꺼리며 그런 감정을 표현하는 일은 훨씬 더 꺼린다. 그러나 우리는 이런 환자들과 감정적으로 연결되어야만 변화를 가능하게 하는 종류의 관계에 그들을 실제로 끌어들일 수 있다. 여기에서 비결은 정서를 따라가는 것이다.

우리는 무시형 환자의 미묘한 정서적 단서에 예민하게 조율되어 있어야 한다. 왜냐하면 이런 단서들은 대개 신체를 통해 전달되기 때문이다. 환자의 눈에서 우리는 무엇을 보는가? (어쩌면 수치심으로 그의 시선이 돌려지는가, 혹은 슬픔으로 시선이 아래로 향하는가? 마치 그의 마음이 움직였을 수도 있는 듯 그의 눈이 물기에 젖은 것처럼 보이는가? 화가 나서 노려보듯이 눈꺼풀이 치켜세워졌는가?) 환자의 턱이나 입 혹은 눈썹의 모습에서 우리는 무엇을 관찰하는가? 그의 자세에서 표현되고 있는 것은 무엇일 수 있는가? 그리고 그의 어조에서 우리는 무엇을 추론할 수 있는가?

아마도 훨씬 더 중요한 것은 우리가 환자와 함께 앉아 있을 때 일어날 수 있는 우리 자신의 심리생물학적 상태의 미묘한 변화에 주목할 필요가 있다는 점이다. 왜냐하면 환자는 종종 자신이 느끼기를 꺼리는 것을 의도하지 않게 치료자에게 불러일으킬 것이기 때문이다. 우리의 내적인 경험의 변화가 환자의 감정 경험과 무관한 경우는 거의 없다. 우리가 자신의 내적인 경험에 관심을 두는 것이 가장 유익한 때는 우리가 스스로에게 느끼도록 허용하는 것에 대해 상당히 신중할 수 있고 동시에 우리의 느낌을 감추려고 지나치게 염려하지 않을 수 있을 때다. (무표정한 얼굴을 하는 것이 감정의 표현뿐만 아니라 감정의 경험도 단조롭게 한다는 결과를 보여 준 Ekman의 연구를 상기해 보라.) 우리 자신의 느낌을 무시형 환자의 치료에 가지고 옴으로써 우리는 그들이 해리된 느낌을 통합하는 것을 도울 수 있다.

그러나 심리치료가 그러한 통합을 가능하게 하는 안전 기지를 제공하려면 치료자가 환자에게 중요한 사람이 되어야만 한다. 그런데 치료자가 자신에게 중요한 사람이 되도록 허용하는 것은 물론 무시형 환자의 비활성화 전략과 맞지 않는데, 그 전략은 타인의 중요성을 축소시키는 데 달려 있기 때문이다. 그래서 주요한 도전은 환자가 치료자를 자신에게 중요한 사람이 되도록 허용할 수 있게 하는 일이다.

대개 이런 환자는 치료를 시작할 때 마치 치료자가 자신에게 제공해 줄 것이 거의 없거나 혹은 반드시 저지해야 하는 위협인 것처럼 행동한다. 여기에서 딜레마는 한편으로는 느낌을 가로막는 환자 내면의 장벽 때문에 환자가 치료자에 대해 많은 느낌을 갖는 것이 불가능하다는 것이고, 다른 한편으로는 치료자가 환자에게 상대적으로 중요하지 않은 존재라는 상태가 느낌에 대한 이런 장벽을 강화한다는 것이다. 물론 이것은 좀 더 광범위한 삶의 문제에서 무시형 성인들이 적용하는 방어 전략의 본질이다. 자기 보호를 목적으로 하는 느낌의 제약과 친밀의 회피로 인해 전형적으로 환자를 치료 장면에 오게 만드는 정서적 어려움과 관계에서의 어려움이 발생한다.

이런 딜레마를 헤쳐 나가는 방법을 발견하려면 우리는 공감적 조율과 직면 간에 균형을 유지해야 한다. 대개 우리가 그들을 이해한다는 느낌을 환자가 받으려면 공감적 조율이 필요하다. 그리고 무시형 환자가 우리가 존재한다는 것—즉, 우리가 그에게 영향을 미칠 수 있고 그도 또한 우리에게 영향을 미칠 수 있다는 것—을 느끼려면 특히 직면이 필요할 때가 종종 있다. 우리는 무시형 환자에게 실제로 영향을 주기 위해 그가 우리에게 어떻게 영향을 미치는지를 알도록 해 줄 필요가 있을 수 있다.

공감과 직면

공감적 조율과 직면은 둘 다 본질적으로 그 목적이 환자가 자신의 감정 경험에 좀 더 많이 마음을 열게 하려는 데 있다. 무시형 환자는 고통의 인정과 표현이 좌절이나 더 나쁜 결과로 귀결될 것이라고 배워 왔기에 느낌에 관한 한 매우 폐쇄적인 체제이기 때문이다.

환자의 경험에 대한 우리의 공감을 말로 표현하는 시도는 우리가 통제하려 한다거나 거부할 것이라는 환자의 두려움을 감소시킬 수 있으며, 이 경우 이런 반응은 환자에게 위안을 줄 것이다. 그러나 이런 반응은 역효과를 낼 수도 있다. 무시형 환자는 자랄 때 애착 대상으로부터 공감 받는다는 것에 대해 거의 알지 못했을 것이라고 가정해 볼 수 있다. 그 결과 우리의 공감적인 표현은 그들에게는 알아들을 수 없는 말일 수 있다. 그리고 그들은 공감을 '진짜' 도움이라고 하기에는 뭔가 부족한 대체물로 경험할 수 있다('당신이 줄 수 있는 게 그게 다인가요?'). 혹은 공감은 친밀 및 의존과 연합된 복합적인 위협을 불러일으킬 수 있기 때문에 그들은 어쩔 수 없이 무의식적으로 그것을 거부할 수도 있다.

나는 공감이 치료에 필수적인, 지속적으로 안전감을 주는 배경을 제공한다고 믿기에 거의 변함없이 처음에는 공감을 사용하지만, 무시형 환자의 경우 치료 초기에 그들과 연결되기 위해서는 공감적 반영 이상의 어떤 것이 필요하며, 또한 해석 이상의 어떤 것이 필요하다는 것을 발견하게 되었다. 여기에서 '그 이상의 어떤 것(something more)'이란 우리가 환자의 의사전달을 받는 입장에서 우리의 주관적 경험이 어떤 것인지를 의도적으로나 혹은 자발적으로 표현하는 것이다. 이것이 내가 직면이라고 부르는 것이다.

환자에게 그들과 관계하는 우리의 경험을 알려 주는 일은 대개 우리가 느끼고 있는 어떤 것을 개방한다는 뜻이며, 우리가 어떤 감정을 보여 주는 행위는 자기 감정을 거의 느끼지 못하는 환자들에게 특히 중요할 수 있다. 이 환자들의 자각은 그들이 느끼거나 생각하고 혹은 기억하도록 그들 스스로에게 허용할 수 없는 것 때문에 심하게 제한되어 있다. 그들의 언어 습득 이전 경험은 명시적인 기억 속에 남아 있지 않고, 이후의 회상들은 기억 속에 전혀 입력되지 않았을 수도 있다. 왜냐하면 이 환자들에게는 대개 어떤 경험을 기억할 만한 것이라고 '가치를 부여하는' 강한 감정이 비활성화되기 때문이다.

그러나 이런 환자의 내면에서는 접근할 수 없는 부분이 치료자를 포함하여 다른 사람들에게는 불러일으켜질 수 있다. 그래서 우리의 주관적인 경험이 다르게는 접근할 수 없는 그들의 느낌과 생각 및 기억에 이르는 가장 중요한 통로를 제공할 수 있다. 더구나 무시형 환자의 방어적인 전략은 그들의 공감 능력을 제한하고 또한 그들이 타인에게 미치는 영향에 대한 자각도 차단하기 때문에, 우리의 주관적인 경험이 그들에게 노출될 때 그것은 매우 중요한 자원이 될 수 있다.

제8장에서 논의한 바 있는, 기업 임원으로서 힘 있고 상당히 지적인 환자인 고든을 기억해 보라. 나는 그 환자와 있을 때 마치 기소당할 위협에 직면하고 있는 것처럼 불안해하면서 '한 치의 실수도 없게' 말을 하려고 애쓰고 있는 나 자신을 발견

했다. 내가 이런 경험을 '고든'에게 개방했을 때 그는 깜짝 놀랐다. 내 말이 그에게 는 어쩐지 위험에 처해 있다고 느껴 온 그 자신의 경험을 표현해 주는 것 같았기 때 문이었다. 그는 이전까지 이런 경험을 표현할 말을 찾지 못했지만, 이런 경험은 그 가 비판이나 공격을 받지 않도록 직장에서 하는 일에 '금도금(goldplate)'을 하도록 그를 몰아붙였다. 그는 유대인 대학살의 생존자인 그의 어머니가 그가 직장에서 불 안할 것이라고 가정했던 것("분명히 거기서 유대인은 너 혼자뿐일 거야.")을 떠올렸다. 위협에 처해 있다는 그의 느낌은 그의 어머니의 개인사가 남긴 유산이며, 아마도 세대 간에 전달된 외상의 결과인 것처럼 보였다. 고든과 같은 환자에게 그들과의 관계에서 치료자가 경험하는 바를 노출함으로써 직면하는 접근은 그들이 자신의 감정 경험에 연결되도록 하고 또한 그들이 다른 사람들에게 어떤 영향을 주는지를 밝혀 줄 수 있는 잠재력을 갖고 있다.

직면은 늘 그런 것은 아니지만 때로 말이 마음에 줄 수 있는 일종의 '날카로움' 을 띤다. 이전에 언급했던, 마지못해 치료를 받는 듯했던 한 여자 환자는 초반 회 기에 조율된 이해를 전하려는 나의 모든 말과 몸짓이 그녀에게는 아무런 소용이 없음을 분명히 알려 주었다. 그녀는 나의 공감적인 시도에 대해 마치 내가 실제로 그녀의 적인 것처럼 나에 대해 점점 더 경멸적으로 되어 가고 있었다. 무익하고 좌 절감을 주는 대화를 20여 분 동안 나눈 뒤, 나는 이 환자에게 (약간 날카롭게) 내가 그녀에게 상당히 화가 나기 시작하고 있고, 이것은 그녀에 대한 나의 통상적인 반 응은 아니며, 또 우리는 여기에서 일어나고 있는 현상을 정확히 이해할 필요가 있 다고 말했다. 이 환자는 약간 당황해하면서 자신을 수습하고 난 다음 논쟁적이고 때로는 상대방을 괴롭히는 자신의 경향 때문에 집과 직장에서 자주 관계를 망친다 는 사실을 인정했다.

이런 환자는 특히 (전적으로 그런 것은 아니지만) 치료 초기에 기껏해야 한 발만 들 여놓고 한 발은 뺀 채로 있다. 그들은 '저항하고 있다.'고 보일 수 있지만, 이 용어 의 전통적인 의미는 문제가 있을 수 있다. 즉, 환자가 치료자나 치료 목적에 반하는 행동을 하고 있는 것처럼 보일 수 있다는 것이다. 그러나 무시형 환자의 외견상 저 항을 의사전달(communication)로 이해하는 것이 훨씬 더 유익하고 또한 환자의 경험에도 충실하다. 이 환자들은 내켜 하지 않거나 관여하지 않거나 혹은 통제하려는 행동을 통해 친밀과 의존에 대한 두려움을 전달하고 있는 것이다. 그리고 애착 연구가 분명히 보여 주듯이, 무시형 환자의 이런 두려움은 부모로부터 물려받은 것이다. 즉, 이들의 애착 관계 역사의 맥락에서 보면 도움에 대한 욕구를 인정하는 것은 거절을 초래하거나 혹은 부족함을 굴욕적으로 인정하는 것처럼 느껴질 수 있다.

도움이 필요한데 그것을 구하지 못하는 것은 늘 위험이 따르는 일이지만, 정작 도움을 얻는 것은 훨씬 더 큰 위험을 내포하는 일일 수 있다. 중요한 관계에서 도움을 받았다고 느끼는 것은 지배적인 의식적 작동 모델, 즉 자기는 강하고 완전한 존재로 높이 평가되는 반면에 타인은 약하고 의존적인 존재로 평가절하되는 모델을 불안정하게 만들 위험이 있다. 기존의 작동 모델을 대신해서 나타날 가능성이 있는 것은, 자기는 무력하고 취약한 반면에 타인은 거부적이거나 통제적 혹은 처벌적으로 느껴지는, 두려운 무의식적 모델이다. 이 모델의 영향을 받으면 환자는 불안할 뿐만 아니라 화를 느끼기 쉽다. 더구나 치료자를 기꺼이 도우려 하고 또한 도움을 줄 수 있는 사람으로 경험하는 일은, 그렇게 할 수 없었거나 그렇게 하려 하지 않았던 초기 애착 인물과의 관계에서 그들이 느꼈던 끔찍한 슬픔을 불러일으킬 수 있다.

심리치료는 무시형 환자들을 곤경에 빠뜨린다. 그것은 환자들이 치료자라는 새로운 애착 인물에게 의존할 것을 암묵적으로 요청하지만 그들은 이 새로운 인물이 제공하려는 도움이 유익할 것이라는 기대를 할 수 없기 때문이다. 우리가 치료자로서 환자의 이런 기대를 반증하기 시작하려면, 한편으로는 환자의 경험에 조율하려 노력하고 다른 한편으로는 우리 자신의 경험을 인식하는—그리고 때로 노출하는—노력을 번갈아 해야 할 것이다. 상반되는 것처럼 보이는 이 두 개의 반응 양식은 거의 항상 상호작용한다는 점을 여기에서 명백하게 밝힌다.

결국 나는 대체로 나 자신의 경험을 통해 또한 그것을 토대로 하여 환자를 이해하고 공감할 수 있다. 이런 점에서 나는 때로 환자에게 어떤 말을 할 때, 그에 대한 나의 이해가 그의 경험과 관련성이 있을 수도 있는 (혹은 없을 수도 있는) 나 자신의 경험에서 나왔다는 것을 먼저 이야기한다. 그리고 나는 신중한 자기개방의 과정에서 대개 환자에게 더 가깝다고 느낄 뿐만 아니라 더 조율되었다는 느낌을 받는다.

반대로, 환자에게 공감하는 경험 그리고 때로 그런 공감을 직접적으로 표현하는 경험을 통해 나는 종종 나 자신에 대해 더 잘 알게 되고 나 자신과 더 연결되었다는 느낌을 받게 된다.

치료적 상호작용과 무시형 환자

치료자의 주관성에 대한 진솔한 표현은 무시형 환자가 치료자를 분리된 존재로 느끼도록 하려면 반드시 필요한 것일 수 있다. 이것은 특히 환자가 그의 부모를 거부적이거나 감정적으로 부재했다고 경험했을 때 반드시 필요한데, 이 경우 치료자의 정서적인 반응은 환자의 힘을 북돋울 뿐만 아니라 환자를 안심시켜 줄 수도 있다. 환자가 부모에 의해 과도하게 통제 받는다고 느끼고 그 결과 자기 내면으로 들어간 경우에도, 감정을 느끼고 표현하는 능력을 갖고 있으면서 때로는 취약할 수 있는 존재인 치료자의 말을 듣는 것이 중요할 수 있다.

특히 무시형 환자가 좀 더 냉담한 상태일 때 그들에게 필요한 것은 치료자가 자신의 주관적인 경험을 상당히 감정적으로 표현함으로써 줄 수 있는 자극이나 격려이다. 한편, 환자가 좀 더 감정적으로 관여되어 있을 때 그들에게 필요한 것은, 말하자면 치료자가 그저 그들 곁에 서 있어 주기, 즉 그들이 더 깊이 느끼고 자신의 경험을 이해하도록 도와주는 것이다. 치료자의 자기개방에는 실제로 위험이 따르지만, 마찬가지로 치료자가 지나치게 통제되어 있거나 표현을 자제하는 것, 즉 치료 장면에서 빈 화면으로 있는 태도에도 위험이 따른다. 판에 박은 듯이 중립적이거나 '객관적인' 치료자(특히 무시형 애착 양식을 가진 치료자)는 무시형 환자의 방어와 공모하여 결국 환자의 발달을 저해해 온 감정의 격리를 의도치 않게 강화하는 결과를 초래할 수 있다.

물론 요점은 치료자가 많은 것을 퍼붓듯이 솔직하게 내보이라는 것이 아니라 치료자의 경험을 환자가 활용할 수 있는 형태로 전달하라는 것이다. 물론 이것은 때로 상당히 어려운 일일 수 있다. 무시형 환자는 많은 느낌과 단절된 상태를 유지하는 데는 성공할 수 있지만, 예외적으로 분노는 그들이 접근할 수 없는 감정이 아니다. 슬픔과 달리 분노는 거리를 유지하는 데 도움이 된다. 그리고 환자의 비활성화 전략의 본질인 외현적인 (혹은 은밀한) 평가절하를 통해 표현되듯이, 분노는 흔히 치료자에게 강한 느낌을 유발하는 결과를 초래한다.

정확히 어떤 느낌이 어떻게 표현될지는 대개 치료자 자신의 애착 패턴에 달려 있을 것이다. 무시형 경향이 있는 치료자는 냉담하거나 철회할 수 있다. 혹은 그들은 통제적으로 될 수 있다. 아니면 그들은 해석을 제공하면서, 말하자면 환자가 받은 상처에 통찰을 보낼 수 있다. 유기에 대한 강한 두려움을 가진 집착형 치료자라면 크게 압도당한 느낌을 보여 주지 않을 수 없다고 느끼거나 혹은 격분할 수 있다.

이상적인 치료자는 감정적인 수준에서 환자에게 다가가기에 충분한 만큼만 자기 느낌의 어떤 부분을 전달할 수 있는 안정형일 것이다. 분명히 환자와의 상호작용에서 일어나는 감정에 대한 책임이 전적으로 우리에게 있는 것은 아니다(그리고 그런 감정에 우리가 책임져야 하는 것도 아니다). 때로 우리의 반응은 도를 넘고 때로 그것은 환자의 철회나 과잉통제 상태를 반영한 것일 수도 있다. 우리가 무시형 환자와 함께 할 때 일어나기 쉬운 전이/역전이의 특징적 패턴을 인식하고 이해할 수 있다면 물론 그것으로 최적의 반응성이 보장되지는 않지만, 어느 정도 도움이 될 수는 있다.

특징적 패턴 가운데 세 가지가 두드러지는데, 각각 회피형 애착의 다소 상이한 개인사와 연관되는 것 같다. 한 가지 패턴은 제일선의 방어가 평가절하인 환자에게 나타나고, 두 번째 패턴은 (처음에는) 이상화하는 환자, 그리고 세 번째 패턴은 통제가 주된 특징인 환자에게서 나타난다. 대개 우리는 동일한 환자에게서 하나 이상의 패턴을 경험하지만 치료 초반에는 한 가지 패턴이 우세하게 나타나는 경향이 있다. 치료 초반에 우세한 패턴은 환자가 사용하는 제일선의 방어를 나타내기 때문에 그것은 치료 장면 안에서와 밖에서 어려움이 있는 시기에 흔히 재출현한다. 그리고 치료 관계는 공동으로 만들어지기 때문에 우리 자신의 애착 특성은 불가피하게 환자에게 영향을 미친다. 예컨대, 만약 우리에게 이상화되고 싶은 욕구가 있다면 환자가 우리를 이상화함으로써 주도할 가능성이 좀 더 커질 수 있다.

평가절하 패턴

커플 관계에서 무시형 성인들은 '융합을 경계하는(merger wary)' (Goldbart & Wallin, 1996) 사람으로 기술되어 왔고, 그들 가운데서 평가절하하는 이들은 '사랑을 파괴하고, 융합을 경계하는 사람'으로 기술되어 왔다(p. 93). 전통적인 진단 용어로 이 환자들은 '자기애적 성격장애자(narcissists)' 라고 불리는 경향이 있다. 흔히 이들은 결핍되고 자기애적으로 다른 사람들을 평가절하하는 부모의 자녀로서 감정의 사막지대에서 자랐다. 이들은 부모의 방어를 차용해서 스스로를 너무 좋게 생각하고 다른 사람들을 너무 나쁘게 생각함으로써 그들의 충족되지 못한 욕구와 분노에 찬 좌절로부터 자신을 보호하는 법을 배웠다.

하지만 시간이 지나면서 이 환자들을 보호해 주고 위안을 주는, 자신의 특별함에 대한 환상은 사랑에 대한 점점 더 공허한 대체물로 드러날 수 있다. 그러나 진정한 친밀함은 그들의 부모가 받아 줄 수 없었던 의존적인 갈망과 분노의 느낌을 노출시킬 위험이 있다. 그 결과 친밀해질 수 있는 잠재성이 있는 관계에 대한 그들의 반응은 진수성찬을 앞에 두고 굶고 있는 사람의 반응과 같은데, 이런 사람은 차려진 음식이 만족스럽지 않기 때문에 먹지 않는다고 자신에게 말한다.

무시형 환자에 대해 유념해야 할 점은, 그들의 완벽함과 우리의 불완전함에 대해 그들 스스로 만들어 낸 과장된 주장은 그들에게 수치심으로부터 (매우 과민한 종류의) 보호를 제공한다는 것인데, 후자에 대한 주장은 그런 기능을 훨씬 더 잘 수행한다. 이런 보호가 무의식적인 수준에서 매우 중요하게 느껴질 수 있지만 그만큼 그것은 자기 패배적이기도 하며, 이 때문에 치료자의 주의가 필요하다.

그러나 환자의 자기보호적인 적개심에 직접적으로 초점을 맞추는 것보다 더 효과적인 접근은 다른 사람들이 그들에게 중요한 존재가 되도록 허용하는 것을 그들이 어려워한다는 측면을 부각시켜 언급하는 것이다. 치료에서 이런 어려움은 치료자가 그들에게 너무나 중요한 존재가 되지 않도록 확실히 해 두려는 환자의 (종종 무의식적인) 노력에서 드러난다. 예를 들면, 치료에서 일시적인 중단이 임박하면 환자는 마치 치료자가 없어도 전혀 아쉬워하지 않을 것이라고 스스로를 안심시키려는 듯이 치료 약속을 취소해 버리거나 치료자의 부재로 돈을 아낄 수 있다는 점을 언급할 수도 있다.

나는 그러한 한 환자와 일 년 정도 만난 시점에서 마침내 그에게 회기를 시작하고 끝맺을 때 상당히 인상적인 방식이 있음을 언급했다. 그는 사무실에 들어오면 내 쪽으로 눈길을 주지 않고, 실제로 자주 잠깐 눈을 감고, 나에게 수표를 건네며 내 곁을 성큼 지나가곤 했다. 회기가 끝나고 헤어질 때면 내가 말하는 "잘 가요." 혹은 "다음에 만나요."라는 일상적인 인사에도 아무 말없이 등을 보이며 성큼 걸어나가곤 했다.

그의 이런 행동으로 내가 흔히 배제되고 무시당한 느낌을 받았다는 말은 하지 않고 그저 내가 본 대로 그의 행동을 묘사하고 아마도 그것에는 어떤 의미가 있을 것이라고 제안했다. 그는 내 말을 듣고 나서 처음에는 자신의 행동이 정상적인 것으로 보이게 하려고 애쓰는 것 같았고, 일종의 '군대식 뻣뻣함'이 그의 직업상 관계에서의 특징이라고 말했다. 그러나 우리가 그의 경험을 탐색하는 가운데 그가 이런 관계들의 '사적인' 차원을 불편해한다는 것이 명확해졌다.

예를 들면, 그는 치료라는 것은 결국 끝나게 되어 있는데 자신이 왜 여기에서 너무나도 개인적인 면을 내보이거나 가까워지려고 해야 하느냐고 지적했다. 그는 신뢰가 하나의 주제라는 점을 인정했고, 더 나아가 그의 어머니가 아마도 자신의 그런 행동의 이유뿐만 아니라 모델을 제공했을 것이라고 덧붙여 말했다. 그의 어머니는 헤어질 때 어떤 제스처나 말도 없이 그녀의 침실로 사라지곤 했다. 또 그가 학교에서 집으로 돌아왔을 때 어머니는 그의 존재를 반겨 주기는커녕 알아차렸다는 표시조차도 전혀 보이지 않았다. 그녀는 말없이 자기 침실에 틀어박힌 채로 있곤 했다. 그래서 그는 마치 빈집에 돌아오는 것처럼 느껴졌었다고 말했다.

앞의 예시처럼 암묵적으로나 혹은 명백하게 방어적으로 평가절하하고 있는 환자와 함께 우리는 두어 개의 상이한 반응을 실연할 수 있다. 우리가 무시형 마음 상태에 있다면 환자의 평가절하 전이에 대해 우리도 평가절하하거나 분노하는 역전이로 반응할 수 있다. 이에 비해 우리가 집착형 마음 상태에 있다면 우리는 스스로를 너무나 취약하게 느끼고 마치 환자의 평가절하가 우리의 부족함에 의해 정당화되는 것처럼 반응할 수 있다. 즉, 만약 환자가 우리가 그에게 중요한 사람이 되도록 허용하지 않는다면 그것은 아마도 그에게 제공할 중요한 것이 우리에게 없기 때문이라고 여길 수 있다. 어떤 경우든 간에, 만약 우리가 더 평가절하될 가능성이 있다는 생각에서 오는 우리 자신의 불편함과 '노출되었다.' 는 느낌에서 환자가 경험하는 불편함을 우리가 다 견뎌 낼 수 있다면, 우리는 환자가 치료자뿐만 아니라 다른 사람들과 상호작용하는 방식에 영향을 미치는 중요한 관계 패턴(방어적인 패턴뿐만 아니라)을 탐색할 기회를 얻을 것이다.

이상화 패턴

평가절하하는 환자들처럼 이상화하는 무시형 환자들도, 외부에서 보면 자신에게 몰두해 있지만 내면적으로는 불안정한 부모 밑에서 자란 경우가 많다. 이런 환자들은 부모의 자기애적 욕구가 항상 최우선이라는 것을 감지하면서 어린 시절 부모의 이런 욕구를 충족시킴으로써 감정의 사막에서 오아시스를 발견할 수 있음을 깨달았다. 그들은 부모가 특별하다고 느끼게 도와줌으로써 그들 자신도 특별하다고 느낄 수 있었고, 다른 한편으로는 의존적이 되거나 분노를 느끼게 되는 위험을 피할 수 있었다.

이런 아동기 적응 패턴에 대한 지식은 일부 무시형 환자가 우리를 이상화하는 경향을 이해하는 데 도움이 된다. 이때 우리가 기억해야 할 중요한 사실은 이런 환자들이 치료자에게 표하는 감탄은 여러 가지 요인들에 의해 결정된 것이기 때문에 과도하다는 것이다. 우리가 실제로 아무리 대단한 사람이라 하더라도 이 환자들은 대체로 어떤 수준에서는 우리에 대한 감탄이 그들이 의무적으로 해야 할 일이라고 느낀다. 그들이 '알고 있는' 것은 관계를 유지하려면 그들이 상상하거나 혹은 지각하는 우리의 불안정한 자기애적 평형상태를 지탱해 줘야 한다는 것이다. 일반적으로 이런 환자들은 치료자가 숨겨진 약점을 갖고 있고 안심을 필요로 한다는 암묵적인 가정을 혼자 마음속에 간직하고 있다(그리고 때로는 그들 자신에게조차 이런 가정을 숨기기도 한다.). 이런 가정은 말하지 않은 채로 남아 있으면 치료자와의 관계에 '마치 ~인 것 같은(as if)' 특징을 부가하고 관계에서 거리가 유지되도록 만든다. 이런 관점에서 볼 때, 이상화하는 환자들은 평가절하하는 환자보다 치료 관계에 상당히 더 관여하는 듯이 보이지만, 실제로는 그들 못지않게 회피적일 수 있다.

우리는 무시형 환자의 평가절하 욕구를 존중하듯이 이런 환자들의 이상화 욕구도 존중할 필요가 있고, 또한 궁극적으로는 환자에게 도움이 될 수 있는 방식으로 그런 방어를 다룰 필요가 있다. 여러 해 전에 나는 그렇게 하는 데 실패하면 어떤 위험이 따르는지에 대해 뒤늦게나마 강력한 교훈을 얻은 적이 있다.

앤드류라는 남자 환자는 나에게 장기간에 걸쳐 치료를 받고 있었는데 그 치료는 성공적으로 진행되어 온 것처럼 보였다. 그런데 어느 날 그는 나와의 관계가 자기애적인 그의 어머니에 대해 그가 강박적으로 이상화하는 관계를 재연한 것이었다는 심오하면서 비참한 자각을 하게 되었다. 그의 어머니는 강력했고 단지 피상적으로만 그와 함께해 주었으며 그녀 자신의 모든 것에 대한 감탄을 요구했고 또한 자기가 요구한 것을 받아 냈던 여성이었다.

이 환자는 돌연 화를 내면서 치료를 종결했고, 내가 (아마도 이상화를 원하는 나 자신의 욕구로 인해) 우리 관계의 이런 차원과 그것이 치료에 부과한 한계를 보지 못했다면서 나를 비난했다. 몇 년 후 나는 앤드류와 우연히 만나게 되었는데, 그에게 내가 한동안 생각해 왔던 것, 즉 그가 옳았다는 것을 말해 주었다. 나는 우리 관계에서 재연된 것을 알아보지 못했었고, 그가 앞서 그에게 감정적으로 더 관여하고, 좀 더 자기개방을 하며, 좀 더 자기성찰을 하라고 내게 간청하면서 했던 말들을 듣지 못했었다.[1]

---

1) 이 환자가 내가 자기개방을 자제했던 이유가 나의 약점을 숨기고 그래서 나에 대한 그의 이상화를 유지하려는 욕구 때문이었다고 했을 때, 그의 해석이 옳았을 수도 있지만 그것이 전부인 것은 아니었다. 왜냐하면 내가 자제했던 또 다른 이유는 내가 지금은 비록 전적으로 파괴적이지는 않다 해도 심각한 문제가 있다고 보는 치료적 관계에 대한 특정한 관점을 그 당시 완전히 그릇되게 고수하고 있었기 때문이었다. 물론 치료 관계에 대한 그 전통적인 관점에 따르면 치료자 내면에서 일

평가절하처럼 이상화는 다소 무의식적으로 느끼는 어떤 필요성에 의해 동기화될 수 있다. 그러나 평가절하가 주로 의존을 회피하려는 욕구에 의해 동기화되는 데 반해, 이상화는 대체로 환자가 자신의 특별함에 대한 감각을 강화하기 위해 사용해야 한다고 배웠던, 두 사람이 서로 감탄해 주는 관계를 유지하려는 환자의 욕구를 충족시킨다. 이렇게 이해한다면 우리는 환자의 이상화를 직면하기보다 우리의 취약성에 대한 환자의 염려와 우리가 지지받아야 하고 또한 실제로 그렇게 '이상화할 만한' 사람인가에 대한 그의 의구심으로부터 우리가 보호받아야 한다는 그의 결론에 초점을 맞춰야 한다는 것을 알 수 있다.

집착형 치료자는 환자의 이상화가 불편할 수 있고, 그 결과 환자가 자신과 치료자 둘 다를 높이 띄우려고 부풀린 풍선을 터트리고 싶은 충동을 느낄 수 있다. 이에 비해 무시형 치료자는 그들에 대한 환자의 이상화를 지나치게 액면 그대로 받아들이거나 그것을 너무나 향유하는 나머지 환자가 방어적으로 관계하는 패턴의 일부로서 이상화가 갖는 역할을 인식하지 못할지도 모른다. 우리는 환자의 감탄에 대해 느끼는 불편감이나 쾌감에 주목함으로써 종종 이상화의 존재에 대한 실마리를 얻을 수 있다.

통제 패턴

우리는 일부 무시형 환자는 치료자(그리고 다른 사람들)와 그들의 관계를 힘의 대결구도로 바꿀 것이라 예상할 수 있다. 이 환자들은 흔히 '강박적 성격'으로 명명되는데, 이들은 통제와 통제당하는 것에 대한 두려움에 사로잡혀 있는 것처럼 보인다. 이들은 자주 자신의 분노를 억제하고 친밀한 신체 접촉을 불편해하는 것처럼

어나는 일을 알려 주는 것이 환자에게 유익이 되는 경우는 설령 있다 해도 아주 드물다는 것이었다. 지금은 나는 이와 반대로 이런 종류의 지식이 종종 환자에게 상당한 도움이 될 수 있다고 믿고, 앤드류와의 치료에서 보여 준 예처럼 치료자 내면의 반응에 대해 개방하기를 거부하는 것이 해가 되는 경우가 흔히 있다고 믿는다.

보이는 통제적이고 무뚝뚝하며 까다로운 부모 밑에서 자란 경우가 많은데, 이런 사실은 그다지 놀랍지 않다. 아마도 이런 부모들은 자녀의 고통이나 어지르기, 울화통을 터뜨리는 행동을 거의 받아 주지 못했을 것이다. 그러나 평가절하하는 환자와 이상화하는 환자의 부모들과는 달리 이들은 화를 내면서 거부하거나 철회하기보다는 침해적으로 통제하는 반응을 더 많이 보였다. 이에 대해 이 환자들은 어렸을 적 두 가지 방식으로 대처했다. 첫째, 무시형 방어를 채택한 모든 이들처럼 이들도 가능한 자신의 느낌과 거리를 두게 되었다. 둘째, 이들은 (종종 은밀하게) 마치 위안과 심리적 연결의 추구는 위험한 것처럼 느껴 이런 추구를 외면하고 무력함과 맞서는 투쟁에 몰두하려는 것처럼 부모의 통제에 저항했다.

이런 환자의 심리치료에서 힘과 통제의 주제는 성가실 정도로 자주 불쑥불쑥 나타나는 것처럼 보일 수 있다. 우리는 비용이나 치료 일정 혹은 우리가 환자와 작업하기로 선택한 방식을 둘러싸고 환자와 힘겨루기에 말려들 수 있다. 이러는 동안 환자는 종종 (실제로는 상당히 궁지에 빠졌다고 느끼고 있을 수 있는) 치료자를 자기 의지를 관철시키는 데 사로잡혀 있는 통제적인 인물로 본다. 여기서 핵심은 이런 모든 힘겨루기의 의미가 무엇인지를 환자에게 밝히는 것이다. 종종 그것의 의미는 기저의 애착 주제에 대한 회피일 뿐만 아니라, 말하자면 부모와의 힘겨루기 재연을 나타낸다. 즉, 사람들은 일반적으로 자신이 싸워야 할 대상이라고 느끼는 사람들과 가까워지기를 원하지 않는다.

이 환자들과 풀어야 할 어려운 과제는 환자의 요구에 순응하여 통제를 둘러싼 힘겨루기를 회피하는 것도 아니고, 단순히 그들을 지배하려고 시도하는 것도 아니다. 첫 번째 시도를 실연하면 우리가 분개하게 될 가능성이 높다. 두 번째 시도를 실연하면 우리가 죄책감을 느끼게 될 수 있다. 이 두 가지 중 어떤 것도 외견상으로는 특별히 치료적인 개입으로 보이지 않는다. 하지만 우리가 실연에서 우리의 역할을 자각하고 있다고 가정한다면 다음에 제시되는 사례의 요약이 보여 주는 것처럼 이 두 가지 시도 모두 통제를 둘러싼 힘겨루기를 의미 있게 탐색하는 작업을 시작하는 계기가 될 수 있다.

'셀레나'는 치료비가 아주 사나운 논쟁거리가 되었던 환자였다. 그녀는 여성사업가로서 불황을 맞아, 그녀가 쓴 표현에 의하면, 치료자에게 바가지를 쓰는 일이 없게 하려고 작심했다. 나는 그녀가 치료를 받을 수 있고 또 실제로 감당할 수 있는 비용이라는 느낌을 갖게 하려고 치료비를 낮추어 제시했다. 그런데 그녀 입장에서 그 금액은 충분히 낮춘 것이 아니었다. 그녀는 더 낮춘 금액을 제안했고, 나는 그것에 동의했다.

그러나 얼마 후 나는 환자가 밝히지 않았던 상당한 금융 자산에 대해 알게 되었다. 이런 상황에서 나는 우리가 치료비 할인 문제를 재검토해야 한다고 제안했다. 나의 제안은 환자에게 배신감과 착취당한다는 느낌을 주었고 또한 취약하다는 느낌을 갖게 했다. 그녀는 내가 그녀의 솔직함을 이용했다고 강하게 불만을 토로하면서 돈에 대한 지나친 관심을 드러낸 치료자를 믿지 말았어야 했다고 덧붙여 말했다. 그 후 곧 그녀는 치료를 중단했다. 그러나 두어 해가 지난 뒤 그녀는 되돌아왔고, 그녀의 재정 상태가 다소 호전되었지만 나는 치료비를 깎아 주는 데 동의했다(물론 이전만큼 낮춘 것은 아니었다.). 그 후 그녀의 사업은 놀라울 정도로 번창했다.

하지만 일 년 이상 나는 치료비에 대해 일절 말을 하지 않았고 그녀도 마찬가지였다. 그녀가 갖고 있는 착취당한다는 느낌의 심각한 취약성이 치료비에 대한 논의를 보류할 만한 충분한 이유가 된다고 느꼈기 때문이었다. 그러다 결국 내가 언급을 자제한 추가적인 이유가 그녀의 분노와 의심을 다시 불러일으키는 것을 두려워했기 때문이라는 점을 깨달았다. 그리고 치료비에 대해 내가 침묵하는 동안, 셀레나가 경험했던 이용당하는 것에 대한 분노와 거리감 및 취약한 느낌을 다소 약한 강도로 내가 경험하고 있었다는 점도 깨달았다. 그리고 나서도 내가 마음을 다잡아 그녀에게 치료비를 올릴 것이라고 말하는 데는 또 한 달이 걸렸다.

그녀는 약간의 가책이 느껴지는 미소를 지으며 내가 언제 치료비를 올릴지 궁금했었다고 말했다. 그녀는 내가 그녀의 치료비만 올리는 것인지 아니면 다른 환자들의 비용도 올리는지 물어보았다. 나는 얼마 전에 다른 환자들의 치료비를 올렸지만, 그녀의 경우에는 치료비 인상을 망설였는데, 그 이유는 첫 번째 치료에서 내가 치료비 문제를 꺼냈을 때 그녀가 몹시 당혹스러워했기 때문이라고 답했다. 그녀는 내가 그녀의 느낌을 그토록 크게 고려하고 있다는 데 대해 감동했다고 말했다.

나는 나의 좋아진 이미지가 손상되지 않도록 그 상태로 두고 싶은 유혹을 느꼈지만, 좀 더 밀고 나가, 사실 그동안 내가 말 못한 이유는 그녀의 분노와 배신감을 자극할까 봐 두려웠기 때문이라고 했다. 그런 느낌은 너무나 강렬해서 그녀가 계속 치료를 받는 것이 불가능한 정도였었다. 그러나 나의 계속된 침묵은 또한 내가 원하는 것보다 더 그녀와 거리를 두게 했다고 덧붙여 말했다.

내 말을 듣는 것이 그녀에게는 어떠냐고 물어보았다. 그녀는 자신이 지금만큼 나에 대한 신뢰감을 느끼기 전에 내가 더 일찍 치료비를 올리지 않아서 지금까지도 고맙다고 했다. 그러나 그녀는 또한 자신의 분노와 쉽게 의심하는 경향성이 나에게, 그리고 확대하자면 다른 사람들과의 관계에 그토록 부정적인 영향을 미칠 수 있다는 사실을 알게 되어, 그것이 궁금하기도 하고 심란하기도 하다고 했다. 흥미롭게도 그녀는 자신이 이전에 치료를 그만둔 것이 치료비 문제에 의해 촉발되었다는 사실을 까맣게 잊고 있었다.

통제를 둘러싼 분투의 의미는 환자들마다 다르다. 통제의 상실은 환자의 정체성이나 자족 혹은 자율성에 대한 위협과 같은 것으로 여겨질 수 있다. 통제를 포기하는 것은 (혹은 심지어 통제를 공유하는 것조차) 굴복하거나 순종하는 것처럼 느껴질 수 있다. 셀레나에게 있어―특히 치료 초기에―관계에서 그녀가 다른 사람의 통제라고 지각하는 것에 의해 지배받는다고 느끼는 것은 자신이 위험에 처했다고 느끼는 것과 같았다. 치료가 진행되면서 그녀는 자신이 위험하다고 지각한 것이 가까움과 취약함 그리고 의존적인 상태에 대해 염려하는 것보다 덜 실제적일 수 있음을 고려해 볼 수 있었다. 요약하면, 여기에서 통제의 주제는 많은 무시형 환자들에게 그런 것처럼 그 자체로도 중요하지만, 그것은 동시에 친밀과 애착에 관련된 위험으로부터의 도피이기도 하다. 종종 심리치료가 진행되고 환자와 우리의 관계가 깊어지게 되면 초점이 공격성에서 사랑으로, 즉 통제되거나 통제하는 것에 내포된 위험에서 사랑하고 사랑받는 것에 내포된 위험으로 옮겨 간다.

신경생리학적 측면에 대한 결론

우반구는 사회정서적인 뇌로 기술되어 왔다. 이상적으로 말하자면, 무시형 환자와 치료자의 관계는 환자의 원래 애착 관계에서는 그렇게 해 주지 못했던 방식으로 '오른쪽 마음(the right mind)'의 발달과 통합을 촉진한다(Ornstein, 1997).

이런 환자들에게는 무시형 부모 밑에서 회피형 아동으로 자라는 과정에서 생각과 느낌을, 그리고 언어와 경험을 신경계 수준에서 연결하고 다른 사람들과의 관계에서 자기에 대한 감각을 정상적으로 길러 주는 관계적 연결이 대체로 결여되어 왔을 수 있다. 애착과 보살핌 행동, 얼굴 인식, 그리고 자기 자신과 타인의 비언어적 · 신체적 단서를 읽어 내는 행위는 모두 우반구의 기능이라는 사실을 기억해 보라. 무시형 환자는 가까움과 느낌—대체로 우뇌에 의해 중재되는 활동—을 회피하는 가운데 선형적 논리와 언어에 의해 조직화되는 좌반구의 세계에서 주로 거주하도록 배워 왔을 수 있다.

환자의 '오른쪽 마음'이 치료자와의 관계로 들어올 수 있도록 유도하는 일은 우뇌와 우뇌 간의 의사소통에 달려 있다(Schore, 2003). 이런 소통은 주로 비언어적이고 암묵적으로 이루어지지만 감정을 구체화하고 불러일으킬 수 있는 말의 교류를 통해서도 일어날 수 있다. 확실히 오직 좌반구로만 처리하는 (무시형) 치료자는 환자의 발달되지 못한, 친밀하게 관계하고 느낄 수 있는 능력을 활성화시킬 것 같지는 않다. 한편, 좌뇌의 언어적 자원과 해석할 수 있는 자원을 이용하는 데 어려움이 있는 (집착형) 치료자는 환자의 반응을 이끌어 낼 수 있는 언어를 사용하여 말하지 못할 수 있다. 우리 자신의 심리적 구성이 어떤가에 따라 우리는 느낌에서 얻은 정보를 우리의 생각에 보태거나 혹은 우리의 느낌이 효과적으로 생각으로 옮겨지도록 우리 마음을 충분히 고요하게 만들 필요가 있을 것이다.

치료자가 마음챙김 상태로 들어갈 수 있는 능력은 무시형 환자와 작업할 때 특히 유익할 수 있다. 마음챙김은 치료자가 환자에게 조성하기를 희망하는 경험, 즉 열려 있고 통합된 종류의 경험을 치료자 자신에게 촉진하기 때문이다. 마음챙김의 자세는 우리와 환자의 관계의 기저에 있는 비언어적이고 감정적인 흐름을 감지하고 그것을 분명하게 말로 표현하는 능력을 향상시킨다. 이에 못지않게 중요한 점은, 환자의 마음챙김 능력의 발달을 촉진하는 것 또한 매우 유익할 수 있다는 것이다. 무시형 환자는 (그들 중 한 명이 자신에 대해 묘사하면서 했던 말처럼) 결코 진정으로 자신의 몸에 내리지 못한 채 자신의 존재 위를 맴도는 경우가 많다. 만약 그들을 자기 자신과 또한 그들이 사랑하고 사랑받을 수 있는 사람들과—그들이 그럴 자격이 있는 만큼 깊게—연결될 수 있게 하려면, 우리는 치료자로서 이 환자들과 가능하면 온전히 함께하고 또한 현실감 있게 관계할 필요가 있다.

13
집착형 환자
자신의 마음을 위한 자리 만들기

애착에 관해 주로 집착하는 마음 상태에 있는 환자는 많은 점에서 무시형 환자와 정반대의 모습을 보인다. 무시형 환자는 대개 활력이 부족하고 감정과 차단되어 있으며 타인과 가까워지는 것을 불편해하는 것처럼 보인다. 이에 비해 집착형 환자는 흔히 활기차고 생기 있어 보이며, 이뿐만 아니라 자기 감정에 의해 압도되고 타인과의 거리감을 피하는 일에 열중하는 듯이 보인다. 무시형 환자는 적어도 표면상으로는 자존감이나 자율성에 있어 별 문제가 없어 보이는 데 비해, 집착형은 자기 회의로 가득 차고 자신이 너무 독립적이 될까 봐 두려워한다. 무시형 환자는 거의 언제나 타인에게 의지하는 것을 어려워하지만, 집착형 환자는 때로 자기 자신에게 의지할 수 있다는 것을 믿기 어려워한다. 또한 무시형 환자가 사회정서적인 우뇌의 자원에서 차단된 것처럼 보인다면, 집착형 환자는 혼란스러운 경험을 정연하게 이해하도록 해 주는 언어 지향적인 좌뇌의 능력을 활용하는 것이 어려운 것 같다. Diana Fosha(2003)의 말을 부연하자면 무시형은 대처할 수는 있지만 느끼지 못하고, 이에 반해 집착형은 느끼지만(그리고 사람을 끌 수 있지만) 대처하지 못한다.

집착형 환자는 히스테리와 경계선이라는 양극단적인 진단의 연속선상에 있다고 볼 수 있다. 전자의 경우 압도되고 무력하게 보이지만 피상적으로 협조적이고 때로 유혹적이다. 후자는 화를 내고 요구가 많으며 혼란스러워 보인다. 집착형 주제를 둘러싼 이 두 가지 유형은 모두 환자의 삶이 가장 본질적으로 유기(abandonment)를 두려워하기 때문에 형성된 것이다.

이런 환자들은 '융합을 갈망한다(merger hungry).'(Goldbart & Wallin, 1996)고 여겨져 왔다. '(그들에게) 가장 큰 위험은 분리와 상실 그리고 혼자 있는 것이고, 친밀은 가장 좋은 것으로 경험된다: 친밀은 해결책이지 결코 문제가 아니다.' (p. 90) 그러나 공교롭게도 이런 환자들이 친밀을 추구하는 방식 때문에 대개 해결책이 문젯거리가 되어 버린다. 집착형 환자는 과잉활성화 전략을 통해 약간의 안정감을 얻지만 그 대신 엄청난 대가를 치른다.

반응을 예측할 수 없는 애착 대상들과의 초기 경험이 이 환자들에게 가르쳐 준 것은, 타인의 관심과 지지를 확보하기 위해 그들이 사용할 수 있는 가장 좋은 방법은 그들이 느끼는 괴로움을 타인이 무시할 수 없을 만큼 눈에 띄게 만드는 것이라는 점이었다. 이 해결책의 문제점은 그들이 자신의 괴로움을 증폭시킬 수 있는 내적, 외적 단서를 계속해서 찾도록 요구한다는 것이다. 따라서 그들은 위협과 관련된 생각과 감정 및 신체감각을 지나치게 의식하는 경향이 있고, 또한 이런 반응의 중요성을 과장하기 쉽다. 그리고 이와 유사하게 그들은 자신이 관계하는 상대가 불만이 있거나, 철수하거나 혹은 거절할지도 모른다는 실제적인 신호나 혹은 그럴 것이라고 그들이 상상하는 신호에 대해서 과잉 경계를 한다. 집착형 환자는 애착 체계를 만성적으로 활성화시켜 두어야 하는 필요성 때문에 감정의 균형뿐만 아니라 자존감과 타인에 대한 신뢰를 유지할 잠재 가능성이 저해된다.

따라서 심리치료에서 이런 환자들이 감정의 균형과 자존감 및 신뢰를 가질 수 있는 역량을 강화하도록 돕기 위해서는 그들의 과잉활성화 전략에 대한 대안을 제시하는 관계를 제공해야 한다. 이런 관계는 실제로, 환자들이 방어적인 목적으로 자신의 정서와 무력감 그리고/또는 피상적으로 협조하는 모습을 과장해야만 치료자로부터 반응을 얻어 낼 수 있다고 느끼지 않고 치료자의 정서적 가용성과 수용을 기대할 수 있는 관계를 의미한다. 바꾸어 말하면, 집착형 환자에게는 과잉활성화 전략이 점점 불필요하게 되는 관계를 제공할 필요가 있다.

이것은 생각보다 훨씬 더 어려운 일이다. 그들에게는 눈에 띄게 드러내 보이는 불안정이 신뢰할 수 없는 타인들에게서 관심을 얻어 내는 가장 믿을 만한 방법이 되어 버렸다. 따라서 이런 전략을 포기하기란 어려운 일이다. 더구나 이 환자들에게는 그들을 압도하는 감정과 불안정 및 불신이 그들이 (적어도 의식적으로) 바꿀 용의가 있는 어떤 '전략'으로 경험되는 것이 아니라, 그들이 어떤 사람인가에 대한 인식을 고정시켜 주는 그들 현실의 어떤 측면들로 경험된다. 무의식적으로 (그리고 때로는 의식적으로) 집착형 환자는 자신과 타인에 대한 접근의 부담스러운 측면들을 수용하는데, 그 이유는 그것들이 그들의 전략과 정체감을 둘 다 지지해 주기 때문이다.

환자가 이런 자기 패배적인 접근을 채택할 수밖에 없다고 느끼는 필요성을 다루는 치료적으로 효과적인 과정은 일반적으로 환자가 변화하면서도 동일한 모습을 유지하도록 허용함으로써 환자를 치유하는 과정이라는 점을 유념하는 것이 유익할 것이다(Bromberg, 1998b). 따라서 치료자는 강렬한 느낌의 중요성과 집착형 환자의 자기감을 구성하는 친밀의 추구를 부인하기는커녕 오히려 느낌과 친밀 쪽으로 좀 더 많은 자리를 내어 줄 필요가 있다. 구체적으로, 환자가 겉으로 보이는 고통 저변에 있는 좀 더 깊은 감정에 반응할 필요가 있다. 그리고 환자가 타인의 가용성에 대한 집착에 빠져들어 자신의 존재감을 상실하는 대신, 좀 더 충실하고 진정성 있게 존재할 수 있는 더욱 확장된 형태의 친밀을 조성할 필요가 있다.

치료자는 환자 내면의 드라마 저변에 깔려 있는 공포와 분노 및 욕망과 같은 감정을 다루면서, 한때는 적응적이었으나 지금은 자기 패배적인 과잉활성화 전략에 초점을 맞춘다. 또한 친밀을 얻기 위해 요구되는 것이 무엇인가에 대한 환자들의 협소한 의미를 다루면서 그들이 이전에는 부인할 수밖에 없었던 자기 정체성의 측면, 특히 유기에 대한 두려움 때문에 담아 둘 여지가 거의 없었던 자신의 강점과 야망 및 욕구를 조명한다.

우리가 감정과 친밀에 이중적으로 초점 두기를 이용하여 정확히 어떻게 가장 효과적으로 작업할 것인지는 어느 정도 환자에 대한 우리의 평가, 구체적으로는 환자가 히스테리와 경계선 양극단의 연속선상에서 어디에 위치하는가에 달려 있다. (여기서 나는 교육적인 목적을 위해 마치 집착형 환자들이 언제나 분명하게 구별되는 것처럼 '아형들(subtypes)'을 기술하고 있음을 독자들은 유념할 필요가 있다. 나는 임상 경험을 통해 흔히 이런 구별이 가능하기는 하지만 항상 그렇지는 않다는 인상을 받았다.) 낯선 상황 실험에서 부모와 재회했을 때 양가적인 유아들이 보이는 상이한 행동들은 우리가 성인으로 만나는 집착형 환자들의 상이한 행동의 전조가 될 수 있다. 무기력해 보이는 유아는 좀 더 히스테리 유형으로 발달하고, 매달리는 행동과 화를 내며 거부하는 행동을 번갈아 보이는 유아는 좀 더 경계선적인 사람이 되는 것 같다.

여하튼, 집착형 환자들 중에는 분명하게 무력함이 '두드러지는' 이들이 있는가 하면, 너무나 빨리 분노와 절박한 요구를 드러내는 이들이 있다. (후자는 흔히 외상과 상실이 두드러지는 과거사가 있기 때문에 미해결형으로 묘사될 수도 있다.) 집착형 주제의 이 두 가지 아형은 다소 다른 치료적 접근을 요구한다.

무력함의 패턴

'히스테리성'으로 기술되는 환자들은 대부분의 집착형 환자와 마찬가지로 지나치게 감정적이고 심지어 멜로드라마처럼 보인다. 이런 히스테리성 환자들이 그들보다 좀 더 힘든 유형들과 다른 점은 그들의 의존성이 덜 극단적이고, 또한 이런 요구가 좌절되었을 때 그들이 보이는 반응도 덜 극단적이라는 것이다. 이런 환자들은 자신의 삶을 하나의 긴 위기상황으로 느끼는 경향성이 덜 하기 때문에 그들의 관계 욕구를 충족시키기 위한 접근은 상대적으로 좀 더 매력적이고 좀 더 성공적이다.

일반적으로 그들은 분노보다는 무력함을 통해 타인들과 관계 맺는다. 그러나 그들은 자신의 결핍된 상태를 숨기지 않지만 욕구를 제대로 충족시키지는 못한다. 심지어 자신의 욕구가 무엇인지 진정으로 알지 못하기도 한다. 그들의 중심은 그들 밖에 있는 것처럼 보이는데, 마치 자기 자신의 마음보다는 타인의 마음속에서 살고 있는 것 같다. 그들은 버림받는 것을 필사적으로 피하려 하고, 그것이 너무나 두려운 나머지 자신을 주장하지 못하고 지나치게 남을 기쁘게 하려고 애쓴다.

그들은 치료를 시작할 때 종종 우리에게 모순된 모습을 보인다. 그들은 상당한 심리적 자원을 가진 것처럼 보일 수 있고, 꽤 뛰어난 사람일 수도 있다. 하지만 치료 장면에서 그들은 자신의 고통을 다스리고 그것을 이해하는 데 있어서 무력한 것처럼 행동한다. 치료 초기에 그들은 우리의 도움을 바라며 치료에 전념할 충분한 준비가 되어 있고 자신의 감정과 접촉이 잘 되어 우리 마음속에 도와주고자 하는 열망을 일깨우는 열성적인 환자라는 인상을 줄지도 모른다. 그래서 우리는 곧바로 이런 환자들이 치료하기 쉬울 것이라는 기대를 가질 수 있다. 그러나 이런 첫인상은 우리의 판단을 흐리게 할 수 있다. 겉보기와는 달리, 더 있는 것이 있고 덜 있는 것이 있다.

이런 환자들은 종종 그들이 믿고 있는 것보다 자기 감정을 관리하고 이해할 수 있는 능력을 더 갖고 있고, 그들이 인정하는 것보다 자기 경험에 대해 더 잘 알고 있으며, 그들 스스로 인정할 준비가 되어 있는 것보다 한 개인으로서 더 많은 자원을 갖고 있다. 반면에 치료관계에 참여하려는 그들의 외견상 준비성은 치료에 협력할 수 있는 능력을 나타내는 징후라기보다는 순응하고 치료자를 기쁘게 하려는 욕구의 표시다. 이런 환자들은 치료자와 가까운 상태가 주는 위안을 얻기 위해서 반드시 치료자를 기분 좋게 해 주면서 동시에 무력한 외양을 유지해야 한다고 '알고' 있다.

여기서 우리에게 주어진 도전적인 과제는 겉으로 보이는 것과 그 저변에 있는 실제를 혼동하지 않고, 환자의 방어적 전략과 그런 전략을 통해 환자가 다루고자 하는 어려움을 착각하지 않는 것이다. 만일 우리가 환자가 보여 주는 무력함을 액면 그대로 받아들인다면 우리는 자신이 무력하다는 환자의 느낌을 확인시켜 주는 방식으로 도움을 주려고 노력할지도 모른다. 또한 우리가 훌륭한 치료자의 역할을 하게끔 유인하는 매혹이나 부추김에 빠져들게 되면 완벽한 환자가 되려는 환자의 욕구를 못 보고 놓치게 된다. 이렇게 되면 우리는 환자들에게서, 순종과 비위 맞추기가 그토록 필요하다고 느껴지게 만드는 그들의 두려움 및 불신과 맞붙어 그들이 싸워 볼 기회를 박탈할 수 있다.

이런 환자들을 대할 때 우리는 구원하려고 하거나 이상적인 모습을 보이려는 우리의 지나친 열성을 경계할 필요가 있다. 그러나 자주 그렇듯이 우리가 이런 충동을 행동에 옮기게 될 때, 우리는 다르게 행동할 수 있는 기회와 함께 환자 경험의 핵심적인 측면들을 조명할 수 있는 기회를 갖게 된다. 다음의 임상 자료가 생생하게 보여 주듯이, 치료자는 치료에서 환자의 진전에 기여할 뿐만 아니라 방해가 될 수도 있음을 알 수 있다.

내가 일레인으로 부르려고 하는, 탁월한 능력이 있는 여성 학자가 몇 차례 공황 발작을 겪은 후 나에게 도움을 받으러 왔다. 치료 초기에 그녀는 우리의 대화 중에 침묵이 있을 때마다 극도의 불안을 느낀다고 말했다. 분명히 나는 불안에 휩싸인 이 환자를 더 불안하게 만들고 싶은 마음은 조금도 없었다. 그래서 나는 이 주제를 다루는 대신에 조금이라도 우리 사이에서 침묵이 생기면 말로 채우는 버릇을 갖게 되었다. 몇 개월이 지나서야 나는 그렇게 하는 것이 그녀에게 도움이 되는 일이 아님을 깨닫게 되었다. 나는 다소 불안하기는 했지만 다음에 침묵이 있을 때는 그냥 두기로 결심했다.

당연하게도 침묵의 순간에 일레인은 몹시 불안해하기 시작했다. 하지만 우리는 그것에 대해 이야기할 수 있었다. 침묵 속에서 그녀의 불안이 커졌던 이유는 그녀가 자신의 경험을 스스로 이해하는 데 무력감을 느꼈고, 무력감을 느끼는 것이 그녀를 겁나게 했기 때문인 것으로 드러났다. 나는 경험을 이해하는 것을 직업으로 삼고 있는 사람이 정작 자신의 경험을 이해하는 데 무력감을 느낀다는 것이 다소 의아하다고 말했다. 이어진 대화에서 그녀는 자신이 어렸을 적부터 키워 온, 스스로 '과잉 무력감' 이라고 부르는 것에 대해 알게 되었다. 그때나 지금이나 그녀에게는 예측할 수 없게 그녀를 대하는 어머니와 관계할 때, 압도당하는 것이 최선의 방책이었음을 깨달았다. 이와 유사하게 그녀와 아버지의 관계도 주로 그녀 스스로 해결할 수 없는 문제—어렸을 때 그것은 숙제였고, 이후에는 학문적인 문제나 일과 관련된 문제—를 중심으로 이루어졌다.

치료가 진행되면서 일레인이 침묵에 대해 좀 더 편안해지자, 그녀는 치료 초기에 우리 사이에 언어적 접촉이 없을 때 위협을 느낄 정도로 혼자인 것처럼 느꼈고, 마치 말이 없으면 내가 그녀와 함께할 수 없다고 느꼈음을 알게 되었다. 이제 그녀는 완전히 새로운 어떤 방식으로 침묵 속에서 우리 사이에 좀 더 확실하고 지속적인 연결을 경험할 수 있었다. 그녀에게 이것은 나와 같이 있으면서 홀로 있는, 그러나 더불어 홀로 있을 수 있는 소중한 경험이었다.

나는 일레인의 불안을 촉발할까 봐 두려웠기 때문에 한동안 그녀의 방어와 결탁하여 그런 방어가 필요하도록 만드는 저변의 경험을 다루지 않았다. 이런 과정에서 나는 의도하지 않게 자신의 감정을 다룰 수 없다는 그녀의 무력감을—그리고 더 중요하게는 그녀의 유기 불안을—확인해 준 꼴이 되었다. 반면에 내가 어떤 행동을 하고 있는지를 알아차리고 그런 행동을 바꿀 수 있을 정도로 나 자신의 불안을 견뎌 내는 방법을 알게 되었을 때 그녀의 '과잉 무력감'—과잉활성화 전략의 한 가지 형태—이 이해되기 시작했다. 후에 그녀가 편안하게 '더불어 홀로' 있을 수 있게 되었을 때 나는 이런 성과가, 그녀가 안전 기지의 경험을 점차 내면화한 것을 반영한다고 이해했다. 그녀는 더 이상 (무력감이나 고통을 통해서) 나에게 그녀와 함께 있어 달라고 강요할 필요가 없었다. 이제 그녀는 대개의 경우 내가 함께한다는 것을 믿을 수 있었기 때문이다.

일레인과 같은 환자들이 과잉활성화 전략에 덜 의존하는 것은 치료자를 안전 기지로 경험할 수 있는 능력이 커지는 것과 함께 나타난다. 물론 이런 환자들은 초기에 치료 관계로 유기 불안을 가져온다. 그들은 치료자의 감정적인 가용성이나 선의를 믿지 못한다. 양가적 유아가 어머니의 가용성에 대한 지나친 집착으로 인해 외부 환경을 탐험할 여력이 거의 없는 것처럼 이 환자들은 치료자와의 연결을 유지하는 데 모든 에너지를 빼앗긴다.

집착형 환자들이 치료자의 반응을 모니터링하거나 관리해야 한다는 강력한 충동을 덜 느끼게 될수록 그들은 자신의 경험에 좀 더 충실하게 주의를 기울일 수 있다. 환자가 경험했던 초기 관계들보다 환자에게 좀 더 많은 것을 주는—그리고 환자 자신으로부터 더 많은 것을 요구하는—관계를 만들게 될 때 우리는 우리 자신이 환자에게 너무나 조건적인 지지의 원천이 아니라 안전 기지가 될 수 있게 한다.

앞서 언급한 발달을 촉진하는 관계의 주요 특성(Lyons-Ruth, 1999) 가운데 여기서는 두 가지가 특히 두드러지는데, 포괄성과 '발달의 증감(developmental gradient)'의 필요성이 그것이다. 구체적으로, 우리는 환자가 자신의 경험—특히 최초의 애착 관계가 허용하지 않았던 경험—과 가능한 한 많이 연결되도록 격려하는 관계를 만들 수 있어야 한다. 그리고 환자가 처음에 스스로 할 수 있다고 느끼는 것보다 더 많은 것을 환자에게 기대해야 한다. 즉, 환자가 자기 안에 있다고 인정하기를 꺼리거나 인정하지 못하는 자원을 우리가 인식하고 이끌어 내야 한다는 것이다.

포괄성

집착형 환자의 정서성은 흔히 '타인 지향적인' 성격을 띤다. 집착형 환자들이 자신의 감정을 표현할 때 대개 그 목적은 자기 자신을 표현하기보다는, 그들이 생각하기에 다른 방법으로는 그들과 함께해 주지 않을 것 같은 타인의 관심이나 도움을 얻기 위해서다. 물론 이것이 바로 과잉활성화 전략의 본질이다.

환자의 이런 전략에 대한 우리의 바람직한 반응은 지나치게 염려하거나 혹은 과잉보호적으로 동조하는 것이 아니라(유혹할 가능성) 환자가 '공공연한' 감정을 표현하더라도 그렇게 하지 않을 때에 비해 더 많거나 혹은 더 적은 반응을 보이지 않는 것이다. 마찬가지로 환자가 오로지 간접적으로만 표현할 수 있는 '사적인' 감정에 대해서는 우리에게 그런 감정에 대해 단서를 주는 일종의 공감적인 Geiger 계수관(역주: 방사능 측정기)을 활용하는 것이 중요하다.

여기서 다시 한 번 강조하자면, 우리 자신의 주관적 경험뿐만 아니라 환자 신체의 비언어적 언어에 주목하는 것이야말로 환자가 배제해야 한다고 배우게 된 어떤 경험에 우리가 가장 잘 접근할 수 있는 방법이다. 배제하는 경험의 구체적인 내용은 분명히 환자 개인사의 특정한 사정에 따라 다를 것이다. 그러나 내가 임상 경험을 통해 알게 된 사실은, 빈번하게 드러나는 경험, 흔히 순차적으로 드러나고 점차 환자의 자기감에 통합되는 경험은, 불신과 유기 불안, 그다음으로는 분노와 이와 연관된, '아니요'라고 말할 수 있는 능력, 마지막으로 슬픔과 진정한 욕구, 그리고 진심으로 '예'라고 말할 수 있는 능력이라는 것이다.

발달의 증감

　나와 첫 시간 약속을 잡은 어떤 환자와 전화 통화를 끝내고 나서 나는 대화 중에 언어적·지적으로 나 자신을 억제하여, 이런 영역에서 결함이 있어 보이는 환자와 내가 대비되는 모습을 보여 줌으로써 환자에게 '상처를 주지' 않으려고 했었다는 사실을 알아차렸다. 그러나 우리가 실제로 만났을 때 나는 그녀가 전화상으로 보여 줬던 것보다 훨씬 더 설득력 있고 분명하게 말하는 능력을 갖고 있다(비록 그녀가 그런 능력을 으레 사용하지는 않았지만)는 것을 알게 되었다. 그녀는 자신의 취약성을 내세웠고 나는 그에 대한 반응으로 초반에 두드러지게 그리고 도움이 안 되는 방식으로 그녀를 과잉보호했던 것이다.

　이 환자(그리고 그녀와 같은 다른 환자들)에게는 기대를 적게 하기보다는 오히려 많이 하는 것이 반드시 필요하다는 사실이 확인되었다. 물론 우리는 환자의 수준에 맞추어야 한다. 그러나 환자가 갈 수 있는 것은 거기까지가 한계라고 우리가 너무나 쉽게 가정하면 대체적으로 환자에게 도움을 주지 못한다. 환자가 겉으로 보이는 것보다 실제로 더 깊이 느끼고 생각할 수 있다고 가정하는 것이 훨씬 더 유익하다. 실제로 집착형 환자들은 전반적으로 자신의 강점과 자원을 과소평가하는 경향이 있다. 그래서 우리가 환자의 부정적인 자기평가를 액면 그대로 받아들이는 것처럼 보인다면 이것은 큰 문제가 될 수 있다.

　때때로 나는 자연스럽게 환자의 지나치게 겸손한 자기평가에 대해 직면하기도 했다. "아무도 당신에게 관심 가질 리가 없다고 말씀하시는군요. 그런데 이런 생각이 드네요. '사람들이 당신에 대해 안 좋아할 게 뭐가 있나?'" 그 순간에는 이런 개입이 상당히 비생산적인 것처럼 보일 수 있다. 하지만 길게 보면 이것은 때로 자신의 강점을 방어적으로 부인하는 환자의 생생한 이미지를 보여 주는 일종의 시금석이 되기도 했다. 비록 환자를 지지하려는 마음에서 한 말이지만 이런 종류의 직면은 좀처럼 환영받지 못한다. 그 이유는 이것이 환자의 자기감과 일치하지 않고 환자의 적응적 전략에 대한 도전이 되기 때문이다. 아마도 일반적으로 더 유용한 접근은 자기 능력에 대한 환자의 관점과 그런 관점이 어떻게 생겨났는지를 그저 탐색하는 일일 것이다. 이 밖에도 환자가 자신이 믿고 있는 것보다 더 유능한 사람이라는 우리의 신념을 암묵적으로 전달하는 방식으로 개입하는 것이 매우 중요하다.

예를 들면, 어떤 환자가 최근에 일어난 남편과의 몇 차례 상호작용에 대해 화나고 극도로 흥분한 상태로 회기를 시작했는데, 이 환자는 남편이 자기 말을 귀담아 듣지 않고, 자기 존재를 봐 주지 않으며, 근거 없는 비난을 한다고 느꼈었다고 했다. 우리는 그녀를 괴롭힌 몇 가지 에피소드를 하나하나 뜯어서 살펴보았는데, 그녀는 거의 지나가는 말로 남편이 실제로 그녀를 무시하거나 공격한 것은 전혀 아님을 인정했다. "남편이 정말 제 말을 듣지 않거나 저를 인정하지 않은 게 아니라 다만 제가 그렇게 느꼈다는 거죠. 비난도 마찬가지고요. 그 사람이 저를 존중하고 사랑한다는 건 알고 있어요. 그 사람이 저를 공격하는 게 아니고 단지 의견이 다를 뿐이라는 것도 알아요. 하지만 그렇게 느껴지지가 않아요."

내가 느낌이 어땠냐고 물었을 때("당신의 일부는 남편이 그렇지 않다고 생각하면서도 남편이 당신을 무시하거나 공격하는 느낌이 드는 건 왜 그렇다고 생각하세요?"), 그녀는 "솔직히 모르겠어요."라고 답했고, 마치 그것으로 그녀의 탐색은 끝난 것 같았다. 그러나 내가, "하지만 단지 모른다는 것이 당신이 그것에 대해 생각해 볼 수 없다는 뜻인가요?"라고 하자 실제로 그녀는 상당히 생산적으로 생각해 보기 시작했다.

이런 환자들에게는 감정의 강한 표현이 좋지 않은 상황을 최대한 이용하는 데 도움이 되었기 때문에 그들은 그들의 감정이 생각을 몰아내도록 내버려 두는 경향이 있다. 물론 우리는 그들의 감정이 들어설 자리를 만들어 줘야 하지만, 그들이 느끼는 것에 대해 스스로 생각하도록 격려하기도 해야 한다. 우리가 집착형 환자의 성찰적 자기가 활성화되도록 도와주려면 우리는 치료자로서 균형을 유지할 필요가 있다. 환자를 위해 우리가 어느 정도 생각하기를 해야 하지만 너무 많이 하지는 말아야 한다. 우리는 정신화의 본보기를 보여야 한다. 즉, 우리는 환자를 대하면서 우리 안에서 일어나는 느낌에 대한 생각을 말로 분명히 표현해야 한다. 그러나 우리가 환자의 경험에 대해 이해하는 책임을 혼자서 떠맡기보다는 우리의 그런 노력에 환자가 동참하도록 초대하거나 혹은 환자가 자기 경험에 대한 생각을 입 밖에 내어 말하도록 요청하는 것이 더 낫다.

우리가 치료자로서 유념해야 할 점은, 환자는 실제로 자신감과 독립심을 키우는 것을 두려워하고 있다는 것이고, 그들이 이렇게 두려워하는 이유는 생애 초기에 자율성과 자기주도성이 좌절되었기에 이런 특성들은 그들이 타인의 관심을 확보하는 가장 좋은 방법이라고 스스로 믿고 있는 바와 맞지 않기 때문이라는 사실이다. 따라서 이런 환자에게는 그가 자신의 자원을 신뢰하는 것이 얼마나 어려운지를 우리가 인식하고 있음을 전하는 것이 중요하다.

더 나아가 자율성에 대한 환자의 억제를 감안할 때 치료자에 대한 환자의 분노나 비판, 혹은 실망이 겉으로 드러나는 것을 치료자가 알아차리고 그런 감정을 위한 여지를 두는 것이 특히 중요할 것이다. 치료자와 환자 모두 이런 항의에 크게 상처 입지 않고 그 경험을 겪어 낼 수 있어야만 환자가 자신의 초기 애착 경험과는 달리 자율성과 분리가 실제로 친밀과 공존할 수 있다고 자각하기 시작하는 데 힘을 얻을 것이다. 그러나 생애 초기에 이루어진 학습이 새로운 학습으로 대체될지 혹은 대체되지 않을지는 새로운 애착 관계의 맥락에서 환자와 치료자 사이에 일어나는 일에 의해 크게 좌우될 것이다.

관계: 패턴과 함정

모든 애착 관계와 마찬가지로 환자와 치료자의 관계는 공동으로 만들어지는 것이 사실이지만 타인의 기대에 카멜레온처럼 적응하는 경향이 있는 집착형 환자의 경우에는 특별한 방식으로 그렇게 된다. 융합하고자 하는 그들의 욕망은 그들이 필요로 할 때 치료자가 마음으로 함께해 주지 않을 것이라는 두려움에서 비롯되는데, 이런 욕망으로 인해 그들은 너무나 쉽게 자기 존재를 보이지 않게 만든다. 그 결과 그들은 자주 그들이 생각하기에 치료자가 원하는 모습을 보여 준다. 그래서 치료 관계의 양상은 집착형 환자와 치료자 각각의 애착 전략 간의 상호작용에 크게 좌우된다.

물론, 치료 관계는 모두 제각기 독특하고 예측할 수 없다. 우리의 치료적 의도(겉으로 드러난 감정 저변에 있는 것에 조율하기, 공모하지 않기, 무력함을 강화하지 않기)의 명료성에 관계없이 우리를 놀라게 할 일이 반드시 일어날 것이다. 만약 이런 일이 일어나지 않는다면, 우리는 아마도 실제 환자가 아니라 우리 머릿속의 이론상으로만 존재하는 환자를 치료하고 있거나 혹은 우리 자신이 자연스럽고 감정적이며 상처 받기 쉬운 인간 존재로서가 아니라 마치 치료하는 기계처럼 처신하고 있는 것이다. 그러나 간혹 놀랄 만한 일이 있기는 하지만 많은 집착형 환자의 치료를 특징짓는 전형적인 패턴과 역전이 함정이 존재한다. 하지만 이런 패턴에 대한 지식이 우리를 함정에 빠지지 않도록 해 줄 수는 없고 또 그래서도 안 된다. 왜냐하면 환자와 우리의 상호작용의 속성을 인식하는 일이 우리가 그들에 대해 알아 가고 또한 그들이 우리에 대해 알아 가는 방법에서 가장 중요한 부분일 수 있기 때문이다. 이와 동시에, 이런 종류의 일반적인 지식에서 우리는 자신이 의식하지 못한 채 치료 관계에 관여하는 방식의 속성을 파악하는 데 도움을 얻을 수 있고, 또한 이런 통찰은 우리가 좀 더 유연하게 처신할 수 있게 해 준다.

환자는 치료자가 마음으로 자신과 함께해 주지 않을까 봐 지속적으로 두려워하기 때문에 치료자와 연결되는 데 열중한다(그리고 환자의 두려움은 때로 이런 열성 뒤에 감추어져 있다.). 친밀이 주는 확신과 위안에 대한 환자의 욕구는 다양한 방식으로 표현된다. 환자가 보여 주는 무력함과 고통의 표현, 순종, 유혹하는 힘, 그리고/또는 '좋은 환자'가 되려는 노력은 다른 의도를 나타낼 수도 있지만, 치료 관계에서 거리를 좁히고 치료자의 지지를 얻으려는 암묵적인 시도이기도 하다. 이런 패턴이 치료과정에서 더 일찍 표출될수록—그리고 좀 더 강렬하거나 혹은 확고하게 실현될수록—내 짐작에는 환자의 불신과 유기 불안이 더 깊을 것이다. 이런 패턴에 대해 우리가 치료자로서 보이는 반응은 어느 정도 우리 자신의 애착 양식에 의해 결정될 것이다.

만일 우리가—덜 안정된 유형이 아니라—좀 더 안정된 유형이라면, 연결을 갈구하는 환자의 간접적인 요청 저변에 깔려 있는 더 깊은 감정에 공명하는 것이 좀 더 수월할 것이다. 저변의 깊은 감정이란 심원한 욕구와 슬픔뿐만 아니라 보살핌을 받지 못하는 것에 대한 두려움과 타인의 관심을 확보하려고 자기 자신을 버릴 수밖에 없는 것에 대한 분노다. 안정된 마음 상태에서 우리는 비교적 자유롭게 상호작용할 수 있을 뿐 아니라 우리가 공동으로 만드는 상호작용에서 환자가 자신이 하는 역할을 이해하도록 도움을 줄 수 있다.

이에 비해 우리의 마음 상태가 무시형에 좀 더 가깝다면, 환자의 애착 전략이 우리의 전략과 정반대이기 때문에 초래되는 몇 가지 가능한 함정에 주의할 필요가 있을 것이다. 정도의 차이는 있지만, 우리는 감정과 친밀이 두려운 나머지 환자의 강렬한 정서와 융합에 대한 갈망을 불편해하거나 심지어 거부감을 느낄 수도 있다. 우리는 자신을 좀 더 편하게 하려고 환자의 강렬한 감정을 지적인 이해 안에 '가두어 두려고' 애쓰는 조력 방식을 선택할 수도 있다. 환자의 좀 더 깊은 감정에 공명하기—혹은 말로 전달되는 것과 느껴지는 것 간의 일치의 결여를 알아차리기—보다는 말과 해석이 주는 (우리 자신을) 안심시키는 구조를 제공하려고 성급하게 마음먹을지도 모른다. 이에 대해 환자는 자신이 혼자이고 오해받았다고 느끼거나 혹은 의미 있는 치료적 탐색을 흉내 내는 '가장하기'에 순종적으로 참여하거나 혹은 이 두 가지 반응을 모두 보일지도 모른다.

아니면, 우리는 우리 자신 안에서가 아니라 환자 안에서 우리가 부인하는 정서와 의존성을 발견할 수 있어서 무의식적으로 안도할지도 모른다. 이 경우에 우리는 환자의 방어적 전략에 동조하고 싶어 할 수도 있다. 예컨대, 우리는 환자의 감정적 욕구를 지나치게 액면 그대로 받아들이면서 우리 자신에게는 그런 욕구가 없다는 것에 대해 은연중에 안심할 수도 있다. 이와 유사하게, 우리는 우리 자신의 자존감을 보강하기 위해 겉으로 보기에는 무력한 (하지만 은밀히 우리를 조종하는) 환자가 이상화하고 있는 명석한 치료자 역할을 너무나 선뜻 떠맡을 수도 있다. 이런 식으로 실현되는 상황에서 우리는 무의식적이지만 고의적으로 환자의 불신과 분노를 알아차리지 못하는 상태를 유지하고, 환자는 자신을 보호하려는 동기에서 우리의 자기애적 욕구를 조종한다.

우리가 애착에 관해 좀 더 집착하는 마음 상태에 있다면, 우리가 집착형 환자와의 관계에서 부딪히는 문제들은 다를 것이다. 한편으로 우리는 환자의 경험이 우리 자신의 경험과 중첩되기 때문에 더 잘 공감할 수 있을 것이다. 그러나 또 한편으로는 우리 자신의 유기 불안 때문에 공감하는 것 이상으로 개입하는 것이 어려울 수

있다. 예컨대, 우리가 환자의 무력감에 내포된 부분적으로 방어적인 속성을 다루고
자 한다면 환자의 관점과는 다른 어떤 관점을 전달할 필요가 있다. 하지만 이렇게
하려면 어느 정도의 분리가 필요한데, 우리가 집착형이라면 이런 분리를 쉽게 공격
성으로 혼동하거나 혹은 그것이 환자와의 현재 관계를 위협하는 것으로 경험할 수
있다. 따라서 애착에 대한 우리 자신의 집착으로 인해 우리는 환자의 고통에 '동
참'하고 싶은 마음이 생길 수 있지만, 환자가 궁극적으로 더 잘 대처하도록 돕는 방
식으로 개입하지는 못한다. 같은 이유로, 우리는 환자가 자신의 자원을 인식하도록
돕기보다는 환자를 '구조'하려는 충동에 넘어갈 수 있다. 게다가 우리 자신이 생각
하기보다는 느끼는 쪽으로 치우쳐 있기 때문에 환자의 감정적 경험의 의미를 이해
하여 그런 경험을 마음의 부담이나 증상 혹은 그저 하나의 사실로 경험하기보다 그
것을 하나의 신호로 활용할 수 있도록 (우리 자신과 환자가 모두) '좌뇌의 해석 능력'
을 가동시킬 수 있는 우리의 능력이 방해받을 수 있다.

성애적 전이

집착형 환자의 치료에서 공통적으로 나타나는 앞서 언급한 상호작용 외에도 우
리는 내가 '친밀한 전이(intimate transference)'라고 부르는 것과 이런 전이에 따른
역전이 반응에 자주 직면한다. 이런 상호작용은 보통 성애적 전이(erotic transfer-
ence)라는 제목하에 논의되는데, 여기에는 성욕과 로맨스 그리고/또는 채울 수 없
는 갈망의 차원이 내포되어 있다. 이런 차원은 흔히 그 자체로 중요하지만 또한 그
저변에 있는 애착 문제를 가릴 수도 있다.

여러 저자들이 지적해 왔듯이, 치료과정에서 발달하는 성애적 전이-역전이 상황
의 성격은 주로 환자와 치료자의 성별에 달려 있다(Kernberg, 1995; Person, 1988;
Wrye & Welles, 1994). 그리고 나는 여기에 영향을 미치는 두 번째로 강력한 요인으
로 애착 유형을 덧붙이고 싶다.

아주 간략하게 말하자면, 친밀하고 또한 (특히) 성적인 전이는 대체로 환자가 여
성이고 치료자가 남성일 때 주로 일어난다. 이것은 적어도 여성은 일반적으로 분리

를 두려워하고, 남성은 일반적으로 친밀을 두려워할 가능성이 좀 더 높다는 점에서 그러하다. 따라서 여성, 특히 집착형 여성의 경우 치료자와 로맨틱한 혹은 성적인 관계를 추구하는 것은 거리두기에 대한 방어일 뿐만 아니라 좀 더 근원적인 애착 문제에 대한 방어를 의미한다. 반대로 남성의 경우, 종종 치료자에 대한 로맨틱한 혹은 성적인 감정의 회피는 더 깊은 관계에 대한 방어이며 또한 성욕과 애착을 분리하는 전형적인 남성적 해결책의 표출이다. 남성, 특히 무시형 남성의 경우, 치료자에 대한 성적인 감정이 실제로 생기게 되면 이런 감정들은 여전히 친밀과 의존의 회피를 나타내기 쉽다. 이런 남자 환자에게는 치료자를 성적으로 대하는 것이 그들이 의존하고 싶은 유혹을 느낄지 모르는 애착 대상으로서 치료자를 평가절하하는 하나의 방법이기 때문이다.

환자의 성애적 전이가 치료자인 우리에게 감정적으로 미치는 영향은 애착에 관한 우리의 마음 상태에 따라 다를 수 있다. 만약 우리의 양식이 좀 더 무시형으로 기운다면, 우리는 환자의 로맨틱하거나 성적인 갈망이 우리의 자존감을 높여 주므로 그것을 반길 것이다. 그렇지 않다면, 우리는 그런 갈망을 통상적으로 다른 사람에게 두는 거리에 대한 도전으로 경험하고 거부감을 느낄 수도 있다. 하지만 만약에 우리의 양식이 집착형이라면 우리는 환자의 욕망을 친밀의 신호로 여기고 반길 것이다. 반면에 환자의 똑같은 욕망이 우리를 몹시 당황스럽게 만드는 경험이 될 수도 있다. 그 이유는 환자의 그런 욕망은 우리가 거부할 수밖에 없는 것이기 때문이고, 또한 환자에게는 우리가 단지 그녀의 욕망을 거부하는 것만이 아니라 그녀 자신을 거부한다고 느껴질 것이라고 스스로 가정하기 때문이다.

이상적인 반응은 우리가 환자의 갈망을 과도하게 부추기거나 혹은 그것을 막으려는 강한 충동을 느끼지 않으면서 우리 자신이 그런 갈망의 대상이 되도록 허용할 수 있는 것이다. 우리가 이런 갈망이 표출될 여지를 두는 만큼 우리는 치료 관계에서 그리고 더 나아가 환자의 다른 친밀한 관계에서 그것의 역할을 탐색할 수 있는 기회를 가질 수 있다. 성욕이 애착의 대용이거나 그것에 도달하는 간접적인 통로 혹은 그것에 대한 회피로 이용되고 있는 것은 아닌가? 치료 맥락에서 중요한 것은 치료자에 대한 환자의 갈망은 결코 전부 충족될 수 없다는 사실이다. 이 때문에 어쩌면 환자의 최초 애착 관계와 현재 애착 관계를 특징짓는 좌절된 욕망의 패턴이 치료 맥락에서 재현되어 경험될 수 있다. 때로 성애적 전이는 집착형 환자가 더 깊이 신뢰하고 사랑할 수 있는 능력을 발달시켜 나가는 과정에서 중요한 중계 지점이 된다. 그러나 치료자가 환자의 욕망을 너무 반기거나 당황스러워하면 그런 환영할 만한 발달은 일어나지 않고 좌절되고 말 것이다.

처음에 언급한 것처럼 집착형 환자는 진단의 어떤 한 지점이 아니라 연속선상에 놓일 수 있다. 지금까지 나는 무력감과 정서의 증폭 그리고 유혹적인 순종을 포함하는 히스테리성 특성을 가진 환자들이 차지하는 연속선상의 한쪽 끝에 초점을 맞추어 왔다. 다음에는 연속선의 정반대 끝을 살펴보고자 한다.

분노와 혼란의 패턴

관련 연구 결과가 시사하는 바에 의하면 대다수는 아니라 하더라도 많은 경계선 환자들은 애착과 관련하여 집착하는 마음 상태를 갖고 있다. 이 환자들은 특정한 하위범주, 즉 외상 사태를 두려워하며 집착하는 형으로 분류되는 경우가 매우 흔하다(Fonagy et al., 1996; Patrick, Hobson, Castle, Howard, & Maughan, 1994). 집착형의 연속선상에서 좀 더 문제가 심각한 극단에 있는 환자들이 겪어 온 개인사의 특징은 흔히 미해결 상태로 남아 있는 반복된 외상이나 상실로 점철되어 있다는 점이다. 성인 애착 면접 용어로 표현하자면, 이런 환자들은 집착형이면서 미해결형이다. 따라서 내가 다음에 설명하는 내용은 집착형 연속선상에서 좀 더 문제가 심각한 극단에 있는 환자뿐만 아니라 미해결형 환자에게도 적용될 수 있다.

집착형 경계선 환자들은 흔히 삶을 위기의 연속으로 경험한다. 그들의 감정은 고통스러울 뿐만 아니라 강도 면에서 사람을 압도한다. 이런 환자들은 안정된 자기감을 경험하기보다 내적으로 심하게 혼란스럽고 공허하다고 느낀다. 그들의 관계는 자주 파란만장하고 흔히 그들에게 배신처럼 느껴지는 결말로 끝이 난다. 그들은 의존에 대한 두려움과 끝없는 욕구 사이에서 극심한 갈등에 빠져 필사적으로 도움을 원하지만, 그들의 욕구가 도움을 몰아낼 것이라는 확신에 압제당한 것처럼 보인다. 그들은 필사적인 심경으로 접근하지만 두려움과 분노에 휩싸여 뒤로 물러나 버린다. 내가 이런 환자들을 치료하면서 자주 받았던 느낌은, 물에 빠져 허우적거리면서도 자신을 구조하려는 노력을 공격처럼 여기고 그것에 저항하고 있는 사람을 구하려고 애쓰는 사람이 된 것 같은 기분이었다. 이런 환자들을 치료할 때 이겨 내야 할 도전은 이런 상황에서 우리가 뒤로 밀려나지 않도록 하는 것이다.

Margaret Mahler는 신생아의 심리적 탄생에 관한 글을 쓰면서 '부화(hatching)' 라는 용어를 사용했다(Mahler et al., 1975). 집착형 경계선 환자를 맡은 치료자는 마치 어미를 둥지에서 몰아내려고 최선의 혹은 최악의 노력을 하고 있는 병아리나 알을 품도록 요청받은 처지와 같다. 우리는 환자에게 필요한 새로운 애착 관계를 제공하기 (또한 유지하기) 위해서 공감과 한계 설정을 함께해 줄 수 있어야 한다. 이처럼 자신도 압도당하고 또 다른 사람도 압도할 수 있는 환자들이나 혹은 그들이 우리 안에 불러일으키는 공포와 분노 그리고 무력감을 '담아내기(contain)' 위해서는 공감이나 한계 설정 어느 한 가지만으로는 충분하지 않다. 치료 관계가 충분히 담아낼 수 있게 될 때 환자는 그들의 최초 애착 관계가 모범을 보여 주지 못한 내면적, 대인관계적 안정성을 길러 나갈 수 있는 기회를 갖게 된다.

공감

우리가 환자의 내적 경험을 이해하고 어느 정도 공명할 수 없다면 우리는 환자에게 도움을 줄 수 없다. 치료자의 공감적 조율이 없다면 환자는 자기 존재를 인정받지 못하고 혼자라고 느끼거나 혹은 더 나쁜 경우에는 위협받고 배신당했다고 느낄 것이다. 하지만 이런 조율은 대개 달성하기가 어렵다. 이런 조율은 적어도 다음 세 가지에 달려 있다. 첫째는 적합한 이론과 연구를 활용할 수 있는 우리의 능력이고, 둘째는 우리 자신의 경험 스펙트럼 전체에 열려 있는 개방성, 그리고 셋째는 우리가 환자와 함께 만들어 내면서 공감과 연결에 방해가 되는 요소를 적어도 일시적으로 중화시키는 방식으로 환자와 상호작용할 수 있는 능력이다.

이 환자들은 두려워하면서도 외상에 몰두하면서, 그들을 압도하고 때때로 겁에 질리게 한 부모와의 경험―또는 부모에게서 버림받은 경험―에 대해 자주 숨김없이 얘기한다. 물론 그들의 부모는 일반적으로 집착형 환자들의 부모와 마찬가지로 예측이 불가능하고, 뿐만 아니라 무서운 방식으로 화를 내거나 필요할 때 마음으로 함께해 주지 않는다.

한 환자는 경찰관이면서 알코올 중독자였던 아버지가 예측할 수 없이 잔인하게 행동했다고 말했다. 이 환자의 역할은 폭발하기 쉬운 아버지가 폭력을 행사할 듯이 보이면 그를 즐겁게 하거나 주의를 다른 데로 돌리게 만드는 것이었다. 때때로 환자는 그렇게 하는 데 성공했다. 그런데 성공하지 못한 경우에 그는 아버지가 표출하는 격분의 대상이 될 수도 있었다. 한 번은 아버지가 총을 꺼내 환자의 머리에 겨눈 일도 있었다.

이와 같은 환자들의 비극의 한 부분은 그들이 유년기 때 겪었던 이런 피해 경험의 장면들이 이후의 관계, 가장 중요하게는 환자가 자기 자신을 대하는 관계를 포함한 관계에서 계속 실연된다는 점이다. Fonagy(2000)는 이런 환자들은 '타고난 (constitutional)' 혹은 참자기(true self) 대신에 자신을 학대하는 애착 인물의 반응을 신체화하는 '이질적인(alien)' 자기의 표상을 내면화한다는 이론을 제안한다. 그러나 이런 이질적인 자기는 자신을 학대하고 참자기와의 불화 때문에 내면에서 내쫓아야 한다. 그 결과 이런 위험한 내적 존재는 자기 외부로 투사되고, 이런 투사로 인해 다른 사람들은 가학적인 존재로 경험될 수밖에 없다. 환자는 다른 사람이 자신과 함께해 주지 않을 때, 때때로 자기 신체의 절단을 포함하여 잔혹하게 스스로에게 폭력을 가함으로써 자신을 학대하려는 강력한 충동에 휩싸일 수도 있다. Fonagy의 이론은 우리가 공감의 방해 요소로 작용할 수도 있는 혼란스러운 행위를 이해하는 데 도움이 된다. 이런 이해는 환자와 우리의 상호작용이 환자의 과거에 있었던 상호작용을 닮아 갈 우려가 있을 때 특히 중요하다. 조금 전에 내가 언급했던 외상을 입은 과거사를 가졌던, 경찰관 아들의 경우가 그러했다.

이전 회기에 유별나게 협조적이었던 환자는 그다음 회기에는 약속 시간이 20분이 지나서 나타났지만 지각에 대해 아무 언급도 하지 않았다. 그는 나에게 상담료를 지불해야 했지만 수표책을 가져오지 않았다고 했다. 그는 치료에 넌더리가 났고 이렇게 말만 하는 것이 그저 방해만 될 뿐이며, 치료를 받지 않으면 아마도 기분이 훨씬 더 좋아질 것이라고 했다.

나는 그의 지각과 수표를 가져오지 않은 행동에 대해 짜증이 나는 것을 느꼈는데, 그가 우리의 작업을 비난하기 시작했을 때는 상당히 화가 나기 시작했다. 그때 내가 그의 내면에 있는 화난 가해자 역할을 하게끔 유도되고 있다는 생각이 들었다. 만약 내가 가해자가 아니라 협력자라면 그는 자기 내면의 가해자와 단둘이 남게 될 것이기 때문이었다. 심지어 그는 자신이 치료자인 나를 신뢰하는 어리석은 (아마도 무의식적으로는 생명을 위협하는) 위험을 감수하도록 내가 유도하고 있다고 느꼈을지 모른다.

나는 그가 친밀감을 느끼는 대신 싸움을 걸려고 애쓰고 있는 것은 아닌가 하는 나의 의구심을 소리 내어 말했다. 나는 덧붙여 내 짐작으로는 우리가 아주 친밀하게 함께 작업할 수 있었던 지난번과 같은 회기가 그를 불안하게 만들었을지도 모른다고 했다. 내가 한 말에 대해 그가 화를 내면서 이의를 제기했을 때 나는 놀랐는데, 사실 그래서는 안 될 일이었다. 그러나 나의 해석은 우리 두 사람 모두에게 도움이 되었다. 나는 해석에 힘입어 그에게서 내쳐진다고 느끼는 대신 그와 함께할 수 있었다. 이것은 또한 우리가 이와 아주 유사한 시나리오를 여러 번 재경험하면서 그가 마침내 점점 더 유익하게 받아들일 수 있었던 하나의 해석이었다.

좀 더 문제가 심각한 집착형 환자들의 경험을 이해하려고 노력하면서 우리가 끌어들일 수 있는 이론과 연구는 분명히 더 많이 있을 것이다. 분열과 경험에 매몰되기, 정신화의 실패, 그리고 강력하고 악의적인 타인에 의해 압도당하는 자기라는 포괄적인 은유는 모두 유용한 구성개념이고, 잠시 후 우리는 이 개념들을 살펴볼 것이다. 그러나 심하게 자기 파괴적이고 자주 불쾌감을 주는 행위를 하여 견뎌 내기가 어렵고 공감하기는 더더욱 힘든 환자들을 대할 때 치료자의 개인적 경험은 이론을 넘어서서 이들에 대한 연민을 갖게 해 주는 자원이다.

이와 관련하여 나는 내 안에서 환자의 경험에 대한 반향을 발견하는 것이 매우 유익하다는 것을 알게 되었다. 예컨대, 환자가 과거의 불공정했던 일에 대한 강한 원한 때문에 자기 자신만 상처를 받는 것처럼 보여 내가 답답해서 화가 났을 때, 나도 때때로 용서하는 일이 얼마나 어려웠는지를 떠올리는 것이 도움이 되었다. 확신하건대 우리는 공유하는 경험을 바탕으로 타인을 가장 깊게 이해한다. 물론 때로 공통성을 인식하는 것이 어렵거나 혹은 심지어 우리 자신에게도 그것을 인정하기 힘들 정도로 불편할 수도 있다.

공감―환자에 대한 우리의 공감과 자신에 대한 환자의 공감―이 가능하도록 하려면 종종 공감을 가로막는 장벽을 제거할 잠재력을 가진 개입이 필요하다. 공감의 주된 장벽은 치료자의 부정적 역전이다. 우리가 환자를 두려워하거나 화가 나고 혹은 환자에 의해 우리 존재가 작아지거나 지배당한다고 느끼면, 환자의 경험에 내포된 감정의 타당성을 이해할 수 있을 만큼 우리 자신을 환자의 입장에 놓기가 어렵다. 그리고 치료자가 이렇게 하지 않는다면 환자는 자기 자신에 대한 공감을 키워 갈 수 있는 토대를 갖지 못한다.

부정적 역전이를 느끼는 것은 아마도 불가피한 일일 것이다. 어쩌면 그것은 심지어 바람직할 수도 있다. 왜냐하면 그것은 환자와 환자가 우리에게 불러일으키는 반응을 알아 가게 되는 한 가지 통로이기 때문이다. 반면에 부정적 역전이에 빠지는 것은 불가피한 일도 아니고 바람직한 일도 아니다. 때로는 혼자 마음속으로 또는 환자와 함께 우리의 고통스러운 경험을 언어로 표현하는 방법을 찾아보는 것만으로 우리의 감정을 조절하기에 충분하다. 하지만 가끔은 그렇지가 않다. 이때 필요한 것이 한계 설정이다.

한계 설정

우리가 한계에 대해 말할 때 이것은 우리가 환자를 통제하려고 시도한다는 뜻은 아니다. 불가능한 일을 시도하는 것은 현명하지 못하다. 그러나 우리의 자기 통제 능력은 주어진 특정한 상황에서 환자에게 우리가 무엇을 하고 무엇을 하지 않을 것인지를 말할 수 있는 선택권을 허용한다. 한계 설정의 공식은 다음과 같다. 당신이 X를 하면 나는 Y를 할 것이다. 당신이 나에게 어떤 물건을 던지면 그것으로 그 치료회기는 끝이다. 당신이 내가 당신의 주치의 및 정신과의사와 이야기할 수 있도록 허락하면 나는 당신을 계속 만날 것이다. 당신이 느끼는 자살의 감정을 이야기하려고 나에게 전화를 하면 내가 당신에게 할 수 있는 유일한 말은 당신을 입원시키기 위해 경찰을 부를 필요가 있는가 아닌가 하는 것이다. 물론, 환자와 치료자 및 상황에 따라 요구되는 한계의 유형은 다르다. 그러나 이제까지 내가 논의한 유형의 환자들에게는 환자와 치료자 그리고 치료 자체를 보호하기 위한 몇 가지 한계가 거의 변함없이 필요하다. 이런 한계는 너무나 강렬한 부정적 역전이로부터 환자와 치료자를 보호해 주는데, 이런 역전이는 공감을 불가능하게 하고, 또한 그런 과정에서 환자가 치료 관계를 안전 기지로 경험할 수 있는 가능성을 없애 버릴 수 있다.

우리가 설정한 한계에 따라 행동하는 것은 흔히 처음에는 곤란한 상황을 유발한다. 예를 들면, 어떤 환자가 자살하지 않겠다고 나에게 약속할 수 없어서 나는 경찰에 전화해서 환자의 집으로 가도록 한 적이 있는데, 이에 대해 환자는 격분했다. 하지만 이런 곤란은 한편으로 복구를 위한 기회이기도 하다. 이 환자는 결국 나의 행동이 그에게 해를 끼치거나 통제력을 행사하려는 의도가 아니라 그를 보호하려는 마음에서 나왔다는 것을 인식할 수 있었다. 이런 환자에게는 기꺼이 이 과정에 관여하고 분투하고자 하는 치료자의 마음가짐이 필수적이다. 그것이 없다면 환자는 우리가 그를 포기했다고 느낄 수 있고 또한 그런 느낌은 정당화될 수 있다. 물론 이런 필수적인 관여와 분투는 우리에게 어려움을 초래하기도 한다. 하지만 우리의 노력이 좀 더 깊고 친밀하며 생산적인 관계로 결실을 맺으면—그리고 특히 환자가 좋아지면—이런 환자는 우리에게 가장 중요한 환자들 중의 한 사람이 될 수 있다.

관계: 패턴과 함정

분노를 내세우는 좀 더 심각한 환자들은 어떤 면에서 무력함을 내세우는 집착형 환자들과 똑같은 심리를 보여 주는 것처럼 보일 수도 있다. 하지만 이들이 공유하는 심리가 전자의 경우 모두 증폭된다. 정서는 좀 더 극단적이고, 경험에 매몰되는 느낌과 정신화의 제한 및 관련된 충동도 마찬가지로 더 극단적이다. 이 두 유형의 집착형 환자들 모두, 이를테면 그들의 최초의 애착 대상들에 의해 지배당해 온 정신 공간에 살고 있지만 이 대상들의 성격은 서로 다르다.

무기력한 환자들의 경우, 이들의 주관적 경험은 내면화된 타자들이 너무나 중대하게 여겨져서 그들이 정신 공간의 대부분을 차지한 나머지, 환자가 스스로 자신을 규정할 수 있는 공간을 거의 남기지 않는다. 여기서 이루어지는 내면의 대화에서 들리는 목소리는 주로 자기에 대해 크고 분명하게 반응하는 타자들의 것이고, 자기의 목소리는 뚜렷하지 않다. 관계에서도 이런 환자는 내면의 대화와 유사하게 다른 사람에게 집착하고 자신의 욕구와 의견 및 포부에 대해서는 모호하다.

화가 난 환자들의 경우, 그들에게 내면화된 타자는 중대하게 여겨질 뿐만 아니라 악의적이고 여느 때와 같이 그들을 위협하는 것처럼 보인다. 관계에서 이런 악의적인 타자는 치료자를 포함해서 환자들이 의지하게 될지도 모르는 사람들에게 (혹은 사람들 안으로) 투사된다. 그 결과 환자들은 그들의 욕구를 인식하고 충족시키려고 애쓰는 대신에 그들이 지각하는 위험을 피하는 데 주로 열중하게 된다.

우리가 이런 환자들을 대하는 태도를 정하는 데 있어 자녀에 대한 안정형 부모의 반응에 대해 Fonagy가 설명한 것을 떠올려 보면 도움을 얻을 수 있다. 이런 부모들은 자녀에게 보여 주는 반응에서 자녀의 고통에 대한 그들의 공감을 전해 주고, 자녀 행동의 맥락을 이루는 자녀의 소망과 감정 및 신념에 대한 인식을 알려 주며, 마지막으로 자녀에게는 압도적이라고 느껴지는 경험에 대처할 수 있는 그들의 능력을 전해 준다. 우리는 치료자로서 내적 경험과 관계적 경험을 너무나 위협적인 것으로 느끼는 환자들에게 이와 유사한 종류의 반응을 하려고 노력할 필요가 있다. 특히 이런 환자들은 자기 자신에 대해 동정심을 갖고 이해하는 능력이 거의 없고, 자신의 의도를 좀처럼 자각하지 못하며, 자신의 경험이 다루어질 수 있는 어떤 것이라는 확신이 별로 없기 때문이다.

이런 환자들은 성찰적 자기 혹은 정신화하는 자기가 크게 결여되어 있기 때문에 이들이 살고 있는 주관적 세계의 특성은 심리적인 실재가 아닌 물리적인 실재로 규정되고, 언어나 생각이 아닌 행위로 규정되며, 또한 마음이 아닌 신체로 정의된다. 따라서 우리가 환자 편에 있고, 이해하고 대처할 수 있다는 것을 환자에게 보여 줄 필요가 있다. 여러 가지 면에서 처음에는 우리가 하는 말보다 행동이, 그리고 우리가 그들에게 말하는 것보다 보여 주는 것이 이런 환자들에게 좀 더 크게 영향을 미친다.

이런 환자들의 행동이 자주 우리를 밀어내고, 도저히 이해할 수 없게 보이며, 우리가 그럭저럭 넘기기만 해도 다행스럽다는 느낌을 줄 때, 그들이 내적으로는 거대한 감정의 세력과 씨름하고 있음을 기억하는 것이 도움이 될 수 있다. 그들이 내면의 이런 맹렬한 싸움을 외현화하거나 혹은 관계 속으로 끌어들이는(interpersonalizing) 것, 즉 그것을 우리에게 넘기거나 우리와 '나누는 것'이 그들로서는 자신을 압도하는 감정을 다루고 또한 그것을 전달하는 한 가지 방법일 수 있다.

　　기억에 남는 한 회기에서 아버지에게 총으로 위협당했던 환자가 말하기를, 최근에 구입해 침대 근처 서랍에 보관 중인 총으로 언제든지 자기 머리통을 날려 버릴 수 있다는 것을 아는 것만으로도 위안을 얻는다고 했다. 그저 총을 꺼내 방아쇠에 손가락을 걸고 그것을 잡고 있는 것만으로도 마음이 좀 더 편안해지는 데 도움이 된다는 것이었다. 그는 지금은 자살할 마음이 없다고 나를 안심시켰지만, 자살이 자신의 궁극적인 운명이라고 느끼고 있었다.

　　나는 총에 대한 이 이야기를 처음 듣고서 내가 통제할 수 있는 것이 이토록 제한되어 있는 것에 대해, 어떤 위협에 대처해야 하는 상황에 나 자신이 놓이게 된 것에 대해 화가 나는 것은 물론 극도의 불안감을 느꼈다. (부부상담의 일부로 치료회기에서 내가 딱 한 번 만난 적이 있던 어떤 남성에 대한 아주 불쾌한 기억이 떠올랐는데, 우리가 두 번째 만남을 갖기 전에 나는 그의 부인이 남긴 메시지에서 그가 총으로 자살했다는 사실을 알게 되었다.)

　　나는 환자에게 총에 대해 나에게 이야기한 기분이 어떠냐고 물었다. 그는 총을 가지고 있다는 사실과 내가 그것에 대해 알게 되어 비밀이 없어졌다는 사실에 마음이 놓인다고 했다. '좋아, 그렇게 솔직하게 말해 줘서 반갑네요.'라고 나는 생각했다.

'이제 나는 당신에게 안도감을 주는 담요(your security blanket)를 빼앗아 나를 믿어 준 데 대한 벌을 주겠어.' 나는 마치 그가 총으로 내 머리를 겨누고 있는 것처럼 느꼈다. 나는 그에게 총이 무섭고, 자살 충동을 느끼면서 총을 갖고 있는 환자들은 정말 무서운데, 내가 계속해서 이렇게 무서움을 느낀다면 그에게 도움이 될 수 없을 것이라고 말했다. 만약 그가 나와 치료를 계속하고 싶다면 그 총을 내게 갖다 줘야 할 것이라고 말했다.

이 에피소드에 대해서는 많은 이야기를 할 수 있을 것이다. 그러나 지금으로서는 이것을 통해 이와 같은 환자들에 대해 몇 가지를 보여 주는 예시로 삼고자 한다. 우선, 이 환자의 주관적 세계는 물리적 행위의 세계이고, 여기서 치료적 대화는 무엇보다 행위의 대화다. 둘째, 환자는 내 경험 안에서 그의 주관적 세계의 속성을 불러일으키는 어떤 행동을 통해 나에게 그것을 전달했다. 즉, 어떤 의미에서 나는 나 자신의 감정과 함께 그의 공포와 무능력함, 분노를 느꼈던 것이다. 셋째, 나는 그의 행동이 의사전달의 기능을 하고, 나의 행동 역시 그럴 필요가 있다고 이해했는데, 이런 이해는 내가 처벌적이거나 위협적이지 않으면서 단호하게 개입하는 데 도움이 되었다. 다시 말해서, 이것은 내가 대처하는 데 도움이 되었다. 넷째, 우리는 이후 회기들을 통해서, 겉으로는 침착하지만 깊은 곳에서는 절박한 환자의 행동이 감당하기 힘든 그의 감정과 나의 도움을 바라는 것에 대한 그의 갈등의 맥락에서 나온 것임을 알 수 있었다. 이런 경험들은 (Fonagy(2000)의 말에 부연하자면) 환자가 자애로운 타인의 마음속에서 생각하고 느끼는 존재로서 자신을 발견하도록 해 준다. 그리고 그는 실제로 나에게 총을 가져다주었다.

물론, 우리는 이런 환자들에게 반복적으로 '시험을 당한다.' 그리고 이런 시험에서 우리가 실패할 때보다 성공할 때가 더 많기를 바란다. 그러나 우리가 실패할 때에도—이를테면, 처벌적이 되거나 혹은 온정을 거두어들임으로써—복구할 기회는 있다. 게다가 우리는 이런 맥락과 또 다른 맥락을 통해 실패를 위한 자리가 있고, 어떤 실패는 불가피하며, 우리가 부분을 전체로 혼동하지 않는 한 실패를 감당할 수 있다는 것을 환자에게 보여 줄 수 있다. 다시 말해서, 우리는 전부가 아니면 전무이고, 혹이 아니면 백이며, 지금이 아니면 끝인 세계가 아닌, 관계적이고 정서적인 세계를 환자에게 보여 줄 수 있다. 환자가 주로 살고 있는 분열의 세계를 넘어서 좀 더 통합된 세계도 존재한다는 것을 보여 주는 것이다.

그러나 다시 한 번 강조할 필요가 있는 사실은, 분열 기제를 사용하고 감정을 말로 분명하게 표현하는 대신 행동화함으로써 위험하고 때로는 생명을 위협하는 결과를 초래하는 환자들을 대하다 보면, 신중하고 통합적인 관점을 유지하는 우리의 능력이 때로는 사라질 수도 있다는 것이다. 치료작업이 주는 스트레스와 요구로 인해 우리는 때로 부득이하게 압도당하고 겁을 먹고 무력감을 느끼고 그리고/또는 화가 날 것이다. 이것은 자신의 어려움 때문에 자녀에게 감당하기 불가능한 짐을 지웠던 부모에 대해 이 환자들이 틀림없이 느꼈을 감정과 매우 흡사하다. 이런 환자들의 치료자로서 우리 자신의 결점을 보완해 줄 수 있는 자원은, 일이 벌어지고 난 후에 우리가 다른 사람들과 우리 자신 그리고 어느 정도는 우리의 이론에서 얻을 수 있는 지지일 수 있다. 이에 더하여, 전부는 아니지만 많은 환자들이 좋아지고 또 치유되기 위해 우리와의 관계를 효과적으로 활용할 수 있다는 현실이 존재한다는 것도 우리에게 힘이 된다.

마음챙김과 명상의 자리

이제까지 논의한 환자들의 '과도한 과잉활성화' 전략은 고도로 반응적인 자율신경계와 관련이 있는 것처럼 보인다. 비유적인 의미에서뿐만 아니라 문자 그대로 이런 환자들은 과장된 반사작용을 가지고 있고 평형상태를 회복하는 것이 더디다. 그들은 위협으로 지각되는 것에 대해 강력하고 재빠른 반응을 보이기 쉬운데, 마치 편도체가 해마에 의해 조절되지 않는 것과 같다. 자율신경계의 교감신경계가 활성화되면 그들은 마치 투쟁 아니면 도주 반응 상태에 있는 것처럼 극도로 흥분하게 된다. 부교감신경계가 촉발되면 그들은 졸리거나 해리되는 것처럼 보일 수 있고, 혹은 '얼어붙을(freeze)' 수도 있다.

명상은 몸을 안정시키고(그리고 정신화를 강화하는) 잠재력이 있으므로 집착형 환자의 이 하위집단 치료에 특히 유용한 역할을 할 수 있다. 이 때문에 나는 일부 환자들에게 명상을 가르쳐 왔다. 일부 환자들과 나는 짧은 명상으로 매 회기를 시작한다. 드물지 않게 이런 환자들은 명백하게 흥분된 상태로 내 사무실에 들어온다. 일반적으로 우리는 명상에 앞서서 그들의 감정을 인정해 주는 몇 마디 말을 나눈다. 5분에서 10분 사이의 명상을 하고 나면 이런 환자들은 대개 더 침착하고, 정서적으로 그리고 신체적으로 압도당한다고 느끼지 않는 상태에서 그들의 경험에 더 주의를 기울일 수 있게 된다.

그들의 자동적인 과잉반응성의 배경에는 급성적으로나 만성적으로 외상적인 초기 애착 경험이 있기 마련이다(Schore, 2002). 이미 시사한 바와 같이 애착에 관해 집착하는 마음 상태를 가지고 있으면서 더 심각한 환자들은 자주 미해결된 외상이나 상실로 점철된 개인사를 치료 장면에 가지고 온다.

14
미해결형 환자
정신적 외상과 상실의 상처 치유하기

성인 애착 면접은 바로 앞 장에서 설명한 일부 집착형 성인뿐만 아니라 무시형이나 심지어 안정형의 일부 성인도 미해결형으로 분류한다. 이런 결과는 우리 대부분이 개인사에서 '섬'과 같이 고립되어 있는 정신적 외상과 해리된 어떤 상태를 갖고 있다는 사실과 맥을 같이 할 수 있다(Bromberg, 1998a). 그러나 대체로 미해결된 마음 상태와 심각한 심리적 문제 간에는 연관성이 있는 것같이 보인다. 경계선 성격장애와 해리성 장애 그리고 외상후스트레스장애는 모두 명백히 유년기의 혼란된(disorganized) 애착의 개인사와 마찬가지로 정신적 외상의 미해결과 관련이 있다(Dozier et al., 1999; Hesse, 1999; Liotti, 1995; Solomon & George, 1999; Solomon & Siegel, 2003; van IJzendorn, Schuenzel, & Bakermans-Kranenburg, 1999).

미해결형 환자를 식별하기 위해서는 환자들이 정신적 외상 그리고/또는 상실에 관한 개인적인 경험에 대해 언급할 때 그 추론이나 담화에서 나타나는 착오에 주목할 필요가 있다. 성격에 지속적으로 파괴적인 영향을 미치는 것은 극도로 고통스러운 경험 그 자체가 아니기 때문이다. 이보다 결정적인 것은 그런 경험이 해결되지 못한 상태인데, 구체적으로는 Main(1995)과 Hesse(1999)가 기술한 유형의 착오에서 드러났던 것과 같은 상태다. 우리가 이런 착오들을 알아차리게 되는 만큼 우리는 정신적 외상 그리고/또는 상실이 특정 환자의 치료에서 상당히 중요한 주제로 부각될 것임을 알 수 있다. 그러나 중요한 것은 정신적 외상의 영향을 다루는 것만이 유일한 작업은 아니라는 점이다. 모든 애착 중심 치료에서와 마찬가지로 관계가 바로 치료적 활동이 이루어지는 곳이다.

수년 전에 나는 표면적으로는 의사소통의 향상만을 위해 노력하는 한 부부를 만났다. 두 번째 회기에 남편이 아내인 사라와 눈짓을 주고받으면서 내가 간신히 알아들을 수 있었던 몇 마디 말을 했는데, 그 말의 요지는 뭔가에 관하여 이야기해도 되겠냐고 아내의 동의를 구하는 것 같았다. 내 기억으로는 남편이 결국 이야기의 표제를 꺼냈고 아내가 거기서부터 이야기를 이어 나갔다. 이야기인즉슨, 그녀가 10대 소녀였을 때 어느 날 학교에서 집으로 돌아와 보니 어머니가 아버지에 의해 살해된 것을 알게 되었다는 내용이었다.

나는 이들이 털어놓은 이 소름끼치도록 충격적인 상실의 이야기를 듣고서 너무 놀라 할 말을 잃을 지경이었다. 사라는 차분하게 그러나 명백히 필사적으로 그 사건과 그것의 여파는 현재의 자신과 아무런 연관성이 없다고 주장했다. 내가 그녀에게 말을 더해도 될 만큼 안전하다고 느낀다면 자신의 경험에 관해 조금 더 이야기해 보라고 격려했을 때 그녀가 보인 반응은 매우 인상적이었다.

그 이전까지 그녀는 대화에 참여적이었고 감정적으로 함께했었는데, 그때부터는 섬뜩한 초연함이 전해지는 단조로운 어조로 그녀가 발견했던 살인에 대해 말했다. 그녀의 이야기는 매우 긴 침묵에 의해 몇 차례 중단되었고, 침묵하는 동안 그녀는 마치 자기 자신에게 빠져든 것처럼 자기 내면으로 들어가 사라져 버린 것 같았다. 그때마다 내가 혹은 남편이 던진 어떤 말이나 질문을 통해 그녀를 다시 방으로 불러와야 했다. 그녀는 자신의 비극적인 과거를 이야기하는 동안 간헐적으로 현재 시제를 잘못 사용했다.

미해결된 정신적 외상을 나타내는 이 모든 징후, 즉 사라의 의식상태의 명백한 변동과 그녀의 섬뜩하게 초연한 어조, 과거에 대한 진술에서 현재 시제의 사용, 그리고 이야기의 긴 중단은 '해리된 경험의 복귀'를 나타내는 것으로 이해될 수 있는데, 이것은 혼란을 야기하고 시간과 장소에 대한 인식 기능을 잃게 한다. 분명히 이 환자는 자신의 정신적 외상 경험에 대해 어떤 의미에서 외상을 재경험하지 않고서는 설명할 수가 없었던 것이다.

　　그녀는 나의 설득으로 자신을 위한 개인치료를 시작했고, 시간이 지나면서 그녀가 원래 의식에서 해리할 수밖에 없었던 정신적 외상을 서서히 통합하고 해결해 낼 수 있었다. 부부치료가 더 진행되었을 때 그녀는 오랜 기간 자신의 과거에 대해 가능한 한 생각하지 않으려고 노력했지만 그것은 항상 그녀와 함께 있었다고 말했다. "그 것은 마치 날카로운 자갈이 내 신발 안에 있는 것 같아요. 신발 안에 자갈이 있으면 걸음걸이가 이상해질 수밖에 없죠."

　미해결형 환자들의 치료는 엄청나게 어렵지만 잠재적으로는 매우 보람될 수 있는데, 이들의 치료는 다른 환자들의 치료와 유사하지만 훨씬 더 어렵다. 대부분의 환자들에게는 통합을 촉진하는 것이 치료작업에서 중요한 부분이다. 미해결형 환자들의 경우 해리(dissociation)가 가장 중심되고 분명한 특징이기 때문에 다양한 측면의 통합을 촉진하는 것이 곧 작업의 핵심이다. 이와 유사하게 대부분의 환자들에게 치료자와의 관계는 치료에서 중요한 부분이지만, 미해결형 환자들에게는 치료적 관계가 곧 치료다. 마지막으로 기억에 관한 문제가 있는데, 다른 환자들에 비해 미해결형 환자들의 경우에는 이것이 더 문제가 된다.

　환자들은 모두 암묵적인 절차적 기억으로 각인되고 저장된, 언어 습득 이전의 애착 경험에 의해 영향을 받는데, 이런 기억들은 환자가 관계하고 느끼고 생각하는 고유한 방식을 형성하는 우뇌의 작동 모델의 구성요소가 된다. 이런 암묵적인 기억들은 언어가 발달하기 이전에 저장될 뿐만 아니라 기억의 의미가 이해될 수 있도록 특정 기억에 맥락을 부여하는 뇌의 구조—특히 해마—가 발달하기 이전에 저장된다.

　그렇지만 여기서 우리가 기억해야 할 사실은, 해마는 발달하는 도중에 정신적 외상에 의해 일시적으로 비활성화된다는 점이다. 따라서 미해결형 환자에게는 언어 습득 이전, 그리고 흔히 혼란스러운 속성의 경험에 대한 암묵적인 기억뿐만 아니라 이후에 일어난 외상 경험도 언어화되지 못하고, 무시간적이고 맥락이 부여되지 않은 채로 남아 있을 수 있다. 외상을 입은 환자는 기억에서 이런 경험들을 의식적으로 끄집어 내지 못하기 때문에 특정 기억을 회상한다는 느낌 없이 단지 그런 기억을 현실에서 재경험하는 경향이 있다.

  흔히 이런 환자들은 혼란스러운 애착 관계 속에서 성장했는데, 이런 관계는 적어도 다음 두 가지 점에서 외상을 준다. 즉, 이런 관계는 사람을 압도할 정도로 고통스러운 것이었고 또한 아이가 이런 고통에 대처할 수 있는 안전한 환경을 전혀 제공하지 않았다. 이런 상황에서 아이는 복구되지 않은 채 정기적으로 일어나는, 극히 충격적인 관계의 불협화음을 경험해야 했다. 이런 경험을 통해 환자의 내면에는 자기와 타인 그리고 이 둘의 관계에 대해 다수의 모순된 내적 모델이 생성되었다. 이 것이 미해결형 환자가 심리치료 장면에 가져오는, 사람을 깊이 낙담시키는 모델들이다.

  Freud가 불가능한 직업(an impossible profession)이라고 불렀던 직종에 종사하는 실무자로서 이런 환자를 치료할 때 우리의 임무는 이들에게 이전의 경험과는 다른 관계 모델을 제공하는 것이다. 즉, 우리는 안전하고 믿을 수 있고 포괄적이며 새롭고 또한 그 안에서 균열이 복구될 수 있는 애착 관계를 만들어야 한다. 이런 관계는 또한 과거의 정신적 외상을 해결하는 데 필요한 자원을 포함하여 환자가 가진 자원의 개발을 증진해야 한다. 여기에서 문제는 환자가 의식적으로는 자신의 고통에서 벗어나기를 바라지만, 무의식적으로는 도움도 희망도 가능하지 않았던, 극히 불안전한 원래의 관계를 재현하려는 강력한 충동에 사로잡힌다는 점이다. 그리고 환자에게 안전하지 않다고 느껴지는 치료 관계의 맥락에서 환자의 정신적 외상을 해결한다는 것은 당연히 불가능한 일이다.

안정에 대한 환자의 두려움 극복하기

  미해결형 환자가 자신에게 공감적으로 조율하는 치료자와의 안정된 관계를 견디기 힘들어한다는 점은 이 치료의 주된 특성을 말해 주는 역설이다. 환자가 실제로 안전하다고 느낄 수 있는 관계를 형성하는 것은 필수적이면서 또한 어려운 일이다. 그것은 치료의 궁극적인 목표이자 환자의 정신적 외상의 치유를 시작할 수 있게 해 주는 전제 조건으로 보아야 한다. 이런 식의 표현은 안정된 관계를 형성하는 것과 정신적 외상을 직면하는 것이 서로 얽혀 있는 과정이라는 점을 이해하기 전에는 아마도 상호 모순으로 들릴 것이다. 앞으로 설명하겠지만, 환자가 치료자와의 관계에서 점진적으로 경험하는 안전감의 느낌이 실제로 정신적 외상을 치유하고, 이러한 정신적 외상의 점진적인 치유는 환자가 치료자 및 다른 사람들과의 관계를 자신이 과거에 겪었던 위협의 재연으로 재경험할 수밖에 없는 경향성을 점차 제거해 준다.

9·11사태라든가 나의 환자가 어머니 피살 사건을 알게 되었던 일과 같은 '큰 외상(대문자 T Trauma)' 과 관계에서 일어난 균열의 복구를 제공하지 않았던 애착 대상들에게서 아이가 두려움과 무력감, 굴욕감, 수치심 그리고(또는) 유기(遺棄)를 반복해서 경험하는 '작은 외상(소문자 T trauma)' 은 구별된다(Shapiro & Maxfield, 2003). 작은 외상은 '관계 외상' (relational trauma; Schore, 2002) 혹은 '누적된 외상' (cumulative trauma; Kahn, 1963)이라고도 불린다. 이런 외상을 입은 아이는 자기 보호를 위해 해리와 투사적 동일시를 포함한 미성숙한 방어기제에 의존할 수밖에 없고, 나중에 어른이 되어서도 그렇게 할 소지가 크다. 환자의 위험한 내면세계를 치료자와의 관계에서 되살아나게 만드는 주된 원인은 바로 이런 방어기제에 있다.

앞서 설명한 공감적 조율과 한계 설정을 통해 이런 방어를 다룸으로써 치료 관계에 대한 환자의 경험을 점차 변화시킬 수 있다. 치료 관계가 점진적으로 좀 더 안전하게 느껴지게 되면, 이런 경험을 통해 환자가 유년기에 겪었던 정신적 외상에 대한 반응으로 생겨난 내적 모델과 '경쟁하는' 하나의 새로운 작동 모델이 만들어진다. 이런 점에서 점점 더 안전한 관계의 경험은 원래의 외상이 끼친 충격을 간접적으로 완화하면서 동시에 환자의 정신적 외상을 좀 더 직접적으로 맞닥뜨릴 수 있는 준비 작업을 하게 해 준다.

하지만 또 한 번 염두에 두어야 할 점은 치료 관계 자체를 다루는 것과 정신적 외상에 직면하는 작업은 서로 얽혀 있는 과정이라는 것이다. 관계를 다루는 작업은 흔히 정신적 외상과 연관된 감정을 촉발하고, 외상 경험에 관한 논의는 흔히 관계에 관한 주제를 제기한다. 하지만 내가 여기에서 이런 작업 방식이 마치 서로 엄격히 분리되고 순차적인 것처럼 논의하는 이유는 오로지 명료하게 설명하려는 목적 때문이다. 어떤 순서, 즉 관계에서의 안전감, 그다음에 외상 다루기가 있다면 이런 순서는 거듭 반복되는 특성이 있다.

점차적으로 좀 더 안전한 관계에 도달하는 길은 대개 지극히 험난하다. 정확히 그 이유는 환자가 고통스러운 과거를 피하려고 사용하는 방어가 종종 현재에서 그런 과거의 재연을 유발하는 결과로 이어지기 때문이다. 따라서 치료에서 어려운 과제는 환자를 격분하게 만들고 공포에 떨게 만드는 과거의 애착 관계와 처음에는 환자가 그것의 가능성을 상상하기조차 힘든 새로운 애착 관계가 점차 분리되도록 과거의 이런 재연에 대해 치료자가 단호하지만 공감적인 방식으로 반응하는 일이다.

달리 말하자면, 우리의 목적은 자신의 경험에 철저히 매몰되어 있는―그래서 단순히 자신의 모든 느낌과 신념을 현실과 동일시하는 경향이 있는―환자로 하여금 그런 느낌 및 신념과 상충되는 세계를 어렴풋이나마 볼 수 있게 하는 것이다. 시간이 지나면서, 환자가 치료자인 우리의 눈을 통해 그들 자신을 보는 것과 이와 함께 완강하게 견지하고 있던 그들의 기대를 반증하는 상호작용에 참여하는 것이 합쳐져서 한 가지 이상의 관점으로 그들 자신의 경험을 고려할 수 있는 능력, 즉 그들의 정신화 능력을 점화시키기 시작할 것이다. 과거의 정신적 외상과 방어 그리고 환자와 치료자 관계 간의 상호작용에 관한 이런 개념들은 치료 실제에서 어떻게 나타나는가?

상당히 장기간 이루어진 심리치료에서 첫 회기를 시작할 무렵―여기서 케이시라고 부를 응급실 내과의사인―환자는 나에게 그의 부모님이 두 분 다 자살했다고 말했다. 그는 어쩌면 내 얼굴에 드러난 표정을 읽었는지 재빨리 부모님이 알코올 중독과 이와 유사한 자기 방임 때문에 "서서히 자신을 죽음으로 몰고 갔다."고 그의 말뜻을 분명히 했다. 치료를 시작하고 수개월이 지났을 때 케이시는 일련의 상실에 직면했고 그 자신도 자살 충동을 느끼게 되었다. 이제 그에게는 도움이 절실히 필요하다는 것이 역력했지만 빠르게 드러난 명확한―처음에는 오직 나에게

만—이유들로 인해서 도움을 구하거나 그것을 활용할 수 없는 상태였다.

케이시는 초기 유년기부터 줄곧 어린 형제들뿐만 아니라 연약한 어머니와 난폭한 아버지를 돌보는 부모 역할을 할 수밖에 없었다. 그는 분명히 이 역할 속에서 버림받고 방임된 것처럼 느꼈겠지만, 동시에 그런 역할 덕분에 정기적으로 그의 세계를 무너뜨렸던 격한 분노의 폭발과 학대를 어느 정도는 (비록 늘 그런 것은 아니지만) 피할 수 있었다. 그에게는 다른 사람들을 돌보는 일이 그의 정체성의 근원이 되었고 공격을 막아 주는 보호책이었다. 하지만 그것은 특히 부모님과의 관계에서 두려움 때문에 수행했던 하나의 역할이었다.

케이시는 결코 자신에게 맡겨져서는 안 되는 책임을 떠맡아야 했던 것에 오랫동안 분노하면서, 그의 부모가 자신에게 지운 부담을 다른 사람들에게는 지우지 않기로 '선택'했고, 그 결과 그는 지브롤터의 바위로 여겨져 왔다. 그러나 이런 역의존적인(counterdependent) 방어는 분명 경직되었을 뿐만 아니라 불안정한 방어였다. 추측건대 그는 과거의 버림받음과 정신적 외상의 망령을 불러일으키는 실제의 상실과 상실의 위협감을 느끼는 경험에 직면했을 때 자살 충동이 느껴질 정도로 우울해졌을 것이다. 하지만 압도당하는 느낌이 드는 데도 불구하고 자신의 필요를 직접적으로 인정하거나 나의 도움을 받아들이는 것을 극도로 힘들어했다.

치료는 일 년이 넘도록 마치 일련의 연속적인 비상사태처럼 느껴졌고, 이것은 환자만큼이나 나에게도 크게 영향을 미쳤다. 그동안 여러 차례의 입원뿐만 아니라 셀 수도 없이 많은 심야의 전화 통화와 자살 위협과 제스처 그리고 자살 시도들이 있었다. 환자가 살아 있도록 하기 위해서는 그와 싸워야 한다는 느낌이 들어서 나는 때때로 분노와 불안과 혼란 그리고 강박적으로 그에게 관여해야 한다는 느낌—마치 나의 보살핌에서 단 한 번의 사소한 실수라도 있으면 죽음이나 다른 파국이 일어날 것처럼—에 거의 압도당했다.

내가 이 싸움에서 한 발 물러나 거리를 두고 생각해 보았을 때 (이것은 내가 오직 간헐적으로만 할 수 있는 일이었는데) 내가 겪는 이런 느낌들이 케이시에게 위협적이었을 뿐만 아니라 이미 '스스로를 죽음으로 몰아가고 있었던' 부모님에게서 아마도 그가 어린아이로서 경험했을 느낌과 관련된 것임을 깨달았다. 그는 이전에 한 번도 자신을 압도하는 이런 감정들을 통합하는 일에 가까이 다가간 적이 없었고, 지금도 분명히 그렇게 할 수 있는 처지가 아니었다. 그래서 대신에 그는 자신이 감당하기 어려운 경험을 해리시키고 (주로 무의식적으로) 내 안에서 그런 경험을 불러일으켰던 것이다.

나 자신의 과거 경험 때문에 나는 너무 쉽게 환자의 이런 경험과 동일시했다. 이것은 내가 환자가 겪은 것과 똑같은 외상을 완전히 알고 있었다는 의미가 아니라, 나 자신의 경험으로 인해 케이시에게 깊이 공명했고 또한 가끔은 부모님과 그가 겪었던 외상적 관계의 해리된 측면들을 그와 함께 실연하도록 내가 준비되어 있었다는 의미였다.

해리와 투사적 동일시 및 역전이

이 환자와의 치료작업에 대한 설명으로 되돌아가기에 앞서, 이 작업을 이런 환자들이 사용하는 방어, 즉 정신적 외상의 영향으로부터 그들을 보호하지만 동시에 불행하게도 그들의 외상 요소들이 반복해서 재현되도록 만드는 방어의 맥락과 연결시킬 필요가 있다. 이런 방어들은 치료자의 역전이를 불러일으키는 역할을 하고, 또한 치료자 안에 불러일으켜진 것은 흔히 환자와 함께 실연되기 때문에 치료 관계를 형성하는 데 상당한 영향력을 행사하게 된다.

우선 두 개의 상이한 의미가 있는 용어인 '해리(dissociation)'부터 시작하도록 하자. 이것은 다양한 종류의 '분해(disintegration)'를 뜻하는데, 여기에는 자기 보호 차원에서, 감내하기 어려운 어떤 마음 상태(예를 들면, 아버지가 어머니를 살해한 일)를 좀 더 견딜 만하고 자기에 대한 지속적인 지각에 좀 더 쉽게 통합될 수 있는 어떤 마음 상태들로부터 분리시키는 것이 포함된다. 해리는 또한 부부치료에서 어머니가 살해된 사건이라는 외상이 재표면화되었을 때 여자 환자가 빠져들어 갔던 상태와 같이 방어적으로 변경되고 넋이 나간 의식 상태를 뜻한다. 두 종류의 해리 모두 미해결형 환자의 경험과 심리치료에서 중심적 역할을 한다.

우선 통합의 실패는 이런 환자들 상당수의 심리상태에서 만연한 특성이다. 분열(splitting)—'원시적인 해리(primitive dissociation)'로도 알려져 있는(Kernberg, 1984)—은 경계선 성격 장애 환자가 사용하는 전형적인 방어다. 분열은 전부 아니면 전무(all-or-nothing), 흑 아니면 백(black-or-white), 이것 아니면 저것(either-or)이라는 식으로 느끼고 생각하고 관계하는 방식을 수반하는데, 이런 방식 때문에 자기와 타인에 대해 구획화되고 단순화되며 비현실적이고 불안정한 경험이 만들어진다. 많은 미해결형 환자들의 주관적 세계에서 인간은 영웅 아니면 악한, 박해자 아니면 희생자, 구원자 아니면 무능력자다. 또한 이런 환자들이 부분을 전체와 혼동하는 경향성을 고려할 때 그들 자신과 그들이 관계하는 사람들은 소중한 사람의 범주에서 그와는 정반대의 범주로 쉽게 바뀔 수 있다. 이 때문에 이런 환자들이 치료자를 포함하여 다른 사람들과 경험하는 관계는 불안정하고 동요가 심하며 이들이 심리적으로 의지하기가 극히 어렵게 되어 버린다.

약간 다른 관점에서 보면, 미해결형 환자의 내면세계는 다소간 방어적인 목적으로 서로 분리될 수밖에 없었던 내적 작동 모델들과 마음 상태들로 만들어졌다. 예를 들면, 학대받는 아동이 끊임없는 공포 상태에서 사는 것을 피하려면 공포로 가득 찬 학대 경험에서 파생된 모델을 조금 덜 위협적인 상호작용에서 형성된 모델과 분리시킬 필요가 있었을 것이다. 이런 과거사는 성인의 내면세계에 극단적인 불연속성을 남기게 되어 일상적인 마음 상태에서 압도해 버리는 마음 상태로 갑작스럽게 전환되는 취약성을 초래한다.

신경생리학적 관점에서 보면 해리가 일어날 수밖에 없게 만드는 초기 관계의 부정적 결과의 일부로서, 애착 대상을 두려워하는 아동의 경우에는 위기 상황에서 반응하는 뇌의 체계인 편도체의 조절을 돕는 통합적인 신경계 구조(해마, 안와전두피질, 뇌량 등)가 충분히 발달하지 못하게 된다. 이런 통합과 조절 없이는 편도체가 과잉반응하기 때문에 비교적 무해한 자극도 미해결형 환자에게는 극도로 강렬한 자율신경계의 반응을 불러일으킨다.

해리는 이런 환자들의 정신생물학적 구조를 형성하는 것 외에도 또한 제일선의 방어로도 기능한다. 해리는 종종 '탈출구가 없는 도피(the escape when there is no escape)'로 묘사되기도 하는데(Putnam, 1992, p. 173), 이것은 통합의 실패라는 문제일 뿐만 아니라 방어적 목적을 위해 현실에 대한 자기의 관계가 변경된 최면 상태(a hypnoid state)다. 다른 모든 방어와 마찬가지로 이것은 상당한 대가를 치루면서 자기 보호 기능을 제공한다. 미해결형 환자들은 현실을 덜 실제적으로 만들고, 멍한 상태로 들어가며, 졸린 상태에 빠지게 만드는 등의 방법을 통해 자신을 압도할까 봐 그들이 두려워했던 경험의 충격을 무디게 만들 수 있었다. 그러나 고통스러운 현실과 거리를 두게 하는, 이 동일한 변경된 의식 상태는 이런 현실을 효과적으로 직면하는 것을 불가능하게 만든다. 그 결과 미해결형 환자들은 마치 지하실에서 불이 나서 연기를 내면서 타고 있는데도 그 냄새에 대해 확인하기를 거부하는 사람처럼 살고 있는 것이다. 그들은 항상 압도되기 직전의 상태에 머물러 있는데, (은유적 표현을 섞어서 말하자면) 마치 좋지 않은 일이 이미 일어났다는 사실을 깨닫지 못한 채 그 일이 끝나기를 마음 졸이며 한없이 기다리고 있는 상태에 있다고 할 수 있다.

더욱이 변경된 의식상태로서의 해리는 대개 '몸을 떠나는' 경험을 수반하는데, 이런 경험은 많은 심각한 문제를 가져오는 결과를 초래할 수 있다. 고통스러운 경험을 회피하기 위해 심리적으로 유기된 몸은 어떤 의미에서는 죽은 몸이다. 그것은 더 이상 그 사람의 몸이 아니다. 이 과정에서 감정 상태를 알려 주는 신체의 지표가 대다수 미해결형 환자에게는 접근하거나 포착하기 어렵게 된다. Bessel van der Kolk는 정신적 외상을 겪고 살아남은 사람들에 대한 글에서 이렇게 표현했다. "이들은 신체적 상태를 말과 상징으로 전환하지 못하기 때문에 감정을 단순히 신체적인 문제로만 경험하게 된다. (이들은) 심리적 상태가 아니라 신체 기관의 수준에서 고통을 경험한다."(van der Kolk, McFarlane, & Weisaeth, 1996, p. 423) 따라서 해리하는 환자의 몸은 심리적 문제들과 싸우는 전쟁터가 된다. 부분적으로 그 결과 이런 환자들은 흔히 신체적 문제가 많다. 또 한 가지 복잡한 문제는 이들이 몸에서 자신을 분리시키는 것을 너무나 잘하기 때문에 종종 자기 몸을 잘 돌보기가 상당히 어렵다는 것이다. 마지막으로 해리하는 환자들은 그들 자신과 몸에서 너무 단절된 느낌이 들기 시작하면 공황상태에 빠지게 되고 몸과 다시 연결된다는 느낌을 갖기 위해 과격한 수단에 의지하게 된다. 이들이 해리 상태에서 몸으로부터 분리되었다는 심한 불편감과 비현실감을 느끼게 될 때 보이는 자해 행위는 살을 베어서 상처 내기나 지지기 혹은 스스로에게 매질하기의 형태로 나타나는데, 이런 행위는 이들에게 좀 더 자신의 몸과 연결된다는 느낌을 갖게 해 준다. 몸을 다루는 작업은 미해결형 환자의 심리치료에서 핵심적인 요소로서 제16장에서 다루게 될 주제다.

해리는 Sullivan(1953)이 자기의 '나쁜-나(the bad-me)'와 '나 아닌-나(not-me)'로 부르는 부분을 분열시킴으로써 미해결형 환자가 주관적으로 감당하기 어려운 과거와 현재의 일정 범위의 경험과 '탈동일시(disidentify)'할 수 있도록 해 준다. 하지만 방어적으로 해리된 것은 비록 그것이 의식의 주변으로 밀려날 수는 있을지라도 결코 사라지지는 않는다. 통합되지 않고 부인된 경험과 기억과 표상 그리고 감정은 비유적으로 말하자면 머물 집을 찾는다.

만약 그것들이 환자 내면에서 심리적으로 받아들여지지 않으면 다른 사람에게로 이전될 수밖에 없다. 이것이 방어적 투사적 동일시이고, 치료 상황에서 그 '다른 사람'은 당연히 치료자다. 환자는 자신의 해리된 경험을 우리에게 이전하는 과정에서 자기 안에서 스스로 감당하지 못하는 것을 우리 내면에서 불러일으키는 방식으로 우리를 대하고 우리는 그것과 동일시하게 된다.

넓은 의미에서 볼 때 역전이는 환자의 투사적 동일시와 치료자인 우리 자신의 심리 간의 상호작용에서 비롯된다. 우리가 미해결형 환자의 치료자로서 환자가 우리에게 그렇게 하게끔 투사적으로 요청하는 것을 어떤 식으로든 실연하게 되는 것은 아마도 불가피한 일일 것이다. 왜냐하면 역전이는 우리가 그것을 인식하고 다루기 전에는 그저 행동으로 옮겨지게 되는 경향이 있기 때문이다. 따라서 우리가 환자에게 외상을 입힌 과거의 관계보다 더 나은 관계를 환자와 함께 만들어 내는 데 성공하려면, 우리는 반드시 치료 장면에서 전개되는 전이-역전이 상황을 인식하도록 노력해야 한다.

역전이에 대한 자각은 파괴적인 재현에 제동을 걸 수 있는 가능성을 갖고 있다. 이것이 미해결형 환자를 대할 때 우리가 행동하고 느끼고 원하는 것이 무엇인지에 관심을 기울여야 하는 가장 중요한 이유다. 우리가 치료 관계에 어떤 식으로 참여하고 있는지 그 성격을 우리가 인식할 수 있는 만큼 우리는 어려운, 이른바 우리의 '부정적인' 역전이 반응을 단지 행동화하는 그리고/또는 부인하는 대신, 궁극적으로 그것을 우리 안에서 담아낼 수 있는 방식으로 행동할 수 있게 될 것이다.

이런 맥락에서 나는 미해결형 환자들을 대할 때 자기와 타인에 대한 그들의 내적 작동 모델에 대해 생각해 보는 것이 무척 도움이 된다는 것을 알게 되었다. 앞서 얘기했던, 폭력적인 아버지 밑에서 자란 아들로서 성인이 되어 의사가 된 케이시의 경우처럼, 정신적 외상이 있고 해리하는 환자들은 타인과의 관계에서 자신이 어떤 사람인지를 최대한 네 가지의 다른 양상으로 경험할 수 있다고 설명하는 이론이 있다(Liotti, 1995, 1999). 이들은 애착 대상에게서 학대와 방임, 상실 혹은 누적된 관계적 외상을 경험했기 때문에 자신이 피해자라는 모델을 갖고 있다. 또한 외상에 대한 책임이 자신에게 있다고 느끼고 동시에 외상에 대한 반응으로 분노를 경험했기 때문에—또한 어쩌면 가해자와 자신을 동일시하여—이들은 자신이 가해자라는 모델을 갖고 있다. 그리고 애착 대상과의 관계에서 '부모화되는(parentified)' 과정을 통해 역할 전환을 경험했기 때문에—혼란된 애착 유형의 유아들은 흔히 부모를 보살피는(즉, 통제하는) 아동이 된다는 점을 상기하라—그들은 자신이 구원자라는 모델을 갖고 있다. 마지막으로, 그들은 자주 해리에 의존해 왔기 때문에 자신이 인지적으로 무능하거나 혼란스럽다고 보는 모델을 갖고 있다.

전이와 역전이의 상호작용에서 실현되는 것은 관계라는 점을 명심할 필요가 있다. 예를 들면, 나는 끊임없이 케이시를 구조해야 한다는 압박감을 느꼈는데, 이것은 아마도 그가 두려움 때문에 부모를 구조해야 한다는 압박감을 느꼈던 것과 매우 유사했을 것이다. 그와 동시에 그의 부모가 자기 자신을 돌보는 일에 무관심했다고 느꼈던 케이시는 우리의 상호작용에서 자기 자신을 돌보는 일에 대해 무관심한 것처럼 보였다. 이런 방식으로 나의 역전이 동일시 대상은 환자의 내적 작동 모델의 구성 요소 중 환자의 '자기'였고, 반면에 케이시는 그의 어머니나 아버지와 동일시하는 것처럼 보였다. 한편, 잠시 후 분명해지겠지만, 나는 케이시에게 화를 내거나 그를 버린 부모라는 역전이 역할을 그와 동일시하는 역할과 마찬가지로 쉽게 채택할 수 있었고, 그는—당연히 이런 인물에 대한 의심을 품고—혹여 나에게 접근한다 해도 조심스레 그렇게 했다가 변함없이 거리를 두고 물러났다.

안정에 대한 환자의 두려움 극복하기(계속)

케이시가 스스로에게 가장 위험했던 시기에 나는 그를 일주일에 세 번씩 만났고 거의 매일 짧게 그와 대화를 나누었다. 나와 그를 담당했던 의사 그리고 정신약리사에게 아주 분명했던 사실은 우리가 그의 목숨을 구하기 위한 싸움을 하고 있다는 점이었다. 그러나 환자는 해리와 자기투약(self-medication)으로 고통이 완화된 상태가 되면 위기 상태에서 빠져나와 부인하는 상태로 들어가기를 반복했다. 그는 위기 상태에 있는 동안 절박하게 그리고 화를 내면서 요란하게 도움을 요청하는 몸짓을 했고, 부인하는 동안에는 도움 따윈 필요 없다고 고집스럽게 주장했다. 후자의 상태에서 그는 종종 치료를 중단하겠다고 위협했다. 그는 자신이 실제로 치료를 그만두게 되면 자살하고 말 것임을 내가 확실히 알게 되리라고 이미 말했었다. 나는 이 환자와의 관계에서 몹시 화가 나거나, 겁이 나고, 혼란스러운 상태로 변동하는 내 모습을 보았지만, 거의 항상 그를 보호해야 한다는 욕구에 사로잡혀 있었다.

내가 느끼는 이런 모든 감정들이 부분적으로는 자기 내면세계에 관한 케이시의 비언어적이고 투사적이며 실연하는 의사전달의 결과라는 것을 나는 이따금씩 이해할 수 있었다. 하지만 내가 우리의 관계 경험에 완전히 매몰되어 있을 때면 (혹은, '빠져나오지 못할 때면') 나는 케이시의 이런 의사전달의 힘에 사로잡혀 번갈아 가며 그의 가해자나 피해자가 되거나 혹은 무능한 조력자나 구조자가 될 수밖에 없었다. 내가 이런 의사전달의 구속력에서 스스로 자유로워질 수 있었을 때 비로소 이런 의사전달을 이해하고 환자의 해리된 경험을 공감할 수 있었다. 또한 이런 의사전달은 내가 어떻게 개입해야 하는지에 관한 실마리를 제공해 주었다.

어느 시점부터 케이시는 정기적으로 약속시간에 늦게 오기 시작했고, 나는 점점 더 화가 나기 시작했다. 그의 혼란스럽고 자기 파괴적인 행동은 도와달라는 외침이라는 것이 자명했지만, 정작 그 자신은 스스로를 돕기 위해 사실상 아무것도 하지 않는 것처럼 보였다. 그가 나 혼자서만 그를 책임져야 하는 관계를 만들고 있다는 느낌이 들었는데, 내가 추측하기에는, 그도 어린 시절 그의 부모가 아이였던 그에게 떠맡긴 책임에 대해 화가 나면서도 혼자라는 느낌을 가졌을 것이다.

그리고 나서 그는 한 회기를 또 늦게 왔는데, 그 이유에 대해서는 한 마디 말도 없이 또다시 치료를 그만두겠다고 위협했다. 나는 처음에는 무척 화가 났지만 그다음에 내가 아래로 떨어지는 상당히 견디기 힘든 감각이 느껴져서 아연실색했다. 그러나 이런 감각과 함께 어떤 이미지가 구체화되었고, 이로 인해 케이시의 행동에 대한 내 느낌과 이해에 어떤 변화가 일어났다.

이런 경험과 함께 그때 나에게 몹시 필요했던 자문을 받았고, 이에 힘입어 나는 케이시에게 그가 치료를 중단하기를 바랄 수도 있다는 것이 이해된다고 말했다. 내 마음속에서 그에 대한 이미지가 떠올랐고, 그것은 품에 안겨 있던 아기가 갑자기 떨어지는 모습이었다고 말했다. 나는 우리 관계가 그에게는 또다시 품에 안기고 그런 다음—불가피하게—떨어뜨려질 수밖에 없는 요청처럼 느껴졌을 것이라고 짐작했다.

이제는 그가 아연실색할 차례인 것 같았다. 그는 한동안 말없이 나를 응시했으나 오랜 시간 만에 처음으로 실제로 거기 존재하는 것 같았다. 그리고 나서 그는 그의 경험에 관한 나의 감정의 깊이에 '경외심'을 느꼈으며, 그리고 내가 그를 떨어뜨리지 않을 것이라고 믿는 것이 그에게는 불가능하다고 말했다. 그런 일이 일어나는 것은 단지 시간의 문제일 뿐이었다. 그러나 그는 또한 그 반대를 믿고 싶은 열망도 있다고 단언했다. 이어진 짧은 침묵에서 나는 우리가 폭풍 속의 고요함과 같은 어떤 감정을 찾았다는 공유된 인식이 우리 사이에 있음을 감지했다.

잠시 후에 나는 그를 확실하게 안고 떨어뜨리지 않으려면 그도 자신이 안기는 것을 허용하려고 노력하도록 내가 요구해야 할 것이라고 말했다. 덧붙여 나는 그가 그렇게 할 수 있을지는 전혀 확신할 수 없지만 나로서는 도움을 주려고 노력할 것이라고 말했다. 구체적으로는 그가 치료를 중단하는 것이나 계속적으로 너무 늦게 와서 때로 우리가 같이 있는 시간이 30분도 안 되는 것에 동의하지 않을 것이라고 했다. 그리고 앞으로는 그가 20분 이상 늦으면 그를 만나지 않을 것이지만 치료비는 청구할 것이라고 말했다. 그는 이의를 제기하지 않았고 시간을 좀 더 잘 지켜서 오기 시작했다. 중요한 사실은 내가 화가 덜 나고 그를 떨어뜨리고 싶다는 느낌이 덜 들게 하는 한계를 설정했다는 것이었다. 짐작건대 이런 한계 설정은 케이시에게도 자신이 덜 '나쁘고', 덜 통제불가능하며, 그리고 좀 더 잘 안기도록 하는 데 도움이 되었던 것 같다.

여기서 내가 전달하고자 하는 것은 한편으로는 공감적 조율과 또 한편으로는 적절한 한계 설정으로 얻을 수 있는 치료적 시너지 효과다. 이 환자와 같은 환자들에게는 이 둘이 모두 필요하고, 어느 하나만으로는 충분치 않다. 공감적 조율 없이는 환자가 이해 받는다고 느끼거나 자신의 상태가 치료자에게 느껴졌다는 느낌을 받을 수가 없다. 한편, 환자와 치료자를 보호하는 데 필요한 한계를 설정하지 않으면 우리는 너무 감정적으로 압도되고 화가 날 가능성이 높아 환자를 공감하거나 다른 종류의 의미 있는 도움을 제공하기가 어렵다. 그리고 또한 미해결형 환자들이 우리에게서 실제로 무엇을 필요로 하는지 아는 데 도움을 얻기 위해 우리가 이론뿐만 아니라 우리 자신의 주관적 경험—우리의 느낌과 이미지 그리고 충동—을 활용할 필요가 있다는 점과 또한 그런 경험의 활용이 강력하다는 점도 이 예시를 통해 전달되기를 바라는 바다.

아마도 케이시와 같은 환자에게 가장 즉각적으로 또한 지속적으로 필요한 것은 그들이 감당하기 힘든 압도적인 정서를 다루는 데 있어서 우리의 도움을 얻는 것이다. 우리의 조율된 공명과 공감, 우리가 설정한 한계, 우리의 믿을 만한 가용성 그리고 우리의 염려 이 모두가 상호작용을 통한 정서 조절의 요소들이다. 이 요소들은 환자의 원래 애착 인물들은 제공할 수 없었지만, 우리는 치료관계에서 제공할 수 있기를 바라는 것들이다. 환자의 느낌에 이름을 붙이고 그것에 어떤 맥락을 부여하기 위해서 우리가 사용하는 단어들 또한 이렇게 상호적으로 정서를 조절하는 데 있어 핵심적인 요소다. 이런 도움을 성공적으로 줄 수 있다면 우리는 환자의 전이 기대를 반증하고 치료 관계가 안전 기지라는 지각을 강화한다.

하지만 이런 종류의 도움을 효과적으로 제공하는 일은 어려울 수 있다. 미해결형 환자가 새로운 관계에 내포된 정서 조절 잠재력을 신뢰하기 시작하기까지는 일반적으로 조율과 조율의 실패 그리고 상호적인 복구 과정을 거듭해서 경험할 필요가 있다. 즉, 치료 관계의 균열과 복구의 연속이 되풀이되는 과정이 필수적이다. 그 이유는 환자가 고통스러운 감정을 견디도록 도우려는 우리의 노력이 정작 환자에게는 자주 도움이 되지 않는다고 느껴지기 때문이다. 그런 노력은 환자에게 통제적이고 침해적이며 그리고/또는 조율의 실패로 느껴질 수 있다. 혹은 그것은 환자에게 또다시 '떨어뜨려지는' 위험을 감수하라는 위험천만한 유혹으로 받아들여질 수도 있다.

환자들의 이런 반응은 종종 그들에게 정신적 상처를 준 상호작용이 실제로 일어났음을 나타낼 뿐만 아니라 그들의 최초 애착 대상들과의 관계에서 적절하게 정서를 조절하는 상호작용이 결여되었음을 나타낸다. 이런 상호작용에 대한 암묵적인 기억은 치료자와의 관계에서 재현되는데, 대부분의 경우 환자들은 자신의 어떤 기억을 현재에서 재현하고 있을 수 있다는 사실을 자각하지 못한다. 그러나 환자가 치료 관계에서 감정이 깊게 관여된 균열과 복구 과정을 되풀이해서 경험하고 또한 이런 과정이 환자가 과거 외상에 의해 갖게 된 기대를 반증하게 되면 변화가 생길 수 있다. 환자들이 치료 관계를 안정과 안전함의 원천으로 의지할 수 있다고 서서히 느끼게 되면, 현재를 과거와 조금도 다르지 않은 것으로 경험하는 그들의 고된 경향성을 차츰 좀 더 잘 인식할 수 있게 될 것이다.

정신적 외상을 말로 표현하기

팔레스타인 토건업자 야세르는 수년 동안 간헐적으로 나에게 치료를 받았다. 그러나 최근의 한 회기 중반 무렵 그는 불편해 보이기 시작했다. 그는 땀을 흘리고 불안해 보였다. 알고 보니 그는 그 이유를 모른 채 폐소공포증을 느끼고 겁에 질렸던 것이었다. 폐소공포증이 그에게 어떻게 느껴졌는지를 탐색하자, 그는 1967년 전쟁 발발 당시 8세의 소년이었을 때 에리코(역주: 팔레스타인의 옛 도시)에서 겪었던 일을 떠올렸다.

그는 그 기억을 현재 시제로 이야기한다. 공습 사이렌이 울리고 제트기 소음이 들린다. 그는 밖에 나와 있고 길에서 위를 쳐다보며 하늘에 떠 있는 제트기와 전투기의 공중전을 본다. 그가 안전을 위해 달려간 곳은 알고 보니 위험할 정도로 초만원이 되어 버린 공습대피소다. 그가 계단을 내려가자 숨이 막히는 것이 느껴진다. 그래서 다시 밖으로 나오려고 애쓰는데 누가 아래로 끌어당겨 그는 내려온다. 그는 공포심을 느낀다.

그러고 나서 그는 그 후 몇 개월에 관해 몇 가지 이야기를 한다. 그의 가족이 요르단으로 탈주한 일—도중에 눈에 띄는 불타고 있던 차들, 시체와 부상자들의 몸—그리고 어깨 높이의 물속에서 아기들을 머리 위로 들어올리고 야밤에 요단강을 비밀리에 건넜던 귀향길. 이때 그는 침묵했고, 나는 그가 무엇을 경험하고 있는지 묻는다. 그는 내가 자기 말을 믿기 어려울 것임을 안다고 한다. 하지만 내 질문에 대한 그의 답은, 전혀 아무것도 느끼지 않는다는 것이었다.

그러고 나서 그가 말한다. "이곳은 정말 숨막히게 답답하군요."

잠시 후 이 회기에 대해 재차 설명하겠지만 우선 내가 강조하고 싶은 것은 대부분의 미해결형 환자들에게는 치료자와의 관계에서 적절한 '박자 기호(time signature)' 없이 외상과 관련된 느낌을 단순히 재경험하는 것이 아니라 외상을 입힌 사건에 대한 경험을 회상하고 그것을 말로 표현하는 것이 중요하다는 점이다. 미해결된 정신적 외상에 대한 침투적 기억뿐만 아니라 이러한 외상 기억에 대한 방어는 무력감을 유발한다. 외상과 연관된 느낌이 무엇인지를 명명하게 되면 통제감이 점차 커지게 된다. 또한 처리되지 못한 외상에 관한 기억은 시간적으로 '멎어' 있고, 그 결과 역사적 과거는 주관적으로는 현재로 경험된다. 환자가 또다시 정신적인 충격을 받는다는 느낌을 갖지 않으면서 과거의 외상 경험을 돌이켜 볼 수 있다면 외상에 관한 기억에 변화가 일어난다. Stern(2004)의 표현을 바꾸어 쓰자면, 이제 그들은 '기억할 수 있는 새로운 맥락'을 갖게 된 것이다. 이런 맥락은 좀 더 힘 있거나 지혜로운 사람과 함께하는 관계가 주는 (상대적인) 안전함 속에서 과거에 그들을 압도했던 사건들을 감정을 느끼면서 회상하고 또한 그런 사건의 의미를 상세하게 되짚어 보기 때문에 변화를 가져올 수 있다. 이런 맥락에서는 미해결형 환자의 외상은 어디에나 존재하며 혼란을 야기하는 것이 아니라 그것의 고유한 시간과 장소에 국한되기 시작한다.

과거의 외상을 위한 새로운 맥락을 형성하는 과정에서 우리는 또한 불안을 유발하는 과거와 그것이 현재 순간에 초래하는 결과 사이에 연관성을 찾을 필요도 있다. 이에 나는 다음과 같이 말했다.

> 야세르가 방이 숨 막히게 답답하다고 했을 때 나는 그가 지금 여기에서 폐소공포증을 느끼고 있는지 물어보았다. 그가 "약간." 이라고 대답했을 때 나는 이미 사무실의 창문을 열고 커튼을 걷어 젖히고 있는 중이었다. 그는 몇 차례 심호흡을 했고 이내 안도하는 모습이었다. 우리는 그가 원했고 필요로 했던 것, 즉 방 안에 좀 더 많은 공기를 왜 좀 더 일찍 나에게 요청하지 않았는지를 탐색했다. 이런 탐색의 결과, 그가 생존자로서 느꼈을 죄책감을 고려할 수 있게 되었다.
>
> 전쟁이 일어나기 1년 전, 그의 어머니는 심한 장애를 가진 아들을 출산했고, 한때는 '거물' 이었던 그의 아버지는 심근경색이 있은 후 길에서 복권을 파는 신세로 몰락했다. 야세르가 자신의 욕구('신발과 교육에 대한')를 다른 사람들의 욕구보다 나중에 생각해야 한다고 결심하게 된 것은 이 무렵이었다. 그래서 그는 자신의 욕구를 분명하게 표현하는 일을 억제하게 되었던 것이다. 우리는 또한 그가 일상적으로 경험하는 거의 만연한 공포감을 다루었다. 그는 이런 느낌을 너무 쉽사리 합리화하려고 애쓰는 것처럼 보였다. 그의 외상의 역사와 현재 그가 경험하고 있는 우려를 서로 연관시키는 일은 분명 우리가 계속 진행해야 할 작업이었다.

많은 미해결형 환자들과 마찬가지로 그는 경계를 푸는 것을 극도로 꺼렸다. 다음에 일어날 재난에 단단히 대비하고 있는 상태에서 그가 두려워하는 재난이 이미 일어났다는 사실이 아직은 그에게 납득되지 않았다.

정신화와 마음챙김

외상을 재경험하지 않으면서 과거의 외상 경험을 기억해 내고, 외상과 관련된 느낌과 신체 감각에 이름을 붙이며, 암묵적 기억을 명시적으로 만드는 것은—이 모든 것이 점점 더 안전하고 효과적으로 정서를 조절하는 치료 관계의 맥락에서 이루어질 때—미해결형 환자들의 치료에서 필수적인 요소들이다. 정신화와 마음챙김 또한 그러하다.

우리가 환자의 행동 기저에 있는 느낌과 욕구 그리고 신념의 관점에서 환자에게 반응할 때 우리는 생물학적 기초를 가진 그의 정신화 능력이 발현되도록 자극하기 시작한다. 이런 능력을 갖게 되면 환자는 자신의 즉각적인 경험—이를테면, 공포의 경험—을 이해하기 위해 점점 더 그것으로부터 거리를 둘 수 있게 된다. 이런 성찰은 느낌과 행동에 대해 더 큰 통제감을 갖게 하며, 두 가지 모두를 좀 더 의미 있고 예측 가능하게 만든다. 그 결과 특히 미해결형 환자들에게는 일반적으로 매우 부족한 안정감을 생성하는 데 도움을 준다.

마지막으로 마음챙김은 미해결형 환자의 치료자와 환자 자신 모두에게 중요한 역할을 한다. 마음챙김의 상태로 들어갈 수 있는 치료자의 능력은 외상 경험이 있는 환자들의 치료에서 일어나는 역전이의 압력을 줄여 줄 수 있다. 미해결형 환자에게는 마음챙김 명상이, 감정적인 표현을 쓰자면 폭풍으로부터 피난처를 제공할 수 있는 잠재 가능성이 있다(Linehan, 1993). 제16장에서 다루겠지만, 마음챙김에서 몸(그리고 특히 호흡)에 대한 주의를 집중하는 행위는 환자의 자동적 과잉반응을 점차적으로 완화할 수 있을 뿐만 아니라 공포와 해리에 대한 해독제 기능을 할 수 있다. 마지막으로 생각과 느낌 그리고 신체적 감각을 (회피하거나 혹은 이에 휩쓸려 버리는 대신에) 관찰하고 이름을 붙이는 마음챙김 수행은 환자의 미숙한 정신화 능력을 길러 줄 수 있다(Allen & Fonagy, 2002). 미해결형 환자들에게는 감정과 감각 그리고 신념이 행사하는 힘이 거의 불가항력적인데, 마음챙김 수행은 이들에게 매우 유익한 종류의 지지원이 될 수 있다.

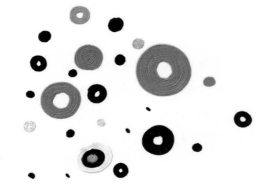

제5부

{임상적 초점 선명히 하기}

우리는 환자들에게 안전 기지를 제공함으로써 그 자체로 치유적일 수 있는 교정적인 관계 경험을 제공한다. 이런 관점에서 볼 때, 환자가 치료자와의 관계에서 발달시키는 애착의 유대는 핵심적인 치료적 개입이 될 수 있다. 하지만 애착 관계는 또한 환자 경험에서 해리된 부분들의 통합을 돕고, 성찰할 수 있는 잠재력과 마음챙김을 하면서 살아갈 수 있는 잠재력의 증진을 이루는, 유난히 효과적인 맥락으로도 기능할 수 있다. 치료자들이 이런 새로운 발달적 맥락을 어떻게 가장 잘 활용할 수 있는가가 다음 세 개의 장에서 다룰 주제다.

먼저 제15장에서는 흔히 해리된 경험의 영역이기도 한 비언어적인 영역에 대한 통로로서, 우리의 주관적 경험과 더불어 환자와 우리가 함께 만들어 내는 실연에 대한 우리의 자각을 활용하는 방식을 상세하게 서술하고 있다.

제16장의 초점은 몸이다. 환자의 신체감각과 표현, 움직임 및 자세는 무언의 말을 한다. 이것은 치료자의 경우에도 마찬가지다. 우리는 신체 작업을 통해 환자의 감정과 접촉하고 감정을 조절하도록 도움을 줄 수 있다. 그리고 언어 사용 이전의 경험과 외상은 마음뿐만 아니라 몸에도 저장되기 때문에 몸에 초점 두기는 모호하고 해리된 경험을 조명할 수 있다.

제17장에서는 심리적 해방에 이르는 상호보완적인 통로로서 정신화와 마음챙김을 다루고 있다. 정신화는 이해를 통해 우리를 자유롭게 하고, 마음챙김은 수용과 현재에 존재하기 및 알아차림을 통해 우리를 자유롭게 한다. 우리는 치료자로서 환자들이 그들의 경험에 대해 좀 더 성찰적이고 마음챙김의 태도를 갖도록 많은 다양한 방법으로 도와주려고 시도해 볼 수 있을 것이다. 하지만 우리가 이런 시도에서 얼마나 도움이 될지는 궁극적으로 우리가 얼마나 효과적으로 정신화와 마음챙김을 할 수 있는 우리 자신의 역량을 기를 수 있느냐에 달려 있을 것이다.

15
비언어적 영역 1
불러일으켜 지고 실연된 측면 다루기

애착 지향적인 심리치료의 목표는 환자의 발달에 영향을 준 원래의 관계들보다 더 조율되고 포괄적이며 협력적인 새로운 관계를 만들어 내는 것이다. 많은 이유로 환자와 이런 관계를 형성하기 위해서는 감정에 기초한 치료적 대화의 비언어적인 배후의 의미에 초점을 집중시킬 필요가 있다. 환자의 언어 습득 이전의 애착 경험과 환자가 아직 표현할 말을 갖고 있지 않은 외상 경험 그리고 해리시켜야만 했던 감정과 욕구 이 모든 것들은 주로, 환자가 직접적으로 말로 표현해서가 아니라 환자가 우리 안에서 불러일으키고, 우리와 함께 실연하거나 혹은 신체화함으로써 접근이 가능하게 된다.

따라서 우리는 환자의 말을 듣고 우리 자신의 말로 반응하는 동안에 말의 주고받음을 형성하는 감정적, 관계적 그리고 내장/신체적인 차원의 저변의 흐름에 대해, 언어적인 차원보다 더 많게는 아니라 해도 그에 못지않게 많은 주의를 기울여야 한다. 말은 그 자체로 중요한 의미를 전달할 수도 있지만 그렇지 않을 수도 있다. 하지만 암묵적이고 비언어적인 배후는 거의 언제나 중요한 의미를 전달한다. 그것은 여기에서 일어나고 있는 것에 대한 느낌—즉, 치료 관계에서 실제로 일어나고 있는 것에 대한 감각—으로서 환자의 경험 및 환자와 우리가 공동으로 만들어 내는 상호작용에서 가장 즉시적으로 두드러지는 것으로 우리를 이끌어 줄 수 있다.

우리의 주의가 환자의 말에 의해 독점당할 위험을 최소화하려면 우리는 환자의 신체 언어—자세와 몸짓 같은 것의 뉘앙스뿐만 아니라 얼굴 표정, 억양과 말투, 환자가 호흡하는 속도와 부위—를 '읽도록' 우리 자신에게 상기시킬 필요가 있다. 또한 이와 마찬가지로 중요한 것은 우리가 우리 안에서 일어나고 있는 것—주로 우리의 산만한 생각들이 아닌 우리의 신체적 경험과 감정적 경험—이 무엇인지 알아차리기 위해 잠시 멈추고 심호흡하는 것을 기억할 필요가 있다는 점이다. 우리가 온전히 존재하고, 우리의 감정에 민감하며, 환자에게 충분히 마음으로 관여하고 있다는 느낌이 드는가? 만일 그렇지 않다면, 우리 경험의 속성은 어떠한가? 그리고 이것이 환자의 경험과 어떤 연관성이 있을 수 있는가? 우리는 이런 질문을 통해 환자에 대해, 그리고 환자에 대한 우리 반응의 질과 의미에 대해 좀 더 알기 위해 우리 자신을 들여다보게 된다.

애착 연구에 비추어 볼 때, 부모의 마음 상태가 자라고 있는 유아에게 결정적인 영향을 미친다는 사실은 의심의 여지가 없다. 임상적 경험(말하자면 정신과치료에서와 그 이외의 것을 모두 포함하여)이 시사하는 바에 의하면, 애착에 대한 치료자의 마음 상태가 심리치료에서 환자의 성장에 미치는 영향은 부모의 마음 상태가 유아에게 미치는 것보다는 아마도 덜 강력하지만 유사하게 결정적으로 중요할 것이다.

우리 자신의 마음 상태 혹은 마음 상태들이 환자에게 미치는 영향을 알아차리기 위해서 우리가 하는 말과 행동 혹은 말하지 못하고 행동하지 못하는 것에 대한 환자의 반응에 민감하게 주의를 기울일 필요가 있다. 이런 정서적 반응들을 인식하려면 환자의 말은 물론 환자의 비언어적 의사표현에도 주의를 기울여야 한다. 여기서 우리는 환자의 경험 그 자체에 초점을 둘 뿐만 아니라 우리가 치료 관계에 참여하는 방식의 속성을 알기 위한 하나의 방법으로서도 환자의 경험에 초점을 두어야 한다.

물론 이것은 우리를 바로 전이-역전이 실연(enactments)—즉, 환자와 치료자의 상호작용하는 주관성(subjectivities)의 행동적 표현—의 주제로 이끈다. 이런 실연이 지속적이고 불가피한 것이라고 전제한다면 문제는 우리가 과연 실연에 참여하는가 아닌가의 여부가 아니라 어떻게 참여하는가다. 우리는 환자와 실제로 무엇을 하고 있는가? 우리는 어떤 역할들을 떠맡게 되는 경향이 있는가? 우리는 무엇에 더 초점을 두는 것을 선택하는가? 우리는 무엇을 회피하는가? 그리고 어떤 무의식적 동기가 실연에서 우리가 하는 역할을 조종하는가?

실연은 전이와 역전이의 서로 맞물려 있는 영향력에서 비롯되기 때문에 우리 자신이 상호작용에 기여하는 바가 무엇인지를 알아차리게 되는 것은 종종 환자가 기여하는 바를 조명하기 위한 준비작업이다.

이런 종류의 자각은 자주 공동의 목표를 추구하는 데 있어 환자와 치료자 간의 조율과 협동의 감각을 향상시키는 직관적인 개입들을 촉구한다. 이런 '적합성(fit-tedness)'의 감각을 점진적으로 심화하는 것은 치료자와 환자가 환자의 불안정한 내적 작동 모델을 '획득된' 안정된 작동 모델로 전환시킬 수 있는 새로운 애착 관계를 생성하는 가장 중요한 방법 중 한 가지다.

제8장에서 설명했듯이 치료자와 환자는 '즉흥적인 관계적 움직임'을 통해 감각적으로 이런 적합성을 찾아가는 시행착오의 과정에 함께 관여한다(Change Process Study Group, 2005; Lyons-Ruth & Boston Change Process Study Group, 2001). 한편으로 이 과정은 암묵적으로 (그리고 초기에는 비언어적으로) 두 사람이 각자 자기 안에서, 상대방 안에서, 그리고 두 사람 사이에서 일어나는 것을 느끼고 그에 따라 반응하면서 전개된다. 다른 한편으로 이런 암묵적인 경험을 명시적인 것으로 만드는 것은 심리치료에서 '움직여 나가는 것(moving along)'이 또한 '전진하는 것(moving forward)'이 될 가능성을 높이는 인식 과정의 핵심적인 부분이 될 수 있다.

나는 치료적 상호작용의 암묵적이고 비언어적인 차원을 치료자가 효과적으로 다루도록 도움을 주기 위해, 환자들에 의해 분명하게 말로 표현될 수 없는 것은 불러일으켜지거나 실연되거나 혹은 신체화되는 경향이 있다고 간략하게 제시하였다. 이 장과 다음 장에서 나는 이 순서에 따라 논의를 전개하겠지만, 이 범주들은 결코 실제에서는 이론에서만큼 명확하게 구분되지는 않는다. 우리는 환자들이 우리 안에서 불러일으키는 것을 흔히 실연에 옮긴다. 또한 환자들은 자신이 신체화하는 것을 흔히 우리 안에서도 불러일으킨다. 이런 식으로 실제에서는 구분이 흐려진다.

더욱이 이미 제안했듯이 치료적 관계 저변의 흐름은 설사 그런 경우가 있다 하더라도 오로지 한 방향으로만 흐르는 경우는 매우 드물다. 환자들이 우리에게 반응을 불러일으키는 것처럼 우리도 환자에게 반응을 불러일으키는 존재가 될 수 있다. 우리에게도 환자만큼이나 실연을 초래하는 책임이 있을 수 있다. 그리고 우리도 환자와 마찬가지로 의식하지 못한 채 우리의 감정을 몸으로 표현하기 쉽다.

그러나 치료적 관계의 특징에는 이런 종류의 상호성뿐만 아니라 비대칭성이 포함되어 있다. 환자와 치료자는 불가피하게 상호 간에 영향을 주고받고 똑같이 많은 취약점을 공유하지만 이와 동시에 치료자는 훈련과 임상 경험 및 치료자가 자신을 위해 받았던 치료 경험(치료자의 개인력이 아니라 하더라도)에 힘입어 종종 환자에게는 부족할 수 있는 강점을 갖고 있다. 이런 강점에는—가장 중요하게—무의식의 힘에 관하여 경험을 통해 얻어진 인식뿐만 아니라 우리 자신과 타인의 감정을 감당하고 인식하며 이해할 수 있는 잘 발달된 능력이 포함되어 있다.

게다가 치료자와 환자의 역할은 매우 다르다. 즉, 한 사람은 도움을 주기 위해, 또 한 사람은 도움을 받기 위해 치료실에 있다. 결국 치료적 관계의 주된 초점과 존재 이유는 우리 자신보다는 환자의 취약성과 불만 및 희망에 있다. 이런 비대칭성 때문에 우리가 환자보다 좀 더 안전하게 느끼고 또한 우리가 평소에 비해 좀 더 안전하게 느낄 수 있는 맥락이 만들어진다. 그 결과 우리는 그렇지 않은 상황에 비해, 안정된 애착 관계를 가능하게 해 주는 유연성과 공감적 조율(비언어적인 정서적 경험에 조율하는 것을 포함)을 제공할 수 있는 능력을 좀 더 갖게 된다.

제10장에서 논의한 대로 상호주관성 이론과 관계적 이론은 애착 연구에 의해 매우 핵심적인 요소로 확인된 바 있는 비언어적 경험을 다룰 때 도움이 되는, 독특하게 강력한 자원을 제공한다. 구체적으로 이 이론들은 치료적 관계에서 불러일으켜지고 실연되는 것을 우리가 가장 효과적으로 다룰 수 있는 방법을 조명한다. 달리 말하면, 이 이론들은 암묵적이고 말로 표현되지 않은 전이-역전이 상호작용을 우리가 인식하고 이해하고 개입할 수 있도록 도와준다. 처음에는 무의식적인 이런 상호작용은 가장 힘든 장애물일 뿐만 아니라 매우 귀중한 자원이 될 수도 있다.

그러나 이런 주제들을 구체적으로 논하기에 앞서 비언어적 영역의 경험에 대한 지각과 표현에 있어서의 개인차에 관한 몇몇 연구와 임상적 이론을 언급하고자 한다. 왜냐하면 치료자와 환자가 서로 간에 비언어적 메시지를 주고받고 해석하는 방식은 결국에는 그들이 얼마만큼 서로 동조하며 함께 진전하고 있다고 느끼게 되는지에 엄청난 영향을 미치기 때문이다. 애착 양식이 서로 다른 사람들은 서로 다른 방식을 통해 비언어적으로 소통하는 경향이 있기 때문에 이런 차이를 아는 것은 환자뿐만 아니라 우리 자신을 이해하는 데도 유용할 것이다.

비언어적 의사소통

최초 관계에서 안정감을 조성하는 데 도움이 되는 '민감한 반응성'은 애착 대상이 유아의 비언어적 신호를 정확하게 읽고 그에 맞는—즉, 유아의 신호에 조율되거나 부응하거나 혹은 맞추어진—반응을 비언어적으로 전달할 수 있는 능력에 크게 좌우된다. 이와 유사하게 환자에 대한 우리의 공감적 조율도 환자의 비언어적 단서를 정확하게 읽고 환자로 하여금 자신의 내적 상태가 치료자에게 이해될 뿐만 아니라 느껴진다는 것을 알 수 있게 해 주는 방식을 통해 (언어적으로뿐만 아니라) 비언어적으로 반응하는 우리의 능력에 의해 크게 좌우된다(Schore, 2003; Siegel, 1999).

우리 모두가 비언어적인 소통의 언어에 유창하기를 바라겠지만 비언어적 메시지를 이해하고 표현하는 능력은 사람마다 차이가 있다. 사회심리학 연구에서는 안정 애착 유형의 사람들이 그렇지 않은 사람들보다 비언어적 의사소통에 좀 더 능숙하다고 제안하고 있다(Schachner, Shaver, & Mikulincer, 2005). 이들은 타인의 비언어적 메시지를 좀 더 정확하게 읽어 내고, 또한 그런 메시지를 좀 더 분명하고 직접적으로 타인에게 내보낸다.

불안정 애착 유형 사람들의 비언어적 의사소통은 문제가 될 수 있는데, 구체적인 문제는 부분적으로 그들의 애착 양식에 따라 다르다. 먼저 표현적 차원의 문제를 살펴보도록 하자. 안정 애착의 사람들과 비교해 볼 때, 사회심리학자들이 '회피형'(즉, 무시형)이라고 기술하는 사람들의 비언어적 행동은 상당히 제약되어 있는 경향이 있다. 그들은 얼굴 표정에서 자신을 적게 드러내고, 타인을 응시하고 접촉하는 정도가 덜하며, 목소리에서도 긍정적인 느낌을 적게 전달할 수 있다. 애착과 관련된 맥락에서 그들은 지지를 얻으려는 비언어적인 시도를 덜 하고, 더 많이 고개를 돌리며 다른 곳을 쳐다본다. 이와는 대조적으로 '불안형' (집착형)으로 기술되는 사람들의 비언어적 행동은 매우 표현적인 경향이 있는데, 특히 그들이 지지를 구하고 있고 그리고/또는 그들의 감정이 부정적일 때 더 그런 경향이 나타난다.

비언어적 단서에 대한 민감성, 특히 욕구나 괴로움을 알려 주는 단서에 대한 민감성에 있어서 회피적인 사람들은 그런 단서들을 무시하거나 혹은 알아보지 못하는데, 이에 비해 불안한 사람들은 과잉 반응하는 경향이 있고, 때때로 정확하게 지각하기보다 그들이 상상하는 신호에 반응한다. 일반적으로 불안정 유형의 사람들은 타인들에 대해 편향된 평가를 내리는 것처럼 보이는데, 이런 평가는 또한 애착양식에 따라 특정한 방식으로 편향되어 있는 것 같다. 연구 결과가 시사하는 바에 의하면, 회피적인 성인들은 자신이 다른 사람들과 다르며 구별된다고 생각하는 경향이 있고—그리고 그들은 다른 사람들에게서 자신의 원치 않는 특성들의 (투사된) 증거를 본다. 이와는 대조적으로 불안한 성인들은 다른 사람들이 자신과 비슷하다고 생각하고—다른 사람들에게서 자기 자신의 실제 특성의 (투사된) 증거를 보는 경향이 있다(Mikulincer & Shaver, 2003). 이런 편견의 패턴들(잘못된 차별성이나 잘못된 일치)과 (원치 않는 특성이나 혹은 실제 특성들의) 투사는 환자의 전이 반응에 영향을 줄 수 있다. 이것들은 또한 우리의 역전이 반응의 한 요인이 될 수도 있다. 그리고 물론 이 둘은 상호작용한다.

예를 들어서, 한 무시형 환자는 죄책감을 느끼면서 자신의 공격성을 부정하는 경향이 있었는데, 그는 종종 나의 말투나 얼굴 표정에서 분노를 읽었다(혹은 잘못 읽었다). 어떤 관점에서 보면 나는 그의 이런 편향된 해석을 투사와 잘못된 구별의 결과라고 이해할 수 있었다. 즉, 나의 비언어적 단서들에 대한 그의 해석에 의하면 나는 화가 났고 그는 그렇지 않았다. 다른 한편, 이 환자의 전이는 때때로 나의 역전이에 의해 의심할 나위 없이 '실증(實證)' 되었다. 적개심을 찾는 그의 날카로운 눈과, 그와 내가 취약하다는 느낌을 공유한다고 (잘못된 일치) 가정하는 나의 경향성이 결합하여, 나에게서 과잉보호적이고 지나치게 통제된 반응을 불러일으켰다. 그리고 내가 환자에게 비언어적으로 드러내는 것에 대해 그토록 조심해야 하는 것이 구속으로 느껴져 나는 점차 그에게 짜증이 났다.

이와 매우 유사하게, 자주 고통에 시달렸던 한 집착형 여자 환자는 그녀에게는 다른 사람들의 심기가 불편하다는 비언어적 신호가 보였는데(혹은 보였다고 생각했는데), 정작 당사자들은 그녀의 염려에 대해 실제로 괜찮다고 말했고, 그녀는 이것을 어떻게 받아들여야 할지 알지 못했다. 우리 관계에 대해서도 그녀는 우리가 둘 다 기분이 변덕스러운 사람들이기 때문에 치료자와 환자로 서로 맞지 않을 것이라 생각한다고 말했다. 이것이 잘못된 일치의 문제였을까? 말할 나위 없이 우리는 그녀가 지각하는 우리의 공유된 심리에 관해 매우 흥미로운 대화를 나누었다.

편견과 투사에 관한 연구와 더불어 관련된 연구 결과들을 보면, 회피형과 불안형은 모두 상대방의 행동에서 적대적인 의도를 읽어 내는 경향이 있고, 심지어 그런 의도를 암시하는 단서가 없을 때도 그것을 읽어 내는 경향이 있다고 한다(Schacter, Shaver, & Mikulincer, 2005). 대개 애착의 개인사에서 문제가 있었던 환자들은 얼굴 표정과 같은 비언어적 단서들을 정확하게 해독하는 데 어려움이 있고, 그 결과 타인들의 감정과 의도를 잘못 해석하기가 쉽다(Schore, 2003).

특별히 이런 환자들에게는 치료자가 덜 투명한 모습보다 더욱더 투명한 모습을 보이는 것이 중요할 수 있다. 이런 환자들에게 우리가 자신을 알 수 없는 존재로 계속 남겨 두면 우리는 의도하지 않게 과잉의 부정적 전이를 강화할 수 있다. 나는 이런 환자들이 어떤 감정을 나의 탓으로 잘못 돌리는 것처럼 보일 때 종종 신중하게 내 감정 경험을 개방한다. 내가 개방한 내용에 대해 환자가 의구심을 보이면 나는 환자에게 내 말을 듣는 동안 내 얼굴을 보라고 한다. 그는 거기에서 무엇을 보는가? 그는 내가 무슨 말을 하고 있다고 하는가? 이 두 개의 채널이 서로 일치하는가 혹은 일치하지 않는가? 물론, 내가 자각하지 못하는 경험의 어떤 측면을 환자가 알아차릴 수도 있다는 가능성을 분명히 열어 놓는다. 이렇게 환자를 존중하는 맥락에서 나는 환자에게 비언어적인 단서들을 좀 더 정확하게 읽을 수 있도록 이런 단서들에 세심하게 주의를 기울이는 능력을 강화하고자 한다. 여기서 환자들 입장에서 첫 단계는—대개 그들에게는 당혹스러운 단계인데—이런 단서들에 대한 그들의 자동적인 해석에 대해 적어도 의문을 제기하기 시작하는 일을 스스로에게 허용하는 것이다.

지금까지 논의한 감정의 비언어적인 전송과 수신은, 신경과학 연구에 의하면, 우뇌의 전문분야다. 이에 대해 Schore(2005)는 치료자가 환자 얼굴의 왼쪽을 집중해서 보아야 한다고 제안하는데, 그 이유는 비언어적이고 사회정서적인 우뇌에 의해 조절되는 것은 얼굴의 왼쪽 편이기 때문이다. 실제로 연구들은 얼굴의 왼편이 오른편보다 감정을 더 잘 표현한다는 것을 보여 주고 있다(Mandal & Ambady, 2004). Schore의 제안은 다소 기계적으로 들릴 수도 있지만 나는 이것이 매우 유용한 제안이라는 것을 경험을 통해 알게 되었다. 우리가 환자 얼굴의 왼편에 집중함으로써 '우뇌에 조율해야' 한다는 것은 환자의 비언어적 단서에 주의를 집중시켜야 한다는 좀 더 넓은 의미의 필요성을 예증하는 매우 구체적인 권고다.

비언어적으로 소통되는 것의 대부분은 암묵적인 상태로 남아 있는데, 이것은 빠른 신호 보내기와 반응하기의 정서적인 기저로서 순간순간 말을 통해 이루어지는 대화를 형성하고 재형성한다. 대부분의 경우 환자와 치료자 간에 지속적으로 오가는 이런 시각적이고 청각적인 단서들을 통해 이 두 사람이 감정적으로 서로 동조하고 있다는 느낌을 받는 안전한 분위기가 조성된다. 다른 한편에는 치료자와 환자가 공유하는 암묵적 관계에서 오직 비언어적으로만 표현되는 불편한 저변의 흐름이 있을 수 있고, 그리고 환자는 이런 상태에 이름을 붙여 말하지 못하거나 혹은 그렇게 하고 싶어 하지 않을 수도 있다.

이 두 가지 매우 다른 종류의 경험을 명시적으로 다룰 것인지 말지는 흔히 치료자에게 달려 있다. 우리는 암묵적인 상호작용을 명시적인 것으로 만들기를 선택할 수도 있고 선택하지 않을 수도 있다. 만약 우리가 암묵적인 것을 명시적인 것으로 만들기를 선택한다면 우리가 답해야 할 질문이 한 가지 더 있다. 즉, 상호작용에 대한 우리의 경험을 환자에게 직접 개방해야 하는가? 아니면 그 경험을 간접적으로, 이를테면 공감적인 말이나 해석의 형태로 활용해야 하는가? 이런 질문들이 특히 절박한 의미로 다가오는 경우는 환자들이 그들 자신의 경험에서 어떤 측면들을 우리 안에서 불러일으키는 데 성공했다는 느낌이 들 때다.

치료자 안에서 불러일으켜 진 반응에 대해 어떻게 해야 하는가

환자가 우리 안에 불러일으키는 경험에 대해 우리가 해야 한다고 생각하는 것과 실제로 할 행동은 결국 별개인 것으로 드러날 수 있다. 전자는 대개 환자를 위해 무엇이 가장 유용할 것인가에 관해 우리가 의식적으로 지각하는 바에 달려 있다. 후자는 다수의 다른 요인들에 달려 있는데, 이런 요인들 대부분은 우리가 처음에는 의식하지 못하는 것이다. 이런 요인들은—환자의 영향뿐만 아니라 우리 자신의 심리와 기분 및 특정 순간에 우리가 몰두하는 것을 포함하여—우리의 계획적인 의도와 상호작용함으로써 예측할 수 없고 어느 정도는 우리의 의식적 통제를 벗어난 반응들을 만들어 낸다. 종종 사전에 계획되지 않은 이런 반응들은 결과적으로 생산적인 것이 될 수 있다. 그리고 가끔은 문제가 되기도 한다.

50대 초반으로 히피풍이고 이혼한 변호사인 '닐' 은 불안을 극복하는 데 도움을 받으려고 나를 찾아왔다. 우리는 수개월간의 만남을 통해 불안이 가장 명백하게 그를 괴롭히는 감정이기는 하지만 실제로는 그가 감당하기 어려운 많은 것들 중 그저 한 가지에 불과하다는 것을 알게 되었다. 어느 날 우리는 긴 침묵으로 치료회기를 시작했는데, 마침내 내가 그의 내면에서 무슨 일이 일어나고 있느냐는 질문을 던짐으로써 그 침묵을 깨뜨렸다. 그는 치료실로 운전을 하고 오는 동안 라디오에서 Jerry Garcia의 사망소식을 들었는데, 바로 지금 '약간의 슬픔의 고통' 을 느꼈다고 했다. 그의 주변에는 Grateful Dead의 이 기타리스트를 진정한 60년대 영웅으로서 우상적인 존재로 받아들이는 친구들이 있다고 했다. 이 친구들은 틀림없이 엄청난 느낌을 받을 것이라고 했다.

또다시 짧은 침묵이 이어졌고 그동안 나는 그에게는 느끼는 일이 얼마나 어려운지에 대해 내가 생각하고 있다는 것을 알게 되었다. 나는 닐에게 그가 말한 약간의 슬픔의 고통에 관해 더 이야기하도록 요청할지를 고려해 보았다. 그때 나는 나 자신의 슬픔을 알아차리게 되었다. 나 또한 그날 아침 Garcia의 사망 소식을 들었지만, 그때 나의 반응은 약화된 것이었다. 그러나 이제 그 느낌들은 더 강하고 선명했다. 닐이 내 감정을 알아차리고 있지만 그런 감정에 대한 나의 이전의 반응에 대해서는 알지 못한다는 것을 인식하고, 내 경험을 말해 줌으로써 그의 경험을 위한 마음 자리를 좀 더 만들어 줄 수도 있겠다는 생각으로 나는 다음과 같이 말했다. "이것이 당신에게 중요할 수도 있는 어떤 것과 어떻게 관련이 될지는 잘 모르겠지만, 아침에 내가 여기로 운전하고 오는 길에 Garcia의 사망 소식을 들었던 게 방금 기억나네요. 내 생각에 그때는 내가 곧 사무실에 도착할 참이어서 평정심을 유지할 필요가 있다는 염려 때문에 감정을 크게 느끼는 것을 나 스스로 막았던 것 같아요. 우리가 얼마만큼 느끼도록 스스로에게 허용하는가는 가끔은 진짜 어려운 문제가 될 수 있다는 생각이 드네요." 이런 말을 하면서 나는 내 눈에 눈물이 흘러넘치는 것을 느꼈다. 그리고 그도 눈물짓는 모습을 보았다. 잠시 뒤 그는 어쩌면 자신이 '약간 슬픈 것보다 더 큰' 감정을 느꼈을지도 모른다고 잠깐 동안 인정했다. 그리고 나서 그는 몹시 불안해했다.

지금까지 기술한 대로 닐과 나의 상호작용을 통해 치료자가 환자 안에서 불러일으키는 경험뿐만 아니라 환자가 치료자 안에서 불러일으키는 경험을 다루는 것이 몇 가지 점에서 유용하다는 것을 보여 줄 수 있다.

첫째, 이런 방식의 작업은 환자가 스스로 자신에게 기대하는 것보다 환자에게 좀 더 많은 것을 요청하면서 포괄적인 치료적 관계에 기여할 수 있는데, 치료적 관계의 이 두 가지 속성은 연구자들에 의해 안정 애착과 관련된 것으로 밝혀진 발달적 관계의 특성이다(Lyons-Ruth, 1999). 닐이 내 안에 불러일으킨 슬픔에 주의를 기울이자―그리고 이전에 나 자신이 슬픔을 충분히 느끼기를 꺼린다는 사실을 공개하자―닐의 감정과 그런 감정에 대한 불안이 직접적으로 치료 장면으로 들어왔다. 그가 해리해야 한다고 배웠던 느낌들이 우리의 상호작용에서 생생하게 살아났고, 그 안에서 경험되고 이해되며 잠재적으로는 통합될 수 있었다. 이런 방식으로 닐과 작업하는 것은 또한 '대화 수준의 향상(an upgrading of the dialogue)'(Lyons-Ruth,

1999)을 가져와 '느껴지지는 않지만 알고 있는 것(the unfelt known)' 이라고 묘사될 수 있는 것을 위한 마음의 자리를 만들기 시작했다. 치료자와 환자가 나누는 대화에 생각하는 마음뿐만 아니라 '느끼는 몸(the feeling body)' 을 관여시키는 일은 닐과 같이 애착 성향이 현저하게 무시형인 환자들에게는 특히 중요할 수 있다.

둘째, 우리의 상호작용은 환자와 치료자의 관계에서 불러일으켜 지는 반응이 미치는 영향력은 쌍방향으로 전달된다는 점을 염두에 두는 것이 중요하다는 사실을 보여 준다. 닐이 (방어적으로 최소화시킨) 슬픔의 경험을 이야기했을 때 그는 나 자신의 (이전에 최소화시킨) 슬픔을 불러일으켰다. 그다음에 내가 말과 눈물이 고인 눈으로 닐에게 전달했던 슬픔이 닐 자신의 눈물을, 그리고 얼마 후에는 불안을 불러일으켰다고 나는 믿고 있다.

이런 종류의 감정의 '감염(contagion)' 이 어느 정도 환자와 치료자 두 사람이 경험하는 바의 특징이 될지의 여부는 몇 가지 요인에 달려 있다. 어떤 관점에서 보면 이것은 아마도 항상 내장된 것이다. 우리는 모두 진화에 의해 거울 뉴런(mirror neurons)을 갖추고 있기 때문에 원래 타인의 주관적 경험에 참여하도록 구조화되어 있다. 또 다른 관점에서 보면, 그것은 치료자인 우리가 환자의 영향력에 우리 자신이 감정적으로 가용하도록 스스로에게 허용할 용의와 능력이 어느 정도인가에 좌우된다. 마지막으로 환자가 불러일으키는 데 성공하는 것이 무엇이든 간에 그것은 관련된 특정 치료자에게서 '불러일으켜 질 수 있는' 어떤 것이어야 한다. 즉, 환자가 그의 모자를 걸 수 있는 내부의 '갈고리' 가 치료자 안에 있어야 한다는 것이다. 여기서 나는 넓은 의미에서는 치료자의 성격적 특징을, 그리고 좁은 의미에서는 치료자가 직접 체험한 경험의 세부적인 내용을 말하고 있다. 예컨대, 사망한 뮤지션이 나에게 전혀 중요하지 않았더라면 나는 닐 자신이 (대체로) 느끼지 못했던 느낌에 그토록 깊이 공명하지는 못했을 것이다.

이제 잠시 그 회기로 되돌아가 보자.

닐은 눈물짓고 난 후 곧 몹시 불편해 보이기 시작했다. 나는 그에게 무슨 일이 일어나고 있는지 물었는데, 그는 점점 불안해지기 시작하고 있고 감정을 통제할 수 없게 될까 봐 걱정스럽다고 했다. 나는 눈물짓게 된 것이 그에게는 몹시 두려운 일인 것처럼 보인다고 말했다. 그는 말이 안 된다는 것을 자신도 알고 있지만, 만약 그가 울게 되면 결국 자신이 작고 약하다고 느끼게 될 것이고, 그것이 두렵다고 했다. 나는 이전에 내가 울고 싶은 충동을 참아야 한다고 느꼈었던 것을 생각했다. 내가 곧 사무실에 도착할 참이기 때문이었다. 그리고 나는 최근에 Stephen Mitchell이 쓴 논문을 읽었던 기억이 났는데, 그 논문에는 어떤 분석가가 환자에게 이렇게 말했다고 인용되어 있었다. "남자는 일하고 여자와 성교한다."

여기서 Ogden(1994)의 '분석의 제삼자(the analytic third)' 개념을 떠올려 보라. 이 개념은 분석시간에 일어나는 치료자의 주관적 경험(바로 앞의 예시에서 언급한, 빗나간 것처럼 보이는 나의 생각들을 포함하여)은 치료자와 환자 두 사람의 무의식적 심리 상태의 뒤섞임에서 생겨나는 것이고, 따라서 치료자의 경험뿐만 아니라 환자 경험의 어떤 측면들을 반영할 수 있다는 것이다.

나는 닐에게 혹시 우는 것이 남자답지 못하다고 느끼는지 물어보았다. 이에 그는 어떤 기억을 떠올렸고, 그것을 현재 시제로 이야기했다. 그는 어머니의 장례식장에 있다. 어머니는 심장마비로 사망했다. 그는 눈물을 억누르려고 애쓰고 있는데, 그때 놀랍게도 살면서 처음이자 마지막으로 아버지가 소리 내어 우는 모습을 본다. 그는 '저런 겁쟁이'라고 생각한다. 이 기억은 닐이 자신의 '부정적인' 느낌들을 철저히 통제해야 한다고 느끼는 욕구와 그가 가진 염려, 즉 치료자인 내가 나 자신의 감정에 의해 너무나 쉽게 압도될 수 있을 것이라는 염려를 논의할 수 있는 기회를 열어 주었다. 이것은 또한 닐이 어머니를 잃고 그 상실에 대해 제대로 애도하지 못했던 것을 치료에서 논의할 수 있게 해 주었다.

내 생각에, 여기서 우리가 볼 수 있는 것은 환자와 치료자 관계가 어떻게 나선형으로, 상호 간에 반향하는 영향력에 의해 예측하기 어렵게 전개되는가다. 닐이 내 안에서 어떤 반응을 불러일으켰고, 나의 반응은 또 그에게 반응을 불러일으켰으며,

그의 반응은 다시 내 안에서 반응을 불러일으키는 식으로 전개되었던 것이다. 이렇게 반향하는 영향력의 대부분은 그 충격이 암묵적이고 말로 표현되지 않은 채로 있다. 환자와 치료자가 감정적으로 동조할 때는 어느 한쪽도 그들 간에 상호작용의 (조화로운) 특성을 명시화할 필요를 느끼지 않는다. 그러나 치료 관계가 불편하거나 기계적이고 적대적이거나 혹은 단절되어 있다는 느낌이 들게 되면 매우 다른 것이 요구될 수 있다. 이럴 때 우리가 치료 관계에서 암묵적인 측면을 명시화할 수 있다면, 우리는 그만큼 환자가 우리와의 관계를 궁극적으로 안전하고 조율되고 협조적이며 포괄적인 것으로 경험할 수 있는 가능성을 높일 수 있다. 여기서 핵심은—우리의 초기 애착 관계에서 그런 것처럼(Koback, 1999)—두 사람 간의 의사소통의 통로가 계속 열려 있어야 한다는 것이다. 초기 발달과정에서 이런 열려 있는 의사소통은 대개 유아의 비언어적 신호에 대한 양육자의 민감성에 달려 있다. 치료적 발달의 맥락에서 그것은 환자의 비언어적 신호에 대한 치료자의 민감성에 달려 있는데, 이런 신호에는 치료자 안에서 어떤 경험을 불러일으킴으로써 전달되는 신호들도 포함된다.

　우리가 환자와 관계하면서 갖게 되는 주관적 경험의 의미를 정확하게 규명하기란 흔히 어렵다. 우리의 이런 경험 가운데 실제로 얼마만큼이 환자에 의해 촉발된 것인가? 또 얼마만큼이 말하자면 온전히 우리 자신의 것인가? 이와 관련하여 나는 환자와 함께 있을 때 내가 경험하는 것을 이것 아니면 저것(either/or)이라기보다 거의 항상 둘 다/그리고(both/and)의 문제로 보는 것이 유용하다는 사실을 알게 되었다. 예컨대, 닐의 경우 나의 슬픔은 이미 내 안에 있었고, 그것이 불러일으켜 진 것이었다. 동시에 그에게 슬픔은 감당하기 어려운 것이었고, 그래서 그가 그것을 나와 '나누었다'고 본다.

　환자가 불러일으키는 것이 갖는 의미를 분명히 하기 위해서는 역전이 반응을 일치하는(concordant) (공감적인) 반응과 상보적인(complementary) 반응으로 구분해서 (Racker, 1968) 고려하는 것이 유익할 수 있다. 일치하는 반응은 환자가 치료자에게 자신의 자기(self) 경험에서 부인되는 측면과 동일시하는 반응을 불러일으킬 때 생기는 것으로 여겨진다(예를 들면, 닐이 부분적으로 느끼지 못한 슬픔을 내가 아주 강렬하게 느꼈던 것이다.). 상보적인 반응은 환자가 치료자에게 타인에 대한 자신의 내면화된 경험의 어떤 측면과 동일시하는 반응을 불러일으킬 때 발생하는 것으로 생각될 수 있다. 이런 종류의 상보적 동일시의 예로, 닐과의 이후 치료에서 그가 나와의 치료 과정에 충분히 관여하지 않는 것처럼 보여 내가 화가 났던 일이 기억난다. 이 경험을 탐색했을 때, 내가 동일시하고 있었던 것은 그가 어머니에 대해 갖고 있던 이미지였는데, 그의 말에 의하면 그에게 어머니는 그가 '너무나 독립적일' 때마다 화를 냈던 사람이었다.

그러나 역전이에 대한 이런 설명의 유용성에도 불구하고 우리는 결코 치료 관계에서 영향력이 오직 한쪽 방향으로만 작용한다고 가정해서는 안 된다. 앞서 언급했던 것처럼 우리가 우리 안에서 불러일으켜 진 것에 대해 실제로 어떻게 할 것인가는 환자에게 무엇이 가장 유익할 것인가에 대한 우리의 지각에 의해서만이 아니라, 좋든 나쁘든 간에 그 이상의 것에 의해 영향을 받는다. 치료 외적 상황들에 의해 촉발되는 우리 마음 상태의 일시적인 변동뿐만 아니라 우리가 느끼고 생각하고 관계하는, 상대적으로 지속적인 패턴—우리의 내적 작동 모델—의 중요성 또한 무시할 수 없다.

어느 날 아침 나는 유난히 심기가 불편한 상태로 그날의 첫 번째 환자를 만나러 사무실에 도착했다. 환자는 우리가 앉자마자 곧바로 그에게는 어려운 일이기는 하지만, 그의 욕구들을 공감적으로 다루는 데 있어서 최근에 내가 얼마나 많이 부족했는가에 대해 말해야겠다고 했다. 이런 대화가 생소한 것은 아니었다. 그는 그전에도 몇 차례 나에 대한 불만을 매우 직접적으로 표현했고, 이에 대해 나는 크게 당황하지 않았다. 부분적으로 그 이유는, 그의 불평이 그 가치가 무엇이든 간에 '전이 시험(a transference test)'의 일부라고 내가 이해했기 때문이었다. 치료 초기에 내가 명백히 알게 되었던 것은, 이 환자—그의 아버지는 자살했는데—에게 필요한 것이 그의 분노와 힘이 치명적으로 파괴적인 것이라는, 그가 갖고 있던 두려움을 반증하는 데 도움이 되도록 내가 반응해야 한다는 점이었다. 그래서 나는 존중하는 자세로 기꺼이 그의 비난에 귀 기울였고, 그런 비난을 초래한 데 대해 내가 한 역할(내가 그랬다는 생각이 들 때면)에 책임을 졌는데, 이런 나의 행동은 그를 크게 안심시켰다.

　　그런데 이 회기에서는 그가 불만들을 세세하게 늘어놓기 시작했을 때, 나 자신이 점점 더 냉담하고 무감동해지는 것을 느꼈다. 나는 듣고 있기는 했지만 공감이 되지는 않았다. 마치 잠깐 동안이라도 나 자신을 그의 입장에 놓기 위해 감정적으로 내 마음을 확장하는 데 필요한 내적 자원이 모자라는 것 같았다. 얼마 후 나는 도저히 더 이상은 들을 수가 없었다. 그래서 나는 딱딱하고 부자연스럽고 모호하게 화난 목소리로 환자에게 그의 불평들에 대해 내가 무슨 말을 해야 할지 정말 모르겠다고 말했다. 그것들은 그저 그의 불평들이었을 뿐이었다.

　　당연히 그는 나의 반응에 충격을 받을 정도는 아니었지만 눈에 띌 만큼 당황해했다. 그는 매우 혼란스럽고 불편해 보였으며 말을 바꾸기 시작했다. 그는 어쩌면 자신이 나를 부당하게 대했고 너무 심하게 말했는지도 모르겠다면서, 그의 기대가 너무 컸었던 것 같다는 등등의 말을 했다. 그가 나에게 감지될 정도의 강렬한 고통을 받은 것을 보고 나는 깜짝 놀라 그제야 제정신이 들었고, 나 자신을 추슬러 그날 아침 그를 만나기 전에 내가 극도로 스트레스를 받은 일이 있었다고 설명해 주었다. 심각한 일은 아니라고 그를 안심시켰지만, 그 결과 나는 평소에 할 수 있었던 방식대로 그에게 반응할 수 있는 입장이 아니었다. 그는 내 설명을 듣고 안도감을 느꼈고, 나의 반응을 그의 부모와 이전 치료자들과 대비시키면서 그들은 문제가 있었을 때 그들 자신의 어려움이 걸림돌이 될 수 있었음을 인정하지 않았다고 했다. 하지만 그는 완전히 안심하지 못했음이 분명했다. 그 회기가 끝날 무렵 그리고 그다음 회기에도 우리는 어쩌면 내가 그의 분노를 다루기 싫어하거나 다룰 능력이 없을지도 모른다는 그의 염려를 다시 다루었다.

　감정이 실린 이런 맞닥뜨림은 흔히 훨씬 더 미묘한 현실—즉, 환자가 불러일으키는 영향력에 대한 우리의 경험은 항상 부분적으로는 더 이상 축소시킬 수 없는 우리의 주관성이 작용한 결과라는 것—의 예를 매우 분명하게 보여 준다(Renik, 1993). 이전 회기들에서 환자의 불만 표출은 내 안에서 그야말로 최소한의 불안을 불러일으켰을 뿐인데, 방금 기술한 회기에서는 나를 화나게 하고 좌절감을 느끼게 했다.

이 두 개의 매우 다른 치료자 반응들을 하나의 연속선상의 양극단으로 생각해 보면, 실질적으로는 동일한 환자의 어떤 측면에 대한 반응으로서 치료자의 경험은 때때로 다를 것이고, 그리고 연속선의 한쪽 극단(영향을 받지 않거나 혹은 지나치게 영향을 받는 것)의 반응은 대체로 어떤 것을 배제한다는 것을 알 수 있다. 예컨대, 나에게 자원이 없다고 느꼈던 회기에서 내가 환자의 불평을 더 이상 듣고 싶지 않았다는 것은, 그 이전 회기에서 그가 했던 비난들에 대한 반응으로 내가 보였던 평정심에 약간의 부인이 포함되었을 가능성을 제기했다. 즉, 어쩌면 나는 도움을 주려는 나의 노력에 대해 그가 보였던 '파괴성'에 대한 나 자신의 반응을 있는 그대로 경험하기를 꺼렸는지도 모른다.

우리는 환자들이 그들의 전이 이미지를 투사하는 텅 빈 화면이 결코 아니기 때문에 환자들이 우리 안에 불러일으키는 것을 담아내는 새 그릇이 절대로 될 수가 없다. 우리가 품을 수 있는 최고의 희망은 우리 안에서 어떤 반응을 불러일으키는 환자의 영향력에 대해 우리가 보일 수 있는 반응에 영향을 미치는, 그다지 깨끗하지 않은 그릇—즉, 우리 자신의 주관성—의 속성에 대해 가능한 많이 알게 되는 것이다. 우리가 환자에 대해 어떻게 하기로 의식적으로 선택하고 있다는 믿음에도 불구하고 결정적인 것은 흔히 우리의 무의식적인 욕구와 감정과 의도다. 비언어적 의사소통의 통로를 통해 환자에게 전달되는 것은 바로 이것들이다.

환자와 치료자가 서로에게 행사하는 비언어적 영향력이 상호적이고, 또한 각자의 무의식이 내면적으로 영향력을 행사하기 때문에 환자가 우리 안에 불러일으키는 것을 우리가 잘 활용하기란 극히 복잡한 문제가 될 것이다. 양육자가 어린 아동의 비언어적 단서에 반응하는 과업이 복잡한 것처럼, 여기에서 치료자에게 주어진 과업도 실제적이고 불가피하게 복잡하다. 우리가 이런 복잡성을 무시하면 환자에게 피해를 주게 된다. 반면에 이 점을 염두에 두면 우리는 아직은 환자에 대해 '알 수' 없는 것을 알게 되고 우리가 주의를 기울여야 할 곳—즉, 환자와 치료자 각자의 주관적 경험과 이 두 경험들 간의 관계—에 주의를 집중할 수 있게 된다.

환자들이 우리 안에 불러일으키는 것을 활용하려는 우리의 노력을 복잡하게 만드는 동시에 이런 노력을 촉진하는 이 상호적이고 무의식적인 영향력은 우리가 치료 관계에서 실연되는 것을 다루는 작업의 중심에 있다.

실연되는 것을 어떻게 다루어야 하는가

다른 관계에서와 마찬가지로 치료적 관계에서 말은 그저 말이 아니다. 그것은 또한 행위, 즉 '언어적 행위'이기도 하다. McDougall(1978)은 환자의 말에 관한 논의에서 이 점을 강조하고 있으나, 다음의 내용에서 치료자의 말에도 마찬가지로 적용된다는 것을 알 수 있다. "환자는 기분과 생각 그리고 자유연상을 말로 전달하려고 하기보다는 분석가가 무언가를 느끼게 만들거나 혹은 무언가를 하도록 자극하려고 하는 것 같다."(p. 179) '실연(enactments)'은 그 용어가 시사하는 것처럼 내면의 경험을 행동으로 옮기는 것이다. 정의에 따르면, 실연은 어떤 행위─비언어적 행위뿐만 아니라 언어적 행위를 포함하는─를 수반한다. 그러나 심지어 실연이 말로 표현될 때도 (치료에서는 흔히 그렇게 되듯이) 그것의 핵심적인 의미는 발설된 말이 아니라 그 말이 실제로 행하는 것에 의해 만들어지는 비언어적인 배후에 있다. 예를 들면, 환자의 말은 우리를 끌어당기거나 밀어낼 수 있고, 우리에게 마음을 열거나 마음의 문을 닫게 할 수도 있으며, 우리를 편안하게 하거나 더 불안하게 만들 수도 있다. 그리고 물론 우리가 환자에게 하는 말도 같은 식으로 영향을 미친다.

전이─역전이의 실연에서 언어적으로나 비언어적으로 실연되는 것은 특별한 종류의 관계다. 그것은 부모와 자녀 관계이거나 혹은 로맨틱한 관계일 수도 있고, 동맹의 관계이거나 혹은 적들 간의 관계일 수도 있으며, 안전하게 느껴지는 관계이거나 위험하게 느껴지는 관계일 수도 있다. 한 무리의 다중적인 자기(selves)를 관계로 가져오는 독특한 두 사람─환자와 치료자─의 상호작용이 어떠한가에 따라 이런 관계의 다양성은 아마도 무한할 것이다.

실연은 이를테면 한편에서는 환자의 무의식적 욕구와 취약성, 또 다른 한편에서는 치료자의 그것들이 서로 만나는 교차점에서 나오는 각본으로 볼 수 있다. 이런 교차점에서 좋든 나쁘든 간에 환자와 치료자의 관계 패턴이 서로 만나고 또 맞물린다. 만약에 우리가 전이와 역전이를 두 개의 원으로 나타낸다고 생각해 보면 실연은 이 두 원이 부분적으로 겹치는 공동의 공간에서 일어나는 것으로 볼 수 있다.

실연에서는 치료자의 표상적 세계—치료자의 원래의 애착 경험이 남긴 유산—의 양상들이 무의식적으로 활성화되고 현실화된다. 환자에게도 꼭 같은 일이 일어난다. 치료자와 환자가 실연을 인식하지 못하고 있는 동안 그들은 똑같이 그들의 경험에 함께 매몰되어 있다. 이 때문에 각자 상대편과 관계하면서 자동적으로 그리고 무분별하게 행동한다. 환자와 치료자는 둘 다 자각하지 못하는 상태에 있기 때문에 대인관계적인 맞닥뜨림의 실상에 반응할 뿐만 아니라 현재로서는 둘 다 자각하지 못하는 내면의 압력에 대해서도 그만큼 혹은 그 이상으로 반응하게 된다.

실연이 계속해서 자각의 범위 밖에서 전개되는 한, 그것은 대개 치료과정에서 경험하고 이해할 수 있는 것의 범위를 제한한다. 그리고 이런 식으로 그것은 치료적 대화를 덜 포괄적이고 덜 협력적인 상태로 만든다. 그러나 실연에 대해 의식할 수 있다면 실연은 그만큼 환자와 치료자 그리고 그들이 공유하는 관계에서 매우 중요하지만 아직 인식되지 않은 측면에 접근 가능하게 해 주는 잠재력을 갖게 된다. 게다가 공동으로 만들어 낸 이런 각본에 따라 맹목적으로 움직이는 것이 아니라 이런 각본을 탐구하는 과정은 그 자체로 포괄성과 협동 그리고 정신화가 포함된 교정적인 관계 경험을 만들어 낸다. 이런 의미에서 실연은 (Renik(1993b)의 말을 부연해서 설명하자면) 생산적인 치료 기법으로 변환시킬 수 있는, 늘 존재하는 원재료다. 이 때문에 실연을 피하는 것은 불가능할 뿐만 아니라 바람직하지도 않다.

실연은 모든 다른 애착 관계와 마찬가지로 치료적 관계도 공동으로 구성되는 것이라는 사실을 특히 생생하게 보여 준다. 치료적 관계에서 일어나는 것은 필연적으로 환자와 치료자가 서로에게 미치는 영향력이 혼합된 것이다. 두 사람 심리학의 관점에서 보면 이런 영향력은 내적이면서 대인관계적인 것이다. 환자와 치료자의 경험과 행동은 불가피하게 그들 간의 관계와는 독립적으로 그들이 어떤 사람인가에 의해 무의식적으로 영향을 받고 형성될 뿐만 아니라, 또한 두 사람 간의 관계에 대한 반응으로서 그들이 어떤 사람인가에 의해서도 무의식적으로 영향을 받고 형성될 것이다.

이제 내가 쓴 앞 문단의 내용이 글자 그대로 자명하지는 않다 해도 적어도 논쟁의 여지가 없는 것처럼 보일 수 있다. 물론 치료자는 환자만큼이나 무의식의 영향력에 취약하다. 그리고 환자와 치료자는 둘 다 서로에게 지속적으로 행사하는 불가피한 상호 간의 영향력에 의해 똑같이 지배받는다. 이런 대칭성은 우리가 두 사람 심리학이 기술하는 임상적인 사실을 인정한다면 논쟁의 여지가 없는 사실로 보일 수 있다. 하지만 우리는 치료를 실행하는 방식에 있어서 이 이론을 충분히 고려하지 못할 때가 종종 있다. 우리가 치료자로서 실제로 행동하고 생각하는 것을 보면 그것은 흔히 두 사람 심리학보다는 한 사람 반 심리학에서 나오는 것처럼 보인다. 다시 말해서 우리가 두 사람 심리학의 렌즈를 통해 보려고 하는 것은 환자 한 사람뿐이라는 것이다. 이 점에 대해 좀 더 구체적으로 들여다보자.

우리는 때로 시대에 뒤떨어진 우리의 훈련 때문에, 그리고 거의 일정하게 우리 자신의 욕구와 방어의 작용으로 인해, 마치 환자들이 우리보다 훨씬 더 많이 무의식의 영향을 받는 것처럼 그들과 작업하는 경향이 있다. 우리는 환자들의 행동과 의사표현에 대해서는 거의 자동적으로 그것의 무의식적인 의미를 고찰하지만 우리 자신의 말과 행동 이면에 있는 무의식적 동기는 이런 자동적인 정밀 검토의 대상으로 삼지 않는다.

우리가 이 이론에서 묘사하는 상호적인 영향력을 다루는 방식도 이와 마찬가지로 비대칭적이다. 여기서 일례로 투사적 동일시 개념에 대해 생각해 보자. 이 개념적 틀에서 우리는 우리의 경험이 무의식적으로 동기화된 환자의 행동에 의해 유발될 수 있음을 고려할 마음의 준비는 충분히 되어 있다. 하지만 대체로 우리는 환자의 경험도 무의식적으로 동기화된 우리의 행동에 의해 똑같은 방식으로 영향 받을 수 있음을 고려하려고 하지는 않는다.

환자와 우리 자신에 대해 습관적으로 생각하는 방식에 내포된 이런 비대칭성—그것이 너무나 자연스럽기는 하지만—으로 인해 우리가 실연을 알아차리고 효과적으로 다루기가 훨씬 더 어렵다. 만약 비대칭성이 있을 수밖에 없다면, 어쩌면 그것은 자연스럽게 이루어지는 방향과는 반대쪽으로 기울어져야 할지 모른다. 즉, 우리가 처음부터 환자 행동의 의미에 집중하기보다 우리 자신에게 초점을 두는 것부터 시작하는 것이 더 나을 것이다.

환자의 경우에 그런 것처럼, 우리의 경우에도 우리가 알고 있지만 생각해 보지 않고 느끼지 않은 것도 실연된다. 따라서 우리가 말하고 행동하는 것 그리고 우리가 말하고 행동하기를 피하는 것이 무엇인가에 주목하는 것은 우리가 실연에 무의식적으로 참여하는 방식의 성격을 들여다볼 수 있는 창을 열어 줄 것이다. 그리고 실연은 공동으로 창조되고 상호적인 영향력의 산물이기 때문에 치료자로서 우리의 행위는 흔히—우발적이기보다—환자의 경험과 의미 있는 관련성이 있다. 따라서 우리 자신이 무의식적으로 실연에 관여하는 방식의 성격을 자각하게 되면 환자가 관여하는 방식의 성격과 의미를 밝히는 데 있어서 거의 항상 도움을 얻을 수 있다.

이런 점에서 우리는 치료자로서 우리의 행동이, 우리의 의식적인 의도보다 더 크지는 않다 해도 적어도 그만큼 우리의 무의식적 동기에 의해 형성된다는 점을 명심할 필요가 있다. 어떤 수준에서 우리는 환자와 새롭고 더 나은 애착 관계를 만들기 위해 의도적으로 노력할 수 있다. 이런 목적을 달성하기 위해 우리는 조율되고 민감한 경청자가 되려고 애쓰며, 환자의 감정에 공감적으로 공명하고, 환자가 자신의 경험을 이해하도록 도와주려는 등의 노력을 기울일 것이다. 그러나 또 다른 수준에서 우리는 항상 의식하지 못한 채 우리 자신의 무의식적 욕구와 내적 작동 모델 및 방어 등등에서 비롯되는 각본을 환자와 함께 실연할 것이다.

이런 실연은 적어도 어떤 면에서는 우리 자신의 욕구뿐만 아니라 환자의 욕구와도 일치할 수 있다. 이를테면, 우리가 의도적으로 표현하는 공감은 비록 그것이 비판적이거나 지배적이기보다 인정 많아 보이고 싶어 하는 우리의 무의식적 욕구에 의해 일부 동기화된 것이라 해도 환자에게는 치유적일 수 있다. 이와 유사하게 어떤 직면은 비록 그것이 무기력하거나 통제력을 상실한 상태가 아니라 힘 있게 느끼고 싶어 하는 우리의 무의식적 동기에 의해 부분적으로 동기화된 것이라 해도 환자에게 꼭 필요한 것일 수도 있다. 이런 경우에 대체로 우리는 우리의 공감이나 직면이 궁극적으로 환자들을 위한 것이기 때문에 우리가 그렇게 행동하고 있다고 느낀다. 그러나 도움을 주고자 하는 우리의 노력의 이면에는—우리가 아무리 양심적이라 해도—항상 우리가 자각하지 못하는 동기들이 있다.

대개 이런 무의식적 동기들이 환자에 대한 우리의 행동에 영향을 미쳐서 의도하지 않은 결과를 초래한다. 예컨대, 일관되게 공감을 제공하는 우리의 행동은 자신의 불신과 분노를 무시하려는 환자의 욕구와 너무나 잘 맞아떨어질 수 있다. 이와 유사하게 직면은 우리가 의도한 대로 유용할 수도 있지만, 이와 동시에 혼자서는 무력해서 자신을 통제하지 못한다고 느끼는 환자의 욕구와 일치하여 유용하지 않을 수도 있다. 분명히 여기서 내가 설명하는 실연들은 환자와 치료자의 무의식적 욕구들이 일치하는 데서 발생하는 것들이다.

이와 같은 실연들은 인식하기가 어려울 수 있는데, 그 이유는 그것들이 우리가 치료자로서 일상적으로 그리고 스스로 자각하지 못한 채 하는 것에 너무나 깊이 배어 있기 때문이다. 여기에서 비결은 우리는 결코 우리 자신을 벗어날 수 없다는 점을 기억하는 것이다. 우리의 주관성은 우리의 가장 신중한 개입에서부터 역전이에 기초한 가장 명백한 실수에 이르기까지 우리가 환자에게 관여하는 모든 면에 스며들어 있다. 따라서 환자가 그런 것처럼 우리도 지속적으로 실연에 관여한다고 가정하는 것이 마땅하다. 앞서 언급한 대로 여기서 우리가 스스로에게 던져야 할 가장 중요한 질문은 우리가 실연에 참여하고 있는가의 여부가 아니라 우리가 어떻게 참여하고 있는가 하는 것이다.

실연 알아차리기

우리가 불편할 만큼 강렬해졌을 때만 인식할 수 있는 역전이 감정처럼, 어떤 실연은 결국에는 우리가 무시하기 힘들 정도로 너무나 명백해지거나 우리 마음을 교란시킬 수 있다. 그러나 이것은 예외적인 경우다. 실연은 그 정의상 처음에는 무의식적으로 진행되고, 흔히 상당 기간 그런 상태로 남아 있다.

실연에서 우리의 역할을 인식하는 것은 상당히 어려운 문제가 될 수 있는데, 그 이유는 우리가 결코 우리 자신에게 완전히 투명할 수 없기 때문이다. 우리는 자신이 하는 행동 대부분에 대해 무지한 채로 있다. 왜냐하면 우리의 행동은 그저 우리가 어떤 사람인지가 자동적이고 암묵적으로 표현되는 것이기 때문이다. 더구나 우리의 자기 인식은 불완전할 수밖에 없는데, 그 이유는 바로 그런 상태를 유지하도록 우리가 동기화되어 있기 때문이다. 다시 말해서 우리는 우리를 괴롭게 하거나 동요하게 만들 가능성이 있는 것을 의식에서 무시하거나 억압하는 경향이 있다 (Maroda, 1999; Renik, 1995).

자각을 촉진하는 자기 수용이 우리에게 부족한 정도가 어느 정도이든 간에 실연에서 우리의 역할을 찾아내는 데 있어 우리가 목표로 삼는 것이 우리의 결점이나 병리를 확인하는 것이 아님을 유념하는 것이 유익할 것이다. 우리의 노력은 그저 우리가 실제로 하고 있는 것이 무엇인지를 자각하는 데 맞춰져 있다. 이런 종류의 자기 탐구를 촉진하려면 우리는 마음챙김의 태도—즉, 수용적인 태도로 현재 순간을 자각하는 것—를 채택하는 것이 좋다. 이런 태도를 가지게 될 때 우리는 환자를 대하면서 우리가 하고 있는 행동을 좋거나 나쁘다거나 혹은 옳거나 그르다고 판단하기보다 그것을 관찰하고 주목해야 할 하나의 '사실'로 간주할 수 있는 능력을 좀 더 많이 갖게 된다.

특정한 환자에 대한 우리 행동의 독특한 특징들을 확인했다면 우리는 가능한 한 객관적으로 다음 두 가지 질문에 답할 수 있어야 한다. 우리 자신의 심리에서 우리 행동의 근원은 무엇일까? 그리고 우리의 행동은 환자에게 어떤 영향을 미칠 수 있는가? 우리가 어떤 실연에서 우리가 하고 있는 행동의 의미를 자각하게 되고 또 그런 자각을 주제로 환자와 대화할 수 있을 때, 종종 그 대화는 좀 더 포괄적으로 되고 실연에서 하는 우리의 역할이 우리를 덜 구속하게 된다.

실연의 패턴

이미 언급한 대로 실연은 수많은 형태로 나타날 수 있다. 그러나 대체로 두 사람이 함께 써 가는 이런 각본의 특징은 크게 두 개의 패턴, 즉 공모(collusion)와 충돌(collision)로 나뉜다(Goldbart & Wallin, 1996).

　치료자와 환자가 공모하는 팀은 양쪽의 자기 보호 욕구를 만족시키려는 무의식적 '거래'를 맺은 것이다. 이 거래에서는 한 사람의 개인적 방어가 다른 사람의 방어를 반영하거나 혹은 그것들이 서로 맞물린다.

　예컨대, 치료자와 환자의 주된 애착 유형이 둘 다 무시형으로 서로 유사하다면, 이들은 강한 감정들과 거리두기를 공모할 수 있다. 이렇게 함으로써 이들은 두 사람 다에게 익숙한, 감정적으로 소원한 관계를 실연할 수 있다. 이런 관계에서는—실연을 인식하기 전까지—극히 중요하지만 불안을 자극하는 주제들을 계속해서 피하게 된다. 공유된 공포와 방어는 이렇듯 너무나 안정적인 공모의 실연을 조장할 수 있는데, 부분적으로 그 이유는 이런 실연은 치료자와 환자 모두에게 습관적인—그리고 이 때문에 인식하기 힘든—존재 방식을 한결같이 반영하기 때문이다.

　이보다 덜 안정적인 공모는 환자와 치료자의 방어가 다르기는 하지만 적어도 일정 기간 동안 맞물릴 때 나타난다. 예컨대, 애착에 집착하는 치료자는 무시형 환자가 부인하는 모든 느낌을 담아내거나 혹은 심지어 표현할 수 있다. 이런 실연은 환자에게 심리적으로 편리한 측면이 있다. 왜냐하면 치료자가 환자의 관계적, 감정적 문제를 마치 자기 문제인 양 기꺼이 떠맡아 주는 한, 이 환자는 이런 문제들을 직접 다루어야 하는 불안을 겪지 않아도 되기 때문이다. 한편, 치료자는 다소 필사적으로 환자의 관심을 얻으려고 애쓰는 가운데 안전하게 친숙한, 또한 어쩌면 고통스럽지만 친숙하게 느껴지는 역할을 재연할 수 있다.

　치료자와 환자의 방어가 서로 다른 이런 공모는 항상 충돌로 변할 수 있는 잠재성이 있다. 여기에서 환자는 감정의 접촉을 바라는 치료자의 분명한 욕구에 의해 점차 조종당한다고 느끼거나 혹은 부담을 느끼게 될 수 있고, 치료자는 환자의 끄떡없는 소원함에 대해 점차 화가 날 수 있다. 그렇게 되면 치료자와 환자 사이가 틀어질 수 있다.

　하지만 이것이 반드시 나쁜 일은 아니다. 치료자와 환자가 공모하는 한, 그들이 함께 만들어 낸 실연의 저변에 있는 진짜 두려움과 욕구는 숨은 채로 남아 있을 가능성이 있다. 하지만 공모가 결렬되면 그 결과 충돌이 생기게 되고, 그렇게 되면 어렵지만 해방을 가져다줄 잠재성이 있는 현실이 아마도 처음으로 뚜렷하게 드러날 수 있다.

이런 좋은 결과는 치료자가 자신이 매몰되어 있던 실연을 인식하고 그 의미를 이해하기 시작할 수 있도록 정신화를 충분히 할 수 있는 힘을 재가동할 수 있는 능력에 달려 있다. 공모와 마찬가지로 충돌도 실연—그리고 치료의 교착상태—을 구성하는 원재료가 될 수 있다. 공모하거나 충돌하는 실연들을 협력적인 탐색과 교정적 경험의 기회로 전환하려면 적어도 간헐적으로라도 정신화를 할 수 있는 태도를 채택할 수 있는 치료자의 역량이 요구된다.

수년 동안 나는 아주 뛰어난 물리학자(여기서는 그를 잭슨이라 부를 것이다)를 만났는데, 그의 무시형 애착 양식은 그가 자신의 감정과 거리를 두도록 했고 감정을 표현하는 그의 능력도 저해했다. 어느 날 그는 치료회기를 시작하는 말로 그가 십대 아들에게 진실하게 말했던 것처럼 그가 소년이었을 때 누군가가 그에게 그렇게 말해 주었더라면 좋았을 거라고 했다. 그리고 나서 그는 자신도 그때, 지금 그의 아들이 그런 것처럼, 힘든 진실을 듣지 않으려고 했을지 궁금하다고 말했다. 심지어 성인으로서도 그는 아마도 여전히 권위 인물이 '사실대로 말해 주기'를 바랄 것이라고 덧붙여 말했다. 하지만 그는 이런 생각을 두려워하기도 했는데, 그가 듣고 싶어 하는 이야기를 듣지 못할 수도 있음을 알고 있었기 때문이다.

이 회기가 있기 며칠 전에 나는 그와의 관계에 대해 생각해 보았었다. 감정적인 차원에서 보자면 그가 더 깊이 들어가도록 도우려는 나의 의식적인 의도에도 불구하고 우리는 계속해서 물이 얕은 곳에서만 놀고 있다는 생각이 들었었다. 나는 치료적으로 무시형 환자들에게 필요한 것이 무엇인지 알고 있었기에 지나치게 지적인 접근을 피했고 (혹은 그렇게 했다고 생각했고) 잭슨의 감정과 감정에 대한 방어에 계속 초점을 맞추려고 애썼다. 그런데도 우리가 머리로 대화하는 방식에서 벗어나는 것이 왜 그토록 어려운지가 너무나 불분명했다.

그제야 잭슨이 누군가가 권위 있게 '사실대로 말해 주기'를 원하는 갈등적인 바람을 표현했을 때 나는 이 말이 우리 사이에서의 이러한 문제를 암시한다는 생각이 들었다. 그러나 내가 그에게 그가 한 말은 간접적으로 나와 그에 대한 이야기일 수도 있다는 가능성을 제안했을 때 그는 다음 질문으로 이의를 제기했다. 우리는 그가 나의 권위에 의존하기보다 그 자신이 권위자가 될 필요가 있다는 결론을 내리지 않았던가?

그러고 나서 나는 이 주제에 대해 그와 담화를 나누고 싶은 생각은 없다고 나 자신에게 속으로 하는 말을 들었다. 담화? 내가 속으로 말한 이 단어가 나의 관심을 끌었다. 그 이유는 아마도 그것은 내가 대화에서 결코 사용하지 않았을—예외적으로 이 특정한 환자와의 대화가 아니라면—종류의 단어였기 때문이다.

그때 나는 그와 비교해서 나의 지적인 지위를 뒷받침하려는 나의 무의식적 욕구 때문에 내가 그에게 의도적으로 아주 명료하게 그리고 지나칠 정도로 조심스럽게 말하고 있었다는 것을 깨닫게 되었다. 우리가 이제껏 나눈 대화에 대한 나의 이런 생각—그리고 나의 심리적 특성이 그가 원하기도 하고 두려워하기도 하는 솔직한 대화를 어떻게 저지할 수 있었는지—을 내가 말로 전달했을 때, 잭슨은 그런 사실이 있었는지 자기는 전혀 몰랐다고 했다. 그는 내가 나 스스로를 지적으로 불리한 입장에 있는 사람으로 여길 수 있다는 것은 상상할 수 없었고, 그 점에 대해서는 자신에게 지성에 대한 자신감이 있어서 전혀 걱정하지 않았다고 했다.

그러고 나서 나는 몇 년 전에 그가 나를 '천재'라고 생각했다는 말을 했을 때 내가 기분이 좋기도 하고 꽤 놀라기도 했었던 기억이 떠올랐다. 나는 우리 두 사람을 지적으로 비교하면서 불안을 느끼는 것은 나의 문제였을 수 있고, 반면에 그에게 불안을 촉발한 비교는 아마도 다른 종류의 지능—이를테면 감성 지능—과 관련된 것일 수 있다고 제안했다.

여기서 그는 아주 어릴 때부터 오로지 명석하고 명료하게 표현하는 데서만 자신감을 얻었고, 또한 비난을 피하기 위해 억지로 스스로를 자제했었다고 말했다. 나는 오늘에서야 내가 그에게 단어를 사용하는 방식에서뿐만 아니라, 그가 사소한 일에 대한 이야기를 길게 늘어놓는 것처럼 보일 때에 좀 더 직접적으로 개입하기를 꺼리는 데서도 내가 스스로를 자제했었다는 것을 알아차리게 되었다고 답했다. 이때 그가 본론에서 벗어나 과도하게 상세히 말하는 이야기들의 의미가 드러났다. 그에게 이런 이야기들은 실제로 감정을 느끼지 않으면서 감정적인 경험을 전달하는, 안전감을 주는 간접적인 화법이었던 것이다. 그렇게 함으로써 그는 자신이 '감성 지체아'로 보이게 되는—혹은 자신을 그렇게 보게 되는—위험에 대해 경계하고 있었던 것이었다.

이런 맞닥뜨림으로 우리는 의식하지 못했던 공모의 성격을 인식하게 되면서 안도감과 새로운 희망을 갖게 되었다. 우리는 각자의 분리된 그러나 서로 연관된 불안정을 회피하는 가운데 안전하고 통제된 상태를 유지하기 위해 무의식적으로 감정이 억제된 관계를 실연했던 것이다. 그러나 그런 관계는 또한 우리 둘 다에게 점차적으로—그리고 불필요하게—불완전하게 느껴지는 관계였다. 나 자신의 행동에 대한 관찰(경쟁적으로 지나칠 정도로 유식하게 말하는 것)과 더불어 환자의 말(우리 의사소통의 부족한 점에 관한 비유적인 메시지)은 우리가 함께 만들어 낸 실연에서 내가 했던 역할을 확인하고 이해하기 시작하는 데 도움이 되었다. 그리고 내가 나의 이런 자각을 환자에게 말하고 공유함으로써 우리는 그 실연에서 환자가 했던 역할을 분명히 보여 주는 대화를 나누게 되었다. 이 과정에서 우리의 관계가 깊어졌고, 우리 각자가 상대방이 있는 가운데 안전하게 느끼고 알아 가며 소통할 수 있다고 지각하는 것의 범위가 확장되었다.

종종 환자에 대한 우리 자신의 행동—반복적이거나 혹은 눈에 띄게 우리답지 않은—의 속성에 대한 주의 깊은 점검이나 이에 대한 갑작스러운 자각은 우리를 각성시키기에 충분하다. 그러나 때로는 수퍼바이저나 개인심리치료의 도움을 받아야만 비로소 인식하게 되는 실연들도 있다. 나는 예전에 대학원에 다니는 동안 수퍼바이저와 한 명의 다른 학생에게 한 사례를 보여 준 적이 있었다. 그때 나는 특히 논쟁하기를 좋아하는 한 여자 환자와의 관계에서 너무나 정기적으로 발생하는 갈등으로 인해 힘들어하고 있던 상태였다. 나의 자문가들은 녹음된 회기 내용을 들으면서 재미있고, 알겠다는 듯한 눈빛을 서로 주고받았고, 이들 중 한 사람이 마침내 그것이 무슨 뜻인지를 알려 주었다. "두 사람이 서로 싸우는 게 아니라 수작을 주고받고 있다는 느낌이 들지 않나요?" 결국 그 뒤 환자와 나눈 대화를 통해 환자와 내가 실연하고 있었던 말싸움—공모—은 서로에게 끌리지만, 그것이 주는 불편한 느낌에 대해 우리가 내세운 방어였음이 밝혀졌다.

때로는 환자가 일종의 자문가—치료자의 경험에 대한 해석자—의 기능을 하는 데, 환자의 이런 '개입'은 치료적 관계에서 치료자와 환자 둘 다를 가둘 수 있으면서 눈에 보이지 않는 구속복을 눈에 보이게 드러내는 데 도움이 된다. 다음 사례에서 가까워지려고 하는 나의 충동이 문제가 있는 방식으로 실연되고 있었는데, 나의 환자는 내가 이런 충동을 자각하도록 도와주었다.

　나는 휴가를 떠나기 직전에 여기서 다니엘이라고 부르려고 하는 환자를 만났는데, 그는 임박한 치료의 중단에 대해 약간 불안한 심경을 털어놓았다. 그는 새로 만난 사람과 데이트 중이었고, 최근에 우리가 논의하기 시작한 성적인 문제들에 혼자 직면하는 것을 걱정했다. 우리가 이야기를 하는 동안 나는 그가 점점 불편해하는 것을 알아차렸다. 나는 그가 이런 주제들에 대해 나에게 말하는 것이 어떤지 물었다. 그는 약간 주저하면서, 그가 자진해서 성적인 갈등을 다루는 것에 대해 명백히 흥분하고 있는 내 모습을 보니, 어쩌면 내가 나 자신을 위한 어떤 이유로 그에게 과제를 부과하는 게 아닌가 하는 느낌을 받는다고 말했다. 그는 성에 대해 이야기하는 것이 그 자신에게 좋기야 하겠지만, 그것은 마치 체육관에서 운동하는 일처럼, 꼭 그 자체로 좋아서 그가 선택할 만한 것은 아니라고 했다.

　나는 환자가 나에게 있다고 생각했던 그 열의의 본질이 무엇인지 즉각적으로 알아차렸다. 내가 흥분했던 것은 사실이었고, 그 이유는 그가 중요한 심리적 주제에 도전하기로 했기 때문이기도 했고, 성은 나에게도 (유독 나만 그런 것은 아니겠지만) 흥미로운 주제였기 때문이기도 했다. 하지만 내가 흥분했던 또 다른 이유는 성에 대한 대화가 우리 두 사람이 더 가까워지도록 하려는 나의 욕구를 충족시킬 것이라고 느꼈기 때문이 아니었을까 하고 생각한다. 나의 이런 가정의 배경에는 사회학자로서 성적 행동에 관해 광범위하게 연구하고 집필했던 아버지와의 경험이 있었다. 성에 대한 아버지의 개방성과 호기심으로 인해 아버지와 나는 이 주제를 놓고 쉽게 연결될 수 있었다. 어쩌면 나는 무의식적으로, 환자와 내가 이와 비슷한 대화를 나눔으로써 이와 유사하게 소중한 연결감을 경험할 수 있다고 가정했을지도 모른다.

　나는 이런 구체적인 내용을 그 회기에서 말하지는 않기로 했지만, 이것을 바탕으로 결과적으로는 내가 나의 (좋은) 아버지 역할을 하는 동안 환자는 나를 그의 (나쁜)

어머니로 경험하고 있었던 실연에서 내가 했던 역할을 이해할 수—그래서 좀 더 쉽게 인정할 수—있었다.

그가 십대였을 때 평소 냉담했던 그의 어머니는 그의 아버지가 성적으로 무능한 남자라고 그에게 털어놓았다. 어머니가 성관계를 원하면 침실에서 아버지를 쫓아다녀야 했고, 또 성관계를 하더라도 아버지는 보통 제대로 하지 못하곤 했다는 것이었다. 나의 환자는 어머니와 이전에 사귀었던 여자 친구 한두 명으로부터 그가 진정한 남자라면 여자를 성적으로 만족시켜야 할 임무가 있다는, 그의 심기를 불편하게 하는 메시지를 받았다. 다니엘은 내가 그의 성적 주제에 대한 탐색을 지지했기 때문에 쉽게 나를 그들과 같은 부류에 넣었지만, 동시에 그는 내가 정말로 그들과 견해가 같은 것은 아님을 '알고' 있었다.

우리의 상호작용에 대해 논의하는 과정에서 다니엘은 그에게 이미 익숙한, 좋은 것을 나쁜 것으로 바꾸어 놓으려는 그의 욕구가 미치는 영향을 다시 한 번 알아차리게 되었고, 이 때문에 힘들어했다. 그는 자신이 어떻게 (하필이면) 성을 원치 않는 의무로, 그리고 치료자의 도움(열의가 지나쳤다고 인정되기는 하지만)을 부담스러운 과제로 자동적으로 바꾸어 경험하고 있는지를 보고 놀랐다. 무엇보다 우리는 실연에서 그가 한 역할은 그의 어머니의 고통—그녀의 '행복 파업(happiness strike)'—과 그 자신의 고통을 맞추어야 한다는, 죄책감에 찬 욕구를 반영한다는 것을 이해하게 되었다. "그건 마치 제가 십자가에 못 박힌 어머니와 함께해야 하는 것 같아요."라고 그는 말했다. 이에 대해 나는 Tom Waits의 노래가사를 인용하면서 답했다. "십자가에서 내려와요. 우리가 그걸 목재로 쓸 수 있게요." 앞서 이루어진 우리의 진솔한 탐색과 함께, 환자가 Waits의 노래구절을 듣고 터트린 크고 만족스러운 웃음을 통해 우리가 함께 만들어 낸 실연의 장악력이 느슨해진 것 같았다.

인식되지 않은 실연

물론 모든 실연이 내가 방금 기술한 것처럼 행복한 결말로 끝나지는 않는다. 우선, 환자와 마찬가지로 우리도 실연에 매몰될 수 있고, 또한 우리가 우리 자신의 행동을 무의식적으로 조종하는 동기를 깨닫도록 도움을 주는 정신화 능력을 활용하지 못할 수도 있다. 혹은 단순히 실연에 대해 경계하는 데 실패할 수도 있다. 이런저런 이유로 인해 실연이 인식되지 않고 진행되는 경우가 많다.

때때로 그 결과는 비교적 무해하거나 심지어 긍정적이기도 하다. 치료에서 공유되는 모든 경험의 무의식적 의미를 밝히기 위해 그것을 일일이 분명하게 살펴보지는 않는다. 혹은 반드시 그래야 하는 것도 아니다. 게다가 인식되지 않은 어떤 실연들은 정확히 환자에게 필요한 것이기도 한데, 이에 대해서는 곧 설명할 것이다.

그러나 진행 중인 실연을 감지하지 못하는 상태가 지속되는 데서 초래되는 결과는 종종 큰 문제가 될 수도 있다. 실연을 감지하지 못하는 이런 상태는 환자가 인식해야 할 필요성이 가장 절실한 측면들을 위한 심리적 공간을 만들지 못하는 치료적 관계로 이어질 수 있다. 예컨대, 치료자가 감정적으로 거리를 두는 관계를 지속시키는 데 일조하고 있으면서도 자신의 이런 역할을 계속해서 자각하지 못한다면, 그는 무심코 그의 무시형 환자가 자신의 느낌을 알지 못한 채로 남아 있게 할 수 있다. 대개 치료자의 이런 자각의 결여는 자신이 실제로 감정에 대한 환자의 방어를 다루기 위해 치료를 조정하고 있다는 근거 없는 믿음에 의해 강화된다. 이와 관련해서 물리학자인 나의 환자와의 실연을 생각해 보라.

더욱 문제가 되는 것은 진행 중인 심리치료를 좀먹거나 파열시키는 인식되지 않은 실연이다. 이것과 관련해서 지금도 유감스러운 기억으로 남아 있는, 한 남자 환자와의 관계가 생각난다. 나는 그 환자와 함께 어떤 관계를 실연하게 되었고, 그것은 거리를 두고 물러나 있었지만 이따금씩 변덕스러웠던 그 환자의 아버지와의 관계에서 그가 경험했던 과거사의 어떤 측면들을 반복한 것이었다. 나는 그의 아버지와는 다른 애착 대상이 되려고 너무나 애쓴 나머지 환자의 도발적인 언행을 직면시키지 못했고, 이 때문에 무의식적으로 나 자신의 과거사의 어떤 측면들을 되풀이하고 말았다. 동시에 나는 그것을 인식하지 못한 채 점점 분개하게 되었다. 마침내 어느 한 회기에 환자는 나에게 유난히 무례하게 굴었고, 나는 폭발하고 말았다. 환자는 처음에는 말없이 있었지만 이내 격분했다. 나는 우리 관계에서 손상된 것을 복구하려고 노력했지만 우리에게는 그 회기가 마지막이 되고 말았다.

반복으로서의 실연, 복구로서의 실연

우리를 같은 모습으로 남아 있게 하는 힘과 우리를 변화하게 만드는 힘은 실연을 해결하기 위한 우리의 작업 안에서 뒤섞인다. 제10장에서 논의한 대로 실연은 오랜 된 것과 새 것, 안전과 위험, '반복되는 관계'와 변화를 위해 '요구되는 관계' 사이 의 역동적인 긴장을 반영한다(Stern, 1994).

환자와 치료자 모두 관계하고 느끼고 생각하는 습관적인 패턴을 반복하려는 욕 구에 무의식적으로 사로잡힌다. 앞서 말한 것처럼, 우리의 내적 작동 모델과 그 속 에 있는 부호화된 규칙들은 우리를 가두고 동시에 우리가 갇혀 있다는 것을 모르게 만드는 일종의 눈에 보이지 않는 구속복인 셈이다. 전이-역전이의 실연에서 처음 에는 두 사람 다 이런 편재하는 압박을 알지 못한 채 자신의 역할을 수행한다. 이것 이 실연의 반복적인 차원이다.

그러나 또 한편, 대부분의 치료자와 환자는 그들을 형성했던 초기 관계에서 배웠 던 것보다 더 포괄적이고 확장된 새로운 존재 방식을 경험하고자 하는 (의식적인 동 기뿐만 아니라) 무의식적인 동기도 갖고 있다. '반복 강박(the "repetition compul-sion")'(Freud, 1914/1924a)과 불안정한 작동 모델의 자기 영속적인 경향(Bowlby, 1969/1982; Main, 1995)에 맞서는 동기로서 애착을 형성하고 탐색하게끔 하는 생물 학에 기초한 행동 체계의 존재뿐만 아니라 '스스로 바로잡는(self-righting)' 마음의 경향성(Siegel, 1999), 유능성을 추구하는 동기(the competency motive)(White, 1959), 그리고 발달하려는 선천적인 욕구(Weiss & Sampson, 1986)가 있다. 이런 동기들이 내가 실연의 복구적인 차원으로 기술하는 것의 바탕에 깔려 있다.

때로는 아직 인식되지 않은 (그리고 어쩌면 앞으로도 결코 인식되지 못할) 실연이 이 런 '전진적인(progressive)' 동기들의 직접적인 영향력을 반영하기도 한다. 예컨대, 안정 애착에 도움이 되는 조율된 반응성을 의도적으로 보여 주는 치료자와 그것을 분명히 이로운 방향으로 활용하는 환자는 복구적인 성격이 주를 이루는 이런 실연 에서 서로 보완적인 무의식적 욕구를 표출하는 것일 수도 있다. 이런 실연들은 치 료적 변화를 가능하게 하는 데 필수적인 안전한 배경과 높아진 '적합성(fittedness)'

(Stern et al., 1998)의 경험을 생성하는 데 결정적인 역할을 한다.

그러나 이런 종류의 실연보다 더 극적이고 감정이 실려 있는 실연은 인식되고 탐색되며 그래서 **복구적인 실연**으로 전환되는 **반복적인 실연**이다.

나는 한 남자 환자를 수년간 치료했는데—여기서는 그를 앨이라 부르겠다—그는 20여 년 전에 당시 여덟 살이었던 자신의 딸을 성추행했다. 그 딸은 성인이 되어서 몇 차례 자신의 치료자와 함께 만나는 삼자 면담에 아버지가 참여하도록 요청했었다. 앨이 개인치료를 통해서 얻은 변화와 함께, 어렵지만 분명히 생산적이었던 이 면담은 그의 딸이 어느 정도 외상을 해결하는 데 보탬이 되었다. 이제 성인이 된, 앨의 아들 클락이 누이의 외상이 성장과정에서 그의 경험 및 현재 아버지와 그의 관계에 끼친 영향에 대해 이와 비슷한 대화를 나누기를 요청했다. 이에 나의 환자가 아들에게 그들끼리 따로 만나거나 혹은 치료자가 있는 자리에서 대화하자고 제안했는데, 아들은 후자를 선택했고 자신의 치료자보다는 아버지의 치료자와 만나기를 원한다고 했다.

앨은 아들과 만나기로 되어 있는 회기의 직전 회기에서, 코앞에 닥친 그 회기가 염려스럽다는 말로 이야기를 시작했다. 그는 내게 그 회기가 유익한 시간이 되는 데 도움이 될 만한 지침을 줄 수 있느냐고 물었다. 나는 이에 대해 우선 그가 자신의 염려에 대해 더 이야기하는 것이 좋겠다고 답했다. 그는 이렇게 하는 대신 자신이 아들에게 무슨 말을 하고 싶은지를 명확하게 해 두어야겠다고 말했다. 그러고 나서 그는 놀랄 만큼 차분하고 신중한 어조로 마치 할 말을 예행연습하거나 혹은 그의 아들 클락이 이미 우리와 함께 방에 있으면서 그를 불편하게 만들고 있는 것처럼 말하기 시작했다. 그의 말 자체는 의미가 없지 않았지만, 그의 형식적인 태도로 인해 그 말이 가질 수 있는 감정적인 영향력이 손상되는 것 같았다. 그는 정신병이 있었던 자신의 아버지와 자신의 고통스러웠던 과거, 그리고 그가 어렸을 적 관계를 성적인 것으로 만드는 데서 안식처를 찾았던 것을 묘사했는데 마치 다른 사람에 대해 이야기하는 것처럼 들릴 정도였다.

나는 그의 이야기를 들으면서 공감하기가 유난히 힘들다는 느낌을 받고 있다는 것을 자각하게 되었다. 수년 동안 그를 알아 왔기에 그에게 감정적으로 동조하고 그의 감정의 흐름을 따라가고 이해하는 일이 대체로 내게는 비교적 쉬웠었다. 그런데 내가 이제 내 마음속에—그리고 아마도 앨 자신의 마음속에도—그의 아들의 존재가 들어오자 사정이 달라졌다. 갑자기 나는 전에는 앨이 저지른 행위의 중대함을 내가 충분히 느끼도록 허용하지 않았던 것 같았다. 나는 그와 함께하고 도움을 줄 수 있다고 느끼기 위해 나 자신을 그의 과거 사실로부터 감정적으로 안전한 거리에 두어야만 했었다는 생각이 떠올랐다. 그가 감정에서 거리를 둠으로써 자기 과거의 어떤 측면들을 반복하고 있었던 것처럼, 나 역시도 그렇게 함으로써 나 자신의 과거의 어떤 측면들을 반복하고 있었던 것이었다. 이렇듯 우리는 함께 방어를 공모하는 실연을 했었는데—아마도—이제는 우리에게 그것이 없어도 괜찮을 듯했다.

나는 다음과 같은 말을 하려고 그의 말을 중단시켰던 기억이 난다. "앨, 나는 혹시 당신이 나와 유사한 경험을 하고 있는지는 잘 모르겠어요. 그런데 나에게는—그리고 내 짐작으로는 당신에게도—클락이 이미 이 방 안에 우리와 함께 있는 것 같아요. 그리고 그가 이미 존재한다고 생각하니 당신이 해결하려고 씨름해 왔던 일과 당신이 저질렀던 일의 현실이 훨씬 더 그리고 고통스럽고 실감나게 느껴져요. 그리고 이 모든 것들을 통해 내가—어쩌면 우리 둘 다—그 현실을 어떻게든 감당할 만한 것이라고 느끼게 하려고 그동안 그것을 덜 실재하는 것으로 만들 필요가 있었다는 것을 보게 되네요."

이때 앨이 고통스럽고 약간 혼란스러운 표정을 지으며 눈길을 피했다. 그리고 나서 그가 말했다. "저는 아버지가 …… 제 말은, 저는 원치 않습니다 …… 그러니까 저는 클락이 지나간 일의 현실을 계속 회피해야만 하는 걸 원치 않아요."

"그런데 당신이 저지른 말실수-처음에는 아버지, 그 다음엔 당신 그리고 나서 클락이라고 했던 것-의 의미가 어쩌면 당신이 현실을 계속 회피할 수밖에 없다고 느낀다는 뜻이 아닌가 하는 생각이 드네요."라고 내가 말했다. 그러자 그는 다소 구슬프게 다음 질문으로 내 말에 답했다. "아버지한테 왜 항상 술을 드시냐고 물었을 때 아버지가 뭐라고 했는지 아세요? '엄마한테 물어봐라.'" 부연 설명을 하자면, 앨이 소년이었을 때 그의 아버지는 몇 년 동안 아내와 말하기를 거부했다. 7형제 중 맏이였던 앨이 아버지의 말을 어머니에게 전하고 또 그 반대로도 하는 중개자 역할을 했어야만 했다.

"만약 내가 너무나 굴욕스럽고 수치스럽게 느꼈던 어떤 것에 대해 아들에게 말할 때 어떤 기분이 들지 상상해 보면 …… 맙소사." 그리고 여기서 나는 말을 잇지 못했는데, 상상하는 것만으로도 감당하기 버거운 느낌을 묘사할 단어를 찾지 못해서였다. 앨을 쳐다보니 그의 머리는 뒤로 젖혀져 있었고 얼굴이 괴로움으로 일그러져 있었다. 그리고 긴 침묵이 이어졌고, 나는 이 침묵을 깨면서 그에게 무슨 일이 일어나고 있는지 말해 줄 수 있겠냐고 물었다.

그는 감정으로 잠겨 버린 목소리로 그가 14세였을 때 한 번은 학교에서 친구가 그에게 괜찮냐고 물었는데, 그때 그냥 울음을 터뜨리고 흐느껴 울었던 일이 기억난다고 했다. 그는 그것이 그저 아버지 때문만은 아니었고, 거짓말과 침묵 그리고 불결한 집과 그가 함께 살아야 했던 기괴한 가족 때문이었다고 했다. 아니 좀 더 정확히 말하면, 그것 때문이기도 했지만, 그보다 더 힘들었던 것은 그가 끊임없이 밀쳐 내야 했었던, 그가 어떤 사람인가에 대한 수치심과 죄책감으로 인한 두렵고 압도적인 괴로움이었다.

나는 지독한 역설에 대해 언급하며 말했다. 그는 수치심의 외적인 원인으로부터 어떻게든 자신을 지키기 위해 다음과 같은 방식으로 성적인 행동을 했던 것이다. 즉, 그는 수치심을, 다른 사람들이 그가 견뎌 낼 수밖에 없도록 그에게 강요하는 것의 문제가 아니라 그가 다른 사람들에게 그것을 견뎌 내도록 강요하는 것의 문제로 만들었던 것이다. 그러자 앨은 자신이 저지른 일에 대한 수치심을 감당할 수 없어서 여전히 때때로 그것을 밀어내야만 했다고 말했다. "당신은 그걸 밀어내죠. 하지만 지니고 있기도 하죠."라고 나는 말했다.

우리는 고통스러운 감정들을 밀어내지 않는 것이 그에게 어떤 의미가 있을지, 그리고 그 감정들이 그에게 고통스러운 한 부분이기도 하지만, 수치스럽고 부정되어야만 하는 그의 핵심을 이루는 것이 아니라 그저 그의 한 부분으로 경험될 수도 있다는 가능성에 대해 논의를 이어 갔다. 그 시간이 끝났을 때 우리는 새로운 기반 위에 함께 서 있다는 느낌을 공유했다. 마침내 내가 그가 저지른 일의 중대함을 온전히 느끼는 것을 견뎌 냈다(나는 그에게 가해졌던 일의 중대함은 이미 느꼈었다)는 사실을 통해 그는 자신의 극심한 수치심을 좀 더 감당할 수 있었고, 그가 어떤 사람인지가 알려질 수 있고 그럼에도 그가 받아들여질 수 있다고 느낄 수 있었다.

헤어질 때쯤 그가 나에게 자신을 한 번 안아 줄 수 있겠냐고 물었다. "물론이죠." 하고 내가 말했다. 여기서 내가 덧붙이고 싶은 말은 우리 관계에서 나는 그를 안아 주고 싶지 않았을 것인데, 내 짐작에 그 이유는 내가 방어하고 있었던 감정들로 인해 감정적으로 혹은 다른 방식으로 내가 그를 온전히 안아 주는 것이 불가능했기 때문이었을 것이다. 이제 우리의 포옹은 전적으로 자연스럽고 적절하게 느껴졌다. 그것은 이 회기를 가능하게 해 준, 새로운 정서적 이해와 연결의 깊이에 대한 우리의 공유된 인식이 신체적으로 표현된 것이었다고 나는 믿고 있다.

이와 같은 치료 시간에 치료자는 어떤 반복되는 실연을 복구적인 혹은 요구되는 실연으로 전환할 수 있는 기회를 갖게 된다. 종종 나와 앨의 관계에서 그랬던 것처럼 이런 전환으로 이어지는 통로는 치료자가 자신이 실연에 어떻게 참여하고 있는지를 인식하는 데서 시작된다.

가해자의 눈이 아니라 피해자의 눈을 통해 '범죄의 외상(trauma of transgression)' (Kramer & Akhtar, 1991)을 목격함으로써 나는 무의식적으로 회피해 왔던 앨의 행동에 대한 나의 감정을 마침내 자각할 수 있게 되었다. 나에게 이런 회피는, 내가 성장하면서 겪었던 최악의 경험이 나에게 미친 감정적인 영향을 저지하려는 나의 오래된 욕구가 새롭게 표출된 것이었다. 이런 방어적 배제는 앨과의 관계에서 나타난 나의 역전이의 일부였다. 비슷한 방식으로 앨은 때때로—오직 때때로—딸을 성추행한 것에 대해 그가 느끼는 감정들의 소리를 죽이거나 회피함으로써 그 영향력을 약화시킬 수 있었다. 이런 방어들은 그가 나와의 관계에서 전이반응으로 느꼈던 불신의 자기 보호적 속성을 가졌다. 거의 모든 실연에서 그렇듯이 여기서 반복은 치료자의 역전이 양상과 환자의 전이 양상이 중첩되는 부분—사실은 적합성—을 통해 일어났다.

실연에서 자신의 역할에 대한 치료자의 자각을 강력한 자원으로 만드는 것이 바로 이 예측 가능한 적합성이라는 사실이다. 우리가 실연에 참여하는 것의 성격을 인식하게 되면 환자는 자신이 전에는 말할 수 없었거나 말하려 하지 않았던 경험의 측면들을 말로 명확히 표현할 수 있게 된다.

실연에 대한 우리의 자각에 따라 행동하기

우리가 실연에서 자신이 하는 역할을 인식하게 되면 대개 그것의 구속에서 최소한 어느 정도는 자유로워진다. 그렇지만 우리의 자각을 정확히 어떻게 활용해야 하는가는 흔히 이론에 기초해서 처방할 수 있는 사안은 아니다. 이론은 우리에게 일반적인 단서를 줄 수는 있지만 실제로 무엇이 '먹혀들지'는 분명히 특정한 환자와 관계하는 특정한 치료자의 특수성에 달려 있을 것이다. 이 독특한 '상호작용의 모체'(interactive matrix; Greenberg, 1995)는 치료자와 환자의 뒤섞이는 주관성으로 만들어지며 환자에 대한 치료자의 개입이 의미를 갖게 되는 맥락을 구성한다.

이 환자에게 필요한 것은 무엇인가? 그리고 우리 자신의 심리적 속성을 감안할 때 우리가 제공할 수 있는 것은 무엇인가? 이 질문들에 대한 우리의 답과 주어진 순간에 요구되는 것에 대한 우리의 느낌에 따라 우리는 자신의 경험을 신중하게 노출하거나 환자의 경험을 공감하고 혹은 상호작용에 대해 언급하는 것으로—성찰의 정도에서는 다소 차이가 있지만—반응할 것이다. 나는 이외에도 유용한 반응으로 해석이나 유머, 수용적인 침묵, 한계 설정, 혹은 실연의 구속력을 느슨하게 함으로써 환자에게 도움이 될 것으로 보이는 어떠한 기법도 여기에 포함될 수 있다고 생각한다.

내면의 경험 처리하기, 내면의 과정 공유하기

관계적이고 상호주관적인 이론들은 치료적 개입에서 실험적이고 자발적인 접근(Renik, 1999a; Ringstrom, 2001)을 장려함으로써 광범위한 '관계적 움직임(relational moves)'(Lyons-Ruth et al., 2001; Stern et al., 1998)의 가능성을 열어 놓았다. 특히 실연과 관련하여 치료자인 우리에게 주어진 열쇠는 우리가 새롭게 획득한 움직일 수 있는 자유, 즉 실연에서 우리가 우리의 속박당한 (그리고 속박하는) 참여를 인식하기 전에는 할 수 없었던 방식으로 우리가 생각하고 느끼고 행동할 수 있는 자유를 환자에게 보여 주는 방식으로 개입하는 것이다.

이런 관계적 움직임은 암묵적이고 미묘할 수도 있고, 혹은 매우 직접적일 수도 있다. 우리 자신과 환자의 무의식적 욕구가 얼마나 강한 구속력을 발휘하는가에 따라 이런 움직임은 쉽게 일어날 수도 혹은 상당히 어렵게 일어날 수도 있다. 그리고 이것은 환자로부터 어떤 반응을 불러일으키는데, 환자의 반응은 치료자의 움직임이 유익하고 자유로움을 주는지 아니면 파괴적이고 달갑지 않은지를 암시해 준다. 이런 관계적 움직임—어떤 형태이든—에서 잠재적으로 치유적인 측면은 치료자가 달라졌고 더 이상 실연에 의해 구속받지 않는다는 것을 보여 준다는 데 있다. 치료자가 변하면 대개 관계가 변하고 때로 환자도 변한다. 물론 반드시 즉각적으로 혹은 빠르게 이렇게 되는 것은 아니다. 실연에 대한 우리의 자각을 토대로 한 작업은 하나의 사건이 아니라 하나의 과정이다.

실연에 관한 문헌에서 다수의 저자가 치료자에게 제안하는 바는 반복의 구속력을 약화시키고 어떤 새로운 것이 학습되고 경험될 수 있도록 하기 위해 다음 두 가지 태도를 융통성 있게 번갈아 적용하라는 것이다. 하나는 해석하는 것이고, 또 하나는 개인적으로 표현하는 것이다. Hoffman(1992, 1994)은 한편에는 진정성 있는 자기 표현과 또 한편에는 훈련받고 이론적인 지식을 바탕으로 하는 이해로 구성된 변증법의 관점에서 교차되는 이런 치료적 태도들을 논의한다. 동일한 주제영역에 대해 Burke(1992)는 "상호성과 비대칭성의 딜레마(the mutuality-asymmetry dilemma)"로 기술하면서 탐구하고 있고, Mitchell(1995)은 상호작용에 대한 현대 클라인학파와 대인관계적 접근을 묘사하고 있다.

해석적 태도에서는 치료자에게 참여하는 관찰자의 역할이 주어지고, 표현적 태도에서는 관찰하는 참여자 역할이 주어진다. 첫 번째 역할에서는 실연의 경험을 잘 담아 내고 내적으로 처리하여 그것을 이해하고 또 이해한 바를 환자에게 전달하는 것이 강조된다. 두 번째 역할에서는 실연의 '마력을 깨뜨릴' 수 있을 정도로 감정적으로 강력한 표현과 진정성있게 환자에게 반응하는 것을 강조한다.

이제 각 접근의 예를 보여 주겠다. 다음 두 가지 예시는 모두 여기서 엘렌이라고 부르기로 한 동일한 미해결형 환자에 관한 것인데, 그녀는 자신에게 무관심과 학대를 번갈아 가면서 보였던 부모에 의해 외상 경험을 겪었던 사람이었다. 치료를 위해 내가 그녀를 만난 지는 7년이 되었다. 다음에 묘사된 치료회기는 실연에 대한 해석적 반응을 구체적으로 보여 준다.

어느 한 회기에서 나는 엘렌과 나의 관계에서 반복적으로 일어났었던 상호작용 패턴을 알아차리게 되었다. 그녀는 특히 치료가 잠시 중단될 때면 자신이 나에게 의존한다는 것을 인식하고는 두려움과 수치심 그리고 분노가 뒤섞인 거의 참을 수 없는 감정 상태에 빠져들곤 했다. 이럴 때 그녀는 종종 나를 만나러 오는 횟수를 줄여야겠다는 말로 반응하곤 했다. 또 때로는 싸움을 걸거나 치료를 중단하겠다고 협박하곤 했다. 이에 대해 나는, 내가 그녀의 힘든 감정과 그것에 대한 방어를 인식하고 있다는 것뿐만 아니라 그녀의 의존이 실제로 느껴지는 것이기는 하지만 수치스럽거나 유난스러운 것이 아니라 내가 그녀에게 제공하는 것을 활용할 수 있는 그녀의 능력이 건강하게 커져 가고 있음을 반영하는 것이라는 나의 확신을 암묵적으로 또한 명백하게 전달하곤 했다.

나는 엘렌이 의존에 대해 느낀 두려움과 분노에 대한, 외관상 조율되고 적절한—그러나 그때쯤 너무나 예측 가능한—나의 반응에 대해 생각해 보면서 마침내 실연에서의 나의 역할을 인식했다. 나는 내 행동에서 그녀를 '구해 내고' 싶어 하는 나 자신의 소망, 즉 경계하고 자기 보호적인 그녀의 고독에서 그녀를 끌어내어 관계의 세계로 이끌고 싶어 하는 소망을 보았다. 내 생각에는, 이런 나의 역할을 보완해 주는 방식으로서 그녀가 갈망했지만 자신이 실제로 그렇게 할 수는 없을 것이라고 알고 있었던 것은, 비유적으로 말하자면 나와 함께 오래된 세계에서 나와서 새로운 세계로 걸어 들어가는, 나와의 '진짜' 관계였다.

내가 이렇게 이해한 바를 그녀에게 전달했을 때 그녀의 즉각적 반응은 안도하는 것이었는데, 그 이유는 내 말이 그녀를 괴롭혀 왔고 또한 몹시 혼란스럽게 했던 반응 패턴에 자신이 갇힌다는 느낌을 덜어 주었기 때문이라고 생각되었다. 그녀는 한 번도 자신의 의존의 의미를 이런 식으로 생각해 본 적이 없었는데, 이것이 우리의 치료가 중단될 때마다 느꼈던 분노와 수치심 및 두려움의 감정을 이해하는 데 도움이 되었다고 했다. 그녀는 또한 이런 이해에 힘입어 나에게서 그녀가 원하는 모든 것을 얻지 못해 분노한 나머지 현실적으로 얻기를 기대할 수 있는 약간의 것도 실제로 얻지 못하고 있음을 보게 되었다고 했다. 하지만 그녀는 이런 식으로 자신을 이해하는 것 또한 그녀를 불안하게 한다고 말했다. 그것은 결국 그녀가 실제로 느꼈던 것보다 축소해서 표현한 것으로 드러났다. 이때를 되돌아보면 이 회기에서 우리가 나눈 대화는 그 치료에서 하나의 기로였다.

다음에 제시하는 회기는 이 회기보다 두 달 전에 있었던 일이다. 그것은 실연을 '초월' 하려는 시도에서 개인적 표현을 활용하는 예를 보여 준다.

　　엘렌은 긴장된 모습을 보이고 다소 의심쩍은 눈빛으로 나를 쳐다보면서 사무실로 들어왔다. 그녀는 자리에 앉으면서 다소 도전적으로 느껴지는 말투로 오늘은 치료실에 올 기분이 아니었다고 말했다. 사실 그녀는 오지 않겠다는 생각을 했었다. 공교롭게도 나는 그날 오후 평소보다 그녀를 더 느긋한 심정으로 대했는데 그 이유는 잠시 후 설명할 것이다. 나는 '또 시작이네.' 라고 체념하는, 익숙해진 생각을 하는 한편, 나와 만나는 것에 대한 그녀의 상충된 욕구에 대해 우리가 생산적인 대화를 나눌 수도 있겠다는 느낌도 받았다. "그런데……." 나는 아마도 조금 미소를 띠며 "우리가 다시 돌아오면 그것에 대해 할 말이 많을 것 같군요." 라고 말했다. 나의 이 말은 우리가 평소처럼 매 회기를 시작할 때마다 5분에서 10분 정도 규칙적으로 해 왔던 명상을 시작하려는 참이란 사실을 언급했던 것이었다. 진솔하지만 상황에 맞지 않게 약간 익살스러운 내 말에 그녀는 눈을 굴리는 반응을 보였는데, 그것이 짜증난 시늉을 한 것인지 혹은 진짜 불쾌해서 그런 것인지는 알 수 없었다. 그리고 나서 우리는 명상을 했다.

　　이 회기에 대한 설명을 계속하기 전에, 바로 앞선 몇 회기 동안 우리는 그녀의 분노 감정과 또한 나의 분노 감정을 다루고 이해하려고 힘겹게 애쓰고 있었다는 것을 말해야겠다. 그때 나는 그녀가 몇 가지 위험한 의학적 문제들을 무시함으로써 스스로에게 걸림돌이 되고 있다고 생각했다. 나는 그녀의 경험을 이해하려고 노력했고 그녀의 안전이 보장되도록 한계를 설정했다. 나 또한 몹시 화가 나고 있었다. 그녀의 입장에서는 이런 나를 처벌적이고 주제넘게 참견하지만 궁극적으로는 도움이 안 되는 것은 아닌 사람으로 경험하여 그녀도 화가 난 상태였다.

나는 이번 회기 직전에—상당히 안도감을 느끼며—환자와 내가 함께 만들어 낸 실연에서 거의 확실해 보이는 나의 역할이 무엇인지 인식하게 되었다. 나는 엘렌에 대한 나의 분노가 의존에 대한 나 자신의 갈등과 내가 어렸을 때 부모님에 대해 느꼈던 분노를 반영한다는 것을 알게 되었다. 나에 대한 엘렌의 분노는 의존에 대한 그녀의 갈등뿐만 아니라 침해하고 학대하는 아버지와 무관심하고 꾀병 부리고 도움을 거부하는 어머니에 대한 분노를 반영한다는 생각이 들었다. 그녀의 입장에서 나는 그녀의 아버지였고 그녀는 자신의 어머니처럼 되지 않으려고 애쓰고 있었다. 내 입장에서는 요구가 지나치지만 지독하게 자부심이 강한 나의 어머니처럼 행동하면서, 겉으로는 관대하지만 속으로는 화가 나 있는 아버지와 같이 되지 않으려고 애썼다. 이런 분석은 분명히 엘렌과 내가 서로에 대해 그리고 우리 자신에 대해 갖고 있던 매우 복잡한 관계를 지나치게 단순화시킨 것이다. 그럼에도 나는 이렇게 이해한 덕분에 이 회기를 이전보다 가볍고 선명한 느낌으로 경험할 수 있었고, 그제야 마치 오랜만에 처음으로 움직일 공간을 얻은 것 같았다.

엘렌과 나는 명상을 하고 나서 다시 눈을 떴고 서로를 응시했다. 이때의 접촉에서 나는 우리 두 사람 간에 매우 놀랍고도 감동적인 깊은 연결감을 경험했다. 나는 속으로 그녀도 똑같은 느낌을 경험했다고 여겼다. 그녀의 얼굴 표정은 부드러워졌는데 일종의 수용적인 태도가 감지되는 듯했다. 나는 그 순간처럼 엘렌이 평온하고 열려 있는 모습을 이전에는 본 적이 없었다.

그리고 나서 그녀는 장의자로 자리를 옮겼고 다소 건성으로 그러나 약간 길게, 나와 만날 마음이 내키지 않는다는 이야기를 하기 시작했다. 그녀는 이전 몇 회기에서 논란거리가 되었던 이야기를 계속하고 있었지만 이전과 같은 강도의 감정 상태는 전혀 아닌 것 같았다. 그것은 마치 우리의 실연에서 내가 벗어났다는 사실이 암묵적으로 그녀에게 전달되어 그녀도 그것의 구속에서 이미 부분적으로 자유로워진 것 같았다. 분명 그녀의 말이 의미가 없지는 않았지만 적어도 나에게 그것은 더 이상 그 방에서 일어나고 있었던 것과 맞지 않았다. 그녀도 내가 느끼는 것을 느끼고 있었다고 생각된다. 이 시점에서 해석은 어울리지 않는 것 같았다. 그녀는 나에게 무슨 생각을 하냐고 물었다.

"당신은 여기에 오려는 마음이 내키지 않는다는 것과 분노 감정에 대해 말하고 있고―그리고 이런 감정들은 분명히 최근에 우리가 함께한 경험에서 큰 부분을 차지하고 있지만―동시에 당신은 오늘 여기에 마음으로 함께 있고 또한 진짜 화가 난 것 같지는 않다는 생각을 하고 있었어요. 잘은 모르겠지만, 우리 둘 사이에 아주 강하고 평소와 다른 연결과 수용의 느낌이 지금 여기에 있는 것 같아요. 분명히 그런 느낌이 들어요. 그리고 내 짐작에는 당신도 그럴 것 같네요."

"아주 예민하시네요." 그리고 긴 침묵이 이어졌다. "그래서 이게 뭐라고 생각하시나요?" 그녀가 말했다.

"이건 사랑이라고 부르는 거라고 생각해요." 미처 생각해 보기도 전에 내 입에서 이런 말이 튀어나왔다. 나는 내가 진심을 말하고 있고, 그것은 분명히 중요하지만 또한 별난 일은 아니라는 점, 즉 그런 말을 할 수 없을 만큼 별난 일은 아니라는 것을 어떻게든 전달하려고 다소 가볍게 말했다는 것을 알아차렸다.

그녀는 눈물이 글썽이는 눈으로 나를 똑바로 쳐다보면서 고개를 끄덕였다.

나는 그녀에게 내가 여전히 명상 후에 우리가 나누었던 눈빛에 머물러 있다고 말했다. "정말이지 당신에게 엄청나게 연결되어 있다는 느낌이 들었는데, 마치 우리 두 사람 모두 여기에 함께 존재하고 있고 아주 평온한 것 같았어요. 당신 얼굴에서 이전에는 본 적이 없는 표정을 보았는데, 당신은 너무나 평화로워 보였어요. 분명히 내가 알 수는 없지만 내 짐작에는 그때 당신도 나와 비슷한 경험을 했어요. …… 그런가요?" 그녀는 미소와 눈물을 동시에 보이며 내 말에 동의했고, 그것은 그녀에게 특별한 순간처럼 느껴졌다고 말했다. 아주 편안하고 가깝고 감동적인 순간이었다는 것이다. "그런데 당신은 마치 연결과 평온의 느낌에 머무는 것이 편안하지 않은 것처럼 그 경험을 외면해야 한다고 느끼는 것 같았어요."

"저는 그걸 믿을 수가 없어요."

"물론 그렇겠지요. 당신의 부모님은 그럴 이유를 주지 않으셨죠. 그와는 정반대였죠. 결말을 확정적으로 예측하는 일을 그만두기란 틀림없이 엄청나게 위험하다고 느껴질 겁니다. 더군다나 당신이 불가능하다고 확신하는 어떤 것을 얻기를 바라는 일은 더욱더 그렇겠죠."

또 다른 긴 침묵이 흐른 후 그녀가 말했다. "선생님은 저에게 매우 중요한 사람이에요. 이제는 기대하는 일이 그 어느 때보다 편해졌어요. 기대하는 일에 대해 더 이상 예전과 같은 반사적인 반응을 보이거나 모든 게 눈에 보이는 것과 같다고 지레짐작하지 않아요. 제 감정이 아주 강렬하다 해도 그것을 항상 믿을 필요는 없어요. 월요일에 자해하고 싶은 마음이 들었는데 '시간이 지나면 괜찮을 거예요.' 라는 선생님 말씀이 생각났고, 그게 제가 자해하는 걸 막았던 유일한 힘이었어요. 마치 선생님이 항상 저와 함께하고 있는 것 같아요. 아직도 가끔은 갇히는 느낌이 들 때가 있지만 제대로 보는 관점을 되찾을 수 있고 이전보다 훨씬 빨리 회복할 수 있어요."

그 시간이 거의 끝났을 때 나는 자연스럽게 그녀에게 아름답다고 말했다. 그것은 부인할 수 없는 사실 같았다. 그녀는 "내면이 아름답다는 말씀이시죠?"라고 답했다.

"사실 내 말 뜻은 그게 아니에요. 그렇지만 분명 그것도 사실이죠." 그 회기가 끝나기 직전 우리는 포옹을 했다. 우리는 서로를 응시했는데 둘 다 분명히 감동을 느꼈다. 그녀는 내 뺨을 가볍게 건드리고 떠났다.

부연설명을 하자면, 우리가 다시 만나서 이 회기에 대해 논의했을 때 엘렌은 자신이 내 뺨을 만진 것을 내가 선을 넘은 행동이라고 생각할까 봐 염려했다고 말했다. 나는 그런 생각은 한 번도 하지 않았다고 했다. 이 말이 그녀를 안심시킨 듯이 보였다. 내가 나의 반응과는 별개로 그 행동이 그녀를 걱정스럽게 했을 가능성에 대해 언급했을 때 그녀는 동의하지 않았다. 지난 회기가 그녀에게는 어떤 의미가 있었는가를 우리가 탐색했을 때 그녀는 기쁨을 느끼며 떠났었다고 했다. 내가 그녀를 깊이 좋아한다는 것을 그토록 강력하게 경험하였기에 자신을 깊이 좋아할 수 있는 다른 사람들도 있을지 모른다는 가능성을 생각하게 되었다는 것이었다. 그러나 그녀는 자신이 이런 가능성에 대한 감각을 얼마나 빨리 눌러 버릴 수밖에 없는지를 알아차렸다. 그럼에도 그녀는 자신이 선택하면 여전히 그것을 마음속에서 환기시킬 수 있다고 말했다.

엘렌과의 이 두 회기를 나란히 놓음으로써 실연에 대한 우리의 작업에서 몇 가지 중요한 점들을 설명하는 데 도움을 얻을 수 있다. 하나씩 차례대로 간략하게 다루도록 하겠다. 엘렌의 치료에 대한 나머지 이야기를 하고 그것이 야기하는 매우 복잡한 주제들을 좀 더 고찰하기 위해 이 책의 마지막 장에서 다시 이 회기들을 언급할 것임을 염두에 두기 바란다.

교정적인 정서적 경험인가 혹은 실연인가

실제로 양쪽 다인 경우가 흔하다. 실연의 초월을 통해 분명히 교정적인 정서적 경험이 가능해진다. 그러나 뒤돌아보면 그 경험 자체는 흔히 하나의 새로운 실연의 일부였던 것으로 보일 것이다.

방금 묘사한 엘렌과의 회기를 예로 들면 이 회기에는 변화를 일으키는 '만남의 순간(a transformative "moment of meeting")'(Stern et al., 1998)이 있었던 것처럼 보였다. 나는 우리에게 익숙한 논쟁적인 실연을 깨닫고 그것에서 일시적으로 빠져나오면서 우리의 관계에서 아주 다른 어떤 차원을 알아차리게 되었다. 이 차원에서는 우리의 상호연결성과 공통점 그리고 서로에 대한 사랑이 전경에 있었다. 엘렌의 입장에서는, 우리 관계에 대한 내 인식의 변화를 경험하면서 그녀 자신도 변화의 경험을 할 수 있게 되었다. 그녀를 사랑스럽고 아름다운 존재로 대했던 나의 반응에서 마치 그녀가 자신에 대한 새로운 이미지와 가능성을 어렴풋이 본 것 같았다.

이 회기에서 나와의 경험은 엘렌에게 분명히 치유적인 영향을 미쳤던 것처럼 보였지만, 지나고 나서 보니 그것은 또한 실연의 일부로 이해될 수도 있다고 생각된다. 여기서 나는 과거로부터 엘렌을 구해 내고 싶은 (다소 거대한) 나의 욕망을 표출했고, 그녀는 내가 무심코 격려한 잘못된 희망―그녀가 어리석은 기대라고 여겼던 다른 남성과의 전면적인 관계뿐만 아니라 나와 치료 관계 이상의 관계를 갖기를 바라는 불가능한 기대─에 유혹당한다고 느꼈다. 이 실연에서 그녀는 자신의 운명이라고 믿은 것과는 다른, 더 밝은 미래를 상상하도록 내가 암묵적으로 그녀를 유혹한 나머지 나에게 희롱당한다고 느꼈던 것이다. 치료의 일시 중단이 우리 관계의 한계를 부인할 수 없게 만들었을 때 그녀가 분노하고 수치스러워한 것은 이해할 만한 반응이었다. 하지만 우리는 실연을 인식함으로써 둘 다 얼마간 그것을 초월하고 우리를 현혹하는 가능성의 경험 뒤에 숨겨진 진짜 가능성들을 지각할 수 있게 되었다.

새로운 것 속에 있는 과거, 과거 속에 있는 새로움

과거와 현재는 실연에서 뒤섞인다. 어떤 관점에서 보면 우리가 환자와 함께 실연하는 시나리오는 재활용되는 부대에 담긴 해묵은 술이다. 나에게는 엘렌을 '구하는 것'과 잠시 동안 그녀를 전적으로 새로운 관점에서 보는 것이 내가 어머니와의 관계에서 겪었던 친숙하고 일시적으로 안심시키는 경험을 반영했다. 엘렌에게는 결국 실망하게 될 것이 확실한 어떤 희망을 내가 키우는 모양새가, 한순간 유혹적이었다가 그다음에는 가학적으로 대하는 아버지와의 경험을 연상시켰다.

또 다른 관점에서 보면 반복되는 실연은 또한 새로운 경험이 나올 수 있고 마찬가지로 과거 경험에 대한 감정적으로 생생한 통찰이 나올 수 있는 잠재성을 가진 원재료다. 종종 치료자와 환자가 자신들이 실연하고 있는 시나리오에 대해 이제 논의할 수 있다는─거의 확실히 둘 중 어느 쪽도 원래의 시나리오에서는 그렇게 할 수 없었던 방식으로─사실 자체가 단순한 반복으로 느껴질 수 있는 것을 새로운 경험으로 바꾸어 놓는다.

그리고 또 다른 관점에서 보면, 새로운 경험─이를테면, 반복되는 실연의 탐색에서 일어나는 경험─은 환자와 치료자를 모두 과거의 영역으로 더 깊숙이 내몰 수 있다. 내가 엘렌과의 논쟁적인 실연에서 벗어나서 만남의 순간을 가능하게 만들었던 회기가 여기에 해당하는 예가 될 수 있다. 우리의 만남은 사랑과 연결에 대한 그녀의 억눌린 욕구를 부분적으로 채워 줌으로써 그녀를 충족시켰다. 그러나 이것은 또한 그녀에게는 너무나 두려운 위험을 무릅쓰도록 그녀를 격려했다. 이런 점에서 그녀는 현재의 치료자가 과거의 아버지처럼 그녀를 꾀어 위험한 곳으로 가도록 하고 있다는 방어적인 관점으로 기울게 되었다.

해석과 개인적 표현 그리고 변화할 수 있는 치료자의 능력

이상적으로 말하자면, 치료자는 자신을 표현하면서도(엘렌과의 앞의 회기에서처럼) 해석적으로(두 달 후에 있었던 회기에서와 같이) 실연에 반응할 수 있는 유연성과 자각능력이 있어야 한다. 이런 유연성은 반복적인 실연의 구속력을 느슨하게 하는 데 필요하다. 이런 유연성은 또한 환자와 치료자의 만남이 감정적으로 살아 있을 뿐만 아니라 성찰에 열려 있는 관계를 가능하게 한다. 마지막으로 유연성은 우리가 적어도 두 가지 방식으로 환자의 동일시 모델로 기능할 수 있게 한다.

우리가 비교적 통제된 방식으로 '약간의 감정을 보여 줄' 수 있다면(Maroda, 1999) 그만큼 우리는 환자에게 관계에서 감정을 느끼고 표현하는 것이 안전할 수 있다는 살아 있는 증거를 제공할 수 있다. 이런 식으로 우리는 효과적인 정서 조절을 보여 주는 본보기가 된다. 그리고 우리가 실연에 대해, 그리고 환자의 참여뿐만 아니라 우리 자신의 참여에 대해 소리 내어 성찰할 수 있다면 그만큼 우리는 정신화를 할 수 있는 능력의 본보기를 보여 줄 수 있다.

우리가 실연을 인식하고 그것을 말로 표현함으로써 암묵적인 어떤 것을 분명히 할 때 행동에는 파악할 수 있는 심리적 의미—우리가 느낌과 생각 및 욕구를 이해할 수 있는 어떤 것으로 볼 수 있는 맥락—가 있음을 환자에게 전달한다. 더 나아가 실연을 탐색할 때 우리는 환자 자신의 무의식적 정신적 모델에 대한 자각을 일깨우거나 깊게 함으로써 환자가 표상적 세계의 존재와 영향을 좀 더 알아차릴 수 있게 해 준다. 이런 식으로 실연은 치료자와 환자 모두에게 성찰하는 기능을 연습할 수 있는 맥락을 제공한다.

우리가 우리 자신을 표현하면서 그리고/또는 해석적으로 개입할 수 있게 해 주는 유연성은 의심할 여지없이 바람직한 것이기는 하지만, 우리 각자가 환자에게 도움되는 방식으로 선택하는 행동을 우리가 한 인간으로서 어떤 사람인가와 일관되도록 하는 것이 또한 바람직하다. 비언어적 신호에 대한 인간의 예측할 수 있는 반응을 감안할 때 환자에게 영향을 주는 것은 우리의 실제 행동뿐만 아니라 우리 행동에 대한 우리의 지각된 느낌도 있다. 만약 예를 들어 의도적으로 우리 자신을 드러내는 것이 우리에게 불편하게 느껴지는 데도 불구하고 우리가 감정적인 반응을 표현하기로 선택한다면, 환자는 우리의 불편함을 알아차리고 우리의 행위와 그런 행위에 대한, 말로 표현되지 않는 우리의 태도 간의 부적합성에 대해 당혹감을 느낄 가능성이 있다.

그렇지만 물론 이런 일관성의 결여는 또한 실연이 만들어지는 원재료이기도 하다. 우리가 치료자로서 우리 자신의 기질적 특성에 거스르는 방식으로 행동하고 있다는 것을 알았을 때 우리는 그 이유를 고려해 볼 필요가 있다. 우리는 무엇을 실연하고 있는가? 상호작용에 대한 우리의 경험은 환자의 경험과 어떤 관련성이 있는가? 하지만 환자를 위한 변화를 가능하게 하는 것은 특정한 방식으로 변화할 수 있는—때때로 자신의 기질적 특성에 거스를 수 있는—치료자의 능력이다. 여기서 양육자가 변하면 어린 아동의 애착 유형도 바뀔 수 있음을 보여 주는 연구(Marvin, Cooper, Hoffman, & Powell, 2002)를 떠올려 보라.

전이−역전이 실연은 한 사람의 행동 변화가 불가피하게 다른 사람의 행동에 영향을 주는 역동적 체제에서 비롯된다. 이상적으로 말하면 치료자는 '내부로부터 체제를 변화시키는' 전문가다. 치료 실제에서 이 말은 우리가 매몰되어 있는 어떤 실연을 알아차릴 뿐만 아니라—알아차린다는 것 그 자체로도 보통의 성취는 아니지만—우리가 생각하고 느끼고 좀 더 자유롭게 그리고 자각하면서 관계할 수 있도록 우리의 참여적 성질을 변화시킬 수 있음을 뜻한다.

불안정 애착의 과거사로 인해 환자의 유연성이 결여되어 있고, 이런 환자의 취약성과 치료자의 취약성이 마주치게 되면 이 두 사람이 선택할 수 있는 대안들이 줄어들 것이다. 이럴 때 실연이 발생한다. 그러나 생각하고 느끼고 좀 더 자유롭게 관계할 수 있는 방법을 찾는 치료자는 환자를 위해 새로운 대안들을 열어 줄 수 있다.

우리가 자신의 한계와 실연의 압력이라는 이중 구속에서 벗어날 수 있을 정도로 변화할 때마다 우리는 변화가 가능하다는 것을 보여 주고, 그럼으로써 환자가 원하면서도 두려워하는 변화를 점진적으로 촉진할 수 있다.

16
비언어적 영역 2
몸과 작업하기

궁극적으로 변화는 해리되었던 신체적 경험과의 연결을 요구한다.
— Wilma Bucci(2002, p. 788)

정신분석 — '말을 통한 치료(the "talking cure")' — 과 대화 치료(talk therapies)는 일반적으로 몸에 초점을 두는 작업을 치료에 충분히 통합시키지 못했다. 사실 우리는 모두 몸을 통해 우리 자신과 세계를 경험한다. 어떤 사태들에 대한 우리의 첫인상은 우리의 정신적 모델을 통해 여과되고, 심박동 수와 호흡, 근육의 긴장, 내장의 감각 등과 같이 몸 안에서 일어나는 일을 우리에게 알려 주는 자기수용의 '내적 감각'과 상호작용하면서 오감을 거쳐 우리에게 입력된다. 우리가 어떻게 느끼는지를 알려 주는 것은 주로 이런 내적 감각이다. 우리는 감정을 몸 안에서 느끼고, 이런 느낌은 우리의 현실을 구성한다. 따라서 경험에 대한 우리의 기억뿐만 아니라 체험, 특히 감정 경험은 근본적으로 우리 몸에 그 근원을 둔다.

애착 중심 치료의 틀 안에 몸에 대한 초점을 포함시키는 것이 중요한 이유는 분명하다. 감정은 몸의 경험이고(Damasio, 1994, 1999; Siegel, 1999), 애착 관계는 우리가 감정을 조절하는 법을 배우는 맥락이기 때문이다(Fonagy et al., 2002; Schore, 2003). 우리는 이런 상호작용을 통한 심리생물학적 조절에 의해 점차 몸의 감각을 느낌, 즉 우리가 인식하고 명명하며 담아내고 해석할 수 있는 느낌으로 '옮길' 수 있다(Krystal, 1988).

본래 유아는 자신에게 민감하게 반응해 주는 애착 인물이 보이는 조율된 신체적 행동(접촉과 시선, 얼굴 표정과 어조)을 경험함으로써 자기 몸의 감각들이 갖는 감정적 의미에 대해 배운다. 환자들이 생애 초기에 이런 조율된 반응을 받아 보지 못했고 특히 외상까지 경험했다면, 그들은 대개 감정을 조절하는 능력이 제한되어 그로 인한 부담을 느낄 것이다. 그들이 감정을 오로지 신체적 감각이나 혹은 물리적 증상으로만 경험하는 한 그들의 마음보다는 몸이 반응을 기록할 것이다(van der Kolk, 1996). 이런 세계에서 느낌은 물리적 실체이기 때문에 사실로 받아들여진다. 이 때문에 감정은 그들을 압도하거나 그들에 의해 부인될 수 있으나 성찰의 대상이 될 수는 없다.

많은 환자들에게—그리고 아직 해결되지 못한 외상 경험이 있는 환자들에게는 필수적으로—신체적 경험에 초점을 두는 작업을 치료에 포함시키는 것이 중요하다. 몸의 언어를 느낌의 언어로 옮기는 일은 상호작용을 통한 감정의 조절을 촉진하는 데 유익하고, 이런 조절을 통해 환자는 치료자를 새로운 애착 대상으로 또한 안전 기지로 경험할 수 있게 된다. 아울러 안전 기지로서 치료자에 대한 환자의 신뢰는 신체 경험을 좀 더 깊이 있게 탐색하고 또한 자신의 느낌을 견뎌 낼 수 있다는 감각을 키우는 데도 도움이 된다. 시간이 지나면서 환자는 이런 상호작용을 통한 감정의 조절에 힘입어 자신의 신체 감각을 해독하는 법을 배우게 되고, 정서를 자신과 타인들에게 보내는 신호로 사용하기 시작할 수 있다. 이런 식으로 느낌이—불변의 사실이 아니라 해석할 수 있는 상징으로서—경험에 대한 의사전달로 인식될 수 있을 때 정신화와 그것이 가져올 수 있는 통찰과 공감 및 내적인 자유를 향한 문이 열린다.

몸에 초점 두기는 감정을 조절하는 환자의 능력을 키우는 것 외에도 환자의 원래 애착 관계에서 수용될 수 없었던 경험의 통합을 촉진하는 잠재력을 갖고 있다. 환자들은 몸의 상태(마비나 흥분과 같은)와 몸의 표현(하품이나 몸짓 등)을 통해 그들이 인정할 수 없었거나 인정하지 않으려 했던 느낌들—그리고 느낌들에 대한 방어—을 드러낸다.

게다가 몸은 드러낼 뿐만 아니라 기억하고 있다(Hopenwasser, 1998; Rothschild,

2000). 해리된 기억은 흔히 현재에서 다시 느낄 수 있는 감각으로뿐만 아니라 환자의 원래 외상 경험과 연관된 신체 자세와 초기 동작으로도 몸에 저장되어 있다. 예를 들면, 목과 어깨의 만성적인 통증에 시달리는 한 우울증 환자는 처음에는 마치 어떤 타격으로부터 자신을 방어하려는 것처럼 일정하게 오른쪽 어깨를 들어올리고 몸을 안쪽으로 튼다는 것을 알게 되었다. 이후 그가 자신에게 신체적인 학대를 자행했던 아버지에 대해 느꼈던 격분과 처음으로 감정적으로 연결되었을 때, 우리는 그의 오른손이 주먹—그는 "마음으로는 하고 싶었지만 한 번도 감히 되받아치지 못한" 주먹이라고 말했다—으로 바뀌는 것을 보았다.

이처럼 환자들이 우리 안에 불러일으키고 우리와 함께 실연하는 것과 더불어, 그들이 몸으로 표현하는 것은 이전에는 해리시킬 수밖에 없었던 느낌과 기억을 통합하는 통로가 될 수 있다. 실제로 우리가 치료적 변화의 기초가 되는 통합을 촉진하는 방법은 주로 회기 중에 환자의 신체 경험과 감각적 경험을 활성화하는—그리고 그런 경험을 성찰할 수 있는 이미지와 말로 연결시키는—활동이다(Bromberg, 2003; Bucci, 2002, 2003; Ogden et al., 2005). 환자의 신체적 감각과 느낌 및 그들이 느낌에 부여하는 의미를 서로 연결시키는 작업 또한 뇌의 피질하 영역과 피질 영역을 통합하는 데 도움이 된다. 이런 작업은 잠재적으로 환자가 자신의 몸과 마음으로 그리고 이 둘이 통합된 방식으로 존재할 수 있게 해 준다. 이것은 미해결형 환자들에게는 필수적으로 중요하다. 그 이유는, 이들은 자신의 신체 경험에 대해 성찰하는 능력이 결여되어 마음이 깃든 몸(a mindful body)이 아니라 '마음이 없는' 몸(a 'mindless' body)으로 살아가기 때문이다. 흔히 몸과 유리된 마음상태에 머물러 있는 것처럼 보이는 회피형 환자에게도 이들이 소원해진 정서적 경험과 신체적 경험에 다시 연결되도록 하는 데 있어 몸에 대한 작업이 핵심적인 역할을 할 수 있다.

몸에 주의 기울이기

몸이 치료적 자원이 되도록 하는 데 있어 치료자에게 필요한 것은 마음챙김이다

(Kurtz, 1990; Linehan, 1993; Ogden, 2006). 우리는 마음챙김의 태도로 의도적으로 우리 자신과 환자의 주의를 지금 여기의 경험, 특히 내적 경험으로 돌린다. 그리고 우리는 우리가 관찰한 것을 변화시키려는 (또는 해석하려는) 욕구가 아니라 그것에 대한 수용과 강렬한 호기심의 태도를 갖고 주의를 기울인다. 환자에게 '당신이 감지하는 상태에 머물면서 그것에 대해 좀 더 알아보려고 해 보세요.'라고 제안하는 치료자는 이런 태도를 실천하고 있다고 할 수 있다. 우리는 이런 태도를 통해 몸의 감각들을 불가항력이라든가 혹은 접근할 수 없는 것으로 보는 대신, 몸을 효과적으로 활용할 수 있게 된다. 몸의 감각들이 너무 강렬해서 견뎌 낼 수 없다고 느껴질 때 (혹은 두려울 때) 마음챙김은 공포나 해리에 대한 해독제 역할을 할 수 있다. 이런 감각들을 습관적으로 마비시키거나 회피했다면 그것들에 마음챙김의 주의를 기울이는 것은 비현실성과 생기 잃음 및 단절의 느낌에 대한 해독제 역할을 할 수 있다.

우리는 환자들이 마음챙김 상태가 되도록 요구하는 방식으로, 즉 그들이 어떤 경험을 하는 동안 자신의 경험을 의식적으로 알아차리도록 개입함으로써 그들에게 이런 마음챙김 능력을 길러 준다(Ogden & Minton, 2000). 그러나 치료자들은 대부분 현재의 순간에 주의를 기울일 때 환자의 몸보다는 감정에 초점을 두는 데 더 익숙하다. 신체 경험에 대한 질문이나 말('지금 몸에서 감지되는 게 뭔가요? 혹은 '조금 전에 호흡이 달라진 것 같네요.')보다 감정 경험에 대한 질문이나 말('지금 느낌이 어떠세요? 혹은 '슬퍼 보이네요.')이 치료자들에게 더 익숙한 치료적 대화의 특징이다. 몸의 웅변과 신체 감각이 흔히 부인되거나 해리된 경험을 가리킨다는 사실을 고려할 때 이런 불균형은 시정되어야 할 것이다.

몸 읽기

몸—환자뿐만 아니라 우리 자신의 몸—에서 순간순간 일어나는 변화를 관찰하는 것은 치료적 대화의 배후에 숨은 의미에 접근할 수 있는 한 가지 방법이다. 몸 읽기는 우리가 자신의 느낌과 환자의 느낌이 무엇인지를 아는 데 도움이 된다. 그것은 또한 우리와 환자가 서로 연결된 정도와 우리 두 사람이 각자의 경험에 연결된 (혹은 연결되지 않은) 정도를 가늠하는 데도 도움이 된다. 마지막으로, 환자의 마음 상태를 고려할 때, 예컨대 분노나 슬픔을 충분히 표현하는 것이 유익할지 아니면 이런 정화반응이 오히려 환자를 압도하거나 혹은 또다시 외상을 경험하게 만들어 버리는 결과를 초래할지를 평가하는 데 도움을 줄 수 있다.

정서적 어휘

Darwin(1872/1998)에서 Ekman(2003)에 이르기까지 과학자들은 소위 '범주적' 혹은 '기본적인' 감정(행복, 슬픔, 두려움, 분노, 혐오, 수치심)에는 표식이 되는 일련의 신체적 표현들이 있다고 말해 왔다. 이런 보편적인 표현은 내면적으로는 내장의 감각으로, 외현적으로는 (얼굴과 자세에서) 볼 수 있고, 또한 (목소리의 음조와 어조 및 리듬에서) 들을 수 있는 근육 및 골격의 반응으로 나타난다. 게다가 각각의 감정은 특정한 종류의 행동이나 행동하려는 충동으로 표현되는 경향이 있다.

다음에 요약한 내용은 우리가 몸의 언어를 말할 수 있는 느낌으로 옮기는 데 도움이 될 수 있다(Ekman, 2003; Rothschild, 2000).

- 행복: 호흡이 깊음, 한숨, 미소, 웃음, 눈이 빛남.
- 슬픔: 격한 감정에 말이 나오지 않고 목이 메임, 입술이 아래로 처짐, 눈이 젖고 붉어짐, 몸의 움직임이 느려짐, 울음.
- 두려움: 심장이 빠르게 뜀, 입이 마름, 호흡이 얕고 빠름, 떨림, 눈썹이 올라가고 눈이 커짐, 도망치고 싶은 충동.
- 분노: 근육의 긴장. 특히 턱과 어깨의 긴장, 입술이 오므려지고 턱을 조임(흔히 앞으로 밀어내며), 눈썹이 아래로 처지고 가운데로 모아짐, 시선은 노려보는 듯함, 눈꺼풀은 치켜세워짐, 목이 빨개짐, 고함을 지름, 싸우고 싶은 충동.
- 혐오: 메스꺼움, 코가 찡그려지고 윗입술이 올라감, 고개를 돌림.
- 수치심: 얼굴에 열이 오름, 붉어짐, 시선을 피함, 숨고 싶은 충동.

신체적 역전이

우리가 환자들에게서 감지하는 많은 것을 우리는 먼저 우리의 몸에서
그리고 아마도 거의 즉시 호흡에서 느낄 수 있다.
–Lewis Aron(1998, p. 28)

우리 자신의 신체 경험을 관찰하는 일은 환자의 신체 경험을 관찰하는 일 못지
않게 중요하다. 우리는 뇌의 반사 신경체계에 의해 실제로 환자들의 반응에 자동적
으로 공명하게 되기 때문에 우리의 신체 상태는 환자의 비언어적 의사전달에 대한
무의식적 반응을 잘 반영할 수 있다. 예컨대, 환자의 두려움에 대한 우리의 무의식
적 지각은 섬엽(the insula)에서 편도체로 전달되고, 우리의 거울 뉴런(mirror neu-
rons)이 발사되어 우리가 지각한 환자의 공포에 맞추어 우리도 두려움을 느끼도록
스스로를 준비시킬 수 있다(Iacoboni, 2005). 요컨대, 우리의 신체적/감정적 경험은
환자의 신체적/감정적 경험을 닮을 수 있다.

반면에 (신체적 역전이를 포함한) 역전이는 대개 쌍방향이지만 때로 소통의 흐름의
시발점이 환자가 아니라 치료자일 수 있다. 따라서 우리는 공감적으로 공명하는 것
과 우리 자신의 감정 상태를 환자에게 투사하는 것을 구별하기 위해 신중을 기할
필요가 있고, 전전두피질을 적극 사용해야 하며, 때로 이에 대한 대화를 먼저 시작
할 필요가 있다.

우리가 치료자로서 몸에 대해 자각하는 것이 중요한 이유는 더 있다. 우리가 편
안하게 '우리 몸 안에' 존재할 수 있을 때 우리는 좀 더 쉽게 환자와 함께 있을 수
있고 도움을 줄 수 있다. 우리가 이런 상태에 있으면 환자들도 우리 마음을 읽을 필
요가 없는데, 그 이유는 그들이 우리의 몸을 읽을 수 있기 때문이다. 그리고 그들은
우리가 현재에 온전히 존재한다는 것을 이런 방식으로 알기 때문에 그들 자신의 경
험에 주의를 기울일 수 있으며, 우리의 경험에 대해 지나치게 염려하지 않아도 된
다. 다른 한편, 우리가 우리 자신의 몸 안에 안정된 상태로 있다고 느껴지지 않는 상
태—불편하거나, 들떠 있거나, 졸음이 오거나, 너무 '머리로'만 존재할 때—는 자
기 성찰의 붕괴, 온전히 존재할 수 있는 능력의 감퇴, 그리고/또는 환자와의 단절을

알리는 신호일 수 있다. 그리고 이 모든 것으로 인해 환자는 온전히 존재하고 성찰하며 우리와 연결된 느낌을 갖기가 더욱 어려울 것이다(Looker, 1998).

나는 앞서 '마음이 깃든 몸'에 대해 언급했는데, 이것은 우리가 현재 순간에 자각과 수용으로 그 안에 존재할 수 있는 몸을 뜻한다. 그리고 한편에서는 몸 안에 존재할 수 있는 능력과 또 한편에서는 현재 순간에 존재할 수 있는 능력은 실제로 서로 연관되어 있다. 우리가 현재 순간에 존재하려면 우리는 몸으로 존재할 필요가 있다. 우리가 몸으로 존재하지 않는다면 어떻게 이 순간에 온전히 있을 수 있겠는가? Eigen(1977/1993)은 구체적으로 '숨 쉬는 몸'과 현재에 존재할 수 있는 능력 간의 연관성에 주목하면서 "숨쉬기의 자각에 의해 구성되는 자기는 시간을 뒤쫓아 가거나 앞서지 않고 그저 시간과 같이 움직이는 것처럼 보인다."라고 기술하고 있다(p. 146). 그리고 Dimen(1998)은 "마음챙김의 자세로 호흡에 전념하는 것은 또한 몸과 관계성, 욕구, 무의식에 전념하는 것이며"(p. 89), 덧붙여 "만약 당신이 숨을 쉰다면, 당신은 느낀다."라고 말한다(p. 90).[1] 환자와 치료자 모두에게 중요한 점은 호흡에 대한 자각—특히, 깊고 상대적으로 느린 호흡—은 신체 경험을 포함하여 좀 더 높은 수준의 마음챙김의 경험에 이르는 통로라는 것이다. 그것은 우리를 지금 여기로 돌아오게 할 수 있다.

견뎌 내는 힘의 범위

Siegel(1999), Rothschild(2000), Ogden과 Minton(2000)의 주장에 따르면, 임상적 개입은 단기적으로 환자들의 자동적인 각성 상태를 그들이 감당할 수 있는 범위 내에서 유지하도록 도움을 줄 수 있다는 점에서 일반적으로 효과적이다. 그리고 장기적으로 볼 때 효과적인 개입은 '견뎌 낼 수 있는 힘의 범위'를 확장시킴으로써, 생각하고 느끼고 행동할 수 있는 능력이 손상되지 않은 상태에서 환자가 좀 더 높은 수준의 각성을 경험하게 해 줄 수 있다. 치료자가 신체 감각과 호흡에 초점을 두는

---

1) Epstein(1995)과 Aron(1998)도 함께 참고하라.

것이 특히 중요한 때는, 환자의 외상적 과거와 환자가 두려워하는 상상 속의 미래가 환자의 현재 경험으로 범람하는 것처럼 보일 때다. 이런 범람은 환자가 그것을 인정하지 않으려 하거나 혹은 인정할 능력이 없을 때도 치료자에게 명백해 보일 수 있다. 그 증거는 환자의 자율신경계의 한쪽 혹은 양쪽 줄기의 과잉활성화를 나타내는 몸의 신호—호흡, 피부 색깔, 심박동 수—에 있다.

교감신경계가 과잉활성화되고 있다는 신호는 동공이 팽창되고 머리에서 사지로 피가 빠르게 몰리면서 피부색이 창백해지는 것뿐만 아니라 호흡과 심박동 수가 증가되는 것 등이다. 이런 상태에서 환자는 압도당하고 혼란스럽다고 느낄 수 있다. 부교감신경계의 과잉활성화는 호흡과 심박동 수가 현저하게 느려지고 동공이 수축되며 얼굴이 붉어지는 데서 나타난다. 이런 상태에서 환자는 흔히 무감각해지고 그리고/또는 차단되는 느낌에 빠진다.

편도체('생존 본부')는 싸우거나 도망치거나 혹은, 외상에서 흔히 그런 것처럼, 앞선 두 가지의 선택이 막혀 있을 때 '얼어붙도록'(긴장성 부동상태) 몸을 준비시키는 신경내분비의 반응을 촉발함으로써 위협으로 지각되는 자극에 반응한다는 사실을 기억해 보라. 자율신경계의 양쪽 줄기—싸움이나 도망을 조장하는 교감신경계와 부동상태를 조장하는 부교감신경계—가 동시에 과잉활성화되어 있다는 신호가 나타나면 우리는 환자가 압도당한 느낌에 빠져 있음을 알 수 있다. 예를 들어, 환자가 빠르게 호흡하면서도 얼굴이 붉게 달아오른다면, 아마도 외상과 관련된 감정이 흘러넘친다는 느낌을 받고 있을 것이다. 이때는 제동을 걸어야 한다.

여기서 한 가지 접근은 환자에게 느낌보다는 구체적으로 신체 경험에 주의를 기울이고 그것을 묘사하도록 하는 것이다(Ogden & Minton, 2000; Rothschild, 2000). 만약 환자가 이런 내부로 향하는 몸에 대한 초점을 감당하기 힘들어하면 그때는 환자의 주의를 외부로, 예를 들면 치료자의 사무실에 대한 감각적인 인상으로 돌린다. 세 번째 접근은 환자가 호흡을 늦추고 조절하는 숨쉬기 운동을 하도록 안내하는 것이다(Weil, 2004 참조). 이런 접근들은 모두 환자로 하여금 현재 순간의 즉시성에 기반을 두는 데 도움을 주어서 과거의, 특히 외상과 관련된 감정의 구속력을 느슨하게 해 줄 수 있다. 이런 개입들이 성공하면, 환자의 자동적 각성 수준을 '전전두에서 조절하는 반응 유연성'이 잠재적으로 활성화될 수 있는 '견뎌 내는 힘의 범위'로 회복시킨다(Siegel, 1999, p. 255).

몸에 관해 말하기

몸에 관한 대화는 몇 가지 방식으로 구조화될 수 있다. 우리는 환자의 몸을 관찰하고 우리가 본 것에 대해 직접적으로 언급할 수 있다. 또한 우리는 환자가 몸 안에서 감지하는 감각에 주의를 기울이고 그것을 묘사하도록 요청할 수 있다. 그리고 우리는 환자의 신체감각과 느낌 및 생각 간의 관련성에 대한 자각을 발달시키려고 시도할 수 있다. 그러나 몸에 관한 대화가 어떤 양상을 띠든지 간에 일부 환자에게 그것은 확실히 매우 난처한 상황이다. 이런 상황의 예로, 한 여자 환자에게 나는 그녀의 목소리가 배에서 나오기보다는 목과 훨씬 더 가까운 곳에서 나오는 것 같다는 사실에 주목하게 했던 경우가 생각난다. 그녀는 내 말에 마음이 매우 불편해졌다고 했고, 자신의 어조를 잘 자각하고 있으며, 그것에 대해 조금도 불만스럽지 않다고 덧붙였다. 몸에 대해 언급할 때는, 그것이 환자에게 노출되었다는 느낌이나 자의식, 혹은 비난받는 느낌을 줄 수도 있다는 가능성을 자각하면서, 반드시 잠정적으로 그리고 정중하게 전달해야 한다.

나는 회피형 애착 양식이 지배적인 환자 '엘리엇'과의 작업에 대해 제8장에서 언급한 적이 있다. 최근의 한 회기 중 우리가 아내에게서 뒤로 물러나고 싶어 하는 그의 충동에 대해 논의하고 있던 가운데 그가 하품을 했다. 그리고 나서 그는 또 하품을 했다. 그래서 내가 "지금 하품을 하네요. 아마도 여기엔 어떤 의미가 있을 것 같군요. 혹시 어떤 느낌이 드는지 감이 잡히는 게 있나 궁금하네요. 아니면 어쩌면 느끼고 싶지 않은 것일까요?"라고 말했다.

> 엘리엇이 한참 가만히 있다가 말했다. "피곤해요."
> "음, 그 피곤한 느낌이 뭔지 알겠나요?"
> 엘리엇은 말이 없었고 약간 화나 보였다. 내가 무슨 일이 일어나고 있냐고 물었을

때 그는 "선생님 질문이 마음에 들지 않았어요. 일종의 유인술처럼 사람을 조종하는 것 같았어요. 이미 숨은 의제를 갖고 있는 것처럼 느껴졌어요."라고 말했다.

엘리엇의 지각은 서서히 드러났는데, 그것은 내가 그에게 하품한 것에 대해 물어보고 그런 다음 그의 '마음을 갖고 놀면서' 그가 취약해지도록 유도했다는 것이었다. 즉, 그가 자기 경험을 털어놓은 데 대한 반응으로, 내가 좀 더 많은 것을 그리고 좀 더 다른 것을 요구했다는 것이었다. 그는 자기 감정('피곤함')을 밝혔는데 나는 그가 그것을 해석하기를—아마도 해리로—원했다는 것이었다. 그러나 그는 이전에는 하품에 이런 의미가 있었지만, 이번에는 그것이 해리 같지 않았다고 했다.

나는 우리의 상호작용에서 일어난 균열을 복구하려는 시도로 다음과 같이 설명했다. 나는 부분적으로는 직접적인 경험에 근거해서 하품과 졸림은 종종 현재에 충분히 존재하고 싶지 않은 마음을 나타낸다고 생각했었다. 하지만 나는 이런 설명이 보편적으로 적용되는지 전혀 확신이 없었기 때문에 그가 하품을 어떻게 이해하고 있는지 진정으로 궁금했다. 덧붙여서 나에게 '피곤하다.'는 것은 어떤 감정이기보다는 아직 우리가 파악하지 못한 어떤 의미가 있는 신체감각이라고 말했다. 마지막으로 나는 그가 자신이 어떻게 느끼는지를 나에게 알려 주는 것과 관련해서 고통스러운 취약성을 갖고 있다는 것을 인정해 주었다.

이때 그는 누그러지는 것 같았고, 그 이전에는 말하기가 편치 않았던 어떤 것—내 사무실로 오는 길에 그가 보았던 전신주에 붙어 있던 포스터—에 관해 말했다. 멀리서 보는 동안 그는 그 포스터가 몇 달 전 '카우치 할로(Couch Hollow)'—심리 치료자들이 많이 임대하고 있는 샌프란시스코의 한 지역—에서 보았던 것과 같은 것이라고 상상했다. 그가 그때 보았던 벽보들은 '지명수배' 포스터 같은 것이었고, 강한 불만을 품은 여자 환자에 의해 만들어진 것이 분명했는데, 자신의 경계를 침범한 행위를 한 비윤리적인 치료자가 초래할 수 있는 위험에 대해 공개적으로 경고하는 내용이었다. 엘리엇은 내 사무실 빌딩 근처에 붙어 있던 포스터도 이와 유사하게 불만을 품은 나의 환자가 만든 것이라고 상상했다. 글을 읽을 수 있을 정도로 가깝게 왔을 때 그는 그것이 잃어버린 개를 찾는 데 도움을 구하는 포스터라는 사실을 알게 되었다.

우리는 그의 상상과 내가 부가한 침해의 위험성에 대한 그의 '비합리적' 지각에 대해 논의하고 나서, 그가 그의 하품에 관한 나의 질문에 대해 느꼈던 분노와 경계심뿐만 아니라 나에게 보였던 이런 반응들이 아내와의 관계에서 뒤로 물러나고 싶어 하는 그의 욕구와 관련성이 있는 측면에 대해서도 좀 더 이해할 수 있었다. 그는 그의 행동에 대한 나의 설명에 아직도 완전히 안심이 되지는 않는다고 주장했지만 더 이상 하품할 기분은 아니라는 데 동의했다.

우리는 치료자로서 종종 환자의 신체적 의사전달이나 경험의 의미에 대해 어떤 직감이 들 때가 있다. 일반적으로 나는 나에게 보인다고 생각되는 것을 그저 진술하고, 대체로 그런 진술에 의해 비롯되는 공동의 탐색으로부터 그 의미가 드러나게 한다. 그러나 가끔은 진술하는 것조차 어려울 때가 있는데, 그런 경우의 예로 반복적으로 손을 얼굴로 가져가서 얼굴을 긁거나 혹은 머리카락이 눈을 가리지 않도록 쓸어 올렸던 한 남자 환자가 있었다.

그가 손을 얼굴로 가져갔을 때 되풀이해서 내 주의를 끌었던 것은, 우리 대부분에게 익숙한 제스처를 보이는 하나의 뻗친 손가락—가운뎃손가락—이었다. 나는 이런 신체적 의사전달의 의미를 믿기가 어려웠고, 그래서 그것을 입 밖에 내기가 꺼려졌다.

그때 이전 회기에서 환자가 치료비를 잊어 버리고 내지 않았다는 사실이 기억났다. 다소 불쾌한 느낌이 드는 것을 감지하면서 나는 아마도 이 환자가 나와 실연하는 것, 내 안에서 불러일으키는 것 그리고 신체화하는 것이 모두 하나의 같은 메시지를 전한다는 생각이 들었다. 나는 이런 무언의 해석에 용기를 얻어 그의 제스처에 대해 내가 관찰한 것을 말해 주었다.

환자도 처음에는 내가 그랬던 것 못지않게 믿으려 하지 않다가, 최근 동료 여학생이 비속한 제스처에 쓰이는 그 손가락으로 반복해서 콧등 위로 안경을 끌어올리는 모습을 보았던 것을 떠올렸다. 그는 그 여학생이 자신이 무슨 행동을 하고 있는지를 어떻게 진짜 모를 수 있는지 의아해했었다. 우리는 자연스럽게, 그가 자신의 분노를 인식하기 훨씬 전에 흔히 다른 사람들이 그것을 알게 되는 일이 어떻게 가능했을지에 대해 논의하게 되었다.

환자의 몸에 관한 우리의 모든 진술은 당연히 치료적 관계의 맥락에서 이루어져야 한다. 이상적으로 치료자는 환자의 신체적 경험에 대한 안전한 탐색을 가능하게 해 주는 안전 기지로 기능한다. 역설적으로 관계에 내포된, 입 밖에 내기 힘든 무언의 위험을 말로 표현할 수 있는 조건을 만들어 주는 것이야말로 바로 이 안전감이다.

어느 날 외상의 과거가 있는 한 환자의 자세가 내 주의를 끌었기에 나는 그가 사무실로 들어올 때 그의 몸에서 내가 관찰했던 것을 말로 표현하려고 시도해 보았다. 내가 받은 인상을 그에게 말하는 것으로는 제대로 전달되지 않았는데, 그때 나는 그에게 내가 본 것을 직접 보여 줘도 되겠냐고 물어보았다. 나는 그의 동의를 얻어 일어서서 몸으로—가슴과 턱을 내밀고—그가 한 대로 따라 했다.

그는 내가 그의 자세를 따라 하는 것을 보고 분명히 마음의 동요를 느끼면서 그 모습이 화나고 공격적으로 보인다고 했고, 지금 여기에서 불편하게—신체적으로 불편하게—느껴진다고 덧붙여 말했다. 나는 그에게 그 감각을 묘사할 수 있겠냐고 물어보았다. 그는 한쪽 어깨에서 다른 쪽 어깨로 가슴을 가로질러 손을 움직이면서 "여기에 전반적으로 긴장감이 있는 것 같네요."라고 답했다. "때리고 싶으면서도 자제하고 싶은 마음이 동시에 느껴지는 것 같네요."

이때 나는 그가 턱을 죄고 오른손으로 반복적으로 주먹을 꽉 쥐는 모습을 보았다. 그는 등을 굽힌 다음 쭉 펴고 나서, 반은 그 느낌에 의해 흔들린 듯, 반은 그것을 떨쳐 내려는 듯 잠시 몸을 떨었다. 그러고 나서 앉은 자세에서 그의 몸이 앞으로 숙여지고 머리가 가슴으로 내려왔고, 팔뚝이 허벅지 위에 올려졌다. 동시에 그는 자신의 오른손을 왼쪽으로 가져왔는데, 더 이상 주먹을 쥔 상태는 아니었다. 두 손을 꼭 잡고 천천히 비비는 그의 모습은 이제 체념의 이미지처럼 보였다. 나는 그에게 그의 몸이 무엇을 하고 있는지 알고 있느냐고 물었다.

그는 고개를 저으며 "그런 데로 들어가는 걸 그저 몹시 불편해한다는 거 아시잖아요. 여기서 그런 종류의 느낌을 갖는 게 괜찮다고 느껴지지 않아요. 저번에 제가 빠져들었던 신체 반응에 대해 선생님은 완전히 거리를 두고 극도로 분석적으로 되는 것 같았어요. 마치 그런 상태를 해부하는 것처럼 말이죠."

나는 그가 무슨 말을 하는지 알고 있었다. 이전 몇 번의 회기 동안 그의 몸은 거의 불수의적이면서, 발작과 같은 거대한 힘의 움직임처럼 보이는 상태로 분출했는데, 그 힘은 (내 눈에는) 비록 화가 난 것은 아니라 해도 위협적인 분위기가 느껴졌다. 이런 에피소드에서 우리가 경험했던 것의 '이면'을 다룰 수 있도록 그가 이렇게 기회를 만들어 준 데 대해 나는 마음이 동요되기도 했고 안도감도 느꼈다. 그러면서 나는 그에게, 아마도 그럴 때 나는 그가 무서웠고, 통제할 수 없는 상황이 되거나 심지어 그가 나를 공격하지는 않을까 두려웠을 것이라고 말했다. 나는 그가 나에게 감지했던 거리감은 이런 두려움을 나 자신이나 그에게 온전히 인정하지 못한 결과일 것이라고 추측했고, 이런 나의 추측을 그에게 말해 주었다.

그는 이제 내 고백을 들으니 안심이 된다며, 당시에는 내가 그에게 진실하지 않게 느껴졌다고 말했다. 그 회기에서 나중에 (상당히 어렵게) 그는 나를 '흠씬 두들겨 패 주는' 상상을 반복적으로 했었지만, 전에는 나에게 그것에 대해 말할 수 없었다고 했다.

환자들의 신체적 감각을 지속적으로 따라가는 것은 극히 중요한 일인데, 그 이유는 그런 감각은 거의 항상, 예측할 수 없고 의미 있게 변화하기 때문이다. 우리가 환자들이 감당하기 힘든 감각에 머물러 있도록 할 수 있을 때, 우리는 그들이 신체적 경험에 주의를 기울이면 그것의 의미를 밝힐 뿐만 아니라 그것을 바꿀 수 있다는 것을 배우게 해 줄 수 있다. 그래서 우리는 몸의 마음챙김을 촉진함으로써 잠재적으로 자기 조절과 해리된 경험에 대한 자각을 증진시킨다. 아울러 신체적 감각의 변화를 따라가는 것은 때로 새로운 경험을 접할 수 있는 문을 열어 준다.

한 남자 환자는 초기 애착 경험이 그에게 건강한 의존성의 여지를 거의 남겨 두지 않았는데, 임신한 그의 아내가 너무나 쉽게 불안해한다면서 화가 나 있었다. 그의 불평은 아내가 그와 한 살 된 아들을 두고 2주간의 출장을 떠나기 직전에 어디에서 묵을지, 어떻게 출장지로 가야 할지 등을 염려하면서 그에게 부담을 준다는 것이었다. 아내에게 불안 유발이 가능한 근원(남편과 어린 아들 그리고 산부인과 의사를 떠나는 것)을 그가 이해하도록 돕는 작업이, 그에게는 아내를 공감하는 일이 얼마나 어려운지에 대한 그의 근심을 자극했다. 우리는 그가 화가 나서 아내의 상태를 알아차리지 못하는 것이 무엇을 의미하는지 이해하려고 노력했으나 별 진전이 없었다. 그래서 나는 그에게 몸의 감각에 주의를 기울여보라고 제안했다.

그는 뱃속에서 '두근거림'을 알아차리고 그것을 두려움이라고 이해했다. 배에서 감지되는 그 감각에 머물러 보라는 격려를 받고 그는 그것이 '솟아오르는' 느낌이라고 말했다. 그의 눈 뒤에서 어떤 압력이 느껴졌는데, 그것은 눈물과 슬픔이었다. 그는 침묵했다. 그때 나는 그에게 무엇을 알아차리고 있느냐고 물었는데, 그저 슬픔을 느끼고 있다는 그의 말을 듣고 놀랐다. 그는 전혀 다른 성격의 감정이 열리고 있다고 말했다. 그는 아내와 가까워지고 싶은 욕구를 느꼈고, 그녀의 사랑이 그를 향해 '발산되고' 있는 이미지를 떠올렸다.

물론 신체에 대한 자각 연습이 매번 이런 결실을 얻는 것은 아니다. 그와 같은 회피형 환자들은 몸에 주의를 기울이라는 요청을 받으면 흔히 그저 아무것도 느껴지지 않는다고 한다. 하지만 인내심을 갖고 좀 더 나아가면, 심지어 아무런 특정한 감각이 없다는 자각조차도 환자가 에너지와 정보의 잠재적 원천인 몸과 단절되어 있다는 것을 명백히 보여 줄 수 있다. 환자들에게 현재 느끼거나 생각하거나 상상하는 것이 무엇인가를 염두에 두는 동시에 몸 안에서 무엇을 경험하는지에 주목하라고 제안하는 것은 종종 유익한 결과를 가져온다.

몸 활성화하기

우리가 위험에 직면했다는 두려움을 느낄 때 우리 자신보다 더 힘 있거나 현명한 사람에게서 '안전한 피난처'를 찾도록 생물학적으로 만들어졌다는 것이 애착 이론의 초석이다. 만일 우리를 보호해 주는 이런 대상이 우리 곁에 없다면 우리가 적극적으로 선택할 수 있는 대안은 싸우거나 도망치는 것으로 좁혀진다. 그런데 이 둘 중 어느 것도 행동으로 옮길 수 없다면, 유일하게 남은 대안은 그저 얼어붙거나 부동상태가 되는 것이다. 무력한 수동성, 즉 우리를 압도하는 위험에 처한 상황에서 적극적인 대처를 억제하는 상태는 많은 외상의 뿌리에 자리 잡고 있다. 몸을 활성화함으로써 이런 억제를 푸는 작업은, 안전하게 접근할 수도 피할 수도 없고 두렵게 느껴지는―그리고 우리를 꼼짝 못하게 만드는―애착 대상에 의해 유발되는 관계적 외상을 포함한 외상의 영향을 뒤집는 데 있어 필수적이다(Ogden et al., 2005).

우리를 꼼짝 못하게 만들어 버리는 외상은 위험이 지속되는 동안 뇌의 일부를 비활성화시켜, 우리의 의지(배외측 전전두엽피질)를 정지시키고, 목소리(Broca의 영역)를 숨죽게 할 수 있다고 언급했던 것을 독자들은 기억할 것이다. 하지만 외상과 연합된 이런 일시적인 마비와 '말 못할 공포'(van der Kolk, 1996)는 영속적인 영향을 남길 수 있다. 따라서 많은 환자들은 순종하려는 만성적이고 억제하기 힘든 충동과, 또한 적절한 경계선을 설정하거나 자신을 위해 효과적인 행동―예컨대, 지지를 얻기 위해 다른 사람들에게 다가가는 것―을 할 수 있는 능력의 지속적인 결여로 인해 고통 받는다. 이런 환자들은 정확히는 과거에 피해를 입었지만 그들의 이런 습관적 억제는 현재에서 계속 그들이 피해자로 남아 있게 (물론 좌절하고 간간이 격분하기도 하지만) 만든다. '절뚝발이가 된다.'는 것은 외상에서 비롯된 억압이 어떻게 계속해서 몸을 통해 표현되는지를 암시하는 수사적 표현이다. 그러나 환자들이 신체적 감각에 주의를 기울이면, 종종 이전에는 감행하기에 너무나 위험했던 방식으로 자기보호적인 행동을 하려는, 해리되어 왔던 충동을 발견하게 된다(Ogden, 2006). 환자들이 이런 좌절된 충동을 행동으로 옮길 수 있도록 하는 것―용기 내어 말하는 것을 포함하여―은 다음 예시에서 볼 수 있는 것처럼 억제의 습관을 깨뜨리는 데 도움이 될 수 있다.

'로웰'―유년기에 신체적으로 학대 받았던 환자―은 상사가 자신을 압제한다고 느껴 직장을 관두기로 결심했지만 (그가 비유적으로 표현한 대로) '방아쇠를 당길' 수가 없었다. 우리는 몇 회기 동안 그가 그만두겠다는 의사를 나타냈을 때 일어날 수 있다고 상상하는 엄청난 재앙에 대한 두려움을 탐색했다. 즉, 상사는 몹시 화를 낼 것이다. 상사는 그가 직장을 그만두도록 허용하지 않을 것이다. 혹은 상사가 그만두게 내버려 두더라도 그는 요주의 인물로 낙인 찍혀서 다시는 일할 수 없게 될 것이다. 아니면 상사가 완전히 망연자실할 것이라고 그는 염려했다. 로웰은 이런 모순되는 두려움의 비합리적 본질을 이해하기 시작하면서 마침내 행동하기로 결심했다. 하지만 그는 자신을 외상 수준의 공황상태로 몰아넣고 말았다. 그는 자신이 미쳐 가고 있는 것처럼 느꼈다. 이런 불안에 더해, 내가 그를 그만두지도 못하는 '겁쟁이'라고 비난할 것이라는 두려움도 있었다.

나는 그의 고통에 대한 나의 공감을 전하고, 우선은 그가 실제로 결정 내리는 것은 논외로 하고 그 대신 공황상태를 진정시키고 그것의 의미를 더 잘 이해하는 데 집중하자고 제안했다. 나는 지금 여기에서 그의 신체적 경험에 초점을 두면 그를 진정시키고 상황을 이해할 수 있을지도 모른다고 예상하면서 그에게 여기서 어떤 실험 같은 것을 해 보지 않겠냐고 물어보았다. 즉, 그의 몸의 감각에 주의를 기울여 보지 않겠는가? 만약 이런 실험 중에 그가 좀 더 고통을 느끼게 된다면 언제든지 우리는 작업을 멈추고 그것을 재고하기로 합의했다.

처음에 로웰은 굳고 가라앉은 목소리로 배에서 긴장감이 감지된다고 묘사하면서 우울하다고 말했다. 나는 그에게 몸에서 감지되는 그 감각에 계속 머물면서 그것에 대해 좀 더 잘 알아볼 수 있겠냐고 물었다. 그는 자기 안에 어떤 것 …… 압력 …… 이 있는 것처럼 느껴지고 …… 그것이 떠오르고 있으며, 그 긴장감이 배에서 어깨와 팔로 올라오고 있다고 했다. 그는 여전히 조여 있는 목소리로 뭔가를 밀어제치고—그저 그것을 물리치고—싶은 마음이 든다고 (약간 더 힘이 들어간 목소리로) 말했다.

"만약 당신이 그저 몸이 하고 싶은 대로 두도록 둔다면요?" "두려움이 느껴져요." "혹시 당신이 어떤 식으로든 너무 심한, 너무 크거나 강력한 어떤 일을 저지를까 봐 염려하고 있는 건 아닌지 궁금하네요." "아마도요." 그러고 나서 그의 손이 주먹의 형태가 되었고, 그는 장의자에 기대어 발길질을 했고 몸동작에 맞추어 여러 번 반복해서 말했다. "저리 가 버려!"

　　그의 말과 제스처의 힘과 분노가 천천히 사라지는 메아리처럼 공중에 떠 있었다. 나는 그의 내면에서 무슨 일이 일어나고 있는지, 지금 그가 알아차리고 있는 것이 무엇인지 물어보았다. 그는 희미하게나마 미소를 띠면서 "더 이상 우울하지 않다는 걸 알겠네요."라고 말했다. 우리가 이 경험을 함께 다루는 동안, 로웰이 상사에게 '방아쇠를 당기는' 생각을 했을 때 느꼈던 공포와, 그가 아이로서 악의적이고 무서운 아버지를 향해 자살과 다름없는 폭력이 될 뻔했던 뭔가를 풀어놓는 것에 대해 느꼈었던 두려움이 서로 연결된다는 사실이 감정적으로 실감나게 다가왔다. 그는 이후에 곧 상사에게 말했고, 상사는 좀 더 수용적인 태도를 보였다. 하지만 로웰은 계속 퇴직을 고려했다.

　적응적인 방어기제가 활성화되도록 하는 데 있어서 환자들이 그것을 실제로 신체적으로 탈억제하는 것뿐만 아니라 그렇게 하는 것을 상상하는 일도 유익할 수 있다. 현대 신경과학에서는 지각과 운동근육 행동 간에 존재한다고 추정되는 경계선을 사라지게 하는 데 있어서, 실제로 경험하는 것과 상상으로 경험하는 것 간에는, 뇌에 관한 한 우리가 이제껏 가정해 온 것보다 그 차이가 훨씬 적다는 것이 입증되었다. 이런 결과가 주는 시사점은 치료적 변화는 실제로 새로운 방식으로 행동하는 것뿐만 아니라 새로운 행동을 상상하는 행위를 통해서도 촉진될 수 있다는 것이다 (Siegel, 2004). 따라서 우리는 환자에게, 이를테면 마음속으로 아이인 당신이 반격하거나 자신을 변호함으로써 당신이 아버지의 격노에 효과적으로 맞서는 모습을 상상해 보면 어떤 느낌이 드나요? 혹은, 만약 오빠가 당신을 성적으로 집적거린다고 어머니에게 말함으로써 오빠의 학대로부터 당신 자신을 성공적으로 보호하는 것을 상상해 보면 지금 어떤 반응이 일어날까요? 라고 물어볼 수 있다. 우리가 환자들이 지금까지 상상할 수 없었던 방식으로 행동하게—혹은 행동하는 것을 상상하게—도와줄 수 있을 때 우리는 그들에게 새로운 가능성을 열어 준다.

탈신체화와 미해결형 환자

감정은 본질적으로 정신신체적이다.

−Joyce McDougall(1989, p. 96)

'탈신체화'(desomatization; Krystal, 1988)는 외상을 경험한 환자의 치료과정에서 핵심적인 측면을 묘사하는 용어다. 이 환자들은 대체로 감정을 느낌이 아니라 신체 감각이나 물리적인 증상으로 경험한다. 인간의 의식은 '마음의 무대'(Blackmore, 2004 참조)로 묘사되어 왔으나, 미해결형 환자들은 종종 '몸의 무대'에서 살고 있는 것처럼 보이는데, 여기에서는 해리와 '정신신체적인 폭발'이 유일한 출구로 보일 수 있다(McDougall, 1989). 탈신체화—이 환자들의 신체 경험에 정신이 재도입되는 것—는 또 하나의 출구를 제공할 잠재성을 갖고 있다.

해결되지 못한 외상과 혼란된 애착은 확실히 심리적인 측면뿐만 아니라 생물학적인 측면에서도 유산을 남긴다. 스트레스와 관련된 자율신경계의 만성적으로 높은 수준의 각성은 신체 증상(근육긴장, 혈압상승, 호흡곤란과 같은)과 면역 체계의 기능을 손상시킬 수 있다. 조절되지 않은 정서는 병과 질환을 유발하는 위험 요소인데, 이런 정서로 인해 외상을 경험한 환자들은 흔히 자신의 몸에 의해 고통 받는 희생자가 된 것처럼 느끼는 상태에 남게 된다(Scaer, 2001). 이 환자들에게 최대한 도움을 주려면 그들이 갇혀 있는 감정조절부전과 신체적 고통의 악순환을 이해하는 것이 필수적이다.

외상 스트레스와 조절되지 않은 감정은 뇌에 직접적인 영향을 끼친다. 그것들은 해마의 활성화를 억제하거나 심지어 퇴화를 초래하여 위험으로 지각되는 것에 편도체가 무차별적으로 반응하게 만든다. 통상적으로 해마는 맥락을 고려한 구성과 명시적인 기억 및 통제가 가능하도록 해 주는데, 외상을 입은 환자의 편도체는 해마의 이런 기능에 의해 조절되지 않은 채, 일촉즉발의 상태로 작동하여, 대다수의 사람들에게는 중립적으로 평가될 신호들—자동차 굉음, 혹은 흥분이나 전력으로 인해 더 빨라진 심장박동 등—에 대해 자율신경계를 무분별하게 활성화시킨다. 이런 환자들은 미해결된 외상으로 말미암아 지속적인 위급상태에서 삶을 살아갈 수 있다. 즉, 몸은 실제적이거나 혹은 상상 속의 위기로 혹사당하고, 마음에는 신체 상태를 다른 사람과 나누고 성찰하고 조절할 수 있는 느낌으로 옮길 수 있는 공간이 없다. 미해결형 환자들과의 작업에서 치료자가 해야 할 일은 이런 옮기는 작업—탈신체화—이 일어날 수 있는 정신적인 공간을 열어 주는 관계적 공간을 제공하는 것이다.

　탈신체화 과정은 무엇보다 먼저 이 환자들이 그들의 신체감각으로부터 해리되지 않고 그것을 견뎌 낼 수 있도록 도와줄 수 있는 치료자의 능력에 달려 있다. 해리는 견뎌 낼 수 있는 힘의 범위를 초과할 위험이 있다고 감지되는 각성 수준에 대해 환자가 보이는 반응이다. 우리는 치료적 관계가 제공하는 상대적으로 안전한 상태에서 환자가 몸의 감각이 변화하는 것을 관찰하도록 격려하고 또한 환자의 몸의 언어를 말로 옮겨 줌으로써 이런 과도한 각성을 조절하고 해리를 풀어 줄 수 있다. 이렇게 함으로써 우리는 환자에게 신체적 경험을 묘사하는 어휘를 늘려 준다.

　신체적 경험을 묘사하는 어휘는 미해결형 환자에게 두 가지 중요한 기능을 수행한다. 이 환자들은 신체적 반응을 감정의 반응과 **동등시**하는 경향이 있기 때문에, 신체의 감각을 느낌과 구별하는 능력은 '신체적 등가성(somatic equivalence)'—예컨대, 빠르게 뛰는 심장은 아무런 감정적인 의미가 없는 조건화된 자동적인 반사작용이 아니라 곧 공포다—의 횡포에서 이들을 자유롭게 하는 데 도움이 될 수 있다. 또한 이 환자들은 신체 반응과 감정 반응을 **분리**하려는 경향이 있기 때문에(빠르게 뛰는 심장은 그저 심장 증상일 뿐이고, 결코 공포의 징후가 아니다), 감각을 감정과 연관 짓는 능력은 그들이 자신을 이해하고 다른 사람들과 소통하는 토대로서 내적 경험을 이용하는 데 도움이 될 수 있다.

　환자들에게 몸과 감정의 관계를 구체적인 예시로 보여 주기 위해 정서로 인식될 수 있는 목소리의 운율뿐 아니라 얼굴 표정과 자세 및 제스처의 패턴—즉, 볼 수 있거나 들을 수 있는 감정의 신호—을 묘사해 주는 것이 특히 유용할 수 있다. 이런 몸의 감각과 정서를 치료적 대화의 일부로 만들고 나면, 그 다음 목표는 그것을 환자의 느낌(그리고 느낌에 대한 방어) 및 느낌을 촉발하는 맥락과 연결시키는 것이다.

말라라는 여자 환자는 생애 초기의 상실과 방치 및 외상의 과거를 갖고 있었다. 그녀는 어떤 한 회기에서 자신이 어떤 것을 느끼거나 생각하고 있다는 감각이 전혀 없이, 평소보다도 훨씬 더 차단되어 있는 듯 보였다. 내가 그녀에게 현재 몸에서 감지되는 것이 뭐냐고 묻자, 그녀는 배의 윗부분, 흉곽 바로 아랫부분에서 긴장감이 느껴진다고 했다.

우리가 같이 그 감각을 탐색하는 과정에서 그녀는 복부근육 때문에 숨을 깊이 쉬기가 어렵다는 것을 깨달았다(이때 나는 "만약 당신이 숨을 쉰다면, 당신은 느낀다." 라는 Dimen(1998)의 말에 비추어, 숨을 덜 쉰다는 것은 이 환자가 덜 느끼는 한 가지 방식이라는 생각을 했다.). 그녀는 이 긴장감이 익숙한 것이라고 말했고, 그것을 자신을 불안하게 하는 사회적 상호작용, 특히 그녀가 다른 사람에게 뭔가를 원하는 상호작용과 연결시켰다.

치료에서 몸에 초점을 둔 작업은 그녀의 해리된 감정들—특히 그녀가 발달과정에서 부인해야 한다고 배웠던 의존욕구를 불러일으킬 수 있는 감정들—을 직접적으로 우리의 치료 관계로 불러오는 한 가지 방법이었다.

탈신체화는 몸의 감각과 정서를 인식하고 담아내는 것뿐 아니라 그것들을 해석하거나 그 의미를 알아차리는 것을 포함한다. 가장 기본적인 수준에서, 감각과 정서의 의미를 알아차린다는 것은 우선 그것들을 느낌으로 해석한다는 것이다(말라가 "복부가 긴장되고 호흡이 얕아지면 아마도 나는 두려움을 느끼고 있는 걸 거예요."라고 말한 것처럼). 또 다른 수준에서 해석하기는 현재 순간에서 감지되는 신체적 경험과 정서적 경험을 과거에 일어났던 사건과 연결시키는 것을 뜻한다. 일례로, 어떤 환자는 자신의 고환 통증을 어린 시절 어머니에게 심리적으로 '고문당한다.' 고 느꼈을 때 겪었던 공포의 경험과 연결시켰다.

탈신체화는 미해결형 환자의 심리치료에서 중요한 차원으로서, 가장 성과가 좋은 경우에는 감정조절뿐 아니라 성찰적인 자기인식 능력을 강화시키는 결과를 가져온다. 한 쌍을 이루는 이 두 가지 능력이 증진되면 환자들은 몸이 그들을 가두는 덫이 되어 버린 상태에서 고통 받거나 혹은 몸으로부터 해리되는 경험 사이에서 왔다 갔다 하는 상태를 중단시킬 수 있다. 이런 능력들의 증진은 또한 본질적으로 심리적인 속성을 가진 어떤 어려움에 대해 그들이 신체에 초점을 둔 반응(스스로에게 투약하거나 그들의 신체를 손상하는 행위와 같은)에 의존하는 경향을 줄여 줄 수 있다. 요컨대, 이런 능력들이 증진되면 미해결형 환자들은 마음뿐만 아니라 몸의 힘든 경험도 처리할 수 있게 될 것이다.

'재신체화' 와 회피형 환자

무시형 성인들은 애착의 역사에 관해 말하는 동안 차분해 보일 수 있으나, 이들의 생리적 반응에 대한 측정 결과를 보면 이들이 감지한다 해도 그저 어렴풋이 감지하는 감정적인 고통이 드러난다는 사실을 보여 준 연구들을 떠올려 보라(Dozier & Koback, 1992). 이런 환자들은 자주 그들의 느낌뿐만 아니라 신체 감각과도 단절되어 있다. 이것은 아마도 그들의 '비활성화' 애착 전략이 타인에 대한 욕구의 자각을 일깨울 수 있는 모든 내면의 신호를 무시할 것을 요구해 왔기 때문일 것이다. 이런 환자들은 주로 '머리로' 살고, 느끼기보다는 행동하는 몸에 초점을 두기 때문에 흔히 생기가 부족하고 정서적으로 억제되어 있으며 즐거움, 특히 관계의 맥락에서 흥분할 수 있는 역량이 제한되어 있다. Siegel(1999)이 제안한 것처럼, 이들은 '전반적으로 부교감신경계가 과도하게 활성화된 상태' (p. 283)일 수도 있다. 이들은 대개 생애 초기에 신체적으로 안기고 보살핌을 받아 본 경험이 결여되어 있어 자신의 몸도 보살피거나 받아 주지 않는다.

이런 환자들에 대해서는 치료 작업의 일부로서 느끼는 몸을 되찾는 것을 목표로 삼아야 한다. 이를 위해 치료자는 환자 자신이 해 오지 않은 방식으로 몸에 주의를 기울여야 한다. 환자의 신체 경험에 대한 관심을 표명함으로써 우리는 몸이 느끼는 것은 그 자체로 중요할 뿐만 아니라 환자의 감정 경험을 알려 주는 신호로서도 중요하다는 것을 전달한다. 환자의 몸을 무시하지 않고 몸에 대해 물어보고 관찰하며 몸이 말없이 '말할 때' 우리가 무엇을 듣는지를 환자가 알 수 있도록 해 줄 필요가 있다. 우리가 회피형 환자들이 존재의 기반을 좀 더 몸에 두도록 도울 수 있을 때 우리는 또한 그들이 자신의 느낌과 다른 사람들 그리고 자기 자신과의 관계 속에서 좀 더 온전히 존재할 수 있도록 도움을 줄 수 있다. 이것은 포괄적인 치료적 관계를 만들어 냄으로써 환자들이 이전에는 자신의 것으로 주장할 수 없었던 경험—이 경우에는 신체 경험과 감정 경험—을 통합하도록 도와줄 수 있는 또 하나의 방식이다.

17
정신화와 마음챙김
심리적 해방의 이중 나선

정신적 흐름의 내용은 그것을 알고 있는 의식만큼 중요하지는 않다.
—Mark Epstein(2001, pp. 6-7)

애착 이론 연구가 던져 주는 강력한 시사점은 우리의 순간순간의 주관적 경험뿐만 아니라 비교적 지속적인 마음 상태가 우리 삶의 내적 상황과 외적 상황에 의해 영향을 받는 만큼—혹은 그 이상으로—이런 상황에 대한 우리의 **태도**에 의해 영향을 받는다는 것이다.

안정 애착의 관계는 융통성 있는 주의와 새로운 정보에 대한 개방성 및 동일한 경험을 여러 가지 관점에서 고려할 수 있는 능력을 갖게 해 주는 성찰적인 정신화의 태도를 취할 수 있는 역량을 길러 준다. 이런 태도는 우리가 서로를 그리고 우리 자신을 이해하는 데 필수적이다. 특히, 이런 태도로 말미암아 우리는 (1) 행동을 형성하는 내적 세계가 있고, (2) 이 내적 세계는 그것이 모델로 삼은 외적 세계와 관련되지만 결코 동일하지는 않은 표상의 세계라는 사실을 인식할 수 있는 **심리적 관점**을 가질 수 있다. 성찰적 태도는 또한 내적인 자유를 증진하는데, 이것은 우리 경험의 성질에 영향을 미치려고 의도적으로 시도하는 행위, 즉 개인의 주체적 행위 능력(personal agency)을 행사할 가능성을 인식하는 것뿐만 아니라 주관적인 경험의 유동성과 유연성을 인식하는 것을 말한다.

이에 반해 불안정 애착 그리고/또는 해결되지 못한 외상은 새로운 정보를 토대로 낡은 내적 모델을 새롭게 하고, 여러 가지 관점—이들 중 가장 중요한 관점인, 우리 자신이나 타인의 행동을 이해할 수 있게 해 주는 심리적인 관점을 포함하여—에서 우리의 경험을 고려할 수 있는 능력을 제한하는, 경직되고 때로는 빈약한 주의 전략으로 이르게 한다. 여기에서 취하게 되는 태도는 일종의 매몰된 상태(embeddedness)인데, 이것은 우리가 순간의 경험에 대한 좁은 시각에 의해 너무나 심한 제약을 받은 나머지, 어떤 다른 시각도 감정적으로는 관련성이 없는 것으로 만들어 버리는 상태를 말한다. 이런 태도에 갇히게 되면 우리는 경험을 해석할 수 없게 되고 그 대신 경험에 의해 규정되어 버린다.

우리의 도움을 구하는 많은 환자들은 만성적으로나 간헐적으로 그들의 경험에 매몰되어 있고, 그 결과 혼자서는 그들을 치료실로 오게 만든 고통이나 증상 혹은 한계에 대해 영향력을 행사할 수 없다는 무력감을 느낀다. 이런 환자들은 있는 그대로의 경험과 그것에 대한 자신의 반응 간의 차이점을 알 수 없을 때 그들의 정서와 신념이 마치 움직일 수 없는 사실의 엄밀성을 가진 것처럼 자신의 반응에 갇혀 있다고 느끼기 쉽다. 물론 객관적 사실과 달리 주관적 경험—신체감각과 감정 및 생각의 유동적이고 다양한 양식의 복합체—은 오직 우리 각자가 살고 있는 고유한 사적인 표상의 세계가 내적 현실과 외적 현실에 대한 우리의 지각을 걸러 낼 때만 일어난다. 하지만 환자들은 자주 표상의 세계가 미치는 영향에 대한 자각에 접근하지 못하거나 혹은 그런 자각으로부터 유익을 얻지 못한다. 이 때문에 그들은 표상의 세계에 매몰되어, 마치 지도가 영토인 것처럼 살아가게 된다.

최악의 경우에 환자들은 그들이 이미 믿고 있는 것이 아니면 어떤 것도 생각할 수 없고, 그들이 현재 느끼지 않는 어떤 것도 상상할 수 없으며, 현재 전념하는 것 외에는 어떤 관점이나 행동노선도 고려할 수 없다. 이런 매몰의 태도는 불가피하게 정서조절과 반응 유연성을 훼손하고, 뿐만 아니라 이 환자들이 자신의 경험을 형성하는 데 자신이 관여할 수 있다고 느끼게 해 줄 수 있는, 주체적인 행위 능력에 대한 감각도 훼손한다.

우리도 치료자로서 이따금 매몰되어 있다고 느낄 때가 있는데, 그 결과 자유롭게 생각하고 느끼고 행동할 수 있는 능력이 심각하게 약화될 것이다. 전이-역전이의 실연은 공유된 매몰의 경우다. 우리가 그저 경험에 매몰되는 경우, 우리는 자신의 내적 표상 세계와 타인의 행동을 포함한 외적 현실 세계에 의해 사로잡힐 것이다. 정신화의 태도 그리고/또는 마음챙김의 태도는 결과적으로 우리가 이중적으로 매몰되는 내적 상황과 외적 상황의 구속에서 벗어나도록 해 줄 수 있는 잠재 가능성을 갖고 있다.

'탈매몰' 과정으로서 정신화와 마음챙김

　임상적으로 중요한 발견, 즉 생각에 대해 생각할 수 있는 성인의 능력—메타인지—과 인간 행동을 그 근저의 정신상태의 관점에서 해석하는—정신화하는—능력이 성인이 과거 애착 경험에 대해 기억해 내는 사실보다 애착의 안정성과 안정된 아동을 양육하는 능력을 더 잘 예측한다는 연구 결과를 기억해 보라(Fonagy, Steele, & Steele, 1991). 분명 성찰적 태도를 취할 수 있는 잘 발달된 능력은 개인의 과거사, 심지어 매우 끔찍한 과거사조차도 극복할 수 있게 해 준다.

　나의 한 환자는 어린 시절의 방치와 거의 기괴할 정도로 혹독한 학대로 인해 심리적인 상처를 입었다. 하지만 그는 놀라울 만치 탄력성이 있었기에 자신의 외상 경험에 의해 결코 무력해지지 않았다. 그가 감정적으로 살아남을 수 있었던 비결은 다섯 살 무렵 그의 어머니가 '미쳤다'고 인식한 것이었다. 초기의 이런 정신화는, 만약 그것이 없었다면 발달적으로 피해가 막심했을 수도 있었던 상황의 영향을 약화시켰다.

　우리의 일생에 걸쳐서 정신화는 우리 자신과 타인 안에서 일어나는 주관적 경험의 해석의 깊이와 표상적인 속성에 대한 자각을 길러 줌으로써 내적 세계와 외적 현실에 매몰되는 것으로부터 우리를 해방시켜 줄 수 있는 잠재력을 갖고 있다. 가령, 앞서 예로 든 나의 환자는 어머니의 불안정한 마음을 읽음으로써 수치심과 죄책감의 내적 경험을 상쇄할 수 있었다. 그는 어머니가 제정신이고 자신이 나쁘다고 여기는 대신에 어머니가 '미쳤다'고 재기술했고, 그래서 자신의 선량함의 가능성을 보호할 수 있었다.

정신화에 의해 가능해지는 '표상의 재기술(representational redescription)'(Karmiloff-Smith, 1992)과 해석은 지금 여기에서 체험되는 경험의 암묵적인 정신적 기반을 밝혀 줄 뿐만 아니라 기억되는 과거와 상상되는 미래라는 관점에서 그런 경험의 맥락을 밝혀 준다. 정신화는 역설적으로 우리가 현재 순간에 좀 더 충실하게 존재하게 해 주는 '정신적인 시간 여행'(Wheeler, Stuss, & Tulving, 1997)을 촉진한다. 우리에게 정신화 능력이 결여되어 있다면 우리는 너무나 자주, 현재의 경험을 우리를 낙담시키는 과거의 그림자나 파국적인 미래에 대한 상상 속에서 겪어야 할지도 모른다.

정신화는 우리가 이런 경험을 그 기저의 정신상태와 그것의 역사에 비추어 고려할 수 있게 해 줌으로써 이전에는 우리를 함정에 빠뜨렸던 반사적이고 자기 파괴적인 반응과 우리가 탈동일시할 수 있도록 해 준다. 이런 식으로 정신화는 우리가 습관적으로 생각하고 느끼고 행동하는 습관적 패턴의 '탈자동화'(Deikman, 1982)에 기여한다. 정신화는 우리의 경험과 경험에 대한 우리의 반응 사이에 정신적 공간—그리고 종종 시간적인 간격—을 열어 주기 때문에 '탈매몰(disembedding)'이라 할 수 있다(Safran & Muran, 2000).

정신화의 특징을 이루는 성찰적 태도는 애착 이론에서 현저하게 두각을 나타낸 반면, 마음챙김은 애착 이론가들로부터 그저 간접적인 주목을 받았을 뿐이다. 마음챙김 역시 경험에 대한 하나의 태도로서 문제가 있는 정신 상태로부터의 탈매몰과 탈동일시를 촉진한다. 그러나 경험의 심리적 깊이—경험의 무의식 차원과 그것의 과거사를 포함하는—에 주의를 집중하는 정신화와 달리, 마음챙김의 태도는 의도적으로 그리고 비판단적인 자세로 현재 순간의 경험의 폭에 주의를 집중함으로써 내·외적 상황의 구속력을 늦추어 준다.

마음챙김의 태도에서 우리는 경험의 의미에 대해 **생각하기**(우리가 의도적으로 정신화를 할 때 그렇게 하는 것처럼)보다는 오히려 단순히 지금 여기에서 일어나는 사태의 전개에 **주목**하여, 우리의 즉각적인 경험을 가능한 한 직접적으로 이해하기 위해서 그 경험을 의도적으로 최대한 충분히 체험하도록 우리 스스로에게 허용한다

(Bobrow, 1997). 이것은 수용과 순종(surrender; Ghent, 1990) 혹은 **때로 믿음**(faith)이라고 불리는 것(Eigen, 1981/1999)을 요구하는데, 특히 우리가 주목하고 있는 경험이 괴로움을 줄 때 이런 것들이 요구된다. 그러나 만약 우리가 그런 경험에 저항하지 않고 그것을 직시하기를 선택하면, 우리는 한순간에서 다음 순간까지 우리의 경험을 지속적으로 형성하고 재형성하는 생각과 느낌 및 신체감각이 지나가는 행렬을 알아차릴 수 있게 된다.

의도적으로 어디에 그리고 어떻게 주의를 기울일지를 선택하는 것은 마음챙김 태도의 핵심이며, 여기서 의식적인 선택의 가능성은 먼저 우리가 주의를 찾는 것에 달려 있다. 우리가 일단 주의를 찾고 나면, 자각과 자각의 대상 간의 구별에 대한 감각을 강화하는 방식으로 경험에 주의를 집중할 수 있다. 이 과정에서 우리는 또한 하나의 내적 안전 기지로 기능할 수 있는 자각에 대한 자각(awareness of awareness)과의 동일시를 강화할 수 있다. 마음챙김의 주의가 주마등같이 끊임없이 변화하는 경험의 성질(불교 용어로는 비영구성(impermanence))을 드러낼 때, 그것은 대개 그런 경험을 덜 단단하게—즉, 덜 획일적이고 좀 더 유연하게—만들고, 그 안에서 우리가 좀 더 쉽게 움직일 수 있게 함으로써 변화의 과정을 촉진한다.

동시에 마음챙김의 태도는 또한 우리 자신과 타인에 대한 우리의 경험을 더 알차게—좀 더 완전하고, 접근 가능하며, 경험상 '실제적인' 것으로—느껴지게 할 수 있다. 이런 변형은 과거와 미래가, 주관적으로 현재 순간의 경험으로부터 잘려 나갔을 때 일어난다. 그때 지금 여기는 돌연, 우리를 숨막히게 하는 영속성이 아니라 우리를 자유롭게 해 주는 무시간성의 속성으로 충만한 것처럼 느껴진다.

역설적으로, 이런 분위기에서는 한편으로는 '존재의 가벼움'에 대한 감각이 느껴지고, 또 한편으로는 경험에 대해 좀 더 연민을 갖고, 근거가 있으며, 현재에 중심을 둔 방식으로 반응하려는 긴박감이 느껴진다. 이런 생기를 주는 자유로움과 긴박감의 이중적 느낌은 우리의 내적 세계가 외부 현실과 상호작용할 때 가끔 일어나는 무력감에 빠진 상태를 깨뜨릴 수 있게 해 준다. 마음챙김은 우리가 경험에 대한 이전의 자동적이고 무의식적이었던 반응에 주목하고, 그것과 탈동일시할 수 있게 해 주는 일종의 각성을 촉진한다. 이런 방식으로 마음챙김의 태도는 정신화의 태도와 마찬가지로 환자와 치료자 모두에게 탈매몰과 변화의 강력한 자원이 될 수 있다.

물론 정신화는 심리치료 실제의 주된 요소다. 행동 저변의 정신 상태에 비추어 행동에 반응하는 것—즉, 경험에 의미를 부여하는 느낌과 신념 및 욕구의 견지에서 경험을 이해하는 것—이 우리가 매일 환자들과 하는 일이다. 마음챙김은 의심할 여지없이 그 자체로 가치 있지만, 또한 우리가 치료자로서 좀 더 충분하게 그리고 평온하게 존재할 수 있게 해 줌으로써 좀 더 나은 '정신화를 하는 사람'(mental-izers)'이 되게 해 줄 수 있다. 이런 '열린 존재(open presence)' (Epstein, 1995)의 속성은 환자와 우리 자신 안에서 가장 감정적으로 두드러진 것에 대한 강화된 수용성(receptiveness)을 촉진한다. 마음챙김의 태도는 주의의 초점을 좁히기보다는 넓게 둠으로써 통합적이고, 직접적인 종류의 앎(knowing)을 가능하게 해 주며, 또한 그것은 마음만큼이나 몸의 산물인 것처럼 보인다. 이런 통합된 앎은 환자들이 그들의 느낌에 대해 생각하고, 또한 생각에 의해 초래된 느낌을 경험하도록 우리가 도와주는 데 기여할 수 있다. 이렇게 마음챙김은—우리 자신의 정신화를 향상시킴으로써—우리가 환자들의 정신화 능력을 강화하는 데 도움이 될 수 있다.

관계의 맥락에서 정신화와 마음챙김 발달시키기

Bowlby가 제안한 것처럼, 애착 관계는 너무나 필요한 것으로 경험되기 때문에 발달의 맥락으로서 매우 강력한 영향력을 미친다. Ainsworth가 분명히 했듯이, 안정이나 불안정을 주는 애착 관계의 잠재력을 결정짓는 것은 발달과정의 (초기에는 비언어적인) 대화에서 이루어지는 의사소통의 질—포괄성과 유연성 및 정서조절에서의 효과성—이다. 그리고 Main이 보여 주었듯이, 우리가 생애 초기에 타인들과 나눈 대화는 작동 모델과 주의를 배치하는 규칙으로 내면화되어 무엇보다도 경험에 대한 우리의 태도를 형성한다.

심리치료에서는 아동기 발달에서와 같이 경험, 특히 감정이 실려 있는 경험에 대한 태도가 애착 관계의 모체에서 형성되고 또한 재형성된다. 경험으로부터 탈매몰할 수 있는 치료자(혹은 부모)는 환자(혹은 아동)가 유사한 능력을 습득할 수 있는 관계를 만들 수 있다. 환자와 아동 모두에게 안정 및 정신화의 발달 핵심은 그들의 애착 인물이 그들의 마음을 자신들의 마음에 두는 관계를 경험하는 것이다(Fonagy et al., 2002). 심리치료에서 이런 경험은—민감하게 반응하는 부모처럼—암묵적 차원과 명시적 차원을 가진, 공감적으로 조율된 치료자의 정신화 태도에 달려 있다.

암묵적인 정신화는 비언어적인 정서적 단서를 지속해서 직관적으로 읽어 내는 것을 포함하는데, 이것은 우리가 심리적 의미에 비추어 행동에 반응하도록 해 주는 우뇌가 담당하는 기능이다. 우리가 상응하는 얼굴 표정이나 어조의 변화로 반사적으로 환자의 감정 상태를 '반영할' 때, 우리는 대개 의식적으로 자각하지 못한 채 암묵적으로 정신화를 하고 있다는 것이다. 이런 방식으로—즉, 공감적으로—자동적으로 행동을 해석하고 그것에 반응하는 것은 환자가 치료자에게 느껴지고 이해받았다고 느끼는 관계를 조성하는 데 반드시 필요하다.

명시적인 정신화는 행동의 의미와 그것의 심리적 기반에 대해 의도적으로 성찰하기 위해, '좌뇌의 해석자'(Gazzaniga, Eliassen, Nisenson, Wessuger, & Baynes, 1996)의 언어적 자원을 활용하는, 대조적으로 의식적인 과정으로서 대개 암묵적인 것을 명시적으로 만들어 준다(예를 들면, 환자가 부인하지만 화난 어조에서 드러나는 분노에 대해 언급할 때처럼). 우리가 환자의 경험이나 치료적 상호작용에 대한 우리 자신의 경험을 이해하려는 노력을 말로 나타낼 때면 언제나 우리는 명시적으로 정신화를 하는 것이며, 우리는 환자에게도 동일하게 하라고 요청한다.

정신화 태도를 취할 수 있는 환자의 능력을 점차 강화하는 것은, 구체적으로 점점 더 안정된 애착 관계의 맥락에서 치료자가 암묵적으로 그리고 명시적으로 정신화를 하는 것이다. 이와 유사하게, 마음챙김을 할 수 있는 치료자는 이런 관계를 활용하여 환자 자신의 마음챙김 능력을 키우는 데 도움을 줄 수 있다.

앞서 제안했듯이 마음챙김은 '전염될' 수 있다. 평온하고 수용적인 타인의 존재 앞에서는 우리 안에서 평온과 약간의 자기 수용을 발견하기가 좀 더 수월하다. 우리가 치료자로서 마음챙김을 할 수 있을 때, 우리는 종종 환자가 우리와 공통의 기반에서 만나는 것을 보게 된다. 이 모든 것들은 암묵적으로 일어날 수 있다. 우리는 또한 환자들이 마음챙김을 하도록 명시적으로 요청할 수도 있는데, 예컨대 그들에게 현재 순간의 경험에 머물도록 제안하거나, 그들이 지금 여기의 경험에 집중하지 않으면 답할 수 없는 질문을 던질 수도 있다. 이미 일어난 일이나 앞으로 일어날 일이 아니라, 지금 일어나고 있는 일에 주의를 돌릴 때 우리는 환자들이 마음챙김을 할 수 있는 기회를 만들어 내는 것이다. 그리고 그들이 자각하고 수용하며 현재 순간에 '존재할' 수 있게 될 때마다 그들의 마음챙김 역량은 강화될 것이다.

이중 나선: 임상적 실례

마음 쓰면서도 마음 쓰지 않는 법을 우리에게 가르쳐 주소서.
고요히 앉아 있는 법을 우리에게 가르쳐 주소서.
―T. S. Eliot(1930/1991a)

심리치료에서 정신화와 마음챙김 태도의 관계는 이중 나선, 즉 한데 모였다가 갈라지기를 거듭하는 부분적으로 중첩되는 두 개의 나선에 비유할 수 있다. 정신화와 마음챙김은 경험을 알고 그것에 반응하는, 서로 다르지만 보완적이고 조화를 이루는 방식이며, 서로에게 힘을 실어 준다. "통찰은 평온을 가져오고, 평온은 통찰을 가져온다."(Cooper, 1999, p. 74) 정신화와 마음챙김의 태도는 둘 다 환자가 정서를 좀 더 효과적으로 조절하고, 주체적인 행위를 할 수 있다는 감각을 느끼며, 이전에는 해리되었던 경험을 통합하도록 도와줄 수 있는 치료자의 역량을 향상시킬 수 있다. 그리고 이 두 개의 태도 모두 치료자와 환자에게 세상에 대한 그들의 경험이 마음에 의해 중재되는 방식을 알게 해 줌으로써 자각과 내적인 자유를 증진할 수 있다.

물론 핵심은 고통을 줄이고 환자가 좀 더 생기를 느끼도록, 즉 자기 자신 및 타인과 좀 더 연결되어 있다는 느낌을 갖도록 도울 수 있는 것이다. 환자들이 매몰되어 있는 고통은 다양한 형태를 띠고 그 원인도 다양하다. 고통의 많은 부분은 그것을 피하려는 시도에서 초래된다. 미해결된 외상과 관련된 해리와 '행동화' 뿐만 아니라 불안정 애착과 관련된 비활성화와 과잉활성화 전략들은 현재의 고통과 미래의 고통 가능성을 줄이려는, 자동적이고 방어적인 조치라고 볼 수 있다. 치료자의 정신화와 마음챙김은 환자의 고통 및 환자가 고통을 피하는 방법과 함께하는 방식으로서, 고통과 고통을 피하는 방식 둘 다를 다룰 수 있는 공간을 마련하고 잠재적으로 이것들을 줄여 줄 수 있다.

그러나 환자와 마찬가지로 치료자도 감정적인 고통에 취약하고, 때로 이런 고통에 대한 습관적인 방어에 매몰되어 있는 자신을 보게 마련이다. 그 결과 우리는 치료자로서 환자들이 그렇게 하는 것처럼, 주기적 · 기계적으로 작동되는, 생각하고 느끼고 관계하는 자기 보호적인 패턴에 그저 한동안 매몰되어 있는 상태에 빠져 들어 갔다 나왔다 하기를 반복한다.

'또 한해를 맞이하게 해 줘서 고맙습니다'

이것은 제15장에서 논의했던 자살 충동에 사로잡혀 있던 환자 엘렌이 나에게 준 크리스마스 카드에 적혀 있던 마지막 구절이었다. 제15장에서(pp. 413-418) 나는 엘렌과 가졌던 두 회기를 요약했다. 한 회기에서는 교정적 정서 경험과 함께 실연이 있었고, 다른 회기에는 안전하지만 황량한 고립으로부터 새로운 관계의 세계로 내가 엘렌의 손을 잡고 데리고 나오는 이미지를 구체화한 해석이 주된 특징이었다. 이 두 회기로 말미암아 우리는 이후 몇 회기에 걸쳐 되돌아보는 시간을 갖게 되었는데, 그 목적은 회기 중에 일어났던 실연—환자와 치료자가 함께 매몰된 상태—과 그런 실연의 구속력을 느슨하게 하는 데 도움을 줄 수 있는 정신화와 마음챙김 간의 복잡한 관계를 보여 주기 위한 것이었다.

엘렌과 나의 오랜 관계에서 생사가 걸려 있는 문제와, 느리지만 꾸준하게 진전이 이루어지고 있다는 느낌, 그리고 부분적으로 '겹쳐졌던' 우리의 경험이 결합하여 우리 사이에 강력한 유대를 만들어 냈다. 몇 년의 시간을 보낸 후 그녀는 전적으로 안정된 것은 아니라 해도 나에게 깊이 애착되어 있고, 그녀에 대한 나의 애정도 이제는 상당하며, 나의 전념도 확고부동한 수준이다. 이것은 자살위협과 제스처, 한밤중의 전화, 경찰, 의사, 입원을 포함하여 오래 끌었던 괴로운 시간에 이은, 폭풍이 지나간 후의 상대적인 평온함이다.

사실상 치료 초기부터 우리가 씨름해 온 주제는 의존이다. 누가 누구를 돌볼 것인가? 이것이 문제다. 엘렌은 평생 동안 자신이 다른 사람들을 돌봐야 한다고 느껴 왔다. 이것은 아주 어릴 때부터 부모가 그녀에게 맡겨 준 역할이었는데, 당연히 그들이 그녀를 돌봐야 했을 시기에 그들은 그녀에게 어린 형제들뿐만 아니라 부모인 그들까지 돌보도록 요구했다. 성인이 되어서도 다른 사람들이 그녀에게 의존하도록 하는 것은 그녀가 감정적으로 마땅히 해야 한다고 느꼈던 변함없는 일이었다. 치료에서 나에게 의존하고 싶은 욕구와 싸우는 그녀는 마치 구조를 거부하며 익사하고 있는 여성과 같았다.

하지만 그녀는 또한 무의식적으로 구조되기를 열망했다. 이것은 내가 분명히 그녀를 구조할 수 있기를 무의식적으로 갈망했던 것과 마찬가지였다. 그녀를 '구해 내고 싶어 하는' 나의 욕구와 구해지기를 바라는 그녀의 소망을 내가 처음으로 어렴풋이 알게 된 것은 나 자신을 빛나는 갑옷을 입은 엘렌의 기사로 그려 본 이미지 때문이었다. 치료의 전환점으로 제15장에서 묘사했던 그 시간에 나는 이 이미지와 함께 내가 짐작하는 그것의 의미를 그녀와 나누었다.

그 후 몇 회기 동안 엘렌은 자신이 나에게 지나치게 의존하게 내버려 두었다면서 예의 익숙한 방식으로 그리고 약간 화를 내면서 불평했다. 나는 그녀의 이런 우려가 마법처럼 그녀를 구하려는 나의 소망과 마법처럼 구조되기를 바라는 그녀의 소망에 대해 우리가 논의한 후에 나온 것이라고 제안했는데, 그녀는 이런 제안을 유용하게 받아들이지 못했다. 그녀에게는 자신의 우려가 갖는 의미를 생각해 볼 수 있는 정신적 공간이 없는 것 같았다. 그 대신, 그녀는 느낌이 느끼고 이해해야 할 정신적인 상태가 아니라 어떤 행동을 취해야 할 사실로 받아들여지는, 심리적 등가성이 지배하는 폐쇄공포증적인 세계에 완전히 매몰된 것 같았다. 그녀가 생각할 수 있는 유일한 해결책은 나를 덜 자주 만나는 것, 즉 일주일에 두 번 대신 한 번씩 만나는 것이었다.

그녀가 자신이 느끼는 것을 나와 함께 생각하지 않으려 해서—혹은 생각할 수 없어서—나는 약간 좌절감이 느껴지는 것을 알아차렸다. 그러나 나는 엘렌에게 나와 함께 생각해 보는 것이 그녀에게 어려운 까닭은 그녀를 힘들게 했던 그 치료회기에 우리가 다루었던 소망과 관련된 것이라고 말했고, 이것이 내게 도움이 되었다. 그녀가 어린 시절 받지 못했던 것을 나에게서 받으려는 '집요한 소망'(Stark, 2000)에 의해 그녀의 '정신화'가 (이 단어를 직접 쓰지는 않고) 부분적으로 방해 받고 있다고 설명했을 때, 그녀가 겪고 있는 곤경에 대한 나의 공감이 깊어졌고, 그녀를 구하려는 내 욕구의 긴박성도 누그러졌다. 하지만 여전히 내가 좀 더 충분히 알아봐야 할 것은 나 자신의 심리에서 이런 욕구의 근원이 무엇인가 하는 것이었다.

'운전대에 아무도 없다'

내가 이제부터 기술하려고 하는 4회기 중 첫 번째 회기에서 엘렌은 치료에서 뭔가 중요한 일이 일어나고 있다고 치료자인 내가 느끼고 있다는 것은 알겠지만, 그녀 자신은 잘 모르겠다고 한다. 그녀는 내가 무슨 생각을 하는지 다시 설명해 달라고 한다.

나는 답하기를, "내가 당신의 손을 잡고 더 나은 세계로 인도하여 어떻게든 당신을 '구해 내는' 이미지에 대해 말했던 걸 당신도 분명히 기억하고 있겠죠. 내 짐작에는 그와 같은 것을 바라는 당신의 소망 때문에 당신이 씨름하는 문제가 무엇인지를 이해하기 위해 나와 함께 작업하기를 원하는 게 힘든 것 같군요. 그렇지만 내 생각은 이래요. 당신이 그저 나와 함께하고, 또 부모와의 관계에서 경험하지 못했던 것, 즉 당신이 안전하고 스스로 강하다고 느끼면서 자라기 위해 필요했던 사랑과 돌봄을 여기서 경험하게 되면 어떻게든 구조될 희망이 있다고요."
이에 대해 그녀가 내가 이런 생각을 갖고 있다는 것은 알겠지만 그것이 정말 사실인지는 모르겠다고 말하기에, 나는 내 의견을 역설한다. "한 번이 아니라 몇 번에 걸쳐 우리는 적어도 감정을 다루려는 시도라도 하기 위해 당신이 나와 함께 감정에 머물고 이해하려고 하고 말로 표현해 보는 것을 얼마나 꺼리는지에 대해 이야기를 나누었죠."

이런 생각은 그녀에게 전혀 낯선 것이 아니다. "그저 꺼리는 정도가 아니에요. 전 제가 느끼고 있는 것에 주의를 기울이는 데 대해 분명한 반감을 갖고 있어요." 〈긴 침묵〉. "그 부분에 있어서는 선생님 말씀이 사실인 것 같아요." 〈또 침묵〉, "그냥 너무 힘든 일처럼 느껴져요." 〈침묵〉.

"힘들다는 게 어떤 느낌인가요?"

"긴장되게 만들어요. 제가 할 수 있는데 하지 않고 있는 어떤 일이 있는 것처럼 말이죠. 하지만 효과가 있을 거라는 믿음이 없는 일을 왜 제가 고민해야 하나요? 전 너무 늦었어요. 희망을 가질 이유가 없어요. 제겐 미래가 없는 것 같아요. 너무 많은 노력이 들 것 같은데, 제게 미래가 있다면 해 볼 만한 이유가 되겠죠. 그런데 제겐 미래가 보이지 않아요."

이런 말을 들으면서 나 역시 절망감이 느껴지는데, 마치 내가 어떤 말을 해도 그녀의 마음을 움직이기에는 부족할 것 같다. 자신을 위해 자기의 자원을 동원하는 일이 엘렌에게는 얼마나 엄청나게 어려운, 어쩌면 불가능한 일인가를 다시 한 번 깨닫고서 낙담하는 내 마음이 느껴진다. 그러다가 내 머릿속에서 자동차 운전석에 앉아 있는 엘렌의 모습이 저절로 떠오른다.

이와 같은 이미지나 은유는 흔히 치료자의 정신화에 의해 형상화된 것이다. 때로 이런 이미지는 환자 자신의 정신화 능력을 강화하는 데 기여하는 잠재력을 가지는 치료적 대화에서 절대적으로 필요한 부분이 된다. 어째서 그러한가? 이미지와 은유는—정신화 그 자체처럼—상징을 포함한다. 즉, 그것은 다른 어떤 것을 나타내며, 그리고 (우리가 바라기에는) 감정적인 현실의 어떤 측면을 의미 있게 표상하면서도, 이런저런 생각을 품어 볼 수 있는 어떤 것이다. 치료에서 처음에는 비언어적으로 표현되는 이런 상징들과 작업할 때, 우리는 '현실에 대해 이런저런 생각을 품어 본다' (Fonagy & Target, 1996)—우리가 정신화할 때 무엇을 하는지를 상당히 잘 묘사하는 표현이다. 나는 내게 떠오른 이미지를 엘렌과 나누기로 결심한다.

  "방금 당신이 미래를 볼 수 없다고 말했을 때 내 머릿속에서 당신이 자동차 운전석에 앉아 있는 그림이 떠올랐어요. 그런데 차가 움직이지 않아요. 운전석에 앉아 있긴 하지만 당신은 실제로 운전대 잡기를 꺼리는, 아니 아마도 못 잡겠다고 느끼고 있나 봐요. 당신이 한 말을 빌자면, 당신은 차의 앞유리를 통해 당신 앞에 무엇이 있는지를 보거나, 백미러를 통해 뒤에 무엇이 있는지를 보는 것에 대해 '분명한 반감'을 갖고 있는 것 같네요. 앞이나 뒤를 볼 수 없다면 운전하기가 몹시 위험하게 느껴지는 건 당연한 일이죠. 사실, 아마도 당신은 어딘가에 안전하게 도착하기 위해 다른 사람이 운전대를 잡기를 원할 수도 있겠죠."

  "전 운전하고 싶지 않아요. 선생님 말씀이 옳아요. 다른 사람이 저를 그곳에 데려다 주면 좋겠어요." 그녀는 다른 사람이 운전해야 한다는 화가 섞인 권리의식과 그런 소망을 말로 표현한 것에 대한 수치심을 차례로 표출하는, 특정한 어조 및 표정과 함께 이 말을 한다.

  나는 그녀의 고통스러운 이중감정을 감지하면서 말하기를, "알아요. 당신이 그걸 원하는 건 당연하죠. 당신은 그걸 요구할 권리가 있다고 느끼면서도 한편 그런 걸 원하는 건 수치스럽고 굴욕적인 일이라고 느낀다는 생각이 들어요."

  "앞을 내다보는 게 너무 무서워요. 정말이지 너무나 황량하거든요. 그리고 뒤를 돌아보는 건 압도당하는 느낌을 줘요. 너무나 오랫동안 해 보지 않은 일이죠." 이제 눈물을 흘리며, "통제불능 상태가 될 거예요. 제가 무너지기 전에는 늘 제가 운전을 했어요. 전 늘 통제를 잘 했어요. 하지만 그때 이후로는 누군가가 대신 맡아 주기를 바라며 기다려 온 셈이죠." 그녀는 분명히 자신의 느낌과 씨름하고 있는 중이다.

  나는 말하기를, "내가 대신 맡고 싶지는 않아요. 하지만 당신이 막 다시 운전을 시작하는 것처럼 당신 옆자리에 앉아서, 당신이 길을 살펴보고 백미러 보는 걸 도와주고 싶어요."

  "그렇지만 제가 본다면, 만약 정말 제가 느끼고 생각하는 것에 주의를 기울인다면 그건 너무 힘들 거예요. 그렇다는 걸 전 알고 있어요."

"내 생각에 당신은 브레이크를 걸 수 없을까 봐 두려워하는 것 같네요."

우리는 그녀가 브레이크를 걸 수 있는 몇 가지 방법에 대해 상당히 길게 이야기를 나눈다. 머릿속에서 안전한 장소를 그려 보기, 호흡에 주의를 기울이기, 매 회기를 시작할 때 우리가 그렇게 하는 것처럼 명상하기 등이 그것이다. 그 회기가 거의 끝날 때쯤 그녀는 늘 자동차에 대한 꿈을 꾸었다고 말한다. 그녀는 어린아이였을 때 자동차 뒷자석에 있는 꿈을 꾸었는데, 운전대에 아무도 없었기 때문에 겁에 질렸다. 성인이 된 지금은 차에 혼자 있는데 운전석으로 가지 못하는 꿈을 꾼다.

'기로에 서다'

몇 회기 후 우리가 명상을 하고 있는 중에 어떤 생각이―지나고 나서 생각해 보면 너무나 명백하게 어떤 의미가 있는―내게 문득 떠오른다. 엘렌이 자신의 주체적인 힘에 대한 감각을 경험할 수 있도록 내가 운전대를 잡는 시간을 줄일 필요가 있겠다. 나는 조용히 있고, 예외적으로 엘렌이 먼저 말을 한다. 그녀가 피곤하다고 말하자 나는 그녀에게 여기서 피곤함을 느끼는 것이 어떤지 물어본다.

천천히 그리고 조용하게 그녀는 말한다. "여러 가지 감정이 들어요. …… 안전하게 느껴지고 편안하게 느껴져요. 그저 여기에 있을 수 있다는 게 좋아요. …… 그렇지만 오늘은 더 나아가고 싶기도 해요."

나는 주체적인 힘의 희미한 움직임을 암시하는 것일 수도 있는 이 말을 듣고 조용히 있다. 나는 그녀의 말만큼이나 내 호흡과 내 몸 내부에 주의를 집중한다. 나는 평온하고 그 순간에 존재하며, 행동해야 한다는 압박감을 평소보다 덜 느낀다. 숨을 들이쉬고 내쉼에 따라 내 배가 나오고 들어가는 것을 자각한다. 내 몸으로 그녀를 이해하고, 그녀를 위한 공간을 만들고 있다는 느낌이 든다.

생각과 생각 사이에서 잠시 멈추고 있던 그녀가 말한다. "머릿속에서 생각들이 막 빠르게 달리고 있어 피곤해요……. 제 마음은 늘 어떤 한 가지에서 다른 걸로 비약해요. …… 끊임없이 외부의 어떤 것에 대한 생각으로 주의를 돌려 제 안에서 실제로 일어나는 것과 함께하지 않아도 되도록 말이죠."

"무슨 말인지 알겠어요. 기분이 좋지 않을 때 마음속에서 이러저리 날뛰는 경험이 어떤 건지 알고 있어요. 마치 내가 어떤 안전한 장소나 이해, 결론이나 관점을 찾고 있는 것처럼 말이죠."

"하지만 선생님은 자기 생각을 볼 수 있잖아요. 전 그저 제 생각에서 달아나거든요. …… 늘 제 경험을 외면하면서 말이죠."

'경험으로 주의를 돌릴 수 있다면 당신에게 좋을 텐데.' 라고 나는 생각한다. 그러고 나서 나는 다시 내면으로, 숨 쉬고 있는 내 몸의 경험으로 주의를 돌린다. 나는 지금 아무것도 해결하려고 노력하지 않는다. 내가 평온하고 열려 있다는 느낌이 든다.

아주 긴 침묵이 있고 나서 엘렌이 말하기를, "어쩐지 기로에 서 있다는 느낌이 들어요. …… 그런데 잘 설명하지는 못하겠어요."

또 한 번의 긴 침묵이 이어졌고 그 침묵을 깨고 내가 말한다. "당신은 어떤 선택이나 방향을 정하려고 씨름하고 있는 것 같네요."

"선생님, 자살하겠다는 생각을 포기해야 하는가 하는 문제와 씨름하고 있어요."

깊게 그리고 들릴 정도로 나는 한숨을 내쉰다.

"그게 너무 어려워요. …… 그 생각을 버리기가 너무 어려워요. 왜냐하면 그건 저에게 유일한 안전장치, 제가 의지할 수 있었던 것이었거든요. …… 제가 유일하게 원했던 건 안전감을 느끼는 것이었는데, 제 삶의 어디에서도 안전감을 느낄 수 없는 것 같아요. …… 그렇지만 제가 자살해도 아이들, 어른이 된 제 아이들이 괜찮을 거라고 믿기가 점점 더 어려워요."

여기서 깊어지고 있는 그녀의 공감은 정신화와 '공상 속' 세계로부터의 탈매몰의 표시처럼 보인다. 이런 세계에서는 그녀의 자녀들이 망각이 주는 위안을 원하는 그녀의 욕구를 쉽게 수용하고 '내가 없으면 진짜 더 잘 살 것이다.' 라고 그녀는 상상하고 있다.

"내가 제대로 이해했는지 들어보세요. 당신이 자신을 점점 더 자녀들의 입장에 두고 있다는 느낌이 들어요. 당신의 자살이 그들에게 어떻게 느껴질까를 상상하고 있네요. 그리고 그렇게 상상해 보니 자살이 엄청나고 매우 파괴적인 영향을 주지 않을 것이라는 믿음을 유지하는 게 불가능하네요."

"맞아요. 그리고 선생님에 대해서도 생각해요. 그렇지만 제가 느끼는 것에 대해 어떻게 해야 할지 모르겠어요. 여기서 배운 대로 공포를 느낄 때 '이건 지나갈 거야.'라고 제게 말하는 걸 써 볼 수도 있어요. 하지만 뭔가가 뇌의 어떤 부분이 혹은 제 경험에 대해 생각할 수 있는 어떤 능력과 통찰이 제겐 없는 것 같아요."

"당신에게 그런 능력이 없다고 생각하진 않아요. 당신에겐 연습이 부족하다는 생각이 들어요. 그리고 당신은 느낌에 집중하면 압도당하게 될까 봐 무서워하는데 그런 연습을 하고 싶어 하기는 힘들죠."

"그래도 제 느낌에 대해 이야기하고 난 다음 여기서 나갈 때면 압도당한 느낌이 덜 했던 경험도 있었거든요."

이 회기가 끝나가면서 드러난 것은 엘렌이 서 있는 기로는 자살이 주는 '안전'을 포기할 뿐만 아니라 살아 있기를 선택해야 하는, 난처한 가능성을 나타낸다는 것이 다소 분명해진 것이다. 그리고 이런 선택은 그녀가 스스로 운전석에 앉고 어떻게든 용기와 주도성을 불러일으켜 자신의 경험을 외면하지 않고 직면해야 하는 두려움을 일깨웠다.

'생각하고 싶지 않아요'

이 회기 초반에 엘렌은 크리스마스 휴가 때 다른 주에 살고 있는 여동생을 방문하려고 하는데 이 때문에 몹시 불안하다고 말한다. 구체적으로 무엇에 대해 불안한가? 그녀는 자신이 강하고 완벽해야 하고, 여동생을 돌볼 수 있어야 한다고 느낀다. 엘렌은 어떤 식으로든 자신이 여동생에게 이런 이미지에 부응하지 못하는 것처럼 보일까 봐 너무 겁이 나서, 자신의 느낌이나 생각에 의구심을 가져볼 수도 없고, 또 그렇게 해 볼 마음도 없는 것처럼 보인다. 그녀에게는 그런 느낌이나 생각이 그저 사실로 받아들여진다.

나는 또다시 이런 구체성이 지배하는 현실과 마주하게 되어 좌절감을 느낀다. 그녀는 여기에 대해 생각해 볼 어떤 것이 있다는 것을 볼 수 없단 말인가? 왜 나 혼자서만 그녀가 스스로 만들어 낸 불행에서 헤쳐 나오도록 돕는 책임을 맡고 있는 것 같은가? 이런 당황스러운 반응을 내 안에 담아 두고 있다고—혹은 어쩌면 숨기고 있다고—잘못 생각하고서 엘렌을 토론으로 끌어들이는데, 그 토론에서 그녀의 동생은 오히려 엘렌에 비해, 더 강하고 지지적인 사람이 덜 필요하다는 것이 분명해진다. 그때 나는 엘렌이 자기 안으로 움츠러드는 것을 알아차리고, 동생을 돌봐야 한다는 그녀의 신념에 대해 나와 같이 이야기하는 것이 그녀에게 어떻게 느껴지는지 물어본다.

"선생님이 저를 야단치거나 꾸짖는 것 같은 느낌이 들어요."라고 그녀가 답한다.

나는 당연히 그녀의 말이 맞다는 것을 알기에 한숨을 내쉰다. 여기서 나는 그녀와 나의 관계의 균열을 복구하려는 노력으로 말하기를, "당신이 알아차린 게 틀림없이 사실일 거예요. 내가 그냥 조바심을 내거나 좌절감을 느끼게 될 때가 종종 있다고 생각해요. 당신은 그저 당신의 느낌을 느끼는 것인데, 당신이 그런 느낌에 대해 뭔가 더 했으면 하는 나 자신의 욕구가 생긴 게 분명해요. 그러니 당신이 나의 그런 욕구의 대상이 된 것처럼 느낀 건 당연하죠. 하지만 이 말은 해야겠어요. 도와주려는 내 노력이 실제로 당신에게 상처를 주게 되는 건 결코 원치 않아요."

눈물을 글썽이며 그녀가 말하기를, "선생님이 저에게 상처 주려고 한다고는 생각하지 않아요. 하지만 이해하지 못한다는 생각은 들어요. 제가 느끼는 걸 그만 느끼도록 저를 설득하고 싶은데, 그게 잘 안 돼요. 그런 느낌이 계속 남아 있어요."

"당연하죠. 왜 안 그렇겠어요? 이제까지 당신이 느끼는 걸 그만 느끼도록 자신을 설득하라고 내가 제안했다고 생각하나요? 내가 말하려는 건 그것과는 아주 달라요. 당신이 자신의 느낌을 가장 중요한 것으로 여기려 하지 않는 것에 대한 거죠. 내 말은 당신이 느끼는 것에 대해 생각해 보는 것에 관한 거예요."

그녀는 눈물을 보이며 항의하듯 말한다. "선생님, 전 생각하고 싶지 않아요. 책임지고 싶지 않아요. 다른 사람이 생각해 주면 좋겠어요. 다른 사람이 책임져 주면 좋겠어요. 전 어렸을 때 너무 많은 책임을 떠맡았고 그냥 더 이상은 그러고 싶지 않아요."

여기에서 나는 그녀의 명백한 고통에 대한 공감을 경험하고 있고, 또한 불과 몇 분 전 그녀에게 꾸중 듣는다는 느낌을 주었던 동일한 좌절감을 어느 정도 경험하고 있다. 여전히 나 자신의 어려운 감정과 씨름하고 있는 동안 내가 깨닫게 된 것은 보살핌을 받고 싶은 그녀의 갈망의 깊이가 나에게 들리고 느껴져야만 그녀가 그런 갈망에 대한 다른 관점들을 고려할 수 있을지도 모른다는 것이다. 정신화를 위한 공간을 열기 위해 엘렌이 먼저 느껴야 하는 것은, 과거에 마땅히 받아야 했으나 한번도 주어지지 않았던 것을 이제 얻고자 하는 그녀의 필사적이고, 채워지지 않은 욕구의 '실재'를 내가 인식한다는 것이다.

"당신이 아직 아이인데도 부모 역할을 해야 했던 건 옳지 않은 일이었어요. 당신의 부모님이 해 줄 수 없었거나, 혹은 어찌되었건 그렇게 하지 않았지만, 누군가 당신을 위해 책임져 주거나 당신을 돌봐 주기를 바라는 소망은 전적으로 이해할 만한 것이고 정당하다고 생각해요."

이제 나는 그녀의 답변을 들으면서 그녀가 느끼는 안도감의 흔적과 함께 이보다는 미약하지만 항의를 감지한다. "책임질 자신이 전혀 없어요. 정말이지 그렇게 할 수가 없어요. 누군가가 운전대를 잡고, 저를 돌봐 주고, 대신 생각해 주길 바라지만, 아무리 간절히 원해도 그런 일은 절대 일어나지 않을 거란 걸 알아요. …… 그렇게 해 줄 사람은 진짜 아무도 없을 거예요. …… 제가 그렇게 해야 할 유일한 사람이고, 그걸 해야 한다는 걸 알고 있어요. …… 그렇지만 정말 하고 싶지 않아요."

"다시 말하지만, 당신의 소망—요행을 바라는 마음—은 전적으로 이해할 만해요. 심정적으로 이해가 돼요. 그리고 난 정말 당신을 돌봐 주고 싶고, 상당 시간 당신은 나에게 보살핌을 받고 있다는 느낌을 갖는다고 생각해요. 하지만 내가 여기서 당신을 대신해서 생각하는 일을 너무 많이 하면 당신이 그 대가를 치르게 된다고 생각해요. 왜냐하면 그렇게 되면 당신은 자기확신과 자기의존을 덜 느끼고 자신을 통제할 수 있다는 느낌도 덜 갖게 될 테니까요."

"선생님이 제가 할 수 있다고 생각하시는 것처럼 제가 생각할 수 있다는 확신이 없어요. 정말 그렇게 못하겠어요."

그녀가 몇 해 전, 몇 개월 전, 심지어 몇 주 전에 이런 말을 했더라면 내가 다음과 같은 방식으로 응답하는 것이 유용할 것이라는 내 믿음이 훨씬 적었을 것이다. "혹시 이전에 이와 유사한 대화를 우리가 나눈 걸 당신이 기억할 수 있을지 모르겠네요. 그때도 당신은 정말 생각할 수 없다고 말했었죠. 그런데 당신은 그 뒤 우리가 만났을 때나 전화통화를 했을 때 많은 생각들을 갖고 있었어요. 그리고 당신이 일지를 쓸 때는 분명히 깊은 생각을 하죠. 이렇게, 적어도 가끔은, 문제가 되는 게 당신이 자기 경험에 대해 깊이 생각할 수 있는 능력이 없다는 게 아니라 그렇게 하고 싶은 마음이 없다는 건지도 모르겠어요. 어쩌면 특히 우리가 여기 함께 있을 때 말이죠."

"하지만 어쩌면 생각할 게 아무것도 없을 수도 있잖아요."라고 그녀가 말한다. 그러고 나서 푸념하듯이 말한다. "어쩌면 전 그저 아주 단순한 사람인지도 모르죠. 복잡한 게 많지 않은 사람인가 봐요. 선생님의 다른 환자들과는 다르게 말이죠. 선생님은 저에 대해 알아야 할 건 이미 다 알고 있잖아요. 더 알아야 할 것도 없어요. 그래서 더 생각해 볼 게 진짜 없어요."

여기서 나는 또 좌절감을 느끼지만 또한 관여되어 있고, 정신화를 하고 있으며, 엘렌의 정신화 과정을 이끌어 낼 수 있다는 기대감을 갖고 있다. 나는 말하기를, "사실은 생각해 볼 게 많다고 생각해요. 당신은 자신을 돌봐 줄 누군가를 계속 기다릴 것인가 아니면 나의 도움을 받아 자신을 위해 최선의 노력을 하기 시작할 것인가를 결정하려고 씨름하고 있군요. 이것이 당신이 서 있는 또 하나의 기로가 아닌가요? 당신이 자살하지 않는다면 자신의 삶에 대해 뭘 하려고 하나요?"

그 뒤 몇 마디 말을 더 하고, 그 시간은 고작 불확실한 분위기에서 마무리된다. 결국 나는 마음이 불편하고 다소 낙담이 되면서, 내 생각이 맞다고 내가 지나치게 주장하고 있다는 사실을 깨닫는다. 일보 후퇴한 것 같은 느낌이 든다.

그런 다음 우리가 다음에 만나기로 되어 있는 날 아침에, 나는 나 자신에게 다음과 같은 기록을 남기는데, 그 배경에는 나 자신의 과거에 대한 약간의 성찰—정신화—이 들어 있다.

우리는 얼마나 뒤엉켜 있는 거미줄을 짜고 있는가! 나는 나 자신이 곤경에서 벗어나기 위해 엘렌이 좋아져야 한다고 느끼고 있고, 그녀는 곤경에서 벗어나기 위해 나에게 무력감을 느끼게 하려고 자신의 무력함을 강조해야 한다고 느끼고 있다. 동시에 그녀는 내가 자신을 고쳐 주기를 기다리고 있는데, 전적으로 책임져야 한다고 쉽게 느끼는 나의 취약성이 여기에 걸려든다. 그런 다음 나는, 그녀가 나에게 그녀를 고쳐 주는 것을 허용하지 않기 때문에 화가 나게 된다. 핵심은 여기에 실연이 일어나고 있다는 것이고, 만일 내가 좀 더 마음챙김 상태가 될 수 있으며, 그녀를 더 좋게 만들어야 한다는 내 욕구에 덜 휩싸인다면 내가 이 실연에서 맡고 있는, 문제가 되는 부분을 약화시킬 수 있다는 것이다. 만일 내가 목표를 좀 더 낮추고 있는 그대로를 인정할 수 있다면 도움이 될 것이다. 이것이 의미하는 바는, 그녀가 느끼는 것이 무엇이든지 간에 그것을 느끼도록 허용하면서, 동시에 그녀의 경험이 어떤 것이든지 간에 내가 대처할 수 있음(그리고 함축적으로는 그녀의 대처능력에 대한 나의 확신)을 전달한다는 것이다. 그녀의 문제에 그렇게까지 걸려들지 말자. 그리고 내 문제에 그녀가 걸려들게 하지도 말자.

'다른 종류의 슬픔'

지금 요약하고 있는 4회기 중 마지막 회기를 시작할 때 나의 느낌은 우리가 함께 만들어 낸 실연에서 내가 참여한 부분에 대한 이해가 새롭게 깊어진 것 같은 느낌이다. 나는 내 경험에 덜 매몰되고 내 어머니와 나의 관계의 어떤 측면들을 엘렌과 반복하려는, 대체로 무의식적인 충동에서 좀 더 자유로운 느낌이다. 나는 좀 더 여유 공간이 있고 좀 더 유연한 이런 마음 상태에서 어떤 일이 일어나게 하려는, 즉 그녀를 변화시키려는 욕구에 사로잡히기보다 수용하는 태도로 함께하면서—마음챙김의 상태로—존재하기가 훨씬 더 쉽다고 느낀다.

우리가 명상을 하고 나서 눈을 뜬 후 나는 그녀의 눈이 젖어 있는 것을 보고 무엇을 느끼는지 물어본다. 거의 속삭이듯이 그녀가 답하기를, "슬퍼요. …… 그리고 불안해요 ……." 그녀가 장의자에서 몸을 움직이는데, 그것은 나에게 그녀가 자신으로부터 벗어나려고 애쓰고 있다는 인상을 준다. 그런 다음 그녀는 살짝 머리를 흔드는데, 마치 자신이 느끼고 있는 것에 '아니야.' 라고 말하는 것 같다.

"그 감정에 조금만 머물러 볼 수 있을까요?"

"최근 며칠 간 너무 힘들었어요. 그래서 그런 감정에 머물 수 없는 것 같아요."

"그렇다면 머무는 순간에는 당신이 뭣 때문에 슬픈지 감지가 되나요? 아니면 무엇이 당신을 불안하게 만들고 있는지?"

"동생 집에 가는 게 겁난다는 걸 알고 있어요. 어머니가 묻혀 있는 곳으로 돌아가는 거죠. …… 여행가기 전에 늘 걱정을 해요. 여행을 좋아하지 않아요. 특히 혼자 여행해야 할 때는 ……."

"내 짐작에 겁이 나는 배경에는 우리가 한동안 만나지 못한다는 것도 포함되어 있을 것 같군요."

"알고 있어요." 그리고 그녀는 나를 똑바로 쳐다보면서 조용하고 침착한 목소리로 말했다. "선생님한테 정말 많이 의지하고 있어요." 그녀는 잠깐 멈추었다가 이어서 말하기를, "저한테 '겨우 3회기야.' 라고 말하고 있어요. …… 그렇지만 정말 긴 시간처럼 느껴져요. 필요하면 전화할 수도 있다는 걸 알아요. …… 하지만 그렇다 해도……."

나는 평온한 마음으로, 빨리 반응해야 한다는 예의 내면의 압박감을 느끼지 않은 상태에서 조용히 그녀의 존재를 받아들인다. 그녀의 말을 계속 들으면서 또한 내 호흡과 몸에 주의를 기울인다. 나는 그녀를 나의 배를 통해 '알고 있다.' 는, 낯설지 않은 느낌을 받는다. '내장으로 전해지는 나의 직감(gut sense)' 은 내가 주도권을 포기하면서 그녀가 그것을 행사하고 있다는 것이다.

"슬픈 느낌. …… 그건 과거에 대한 것처럼 느껴져요." 긴 침묵이 이어지는데, 그건 마치 그녀가 이제 막 자신이 하는 말을 듣고 그것의 의미심장함을 인식하도록 자신에게 허용하는 것 같다. 그런 다음 그녀는 말을 이어간다. "동생 집에 가는 건, 그모든 걸 다시 생각나게 해요. …… 예전 상황에 대한 모든 느낌, 어머니와 아버지에대한 느낌 ……, 어떻게 그들이 한번도 절 보호해 주지 않았는지 ……." 그녀는 몹시심하게 울었고, 그런 다음 속삭이듯 말한다. "누가 절 보호해 주면 좋겠어요."

"음 …… 네, 당연히 그렇죠." 그녀가 말하는 동안 나는 그녀가 나에게 묘사하는과거의 이미지들을 내 마음의 눈으로 보고 있다. 그 이미지들은 이전에 마치 그녀가다소 해리된 상태에 있거나 혹은 마치 그녀가 그것들과 더 오래 머물러 있으면 그녀를 이상하게 만들 것 같은, 자신의 이미지들을 보고 있는 것 같은 상태에서 말했던 외상과 방임의 이미지들이다. 그리고 그동안 나는 공감을 나타내는 소리를 내고 있다.나는 또한 그녀의 슬픔에 동감하여 고개를 끄덕이고 있고, 그 뒤에는 그녀의 조용한격분을 함께 나누듯이 약간 머리를 흔든다. 그러고 나서 별안간 엘렌이 자신의 느낌을 피하거나 그것에 압도당하는 것이 아니라 그것을 느끼고 있다는 생각이 든다. 더놀라운 것은 그녀가 평소처럼 우울하다는 것이 아니라 슬프다는 것에 대해 말하고있다는 것이다.

그녀는 눈물을 흘리며 고개를 숙이고 말한다. "어머니 묘소에 갈 거예요. 가서 당연히 슬퍼해야겠지만, 진짜 하고 싶은 건 묘에다 침을 뱉고 뒈져 버리라고 말하는 거예요." 그녀는 조용히 흐느끼는 중간에 간청하는 어조로 말하기를, "그들이 죽기 전에 화해할 수 있었더라면 ……."

"이제 그렇게 하려고 노력하고 있다는 말처럼 들리네요."

그녀는 눈물을 흘리며 마치 그녀에 대해 내가 하고 있는 말이 맞는지를 내 얼굴에서 읽을 수 있다는 듯이 나를 쳐다본다. 그런 다음 얼굴을 손에 묻고 더 심하게 운다.

그녀가 진정되자 나는 지금 그녀가 느끼는 것이 오래되고 익숙하게 느껴지는 슬픔인지 혹은 새롭게 느껴지는 것인지 물어본다.

"다른 종류의 슬픔 같아요." 긴 침묵 후에 그녀가 말하기를, "무섭기도 해요. ……동생이 저에게 돈을 요구할 것 같아요. 정말이지 동생을 도와줄 형편이 안 돼요. ……그런데 도와주지 않고는 못 배기겠어요." 우리는 그녀의 두려움과 다른 사람들을 돌봐야 한다는 강박적인 생각을 탐색한다. 엘렌은 그녀의 남동생은 이 여동생에게 자신과는 아주 다르게 반응할 거라고 말한다. "걔는 말할 거예요. '그 애가 자신을 돌볼 수 있는지 그냥 두고 보게 해!' 하지만 전 그렇게 못해요. …… 못해요."

"이런! 이 문제는 정말 심각하군요. 당신은 여동생이 좀 더 책임을 지도록 두고 볼 수 있을까요? 나는 당신이 좀 더 책임을 지도록 두고 볼 수 있을까요? 우리 둘 다 이 문제로 씨름하고 있는 게 분명하네요. 내 생각에는 우리 둘 다 다른 사람의 감정을 우리가 돌봐야 한다고 기대하는 가정에서 자랐어요. 그리고 그렇게 하지 않으면 큰 대가를 치러야 했죠."

이때 그녀가 전날 밤에 꾼 꿈에 대해 이야기한다. 그녀는 공공장소에 있고 폭탄을 가지고 막 자살하려 한다. 거기에 한 의사가 있는데, 그가 그녀에게 어떤 말을 해서 그녀가 마음을 바꾼다. 그런데 실망스럽게도 그 의사는 폭탄을 가지고 가거나 보살핌을 받을 수 있는 곳으로 그녀를 데려가지 않고 폭탄을 그녀에게 남겨 둔 채 가 버린다. 그가 떠난 뒤 그녀는 어떻게 해서든 폭탄이 터지지 않게 하려고 혼자 애쓰는데, 만일 터지면 다른 사람들도 그녀와 함께 죽을 것이기 때문이다.

꿈에 대해 논의하면서 나는 그것이 우리가 막 이야기해 왔던 것을 정확히 암시한다고 제안한다. 먼저, 그 꿈은 그녀가 모든 사람들을 돌보는 데 실패하면 그들이 혼자 남겨질 뿐 아니라 폭력적인 재앙이 닥칠 것이라는 그녀의 두려움을 표현하는 것 같다. "그런 일이 우리 가족에게 일어났었어요."라고 그녀가 말한다. 이어서 나는 그 꿈은 또한, 내가 그녀에게 더 많은 걸 기대하면서 실제로 그녀를 혼자 내버려 둘 것이라는 그녀의 우려를 전달하는 것일 수도 있다고 덧붙여 말한다. 그녀는 실제로 그런 우려를 한다고 인정하고, 이에 대한 반응으로 나는 그녀를 안심시키려는 명료화를 위해 내가 지나치게 오래 노력하고 있음을 깨닫는다.

그리고 나서 나는 얼마나 많은 말을 하고 있으며 그녀에게 얼마나 적은 공간을 주고 있는지를 알아차리면서 말한다. "내가 당신에게 도움이 되어 왔다는 걸 알지만, 또 내가 당신에게 방해가 되고 있다는 생각이 점점 더 분명해져요. 당신을 보살피려는 내 욕구에 사로잡혀 내가 너무 많은 생각을 하게 되었고, 그 때문에 당신이 이 작업을 하기 위해 나와 함께 애쓰는 게 어렵게 된 것 같아요. 과거를 뒤로 하는 일은 참

어려워요.…… 분명히 우리 두 사람 모두에게 …… 나한텐 내가 어머니를 돌봐야 했고 그렇지 않으면 굉장히 힘든 대가를 치러야 했던 그 모든 일들 …… 내 생각에 당신에게도 그런 비슷한 상황이거나 아니면 더 심한 상황 …….” 침묵이 있고 나서 나는 읽기 어려운 그녀의 얼굴 표정을 보면서 말하기를, "나의 성장 경험에 대해 말하는 걸 듣는 게 당신에게 어떤지 궁금하네요."

"안심이 돼요. 선생님에게 일어난 일을 바탕으로 절 이해하게 된 것 같아요. 그러니까 제가 미쳤다는 느낌이 덜 들고 더 안전하게 느껴져요."

이 순간에서조차 내가 주도권을 그녀에게 넘기기가 얼마나 어려운지 자각한다. "지금도 나는 우리의 대화에 대해 그리고 이런 해묵은 패턴이 얼마나 깊이 뿌리내리고 있는가에 대해 생각하고 있어요." 나는 미소를 띠며 이어서 말하기를, "입을 다물지 못하고 또 내가 말하고 있네요. 정말 멈추기가 어렵네요."

그녀도 미소를 지으며 말한다. "시작하는 게 어려워요."

"무슨 뜻이에요?"

"제 삶에 대해 책임지는 걸 시작하기가 어려워요. 다른 사람들을 위해 책임을 지는 건 그냥 자동적인데 말이죠." 그녀는 한숨짓는다.

"지금은 어떤가요?"

"기분이 나아졌어요."

"음, 어째서 그렇게 됐는지 알겠나요?"

"말하고 또 울어서요." 그녀는 약간 눈물을 보이며 자신이 울도록 허용하는 것이 얼마나 어려운 일인지를 말해 준다. 이런 느낌을 외면하는 일에 너무나 익숙해져 있다고. 그리고 만약 뒤돌아보고 여러 가지 면에서 그녀의 삶이 달랐을 수도 있었다고 슬퍼하게 되면 오래된 우울로 다시 빠져들까 봐 겁이 난다고. 그녀는 우는 것을 우울해지는 것과 관련시켜 생각한다고 말하고, 다시 우울해지는 것이 무섭다고 한다.

"당신이 지금 우는 건 슬픔 때문이라고 생각해요. 그건 우울이 아니에요. 우울은 감정이 아니에요. 당신이 슬퍼하도록 스스로를 허용할 수 있다는 건 다시 우울해지는 걸 피하는 방법이 될 수도 있어요." 그녀는 뒤돌아보면 늘 모든 걸 자기 탓으로 돌리게 된다고 반박하고, 이에 나는 자기를 탓하는 건 그녀가 어린 시절 받았어야 마땅

했지만 결코 받지 못했던 것을 애도하기를 피하는 또 하나의 방법일지도 모른다고 말한다.

시간이 끝날 때쯤 그녀는 우울과 자살에 대한 전념을 포기하는 것에 대한 심정이 복잡하다고 말한다. "그건 그동안 제가 해왔던 거죠. …… 저에겐 삶을 사는 방식이었어요. …… 그리고 무서워요. 제가 느끼도록 허용한다면 느끼게 될 슬픔과 분노의 강도가 ……."

"알아요. 그렇지만 당신은 지금 실제로 그런 감정을 느끼기 시작하도록 허용하고 있는 걸요."

실연과 이중 나선

치료적 변화는 신비한 것이다. 게다가 방금 묘사한 것과 같은 일련의 회기들은 환자의 변화는 치료자의 변화에 달려 있고 그리고 아마도 많은 경우 치료자의 변화가 선행되어야 한다는 나의 지각을 강화한다(Slavin & Kriegman, 1998). 되돌아보면 엘렌과 나는 아마도 그녀의 심리만큼이나 많이 나의 심리에 의해 초래된 실연에 갇혀 있었던 것이 분명해 보인다.

우리의 관계 초기에 그녀는 시간에 따라 변하는 감정의 강도와 (스스로 인정하는 바와 같이) 그녀의 삶에서 일어나는 가혹한 외부 상황에 너무나 압도당하여 자신이 익사하지 않도록 내가 구해 주기를 바랐던 것 같았다. 그 이후에는 구조되기를 바라는 그녀의 이런 욕구가 구해 주려는 나의 욕구와 맞아떨어졌기 때문에, 예전에 '느끼고 대처하는' (Fosha, 2000) 데 있어서 엘렌이 겪어 왔던 뿌리 깊은 어려움이 이제는 그녀가 몹시 하기 싫어하는 일이 되었다는 것을 나는 늦게야 알게 되었다.

나는 나의 정신화와 마음챙김에 힘입어 서서히 우리의 실연에서 내가 하고 있던 역할을 인식하고 그에 따라 내 행동을 바꿀 수 있게 되었다. 이중 나선의 이미지가 여기에 적합한데, 왜냐하면 성찰적 태도와 마음챙김의 태도가 조화를 이루어 치료자의 탈매몰을 촉진하고, 이것은 흔히 환자의 탈매몰의 선행조건이 되기 때문이다.

정신화는 내가 엘렌의 손을 잡고 새로운 세계로 인도하는 첫 번째 이미지와 엘렌이 차에 앉아서 누군가가 운전대를 잡아 주기를 기다리는 두 번째 이미지로 이르게 했다. 이 이미지들을 말로 옮기는 것은 내가 점차 우리가 함께 실연한 각본의 다음 속성을 알아차리는 데 도움이 되었다. Main(1995)이 제안한 통제적이고 돌봐 주는 전략과 Stark(2000)이 제안한 집요한 희망과 애도하기를 거부하는 태도가 우리 각자의 버전으로 서로 다르게 혼합되어 나타났는데, 이런 것들은 집착형 환자의 치료에서 핵심적인 주제로 확인되어 왔다(Blatt & Blass, 1996; Eagle, 1999).

나는 의도적으로 마음챙김의 태도를 취함으로써—환자뿐만 아니라 숨 쉬고 있는 내 몸에도 집중함으로써—도와주려는 나의 강력한 충동에서 다소 자유로워질 수 있었다. 그것은 부분적으로, 이런 태도로 인해 현재 있는 그대로의 상태에 저항하고 또 그것을 바꾸려고 욕심내기보다 그것을 수용하는 것이 가능해졌기 때문이었다. 나는 이런 수용에 힘입어 점차 엘렌에게 불안해하면서 개입하는 애착 인물이 아니라 평온한 애착 인물의 경험을 제공할 수 있었다고 생각한다. 그녀가 자신의 느낌을 느끼고 그것에 대해 생각하는—즉, 정신화—능력의 현저한 향상은 관계적 맥락에서의 이런 변화의 결과로서 나타난 것이지 우연히 일어난 것은 아니라고 생각한다.

심리치료에서 정신화와 마음챙김은 발달과정에서 안정 애착을 조성한다고 밝혀진 종류의 대화(Lyons-Ruth, 1999)에 기여할 수 있는 잠재력을 갖고 있다. 특히, 서로 다르고 상호보완적인 이 두 가지 '앎'의 형태는 대화의 포괄성을 향상시키고 대화를 새로운 수준의 자각으로 끌어올릴 수 있다. 특히 염두에 두어야 할 중요한 점은 정신화와 마음챙김이 정서조절과 주체적 행위 능력 및 통합에 기여할 수 있다는 것이다.

정서조절과 이중 나선

Bucci(2003)는 내적 표상이 어떻게 정서와 결합되어 있는가를 강조하기 위해 '작동 모델'이라는 용어 대신에 '감정 도식(emotion schemas)'이라는 용어를 사용한다. 실제로, 우리가 환자들과 실연하는 감정 도식에서 탈매몰되려면 우리 자신의 정서를 효과적으로 조절해야―즉, 인식하고 견뎌 내고 조정해야―한다. 이렇게 함으로써 우리는 환자를 위한 안전 기지로 좀 더 기능할 수 있고, 환자의 힘든 정서가 효과적으로 조절할 수 있는 관계를 만들 수 있다.

정신화는 정서 조절을 강화한다. 내가 엘렌을 돌보려는 나의 불안한 갈망을 더 잘 인식하고 명명하고 이해할수록 나는 그것을 더 잘 담아낼 수 있었다. 나에게 보살핌을 받고 타인을 돌보려는 엘렌의 욕구를 내가 더 잘 인식하고 명명하고 이해할수록 그녀도 마찬가지로 더 잘 그렇게 할 수 있었다. 그리고 이런 불안한 갈망을 다루는 작업은 그 기저에 있는 '더 깊은' 감정―분노와 그리고 가장 중요하게는 슬픔―을 위한 공간을 만들어 준다. 엘렌에게 보여 준 내 행동의 기저에 대해 그녀와 함께 나누면서 생각해 본 것은, 그녀의 행동에 대한 나의 암묵적 정신화와 명시적 정신화가 그랬듯이, 경험에 대한 성찰적 태도의 모범을 보여 주었다. 나는 나의 명시적 정신화가 그녀가 나에게 느껴지고 이해 받고 보살핌을 받는다는 느낌을 갖는 데 도움이 되었다고 확신한다. 또한 그것은 그녀가 자신을 괴롭히는 느낌을 행동적으로 처리해야 할 어떤 사실이 아니라 이해해야 할 정신상태로 여기기 시작하도록 해 주었다고 믿고 있다. 이렇게 하여 이런 느낌은 그녀가 좀 더 수월하게 견뎌 낼 수 있는 것이 되었다.

마음챙김 또한 우리가 더 많은 느낌을 견뎌 낼 수 있게 해 주는데, 마음챙김 태도의 본질은 고통스러운 경험을 포함하여 있는 그대로의 경험에 대한, 진심으로 열려 있고 연민이 담긴 자각이기 때문이다. 이렇듯 마음챙김은 '완전한 수용(radical acceptance)'의 자세로―환자와 우리 자신 안에 있는―힘든 느낌과 생각으로 '주의를 기울이는' 연습을 수반한다(Brach, 2003; Linehan, 1993). 우리가 겪는 괴로움의 상당 부분이 고통을 피하려는 노력에서 생겨나기 때문에 이런 완전한 수용은 실용적인 것이다. 어느 환자의 말처럼 '고통(pain) × 저항(resistance) = 괴로움(suffering)'이다(Siegel, 2005, p. 182). 그러므로 고통스러운 경험을 '완화하거나' '호흡하면서 그 안으로 들어가 보는' 것―그것을 피하거나 바꾸려고 시도하는 것이 아니라―은 실제로 괴로움을 감소시킬 수 있다. 그러나 우리를 힘들게 하는 경험에 우리 자신을 맡기는 것은 그것을 인정하거나 혹은 그것에 매달리는 것과는 전혀 다르다는 사실을 유념하라. 수용은 또한 '놓아 버리는 것(letting go)'을 의미한다. 여기서 역설적인 사실은 우리가 반사적으로 거부하려는 경험에 대한 완전한 수용이 그런 경험을 놓아 버리는 것을 가능하게 해 주는 맥락을 만든다는 것이다. 더구나 마음챙김의 태도로 고통스러운 느낌을 자각하는 것은 그런 느낌의 일시성에 대한 교육이기도 하다. 이런 느낌들은 일어나기도 하고 사라지기도 한다는 것을 점점 깨닫게 되면 그런 느낌들이 우리에게 위협감을 주는 힘이 줄어든다. 마지막으로, 앞서 언급한 것처럼 단지 호흡에 주의를 기울이는 것만으로도 평온함을 조성할 수 있는데, 특히 이런 주의가 명상 수련을 통해 익숙해진 마음 상태와 연결될 때 그런 효과가 나타난다. 부분적으로 이것이 내가 엘렌에게 치료실 안팎에서 명상을 하도록 권장한 이유였다.

나는 그녀를 대하면서 의도적으로 마음챙김의 태도를 취함으로써 나 자신의 불안에 의해 어떤 행동을 하려고 하지 않고 상대적으로 평온한 상태에서 불안과 함께 머물 수 있게 되었다. 이런 마음상태에서 나는 수용과 흥미를 느끼는 태도로 내 느낌을 알아차릴 수 있었다. 나는 이런 방식으로 내 느낌을 담아냄으로써 엘렌의 감정 경험을 담아 줄 수 있는 좀 더 큰 그릇이 될 수 있었다. 즉, 지금 여기에서 일어나는 그녀의 힘든 감정들에 온화하게 주의를 집중하는 것이 그런 감정들을 위한 자리를 만들어 주었던 것이다. 동시에 그녀가 다양한 방식으로 '제동을 걸어서' 이런 감정들을 담아낼 수 있도록 도와줌으로써 그녀가 그 감정들에 의해 위협을 덜 느끼도록 해 줄 수 있었다.

주체적 행위능력과 이중 나선

개인적인 주체적 행위능력은 의지와 선택, 자유 및 책임감과 밀접한 관계가 있다. 주체적 행위자는 일이 일어나게 만든다. 우리는 심리치료에서 다양한 종류의 주체적 행위능력의 발달을 촉진할 수 있다. 정신화를 행하는 치료자는 환자가 정신적인 주체적 행위자로서 자기감을 갖도록 해 주는데, 이런 자기감은 환자가 자신의 경험과 타인의 경험은 해석의 여지가 있고, 주관적 경험은 '그저 일어나는' 어떤 것이 아니라 경험에 대한 우리의 이해에 따라 형성되고 재형성될 수 있는 어떤 것임을 인식하는 사람으로서 자신을 보는 것이다. 유사한 방식으로 마음챙김을 행하는 치료자는 환자가 주의를 관장하는(attentional) 주체적 행위자—즉, 자신의 주의와 관심의 초점을 책임질 수 있고, 그렇게 함으로써 자신의 경험에 영향력을 행사할 수 있는 사람—로서 자신을 보는 환자의 자기감을 조성한다.

정신화의 태도든 마음챙김의 태도든 간에—그러나 매몰된 상태는 아닌—우리는 우리의 자각을 어떻게 사용할지를 선택할 수 있다. 앞서 살펴본 회기들에서 엘렌은 자신의 자각을 활용하는 데 있어 주체적 힘을 행사할 수 있는 능력이 늘어나고 있음을 보여 주었다. 그녀는 이전에는 격리되었던 것처럼 보이는 것들을 한데 모으고 있다고 말했다. 다르게 말하자면, 그녀는 자신의 경험을 전적으로 액면 그대로 받아들이기보다 그것에 대해 성찰하기를 선택하고 있었던 것이다. 그녀는 또한 자신의 느낌에서 다른 데로 주의를 돌리지 않고 의도적으로 주의 기울이기를 선택할 수 있다는 것을 배우고 있다고 했다. 그리고 느낌들이 자신을 압도하게 되면 호흡이나 상상 속의 안전한 장소로 주의를 집중함으로써 그 느낌들을 외면하는 법을 배우고 있었다. 이런 식으로 그녀는 정신적 힘과 주의를 기울일 수 있는 주체적인 힘을 행사하고 있었다.

엘렌은 자신이 정신화를 하고 그리고/또는 마음챙김하기를 선택할 수 있다는 것을 깨닫기 시작했다. 이 두 가지 능력의 발달은 선택과 의도가 가장 미미한 역할을 하는, 그녀의 습관적인 매몰된 태도로부터의 이탈을 나타냈다. 주체적 행위자로서 그녀는 상당한 위험 부담이 없지는 않았지만 잠재적으로 덜 무력하게 느낄 수 있었다. 우리가 함께 이해하게 되었듯이, 엘렌에게는 자신을 위해 운전대를 잡는다는 것은 또한 그녀의 잃어버린 어린 시절을 애도하고 그녀의 우울한 누에고치(her depressive cocoon)가 주는 안전한 익숙함을 포기해야 하는 도전들을 받아들이는 것이기도 했다.

통합과 이중 나선

우리가 치료자로서 환자에 대한 우리의 경험에 관해 의식적으로 어떤 정신화나 마음챙김의 태도를 취하기로 선택할 때 우리는 주체적 행위능력을 사용하는 것이다. 이런 의식적인 선택이 특히 중요한 때는 우리가 회피적이거나 혹은 불안하게 집착하는 마음상태에 매몰되어 있을 때다. 예컨대, 나 자신의 불안을 피하려고 엘렌에게 강박적으로 개입하는 내 모습을 보았을 때, 내가 우리의 상호작용에 대해 성찰할 수 있거나, 혹은 그저 불안에 쫓겨 행동하기보다 마음챙김의 방식으로 내 경험과 함께할 수 있는 것이 절대적으로 필요했다. 우리가 환자들과 함께하는 실연에 매몰되어 있는 한, 우리는 엘렌의 애도나 주체적 행위능력의 경험과 같이, 해리된 느낌이나 미발달된 능력에 접근하고 그것을 통합할 수 있는 자리를 거의 만들지 못한다.

치료자의 의도적인 정신화와 마음챙김 그리고 환자의 그것은 하나의 통합 과정의 상호 지지적인 측면이다. 하지만 이 과정을 이끌어 가는 것은 흔히 치료자의 마음챙김이다. 성공적으로 마음챙김의 태도로 들어가서 현재 순간에 '착지하는' 것은 우리가 환자와의 상호작용에서 가장 본질적인 것이 무엇인지를 '알게' (감지하거나, 느끼거나, 직감하게) 해 준다. 이런 종류의 앎은 자각과 수용을 혼합한다. 그것은 일종의 전체적이고 통합적이며 몸에 기반을 둔 수용성(receptivity)을 통해 말의 저변에 있는, 어떤 문제의 감정적인 핵심에 이르고, 그래서 이전에는 환자나 치료자가 분명하게 표현할 수 없었던 경험의 차원에 접근할 수 있게 해 준다. 일단 접근하고 나면, 이런 암묵적 혹은 해리된 경험을 명시적인 것으로 만들 수 있고, 탐색할수도 있다. 즉, 그것에 대해 정신화를 행할 수 있다. 연속적으로 이루어지는 이런 마음챙김을 통한 이해와 성찰적 이해는 통합 과정을 진척시키는 데 유용하다.

예를 들면, 나는 새로운 환자―한 불행한 사업가―와 최근에 가졌던 회기에서 그 이유를 알아내지 못한 채, 까닭 모를 냉담함을 느끼고 있음을 알아차리게 되었다. 달리 말하면, 여기서 나의 정신화가 막혀 있었던 것이다. 이 시점에서 나는 의도적으로 마음챙김의 태도를 가지려고 마음먹었고, 그러자 그전에는 불가능한 것처럼 보였던 방식으로 내가 그 순간에 존재할 수 있음을 알게 되었다. 나는 거의 즉 각적으로 환자에 의해 통제받고 위축감을 느끼게 되는 나 자신의 경험뿐만 아니라 깊고 지속적인 취약성에 대한 환자의 경험과도 연결될 수 있었다. 나는 이 모든 것 을 말로 표현하는 가운데 환자와 함께하는 정신화의 과정을 시작했고, 이런 과정은 환자 스스로 인정하는, 쉽게 격해지는 기질의 배후에 있는 두려움과 상처를 그가 인식하는 데 도움이 되었다. 그는 또한 자신이 겁이 나거나 기분이 좋지 않을 때 의 지할 부모가 없었다는 것도 깨달았다. 이에 그는, 타인을 주눅 들게 하고 자신의 취 약성과 거리를 두기 위해 사용했던 분노를 포함하여, 가용한 모든 자원을 동원해서 스스로 돌보는 법을 배울 수밖에 없었던 것이다.

마음챙김을 통해 가능하게 되는 이런 유형의 '광범위한' 수용성은 의도적인 정 신화의 핵심적인 전조가 될 수 있다. 이런 수용성은 '해리된 현재' ─환자와 치료 자가 자신도 모른 채 무시해 버리는 느낌과 신체감각─를 위한 공간을 만들어 준 다고 할 수 있다. 지금 여기에서의 이런 경험은 그것에 대해 명시적으로 정신화하 기 전에 먼저 접근할 수 있어야 하는데, 치료자의 마음챙김 태도는 이런 접근을 촉 진하는 데 완벽하게 적합하다.

마음챙김은 과거와 미래에 대한 산만한 생각을 줄여 준다. 마음챙김의 태도에서 자각의 초점은 '그것에 대한 생각이 아니라 그것 자체'다(Stevens, 1954/1990, p. 534). 이런 종류의 자각은 경험에 대해 생각함으로써 그것을 이해하려는 치료자의 노력 의 범위 밖에 있는, 그리고 때로는 그런 노력에 의해 가로막힐 수 있는 대인 간, 신 체적, 감정적 지각과 의사소통 채널을 열어 줄 수 있다. 게다가 마음챙김은 주로 그 것이 조성할 수 있는 수용의 질에 의해서 규정된다. 치료자 안에서 일어나는 이런 종류의 수용은─자기수용과 환자에 대한 수용 둘 다─그 자체로 이전에는 암묵적 이거나 해리되어 있던 경험의 출현과 그것에 대한 자각에 기여할 수 있다.

치료자로서 현재의 순간에 대해 마음챙김의 태도로 주의를 기울이면 우리는 현 재의 경험에 좀 더 예리하게 초점을 맞출 수 있다. 우리의 정신화는 그다음에 그 경 험에 대한 여러 가지 관점을 가질 수 있게 해 주고, 그 경험에 깊이 있는 맥락을 부 여함으로써 그것의 의미를 더욱 효과적으로 파악할 수 있게 해 준다. 이런 맥락은 지금-여기의 경험을 과거 및 미래와 연결시킬 수도 있다. 그것은 현재의 순간을 치료 관계의 내력과 치료 관계 외부의 삶과 관련지을 수도 있다. 또는 그것은 지금 전경에 있는 어떤 것을 환자가 현재는 접촉하고 있지 않는 심리의 어떤 측면들과 연결시킬 수도 있다. 요컨대, 우리의 정신화는—환자의 정신화와 함께—환자가 치료자와 함께 체험하는 경험이 점차 새롭고, 좀 더 적응적이며, 일관된 이야기로 통합될 수 있게 해 준다. 명시적인 수준에서 이런 이야기는 환자의 경험의 의미를 이해할 수 있게 해 준다. 그것은 또한 환자의 해리된 느낌과 생각 및 갈망의 통합을 '지켜 주는데', 이런 통합은 바라건대 치료자가 환자를 위해 제공해 줄 수 있는, 조율되고 포괄적인 애착 관계를 통해서 주로 암묵적으로 일어난다.

마음챙김 길러 주기

그리고 모든 것은 언제나 **지금**이다.

-T. S. Eliot(1943/1991b)

심리치료는 무엇보다도, (먼저) 치료자가 그리고 (그 결과로서) 환자가 수용하는 마음가짐으로 온전히 현재에 존재하고 자각하려고 시도하는 공동의 마음챙김 연습을 위한 자리를 제공하는 친밀한 협력관계다. 이런 식으로 치료를 일종의 2인 명상으로 생각해 보면, 현재 순간에 실제로 일어나는 것—치료적 상호작용에서 일어나는 경험에 대한 우리의 생각이 아니라 경험 그 자체—에 주의를 기울이는 것이 바람직하다는 점이 부각된다. 마음챙김의 태도에서는 이런 주의를 통해 우리에게 일어나는 일과 우리 안에서 일어나는 일을 구별하는, 우리를 자유롭게 해 주는 자각이 생겨날 수 있다. 불교심리학에서는 이런 '순수한 주의(bare attention)'의 수련—우리의 경험과 경험에 대한 우리의 반응을 시시각각 관찰하는 것—은 그 자체로 치유적이라고 한다(Epstein, 1995). 우리가 치료자로서 환자와 우리 자신 안에서 이런 치유적인 과정을 조성하기 위해 사용할 수 있는 다양한 접근들이 있다.

마음챙김의 치료자

치료자가 정식 명상을 한다면, 그는 침묵 속에서 앉아 있을 때뿐만 아니라 환자를 포함한 타인들과 상호작용할 때도 마음챙김을 할 수 있게 하는 근육을 단련시키고 있다고 볼 수 있다. 이런 수련은 **자각에 대한 자각**을 불러일으키고, 실제로 현재에 존재한다는 것이 무엇인지를 이해할 수 있게 해 준다. 그것은 또한 선(禪) 스승 Suzuki가 말한 **초심** 그리고 Freud가 말한 고르게 떠 있는 주의(free floating attention)라는 관련된 용어로 묘사되는, 경험에 대한 태도를 취할 수 있는 우리의 능력을 강화한다.

> 만약 당신의 마음이 비어 있다면 그것은 어떤 것에 대해서든 언제나 준비되어 있다. 그것은 모든 것에 대해 열려 있다. 초심자의 마음에는 많은 가능성이 있다. 숙련자의 마음에는 가능성이 별로 없다(Suzuki, 1970, p. 21).
> 이 기술은 …… 어떤 특정한 것에 주의를 집중하려고 애쓰지 않고 자신이 듣는 모든 것에 대해 동일한 수준의 평온하고 고요한 주의─'고르게 떠 있는 주의'─를 유지하는 것이다. …… 왜냐하면 주의가 의도적으로 어느 정도 집중되자마자 사람은 자기 앞에 있는 자료를 선택하기 시작하기 때문이다. …… 그러나 이것은 하지 말아야 할 일이다. 만약 이런 선택에 기대가 따르게 되면, 이미 알고 있는 것 외에는 다른 어떤 것도 발견하지 못할 위험이 있고, 만약 자신이 선호하는 바를 따라가게 되면 지각되는 것은 어떤 것이든 분명히 왜곡될 것이다(Freud, 1912/1924a, p. 324).

관찰할 것이 무엇이든 간에 유연하고, 비교적 치우치지 않는 주의를 기울이면 우리 자신의 선입견에 의해 지나치게 영향 받는 경향성뿐만 아니라 환자에게 우리의 기대를 부과하기 쉬운 취약성이 줄어든다. Bion(1967/1981)은 다음의 글에서 이런 종류의 주의를 아주 인상적인 용어로 묘사하고 있다.

> 정신분석가는 매 회기마다 환자를 그전에 본 적이 없었던 것처럼 느끼는 마음 상

태를 갖도록 노력해야 한다. 만일 본 적이 있는 것처럼 느낀다면 그는 다른 환자를 치료하고 있는 것이다(p. 259).

우리가 고르게 떠 있는, 현재 중심적 주의가 어떤 강한 느낌이나 경직된 사고에 의해 빼앗겼다는 것을 알아차리면, 우리는 (무슨 일이 일어났는지 이해하기 위해) 정신화를 할 수도 있고 혹은 명상에서처럼 지금 여기로 돌아가려고 시도할 수도 있다. 즉, 일어난 일을 인정하고, 그런 다음 천천히 우리의 호흡이나 혹은 주의—우리의 의식적 자각—를 되찾게 해 줄 수 있는 다른 감각 경험에 주의를 기울이려고 노력할 수 있다. 주관적으로, 이것은 마치 우리가 자동 조정 장치로 작동되는 것 같은 무아지경의 상태에서 '깨어나는' 것처럼 느껴질 수 있다. 이 점에 대해 정신분석학자 Marion Milner(1960/1987)는 치료자들이 종종 자기 자신의 신체 경험에 대한 내적 주의를 유지하는 것이 좋다고 말했다.[1]

또한 우리는 행동을 멈춤으로써 (혹은 늦춤으로써) 심리치료에서 다시 현재 순간에 존재할 수도 있다. 치료나 환자를 A지점에서 B지점으로 옮기는 데 몰두하기보다 오히려 우리는 그저 바로 여기, 바로 지금 실제로 일어나고 있는 일의 세세한 측면에 좀 더 분명한 초점을 두고 더 호기심을 갖고 주의를 기울일 수 있다. 순간의 경험에 집중하기 위해 멈추는 일—즉, '무슨 일이 일어나게' 하거나 혹은 '변화를 촉진하려는' 시도를 내려놓기—은 우리가 무슨 일을 하기보다는 존재하도록 해

---

1) Milner(1960/1987)의 관점에서는 이렇게 명상하면서 '몸에 주의를 집중하기'는 환자와 치료자의 경험을 가장 깊이 있게 알 수 있는 맥락을 만들어 낸다. 다음은 이런 '온전한 신체 자각'을 위해 요구되는 유형의 주의에 대한 그녀의 설명이다.

"나는 의도적으로 주의의 초점을 좁게 하지 않고 넓게 하여 집중함으로써 자신과 외부 세계에 대한 지각의 질에 있어서 놀라운 변화가 일어난다는 것을 알아차렸다. …… 넓은 초점의 주의를 내면으로 향하게 함으로써 자신의 모든 의식적 생각의 진정한 심리신체적 배경이 되는 존재의 내적 기반을 직접 경험할 수 있다. …… 이런 유형의 주의는 의도적으로 전체적인 내적 신체감각으로 깊숙이 아래로 들어가는 데 전념하고, 결코 정확한 해석을 구하지 않으며, 실제로 어떤 생각을 찾지 않는다. 하지만 이런 상태에서 저절로 해석이 떠오를 수는 있다." (pp. 236-240)

줄 수 있다(Germer, 2005). 그것은 또한 우리가 의식적인 자각—안전 기지로 기능할 수도 있는 우리 내부의 '고요한 지점'—을 찾는 데 도움을 줄 수 있다. 의도적으로 그저 한 번에 한 가지에만 주의를 기울이는 것—변증법적 행동치료에서 '핵심 마음챙김 기술'—은 같은 효과를 가져올 수 있다(Linehan, 1993). 좀 더 마음챙김의, 현재 중심의 태도로 옮겨 감으로써 우리는 종종 환자가 좀 더 현재 순간에 존재하게 되거나 그렇게 하는 데 있어서 느끼는 어려움을 더 자각하도록 이끌어 줄 수 있다.

마지막으로, 우리가 환자와 같이 앉아 있는 동안 우리 두 사람이 50분밖에 살 수 없다고(혹은 그 회기에 남은 시간 동안만 살 수 있다고) 상상함으로써 현재 순간으로 좀 더 온전하게 들어가는 것이 가능할 수도 있다. 이런 정신적 책략은 치료적 만남의 경험을 분명히 마음챙김의 방향으로 자주 변화시키는 방식으로 내가 지금 여기에서 존재하게 해 줄 수 있다. 만약 내가 회기 중에 집착하거나 냉담한 상태에 있었다거나, 혹은 지나치게 감정적이거나 지적이었다면, 이 생각 실험은 대체로 나를 지금 여기로 되돌려 놓는다.

마음챙김의 환자

치료자의 마음챙김을 개발하는 데 효과가 있는 다음 방법은 환자에게도 효과적일 수 있다. 즉, (회기 중이나 회기 중이 아닌 때에) 명상하기, 신체 경험에 주의 집중하기, 행동 멈추기, 한 번에 한 가지에만 집중하기, 또는 심지어 살 수 있는 시간이 몇 분밖에 남지 않았다고 상상하기다. 이미 언급한 것처럼, 암묵적으로 우리는 환자를 대하면서 우리 존재의 마음챙김의 질을 통해 환자의 마음챙김의 태도를 기르는 데 도움을 줄 수 있다. 명시적으로는 다양한 '명상적인 움직임'을 통해 마음챙김의 태도를 촉진할 수 있다(Aronow, Germer et al., 2005, 재인용). 마음챙김이 세 가지 요소—**수용적인 태도로 현재 경험을 자각**—로 구성되어 있음을 고려할 때 우리는 어떤 주어진 순간에 이 요소 중 한 가지 혹은 그 이상에 우리의 개입을 집중시킬 수 있다.

먼저, 환자의 주의를 지금 여기의 경험으로 가져오는 개입으로 다음을 들 수 있다. 지금 이 순간 당신의 몸에서 어떤 게 느껴지거나 감지되나요? 지금 당신 자신을 위해 원하는 게 뭔가요? 지금 나에게 바라는 게 뭔가요? 혹은, 당신은 전혀 재미있어 하지 않을 것 같은 이야기를 하면서 방금 얼굴에 미소를 띠는 게 보이네요. 질문을 하든 관찰한 바를 언급하는 것이든 간에, 여기서 목적은 환자가 현재 순간에 일어나는 일을 그저 자각하도록 돕는 것이다.

둘째, 우리는 환자가 현재 경험을 받아들이는 능력을 계발하는 것을 목표로 하여 개입할 수 있다. 물론 흔히 환자들은 (가끔은 우리도 그렇지만) 그들이 느끼는 것을 온전히 느끼기를 꺼린다. 그들은 고통을 피하기 위해 자기 보호적인 방식으로 굳어 버리거나, 멍해지고, 좀 더 위협적인 다른 감정(이를테면 수치심)과 거리를 두기 위해 한 가지 정서(이를테면 분노)에만 집착한다. 아주 흔하게 그들은 경험을 있는 그대로 받아들이기를 꺼린다는 사실을 자각하지 못하는데, 이런 경향은 전적으로 이해할 만하다. 경험에 대한 흔히 무의식적인 이런 저항을 의식화하는 일은 대개 저항을 '완화시키기' 위한 선결과제다. 일단 저항이 인식되고 인정되고 나면, 우리는 환자에게 그것이 무엇으로 만들어졌는지를 파악하기 위해 저항에 대해 알아보려는 시도를 해 보라고 제안할 수 있다. 지금 당신이 느끼거나 감지하고 있는 것이 뭔가요? 당신이 느끼기를 두려워하는 것이 무엇인지 알아차리고 있나요? 그런 다음 환자에게 그가 거리를 두려고 시도해 온 경험에 '다가가거나' 혹은 '긴장을 풀고 그 안으로 들어가기'를 시도해 볼 용의가 있는지 물어보는 것이 유용할 수 있다. 이와 관련하여 Germer(2005)는 '동기를 유발하는 면담' 형식을 제안하는데, 이 면담의 목적은 경험을 수용할 수 있는 환자의 능력을 환자와 치료자가 공동으로 계발할 수 있게 해 주는 맥락을 만들어 내는 것이다.

환자가 궁극적으로 더 나아진 기분을 느끼기 위해 지금 평온함을 느끼는 상태— 어쩌면 심지어 처음에는 경험을 좀 더 세밀하게 탐색하는 동안 기분이 더 나쁠 수도 있는데—를 미룰 용의가 있는가? 불편감을 적게 느끼려고 자신을 더 단단하게 죄는, 깊이 몸에 밴 습관이 바로 문제의 근원이라는 견해를 환자는 받아들일 수 있는가? 만약 느낌들이 그저 있는 그대로 있도록 허용된다면 그것들이 좀 더 쉽게 지나갈지 아

닐지를 탐색해 볼 용의가 있는가?(p. 114)

거의 같은 의도에서, 나는 고통스러운 경험에 저항하면 그것이 고착된 상태에 있지만 그런 경험을 포용하면 그것을 변하게 할 수 있다는 역설에 대한 나의 이해를 환자들에게 전달하려고 노력해 왔다. 이런 이해를 말로 표현함으로써 환자들에게 단순히 경험을 있는 그대로 수용하는 것이 갖는 치유적인 힘을 이해하는 데 유용한 틀을 제공할 수 있다.

이와 더불어 우리는 환자들이 경험하는 (내적 혹은 외적) 사건들과 그 사건들에 대한 그들의 반응 간의 차이를 이해하도록 도와주려고 시도할 수도 있다. 당신의 기분이 저조할 때만 아내가 늦게까지 일하는 것을 당신에 대한 거부로 생각한다는 걸 알고 있나요? 당신의 기분이 다를 때는 그것에 대해 다르게 생각한다는 것을 알아차리겠나요?

마지막으로, 우리는 마음챙김이 경험을 통해서 우리에게 접근할 수 있도록 해 주는 통찰, 특히 우리의 생각과 느낌이 유동적이고, 끊임없이 변화하는 정신적인 사태이며, 굳어지고 불변하는 '실재'가 아니라는 통찰에 비추어 개입할 수 있다. 지금 당신이 느끼고 있는 것에 머물 수 있나요? 무엇을 알아차릴 수 있나요? 당신이 느끼고 있는 것에서 어떤 변화가 감지되나요? 무비판적으로 관찰하는 주관적 경험(이 자체로 대단한 성취)은 대개 변하기 마련이다. 즉, 고통스러운 경험은 대체로 덜 고통스럽게, 유쾌한 경험은 덜 유쾌한 것으로 될 것이다(Segal et al., 2002).

정신화 촉진하기

환자들이 겪는 괴로움의 상당 부분은 경험에 대한 정신화 태도가 발달하지 못했거나 그런 태도가 중단된 것과 관련이 있다. 일반적인 성격장애뿐만 아니라 우울 및 미해결된 외상은 모두 '마음이 그것의 내용과 기능 상태를 잘못 지각하고 잘못 표상하는' 상태의 예로 이해될 수 있다(Allen & Fonagy, 2002, p. 28). 예를 들면, 우울한 환자들은 절망과 자기 회의를 해석 가능한 정신적 상태가 아니라 순전히 현실의 정확한 반영으로 경험한다. 내적 세계와 외적 세계를 동등하게 여기는 이런 우울한 방정식과는 대조적인 것으로 분리(decoupling)가 있는데, 이것은 해리되거나 자기애적 방어를 가진 환자들에게서 볼 수 있다. 이 두 가지 비정신화 양식 사이를 왔다 갔다 하는 사람들이 경계선 성격장애 환자들인데, 이들은 자신의 마음이나 타인의 마음을 들여다보는 것을 몹시 두려워하는 것처럼 보인다. 이 환자들을 모두 도우려면 우리는 그들의 정신화 능력을 재점화하거나 복구할 수 있어야 한다.

여기서 열쇠는 우리 자신의 정신화 능력이다. 우리가 경험에 대한 하나의 관점에 매몰되지 않고 여러 개의 관점들을 이끌어 낼 수 있을 때, 내적 현실과 외적 현실을 동등하게 여기거나 분리시키기보다 이 둘을 연결시킬 수 있을 때, 그리고 서로에 대해 그리고 우리 자신에 대해 기저의 정신적인 상태라는 관점에서 이해할 수 있을 때, 우리 환자들도 똑같이 하는 것을 시작하도록 도울 수 있다.

환자의 마음을 읽어 줌으로써 '마음 읽기' 가르치기

우리가 환자의 마음을 읽으려면 환자의 내적 경험에 공명하고 성찰하며 우리의 몸과 말로 그것을 정확하게 반영해야 한다. 이렇게 함으로써 우리는 환자가 우리 마음 안에서 자신의 마음의 반영을 볼 수 있게 해 준다. 우리의 **암묵적 정신화**—즉, 환자가 보내는 대체로 비언어적인 단서들에 대한 대체로 비언어적 우리의 반응들—는 이런 상호주관적인 과정에서 중요한 역할을 한다. 마음챙김의 태도는 이런 종류의 자동적이고 직관적 반응성을 증진시킬 수 있다. 우리의 **명시적 정신화**는 당혹스럽고, 모순된 그리고/또는 우리를 괴롭게 하는 것처럼 보이는 암묵적 경험의 여러 측면들을 강조하거나 설명하기 위해 언어를 동원한다. 이런 정신화는 '암묵적인 것을 설명하여 분명하게 해 준다.' (Allen & Fonagy, 2002; Boston Change Process Study Group, 2002)

그럼에도 치료자의 명시적인 마음 읽기가 지나치게 많으면 자신과 타인의 마음을 읽는 환자의 능력 발달을 저해할 수 있다. Fonagy는 치료자가 환자에게 무엇이 일어나고 있는지를 말해 주는(예: '당신은 지금 화가 났다는 생각이 드네요.') '전문가 태도'에 주의하라고 경고한다. 그는 이런 태도를 취하는 대신, '모르고 있어서' '알고 싶어 하는 태도(an "inquisitive stance" of "not knowing")'를 권하는데, 이때 치료자는 질문을 하고, 지금 여기에서 일어나는 상호작용의 양상에 주목하며, 사실을 재진술하기 등을 함으로써 환자의 경험을 명료화한다. ('지금 당신이 보여 주는 행동으로는 당신이 화가 나 있다고 이해할 수밖에 없다는 생각이 들어요. 그게 맞나요?') 그는 해석에 관해, '중요한 것은 목적지가 아니라 여정'이라고 제안한다. 우리가 어떤 해석을 하든지 간에 그것의 주된 목적은 우리의 통찰로 환자를 가르치는 것이 아니라 환자 자신의 해석 과정을 촉진하는 것이다(Fonagy, 개인적인 교신, 2006).

예를 들어, 엘렌이 반복해서 치료에 늦게 왔을 때 나는 점점 더 화가 나는 것을 느꼈다. 한 번은 내가 이런 불쾌감을 (혹은 이 문제에서는 그녀의 지각을) 전적으로 액면 그대로 받아들이지 않고 그녀의 호기심을 자극하는 방식으로 그것을 해석할 수 있었다. 그녀의 지각에 내가 짜증이 날 수 있음을 인정하면서―그렇게 하지 않기를 바라고 있음에도―그녀가 나와 가까워져서 거부당하는 모험을 감수하기보다 차라리 싸움을 걸고 거리가 생기도록 하는 것이 더 안전하게 느껴지지 않을까 하는 내 생각을 입 밖으로 내어 말했다. 그녀는 잠시 생각하는 것 같았고, 그런 다음 그날 걸어 들어오면서 그 이유는 모르겠지만 싸우고 싶었었다고 말했다. "제가 아는 건 선생님께 의존한다는 게 몹시 싫다는 것뿐이에요. …… 아마도 제가 선생님을 화나게 만들면 저도 선생님한테 화를 낼 수 있겠고, 그러면 돌봄을 받는 일따윈 그냥 …… 사라지겠지요." 치료 후반부에 가서 엘렌은 싸움을 걸려고 하는 자신의 충동에 주목하기 시작했다. 분명 그녀가 그런 충동을 행동으로 옮기지 않도록 자제하고 그 대신 나에게 그것을 인정하는 데는 자주 어느 정도의 어려움이 따랐지만, 그녀가 이렇게 함으로써 우리 두 사람은 함께 그것을 이해하도록 노력할 수 있었다.

환자의 정신화와 치료자의 개입

환자들의 욕구에 맞는 방식으로 개입하려고 노력한다는 것은 종종 현재 그들 자신이 믿고 있는 그들의 능력보다 우리가 그들에게 조금 더 많은 것을 기대한다는 것을 의미한다. 따라서 회기 중 언제라도 그들의 정신화 잠재력을 관여시키려는 (그리고 재차 관여시키려는) 우리의 노력은 우리가 그들의 (변동하는) 현재의 정신화 능력과 그들이 현재 머물러 있는 것처럼 보이는 지배적인 경험의 양식(심리적 등가성, 가장하기, 혹은 정신화)이 무엇인지를 정확하게 진단할 수 있는 정도에 따라 증진될 것이다.

환자의 정신화 능력을 재빨리 가늠하기란 쉬운 일은 아니다. 제4장에서 논의한 바와 같이, Fonagy 등(1998)에 의해 개발된 성찰적 기능 척도(Reflective-Functioning Scale)가 도움이 될 수 있고, 또한 Main(1991)의 다음 진술도 유익하다. 메타인지 능력을 입증하는 것은 겉으로 보이는 것과 실재가 다를 수 있고, 사람들은 같은 현실에 대해 다른 견해들을 가질 수 있으며, 이런 견해들은 시간이 지나면 변할 수 있다는 것을 자각할 수 있는 능력이라는 것이다. 그러나 우리가 흔히 갖고 있는 것은, 우리가 하는 말이 지금 환자가 생각하거나 느끼는 수준을 넘을 때 그것을 활용할 수 있는 환자의 능력 정도에 대한 어떤 인상, 즉 어떤 직관적인 느낌일 뿐이다. 환자의 주관적 경험에 대한 추가적인 관점을 제시하는 것이 유익할 것인가 아닌가? 이 질문에 대한 답은 순간순간 달라질 수 있기 때문에 나는 자주 나의 임상적 판단을 재고하고, 실제로 말하는 도중에도 개입의 '깊이'를 조절하는 나의 모습을 보게 된다.

환자의 정신화 능력에 대한 나의 평가가 옳은지 아닌지는 경험적으로 환자와 협력하면서 결정해야 할 사안이지만, 흔히 환자의 암묵적인 혹은 명시적인 반응이 이에 대해 잘 말해 준다. 또는 환자가 무엇을 들을 수 있는지를 과대평가함으로써 우리가 불러일으키는 분노나 커져 버린 두려움 혹은 차단하는 상태(shutting down)에 대해, 어쩌면 '협력'이란 단어는 적합한 표현이 아닐지도 모른다. 환자의 성찰 역량이 순간적으로 혹은 일상적으로 우리가 추정한 것보다 더 제한되어 있다면 잘못 조율된 해석은 환자에게 비난이나 유기로 경험된다. 여하튼 이런 식의 무리한 개입은 환자에게 부적절감을 느끼게 만들 가능성이 있다.

일반적으로 대안적 견해나 해석을 제공하는 것이 가장 유용한 때는 환자의 메타인지 능력이 강할 때다. 이와는 달리 이런 능력이 제한되어 있거나 아직 활성화되지 않았다면 대개는 다른 개입이 요구된다.

환자의 주관적 경험을 명료화하기 위한 가장 중요한 개입은 환자의 행동 기저에 있는 느낌과 이런 느낌의 맥락이 무엇인지 알아보도록 돕는 것이다. 이런 명료화 작업이 성공적으로 이루어진다면, 만약 그렇지 않았을 경우에 환자에게 자기 파괴적인 행동을 촉발할 수 있는 고통과 혼란을 줄일 수 있다. 환자에게 이것은 강력한 실물 교육, 즉 정신화의 가치를 체험할 수 있는 계기가 될 수 있다. 이런 종류의 경험은 환자를 힘들게 하는 느낌이 치료자와의 관계에서 일어나고 치료자의 도움으로 그것을 명료화하고 이해하고 진정시킬 때 그 효과가 더욱 클 것이다.

환자의 주관적 경험에 대해 분명하게 공감을 표현하는 것도 유익할 수 있지만, 이것이 유익한 때는 우리의 공감이 명백하게 드러나는 환자의 느낌에 한정되지 않고 환자가 아직 느끼거나 표현하지 못하는 감정으로까지 확대되는 경우다. 공감에 대한 이런 주의 경고가 특히 중요한 경우는 환자가 표현하는 느낌이 (이를테면, 분노나 적개심) 어떤 다른 느낌, 즉 환자의 입장에서는 그것을 표현하는 것이 더 문제가 될 것처럼 보이지만 잠재적으로는 더 적응적인 다른 느낌(이를테면, 의존이나 취약성)을 숨길 때다. 대개 우리의 역전이 반응은 환자가 느끼지 않으려고 막는 것이 무엇인지 인식하는 데 도움이 된다(Bateman & Fonagy, 2006).

다른 때 우리의 역전이는 주로 환자가 정신화하기를 꺼리는 (혹은 그것을 할 수 없는) 상태를 우리가 참기 힘들어한다는 사실을 반영한다. 환자가 단단히 붙잡고 있는 일차원적 관점에 대해 우리가 좌절감을 느끼고 공감이 막히게 되면, 환자가 경험에 대해 한 가지 이상의 관점을 고려하기 어려워하는 것에 대한 우리의 반응을 부드럽게 묘사하는 것이 도움이 될 수 있다. 이런 경우 나는 다음과 같이 말할 수 있다. "지금 우리가 이야기를 하는 동안 내 마음이 양 갈래로 나뉘네요. 한편에서는 내가 당신의 관점이 중요하다는 것과 당신이 처해 있는 고통의 실재를 이해하고 있다는 걸 당신이 알아주면 좋겠다는 마음이 있어요. 다른 한편에서는, 내게는 다른 관점도 있는데, 내가 그것을 당신에게 전달하려고 하면 당신은 내가 당신 말을 듣고 있지 않거나 혹은 알아듣지 못한다고 느낄까 봐 걱정스러운 마음이에요. 그래서 어떻게 해야 할지 모르겠네요." 나는 이렇게 말함으로써 환자의 협력을 요청하고 있을 뿐만 아니라 정신화를 모델링하고 있다. 나는 대안적 관점들의 존재를 암시하고 있는데, 심지어 이런 관점들을 말하지 않는다 해도 그것이 있음을 알린다. 이렇게 하면서 나는 종종 환자를 공감하는 내 능력이 회복되는 것을 발견한다. 환자들도 흔히 약간의 안도감을 느낀다. 왜냐하면 그들이 혼자라는 느낌이 이제 덜 하고, 함께 나누는 딜레마가 되어 버린 어떤 것에 그들이 나와 함께 참여할 수 있는 능력이 커졌기 때문이다. 환자들은 치료자가 하려는 말을 두려워할 수도 있지만 동시에 그들은 또한 어떤 수준에서는 또 다른 관점이 매우 필요하다는 것을 알고 있는데, 그 이유는 자신의 관점만으로는 괴로움을 해소하기에 불충분했기 때문이다.

여기에서 우리의 일차적인 목적이 환자와 함께 특정한 통찰을 얻어 내는 것이 아니라 성찰적 과정이 일어나도록 하는 것임을 감안할 때, 우리는 환자의 특정한 정신상태를 이해하려고 시도하기 전에 환자가 자유롭게 정신화를 하는 데 제약이 되는 것을 먼저 다루어야 한다. 이런 제약들의 밑바탕에는 거의 언제나 그것들이 심리적으로 필요하다는 지각이 깔려 있다. 따라서 명백히 한정된 환자의 정신화 능력 이면에 어떤 감정적인 논리가 있는지를 치료자가 혼자서 말없이, 혹은 환자와 함께 협력해서 밝히는 것이 대체로 중요하다(Seligman, 1999).

환자의 성찰적 기능이 일시적으로 얼어붙은 상태에 직면할 때, 우리와 환자의 관계에서 최근에 어떤 일이 일어났는지를 고려해 보는 것이 종종 도움이 된다. 이런 식으로 되돌아 보는 동안 우리가 무심코 환자의 수치심을 자극했거나, 취약한 부분을 건드렸거나, (통상적으로) 해리된 상태로 있는 어떤 경험을 실연하기 시작했다는 것을 발견할 수 있다. 이 모든 것은 단기간의 혼란일 수 있지만, 환자가 협력적으로 정신화할 수 있는 능력의 제한이 지속되지 않고 실제로 일시적인 것이 되도록 하려면 이에 대한 즉각적인 관심과 복구를 위한 노력이 요구된다.

물론, 때로 정신화 능력이 좀 더 지속적인 방식으로 제한된 것으로 밝혀지는 경우도 있다. 다양한 환자들이 정신적으로 동시에 생각하고 느끼는 데 어려움을 경험할 수 있다. 어떤 이들은 자유롭게 생각하고 느끼도록 스스로에게 허용할 경우 압도당하거나 혹은 무너질까 봐 두려워한다. 또 어떤 이들은 해리된 상태를 유지하려는 심리적 욕구로 인해 정신화를 통해 증진되는 통합에 대해 위협감을 느낀다. 어떤 환자들은 흔히 외상과 폭력을 수반하는, 아는 것을 금지하는 제약에 의해 억제된다. 다른 환자들은 빈약한 정체감을 지키기 위해 현실에 대한 한 가지 관점만이 존재하며, 치료자도 이것을 공유한다는 환상을 유지해야만 한다(Seligman, 2000). 마지막으로, 엘렌과 같은 환자에게는 자신을 위해 생각하고 느끼겠다고 선택하기를 받아들이는 것은 자신의 집요한 희망을 포기하고, 또한 비록 잠재적으로는 자신을 자유롭게 해준다 해도, 고통스러운 애도 작업에 착수한다는 뜻일 수 있다.

환자의 성찰 능력을 평가하는 것—강하거나 약하거나, 일시적으로 억제되거나 혹은 만성적으로 제한된 것으로—을 넘어서 경험에 대한 환자의 '성찰 이전의(pre-reflective)' 태도의 속성에 주목하는 것이 매우 유익할 수 있다. 어떤 특정한 순간에 환자는 마음과 세계를 동등시하는가 혹은 분리시키는가? 지속적인 방식으로 환자는 주로 구체적이고 해석 불가능한 주관적 현실에서 사는 경향이 있는가 혹은 주로 소망과 생각에 의해 지배되는 주관적 현실에서 사는 경향이 있는가?

심리적 등가성 양식의 환자들은 자신이 느끼고 믿는 것을 현실적이고 실제적인 것과 동등시한다. 우리가 치료자로서 이런 환자들과 해야 할 과업은 아이의 놀이에 대해 암묵적으로 두 가지 관점—그것은 '현실' 이며 동시에 '가장하기' 다—을 제공하는 부모가 하는 일과 유사하다. 우리는 자신의 경험에 대한 감각을 보존하는 환자의 능력을 지지할 필요가 있고 또한 그 경험의 복잡성을 감안하는 대안적인 관점들을 제공할 필요도 있다.

우리 자신의 관점을 유지하면서 환자의 관점을 허용하는 일은 환자가 우리를 보는 방식대로 우리가 보이는 것이 불편할 때는 특히 어려움이 따를 수 있다. 그렇지만 이것이야 말로 우리가 반드시 시도해야만 하는 일이다. 혼란된 애착 그리고/또는 외상의 과거사가 있는 환자는 대개 적어도 초기에는 치료자를 신뢰할 수 있는 사람으로 볼 수가 없다. 만약 우리가 언젠가 신뢰할 수 있는 사람으로 경험되려면, 비록 우리에게 불편하게 느껴지더라도 환자가 현재 있는 곳에서 환자를 수용할 수 있어야 한다. 어둡기만 한 환자의 단일한 관점이 그럴듯하다는 것을 인정하는 동시에 대안적 관점들을 염두에 두면서—때로는 전달하면서—우리는 환자들이 자신과 타인을 좀 더 복잡한 관점에서 고려하기 시작하는, 좀 더 안전한 공간을 만들도록 돕는다. 물론, 우리가 이런 식으로 행동하는 것이 환자가 갖고 있는 최악의 기대에 대한 의구심을 야기하는 데 도움이 된다면 나쁠 게 없다. "환자가 상상하는 치료자에 대한 지각과 치료자의 실제 모습에 대한 지각 간의 차이는 환자의 전이 경험에 대해 인용부호를 붙이고 의구심을 갖게 하는 데 도움이 될 수 있다."(Fonagy et al., 2002, p. 370)

복잡한 해석을 제시하는 것은 복잡하게 사고할 수 있는 환자의 능력을 증진하는 데 별로 보탬이 되지 않는다. 자신의 느낌과 신념을 사실과 동등시하는 환자의 경향성은 치료자가 환자의 감정적 경험에서 순간순간 일어나는 변동에 주목하고 그것을 명명하고 탐색하려고 일관되게 노력하면 제거될 가능성이 더 높다. 압도당할 정도의 괴로운 상태로 환자들을 몰아넣는 내적인 상황이나 혹은 대인관계적 상황을 우리가 즉시 확인할 수 있다면 특히 유익할 수 있다. 이런 촉발요인들을 이해하는 것은 그 자체로 어느 정도의 위안을 준다. 시간이 지나면서 그것은 또한 환자에게 자신의 내적인 경험이 현실의 직접적인 반영이 아니라 자신이 직면한 현실에 대한 주관적 반응의 고유한 산물이라는, 환자를 자유롭게 해 주는 자각을 점차 증진시킬 수 있다.

현실에 대한 경험을 가혹하게 '실재적인 것으로' 받아들이는 이런 환자들과는 대조적으로 '가장하기' 양식의 환자들은 너무나 능숙하게 가혹한 현실을 외면할 수 있다. 전자는 집착형이나 미해결형으로 묘사할 수 있고 이들은 흔히 자신의 경험에 의해 너무나 압도당해서 그것에 대해 생각해 볼 수가 없다. 후자는 무시형으로 부를 수 있으며, 흔히 자신의 경험과 너무나 단절되어 그것에 대한 느낌을 가질 수 없거나 혹은 느낌에 대해 인정하기를 두려워한다. 가장하기 양식으로 기능하는 이런 환자들을 인식하는 것은 매우 중요한데, 그 까닭은 이들은 실제로는 그렇지 않지만 마치 치료작업에 참여하고 있는 듯한 인상을 자주 주기 때문이다. 즉, 이들은 '작업하고 있는' 것처럼 보일 수 있지만 그들의 통찰과 치료 관계의 경험은 감정적 현실에 근거를 두고 있지 않기 때문에 생산적일 가능성이 거의 없다.

여기에서 치료자의 최우선 과제는 감정적으로 부재하는 환자가 실제로 온전히 존재하고 있다는 가장하기에 공모하기를 피하는 것이다. 대신에 우리는, 달갑지 않은 경험이 미치는 영향을 인정하거나, 어쩌면 더 폭넓게는 깊은 감정을 조금이나마 경험하는 것이 환자에게는 얼마나 어려운 것인지를 주목할 필요가 있다. 그리고 물론 우리는 정서의 붉은 실을 따라가면서, 환자의 주의를 그가 표현을 억제하거나 인식하지 못하는 느낌의 신호로 끌어야 한다. 어떤 환자들에게는 그들이 실제로 이미 자각하고 있는 느낌으로부터 반사적으로 달아나려고 하는 것을 우리가 분명히 드러낼 수 있다면 그 의미가 특별할 것이다. 여기에서 우리의 핵심 개입—때로 우리 자신의 감정적 경험의 어떤 측면을 명시적으로 노출하는 것을 포함하여—은 우리와 함께하는 환자의 경험을 좀 더 '실재적인 것'으로 만드는 것뿐만 아니라 또한 환자가 따로 떼어 놓아야 했던 경험의 여러 측면들을 서로 연결하는 것이다.

　심리적 등가성의 양식에 매몰되든지 가장하기 양식에 매몰되든지 간에, 이런 때 환자들은 자신의 경험에 통합되지 않은(disintegrated) 방식으로 반응한다. Fonagy와 동료들에 의하면, 아이가 정신화를 배우는—현실에 의해 압도당하거나 단절된다고 느끼는 대신 '현실에 대해 이런저런 생각을 품어 볼 수 있는'(to "play with reality")(Fonagy & Target, 1996)—것은 이런 성찰 이전 양식들을 통합함으로써 가능하다. 내가 앞서 설명한 다양한 종류의 개입들을 통해 그리고 안전한 관계를 제공하여 그 안에서 환자가 생각하고 느끼고 소망하는 통합된 존재로 치료자의 마음속에서 자신을 볼 수 있게—그리고 자신의 가슴으로 느끼게—함으로써 우리는 심리치료에서 이런 통합을 더욱 증진시킨다.

정신화와 마음챙김 및 치료자의 기여

　우리가 이런 방식으로 개입하고 이런 안정된 관계를 제공할 수 있는 능력은 상당한 정도 우리 자신의 통합 역량에 달려 있다. 그리고 환자들이 그들의 애착 대상들이 생각하고 느끼고 소망할 수 있었던 것과 그렇게 할 수 없었던 것에 의해 영향을 받았던 것과 마찬가지로 우리가 우리 자신과 타인에게 허용할 수 있는 주관적 경험의 범위를 주로 결정하는 것은 우리 자신의 어린 시절과 그 이후 애착 경험의 내력이다.

우리가 우리 자신의 심리치료나 분석에서 경험하는 새로운 애착 관계는 자주 치료자들의 개인사에서 두드러지게 나타나는 측면인데, 이들이 이런 직업을 선택한 것은 흔히, 부분적으로는 초기의 애착 경험에서의 상처를 치유하려는 무의식적 소망의 산물이다. 그리고 우리가 환자들에게 제공하려고 하는 새로운 애착 관계에서 환자가 정신화뿐만 아니라 마음챙김을 통한 탈매몰의 경험을 반복하게 되면 마음과 뇌 모두에서 경험을 조직하는 중심지가 또 하나 만들어질 수 있다. 이런 식으로 이런 경험들은 잠재적으로 환자의 불안정한 작동모델을 '획득된 안정된' 모델로 바꿀 수 있다.

환자의 정신화는 그 자체로 매우 중요한 기술이며 환자의 자서전적 이야기—환자가 자신의 삶을 이해하려고 사용하는 이야기—를 '다시 쓰는' 하나의 수단이다. 이렇듯 정신화는 자신이 저자로서 이야기를 써 나가는(self-authoring) 마음의 성취를 촉진한다. 마음챙김도 비슷하게 소중한 기술이다. 하지만 마음챙김은 '삶의 이야기를 재구성하는' 것이 아니라 이야기의 저자를 바꾸어 놓는다.

효과적인 심리치료는 이런 기술들을 길러 줌으로써 모든 환자들에게 유익할 수 있는 새로운 안정의 경험을 가져온다. 자녀가 있는 (혹은 자녀를 가질 예정인) 환자들과의 관계에서는 치료자의 기여가 미치는 범위가 더 폭넓을 수 있는데, 그것은 이전 세대의 불안정과 정신적 외상으로 인해 다음 세대들에게 부담을 지우는 경향이 있는 불리한 조건(disadvantage)의 사슬을 깨뜨리는 잠재력이 있기 때문이다.

참고문헌

Ainsworth, M. D. S. (1963). The development of infant-mother interaction among the Ganda. In B. M. Foss (Ed.), *Determinants of infant behavior* (Vol. 2, pp. 67-112). New York: Wiley.

Ainsworth, M. D. S. (1967). *Infancy in Uganda: Infant care and the growth of love*. Baltimore: Johns Hopkins University Press.

Ainsworth, M. D. S. (1969). Object relations, dependency and attachment: A theoretical review of the infant-mother relationship. *Child Development, 40, 969-1025*.

Ainsworth, M. D. S., & Eichberg, C. (1991). Effects on infant-mother attachment of mother's unresolved loss of an attachment figure, or other traumatic experience. In C. M. Parkes (Ed.), *Attachment across the life cycle* (pp. 160-185). New York: Routledge.

Ainsworth, M. D. S., Blehar, M. C., Waters, E., & Wall, S. (1978). *Patterns of attachment: A psychological study of the Strange Situation*. Hillsdale, NJ: Erlbaum.

Allen, J. P., & Fonagy, P. (2002). *The development of mentalizing and its role in psychopathology and psychotherapy* (Technical Report NO. 02-0048). Topeka, KS: Menninger Clinic, Research Department.

Amini, F., Lewis, T., Lannon, R., Louie, A., Baumbacher, G., McGuiness, T., et al. (1996). Affect, attachment, memory: Contributions toward psychobiologic integration. *Psychiatry, 59*, 213-237.

Aron, L. (1991). The patient's experience of the analyst's subjectivity. *Psychoanalytic Dialogues, 1*, 29-51.

Aron, L. (1992). Interpretation as expression of the analyst's subjectivity. *Psychoanalytic Dialogues, 2*, 475-505.

Aron, L. (1996). *A meeting of minds: Mutuality in psycho analysis*. Hillsdale, NJ: Analytic Press.

Aron, L. (1998). The clinical body and the reflexive mind. In L. Aron & F. S. Anderson (Eds.), *Relational perspectives on the body* (pp. 3-38). Hillsdale, NJ: Analytic Press.

Austin, J. H. (1999). *Zen and the brain: Toward an understanding of meditation and consciousness*. Cambridge, MA: MIT Press.

Baer, R. (2003). Mindfulness training as a clinical intervention: A conceptual and empirical review. *Clinical Psychology: Science and Practice, 10*(2), 125-142.

Baron-Cohen, S. (1999). Does the study of autism justify minimalist innate modularity? *Learning and Individual Differences, 10*, 179-191.

Basch, M. F. (1992). *Practicing psychotherapy: A casebook*. New York: Basic Books.

Bateman, A., & Fonagy, P. (2006). Mentalizing and borderline personality disorder. In J. G. Allen & P. Fonagy (Eds.), *Handbook of mentalization based treatment* (pp. 185-200). Hoboken, NJ: Wiley.

Bateson, G. (1979). *Mind and nature: A necessary unity*. New York: Ballantine Books.

Beebe, B. (2004). Symposium on intersubjectivity in infant research and its implications for adult treatment, Part II. *Psychoanalytic Dialogues, 14*(1), 1-52.

Beebe, B., Jaffe, J., Lachmann, F., Feldstein, S., Crown, C., & Jasnow, J. (2000). Systems models in development and psycho-analysis: The case of vocal rhythm coordination and attachment. *Infant Mental Health Journal, 20*(21), 99–122.

Beebe, B., Knoblauch, S., Rustin, J., & Sorter, D. (2003). Symposium on intersubjectivity in infant research and its implications for adult treatment, Part I. *Psychoanalytic Dialogues, 13*(6), 743–842.

Beebe, B., & Lachmann, F. (2002). *Infant research and adult treatment: Co-constructing interactions.* Hillsdale, NJ: Analytic Press.

Belsky, J., Fish, M., & Isabella, R. (1991). Continuity and discontinuity in infant negative and positive emotionality: Family antecedents and attachment consequences. *Developmental Psychology, 27,* 421–431.

Benjamin, J. (1999). Recognition and destruction: An outline of intersubjectivity. In S. Mitchell & L. Aron (Eds.), *Relational psy-choanalysis: The emergence of a tradition.* Hillsdale, NJ: Analytic Press. (Original work published 1990)

Bion, W. R. (1959). Attacks on linking. *International Journal of Psycho-Analysis, 40,* 308–315.

Bion, W. R. (1962). *Learning from experience.* London: Heinemann.

Bion, W. R. (1965). *Transformations.* New York: Basic Books.

Bion, W. R. (1967). *Second thoughts.* Northvale, NJ: Jason Aronson.

Bion, W. R. (1970). *Attention and interpretation.* London: Karnac.

Bion, W. R. (1981). Notes on memory and desire. In R. Langs (Ed.), *Classics in psychoanalytic technique* (pp. 259–261). Northvale, NJ: Jason Aronson. (Original work published 1967)

Blackmore, S. (2004). *Consciousness: An introduction.* Oxford, UK: Oxford University Press.

Blatt, S. J., & Blass, R. B. (1996). Relatedness and self-definition: A dialectic model of personality development. In G. G. Noam & K. W. Fischer (Eds.), *Development and vulnerabilities in close relationships* (pp. 309–338). Hillsdale, NJ: Erlbaum.

Bobrow, J. (1997). Coming to life: The creative intercourse of psychoanalysis and Zen Buddhism. In C. Spezzano & G. Garguilo (Eds.), *Soul on the couch: Spirituality, religion and morality in contemporary psychoanalysis* (pp. 109–146). Hillsdale, NJ: Analytic Press.

Bollas, C. (1987). *The shadow of the object: Psychoanalysis of the unthought known.* New York: Columbia University Press.

Boston Change Process Study Group. (1998). Interventions that effect change in psychotherapy: A model based on infant research. *Infant Mental Health Journal, 19,* 227–353.

Boston Change Process Study Group. (2002). Explicating the implicit: The local level and the microprocess of change in the ana-lytic situation. *International Journal of Psycho-Analysis, 83,* 1051–1062.

Boston Change Process Study Group. (2005). The "something more than interpretation" revisited: Sloppiness and co-creativity in the psychoanalytic encounter. *Journal of the American Psychoanalytic Association. 53*(3), 693–730.

Bowlby, J. (1944). Forty-four juvenile thieves: Their characters and home life. *International Journal of Psycho-Analysis, 25,* 19–52.

Bowlby, J. (1951). *Maternal care and mental health* (WHO Monograph Series No. 2). Geneva: World Health Organization.

Bowlby, J. (1982). *Attachment and loss: Vol. 1. Attachment.* London: Hogarth Press and the Institute of Psycho-Analysis. (Original work published 1969).

Bowlby, J. (1973). *Attachment and loss: Vol. 2. Separation: Anxiety and anger.* New York: Basic Books.

Bowlby, J. (1980). *Attachment and loss: Vol. 3. Loss, sadness and depression.* New York: Basic Books.

Bowlby, J. (1985). The role of childhood experience in cognitive disturbance. In M. J. Mahoney & A. Freeman (Eds.), *Cognition and psychotherapy* (pp. 181–200). New York: Plenum Press.

Bowlby, J. (1986). *John Bowlby discussing his life and work.* (Videotaped by Mary Main, Department of Psychology, University of Virginia at Charlottesville, VA).

Bowlby, J. (1988). *A secure base: Clinical applications of attachment theory.* London: Routledge.

Brach, T. (2003). *Radical acceptance: Embracing your life with the heart of a Buddha.* New York: Bantam/Dell.

Brennan, K. A., Clark, C. L., & Shaver, P. R. (1998). Self-report measurement of adult romantic attachment: An integrative overview. In J. A. Simpson & W. S. Rholes (Eds.), *Attachment theory and close relationships* (pp. 46-76). New York: Guilford Press.

Bretherton, I. (1985). Attachment theory: Retrospect and prospect. *Monographs of the Society for Research in Child Development, 50*(1-2), 3-35.

Bretherton, I. (1991). The roots and growing points of attachment theory. In C. M. Parkes (Ed.), *Attachment across the life cycle* (pp. 9-32). New York: Routledge.

Bretherton, I. (1995). The origins of attachment theory: John Bowlby and Mary Ainsworth. In S. Goldberg, R. Muir, & J. Kerr (Eds.), *Attachment theory: Social, developmental, and clinical perspectives* (pp. 45-84). Hillsdale, NJ: Analytic Press.

Bretherton, I., & Munholland, K. A. (1999). *Internal working models in attachment relationships: A construct revisited.* In J. Cassidy & P. R. Shaver, (Eds.), *Handbook of attachment: Theory, research, and clinical applications* (pp. 89-111). New York: Guilford Press.

Bromberg, P. M. (1998a). *Standing in the spaces: Essays on clinical process, trauma, and dissociation.* Hillsdale, NJ: Analytic Press.

Bromberg, P. M. (1998b). Staying the same while changing: Reflections on clinical judgement. *Psychoanalytic Dialogues, 8,* 225-236.

Bromberg, P. M. (2003). Something wicked this way comes: Trauma, dissociation, and conflict: The space where psychoanalysis, cognitive science, and neuroscience overlap. *Psychoanalytic Psychology, 20*(3), 558-574.

Brothers, L. (1997). *Friday's footprint: How society shapes the human mind.* New York: Oxford University Press.

Buber, M. (1970). *I and thou* (W. Kaufman, Trans.). New York: Charles Scribners Sons. (Original work published 1923)

Bucci, W. (2002). The referential process, consciousness, and the sense of self. *Psychoanalytic Inquiry. 22.* 766-793.

Bucci, W. (2003). Varieties of dissociative experiences: A multiple code account and a discussion of Bromberg's case of "William." *Psychoanalytic Psychology, 20*(3), 542-557.

Buck, R. (1994). The neuropsychology of communication: Spontaneous and symbolic aspects. *Journal of Pragmatics, 22,* 265-278.

Burke, W. (1992). Countertransference disclosure and the asymmetry/mutuality dilemma. *Psychoanalytic Dialogues, 2,* 241-271.

Carlson, V., Cicchetti, D., Barnett, D., & Braunwald, K. (1989). Disorganized/disoriented attachment relationships in maltreated infants. *Developmental Psychology, 25,* 525-531.

Cassidy, J. & Shaver, P. R. (Eds.). (1999). *Handbook of attachment: Theory, research, and clinical applications.* New York: Guilford Press.

Coates, S. W. (1998). Having a mind of one's own and holding the other in mind: Commentary on paper by Peter Fonagy and Mary Target. *Psychoanalytic Dialogues, 8,* 115-148.

Cooper, P. (1999). Buddhist meditation and countertransference: A case study. *American Journal of Psychoanalysis, 59*(1), 71-85.

Cozolino, L. J. (2002). *The neuroscience of psychotherapy: Building and rebuilding the human brain*. New York: Norton.

Craik, K. (1943). *The nature of explanation*. Cambridge, UK: Cambridge University Press.

Crowell, J. A., Treboux, D., & Waters, E. (2002). Stability of attachment representations: The transition to marriage. *Developmental Psychology, 38*, 467–479.

Damasio, A. R. (1994). *Descartes' error: Emotion, reason, and the human brain*. New York: Avon Books.

Damasio, A. R. (1999). *The feeling of what happens: Body and emotion in the making of consciousness*. New York: Harcourt.

Damasio, A. R. (2003). *Looking for Spinoza*. New York: Harcourt.

Darwin, C. (1998). *The expression of the emotions in man and animals* (3rd ed.). New York: Oxford University Press. (Original work published 1872)

Davidson, R. J., Kabat–Zinn, J., Schumacher, J., Rosenkranz, M., Muller, D., Santorelli, S. F., et al. (2003). Alterations in brain and immune function produced by mindfulness meditation. *Psychosomatic Medicine, 65*(4), 564–570.

Davies, J. M. (1998). Multiple perspectives on multiplicity. *Psychoanalytic Dialogues, 8*(2), 195–206.

Deikman, A. J. (1982). *The observing self*. Boston: Beacon Press.

Dennett, D. C. (1987). *The intentional stance*. Cambridge, MA: MIT Press.

Dimberg, U., Thunberg, M., & Elmehed, K. (2000). Unconscious facial reactions to emotional facial expressions. *The American Psychological Society, 11*, 86–89.

Dimen, M. (1998). Polyglot bodies: Thinking through the relational. In L. Aron & F. S. Anderson (Eds.), *Relational perspectives on the body* (pp. 65–96). Hillsdale, NJ: Analytic Press.

Dozier, M., & Kobak, R. (1992). Psychophysiology in attachment interviews: Converging evidence for deactivating strategies. *Child Development, 63*, 1473–1480.

Dozier, M., Chase Stoval, K., & Albus, K. E. (1999). Attachment and psychopathology in adulthood. In J. Cassidy & P. R. Shaver (Eds.), *Handbook of attachment: Theory, research, and clinical applications* (pp. 497–519). New York: Guilford Press.

Eagle, M. (1999, November 15). *Attachment research and theory and psychoanalysis*. Paper presented at the Psychoanalytic Association of New York.

Ehrenberg, D. (1992). *The intimate edge: Extending the reach of psychoanalytic interaction*. New York: Norton.

Eigen, M. (1993). Breathing and identity. In A. Phillips (Ed.), *The electrified tightrope* (pp. 43–48). Northvale, NJ: Jason Aronson. (Original work published 1977)

Eigen, M. (1999). The area of faith in Winnicott, Lacan, and Bion. In S. A. Mitchell & L. Aron (Eds.), *Relational psychoanalysis: The emergence of a tradition* (pp. 3–36). Hillsdale, NJ: Analytic Press. (Original work published 1981)

Ekman, P. (2003). *Emotions revealed: Recognizing faces and feelings to improve communication and emotional life*. New York: Times Books.

Ekman, P., Friesen, W., & Ancoli, S. (1980). Facial signs of emotional experience. *Journal of Personality and Social Psychology, 39*, 1125–1134.

Ekman, P., Levenson, R., & Friesen, W. (1983). Autonomic nervous system activity distinguishes among emotions. *Science, 221*, 1208–1210.

Ekman, P., Roper, G., & Hager, J. C. (1980). Deliberate facial movement. *Child Development, 51*, 886–891.

Elicker, J., Englund, M., & Sroufe, L. A. (1992). Predicting peer competence and peer relationships in childhood from early par-ent–child relationship. In R. Parke & G. Ladd (Eds.), *Family–peer relationships: Modes of linkage* (pp. 77–106). Hillsdale,

NJ: Erlbaum.

Eliot, T. S. (1991a). Ash Wednesday. In *Collected poems, 1909–1962* (pp. 83–96). New York: Harcourt Brace. (Original work published 1930)

Eliot, T. S. (1991b). Four quartets. In *Collected poems, 1909–1962* (pp. 173–210). New York: Harcourt Brace. (Original work published 1943)

Engler, J. (2003). Being somebody and being nobody: A reexamination of the understanding of self in psychoanalysis and Buddhism. In J. D. Safran (Ed.), *Psychoanalysis and Buddhism: An unfolding dialogue* (pp. 35–100). Somerville, MA: Wisdom.

Epstein, M. (1995). *Thoughts without a thinker: Psychotherapy from a Buddhist perspective.* New York: Basic Books.

Epstein, M. (2001). *Going on being: Buddhism and the way of change.* London: Continuum.

Falkenstrom, F. (2003). A Buddhist contribution to the psychoanalytic psychology of self. *International Journal of Psychoanalysis, 84,* 1–18.

Fonagy, P. (1991). Thinking about thinking: Some clinical and theoretical considerations in the treatment of a borderline patient. *International Journal of Psychoanalysis, 72,* 639–656.

Fonagy, P. (2000). Attachment and borderline personality disorder. *Journal of the American Psychoanalytic Association, 48*(4), 1129–1146.

Fonagy, P. (2001). *Attachment theory and psychoanalysis.* New York: Other Press.

Fonagy, P., Gergeley, G., Jurist, E. J., & Target, M. I. (2002). *Affect regulation, mentalization, and the development of the self.* New York: Other Press.

Fonagy, P., Leigh, T., Steele, M., Steele, H., Kennedy, R., Mattoon, G., Target, M., & Gerber, A. (1996). The relation of attachment status, psychiatric classification, and response to psychotherapy. *Journal of Consulting and Clinical Psychology, 64,* 22–31.

Fonagy, P., Steele, H., & Steele, M. (1991a). Maternal representations of attachment during pregnancy predict the organization of infant–mother attachment at one year of age. *Child Development, 62,* 891–905.

Fonagy, P., Steele, M., Steele, H., Moran, G. S., & Higgitt, A. C. (1991b). The capacity for understanding mental states: The reflective self in parent and child and its significance for security of attachment. *Infant Mental Health Journal, 12,* 201–218.

Fonagy, P., Steele, M., Steele, H., Leigh, T., Kennedy, R., Mattoon, G. et al. (1995). Attachment, the reflective self, and borderline states: The predictive specificity of the Adult Attachment Interview and pathological emotional development. In S. Goldberg, R. Muir, & J. Kerr (Eds.), *Attachment theory: Social, developmental and clinical perspectives* (pp. 233–278). Hillsdale, NJ: Analytic Press.

Fonagy, P., & Target, M. (1996). Playing with reality: I. Theory of mind and the normal development of psychic reality. *International Journal of Psycho–Analysis, 77,* 217–233.

Fonagy, P., & Target, M. (2006). The mentalization focused approach to self pathology. *Journal of Personality Disorders, 20*(6), 544–576.

Fonagy, P., Target, M., Steele, H., & Steele, M. (1998). *Reflective–functioning manual, version 5.0, for application to adult attachment interviews.* London: University College London.

Forster, E. M. (1999). *Howards end.* New York: Modern Library Classics. (Original work published 1910)

Fosha, D. (2000). *The transforming power of affect: A model for accelerated change.* New York: Basic Books.

Fosha, D. (2003). Dyadic regulation and experiential work with emotion and relatedness in trauma and disorganized attachment. In M. F. Solomon & D. J. Siegel (Eds.), *Healing trauma: Attachment, mind, body, and brain* (pp. 221-281). New York: Norton.

Fox, N. A., & Card, J. A. (1999). Psychophysiological measures in the study of attachment. In J. Cassidy & P. R. Shaver (Eds.), *Handbook of attachment: Theory, research, and clinical applications* (pp. 226-245). New York: Guilford Press.

Freud, S. (1924a). Recommendations for physicians on the psycho-analytic method of treatment. In E. Jones (Ed.) & J. Riviere (Trans.), *Collected papers of Sigmund Freud* (Vol. 2, pp. 323-333). London: Hogarth Press and the Institute of Psychoanalysis. (Original work published 1912)

Freud, S. (1924b). Further recommendations in the technique of psychoanalysis: Recollection, repetition, and working-through. In E. Jones (Ed.) & J. Riviere (Trans.), *Collected papers of Sigmund Freud* (Vol. 2, pp. 366-376). London: Hogarth Press and the Institute of Psychoanalysis. (Original work published 1914)

Freud, S. (1958). Remembering, repeating, and working-through. In J. Strachey (Ed. & Trans.), *The Standard edition of the complete psychological works of Sigmund Freud* (Vol. 12, pp. 147-156). London: Hogarth Press and the Institute of Psychoanalysis. (Original work published 1914)

Freud, S. (1962). The ego and the id. In J. Strachey (Ed. & Trans.), *The standard edition of the complete psychological works of Sigmund Freud* (pp. 3-62). New York: W. W. Norton. (Original work published 1923)

Freud, S. (1966). Project for a scientific psychology. In J. Strachey (Ed. & Trans.), *The standard edition of the complete psychological works of Sigmund Freud* (Vol. 1, pp. 295-397). London: Hogarth Press. (Original work published 1895)

Friedman, L. (1988). *The anatomy of psychotherapy*. Hillsdale, NJ: Analytic Press.

Fulton, P. R. (2005). Mindfulness as clinical training. In C. K. Germer, R. D. Siegel, & P. R. Fulton (Eds.), *Mindfulness and psychotherapy* (pp. 55-72). New York: Guilford Press.

Gallese, V. (2001). "The shared manifold" hypothesis: From mirror neurons to empathy. *The Journal of Consciousness Studies, 8*(5-7), 33-50.

Gazzaniga, M. S., Eliassen, J. C., Nisenson, L., Wessuger, C. M., & Baynes, K. B. (1996). Collaboration between the hemispheres of a callosotomy patient—Emerging right hemisphere speech and the left brain interpreter. *Brain, 119,* 1255-1262.

George, C., Kaplan, N., & Main, M. (1984). *Adult Attachment Interview Protocol* (1st ed.). Unpublished manuscript, University of California at Berkeley.

George, C., Kaplan, N., & Main, M. (1985). *Adult Attachment Interview Protocol* (2st ed.). Unpublished manuscript, University of California at Berkeley.

George, C., Kaplan, N., & Main, M. (1996). *Adult Attachment Interview Protocol* (3st ed.). Unpublished manuscript, University of California at Berkeley.

Germer, C. K. (2005). Teaching mindfulness in therapy. In C. K. Germer, R. D. Siegel, & P. R. Fulton (Eds.), *Mindfulness and psychotherapy* (pp. 113-129). New York: GuilFord Press.

Germer, C. K., Siegel, R. D., & Fulton, P. R. (2005). *Mindfulness and psychotherapy*. New York: Guilford Press.

Gerson, S. (1996). Neutrality, resistance, and self-disclosure in an intersubjective psychoanalysis. *Psychoanalytic Dialogues, 6*(5), 623-647.

Ghent, E. (1999). Masochism, submission, surrender: Masochism as a perversion of surrender. In S. A. Mitchell & L. Aron (Eds.), *Relational psychoanalysis: The emergence of a tradition* (pp. 213-239). Hillsdale, NJ: Analytic Press. (Original work published 1990)

Gill, M. (1983). The interpersonal paradigm and the degree of the therapist's involvement. *Contemporary Psychoanalysis, 19,* 200–237.

Gill, M., & Hoffman, I. Z. (1982). *Analysis of transference* (Vol. II). New York: New York International Universities Press.

Ginot, E. (2001). The holding environment and intersubjectivity. *The Psychoanalytic Quarterly, 70*(2), 417–446.

Goldbart, S., & Wallin, D. (1996). *Mapping the terrain of the heart: Passion, tenderness, and the capacity to love.* Northvale, NJ: Jason Aronson.

Goldstein, J., & Kornfield, J. (1987). *Seeking the heart of wisdom: The path of insight meditation.* Boston: Shambhala.

Goleman, D. (1988). *The meditative mind: The varieties of meditative experience.* New York: Tarcher/Putnam Books.

Goleman, D. (1995). *Emotional intelligence.* New York: Bantam Books.

Goleman, D. (Ed.).(2003). *Destructive emotions: How can we overcome them: A scientific dialogue with the Dalai Lama.* New York: Bantam Books.

Gopnik, A., & Astington, J. W. (1988). Children's understanding of representational change and its relation to the understanding of false belief and the appearance–reality distinction. *Child Development, 59,* 26–37.

Gopnik, A., & Slaughter, V. (1991). Young children's understanding of changes in their mental states. *Child Development, 62,* 98–110.

Greenberg, J. (1995). Psychoanalytic technique and the interactive matrix. *Psychoanalytic Quarterly, 63,* 1–22.

Grossmann, K., & Grossmann, K. E. (1991). Newborn behavior, early parenting quality and later toddler–parent relationship in a group of German infants. In J. K. Nugent, B. M. Lester, & T. B. Brazelton (Eds.), *The cultural content of infancy* (Vol. 2, pp. 3–38). Norwood, NJ: Ablex.

Grossmann, K. E. (1995). The evolution and history of attachment research and theory. In S. Goldberg, R. Muir, & J. Kerr (Eds.), *Attachment theory: Social, developmental, and clinical perspectives* (pp. 85–121). Hillsdale, NJ: Analytic Press.

Grossmann, K. E., Grossmann, K., & Zimmermann, P. (1999). A wider view of attachment and exploration: Stability and change during the years of immaturity. In J. Cassidy & P. R. Shaver (Eds.), *Handbook of attachment: Theory, research, and clinical applications* (pp. 760–786). New York: Guilford Press.

Hariri, A. R., Bookheimer, S. Y., & Mazziotta, J. C. (2000). Modulating emotional responses: Effects of a neocortical network on the limbic system. *Neuroreport, 11,* 43–48.

Hariri, A. R., Mattay, V. S., Tessitore, A., Fera, F., & Weinberger, D. R. (2003). Neocortical modulation of the amygdala response to fearful stimuli. *Biological Psychiatry, 53,* 494–501.

Haviland, J. M., & Lelwica, M. (1987). The induced affect response: 10–week–old infants' responses to three emotion expressions. *Developmental Psychology, 23(1),* 97–104.

Hawkins, J. (2005). *On intelligence: How a new understanding of the brain will lead to the creation of truly intelligent machines.* New York: Owl Books/Holt.

Hesse, E. (1996). Discourse, memory, and the adult attachment interview: A note with emphasis on the emerging Cannot Classify category. *Infant Mental Health Journal, 17,* 4–11.

Hesse, E. (1999). The adult attachment interview: Historical and current perspectives. In J. Cassidy & P. R. Shaver (Eds.), *Handbook of attachment: Theory, research, and clinical applications* (pp. 395–433). New York: Guilford Press.

Hesse, E., & Main, M. (2000). Disorganized infant, child, and adult attachment: Collapse in behavioral and attentional strategies. In *Journal of American Psychoanalytic Association, 48*(4), 1097–1148.

Hobson, P. (2002). *The cradle of thought: Exploring the origins of thinking*. Oxford, UK: Oxford University Press.

Hoffman, I. (1983). The patient as interpreter of the analyst's experience. *Contemporary Psychoanalysis, 19,* 389–422.

Hoffman, I. (1992). Expressive participation and psychoanalytic discipline. *Contemporary Psychoanalysis, 28,* 1–15.

Hoffman, I. (1994). Dialectical thinking and therapeutic action in the psychoanalytic process. *Psychoanalytic Quarterly, 63,* 187–218.

Hoffman, I. (1996). The intimate and ironic authority of the psychoanalyst's presence. *Psychoanalytic Quarterly, 65,* 102–136.

Hoffman, I. (2001). *Ritual and spontaneity in the psychoanalytic process: A dialectical–constructivist view*. Hillsdale, NJ: Analytic Press.

Holmes, J. (1996). *Attachment, intimacy, autonomy*. Northvale, NJ: Jason Aronson.

Holmes, J. (2001). *The search for the secure base: Attachment theory and psychotherapy*. New York: Brunner–Routledge.

Hopenwasser, K. (1998). Listening to the body: Somatic representations of dissociated memory. In L. Aron & F. S. Anderson (Eds.), *Relational perspectives on the body* (pp. 215–236). Hillsdale, NJ: Analytic Press.

Iacoboni, M. (2005). Understanding others: Imitation, language, empathy. In S. Hurley & N. Chater (Eds.), *Perspectives on imitation: From neuroscience to social science: Vol I. Mechanisms of imitation and imitation in animals* (pp. 77–100). Cambridge, MA: MIT Press.

Jaffe, J., Beebe, B., Feldstein, S., Crown, C., & Jasnow, M. (2001). Rhythms of dialogue in early infancy. *Monographs of the Society for Research in Child Development, 66* (2, Serial No. 264), pp. 1–132.

James, W. (1884). What is an emotion? *Mind, 9,* 188–205.

James, W. (1950). *The principle of psychology*. Mineola, NY: Dover Publications. (Original work published 1890)

Kabat–Zinn, J. (1990). *Full catastrophe living: Using the wisdom of your body and mind to face stress, pain, and illness*. New York: Dell.

Kabat–Zinn, J. (2005). *Coming to our senses: Healing ourselves and the world through mindfulness*. New York: Hyperion.

Kahn, M. (1963). The concept of cumulative trauma. *The Psychoanalytic Study of the Child, 18,* 286–306.

Kaplan, N. (1987, May). *Internal representations of attachment in six–year–olds*. Paper presented at the biennial meeting of the Society for Research in Child Development, Baltimore.

Karen, R. (1994). *Becoming attached: First relationships and how they shape our capacity to love*. New York: Oxford University Press.

Karmiloff–Smith, A. (1992). *Beyond modularity: A developmental perspective on cognitive science*. Cambridge, MA: MIT Press.

Kegan, R. (2000). What "form" transforms? A constructive–developmental approach to transformative learning. In J. Mezirow (Ed.), *Learning as transformation: Critical perspectives on a theory in progress* (pp. 35–69). San Francisco: Jossey–Bass.

Kernberg, O. F. (1984). *Object relations theory and clinical psychoanalysis*. Northvale, NJ: Jason Aronson.

Kernberg, O. F. (1995). *Love relations: Normality and pathology*. New Haven: Yale University Press.

Koback, R. (1999). The emotional dynamics of disruptions in attachment relationships: Implications for theory, research, and clinical intervention. In J. Cassidy & P. R. Shaver (Eds.), *Handbook of attachment: Theory, research, and clinical applications* (pp. 21–43). New York: Guilford Press.

Kornfield, J. (1993). *A path with heart*. New York: Bantam Books.

Kramer, S., & Akhtar, S. (Eds.). (1991). *The trauma of transgression: Psychotherapy of incest victims*. Northvale, NJ: Jason Aronson.

Krystal, H. (1988). *Integration and self–healing*. Hillsdale, NJ: Analytic Press.

Kurtz, Ron. (1990). *Body-centered psychotherapy: The Hakomi method.* Mendocino, CA: LifeRhythm.

Lakoff, G., & Johnson, M. (1999). *Philosophy in the flesh: The embodied mind and its challenge to Western thought.* New York: HarperCollins.

Lazar, S. W. (2005). Mindfulness research. In C. K. Germer, R. D. Siegel, & P. R. Fulton (Eds.), *Mindfulness and psychotherapy* (pp. 220-239). New York: Guilford Press.

Lazar, S. W., Kerr, C. E., Wasserman, R. H., Gray, J. R., Greve, D. N., Treadway, M. T., et al. (2005). Meditation experience is associated with increased cortical thickness. *Neuro-Report, 16*(17), 1893-1897.

LeDoux, J. (1996). *The emotional brain: The mysterious underpinnings of emotional life.* New York: Simon & Schuster.

Libert, B., Freeman, A., & Sutherland, K. (1999). *The volitional brain: Towards a neuroscience of free will.* Exeter, UK: Imprint Academic.

Lieberman, M. D. (in press). Social cognitive neuroscience: A review of core processes. *Annual Review of Psychology, 58.*

Linehan, M. (1993). *Cognitive-behavioral treatment of borderline personality disorder.* New York: Guilford Press.

Liotti, G. (1995). Disorganized/disoriented attachment in the psychotherapy of the dissociative disorders. In S. Goldberg, R. Muir, & J. Kerr (Eds.), *Attachment theory: Social, developmental and clinical perspectives* (pp. 343-367). Hillsdale, NJ: Analytic Press.

Liotti, G. (1999). Disorganization of attachment as a model for understanding dissociative psychopathology. In J. Solomon & C. George (Eds.), *Attachment disorganization* (pp. 291-317). New York: Guilford Press.

Looker, T. (1998). "Mama, why don't your feet touch the ground?": Staying with the body and the healing moment in psychoanalysis. In L. Aron & F. S. Anderson (Eds.), *Relational perspectives on the body* (pp. 237-262). Hillsdale, NJ: Analytic Press.

Lyons-Ruth, K. (1999). The two-person unconscious: Intersubjective dialogue, enactive relational representation, and the emergence of new forms of relational organization. *Psychoanalytic Inquiry, 19,* 576-617.

Lyons-Ruth, K., & Boston Change Process Study Group. (2001). The emergence of new experiences: Relational improvisation, recognition process, and non-linear change in psychoanalytic psychotherapy. *Psychologist/Psychoanalyst, 21*(4), 13-17.

Lyons-Ruth, K. (1998). Implicit relational knowing: Its role in development and psychoanalytic treatment. *Infant Mental Health Journal, 19*(3), 282-289.

MacLean, P. (1990). *The triune brain in evolution.* New York: Plenum Press.

Mahler, M. S., Pine, F., & Bergman, A. (1975). *The psychological birth of the human infant: Symbiosis and individuation.* New York: Basic Books.

Main, M. (1981). Avoidance in the service of attachment: A working paper. In K. Immelman, G. Barlow, L. Petrinovitch, & M. Main (Eds.), *Behavioral development* (pp. 651-693). New York: Cambridge University Press.

Main, M. (1990). Cross-cultural studies of attachment organization: Recent studies, changing methodologies and the concept of conditioned strategies. *Human Development, 33,* 48-61.

Main, M. (1991). Metacognitive knowledge, metacognitive monitoring, and singular (coherent) vs. multiple (incoherent) model of attachment: Findings and directions for future research. In C. M. Parkes, J. Stevenson-Hinde, & P. Marris (Eds.), *Attachment across the life cycle* (pp. 127-159). London: Tavistock/Routledge.

Main, M. (1995). Attachment: Overview, with implications for clinical work. In. S. Goldberg, R. Muir, & J. Kerr (Eds.), *Attachment theory: Social, developmental and clinical perspectives* (pp. 407-474). Hillsdale, NJ: Analytic Press.

Main, M. (1999). Epilogue. Attachment theory: Eighteen points with suggestions for future studies. In J. Cassidy & P. R. Shaver

(Eds.), *Handbook of attachment: Theory, research, and clinical applications* (pp. 407−474). New York: Guilford Press.

Main, M (2000). The organized categories of infant child, and adult attachment: Flexible vs. inflexible attentions under attachment−related stress. *Journal of the American Psychoanalytic Association, 48*(4), 1055−1096.

Main, M., & Goldwyn, R. (1994). *Adult attachment scoring and classifications system.* Unpublished manuscript, University of California at Berkeley.

Main, M., Hesse, E., & Kaplan, N. (2005). Predictability of attachment behavior and representational processes. In K. E. Grossmann, K. Grossmann, & E. Waters (Eds.), *Attachment from infancy to adulthood: Lessons from longitudinal studies* (pp. 245−304). New York: Guilford Press.

Main, M., Kaplan, N., & Cassidy, J. (1985). Security in infancy, childhood, and adulthood: A move to the level of representation. *Monographs of the Society for Research in Child Development, 50*(1−2), 66−104.

Main, M., & Solomon, J. (1990). Procedures for identifying infants as disorganized/disoriented during the Ainsworth Strange Situation. In M. Geenberg, D. Cicchetti, & E. M. Cummings (Eds.), *Attachment during the preschool years: Theory, research and intervention* (pp. 121−160). Chicago: University of Chicago Press.

Main, M., & Weston, D. R. (1982). Avoidance of the attachment figure in infancy. In M. Parkes & J. Stevenson−Hinde (Eds.), *The place of attachment in human behavior* (pp. 31−59). New York: Basic Books.

Mandal, M. K., & Ambady, N. (2004). Laterality of facial expressions of emotion: Universal and culture−specific influences. *Behavioural Neurology, 15,* 23−34.

Maroda, K. (1999). *Seduction, surrender, and transformation.* Hillsdale, NJ: Analytic Press.

Martin, J. (1997). Mindfulness: A proposed common factor. *Journal of Psychotherapy Integration, 7*(4), 291−312.

Marvin, R. S., & Britner, P. A. (1999). Normative development: The ontogeny of attachment. In J. Cassidy & P. R. Shaver (Eds.), *Handbook of attachment: Theory, research, and clinical applications* (pp. 44−67). New York: Guilford Press.

Marvin, R., Cooper, G., Hoffman, K., & Powell, B. (2002). The Circle of Security project: Attachment−based intervention with care-giver−pre−school child dyads. *Attachment and Human Development, 4*(1), 107−124.

McDougall, J. (1978). *Plea for a measure of abnormality.* New York: International Universities Press.

McDougall, J. (1989). *Theaters of the body.* New York: Norton.

Meltzoff, A. (1985). The roots of social and cognitive development: Models of man's original nature. In T. Field & N. Fox (Eds.), *Social perception in infants* (pp. 1−30). Norwood, NJ: Ablex.

Meltzoff, A. (1990). Foundations for developing a concept of self: The role of imitation in relating to others, and the value of social mirroring, social modeling, and self−practice in infancy. In. D. Cicchetti & M. Beeghly (Eds.), *The self in transition: Infancy to childhood* (pp. 139−164). Chicago: University of Chicago Press.

Meltzoff, A., & Moore, M. (1998). Infant intersubjectivity: Broadening the dialogue to include imitation, identity and intention. In S. Braten (Ed.), *Intersubjective communication and emotion in early ontogeny* (pp. 47−88). Cambridge, UK: Cambridge University Press.

Merriam−Webster dictionary. (11th ed.). (2003). New York: Merriam−Webster.

Mikulincer, M., & Shaver, P. R. (2003). The attachment behavioral system in adulthood: Activation, psychodynamics, and interpersonal processes. In M. P. Zanna (Ed.), *Advances in experimental social psychology* (Vol. 35, pp. 53−152). New York: Academic Press.

Milner, M. (1987). The concentration of the body. In *The suppressed madness of sane men: Forty−four years of exploring psy-

choanalysis (pp. 234–240). London: Tavistock and the Institute of Psychoanalysis. (Original work published 1960)

Mitchell, S. (1993). *Hope and dread in psychoanalysis.* New York: Basic Books.

Mitchell, S. (1995). Interaction in the interpersonal and Kleinian traditions. *Contemporary Psychoanalysis, 31,* 65–91.

Mitchell, S. (1997). *Influence and autonomy in psychoanalysis.* Hillsdale, NJ: Analytic Press.

Mitchell, S. (2000). *Relationality: From attachment to intersubjectivity.* Hillsdale, NJ: Analytic Press.

Morgan, W. D., & Morgan, S. T. (2005). Cultivating attention and empathy. In C. K. Germer, R. D. Siegel, & P. R. Fulton (Eds.), *Mindfulness and psychotherapy* (pp. 73–90). New York: Guilford Press.

Nathanson, D. (1992). *Shame and pride: Affect, sex, and the birth of the self.* New York: Norton.

Natterson, J., & Friedman, R. (1995). *A primer of intersubjectivity.* Northvale, NJ: Jason Aronson.

Nyanaponika, T. (1972). *The power of mindfulness.* San Francisco: Unity Press.

Ochsner, K. N., & Gross, J. J. (2005). The cognitive control of emotion. *Trends in Cognitive Science, 9,* 242–249.

Ogden, P. (2006, March 5). *The role of the body in the treatment of trauma.* Paper presented at The Embodied Mind: Integration of the Body, Brain, and Mind in Clinical Practice conference, UCLA Extension and Lifespan Learning Institute, Los Angeles, CA.

Ogden, P., & Minton, K. (2000, October). Sensorimotor psychotherapy: One method for processing traumatic memory. *Traumatology, 6*(3).

Ogden, P., Pain, C., Minton, K., & Fisher, J. (2005). Including the body in mainstream psychotherapy for traumatized individuals. *Psychologist/Psychoanalyst, 25*(4), 19–24.

Ogden, T. (1994). *Subjects of analysis.* Northvale, NJ: Jason Aronson.

Ornstein, R. (1997). *The right mind: Making sense of the hemispheres.* New York: Harvest Books.

Patrick, M., Hobson, R. P., Castle, D., Howard, R., & Maughan, B. (1994). Personality disorder and the mental representation of early social experience. *Development and Psychopathology, 6,* 375–388.

Person, E. (1988). *Dreams of love and fateful encounters: The power of romantic passion.* New York: Norton.

Polan, H. J., & Hofer, M. A. (1999). Psychobiological origins of infant attachment and separation responses. In J. Cassidy & P. R. Shaver (Eds.), *Handbook of attachment: Theory, research, and clinical applications* (pp. 162–180). New York: Guilford Press.

Porges, S. W. (2006). The role of social engagement in attachment and bonding: A phylogenetic perspective. In C. S. Carter (Ed.), *Attachment and bonding: A new synthesis.* (pp. 33–55). Cambridge, MA: MIT Press.

Putnam, F. W. (1992). Discussion: Are alter personalities fragments or figments? *Psychoanalytic Inquiry, 12,* 95–111.

Racker, H. (1968). *Transference and countertransference.* New York: International Universities Press.

Rauch, S. L., Whalen, P. J., Shin, L. M., McInerney, S. C., Macklin, M. L., Lasko, N. B., et al. (2000). Exaggerated amygdala response to masked facial stimuli in posttraumatic stress disorder: A functional MRI study. *Biological Psychiatry, 47,* 769–776.

Renik, O. (1993). Countertransference enactment and the psychoanalytic process. In M. Horowitz, O. Kernberg, & E. Weinshel (Eds.), *Psychic structure and psychic change* (pp. 135–158). Madison, CT: International Universities Press.

Renik O. (1995). The ideal of the anonymous analyst and the problem of self-disclosure. *Psychoanalytic Quarterly, 64,* 466–495.

Renik, O. (1996). The perils of neutrality. *Psychoanalytic Quarterly, 65,* 495–517.

Renik, O. (1999a). Analytic interaction: Conceptualizing technique in the light of the analyst's irreducible subjectivity. In S. Mitchell & L. Aron (Eds.), *Relational psychoanalysis: The emergence of a tradition* (pp. 408–422). Hillsdale, NJ: Analytic Press. (Original work published 1993)

Renik, O. (1999b). Playing one's cards face up in analysis. *Psychoanalytic Quarterly, 68*, 521–539.

Ringstrom, P. A. (2001). Cultivating the improvisational in psychoanalytic treatment. *Psychoanalytic Dialogues, 1*(5), 727–754.

Robertson, J., & Robertson, J. (1971). *Thomas, aged 2 years 4 months, in foster care for 10 days* [Film]. Young Children in Brief Separation Film Series. (Available from Penn State Audiovisual Services, University Park, PA)

Rothschild, B. (2000). *The body remembers*. New York: Norton.

Rubin, J. (1996). *Psychotherapy and Buddhism: Towards an integration*. New York: Plenum Press.

Safran, J. D. (Ed.) (2003). *Psychoanalysis and Buddhism: An unfolding dialogue*. Somerville, MA: Wisdom.

Safran, J. D., & Muran, J. C. (2000). *Negotiating the therapeutic alliance: A relational treatment guide*. New York: Guilford Press.

Sander, L. W. (1980). Investigation of the infant and its caregiving environment as a biological system. In S. Greenspan & G. Pollack (Eds.), *The course of life: Volume I. Infancy and early childhood* (pp. 177–201). Adelphi, MD: National Institute of Mental Health.

Sander, L. W. (2002). Thinking differently: Principles of process in living systems and the specificity of being known. *Psychoanalytic Dialogues, 12*(1), 11–42.

Sandler, J. (1981). Countertransference and role–responsiveness. In R. Langs (Ed.), *Classics in psychoanalytic technique* (pp. 273–278). New York: Jason Aronson. (Original work published 1976)

Sapolsky, R. (2004). *why zebras don't get ulcers*. New York: Holt/Owl Books.

Scaer, R. S. (2001). *The body bears the burden: Trauma, dissociation and disease*. New York: Haworth Medical Press.

Schafer, R. (1983). *The analytic attitude*. New York: Basic Books.

Schafer, R. (1992). *Retelling a life: Narration and dialogue in psychoanalysis*. New York: Basic Books.

Schachner, D. A., Shauer, P. R., & Mikulincer, M. (2005). Patterns of nonverbal behavior and sensitivity in attachment relations. *Journal of Nonverbal Behavior, 29*(3), 141–169.

Schore, A. N. (1994). *Affect regulation and the origin of the self: The neurobiology of emotional development*. Hillsdale, NJ: Erlbaum.

Schore, A. (2002). Advances in neuropsychoanalysis, attachment theory, and trauma research: Implications for self psychology. *Psychoanalytic Inquiry, 22*, 433–484.

Schore, A. N (2003). *Affect regulation and the repair of the self*. New York: Norton.

Schore, A. N. (2004, March 27). *Advances in regulation theory: The role of attachment and right brain development in the etiology and treatment of borderline personality disorder*. Paper presented at the Traumatic Attachments and Borderline Personality Disorders: Implications for Clinical Treatment conference, UCLA Extension and Lifespan Learning Institute, Los Angeles, CA.

Schore, A. N. (2005, March 12). *Changes in the mind, the brain, and the body in various psychotherapeutic contexts*. Paper presented at How Psychodynamic Psychotherapies Change the Mind and the Brain conference, UCLA Extension and Lifespan Learning Institute, Los Angeles, CA.

Schore, A. N. (2006, March 5). *Attachment trauma and the developing right brain: Origins of pathological dissociation*. Presented at The Embodied Mind: Integration of the Body, Brain, and Mind in Clinical Practice conference, UCLA Extension and Lifespan Learning Institute, Los Angeles, CA.

Segal, Z. V., Williams, J. M. G., & Teasdale, J. D. (2002). *Mindfulness–based cognitive therapy for depression: A new approach to preventing relapse*. New York: Guilford Press.

Seligman, S. (1999). Integrating Kleinian theory and intersubjective infant research: Observing projective identification.

Psychoanalytic Dialogues: A Journal of Relational Perspectives, 9(2), 129–159.

Seligman, S. (2000). Clinical implications of attachment theory. *Journal of the American Psychoanalytic Association, 48*(4), 1189–1196.

Seligman, S. (2003). The developmental perspective in relational psychoanalysis. *Contemporary Psychoanalysis (in memoriam, Stephen A. Mitchell, Ph.D.), 39*(3), 477–508.

Shapiro, F., & Maxfield, L. (2003). EMDR and information processing in psychotherapy treatment: Personal development and global implications. In M. F. Solomon & D. J. Siegel (Eds.), *Healing trauma: Attachment, mind, body, and brain* (pp. 196–220). New York: Norton.

Shin, L. M., Orr, S. P., Carson, M. A., Rauch, S. L., Macklin, M. L., Lasko, N. B., et al. (2004). Regional cerebral blood flow in the amygdala and medial prefrontal cortex during traumatic imagery in male and female Vietnam veterans with PTSD. *Archives of General Psychiatry, 61*, 168–176.

Siegel, D. J. (1999). *The developing mind: How relationships and the brain interact to shape who we are.* New York: Guilford Press.

Siegel, D. J. (2001). Toward an interpersonal neurobiology of the developing mind: Attachment relationships, "mindsight," and neural integration. *Infant Mental Health Journal, 22,* 67–94.

Siegel, D. J. (2004, November 6). *Understanding emotion and empathy in relationships: Connection and empathy: Ground-breaking discoveries.* Paper presented at R. Cassidy Seminars, San Francisco, CA.

Siegel, D. J. (2005, June 3). *The mindful brain.* Paper presented at the Emotion Meets Spirit conference, Deep Streams Institute, Watsonville, CA.

Siegel, D. J. (2006, March 4). *Awakening the mind to the wisdom of the body.* Paper presented at The Embodied Mind: Integration of the Body, Brain, and Mind on Clinical Practice conference, UCLA Extension and Lifespan Learning Institute, Los Angeles, CA.

Siegel, D. J. (2006). An interpersonal neurobiology approach to psychotherapy: How awareness, mirror neurons, and neural plasticity contribute to the development of well-being. *Psychiatric Annals, 36*(4), 248–258.

Siegel, D. J., Siegel, A. W., & Amiel, J. B. (2006). Mind, brain, and behavior. In D. Wedding & M. L. Stuber (Eds.), *Behavior and medicine* (4th ed., pp. 3–22). Cambridge, MA: Hogrefe & Huber.

Siegel, R. D. (2005). Psychophysiological disorders: Embracing pain. In C. K. Germer, R. D. Siegel, & P. R. Fulton (Eds.), *Mindfulness and psychotherapy* (pp. 173–196). New York: Guilford Press.

Slade, A. (1999). Attachment theory and research: Implications for the theory and practice of individual psychotherapy with adults. In J. Cassidy & P. R. Shaver (Eds.), *Handbook of attachment: Theory, research, and clinical applications* (pp. 575–594). New York: Guilford Press.

Slade, A. (2000). The development and organization of attachment: Implication for psychoanalysis. *Journal of the American Psychoanalytic Association, 48*(4), 1147–1174.

Slavin, M. O., & Kriegman, D. (1998). Why the analyst needs to change: Toward a theory of conflict, negotiation, and mutual influence in the therapeutic process. *Psychoanalytic Dialogues, 8,* 247–284.

Smith, H. F. (1993). Engagements in analysis and their use in self-analysis. In J. W. Barron (Ed.), *Self-Analysis* (pp. 88–109). Hillsdale, NJ: Analytic Press.

Solomon, J., & George, C. (1999). *Attachment disorganization.* New York: Guilford Press.

Solomon, M. F., & Siegel, D. J. (2003). *Healing trauma: Attachment, mind, body, and brain.* New York: Norton.

Spangeler, G., & Grossmann, K. E. (1993). Biobehavioral organization in securely and insecurely attached infants. *Child Development, 64,* 1439−1450.

Spezzano, C. (1995). "Classical" versus "contemporary" theory: The differences that matter clinically. *Contemporary Psychoanalysis, 31,* 20−46.

Spezzano, C. (1998). Listening and interpreting: What analysts do to kill time between disclosures and enactments. *Psychoanalytic Dialogues, 8,* 237−246.

Sroufe, L. A. (1983). Infant−caregiver attachment and patterns of adaptation in preschool: The roots of maladaptation and competence. In M. Perlumutter (Ed.), *Minnesota Symposium in Child Psychology* (Vol. 16, pp. 41−83). Hillsdale, NJ: Erlbaum.

Sroufe, L. A. (1996). *Emotional development: The organization of emotional life in the early years.* Cambridge, UK: Cambridge University Press.

Sroufe, L. A., & Waters, E. (1977a). Attachment as an organizational construct. *Child Development, 48,* 1184−1199.

Sroufe, L. A., & Waters, E. (1977b). Heart rate as a convergent measure in clinical and developmental research. *Merrill−Palmer Quarterly, 23,* 3−28.

Stark, M. (2000). *Modes of therapeutic action.* Northvale, NJ: Jason Aronson.

Stern, D. N. (1985). *The interpersonal world of the infant: A view from psychoanalysis and developmental psychology.* New York: Basic Books.

Stern, D. N. (2002, March 11). *The change process in psychoanalysis.* Presented at the San Francisco Psychoanalytic Institute, San Francisco.

Stern, D. N. (2004). *The present moment in psychotherapy and everyday life.* New York: Norton.

Stern, D. N., Sander, L. W., Nahum, J. P., Harrison, A. M., Lyons−Ruth, K., Morgan, A. C., et al. (1998). Non−interpretive mechanisms in psychoanalytic psychotherapy: The "something more" than interpretation. *International Journal of Psychoanalysis, 79,* 903−921.

Stern, S. (1994). Needed relationships and repeated relationships: An integrated relational perspective. *Psychoanalytic Dialogues, 4,* 317−346.

Stern, S. (2002). The self as a relational structure: A dialogue with multiple−self theory. *Psychoanalytic Dialogue, 12,* 693−714.

Stevens, W. (1990). Not ideas about the thing but the thing itself. In *The collected poems of Wallace Stevens* (p. 534). New York: Vintage. (Original work published 1954).

Stolorow, R., & Atwood, G. (1997). Deconstructing the myth of the neutral analyst: An alternative from intersubjective systems theory. *Psychoanalytic Quarterly, 66,* 431−449.

Stolorow, R., Brandschaft, B., & Atwood, G. (1987). *Psychoanalytic treatment: An intersubjective perspective.* Northvale NJ: Jason Aronson.

Sullivan, H. S. (1953). *The interpersonal theory of psychiatry.* New York: Norton.

Sullivan, H. S. (1964). *The illusion of personal identity: The fusion of psychiatry and social science.* New York: Norton.

Suzuki, S. (1970). *Zen mind, beginner's mind.* New York: Weatherhill.

Teillhard de Chardin, P. (1959). *The phenomenon of man.* New York: Harper and Row.

Trevarthen, C. (1979). Communication and cooperation in early infancy: A description of primary intersubjectivity. In M. Bullowa (Ed.), *Before speech: The beginnings of human communication* (pp. 321−347). London: Cambridge University Press.

Trevarthen, C. (1998). The concept and foundations of infant intersubjectivity. In S. Braten (Ed.), *Intersubjective communication and emotion in early ontogeny* (pp. 15–46). Cambridge, UK: Cambridge University Press.

Tronick, E. (1989). Emotions and emotional communication in infants. *American Psychologist, 44,* 112–119.

Tronick, E. (1998). Dyadically expanded states of consciousness and the process of therapeutic change. *Infant Mental Health Journal, 19*(3), 290–299.

van der Kolk, B. A. (1996). The body keeps the score: Approaches to the psychobiology of post–traumatic stress disorder. In B. A. van der Kolk, A. C. McFarlane, & L. Weisaeth (Eds.), *Traumatic stress: The effects of overwhelming experience on mind, body, and society* (pp. 214–241). New York: Guilford Press.

van der Kolk, B. (2006). Clinical implications of neuroscience research in PTSD. *Annals of the New York Academy of Sciences, 1071,* 277–293.

van der Kolk, B. A., McFarlane, A. C., & Weisaeth, L. (Eds.) (1996). *Traumatic stress: The effects of overwhelming experience on mind, body, and society.* New York: Guilford Press.

van IJzendoorn, M. H. (1995). Adult attachment representations, parental responsiveness, and infant attachment: A meta–analysis on the predictive validity of the Adult Attachment Interview. *Psychological Bulletin, 117,* 387–403.

van IJzendoorn, M. H., Schuengel, C., & Bakermans–Kranenburg, M. J. (1999). Disorganized attachment in early childhood: Meta–analysis of precursors, concomitants, and sequelae. *Development and Psychopathology, 11,* 225–249.

Varela, F. J., Thompson, E., & Rosch, E. (1992). *The embodied mind: Cognitive science and human experience.* Cambridge, MA: MIT Press.

Wallin, D. (1997). Clinical controversies: The analyst's right to privacy. *Psychologist/Psychoanalyst, 17*(1), 9–10.

Walsh, R., & Shapiro, S. L. (2006). The meeting of meditative disciplines and Western psychology: A mutually enriching dialogue. *American Psychologist, 61*(3), 227–239.

Weil, A. (2004). *Natural health, natural medicine: The complete guide to wellness and self–care for optimum health* (rev. ed.). Boston: Houghton Mifflin.

Weinfield, N. S., Sroufe, L. A., Egeland, B., & Carlson, E. A. (1999). The nature of individual differences in infant–caregiver attachment. In J. Cassidy & P. R. Shaver (Eds.), *Handbook of attachment: Theory, research, and clinical applications* (pp. 68–88). New York: Guilford Press.

Weiss, J., & Sampson, H. (1986). *The psychoanalytic process: Theory, clinical observation, and empirical research.* New York: Guilford Press.

Wheeler, M. A. Stuss, D. T., & Tulving, E. (1997). Toward a theory of episodic memory: The frontal lobes and autonoetic consciousness. *Psychological Bulletin, 121,* 331–354.

White, R. W. (1959). Motivation reconsidered: The concept of competence. *Psychological Review, 66*(5), 297–331.

Winer, R. (1994). *Close encounters: A relational view of the therapeutic process.* Northvale, NJ: Jason Aronson.

Winnicott, D. W. (1965). The theory of the parent–infant relationship. In D. W. Winnicott (Ed.), *The maturational processes and the facilitating environment* (pp. 37–55). London: Hogarth Press.

Winnicott, D. W. (1971a). Mirror role of mother and family in child development. In Winnicott, D. W., *Playing and reality* (pp. 111–118). London: Tavistock. (Original work published 1967)

Wrye, H. K., & Welles, J. K. (1994). *The narration of desire: Erotic transferences and countertransferences.* Hillsdale, NJ & London: Analytic Press.

찾아보기

인 명

Ainsworth, M. 25, 27, 29, 33, 34, 35, 37, 41, 43, 157

Benjamin, J. 88
Bion, W. 21, 78, 477
Bollas, C. 16, 171
Bowlby, J. 25, 28, 48, 71, 157
Bretherton, I. 27, 43

Craik, K. 49

Ekman, P. 192, 193, 195, 427

Fonagy, P. 25, 71, 78, 219, 271

Hesse, E. 53

Kegan, R. 237
Klein, M. 31, 190, 203

Lyons-Ruth, K. 157, 183, 185, 297

Main, M. 25, 47, 53, 54, 55, 61, 131, 204

Ogden, T. 277

Piaget, J. 49

Renik, O. 254, 264

Sandler, J. 263
Schore, A. 108
Seligman, S. 191
Shaver, P. 18
Siegel, D. 108
Solomon, J. 43
Stern, D. 85, 92, 102, 185, 237, 371
Sullivan, H. S. 255

Winnicott, D. W. 79, 80, 93, 218

내 용

Broca의 영역 174, 437

가장하기 76, 213, 220, 223, 487
가장하기 양식 210, 211
가족화 132, 135, 140, 143
각성 214
감정 100, 427
감정 도식 104, 470
감정 조절 101, 127, 289, 424
감정 표현의 억제 40
감정적 기억 105, 114
감정적 자기 99
강박성 장애 46

강박적 성격 323
객관성 251
거리두기 291, 302
거리두기 국면 302
거울 뉴런 387, 428
거울 뉴런 체계 119
견뎌 내는 힘의 범위 429
경계선 성격 장애 355
경계선 성격 장애 환자 363
경계선 환자 329, 344
경험 377
경험에 대한 성찰적 태도 17
경험의 양식 76

공감 313, 345, 358, 367, 389
공감적 조율 313
공유된 암묵적 관계 185
공포 45
과잉활성화 전략 141 152, 153, 336, 353
관계 외상 175, 359, 437
관계에서 균열의 복구 290
관계의 과정 249
관계의 춤 178
관계적 이론 274, 380
관계적 전환 250
관심 끌기 330

교감신경계 430
교감신경계의 과잉활성화 195
교착상태 291
구성주의자 250, 255
균열의 복구 경험 180
그만하면 좋은 285
그만하면 좋은 부모 21, 39
근접성 28, 63, 152
긍정적인 정서 45
기억 117, 174, 371, 424

낯선 상황 34, 36, 37, 51, 54, 55, 56, 58, 74, 131
내적 상태에 수반되는 반영 79, 218
내적 작동 모델 34, 48, 49, 50, 60, 75, 102, 129, 131, 186, 257, 363, 366
내적 표상 104, 177, 470
놀이에 집중하는 능력 45
뇌간 110
뇌량 174
뇌의 구조 110
뇌의 측면성 120
누적된 외상 359
느낌 100, 426

다중성 255
다중적 자기 255, 393
단일한 자기 255
담아내기 78, 155, 280, 345
대뇌피질 114, 117, 125
대상관계 이론 103
대화에 대한 대화 293
대화의 포괄성 470
동기 406
동기 체계 28, 48
두 사람 심리학 250, 394
두려움 427

마음 상태 363
마음 염두에 두기 204
마음 이론 71

마음 읽기 204, 482
마음과 몸의 통합 125
마음챙김 18, 21, 205, 235, 236, 237, 242, 327, 373, 425, 450, 479
마음챙김 길러 주기 476
마음챙김 능력 201
마음챙김 명상 239
마음챙김을 하는 자기 246
마음챙김의 자기 19, 106
마음챙김의 태도 21, 22, 200, 242, 448
만남의 순간 186, 418
말 못할 공포 174, 437
매몰 202, 207, 208, 213, 347
메타인지 20, 67, 68, 70, 204, 209, 447
메타인지적 모니터링 67, 68, 69, 133
메타인지적 지식 68
명상 206, 207, 236, 239, 243, 353, 478
명시적 기억 175
명시적 정신화 201, 451, 482
모니터링에서의 착오 308
몸 읽기 426
몸 활성화하기 436
몸에 기반을 둔 마음 122
몸에서 몸으로의 의사소통 270
몸짓 178
무력함 332, 349
무력함의 패턴 332
무시하는 58
무시형 환자 139, 243, 307, 311
미해결 363
미해결된 59
미해결된/혼란스러운 144
미해결형 환자 308, 355
민감한 반응성 157, 208, 279

반복 강박 406
반복되는 관계 270
반복되는 실연 419
반복으로서의 실연, 복구로서의 실연 406
반복적인 실연 407

반영 82
반영하기 79
발달 249
발달과정 95
발달과정에서 진정 바라는 것 157
발달의 증감 337
발판 제공 158, 161, 292
방어적 투사적 동일시 365
방향을 잃은 59
배외측 영역 115, 125
배외측 전전두엽피질 437
범죄의 외상 410
변연계 112
변증법적 행동 치료 240
변화과정연구집단 185, 283
변화를 가져오는 관계 15
보호 28
본보기 293
부교감신경계 430
부교감신경계의 비활성화 195
부모의 내적 작동 모델 56
분노 207, 332, 336, 349, 427
분노와 혼란의 패턴 344
분리 28, 38, 300
분석의 제삼자 277, 388
분열 203, 347, 353, 363
분열성적 장애 46
불교심리학 18, 246
불러일으켜 진 반응 385
불러일으키기 182
불변의 표상 118
불변하는 표상 126
불안 147, 302
불안정 애착 42, 45, 130, 421
불안정 애착 모델 50
불안정 유형 382
불안정성 130
불안정한 작동 모델 104
불안형 382
비언어적 경험 172, 380
비언어적 상호작용 14

비언어적 언어 336
비언어적 의사소통 381
비언어적 행동 214
비언어적인 경험 182, 186
비언어적인 의사소통 177
비활성화 152
비활성화 전략 138, 152, 153, 312

사회적 능력 45
사회적으로 구성된 자기 255
사회화된 마음 237
삼위일체의 뇌 112
상보적 동일시 390
상실 65, 302
상징적인 놀이 208
상징화 211
상호작용의 모체 276, 411
상호적 영향 251, 252
상호적으로 조절된 의사소통 84
상호적인 영향력 396
상호적인 인식 165
상호주관성 83, 84, 87, 88, 90, 91, 161,
       184, 251, 252, 266, 278
상호주관성 이론 267, 380
상호주관적인 관계 208
상호주관적인 절충 290
생물학적인 진화 28
선순환 214
섬엽 117, 127, 428
성애적 역전이 342
성애적 전이 342
성인 애착 면접 48, 51, 53, 56, 58, 305
성인 애착 면접 연구 74
성인 애착 유형 59
성찰적 199
성찰적 기능 72, 73
성찰적 기능 척도 484
성찰적 자기 19, 220, 246
성찰적 자기의 강화 215
성찰적 태도 200 217, 447
세대 간 전이 78

수반적인 반응성 162, 163
수반적인 의사소통 41, 159
수치심 427
스스로 변화시키는 마음 237
스트레스 206, 240, 440
슬픔 427
시각적 기억 117
신경생리학 175
신체적 감각 437
신체적 경험 424, 426, 434
신체적 기억 105
신체적 역전이 428
신체적 자기 98
신체적 접촉의 회피 40
신체적인 경험 194
신체화 182
신피질 114
실연 182, 188, 268, 393, 421, 469
실연 알아차리기 397
실연되는 표상 104, 183
실연의 패턴 398
실연적 표상 129
심리적 등가성 76, 203, 209, 210, 211
심리적 등가성 양식 487
심리적 성숙 237
심리치료의 민주화 258
심리치료의 중단 300

안와전두피질 115, 160
안전 기지 155
안전 기지 행동 37
안전 기지 현상 29
안전감의 느낌 99
안전한 피난처 29, 155, 437
안정 애착 38, 70, 130
안정감 20
안정되고 자원이 풍부한 132
안정된 58
안정된/자율적인 133
안정된/자율적인 애착 132
안정성 52

안정에 대한 두려움 358, 367
알고 싶어 하는 태도 483
알고 있지만 생각해 보지 않은 것 182,
       189, 194, 271, 396
암묵적 관계 지식 176, 180, 186, 187
암묵적 기억 175, 357
암묵적 정신화 201, 451. 482
암묵적인 경험 227
애착 278
애착 대상에 대한 적응 149
애착 범주 147
애착 안정성 278
애착 양식 148
애착 유형 38
애착 지향적인 치료 258
애착 패턴 45, 131, 147
애착 패턴의 세대 간 전이 64
애착 패턴의 장기적인 영향 45
애착 행동 30, 39
애착 행동 체계 28, 138
애착과 관련된 마음 상태 51
애착에 관한 환자의 마음 상태 304
애착에 대한 마음 상태 148
애착에 대한 성인의 마음 상태 58
애착의 규칙 62
애착의 신경생리학 108
애착의 신경생리학적 측면 327
양가성 147
양가적 애착 40
양가적인 38
양가형 139
양육자에 대해 갖는 기대 34
양육자의 반응 151
억압 134
억제 136, 437
언어 습득 이전 173, 377
언어 습득 이전의 경험 173, 194
얼굴 표정 84, 178, 191, 192, 193, 382,
       441
역전이 253, 349, 362, 365, 389, 485
역전이 역할 반응성 263

역전이의 재고 263
역할 뒤바꾸기 143
연결감 20
연극성 장애 46
연속성 143
외상 114, 144, 173, 174, 175, 370, 481
외상후스트레스장애 174, 355
외양과 현실 간의 구별 204
외적 현실 19
요구되는 관계 270
우간다 연구 35
우뇌에서 우뇌로의 의사소통 160
우뇌와 우뇌 간의 의사소통 327
우울증 425
원시적인 해리 363
위험에 대한 평가 113, 202
유기 불안 330, 332, 335, 336
유사 정신화 126
유사치료 261
유아기 기억상실증 174
유아기 애착 38
유아기 애착 패턴의 안정성 130
유아의 얼굴 표정 모방 166
유연성 420, 421, 450
유형 147
의도 79, 383
의도가 담긴 태도 278
의도성 161, 208, 214
의도성을 가진 존재 214
의도적인 입장 79
의사소통의 질 41, 42
의식적인 사고 120
의존 252
의존성 252
이상화 패턴 321
이야기 231
이중 나선 452, 469, 470, 472
이차적인 안정감의 느낌 63
이차적인 애착 전략 152
인식되지 않은 실연 404, 405
일차적인 모성적 몰두 165

일차적인 애착 전략 152

자기 173
자기 경험 97
자기 성찰적인 반응성 259
자기 의존 164
자기 조절 163, 164
자기 파괴적인 적응 252
자기 표상 103
자기개방 271, 272, 274, 322
자기성찰 322
자기애자 319
자기애적 문제 46
자서전적 기억 174
자서전적 역량 204
자서전적 이야기 490
자신에 대한 자비심 241
자신의 경험에 대해 갖는 태도 14
자신이 저자로서 이야기를 써 나가는 마음 237
자아 탄력성 45
자율신경계 110, 120, 353, 430
자율적인 58
자해 행위 365
작은 외상 359
잘못된 믿음 검사 209
재신체화 443
저항 253, 265
저항하거나 양가적인 59
적대적인 의도 383
적응 전략 61, 149
적응적인 애착 전략 150
전대상회 116
전두엽 115
전두엽피질 126
전문가 태도 482
전이 184, 261
전이 시험 270, 390
전이-역전이 220, 378
전이-역전이 실연 184, 253, 268, 393
전이의 재정의 260

전전두엽피질 115
전전두피질 428
전진적인 동기 406
절차적 기억 176, 357
정서 100, 427
정서 반영 155, 216
정서 조율 86, 159
정서 조절 78, 80, 150, 156, 173, 201, 208, 214
정서 조절과 애착 전략 151
정서를 조절해 주는 상호작용 218
정서적 핵심 104
정서조절 450, 470
정신병리 75
정신적 표상 48, 131
정신화 17, 72, 76, 87, 200, 203, 207, 235, 236, 445, 447, 450, 485
정신화 능력 208, 373
정신화 양식 76
정신화 촉진하기 481
정신화의 본보기 338
정신화적 태도 199, 200
조율 79, 358, 370
조율된 반응 424
조율된 반응성 108
조율의 실패 370
조절 363
조화 276
종결 300
좌뇌 115
주관성 250, 251, 411
주도성 45
주의 전략 446
주체적 행위능력 472
중립성 253, 266
중전전두엽 영역 125
중전전두엽피질 115, 117, 125
즉흥적인 관계적 움직임 379
즉흥적인 움직임 283
지금 순간 186
직면 295, 313

진단의 범주 305
진술적 역량 204
진화 108
진화론 138
진화론적 생물학 98
집중 명상 239
집착 147
집착하는 59
집착하는 마음 상태 344
집착형 139, 140, 382
집착형 환자 304, 308, 329
집착형 환자의 순종 340
집착형 환자의 유혹하는 힘 340

차선의 전략 63
초기 기억 174, 175
최소화 137, 138
치료 관계 377
치료의 경계 213
치료자 역할의 인격화 258
치료자의 개인적 관여 253
치료자의 불안정 애착 340
치료자의 안정 애착 340
치료자의 익명성 260
치료자의 자기개방 230, 291
치료자의 정신화 200, 208
치료적 대화 292
치료적 대화의 수준 292
치료적 변화 172, 185
치료적 상호작용과 무시형 환자 317
친밀한 애착 31

큰 외상 359

탄력성 70, 103

탈매몰 241, 448
탈매몰 과정 447
탈신체화 440
탈억제 439
탐험 35, 36, 65
탐험 체계 62
탐험 행동 체계 29
태내 경험 29
통제 패턴 323
통제-숙달 이론 270
통제적인 전략 143
통합 103, 122, 150, 155, 161, 255, 288, 357, 474
통합과 뇌 121
통합의 실패 363
통합의 촉진 215
투사 210, 382
투사적 동일시 190, 270, 362, 365, 395
티가 나는 반영 82, 218
티가 나는 정서 반영 79

패턴 382
편견 382
편도체 112, 115, 174, 207, 363, 440
편집-분열성 양태 203
평가 305
평가절하 318
평가절하 패턴 319
평형 상태 290
포괄성 161, 173, 286, 289, 336, 450
포괄적인 대화 287, 288
표상 68
표상의 다양성 69, 204
표상의 변화 69, 204
표상적 세계 18, 141

표상적 유물 51
표상적 자기 102, 103
피질의 위계 118

한 사람 심리학 250, 254
한계 설정 158, 348, 369
해리 255, 257, 309, 357, 362, 363, 364, 365, 425
해리성 장애 355
해마 113, 114, 115, 174, 357, 440
해석 290, 420, 483
행동 28, 73, 214
행복 427
현재 순간들 186
혐오 427
협력적인 대화 297
협력적인 의사소통 41, 157, 158, 161, 285, 286, 306
형판 60, 75
호흡 127
혼란된 애착 43, 144, 154
혼란된/미해결형 애착 142
혼란스러운 59
회피 147
회피/무시형 147
회피적 38, 58
회피형 애착 39
회피형 유아 64
회피형/무시형 애착 134
획득된 안정 130, 133, 490
획득된 안정성 200
히스테리 46, 329
히스테리성 153, 332

저자 소개

David J. Wallin

Wallin 박사는 하버드 대학교 출신으로 캘리포니아 버클리에 있는 Wright 연구소에서 임상심리학으로 박사학위를 취득했으며, 현재 캘리포니아 Mill Valley와 Albany에서 심리치료자로 활동하고 있다. 애착과 심리치료 분야에서 저명한 저술자이자 강연자로서 지난 30여 년 동안 심리치료와 교육, 저술 활동을 해 오고 있다. 그는 미국 전역에 걸쳐 애착과 심리치료를 주제로 강연과 Wright 연구소와 Northern California 정신분석 심리학 협회, 캘리포니아 대학 및 California School of Professional Psychology에서 강의를 하고 있다. 저서로는 『마음의 영역 지도 그리기: 열정과 부드러움 및 사랑할 수 있는 능력』(Stephen Goldbart 공저) 등이 있다.

역자 소개

김진숙

웨스턴 미시간 대학교 상담자교육 및 상담심리학과에서 상담심리 전공으로 석사 및 박사 학위를 취득했다. 동 대학교 학생상담센터 상담원과 한국청소년상담원 상담교수를 지냈으며, 현재 경북대학교 사범대학 교육학과 교수로 재직 중이다.
주요 역서로는 『대상관계 이론과 실제』 『심리치료에서 대상관계와 자아기능』 『대상관계이론 입문』이 있다.

이지연

계명대학교 대학원 교육학과에서 상담심리 전공으로 석사학위를, 이화여자대학교 심리학과에서 상담심리 전공으로 박사학위를 취득했다. 서강대학교 상담교수를 지냈으며, 현재 인천대학교 교육학과 교수로 재직 중이다.

윤숙경

연세대학교 심리학과에서 석사학위를 취득했으며, 서울대학교 교육학과에서 상담심리 박사과정을 수료했다. 서울대학교 대학생활문화원 상담원으로 재직했으며, 현재 인천대학교, 안양대학교, 한국방송통신대학교 외래강사로 활동하고 있다.

애착과 심리치료
Attachment in Psychotherapy

2010년 4월 20일 1판 1쇄 발행
2024년 8월 20일 1판 17쇄 발행

지은이 • David j. Wallin
지은이 • 김진숙 · 이지연 · 윤숙경
펴낸이 • 김 진 환
펴낸곳 • (주) **학지사**

04031 서울특별시 마포구 양화로 15길 20 마인드월드빌딩 5층
대표전화 • 02) 330-5114   팩스 • 02) 324-2345
등록번호 • 제313-2006-000265호

홈페이지 • http://www.hakjisa.co.kr
인스타그램 • https://www.instagram.com/hakjisabook

ISBN 978-89-6330-367-3 93180

정가 22,000원

출판미디어기업 **학지사**

간호보건의학출판 **학지사메디컬** www.hakjisamd.co.kr
심리검사연구소 **인싸이트** www.inpsyt.co.kr
학술논문서비스 **뉴논문** www.newnonmun.com
원격교육연수원 **카운피아** www.counpia.com
대학교재전자책플랫폼 **캠퍼스북** www.campusbook.co.kr